CAMBRIDGE

剑桥日本史

（第3卷）

中世日本

The Cambridge History
of Japan,
Volume 3:
Medieval Japan

［美］山村耕造（Kozo Yamamura） 主编

严忠志 译

ZHEJIANG UNIVERSITY PRESS
浙江大学出版社

总 编 序

自 20 世纪以来，由于这种在各卷编者指导下由多位专家所撰写的多卷本系列著作的方式，剑桥的历史叙述已经在英文阅读的世界中建立起一种模式。撰写《剑桥日本史》的计划开始于 20 世纪 70 年代，并于 1978 年宣告完成。这一任务可并不轻松。对于西方的历史学家来说，日本历史的详细情况并不是尽人皆知的事情。日本的文化模式与西方的文化模式有很大不同，尤其是在专业术语和语言文字方面还存在着一些令人望而却步的问题。然而，值得庆幸的是，在以现代概念性和方法论的术语重新阐释日本历史方面，国外的学者一直得到 20 个世纪的日本学者们所取得的卓越成果的帮助。

在日本的文化和思想构成中，历史一直扮演着一个主要的角色，而日本的历史记录也是悠久和完整的。自古以来，日本的统治者就已经在神话和历史的传说中寻找其合法性，而日本的思想家们也是从他们国家的过去探索出民族道德和价值观念的体系。历史的这种重要性还因早期阶段即已进入日本的大陆文化的影响而越发加强。随着日本人的思想意识转为关心王朝的起源问题，随着日本人在时间和现实方面逐渐表现出佛教的观点，随着日本人为了武士阶级的统治寻找理由，日本的历史表述也在不断发生变化。到了 18 世纪，当时的历史言说又需要解释政体的神性，需要证明统治者的地位来自于他们的美德和仁慈，还需要说明政治变迁已经导致形成了一种神道教、佛教和儒教规范的高度自觉的融合。

在 19 世纪，日本人开始熟悉西方的历史表述方式，并且感觉到有必要使自己国家的历史适合一种更为普遍的世界历史的叙事范式。由于现代日本国家接受了它在其他国家中的位置，日本的历史述说也就面临着把狭隘的过去与更为普遍的现在调和起来的任务。历史学家们了解了欧洲文明进程的种种往事，并把 19 世纪的日本描述为脱离武士统治、重归君主政体之下文官制度的过程，而这正是更为普遍的、世界性模式的一个组成部分。巴克尔（Buckle）、基佐（Guizot）、斯宾塞（Spencer），以及之后的马克思（Marx），都相继提供了历史叙事的框架结构。

不过，20世纪的天皇制民族国家的意识形态，起到了抑制普世主义在历史叙事中充分表演的作用。帝国领域的扩张及其意识形态的膨胀迫使历史学家们循规蹈矩，尤其是在有关日本国家起源的问题上不得越雷池一步。

日本在第二次世界大战中的失败带来了这些压制因素的解放，取而代之的是在一段时间内对帝国的自负进行强制性的谴责。很快，高等教育的发展带来了日本学术界在研究尺度和多样性上的种种变化。历史研究的自由如今得到了大范围的扩展。朝向西方世界的新开放，带来了对于西方诸般历史表述方式的浓厚兴趣，以往那些小心谨慎并耽于考证的历史学者们也开始以更为广阔的视野来重新思考历史的资料。

也正是在这一时刻，对于日本历史的认真研究开始在西方世界兴起。在第二次世界大战之前，英语世界中唯一著名的关于日本历史的综合评述是 G. B. 桑塞姆（Sansom）的《日本：简明文化史》，该书首版于1931年，此后一直在销售。英国和美国学习日本学的大学生，许多曾在战时语言培训项目中接受过训练，很快就能前往日本学习游历，并与日本学者一起参与合作研究计划。国际性的讨论会和专题研讨会所产生的多种论文集，成为了衡量日本史研究的理论焦点和叙事技巧进步的标杆。就日本国内而言，历史学术的繁荣，图书出版的普及，以及历史浪漫情怀的流露，都提高了一个国家的历史意识，见证了这个国家正在发生的种种引人瞩目的变化。

1978年，作为检验日本史研究水准的一项工程，编纂这部日本史系列著作的计划被提上了日程。当代西方历史学家能够利用现代日本历史研究成果的坚实基础。把这部系列著作的卷数限制在六卷之内的决定，意味着诸如艺术史、文学史、经济史的一些方面、科学和技术史，以及地方史等一些丰富的内容将不得不忍痛割爱。本系列著作既得益于日本，也得益于西方世界那些严肃认真的研究及其出版物。

虽然多卷本系列著作自20世纪初以来就在日本多次出现，但直到20世纪60年代，西方世界接受过专业训练的日本史学者的数目仍然太少了，不足以支撑起这样一项事业。虽然这样的历史学家的数目有所增长，本丛书主编仍然认为最好的办法是利用日本的专家来撰写他们有明显优势的那些部分。在这样的情况下，翻译行为本身也就包含了一种编撰合作的形式，这种合作需要历史学家们训练有素的技能，这些历史学家的姓名理应得到承认和鸣谢。

展现在读者面前的这部多卷本日本史的主要目标是优先考虑英语读者的需要，而提供一部尽可能完备的关于日本历史的记录。但是，日本的历史之所以引起我们的注意，还由于其他一些原因。从某些方面来说，似乎我们对日本了解得越多，我们就越会被其与西方历史表面上的相似性所吸引。关于日本历史发展过程的悠久而连续不断的记载，使得历史学家们禁不住想要寻找日本与西方世界在政治模式和社会组织之间的相似之处。现代日本民族国家的迅速崛起，曾经占据了日本和西方相当多历史学家的注意力。另一方面，专家们也都有意愿指出通过似是而非的相似性而误入歧途的危险。

我们在认识日本历史方面所取得的显著进步将会不断持续并加速。关注这一重大而复杂的研究目标的西方历史学家将会继续努力推进自己的研究事业，他们也必须这样做，因为日本所扮演的世界角色已经变得越来越重要。我们这个世界需要更加广泛和更加深入地认识日本，这将继续是一件显而易见的事情。日本的历史属于世界，这不仅是因为人们具有认知的权利和必要性，同时也是因为这是一个充满兴味的研究领域。

约翰·W.豪尔

马里乌斯·B.詹森

金井 圆

丹尼斯·特威切特

第3卷前言

从最初遴选作者，到向剑桥大学出版社交付编辑完毕的手稿，前后将近8年时间。那段时光耗费不少精力，然而也令人受益匪浅，让我学到了关于日本中世史的许多知识，撰写了400多封信件。写作、翻译和编辑的过程恰如酿造甘醇美酒，只能缓慢推进。本卷涉及的历史时期漫长，必须综合考虑使用和翻译日语术语和概念，因此所用时间更长一些。

我确信，最后成书的这一卷无愧于历经数年的陈化过程。我相信，本卷已经实现了当初定下的主要目标，即撰写一部面向广大读者的实用著作。对于希望加深和扩展日本中世史知识的各个层次的研究者而言，本卷中的各个章节都可以提供帮助。我相信，这些章节可以共同发挥作用，让读者对日本的整个中世史有更明确的认识。

在本卷中，日语术语和朝鲜语术语均采用传统的罗马字母拼写的做法，中文术语沿用了威妥玛－翟理斯拼音系统。日语人名和中文人名沿用各自原来的形式，姓在前，名在后。不过，用英语写作的日本作者不在此列。

在本书的撰写和编辑过程中，以下各位起到重要作用，谨此一一致谢。首先，我必须感谢不厌其烦地回复我的询问和建议的各位作者，感谢解决了许多棘手问题的译者。就许多重大的编辑问题，两位作者——杰弗里·马斯和永原庆二——提供了许多宝贵建议，让我受益匪浅。我也深深感谢本书的总主编们。在本书漫长的撰写过程中，他们给予了无私指导。我还想向我的两位研究生——马莎·雷恩和卡拉·皮尔森——表示深切的谢意。她们按照丛书总主编和剑桥大学出版社的严格标准，提供了持之以恒的大力协助，将太平洋两岸作者撰写的14篇论文编为一卷。最后，我要感谢日本基金会提供资助，帮助我支付稿费、日本撰稿者所写章节的翻译费、编辑费和相关会议费用。

本书作者和编辑追求的唯一回报是，各位读者将发现，研究日本中世时期不仅对理解日本历史至关重要，而且也十分有趣，给人裨益。

山村耕造

目 录

图、表目录

图

表

导　论

山村耕造，华盛顿大学亨利·M.杰克逊国际研究学院

　　本卷的主题是中世日本，覆盖的时段约三个半世纪，始于镰仓幕府创立的 12
世纪最后几十年，止于室町幕府灭亡后内战爆发的 16 世纪中叶。[1] 其间 300 多年
的历史事件和发展丰富多彩。它们勾勒了中世日本的政体、经济、社会和文化，
展现了它与亚洲邻国的关系。我们在此概述那些重大事件和重要发展并不困难。

　　那是武士的时代。在那几百年的时间里，武士阶层的力量继续壮大。这一发
展带来的一个政治结果是，两个武士政府或称幕府相继组建。第一个是镰仓幕
府，12 世纪 80 年代成立。但是它无法凭借一己之力，统管整个国家。在若干重
要方面，它不得不与天皇 [tenno 的英语对应词通常为 emperor（皇帝）[2]] 代表的
文官政府分享权力。但是，1336 年，第二个武士政府室町幕府成立，并且在 14
世纪末稳坐江山。在室町幕府的统治下，武士阶层有能力侵蚀天皇的文官权威。
在 15 世纪的前 50 年中，室町幕府的权力达到巅峰，武士阶层在许多方面实质上
统治整个国家。那时，文官政府并未失去全部权力，依然有助于室町幕府合法
化。但是，室町幕府将其玩弄于股掌之间，几乎随心所欲地利用文官政府满足自
己的政治需要。

　　1333 年，镰仓幕府灭亡。15 世纪末，室町幕府的势力开始减弱。其原因在于，
在政治和军事两个方面，幕府遇到了武士阶层内部提出的挑战。在日本历史上，
第三个也是最后一个幕府是德川幕府。1600 年，德川幕府统一各派地方武士势力，
结束了曾让室町幕府束手无策、持续时间长达百年的内战，接管了国家政权。德

---

[1]　本卷研究日本的中世时期，主要讨论大多数西方学者确定的镰仓时代和室町幕府。但是，对这两个时期的
　　 划分，日本专家依然莫衷一是。关于日本学者就此问题辩论的简要讨论，参见 Hall (1983)，第 5-8 页。

[2]　天皇一词的英语准确对应词既不是"king"（国王）也不是"emperor"（皇帝），用于日本中世史时尤其如此。
　　 但是，鉴于"皇帝"这个术语已经成为得到认可的译法，本书交替使用"皇帝"和"天皇"。

川幕府政权稳固，统治了267年，与天皇代表的文官政府几乎没有什么重大联系。至此，近500年之前建立镰仓幕府的武士阶层达到了权力之巅。

随着武士权力的持续壮大，庄园和公地转变为领地。日本的庄园类似于欧洲中世纪的采邑，最早见于8世纪，是在私有化的公地上创建的。到了12世纪，庄园成为天皇本人、贵族和寺院的主要私有财富和收入来源。许多武士与文官政府的地方官员一起，也在私有化进程中发挥了作用。他们有的通过改造无人耕种的土地，开垦出新的稻田；有的设法侵占附近的公共稻田。接着，他们将那些稻田交给贵族和寺院托管。贵族和寺院可以获得法律授权，免交那些稻田的租费。该过程逐渐减少了文官政府的收入，同时让托管稻田的武士、贵族和寺院一起，共同分享收益。当然，武士也增加了自己的收入，其方式一是不择手段地霸占庄园的收益权，二是霸占作为文官政府的政治经济基础的公地的收益权。

镰仓幕府的建立，标志着武士开始以更全面的方式侵占公地和庄园。该做法最初进展缓慢，但是在13世纪势头增强。其结果是，武士从庄园和公地获得的收入越来越多，文官政府、天皇、贵族和寺院的经济损失越来越大。对支持文官政府并且从中获益的人来说，公地和庄园是其政治和经济基础。在室町时代，幕府对庄园和公地进行了更系统、更全面的改造，将这两种形式的土地变为领地。与镰仓幕府的做法截然不同，室町幕府采取措施，以地区为基础，强征租税，以更有力的方式，从整体上促进了武士阶层的利益，牺牲了非武士精英的政治利益和经济利益。在15世纪后半期和16世纪，室町幕府的力量逐渐衰落，作为区域和地方力量的武士越来越咄咄逼人，从精英文职官员的手中夺走剩下的公地、庄园和其他收入来源。到16世纪中叶为止，庄园和公地已经所剩无几。

随着武士阶层的力量的壮大，随着庄园和公地被逐步变为领地，官僚阶层日益壮大，制度性司法能力日益增强。对政体和社会而言，法律和司法机构的重要性与日俱增，其事务一是裁定涉及土地收益权的争端，二是裁定涉及继承权之类问题的其他形式的冲突。这种情况普遍见于室町时代，在镰仓时代尤甚。随着时间的推移，保证有效管辖所需的官僚阶层和专业人员的数量有所增加。两个幕府失去权力之后，司法管辖的有效性大打折扣。但是，司法和管理这两个方面的制度性能力在镰仓时代培育起来，在室町时代继续增强，这对日本中世史的走向和性质产生了深刻影响。

中世时期，日本农业生产率稳步提高，农业产量稳步增加，有助于商业发展，有助于经济持续实现货币化。市场活动最初于 12 世纪后期在京都得到激发，从 13 世纪中叶开始提速。到了室町时代中期，全国所有村民都可进入市场。职业的专业化在镰仓时代早期依旧有限，但到了室町时代中期已经取得了实质性发展，商贩和工匠的技能和效率有所提高。城市随着商业的发展同步发展，运输节点和经济制度逐步改善。

到了 14 世纪，日本从中国进口的铜钱数量迅速增加，商业的发展和货币化进程加快。在一个市场导向越来越强的社会中，必然产生的政治冲突和经济纠纷越来越频繁。它们包括放贷者与借款人（其中许多为武士）之间的冲突、实物租费和现金租费的接受者与支付者之间的冲突、行会与可能的竞争者之间的冲突。诸如此类的许多冲突常以直接或间接的方式，牵涉幕府、文职精英以及武士的政治利益和经济利益。

占人口绝大多数的自耕农的生活也经历了几个重大改变。他们的总体境遇有所改善的主要原因在于农业生产率的提高。那时，肥料用量增加，双季种植的面积增大。更重要的是，对稻田实施了精耕细作。这样一来，自耕农在农田管理方面的自由度逐步增加，土地所有权也有所扩大。政局变化，战争频繁，征收特别关税，人口临时动迁，苛捐杂税增加，自耕农的生活必然受到影响。但是，到了室町时代，自耕农有能力生产更多谷物，参与更多市场活动，在乡村中逐步赢得政治自由和社会自由。这进而提高了他们支配自己生活的能力，例如维持法律和秩序、对农田进行灌溉等等。自耕农互相帮助，采取更有效的集体行动，要求减少租税，以便缓解威胁生活的政治因素和经济因素。这样一来，他们便能够更好地应对天灾和统治精英造成的艰难局面。

在镰仓时代和室町时代，新的佛宗派别和禅宗成为日本社会和文化的必不可少的组成部分，是日本中世史的重要进展。其他因素还包括在室町时代蓬勃发展的能剧、茶道、俳句、山水画、书院风格建筑以及许多别的文化追求和表现形式。两个幕府政权经历兴衰巨变，引起了政治动荡和长期战争。不过，也许令人感到惊讶的是，就我们今天所说的日本文化而言，许多要素早在中世时期就已确立。

佛教教义重新从中国传来，更为重要的是，新的佛宗派别和禅宗的领袖们调整了那些教义，采纳了具有创意的传教方式，从而改变了佛教的社会地位，改变了精英和平民的日常生活。在镰仓时代，武士生活沉浸在禅宗的教义之中。佛教对武士和平民产生影响，改变了日本 15 世纪和 16 世纪的社会史和政治史。那些

4

变化带来的广为人知的结果有三：第一，具有强大政治势力的寺院引导宗教机构实现了扩张；第二，寺院数量在全国范围内增加；第三，在室町幕府的最后数年，一些宗派的信徒开展了持久且常常成功的反叛活动，将其延续到战国时期。那些反叛行动主要针对武士领主，其动机并非局限于宗教方面。但是，如果不考虑农民和部分武士参与的那些政治起义涉及的宗教动机，我们就不可能解释其性质和影响范围。

5 　　室町时代的文化发展形式多种多样，深受佛教的影响。在足利家族的将军们，特别是足利义满和足利义政的积极支持下，精英阶层的文化生活达到了巅峰。那个时期的精英文化遗产丰富，涉及文学、表演艺术、绘画和建筑，现在依然是构成日本文化的重要核心。平民也对那几百年的文化繁荣做出了贡献。他们的舞蹈、音乐和歌谣——常常带有乡土气息，也受到佛教世界观的影响——为生活增添了色彩和活力，为非常高雅的精英文化提供了发展基础，其典型的表现形式包括深受精英阶层青睐的能剧，以及村民喜爱的舞蹈和歌谣。

　　最后，在勾勒日本中世史的过程中，我们几乎不可能忽视日本的东亚邻国的影响，几乎不可能忽视日本对中国和朝鲜的影响。在那一时期，日本海盗（日语称"倭寇"）在中国和朝鲜海岸持续掠夺。从一定程度上说，倭寇受到贸易利益的驱动，带来的明显结果是持续不断的外交摩擦。中国是日本佛教教义的来源，中世日本使用的所有铜钱实际上均来自中国。此外，中国也是日本最重要的贸易伙伴。这一点的明显证据是，日本当时努力维持与中国明朝的勘合贸易（受到官方批准的有限贸易）。但是，在外交、政治和军事三个方面，亚洲大陆也让中世时期的日本经历了最艰难的时期。在13世纪最后几十年里，蒙古人入侵日本，给镰仓时代的日本造成了沉重的政治经济负担，促成了幕府政权的垮台。中国的明朝政府常常要求室町幕府接受朝贡国地位，有时甚至到了公开威胁的地步。中国认为它在那个地区拥有无人能够挑战的霸权。这迫使幕府及其将军们承认，中世时期的日本是中国主导的东亚的组成部分。

　　本卷各位作者们的共同目标是，更充分地描写和更详细地分析那段历史的各个部分。在研究中世阶段的过程中，日本和西方专家在方法层面上显示出不同倾向，我在这段引言中将总结其中的要点。这一概述将帮助读者了解日本史料编撰的根本特征。对西方专家们来说，这些特征是不可或缺的知识和研究资料。在本引言后面，附有日本作者的文献精选。对打算阅读那些文献的译本的非专业读者来说，本章对日本史料编撰的总结或许有所帮助。本章列出的英语文献目录旨在帮助阅读本卷的非专业读者，尽管难免挂一漏万。此外，就对日语和英语史料编撰的讨论而言，诚请有兴趣的读者参阅本书第三章后列出的关于史料编撰的著作。[1]

　　按照以上关于史料编撰的简短论述，我将概述本卷各章在史料编撰方面的意义和主要内容。在简要论述末尾的注释中，我将列出研究该章论题参考的英文近作。在导论结尾处，我还就西方有关中世日本的史料编撰，提出了自己的一些看法。

　　导论后面的附录是主要历史事件和发展的年表，以及本卷所用部分日语术语的解释。

关于中世史的日文著作和英文著作

　　为了理解有关日本中世时期的史料编撰，我们必须熟悉两种不可改变的抗力。它们规定了史料编撰的特征，曾经并且继续对史料编撰的基本特征产生深刻影响[2]：其一是日本国民在过去数百年中较晚实现现代化和工业化的经历；其二是 20 世纪最初几十年中日本历史学家广泛采用的马克思主义的分析框架。这两种力量形成的效应自 20 世纪 60 年代以来一直在减弱，但是即便在今天，它们继续影响着日本历史学家的著述。

　　日本跟随早期的工业化国家，急切地追求工业化以及现代化兼西化，这样的经历影响了日本战前几代历史学家。在 19 世纪与 20 世纪之交，历史学家提出的最重要的问题是，日本如何遭受工业化国家带来的危害，其原因何在？这意味着，那些历史学家没有什么选择，只能进行比较，其方式有时是显性的，但几乎一直是隐性的。

　　因此，从事中世史研究的学者讨论的主要论题是：第一，在制度层面上，日本的中世时期与欧洲的中世纪的异同；第二，在中世时期政治经济的改变速度上，日本与欧洲之间存在差异的原因；第三，在从古代到中世、从中世到近代的过程

---

[1]　在讨论这种史料编撰的过程中，在导论后的参考文献中，在谈到"西方"学术研究时，我所指的仅仅是已经出版的英语著作。这反映了我在语言能力方面的局限，但是并不意味着，在其他西方语言中，不存在相关重要著作。例如，读者应该意识到，关于这个时期的许多有用的重要著作是用德语发表的。

[2]　不能阅读日文著作，希望进一步了解日本史料编撰的读者，可以参阅 Hall (1966, 1968, 1983), Mass (1980), Takeuchi (1982), 以及 Yamamura (1975)。

中，在发展模式方面存在那些假设的差异的原因。他们认为，从本质上讲，这些论题吸引了大多数日本历史学家的注意力，有助于日本历史学家理解西方史料编撰之镜中反映出来的日本历史。在20世纪最初几十年里，最早研究中世的历史学家聚焦中世纪欧洲与中世日本在制度与法律方面的相似之处，相继提出了上述以及其他许多带有比较性质的问题。其他学者沿袭这一思路，逐渐扩大研究范围，在政治组织、社会组织和土地所有制模式三个方面，对中世日本与中世纪欧洲进行了比较和对比。

在第一次世界大战前后，日本的许多历史学家和社会科学研究者接受了马克思主义的历史分析框架，然后将其添加在史料编撰的比较模式基础上。这种框架的应用迅速传播，到了20世纪30年代站稳脚跟，成为占据主导地位的历史分析方法。关于这一发展，有两个起到相互强化作用的原因：其一，在那个时期，先后出现了政治镇压、20世纪20年代的长时间农作物减产、20世纪30年代的大萧条和军国主义的崛起。这样一来，在思想政治方面，日本史家和社会科学研究者对左翼意识形态日益青睐。其二，日本学术界希望建构一种宽泛的分析框架，以便打下方法论基础，揭示日本史料编撰的比较性质。

这样做带来的结果是，在日本的两代史学研究者中，一代在两次世界大战之间发表著述，另一代在第二次世界大战结束之初发表著述，许多人关注考察和回答马克思主义分析范围之内的历史问题。对从事中世史研究的学者来说，其中最重要的问题是：第一，日本何时经历了封建主义阶段，即最重要的前工业化阶段？那些专家们参与的辩论十分激烈，其议题涉及日本封建社会的历史分期和特点，而且经常同时表现在学术和政治两个方面。在这几十年里出版了大量专著和文章涉及许多在马克思框架内有重要意义的中世史问题和层面。

那场辩论谈到许多问题，常常争得不亦乐乎，在此恕不一一赘述。但是，需要指出的是，在马克思主义分析框架之内的辩论中，许多人关注的并非在制度特征方面以明确方式，对西方封建主义和日本封建主义进行比较。非但如此，那场辩论更多地集中在这几个问题上：第一，根据每位学者对封建主义定义的不同解释，日本何时经历了"纯粹"的封建主义？第二，就土地所有权模式、农民缴纳租税的方式和形式、阶级之间斗争的动机，每位学者进行的概括描述的有效性何在？第三，随着时间的推移，上述模式、形式和动机是如何变化的？

20世纪60年代之前，许多学者的研究在隐性层面上受到意识形态的推动。

在 20 世纪 40 年代后期和 20 世纪 50 年代中，对中世史的马克思主义阐释进入全盛时期。但是，在 20 世纪 60 年代，这种意识形态动机逐渐淡化。到了 20 世纪 70 年代，许多学者使用马克思主义分析框架和术语的唯一考虑是，它们是史学界普遍接受、人们熟知的有用的历史研究工具。

那两代历史学者关注马克思主义的分析框架之内的问题和论点，该做法对那一时期的史料编撰还带来了其他一些重要影响：城市、社会生活、宗教和文化不是马克思主义分析的主要问题；对希望研究中世时期的这些方面的人，史学界持排斥态度。一个重要结果是，研究那些问题的学者倾向于接受马克思主义分析框架，并且尽量使用马克思主义的术语。

史学界专注马克思主义分析的另一结果是，经济史成为一种政治制度经济史，重点研究产生和定义这些冲突性质的每个历史阶段中阶级之间的政治经济冲突，以及生产方式的特征。今天，与研究欧洲中世纪经济的大量著作类似，研究日本中世经济的专著已经不再使用现代（新古典）经济学理论的分析观点了。

但是，改变在 20 世纪 60 年代崭露头角，在 20 世纪 70 年代中更加明晰。促成这一变化的主要原因是，许多日本人开始看到，日本已经度过了"追赶"工业化或现代化的阶段。马克思主义分析在史学界的影响依然强大，但是慢慢且持续地失去原来的控制力。说明这一点的证据是，越来越多的研究偏离以前学者采用的方法，而且，这个趋势已经增强。其原因在于，新一代学者与其前辈不同，不再青睐马克思主义分析框架提出的问题，并且逐渐取代了战后那一代学者。20 世纪 50 年代以来，活跃的专业历史研究者队伍扩大（在 1945 年之后成立的大学中，学术职位增多），从而增强了这一趋势。

然而，这一转变进程缓慢。也许更准确的做法是，将中世时期的史料编撰概括为过渡阶段。例如，过渡的迹象见于这一事实：现在出现了更多的个案研究，涉及历史人物、区域政治制度及经济变化的形式。其目的不是为分析的有效性提供证据，而是进行描述和分析。他们采用的方式与分析框架的直接关系（如果有的话）越来越小。迄今为止，根据目前趋势进行推断尚为时过早。过去 15 年中出现的研究成果并未在任何基本方面，就中世时期日本的制度史、社会史和经济史，向传统的核心论述提出挑战。已经开始的这一过渡阶段是否能够获得足够势头，重写日本中世史？这一点尚待证明。

除了少量例子之外，在第二次世界大战之前，关于日本中世史，没有任何学

9

者发表用英语写作的严肃的专业研究报告。战前可以看到的相关著述数量有限，并且很不成熟，其基础是译为英文的著名日本历史叙事，例如《平家物语》或《吾妻镜》。在这类著作中，近代前的日本史"将大小人物和事件糅合在一起"，对叙事背后的人的情感的分析包括"日记、战争故事、道德说教和凭空想象的年表"。历史是"通过对话和明显（或隐蔽）的激情"来理解的。在战前几十年里，"阐释著名文本显然被视为主要任务"。于是，"没有出版专著。在缺乏专著的情况下，在研究中以批判方式使用资料的例子十分罕见"[1]。

在这方面，出生于日本的耶鲁大学学者朝河贯一的著作是一个不可忽略的例外。他的著作于 20 世纪 30 年代和 20 世纪 40 年代出版，其中有许多研究了日本中世时期的土地制度。对西方人来说，它们广泛使用书面证据，是西方人可以看到的最早的，在多年里唯一的研究庄园制度的著作。但是，朝河贯一的研究是比较性的，探讨了日本中世时期与欧洲中世纪在土地制度方面的相似性。在战前，还有一位学者也在例外之列，他就是乔治·B. 桑塞姆。他的战前主要著作《日本文化简史》过度依赖"借助叙事的历史"的方法，覆盖范围可能并不全面。但是，它展示了日本历史的一幅生动画卷，提供了许多阐释性见解。[2]

10　　　　具有讽刺意味的是，严格说来，对日本的研究是第二次世界大战形成的结果，然而在战后头几年中，日本中世史却遭到忽视。出现这一现象的原因有二：第一，绝大多数研究日本的西方历史学者对 1868 年以后的阶段很感兴趣；第二，在使用中世文献的原文方面，还存在语言障碍。此外，日本学者依然使用马克思主义分析方法和术语，任何试图对那个历史时期进行严肃研究的人也必须一一掌握它们。这一点今天依然如此。

20 世纪 70 年代中期，尽管相关专家数量很少，但突然出版了研究中世时期的大量著作，主题涉及方方面面。于是，忽视中世时期的做法戛然而止。但是，在简述过去 15 年间问世的著作之前，我们必须首先讨论约翰·W. 霍尔的《日本的政府与地方力量：500—1700 年》。这本著作于 1966 年出版，实际上在美国揭开

---

[1]　参见 Mass (1980)，第 63 页。

[2]　一些学者可能还将詹姆士·默多克的《日本史》视为例外。但是，该著作的第一卷从讨论"起源"开始，以"1542 葡萄牙人的到来"结束。这本著作叙事生动，偶尔提出一些睿智之见，但研究中世时期的学者对它的兴趣十分有限。这本著作带有个人特征，出自一个孜孜不倦的能干的业余爱好者（笔者所用的是这个词语原有的正面意义）。但是，与桑塞姆的著作相比，它经不起从学者角度进行的严格审查。

了研究中世日本的新篇章。

就史料编撰而言，霍尔的著作的意义在于说明日本历史可以通过一种方式书写，也就是使用他所称的家族结构概念，并且将其作为传达日本社会政治结构内力量的基本权威。根据他的定义，家族结构：

> 不是狭义规定的亲属关系结构，而更确切地说，是扩大的姓氏体系。在该体系中，家庭和"类似家庭"的纽带超越一个贵族家系的分支家庭、多代家庭，甚至还有一个贵族家系主干之外的家庭。这种 U 形结构位于任何掌权安排的核心，提供行使权力的基本框架。[1]

或者，按照玛丽·伊丽莎白·贝里的诠释，霍尔提出的家庭结构概念是一个重大贡献。其原因在于，它有助于显示"历史发展的合理性、支撑历史发展的连续性、变化方面的完整性、结构高于个人的地位"[2]。

这是霍尔进行的一次尝试，旨在重写日本近代之前的历史，避免使用"封建主义"这个术语。比较论者认为，封建主义是日本历史研究中的关键概念。但霍尔在 1962 年写道，"封建主义"作为一个历史概念被用来分析日本的过去，这促使历史研究者将欧洲史与日本史进行浅显的比较，将研究局限在该概念容纳的狭窄的历史侧面，比如说，领主与家臣关系的许多表现形式、军队文化和伦理等等。此外，使用"封建主义"一词还诱使历史学者"接受军事力量是历史中的终极决定力量"这一观点。具体说来，霍尔反对这个观点：封建主义是具有活力的社会器官，可以"造就"某些制度，"抵制"或"导向"其他社会阶段。[3]霍尔的研究说明，使用日语原文文献的非日本学者可以重新阐释日本历史，向日本学者提出的占主导地位的观点发起挑战。

正如前文所述，对中世日本的研究在 20 世纪 70 年代中期开始长足发展。出现这一现象的主要原因是，专家数量有所增加。与早几代学者相比，他们之中的许多人受过更好的训练，在史料编撰和使用初级或次级资料的能力两个方面均是如此。新近进入历史研究领域的这一批人日语能力更强，其中部分原因是，二战

---

[1]　参见 Mass (1982a)，第 262 页。
[2]　参见 Berry (1987)，第 187 页。
[3]　参见 Hall (1968)。

之后，研究生可以申请相关的公共资助和私人资助，在日本逗留更长时间。

正如本章的参考文献所示，中世史研究领域中的学术活动近年来出现高涨事态，以两种形式表现出来：其一，几部多卷本问世，其中大多数研究了中世时期以及平安时代、战国时期和德川时期；其二，出版了单个学者撰写的大量研究专著，内容涉及镰仓时代和室町时代。[1]

本卷各章内容述评

在本节中，笔者按照各章出现的先后顺序，总结其主要内容，简述作者迄今为止发表的著述，介绍其他论者近年发表的与该章主题相关的著作。

在许多著作中，杰弗里·马斯已经着手修正关于镰仓时代的历史著作，提出了关于镰仓幕府的新观点。针对西方学者对日本中世史的现有阐释，他的研究提出了挑战。在本卷中，他撰写的一章题为《镰仓幕府》，总结了他提出的许多新观点、新解释，展示了他以富于想象力的方式大量使用日文资料的能力。在这整个一章中，马斯非常仔细，确定了他本人的阐释与日本和西方学者普遍认可的阐释之间的差异。例如，人们一度确信平清盛实施专制统治，而他证明这一看法其实是夸大其词。在所谓的平清盛实施霸权的大多数时段，平清盛受到后白河天皇的制约。学界传统上认为，1221年的承久之乱是朝廷与幕府之间的冲突。他就此提出两点：其一，现有证据并不支持该说法；其二，承久之乱应被视为后鸟羽天皇领头反叛、感到幻灭的封臣纷纷加入的战争。武装领主（日语称"地头"）不是源赖朝的新发明，而是被源赖朝擅用并改造的老做法，其目的旨在满足他自己的需要。地方治安官（日语称"守护"）职位并非《吾妻镜》记载的那样，于1185年设立。它出现的时间更晚一些，被作为控制地头的一种手段。没有必要劳神费力，区分承久之乱之前或之后任命的地头（日语分别叫"本补地头"与"新补地头"）的不同历史意义，研究地头控制庄园所有权的情况。诉讼仲裁人所起作用是镰仓幕府的最重要问题之一。

阅读过马斯以前著述的人将会注意到，马斯在本书这一章中显示出他对镰仓

---

[1] 参见 Hall and Mass, eds. (1974)；Hall, Nagahara, and Yamamura, eds. (1981)；Hall and Toyoda, eds. (1977)；Mass, ed. (1982)；Mass and Hauser, eds. (1985)；Yamamura (1975)。有的读者还可参阅 Elison and Smith (1981)。

时代的分析出现了变化。马斯以前认为，那个时期的主要特征既不是延续过去的做法，也不是整合传统做法，而是淡出和创新。现在，他更倾向于赞同霍尔提出的渐变观。他认为，平安时代的帝国贵族统治制度在 12 世纪依然具有活力，依然处于幕府负责运作的基本框架之内。据此，他得出结论：平安时代的治理模式幸存下来，延续到了 14 世纪；它不是被镰仓幕府破坏的，而是和镰仓幕府一起遭到毁灭的。不过，马斯并未指出或讨论该时期的那些特征。他认为，镰仓幕府具有革命性质。源赖朝的理想就是一个例子。这位源氏领袖利用源平合战造成混乱，以便实现武士阶层内心深处的这个愿望：拥有京都范围之外的得到保证的土地所有权。第二个例子是源赖朝 1183 年与朝廷达成的和解。通过和解，日本历史上首次出现了非中央集权政府。它为被统治者提供庇护，并且在日本中部和西部行使权力。

马斯强调说，源赖朝与朝廷实现和解，改变了镰仓幕府的权力范围，在以前有限的军事功能和治安功能的基础上，增加了日益强化的带有司法性质的功能。这就是说，镰仓幕府的主要功能从仅仅满足武士们的愿望，演变为恢复政治稳定，而那样的稳定性只有通过以平等方式保护武士和公卿的权利才能维持。马斯还强调，曾经的叛乱者创立的镰仓幕府成为维护法律和秩序的真正力量。实际上，马斯看到了镰仓幕府存在的重要理由：解决土地纠纷。镰仓幕府培育了一个高度发展的法律制度，该制度试图裁决这两方之间的利益冲突：一方是镰仓家臣或地头，另一方是京城精英——庄园主。马斯沿袭了他在以前著述中的做法，讨论了为了实现这一任务而创立的法律制度的演变过程。该司法制度以先例为基础，转而形成了基本的公正理念、证明方式、法定诉讼程序、上诉权。马斯在本章中的目标是要说明：通过以较大技巧和远见培育起来的法律制度，镰仓幕府维持了和平和稳定。[1]

《中世时期的庄园》一章的作者名叫大山乔平，是日本关于这个问题的主要专家，撰写了许多研究庄园的论文。大山乔平兴趣广泛，研究了庄园所有制、庄园管理、地头在庄园中的作用、庄园自耕农的生活。庄园自耕农支付租费，不仅保护稻田不受自然灾害，而且参与了发展之中的市场经济。

---

[1]　请参见以下书目中关于 Jeffrey P. Mass 的所有条目：Goble (1982, 1985); Hurst(1982); Kiley(1982); Steen strup(1979, 1980a, 1980b); Takeuchi(1982); Varley(1979a)。

在这一章开头，大山乔平利用令制国土地登记册（日语称"大田文"），确定三个令制国中庄园形成的情况。他在能登、淡路和若狭的土地登记册中发现，庄园土地所占比例在这三国中各不相同，若狭为50%，能登和淡路超过了70%。他评述说，庄园制度在中世日本社会中成为固定状态。对研究那个时期的学者来说，这一观点并不令人感到惊讶。但是，大山乔平的这一研究成果具有重要意义，其原因在于，只有少数使用英语写作的学者试图证明，在那个时期，庄园制度发展迅速，广泛存在。

接着，大山乔平考察了几个庄园的经济制度和做法。他发现，租费以实物方式交给中央庄园主。在不同季节和地区，租费各不相同。庄园主还要求并接受劳役。据此，大山乔平得出结论：在镰仓时代，庄园主的家庭经济基本上自给自足。那种自给自足的程度如何？持续的时间多长？这两个问题涉及商业的发展以及控制商业的政治经济原因，所以引起了集中讨论。在该章的后半部分中，大山乔平讨论了庄园的内部结构。他详细描述了几家庄园的情况和土地所有权模式，包括自耕农自己管理和耕种的稻田（日语称"名"）数量、办公用地（日语称"庄官名"）以及其他稻田单位。他还解释了地头在庄园内部的地位，以便详细说明地头的权利和土地所有权。此外，大山乔平还考察了若干地头与自耕农之间、地头与庄园主之间的诉讼案件，说明它们涉及的共同问题：过多的劳役税、未经授权的税收、以不当方式没收的土地。

最后，大山乔平以富于洞见的方式，讨论了研究中世日本史专家们当下进行的辩论。这些专家强调中世时期两种互相重叠的土地制度的这两个侧面：一个是地方领主（日语称"在地领主"）所有制度，它提供了武士的经济基础；另一个是庄园制度，它所起的主要作用是，在镰仓时代和室町时代，为宫廷贵族提供经济基础。他提出，关注前一个侧面的人试图找出中世日本与中世纪欧洲之间的相似性；关注后一个侧面的人喜欢的做法是，将日本与亚洲其他国家进行比较。大山乔平讨论了学者们最近对日本中世时期本身的兴趣。那些学者认为，日本中世时期具有非欧洲特征。大山乔平推测说，庄园制度在某些地方幸存下来，一直延续到16世纪。[1] 其原因在于，镰仓幕府（在一定程度上也包括室町幕府）支持的

[1] 参见精选文献中所有关于杰弗里·第马斯的条目；参见 Goble (1982, 1985)，Hurst (1982)，Kiley (1982)，Steenstrup (1979, 1980a, 1980b)，Takeuchi (1982) 以及 Varley (1979a)。

政策形成了庄园制度和在地领主制度共存的格局。[1]

《镰仓幕府的衰落》的作者名叫石井进。他研究了镰仓幕府的许多方面，是毋庸置疑的权威学者，而且还积极参与了关于中世时期的史料编撰问题的辩论。他对镰仓时代的守护制度的研究贡献很大，被学界普遍视为这个领域中最重要的学者之一。他不仅增进了人们对守护制度的了解，而且提高了人们对镰仓幕府的性质的认识。

首先，石井进考察了 1274 年和 1281 年发生的蒙古人入侵带来的影响。两次入侵本身让日本人对将来可能遭遇的入侵心生恐惧。而且，它们也给幕府造成了巨大的经济负担，使其无力支付构筑防御堡垒的开支，无力奖励立下战功的武士和宗教机构。那些人得到神圣之风（日语称"神风"）的帮助，将蒙古人驱赶出境。石井进接着强调说，那两次入侵仅仅是镰仓幕府衰落的一个因素。其他因素包括：第一，等级划分制度致使北条家族内部出现纠纷；第二，进一步商业化给武士阶层造成经济困境，两次入侵带来的巨大经济负担起到雪上加霜的效果；第三，北条家独断专行，垄断幕府职位，相互竞争的各个武士家族对此日渐不满；第四，匪帮（日语称"恶党"）掠夺的活动频繁，农民揭竿而起，形成内乱加剧的局面。此外，在皇位继承问题上也出现了争端，朝廷分裂成两派，其目的一是争夺天皇头衔，二是争夺庄园的收益权，从而削弱对幕府的支持。幕府承担了仲裁者的角色，通过引入交替继位制度，以求解决争端。但是，幕府干预皇室事务之举引起了敌意和愤恨。后醍醐天皇尤其不满，亲自出面，希望恢复天皇的直接统治，结果滋长了反北条、反幕府情绪。石井进认为，颁布"德政令"（免除债务的命令）就是幕府进行的尝试，其目的旨在解决上述某些难题。但是，那样的法令仅仅暂时缓解了某些武士和农民的经济困难，却给幕府的稳定带来了更多问题。[2]

约翰·W. 霍尔的《室町幕府》以批判的眼光，透彻地研究了室町时代的制度史。首先，霍尔批驳了这一传统观念：从有效的集中统治这一点判断，室町幕府是软弱的。他指出，学界近来进行的评价说明，即便从统治效率方面看，也不应轻视足利家族所起的作用。在足利家族的第三位和第四位将军（足利义政和足利义满）的支持下，军人政府首次掌管了全部非宗教权力。

16

---

[1]　参见 Hall (1966)；Kiley (1974)；Mass (1974b)；Nagahara (1975)；Sato (1974)；Piggott (1982) 以及 Yamamura (1981b)。

[2]　参见 Arnesen (1982)；Harrington (1982)；Hori (1974) 以及 Varley (1971, 1982)。

在接下来的部分中，霍尔讨论了地方军事长官（日语称"守护"）制度，聚焦军人政府在那个时期获得权力的各个步骤。他的分析的最重要一点显示，与日本学者和西方的其他许多学者不同，霍尔认为守护权力的扩大并不危及室町幕府的生存。他实际上提出，只要守护和幕府在服从将军的条件下通力合作，守护在地方诸国中权力的增加有利于室町幕府的统治。

其次，霍尔还考察了幕府政权之内守护与将军之间的权力平衡。霍尔注意到，在足利义满的统治之下，将军的控制力增强。霍尔认为，出现这一情况的原因有几个：其一，关于南朝的争斗告一段落；其二，副将军（日语称"管领"）制度发展成形；其三，守护在京都设立官邸；其四，展开军事行动，清除拒不服从的守护。霍尔强调说，管领职位由结成守护联盟的三位将军轮流担任，从而增强了将军的力量。其原因在于，这一做法让将军的主要盟友联合起来，为室町幕府提供军事支持使任何希望挑战将军力量的人都显得势单力薄。

此外，霍尔还探讨了室町幕府的经济基础。在以前关于那个时期的大多数历史著述中，这个问题仅被轻描淡写地一笔带过。霍尔分析了室町幕府的多元化收入来源，包括土地所有权、商业税收、行会（日语称"座"）支持、道路通行费和入境边境费、与中国明朝的朝贡贸易，这些都是中世时期的日本经济繁荣发展的证据。应仁之乱（1467—1477 年）之后，虽然室町幕府在形式上延续到 16 世纪，但是其权力范围几乎被压缩到京都及附近区域。根据霍尔的研究，幕府权力衰落的另外一个重要原因是，在各个层面出现了地方自治的趋势。这一章确实不乏大师之笔，包含重要的睿智洞见和反思。在日本近代之前历史研究领域中，霍尔堪称战后先驱，是毋庸置疑的领军人物。

关于室町时代的制度史研究，另一重要贡献是今谷明撰写的《室町时代的地方治理：守护和国人》。在过去几十年中，今谷明发表了若干重要论述，有的与本章主题相关，有的与室町时代的制度史相关。在本章中，今谷明集中讨论了地方权力分散化的问题。关于这个问题，研究制度史这一方面的西方学者直到最近都很少关注。今谷明关注的重中之重是，分析室町幕府为了控制周边区域不得不常年进行的战争。首先，他研究了关东地区和九州的地方行政官员（日语称"公方"）失效的原因。公方一职由幕府设置，非常重要，由足利家族的一个分支的成员担任，其目的旨在维持对地方的控制。但是，公方非但没有强化幕府的控制，反而成为麻烦和叛乱的源头，持续不断与幕府分庭抗礼。今谷明分析了这一情况之后得出的结论是，公方和探题制度的失效应被视为促使幕府在周边区域实施分散化，进入给那个时期带来深远影响的全面战争状态的一个重要理由。

尽管幕府试图控制守护，守护的权力却越来越大。今谷明撰写本章的核心意图是，考察由此形成的权力分散。他写道，守护转变为地区霸权的原因是，他们扩大自己的权力，强制实施涉及土地纠纷的裁定，征收所谓的"半济"和其他税金，而且还获得了其他权利。守护有权征收庄园主所得租费的一半（日语称"半济"），这让守护逐步蚕食庄园，而且为守护的家臣提供经济基础。此外，守护还获得权力，在所在令制国范围内征收税金（日语称"段钱"），从而扩大了守护在该国的权利。今谷明还指出，守护职位的世袭性质逐渐强化，起到推波助澜的作用，增强了守护的霸权。这个部分分析采用的视角与前一章中霍尔的不同，但是在实质上与霍尔的并不矛盾，关注的问题依然为两点：一是幕府与守护的关系，二是它对室町政体的稳定性的影响。

本章的最后一个部分分析了守护与地方领主（日语称"国人"）之间的关系。今谷明讨论了学界进行的辩论。一方支持永原庆二的观点，认为守护是确定守护领地制度的政治秩序的轴心；另一方支持黑川直则的观点，认为国人——而非守护，是那时的核心角色。今谷明得出结论说，守护在各自地区行使权力，是推动15世纪晚期至16世纪早期的变化的主要力量。[1]

在讨论室町时代的制度发展状况的这两章之后，是永原庆二撰写的两章——《庄园制度的衰落》和《中世时期的农民》。永原庆二出版了许多学术专著、文章、教材以及受人欢迎的"教育"图书，其内容涉及日本中世时期和中世后时期。他的主要专著讨论近代史料编撰，提供了新的阐释、分析和洞见。它们有的已为学界接受，有的继续引起广泛争论。永原庆二的学术著作集中研究室町时代和战国时期。他用英语撰写的文章（参见导论后的参考文献）展现了他对中世研究的贡献。

永原庆二撰写的《庄园制度的衰落》描述和分析了庄园演变为领地的过程。他首先介绍了庄园制度的发展概况，认为庄园长盛不衰在于这一事实：庄园满足

18

[1]　参见 Arnesen (1985)；Collcutt (1982a)；Davis (1974)；Gay (1985)；Grossberg (1981a, 1981b)；Hall (1968, 1981, 1985)；Harrington (1985)；Hayashi (1977)；Kawai (1977)；Kuwayama (1977)；Miyagawa (1977)；Murakami (1984)；Sato (1977)；Varley (1967, 1980) 以及 Wintersteen (1974a, 1974b)。

了统治阶级和被统治阶级的社会需求和经济需求。接着，他转向本章的主题，认为庄园维系的平衡被两个新引入的因素打破——一个是地头，另一个是守护。他看到了始于镰仓幕府时代的这个过程的表现形式：一方面，庄园的主要拥有者对土地、土地收入及居住者的控制力逐步弱化；另一方面，武士的控制力却同步增强。

19   永原庆二重点讨论了庄园消亡的三个核心原因：地头的侵蚀、守护的侵蚀、发生在村庄层面的变化。通过与主要庄园主进行协商（日语称"合与"）并签订合约（日语称"请所"），地头能够篡夺庄园的更多所有权，哪怕这仅仅是随着时间推移逐步实现的目标。这种做法常常导致庄园被瓜分（日语称"下地中分"）的状态。永原庆二指出，到15世纪为止，上述地头已经变为地方领主（日语称"国人领主"），实际上拥有地方权力基础。随着室町幕府的建立，守护的地权有所增加。涉及解决土地争端的新权力被赋予守护，从而扩大了他们行使的政治经济权力的范围。此外，守护还获得了收税权（日语称"段钱"和"半济"）。这样一来，他们便有了另一手段来形成自己的家臣组织。上述发展的最终结果便是守护领地制度。

接着，永原庆二将目光转向乡村，发现了那里出现的变化也同时削弱了庄园制度。地方农村社群的自治水平提高，接着出现了一种自我管理的团体（日语称"惣村"）。在德川时期，惣村演变为村庄。在这个过程中，庄园主失去许多权力，其中包括处理村庄内犯罪行为的权力。同时，出现了大规模的农民抗议（日语称"一揆"）。例如，1428年，农民抗议干涉庄园税收的做法；1441年，农民迫使幕府颁布免除债务的诏书。这些抗议活动也起到削弱庄园制度的作用。

永原庆二还讨论了中央庄园主采取的挽救局面的各种措施。一是向幕府求助；二是达成庭外和解（日语称"合与"），例如，授予地头收取和移交年度税收的（日语称"请所"）权力，雇用税收人员（日语称"请负代官"）。在镰仓时代和室町时代，幕府在安抚军事支持者和庄园主方面所起的作用并不稳定，永原庆二也对此进行了考察。他得出的结论是，庄园制度一方面受到地头和守护从上层施加的压力，一方面承受村庄中变化产生的压力，结果以崩溃告终。[1]

---

[1] 参见 Nagahara (1960, 1979)；Nagahara and Yamamura (1981)。

在《中世农民》一章中，永原庆二描述了中世晚期农民的生活，谈到了他们参与政治变化的情况。他确信，在形成中世农民阶层的过程中，庄园制度起到了核心作用。他认为，庄园制度的引入和发展对日本农民影响很大，其程度超过了镰仓幕府的建立。因此，庄园制度在中世时期的农民史中意义重大，并且是那个时期具有界定作用的核心特征。 20

在这一章中，永原庆二还扩展了他在前一章中介绍的一个主题：乡村社群日益增加的自治特征。那些社群先是摆脱中央庄园主的控制，后来又摆脱地方领主的控制，逐步实现了独立，获得了自主权、福利权和税收权。永原庆二的独特贡献在于，他描述了农民在庄园土地上吃、穿、住之类的日常生活侧面。

在《中世时期日本的商业发展》这一章中，山村耕造考察了中世日本的商业发展，描述了商业发展给社会带来的许多重要变化。该章按照时间顺序组织材料，首先概述了最初的状况——13世纪中前在经济和制度两个方面取得的进展。作者认为，就解释后来出现的快速商业发展而言，那些进展意义重大。那个阶段的商业发展在镰仓时代稳定持续，在南北朝时期和室町时代进一步加速。在该章接下来的几个部分，山村耕造描述并分析了那个阶段的商业发展的原因及效应。

山村耕造讨论的主要进展是：第一，农业生产率的提高，从而为商业发展提供了基础；第二，集镇中心规模扩大，数量增加；第三，出现了重要制度进步，例如，行会（日语称"座"）的兴起和发展，汇票的使用；第四，中国钱币的使用进一步普及，甚至乡下的自耕农也加入使用人群中；第五，使用计算方法的人越来越多；第六，工匠、商贩、运输人员的专业化程度越来越高，提供更多种类的产品；第七，陆路和水路运输网得到改善。

在描述各类发展的过程中，山村耕造讨论了经济与政治之间的冲突。那些冲突是商业发展带来的直接和间接结果，反映了庄园钱款的精英接受者（贵族、寺院和神社）之间在政治权利和经济权利方面的动态平衡。此外，山村耕造还讨论了武士阶层（幕府及其家臣、区域和地方力量）以及平民（商贩、工匠和其他人士）的状况。该章的主要论题一是关于座的政治和经济冲突——座与竞争者之间的冲突、座的新老支持者（贵族之间、寺院与幕府和大名）之间的冲突；二是涉及免债政令（日语称"免债令"）的冲突，即放贷者（富有的商贩和其他放贷者）与借款人（武士和平民）之间的冲突；三是涉及农民支付的钱款的变动水平和种 21

类（实物支付与现金支付）的冲突，即庄园租费的接受者之间的冲突、接受者与农民之间的冲突。

这些状况和其他与之联系密切的状况是商业发展带来的结果。在描述它们的过程中，山村耕造试图说明，借助现代经济理论的分析观点，可以重新考察辩论中经常提起的某些问题，从而更好地认识相关人士的政治动机和经济动机。他重新考察的主要问题有两个：第一，既然继续使用中国钱币显然带来若干不利之处，那么为什么室町幕府或地方势力（守护大名）没有铸造自己的钱币，而是继续使用中国钱币？第二，采用计算方式的原因并非总是考虑庄园租费的主要接受者提出的要求，有时是根据自耕农（那些钱款的支付者）提出的要求，其原因何在？ [1]

接下的一章由川添朝二撰写，题目是"日本与东亚"，探寻了镰仓时代和室町时代的日本与东亚邻国的关系。该章作者是关于这个问题的公认权威，以领军学者的身份，研究了蒙古人侵的内外原因和结果，讨论了关于镰仓时代的其他许多史料编撰问题。川添朝二的主要目标是说明国际关系与日本国内政治的密切关系。在论述镰仓时代的对外关系时，川添朝二的论述并未谈及在与中国宋朝的贸易中九州衙门（日语称"太宰府"）起到什么作用。他所强调的是蒙古人入侵对当时的日本政体和社会的影响。他解释说，蒙古人最初试图寻求与日本建立开放关系，一可增强他们与朝鲜的高丽王朝之间的关系，二可阻止日本出兵帮助南宋。但是，川添朝二认为，蒙古派出的密使常常遭到回绝。他因此推测，日本没有答应蒙古人的提议的原因有三：第一，日本人认为，蒙古人的要求是一种宣战行为；第二，日本获得的关于蒙古人的意图的信息带有偏见，其原因是，该信息源于当时正与蒙古人交战的南宋；第三，日本是武士统治的社会，武士与生俱来让他们往往偏向于战争。

川添朝二强调，在室町幕府初期，对外关系受到持续存在的南朝的阻碍。这就是说，传统的贸易和外交中心——九州太宰府——依旧掌握在1392年终结的叛逆的南朝手中。其结果是，到了足利义满统治（1368—1408年）的最后20年，幕府才有能力控制日本的对外关系。

---

[1] 参见 Brown (1951)；Hall (1974)；Hayashi (1977)；Hori (1974)；Morris (1977)；Nagahara and Yamamura (1988)；Piggott (1982)；Sasaki (1981)；Toyoda and Sugiyama (1977)；Wakita (1975, 1981) 以及 Yamamura (1973, 1975, 1981a, 1981b)。

接着，川添朝二考察了足利义政当政时开始的与中国明朝的朝贡贸易制度。关于足利义满希望日本进入明朝帝国范围的愿望，川添朝二假定了四个原因：第一，足利义满需要朝贡贸易获得的收入，以便支付他赞助艺术所需的巨额开支。第二，控制对外关系给足利义满的统治提供了合法性。在他递交给中国明朝的信函中，他称自己为"王"。第三，中国明朝可能成为一个可怕的敌人，因此朝贡关系可以消除这种不安和恐惧。第四，朝贡贸易让足利义满控制所有经手对华合法贸易的九州军方行政官衙门（日语称"九州探题"）。除了讨论蒙古人入侵和日本与中国明朝的关系之外，川添朝二还考察了日本与朝鲜和琉球群岛的关系，谈到了无所不在的海盗（倭寇）在整个中世时期对东亚的国际关系的影响。[1]

H. 保罗·瓦利的《日本中世时期的文化生活》以丰富的具有反思的方式，研讨了那个时期的精英文化成就。瓦利是关于这个课题的美国领军学者，而且还是中世日本制度史的权威专家。在该章中，他提供了自己在过去 20 年中获得的相关广泛知识，资料取自许多宝贵的研究项目，内容涉及应仁之乱、镰仓时代的思想史和民间信念、镰仓时代和室町时代的若干制度、室町时代文化生活的许多方面。

瓦利的主要意图在于分析中世精英文化的审美功能。他认为，中世精英文化 23 是这两者结合的产物：一是佛教的末法（在日语中，"末法"的字面意思为"佛法的衰微时期"，因此是历史上的一个衰落时期）概念中的悲观论，二是对平安时代的怀旧思潮。他提出，这个事实见于那个时期的文学巨著之一——鸭长明创作的《方丈记》；还见于著名的战争故事《平家物语》——一部记录平氏在源平合战中遭到毁灭的编年史。瓦利还认为，那个时代的主要审美规则的创立还得益于末法概念。其主要理念为神秘和深远（日语为"幽玄"）、孤寂（日语为"寂"）、简朴和卑微（日语为"侘"）。他说明，"饱经风雨而枯萎、寂寥孤单"的心境具有感染力。在 1205 年编撰的最后一本重要的宫廷诗集《新古今和歌集》中，这一点明显地表现出来。

瓦利指出，镰仓时代的文化成就归功于公卿，室町时代的军人也赞助了大量文化活动。具体说来，他认为北山时代的文化繁荣归功于足利氏的第三位将军足

---

[1]　参见 Tanaka (1977) 以及 Yamamura and Kamiki (1983)。

利义满。根据瓦利的观点，在足利义满赞助下取得的成果在能剧的发展中最为明显。在足利义满的门生世阿弥的领导下，能剧变为我们今天知道的高雅艺术。瓦利推测，足利义满资助艺术的主要原因在于他的政治抱负。这就是说，足利义满希望将自己身上的武官统治因素和文官统治因素结合起来，确立一种"封建国王体制"。为了支撑上述观点，瓦利提出的一个例子是，足利义满模仿朝廷的做法，将官方活动日历制度化。

在该章结尾，瓦利向这一传统看法提出了挑战：在形成中世鉴赏情趣和理念的过程中，禅宗起到主导作用。他表示，中世时期的文化产品，如《平家物语》、《连歌集》、能剧、墨绘、风景画、书院风格建筑等等，全都反映了日本人的感知和鉴赏情趣，只是碰巧与禅宗倡导的感知和鉴赏情趣一致而已。根据瓦利的说法，日本的中世文化是这样一种审美观的产物：它渴望或者以怀旧的眼光看待公卿的过往和审美规定，例如，幽玄、寂和佗这三个理念均源于平安时代或之前的历史时期。[1]

24   在《中世日本文化的另一面》中，芭芭拉·鲁赫展示了自己的有洞察力的研究结果。她的研究旨在修正中世日本的文化史，扩展我们对中世日本的文化生活的整体意象和认识。她采用的方法是，聚焦研究中世时期的西方专家长期忽视的非精英多数人的"共有文化"。由此可见，这一章可被视为对西方学界的未知领域的探索。

根据鲁赫的定义，"共有文化"是"多数人——社会高层和低层——了解并尊重的态度和活动……共有文化超越了社会中——无论高层或低层的任何性别、群体或小团体的独享状态，已经成为占人口多数的所有成员的财产"。鲁赫通过考察该文化的各个方面，例如，裱成卷轴的古书、流行歌谣和故事、妇女、云游说书人、作为文化艺人和文化资源的萨满等，然后说明它的发展过程。在此必须提醒的是，供她研究的书面材料十分有限。因此，她必须运用智慧和想象力来使用现存资料。

鲁赫在考察中发现了贯穿中世社会的若干共同主线，其一是普遍存在的遁世

---

[1]   参见 Brazell (1973)；Butler (1969)；Ito (1977)；Keene (1977)；McCullough (1966, 1979)；Rosenfield (1977)；Ruck (1971)；Sansom (1943)；Smith (1981)；Ury (1979)；Varley (1972, 1977. 1978,1979a, 1979b, 1980, 1984) 以及 Varley and Elison (1981)。

言行。鲁赫以中世的一位尼师千代野的生活为例，展现了整个复杂的尼姑制度。遁世不仅被视为"处置被玩弄的女性的系统"，而且还是希望表达个人天赋的女性的选择，是世人可以接受的一种偏离传统生活的形式。其二是中世创造的共同神灵。那些神灵受到各个区域、各个社会阶层的大量民众共同信奉，其中最受人欢迎是观音、地藏和财神。鲁赫认为，中世时期创造共同神灵的做法是"一股具有很强的凝聚作用的社会力量"。

此外，鲁赫还探讨了各式卷轴画卷中描绘的日常生活，研究了女性充当萨满、妓女和艺人所起的作用，讨论了普及《平家物语》而创造的民族神话。她在该章的结尾指出，传统室町文化观将文化与精英论等同起来，带有内在的局限性。她认为，幽玄和寂这类概念据称是室町时代的艺术和文学的特征，然而在专家们长期研究的绘画、雕塑、歌谣、舞蹈和音乐史诗等共同艺术中，它们其实根本没有起到任何作用。她提出的观点是，那些概念属于一个极度有限的世界，属于中世社会中极其少见的孤立的小块区域。[1]

《镰仓时代的佛教》这一章由大隅和雄撰写，以详细而清晰的方式概述那个时期。大隅和雄是研究中世时期佛教的领军学者，从事的前沿研究重新评价了战后几十年发表的著述。他的主要关注点有二：其一，宗教学说与社会阶层之间是如何联系的；其二，镰仓时代新宗派创立者的学说和活动是如何反映阶层或地区价值观的。

首先，大隅和雄考察了镰仓时代发展起来的新的佛教宗派：净土宗、净土真言宗、禅宗（曹洞宗和临济宗）、日莲宗（日语为"法华"）。他全面概述了以上新宗派的祖师、信条和制度变迁。但是，大隅和雄强调的是镰仓佛教的性质。他认为，那些新宗派是"革命性的"。其原因在于，佛教经过调整，首次适应日本人的关注，并且在普罗大众中扎根。他的这个观点得到法然和亲鸾这两位高僧的净土宗学说的支撑。法然和亲鸾宣传的教义宣称，解脱并不局限于接受过宗教训练的人。大隅和雄特别提到，普罗大众首次能够通过吟诵简单经文或者笃信，在来世达到心性升华的境界。他还注意到，日莲宗通过主张一种"今生"解脱形式，可以为日常生活提供引导和希望，因此其学说也吸引了普通人。根据大隅和

25

---

[1]　参见 Ruch (1977)。

雄的观点，其他宗教学说也将佛教和形形色色的通俗信念和做法融合起来。例如，一遍上人（1239—1289 年）将神道的许多做法融入自己的宗教学说中，让它们与普通人的精神倾向趋于一致。

此外，大隅和雄还讨论了新宗教给传统佛教带来的影响。传统佛教宗派的最初反应是迫害，这种做法迫使镰仓新宗派的创始者们流亡多年。但是，新宗派的存在后来起到了催化剂作用，促进了传统佛教的复兴。因此，按照大隅和雄的判断，镰仓佛教起到刺激作用，促使传统宗派重新自我评估，改变原来的宗派倾向。总之，大隅和雄认为有理由得到这样的结论：发生在镰仓时代的那一场宗教革命不仅创立了佛教的新宗派，而且改造了原来的宗派。[1]

《禅宗与五山》由马丁·科尔克特撰写。科尔克特不但出版了关于这个课题的一本重要著作，而且完成了中世时期制度史和宗教史的标志性研究项目。他在这一章就日本禅宗提供了有洞察力的历史叙述，从禅宗在飞鸟时代（538—710 年）传入日本开始，贯穿整个室町时代。该章的第一部分讨论了禅宗（日语为"禅"）从中国传来的情况。在镰仓时代之前，这个过程带有零星传播的特征。但是，日本人在镰仓时代对禅宗的兴趣猛然高涨。科尔克特认为，其原因有三点：第一，传统佛教明显衰落；第二，人们纷纷相信末法；第三，禅在中国的宋朝大行其道。当时，许多日本僧侣前往中国修行，其中包括临济宗和曹洞宗的祖师（容西和道元）。科尔克特估计，到 14 世纪初期为止，日本寺院中的禅宗修持可能与中国寺院中的非常相似。

第二部分介绍了禅宗在制度方面的发展。根据科尔克特的观点，镰仓时代的北条氏和守护支持禅宗的原因除了精神方面的兴趣之外，还有文化、政治和社会因素等诸多方面的原因。科尔克特指出，上述原因保持不变，一直延续到室町时代。他写道，14 世纪中叶足利尊氏决定修建安国寺（意为"护佑国家和平的寺院"）。后来，在一位很有影响力的临济宗僧侣梦窗疏石的催促下，安国寺落成。梦窗疏石迫切希望弥合互相竞争的南北朝廷支持者之间的裂痕，安抚后醍醐天皇焦躁不安的情绪。科尔克特接着探讨了足利尊氏和梦窗疏石这样做的动机。

接着，科尔克特描述了临济宗的五山网状结构（全国各地寺院形成的三级位

---

[1] 参见 Bloom (1965)；Kitagawa (1966)；Kuroda (1981)；Matsunaga (1969)；Rodd (1980) 以及 Weinstein (1977)。

阶）和其他制度性网状结构，包括临济宗的大应派和官寺禅派、曹洞宗的组织结构。根据各自施主的情况，那些寺院的财富上浮下沉。一个典型例子是，伴随室町幕府的政治力量波动，五山的财富随之增减。科尔克特因此指出，并不令人惊讶的是，当财务支持枯竭时，五山寺院在应仁之乱中元气大伤，僧侣们遭到驱离，土地被尽数没收。

在该章的最后一部分，科尔克特谈到了日本传统禅宗的多样化收入来源（庄园收入、捐赠、朝拜费、"座"的赞助、药费、放贷利息），论述了禅宗在中世社会和文化中的地位。他认为，禅宗在中世起到多种作用。例如，除了给予精神和文化引导之外，禅宗僧侣还扮演外交人员和政治顾问的角色，为遭受饥荒的灾民祈福，为亡灵举办超度仪式等等。此外，禅宗寺院还培养武士家庭的子女，从事贷款业务，组织福利活动。科尔克特得出的结论是，足利家族认为，五山制度一有利于国家集权，二有利于对地方的监控。[1]

结语

马斯写道，如今出现了"一个新的趋势，去重新评价，有时甚至质疑日本历史研究人员得出的结论"，并且将此概括为"西方人对日本中世研究的一个重要新特征"。他还指出：

> 这并不仅仅意味着"从外国人的视角"考察历史事件和制度。更确切地说，这是使用得出那些结论的同样材料，重新考察历史事件和制度。当然，西方人还没有能力在这个领域中取得长足进展。但是，对使用二手材料然后进行简单阐释的做法，学界已经出现了真正感到不满的迹象。西方学界要赢得日本历史研究人员的尊敬，必须掌握日本同行使用的资料，并且对自己的创新能力表现出更大信心。[2]

但是，新田英治在评述《日本的朝廷与幕府》（马斯编辑该书并且提出了上

---

[1]　参见 Akamatsu (1977)；Collcutt (1981, 1982b)；Dumoulin (1969)；Kitagawa (1966)；Suzuki (1973) 以及 Varley (1981)。
[2]　参见 Mass (1982a)，第 xvi 页。

述观点）的过程中，写道：

> 在编者引言中，马斯为美国人研究日本中世史提供了指南，认为使用原始文献的实际能力十分重要，与保持原创性和进行概括的能力不相上下。但是，本书读者在这些文章中发现的总体特征是，撰稿者的描述往往流于泛泛而谈的陈述，而不是货真价实的概括。这样一来，本书中有些文章在很大程度上受到日本学者的影响。因此，对希望看到日本学者的研究中没有的新颖或不同观点的人来说，这一点不能令人满意。其原因或许在于，就镰仓时代这片"森林"而言，研究日本中世史的美国学者尚未绘制出自己的地图。这片森林树木茂密，这就是说，存在许多从原始文献中选择出来的历史事实。美国学者仔细审视了日本研究人员绘制的地图，正在为进入这片森林作出努力。但是，他们还没有能力绘制自己的地图。[1]

我将马斯和新田英治对美国学界就日本中世时期的评价进行对比。此举提供了一条重要线索，有助于评估西方史料编撰界关于日本中世时期研究的现状。例如，马斯认为西方学者有能力质疑日本历史研究人员得出的相关结论，这一点他现在可以辨识出来。但是，对于马斯的有保留的评价，新田英治不但提出了相当严厉的回应，而且公开表示说，美国学者没有就那片森林绘制自己的地图，看见的只有零星的大树。一个明显的证据是，他们提出的往往是"概括性陈述"，而不是"正确的概括"。

严格说来，两人的评价并不矛盾，然而其基调却大相径庭。我认为，就西方史料编撰的现状而言，两人之间的差异所揭示的问题意义重大，应归于一点：就对"示意图"和"正确概括"的理解而言，日本专家与西方历史研究人员各执己见。正如我在前文中描述日本史料编撰的情况时所述，日本学者就史料编撰的大量问题进行了辩论。但是，他们的研究具体说来并不局限于制度史。他们依据的示意图的基础是，日本学界用迄今为止积累的知识勾画出来的"面积"和"等高线"。那幅示意图的纬度和经度基本上由马克思主义的分析框架界定，使用它的

---

[1] 新田英治的评论发表在《日本研究学刊》1984年第10期上第515页。我并没有暗示，那一篇评论表达的观点准确反映了新田英治教授关于史料编撰的总体方法。我在引用该评论的过程中还假设，这篇英语评论表达的观点准确地传达了日语原文的意思。

日本历史研究人员可能不再认为，他们辩论的议题及提出的问题全都源于马克思主义分析框架。这就是说，新田英治所用的"正确概括方法"意味着，它是广义的马克思主义分析框架之内有意义的笼统评述。

西方学者认为的"地图"与之不同。正如大多数西方学者最近发表的研究成果所示，就地图的"面积"和"等高线"而言，每位研究日本中世时期的专家所用的地图与其他人所用的很难出现重叠。具体说来，在战前以及战后数十年里，专家们将比较角度用作分析基础，对封建主义的兴衰进行研究。对于这个问题，现在感兴趣的学者寥寥可数。　29

霍尔分析日本历史，将其视为家族体系的不断展开的过程；相比之下，马斯认为，镰仓幕府是活生生的双头分权政府，通过对比具有革命性的新力量与过去留下的遗产，可以辨识它的实质。我们阅读别的专家撰写的关于中世时期的制度史和其他历史的各个方面的著作，可以清楚地看到，每位学者都有自己的地图，有的是内部一致的范式，有的是对历史的阐释性看法，其目的都是为了满足具体分析的需要。

由此可见，在每位学者选择的地图的视野之内，他们提出的概括性陈述都是有意义的。换言之，西方学者享有选择分析框架的自由。这就是说，他们可以自由地提出新问题，并且以种种新颖方式一一进行回答。日本学者们共有可以形成"正确概括表述"的地图，不过它们仅仅限于共有地图的框架之内。每位西方历史研究人员可以自由地提出自己选择的问题。他们拥有的视野可以使其综观日本历史，创造逻辑上一致的解释性分析范式。在他们手中，这种自由是创造性学术研究的源泉。

但是，在某些例子中，这样的自由可能并且已被误用或滥用。其原因在于，拥有这样的自由可被误读为肆意扩大研究活动的特许，寻找构想拙劣、缺乏实质性历史观的分析基础。此类做法可以导致欠缺意义和兴趣的研究。由此可见，也许更准确的做法是，我们可以这样重新表述前面谈到的问题：研究中世时期的西方学者肩负重担，摒弃马克思主义分析，摒弃对封建主义进行比较研究提供的分析基础，力求逐步形成自己对那段日本史的分析方法。这一挑战可能面临很高风险，导致思路狭窄、意义甚小的著述。但是，新的研究力量已经进入这个领域，并且在西方出版了许多学术著作，其原因正是在于提出了这一挑战。

马斯认为，西方学者已经开始重新评估甚至质疑日本人进行的研究。新田英治则认为，西方学者撰写的某些著述依然深受日本学者的影响。这两种说法发现的东西基本上异曲同工。这就是说，他们两人表达的观点都是正确的：当今绝大

30 部分西方学者的研究仍旧依赖日本同行的成果；在可以预见的将来，这种情况肯定将会继续下去，而且是不可避免的。其原因在于，日语撰写的文献卷帙浩繁，日本从事中世研究的学者数量很大，日本学者在语言技能方面具有较大优势。

但是，我们也应指出：正如马斯所说的，当下的西方学术研究已经足够成熟，对日本学者提供的阐释和分析，可以开始质疑和重新评价，可以提出不同看法。重新评估和重新阐释可以采取多种形式。如果日本学者抛开马克思主义的词语和观念，重述历史事件或发展进程，而且其表述形式具有内在一致性，容易被西方学者理解，那么，西方学者可以就日本学术研究进行有意义的重新评价。如果以特定的范式为基础，重新解释具体的历史事件，就可以促进我们对该事件的认识。这样的解释可能显得乏善可陈，然而也能提供宝贵的见解，帮助别的学者，让他们在更全面的分析框架的基础上借鉴这样的研究结果。这样的重新阐释可被视为有用的史料编撰贡献。

对新田英治和许多日本学者而言，西方学者提供的重新评估和阐释可能难以避开日本学者的影响，可能被视为缺乏独创性的东西。但是，此类重新表述可以提升对日本中世史的认识，应被视为对西方学术进步的可贵贡献。同理，如果发现一个历史事件的成因与日本学者普遍接受的不同，无论两者之间的差异多么微妙，无论它对整个历史变迁的意义多么有限，这样的发现也应视为具有独创性的贡献。我在此提出的观点是：第一，更多西方学者现在已经具备能力，能够进行此类重新评估，做出具有独创性的贡献；第二，有些西方学者正以颇有意义的方式质疑日本学者的某些史料编撰内容。

在促成西方相关学术研究的发展过程中，有一个重要的要素：西方学者使用一手资料的能力逐渐增强。科尔克特、霍尔、鲁赫、瓦利以及其他许多学者的成果表明，为了对史料编撰做出原创性贡献，没有什么做法可以代替对一手资料的使用。但是，我们同时应该指出，这个领域初创不久，根据大多数学术研究标准判断，进展依然缓慢。因此，对其发展而言，多种形式的学术贡献也是必要的。

31 这意味着，我们应该欢迎基于二手资料的"综合性"研究。这样的研究常常也是有价值的，有助于重新阐释，特别是整合已知的历史事件、历史进展和现存的阐释。这个领域应该承认专业人士和非专业人进行的此类尝试的效用。对所

有对日本中世时期历史感兴趣的人来说，他们提供的描述性成果和阐释性成果
都是有用的。

在研究日本中世时期历史的过程中，应该平衡专家和非专家的需要。否则，
专家有可能满足于研究日语原文资料，有可能发现意义十分有限的东西。另一
方面，专家们劳神费力，一点一点地填补这个领域中的空白。如果非专家相信，
没有专家的艰苦工作，也能在这个领域中取得名副其实的进展，其结果将会形成
误导。

在结束引言之际，我希望补充一点：西方人对日本中世时期历史的研究仍旧
处于初创阶段，专家屈指可数，但不乏进行长期研究的课题和问题。本书读者不
用花费多大力气，便可提出希望专家继续研究的课题。因此，对于从事制度研究
的学者来说，特别是对中世时期的社会史、文化史和经济史（从事这三个方面研
究的专家屈指可数）感兴趣的人来说，这项任务才刚刚启动。

附录：中世时期年表

重大政治事件和发展 [a、c]	重大社会文化和经济 发展 [a、c]	重大国际事件和发展 [a-c]
镰仓时代之前（1185 年之前）		
10 世纪　武士阶层崛起	11 世纪　京都的工匠得 到保护；出现了"座"（8）	1066 年　诺曼征服 英格兰
	11 世纪　京都出现了 市场（8）	
	12 世纪　工匠开始与 自耕农做生意（8）	
11 世纪末—12 世纪初 庄园制度在全日本出现	1127 年　宫廷选集中 首次出现连歌	

重大政治事件和发展 [a、c]	重大社会文化和经济发展 [a、c]	重大国际事件和发展 [a-c]
1150—1200 年　平氏和源氏变得强大	1151 年和 1163 年　京都分别遭遇大火	1127—1279 年　中国的南宋
1156 年　保元之乱：源氏挑战平氏在宫廷的地位，结果遭到失败		
1159 年　平治之乱：源氏再次被平氏击败（1）	1163 年　平清盛修建莲华王院（又称三十三间堂寺院）	
	1168 年　容西访问中国	
1167 年　平清盛在宫廷中获得最高权力		
		12 世纪—13 世纪初　进口大量北宋和南宋钱币
	12 世纪 70 年代末—12 世纪 80 年代初　京都经历大火、饥荒和地震（10）	
	1175 年　法然创立净土宗	
1180 年　源赖朝在镰仓建立基地		
1180—1185 年　源平合战：源氏战胜平氏		
1181 年　平清盛去世	1181 年　京都大饥荒	

重大政治事件和发展 [a、c]	重大社会文化和经济发展 [a、c]	重大国际事件和发展 [a-c]

镰仓时代（1185—1333 年）

重大政治事件和发展 [a、c]	重大社会文化和经济发展 [a、c]	重大国际事件和发展 [a-c]
1184—1186 年　任命本补地头	1185 年前后　《保元物语》和《平治物语》问世	
	1187 年　藤原俊成编撰《千载和歌集》	1189 年　南宋试图禁止宋朝钱币外流
	12 世纪末　宫廷下令禁止使用钱币（8）	12 世纪 90 年代开始首次十字军东征
	1191 年　容西引进临济宗教义	
1192 年　源赖朝受封将军（1）		
1192 年　源赖朝任命守护（1）		
1992 年　御家人首次出现（1）		
1992 年　源赖朝去世		
	12 世纪末　引入禅宗思想、坐禅、寺院形式（10,11,13）	
	1200—1207 年　幕府将狂热的净土宗团体逐出镰仓	
	1201—1208 年　编撰第八部宫廷选集《新古今和歌集》	
1203 年　确定执权，北条崛起（1）	13 世纪初　幕府批准在镰仓设立市场（8）	

重大政治事件和发展 [a、c]	重大社会文化和经济发展 [a、c]	重大国际事件和发展 [a-c]
	13 世纪初 法制进一步发展；起诉地头的案件增加（1,6）	
13 世纪初 后鸟羽天皇组建私家军队，后来向镰仓政权提出挑战	13 世纪初 《平家物语》问世（10）	
	13 世纪初 钱币作为交易媒介的使用增加（7）	
	1207 年 法然、亲鸾和其他人被逐出京都（12）	
	1212 年 鸭长明创作《方丈记》	1215 年 英格兰签署《大宪章》
1219 年 源实朝将军遭到暗杀	1220 年 慈丹（円）的《愚管抄》问世	
1221 年 承久之乱：后鸟羽天皇及不满的武士向幕府提出挑战,后以失败告终（1）		
1221 年 京都建立幕府代表官邸（六波罗探题）；新补地头接管承久之乱后被没收的土地		
		1223 年 文献中首次提及海盗（倭寇）（9）
	1224 年 亲鸾创建净土真言宗	

33

重大政治事件和发展 a、c	重大社会文化和经济发展 a、c	重大国际事件和发展 a-c
1226 年　设立评定众和连署		
1227 年　幕府命令守护镇压西部的恶党活动	1227 年　道元从中国引入曹洞宗	
1230 年　禁止新设庄园		
	1231 年　大饥荒	
1232 年　颁布《贞永式目》和《御成败式目》（1）	1232 年　藤原定家将《新敕撰和歌》呈交天皇；在镰仓修建港口以便船只停靠，成为内外贸易基地(9)	
1239 年　幕府禁止僧侣、商贩和放贷者担任地头的代表（8）E	1239 年　幕府在东部各令制国使用钱币	
	1241 年　圆尔辨圆从中国返回，对日本宗教和艺术作出重大贡献（9）	
1249 年　设立引付众		
	13 世纪中叶　更多中国禅师来日本讲授禅宗；佛教教义传播给武士和普通民众（13）；创作《源平盛衰记》；北条在镰仓设立"座"	13 世纪中叶　中国试图禁止出口钱币，禁止日本船只停靠（8）E；成吉思汗建立欧亚帝国
	1253 年　日莲创立日莲宗（12）	
	1259 年　许多地方出现饥荒	

重大政治事件和发展[a、c]	重大社会文化和经济发展[a、c]	重大国际事件和发展[a-c]
1264 年　幕府削减前往中国的船只数量（9）	13 世纪中叶至后期　钱币在大城市中成为主要贸易媒介；商贩和放贷者在京都普遍存在（8）	
1266 年　忽必烈汗寻求与日本建立关系（3,9）	13 世纪后期　五山制度形成（13）	
1268 年，蒙古使节抵达日本（3）		1271—1295 年　马可·波罗访问中国
1272 年后　幕府命令更新《大田文》，重估稻田所有权　E		
1274 年　蒙古人首次入侵日本（文永之役）（3）	1280 年　阿佛尼的《十六夜日记》问世	
1281 年　蒙古人二次入侵		
1284 年　将军颁布免债令，免除家臣的债务（3,8）E		
1285 年　发生霜月骚乱，得宗的专权统治开始（3）		蒙古入侵后时期：日本商船扩张　E
13 世纪后期，土一揆扩展，自耕农采取统一行动（6,8）		
1293 年　平禅门之乱：摄政王杀死平赖纲及其同情者（3）；幕府设立镇西探题		
1297 年　幕府颁布《德政令》	1306 年　日本海盗船开始	

重大政治事件和发展 [a、c]	重大社会文化和经济发展 [a、c]	重大国际事件和发展 [a-c]
1301 年 幕府实施轮流继位（3）	与中国贸易	
	镰仓时代晚期：市场和港口网形成以适应商业发展（8）	
镰仓时代晚期 恶党造成的问题日益严重		
14 世纪 守护控制公地的现象十分遍及	14 世纪初 收费路障扩展（8）	
	1312 年 和歌集《玉露》完成	
1321 年 后醍醐天皇废除院政，亲自管理国事（6）	14 世纪 30 年代 吉田兼好的《徒然草》问世（13）	
1331 年 元弘之乱：密谋者被捕		
1332 年 后醍醐天皇被流放到隐歧	1333—1384 年 观阿弥在足利义满的赞助下发展了能剧	
1333 年 镰仓幕府被推翻（3,4）		
1333—1336 年 建武复辟：后醍醐天皇试图恢复直接统治	14 世纪初 地头发展，自治程度增强（6）	镰仓后期/南北朝时代：幕府同意商船到中国元朝，以便修建寺院和神社
	14 世纪 司记结构被弱化；连续的地方力量基础形成（6）P	

室町时代（1336—1467 年）

1336 年 足利尊氏打败后醍醐天皇的军队	1336—1395 年 守护大名兴起，守护的权力扩大（4,6）	
1336 年 室町幕府颁布其法典《建武式目》		

重大政治事件和发展 [a、c]	重大社会文化和经济发展 [a、c]	重大国际事件和发展 [a-c]
1338 年 足利尊氏任将军，幕府定在京都 1336—1392 年 南北朝时代：南北两个朝廷各自宣称具有合法性 室町：地头开始单一继承人做法，让农民领袖成为家臣（6）	1338 年 京都取代镰仓，成为足利尊氏治下禅宗的中心（10） 南北朝："座"在乡村中出现（8） 室町早期：半济法确定武士既得的土地利益（4,5,6）P 1339—1343 年 北畠亲房的《神皇正统记》及其他类似意图的作品问世（4,10） 室町：寝殿造住宅风格被书院风格取代 1342 年 幕府建立五山十刹制度	
1348 年 楠木正行在四条畷之战中阵亡 南北朝后期：国人集中起来，击败幕府任命的守护 1352 年 幕府在尾见、美浓和尾张实施半济法 1358 年 足利尊氏去世 1368 年 足利义满成为征夷大将军 室町：开始分散守护的权力（5）E	1356 年 二条良基和救济创作皇室供养的首部连歌集《菟玖波集》（10） 1367 幕府强征栋别钱，在京都设立医院 14 世纪中叶 日本各地实际上使用算数（8） 1371 年 幕府在京都的酒坊和土仓征税，在许多地方收取段钱，用于天皇即位庆典	1347 年 黑死病横扫欧洲 1350 年 倭寇的袭击实际开始 1366 年 高丽使节要求幕府抑制倭寇

36

重大政治事件和发展 [a、c]	重大社会文化和经济发展 [a、c]	重大国际事件和发展 [a-c]
	1371 年（？）《太平记》完成	1368—1644 年 中国明朝（9）
	1376 年 《增镜》问世，作者可能是二条良基	1369—1370 年 明朝派出使节，意与日本建立关系
	1381 年 军队贵族的官署花之御所建成	
	1386 年 幕府完成对五山十刹的分级，选择南禅寺为等级最高的寺院	1378，1380 年 足利义满派往明朝的使节遭到拒绝
	14 世纪晚期 对五山的中国化达到巅峰	1383 年 日本放弃了与明朝建立关系的尝试
1391—1392 年 明德之乱：幕府镇压试图推翻幕府的力量；巩固了幕府在全国的统治		
1392 年 幕府让南北朝廷实现和解	1392—1467 年 北山时代：朝廷、将军和守护之间出现稳定的平衡；足利义满建造京都的金阁寺（1397 年）；能剧、狂言和墨绘获得发展（4）	1392 年 高丽王朝垮台
	1393 年 幕府宣布酒坊和土仓必须支付政所的开支，不再向文官保护者支付费用	
1394 年 足利义满辞去将军职务，成为太政大臣		

重大政治事件和发展[a、c]	重大社会文化和经济发展[a、c]	重大国际事件和发展[a-c]
1399 年　应永之乱：大内义弘在堺城战死		1394 年　九州探题遣返被捕的 600 名朝鲜人
	14 世纪末—15 世纪初在足利义满的资助下，世阿弥（1363—1443 年）让能剧成为精美艺术	1397 年　幕府与朝鲜建立正式关系
	14 世纪晚期　水彩风景画大师雪舟（1420—1506 年）发展了日本风格	
1401 年　町组（集镇居民的内部治安组织）在京都兴起	15 世纪　茶道成为严肃行当	
1408 年　足利义满去世		1404 年　官方开始与中国进行勘合贸易（9）；向朝鲜派遣使节
		1408 年　足利义持将军中断与中国明朝的关系
		1418 年　日本与朝鲜之间的勘合贸易有首次记录
		1419 年　应永外寇：进攻对马的朝鲜人被击退
		1423 年　琉球与日本的贸易开始
1428 年　京畿人要求幕府实施德政		
	1431 年　大饥荒导致京都死者众多；强令出售稻米	
1432 年　足利义教破坏足利家族的镰仓分支（4）		1433 年　恢复对中国明朝勘合贸易

重大政治事件和发展 [a、c]	重大社会文化和经济发展 [a、c]	重大国际事件和发展 [a-c]
1439 年　永享之乱：幕府军队杀死关东公方足利持氏	1439 年　最后一部皇室选集完成	
1441 年　嘉吉之乱：足利义教被暗杀，强势幕府统治结束（4）	15 世纪　更多宗教机构成为放贷者（6）P	
1447 年　土一揆毁坏京都部分区域	15 世纪 40 年代　疫病爆发	
	1445 年　禁止幕府武士典当或出售土地	
1449、1457 年　足利家族试图在关东组建幕府分支的努力失败（4）	15 世纪中叶　守护大名可以通过收取段钱，增加税收	
	15 世纪 50 年代　饥荒在各地蔓延导致民众死亡（4）	
15 世纪中叶　乡村自治	15 世纪中叶　一条兼良（1402—1481 年），获封朝廷最高职位的学者，著述颇丰，在文学、中国典籍以及历史研究方面贡献很大。	1451 年　明朝将日本的朝贡减为 10 年一次 莱昂纳多·达·芬奇（1452—1519 年）
1454 年　京都陷入前所未有的混乱		1452 年　谷登堡版《圣经》在梅因茨印刷
	1459 年　全国大饥荒	
1462 年　几名守护联手镇压京都的主要德政一揆活动	1461 年　饥荒导致的疾病在全国蔓延	38

重大政治事件和发展 [a、c]	重大社会文化和经济发展 [a、c]	重大国际事件和发展 [a-c]
	15、16 世纪　曹洞宗在全国传播（13）	
1467 年　应仁之乱开始：京都被毁		
	战国时代（1467—1568 年）	
	1467—1568 年　东山时代：艺术文化在足利义政的银阁寺中繁荣发展	
1475 年　加贺和山城发生一揆	1471 年　莲如在越前修建道场	
1477 年　应仁之乱结束	15 世纪后期　能阿弥发展了茶道；武野绍鸥（1502—1555 年）和千利休（1522—1591 年）将它进一步完善	
15 世纪 80 年代　守护大名与幕府结构脱钩，成为战国大名		
1485 年　山城国爆发一揆，后于 1493 年遭镇压		
1487 年　加贺一向一揆倔强抵抗守护军队		
	1490 年　京都和山城爆发德政一揆	
	1491—1500 年　全国各地爆发饥荒和疾病；京都大火烧毁 2.5 万栋房屋	1492 年　哥伦布抵达美洲

重大政治事件和发展 [a、c]	重大社会文化和经济发展 [a、c]	重大国际事件和发展 [a-c]
	15世纪末—16世纪　应仁之乱之后急需对禅宗提供经济支持（13）	1510年　中断与朝鲜的贸易
	1500年　幕府禁止商贩的撰钱令	1512年　恢复与朝鲜的贸易
	16世纪　禅宗对艺术产生重大影响（10）；通过中国和朝鲜，从印度进口棉花	[1517年　德国的宗教改革开始]
1506年　一向一揆在加贺、能登等地爆发		
1509年　土一揆在山门和山城爆发		[1522年　麦哲伦率水手们完成环球航行]
1531年　一向一揆在加贺出现	16世纪40年代　全国出现大饥荒	
1541年　葡萄牙人抵达九州；枪支被引入		1547年　最后一艘勘合贸易船派往中国
1549年　圣方济各·沙勿略登上鹿儿岛，开始传教	16世纪50年代　浮世绘问世	
1562年　织田信长与德川家康结成联盟	1568年　织田信长在加野颁布命令，拆除各地的收费关卡	16世纪中叶　与琉球的贸易崩溃
		1565年　红薯引入英格兰；随后于1605年引入日本
1573年　织田信长攻占京都	1569年　织田信长颁布撰钱令	
		[1571年　西班牙占领菲律宾]

39

重大政治事件和发展 [a, c]	重大社会文化和经济发展 [a, c]	重大国际事件和发展 [a-c]
1573年 织田信长将足利义昭将军逐出京都 1588年 遭到流放的足利义昭将军隐退		

a. 括号内的数字表示本书的章，供读者进一步参考，例如，（4）表示约翰·W.霍尔撰写的第4章。

b. [ ] 中表示的是发生在西方的进展，仅供参考。

c. 条目中的英语大写字母 P、E、C、I 分别表示，该条目除了标题所在范畴之外，还有政治、经济、文化或国际方面的意义。

参考文献精选

Akamatsu Toshihide, with Phillip Yampolsky. 1977. "Muromachi Zen and the Gozan System." In John W. Hall and Takeshi Toyoda, eds., *Japan in the Muromachi Age.* Berkeley and Los Angeles: University of California Press, pp.313–331.

Arnesen, Peter J. 1985. "The Provincial Vassals of Muromachi Shoguns." In Jeffrey P.Mass and William B. Hauser, eds., *The Bakufu in Japanese History.* Stanford, Calif.: Stanford University Press, pp.99–129.

1984. "The Struggle for Lordship in Late Heian Japan: The Case of Aki." *Journal of Japanese Studies* 10: 101–141.

1982. "Suo Province in the Age of Kamakura." In Jeffrey P. Mass, ed., *Court and Bakufu in Japan: Essays in Kamakura History.* New Haven, Conn.: Yale University Press, pp.92–120.

1979. *The Medieval Japanese Daimyo: The Ouchi Family's Rule of Suo and Nagato.* New Haven, Conn.: Yale University Press.

Berry, Mary Elizabeth. 1987. "Review of *The Bakufu in Japanese History,* edited by Jeffrey P. Mass and William B. Hauser." *Journal of Japanese Studies* 13: 186–194.

Bloom, Alfred. 1965. *Shinran's Gospel of Pure Grace.* Tucson: University of Arizona Press.

Boxer, Charles R. 1974. *The Christian Century in Japan, 1549–1650*. Berkeley and Los Angeles: University of California Press.

Brazell, Karen, trans. 1973. *The Confessions of Lady Nijo*. Garden City, N.Y.: Anchor Books.

　　1971. "Towazugatari, Autobiography of a Kamakura Court Lady." *Harvard Journal of Asiatic Studies* 31: 220–333.

Brown, Delmer M. 1951. *Money Economy in Medieval Japan: A Case Study in the Use of Coins*. New Haven, Conn.: Yale University Press.

Brown, Delmer, and Ichiro Ishida, eds. 1979. *The Future and the Past: A Translation of Gukansho: An Interpretive History of Japan Written in 1219*. Berkeley and Los Angeles: University of California Press.

Butler, Kenneth. 1969. "Heike Monogatari and the Japanese Warrior Ethic." *Harvard Journal of Asiatic Studies* 29: 93–108.

Collcutt, Martin. 1982a. "Kings of Japan? The Political Authority of the Ashikaga Shoguns." *Monumenta Nipponica* 37: 523–530.

　　1982b. "The Zen Monastery in Kamakura Society." In Jeffrey P.Mass, ed., *Court and Bakufu in Japan: Essays in Kamakura History*, New Haven, Conn.: Yale University Press, pp. 191–221.

　　1981. *Five Mountains: The Rinzai Zen Monastic Institution in Medieval Japan*. Cambridge, Mass.: Harvard University Press.

Davis, David L. 1974. "Ikki in Late Medieval Japan." In John W. Hall and Jeffrey P. Mass, eds., *Medieval Japan: Essays in Institutional History*. New Haven, Conn.: Yale University Press, pp.221–247.

Dumoulin, Heinrich. 1969. *A History of Zen Buddhism*. Boston: Beacon Press.

Elison, George, and Bardwell L. Smith. 1981. *Warlords, Artists, and Commoners: Japan in the 16th Century*. Honolulu: University of Hawaii Press.

Gay, Suzanne. 1985. "Muromachi Rule in Kyoto: Administrative and Judicial Aspects." In Jeffrey P. Mass and William B. Hauser, eds., *The Bakufu in Japanese History*. Stanford, Calif.: Stanford University Press, pp.49–66.

Goble, Andrew. 1985. "The Kamakura Bakufu and Its Officials." In Jeffrey P. Mass and

William B. Hauser, eds., *The Bakufu in Japanese History*. Stanford, Calif.: Stanford University Press, pp.31–49.

1982. "Hojo and Consultative Government." In Jeffrey P. Mass, ed., *Court and Bakufu in Japan: Essays in Kamakura History*. New Haven, Conn.: Yale University Press, pp.168–190.

Grossberg, Kenneth A. 1981a. *Japan's Renaissance: Politics of the Muromachi Bakufu*. Cambridge, Mass.: Harvard University Press.

1981b. *The Laws of the Muromachi Bakufu*. Tokyo: Sophia University Press.

Hall, John W. 1985. "Reflections on Murakami Yasusuke's 'Ie Society As a Pattern of Civilization.'" *Journal of Japanese Studies* 11: 47–56.

1983. "Terms and Concepts in Japanese Medieval History: An Inquiry into the Problems of Translation." *Journal of Japanese Studies* 9: 1–32.

1981. "Japan's 16th Century Revolution." In George Elison and Bardwell L. Smith, eds., *Warlords, Artists, and Commoners*. Honolulu: University of Hawaii Press, pp.7–21.

1977. "Muromachi Power Structure." In John W. Hall and Takeshi Toyoda, eds., *Japan in the Muromachi Age*. Berkeley and Los Angeles: University of California Press, pp.39–44.

1974. "Kyoto As Historical Background." In John W. Hall and Jeffrey P.Mass, eds., *Medieval Japan: Essays in Institutional History*. New Haven, Conn.: Yale University Press, pp.3–38.

1968. "Feudalism in Japan: A Reassessment." In John W. Hall and Marius B. Jansen, eds., *Studies in the Institutional History of Early Modern Japan*. Princeton,N.J.: Princeton University Press, pp.15–55.

1966. *Government and Local Power in Japan 500–1700: A Study Based on Bizen Province*. Princeton, N.J.: Princeton University Press.

Hall, John W., and Jeffrey P.Mass, eds. 1974. *Medieval Japan: Essays in Institutional History*. New Haven, Conn.: Yale University Press.

Hall, John W., Keiji Nagahara, and Kozo Yamamura, eds. 1981. *Japan Before Tokugawa: Political Consolidation and Economic Growth. 1500–1650*. Princeton, N.J.:

Princeton University Press.

Hall, John W., and Takeshi Toyoda, eds. 1977. *Japan in the Muromachi Age.* Berkeley and Los Angeles: University of California Press.

Harrington, Lorraine F. 1985. "Regional Outposts of Muromachi Bakufu Rule: The Kanto and Kyushu." In Jeffrey P. Mass and William B. Hauser, eds., *The Bakufu in Japanese History.* Stanford, Calif.: Stanford University Press, pp.66–99.

1982. "Social Control and the Significance of the Akuto." In Jeffrey P. Mass, ed., *Court and Bakufu in Japan: Essays in Kamakura History.* New Haven, Conn.: Yale University Press, pp.221–250.

Hayashi Tatsusaburo, with George Elison. 1977. "Kyoto in the Muromachi Age." In John W. Hall and Takeshi Toyoda, eds., *Japan in the Muromachi Age.* Berkeley and Los Angeles: University of California Press, pp.15–37.

Hori Kyotsu. 1974. "Economic and Political Effects of the Mongol Wars." In John W. Hall and Jeffrey P.Mass, eds., *Medieval Japan: Essays in Institutional History.* New Haven, Conn.: Yale University Press, pp.184–200.

Hurst, G. Cameron III. 1982. "The Kobu Polity: Court-Bakufu Relations in Kamakura Japan." In Jeffrey P.Mass, ed., *Court and Bakufu in Japan: Essays in Kamakura History.* New Haven, Conn.: Yale University Press, pp.3–28.

1974. "Development of Insei: A Problem in Japanese History and Historiography." In John W. Hall and Jeffrey P. Mass, eds., *Medieval Japan: Essays in Institutional History.* New Haven, Conn.: Yale University Press, pp.60–90.

Ito Teiji, with Paul Norograd. 1977. "Development of the Shoin Style of Architecture." In John W. Hall and Takeshi Toyoda, eds., *Japan in the Muromachi Age.*Berkeley and Los Angeles: University of California Press, pp.227–240.

Katsumata Shizuo, with Martin Collcutt. 1981. "Development of Sengoku Law." In John W. Hall, Keiji Nagahara, and Kozo Yamamura, eds., *Japan Before Tokugawa.* Princeton, N.J.: Princeton University Press, pp.101–125.

Kawai Kazuo, with Kenneth A. Grossberg. 1977. "Shogun and Shugo: The Provincial Aspects of Muromachi Politics." In John W. Hall and Takeshi Toyoda, eds., *Japan in the Muromachi Age.* Berkeley and Los Angeles: University of California Press, pp.65–87.

Keene, Donald. 1977. "Comic Tradition in Renga." In John W. Hall and Takeshi Toyoda, eds., *Japan in the Muromachi Age*. Berkeley and Los Angeles: University of California Press, pp.241–278.

Kiley, Cornelius. 1982. "The Imperial Court As a Legal Authority in the Kamakura Age." In Jeffrey P.Mass, ed., *Court and Bakufu in Japan: Essays in Kamakura History*. New Haven, Conn.: Yale University Press, pp.29–44.

1974. "Estate and Property in the Late Heian Period." In John W. Hall and Jeffrey P. Mass, eds., *Medieval Japan: Essays in Institutional History*. New Haven, Conn.: Yale University Press, pp.109–124.

Kitagawa, Joseph M. 1966. *Religion in Japanese History*. New York: Columbia University Press.

Kuroda Toshio. 1981. "Shinto in the History of Japanese Religion." *Journal of Japanese Studies* 7: 1–21.

42 Kuwayama Konen, with John W. Hall. 1977. "Bugyonin System: A Closer Look." In John W. Hall and Takeshi Toyoda, eds., *Japan in the Muromachi Age*. Berkeley and Los Angeles: University of California Press, pp.65–86.

Mass, Jeffrey P. 1985. "What Can We Not Know About the Kamakura Bakufu?" In Jeffrey P. Mass and William B. Hauser, eds., *The Bakufu in Japanese History*. Stanford, Calif.: Stanford University Press, pp.13–31.

1983. "Patterns of Provincial Inheritance in Late Heian Japan." *Journal of Japanese Studies* 9: 67–96.

ed. 1982a. *Court and Bakufu in Japan: Essays in Kamakura History*. New Haven,Conn.: Yale University Press.

1982b. "Early Bakufu and Feudalism." In Jeffrey P. Mass, ed., *Court and Bakufu in Japan: Essays in Kamakura History*. New Haven, Conn.: Yale University Press, pp.123–142.

1980. "Translation and Pre-1600 History." *Journal of Japanese Studies* 6: 61–88.

1979. *Development of Kamakura Rule, 1180—1250: A History with Documents*. Stanford, Calif.: Stanford University Press.

1977. "Origins of Kamakura Justice." *Journal of Japanese Studies* 3: 299–322.

1976. *Kamakura Bakufu: A Study in Documents*. Stanford, Calif.: Stanford University Press.

1974a. "Emergence of the Kamakura Bakufu." In John W. Hall and Jeffrey P. Mass, eds., *Medieval Japan: Essays in Institutional History*. New Haven, Conn.: Yale University Press, pp.127–156.

1974b. "Jito Land Possession in the 13th Century: The Case of Shitaji Chubun." In John W. Hall and Jeffrey P. Mass, eds., *Medieval Japan: Essays in Institutional History*. New Haven, Conn.: Yale University Press, pp.157–183.

1974c. *Warrior Government in Early Medieval Japan: A Study of the Kamakura Bakufu, Skugo and Jito*. New Haven, Conn.: Yale University Press.

Mass, Jeffrey P., and William B. Hauser, eds. 1985. *The Bakufu in Japanese History*. Stanford, Calif.: Stanford University Press.

Matsunaga, Alicia. 1969. *The Buddhist Philosophy of Assimilation*. Tokyo and Rutland, Vt.: Sophia University Press and Tuttle.

McCullough, Helen C , trans. 1979. *The Taiheiki: A Chronicle of Medieval Japan*. Rutland, Vt.: Tuttle.

1966. "Yoshitsune: The Historical Figure, the Legend, Yoshitsune Himself." In Helen C. McCullough, ed., *Yoshitsune: A 15th Century Japanese Chronicle*. Tokyo: University of Tokyo Press, pp.3–68.

Miyagawa Mitsuru, with C. J. Kiley. 1977. "Shoen to Chigyo: Proprietory Lordship and the Structure of Local Power." In John W. Hall and Takeshi Toyoda, eds., *Japan in the Muromachi Age*. Berkeley and Los Angeles: University of California Press, pp.89–107.

Morris, V. Dixon. 1977. "Sakai: From Shoen to Port City." In John W. Hall and Takeshi Toyoda, eds., *Japan in the Muromachi Age*. Berkeley and Los Angeles: University of California Press, pp.145–158.

Murakami Yasusuke. 1984. "Ie Society As a Pattern of Civilization." *Journal of Japanese Studies* 10: 281–363.

Murdock, James. 1910. *A History of Japan*. Vol. 1. Kobe: Asiatic Society.

Nagahara, Keiji. 1979. "The Medieval Origins of the Eta-Hinin." *Journal of Japanese Studies* 5: 385–405.

    1975. "Land Ownership Under the *Shoen-Kokugaryo* System." *Journal of Japanese Studies* 1: 269–296.

    1960. "The Social Structure of Early Medieval Japan." *Hitotsubashi Journal of Economics* 1: 90–97.

Nagahara, Keiji, and Kozo Yamamura. 1988. "Shaping the Process of Unification: Technological Progress in Sixteenth- and Seventeenth-Century Japan." *Journal of Japanese Studies* 14: 77–109.

    1981. "Sengoku Daimyo and the Kandaka System." In John W. Hall, Keiji Nagahara, and Kozo Yamamura, eds*., Japan Before Tokugawa.* Princeton, N.J.: Princeton University Press, pp.27–63.

    1977. "Village Communities and Daimyo Power." In John W. Hall and Takeshi Toyoda, eds., *Japan in the Muromachi Age.* Berkeley and Los Angeles: University of California Press, pp.107–123.

Piggott, Joan R. 1982. "Hierarchy and Economics in Early Medieval Todaiji." In Jeffrey P. Mass, ed., *Court andBakufu in Japan: Essays in Kamakura History.* New Haven, Conn.: Yale University Press, pp.45–91.

Reischauer, Edwin O. 1956. "Japanese Feudalism." In R. Coulborn, ed., *Feudalism in History.* Princeton, N.J.: Princeton University Press, pp.26–48.

Rodd, Laurel Rasplica. 1980. *Nichiren: Selected Writings.* Honolulu: University of Hawaii Press.

Rosenfield, John M. 1977. "The Unity of 3 Creeds: A Theme in Japanese Ink Paintings of the 15th Century." In John W. Hall and Takeshi Toyoda, eds., *Japan in the Muromachi Age.* Berkeley and Los Angeles: University of California Press, pp. 205–227.

Ruch, Barbara. 1977. "Medieval Jongleurs and the Making of a National Literature." In John W. Hall and Takeshi Toyoda, eds., *The Muromachi Age in Japanese History.* Berkeley and Los Angeles: University of California Press, pp.279–309.

    1971. "Origins of *The Companion Library:* An Anthology of Medieval Japanese Short

43

Stories." *Journal of Asian Studies* 30: 593−610.

Sansom, George B. 1943. *Japan: A Short Cultural History*. Stanford, Calif.: Stanford University Press.

Sasaki Ginya, with William B. Hauser. 1981. "Sengoku Daimyo Rule and Commerce." In John W. Hall, Keiji Nagahara, and Kozo Yamamura, eds., *Japan Before Tokugawa*. Princeton, N.J.: Princeton University Press, pp.125−148.

Sato, Elizabeth. 1974. "Early Development of the Shoen." In John W. Hall and Jeffrey P. Mass, eds., *Medieval Japan: Essays in Institutional History*. New Haven,Conn.: Yale University Press, pp.91−108.

Sato Shin'ichi, and John W. Hall, 1977. "Ashikaga Shogun and the Muromachi Bakufu Administration." In John W. Hall and Takeshi Toyoda, eds., *Japan in the Muromachi Age*. Berkeley and Los Angeles: University of California Press, pp.45−52.

Shinoda Minoru. 1960. *Founding of the Kamakura Shogunate 1180—1185*. New York: Columbia University Press.

Smith, Bardwell L. 1981. "Japanese Society and Culture in the Momoyama Era: A Bibliographic Essay." In George Elison and Bardell L. Smith, eds., *Warlords, Artists, and Commoners*. Honolulu: University of Hawaii Press, pp.245−279.

Steenstrup, Carl. 1980a. "Pushing the Papers of Kamakura: The Nitty-Grittiest vs. the Grand Sweepers." *Monumenta Nipponica* 35: 337−374.

　1980b. "Sata Mirensho: A 14th Century Law Primer." *Monumenta Nipponica* 35: 405−436.

　1979. *Hojo Shigetoki (1198—1261) and His Role in the History of Political and Ethical Ideas in Japan*. London: Curzon Press.

Sugimoto Masayoshi, and David L. Swain. 1978. *Science and Culture in Traditional Japan,* A.D. 600−1854. Cambridge, Mass.: MIT Press.

Suzuki, D. T. 1973. "Zen and the Samurai." In *Zen and Japanese Culture*. Princeton, N.J.: Princeton University Press.

Takeuchi Rizo. 1982. "Old and New Approaches to Kamakura History." In Jeffrey P. Mass, ed., *Court and Bakufu in Japan: Essays in Kamakura History*. New Haven Conn.: Yale University Press, pp.269−284.

44

Tanaka Takeo, with Robert Sakai. 1977. "Japan's Relations with Overseas Countries." In John W. Hall and Takeshi Toyoda, eds., *Japan in the Muromachi Age*. Berkeley and Los Angeles: University of California Press, pp.159–178.

Toyoda Takeshi and Sugiyama Hiroshi, with V. Dixon Morris. 1977. "Growth of Commerce and Trade." In John W. Hall and Takeshi Toyoda, eds., *Japan in the Muromachi Age*. Berkeley and Los Angeles: University of California, pp.129–144.

Ury, Marian, trans. 1979. *Tales of Times Now Past: 62 Stories from a Medieval Japanese Collection*. Berkeley and Los Angeles: University of California Press. Varley, H. Paul, 1984. *Japanese Culture*. 3rd ed. Honolulu: University of Hawaii Press.

1982. "The Hojo Family and Succession to Power." In Jeffrey P.Mass, ed., *Court and Bakufu in Japan: Essays in Kamakura History*. New Haven, Conn.: Yale University Press, pp.143–168.

1981. "Zen in Medieval Japan." *Monumenta Nipponica* 36: 463–469.

1980. *A Chronicle of Gods and Sovereigns: Jinno Shotdki of Kilabatake Chikafusa*. New York: Columbia University Press.

1979a. "The Place of *Gunkansho* in Japanese Intellectual History." *Monumenta Nipponica* 34: 479–488.

1979b. "Tea in Japan: From Its Origins to the Late Sixteenth Century." In Seizo Hayashiya, ed., *Chanoyu: Japanese Tea Ceremony*. New York: Japan Society.

1978. "Preeminent Patron of Higashiyama Culture: Ashikaga Yoshimasa." In Hyoe Murakami and Thomas J. Harper, eds., *Great Historical Figures of Japan*. Tokyo: Japan Culture Institute.

1977. "Ashikaga Yoshimitsu and the World of Kitayama: Social Change and Shogunal Patronage in Early Muromachi Japan." In John W. Hall and Takeshi Toyoda, eds. *Japan in the Muromachi Age*. Berkeley and Los Angeles: University of California Press, pp.183–204.

1972. *A Syllabus of Japanese Civilization*. 2nd ed. New York: Columbia University Press.

1971. *Imperial Restoration in Medieval Japan*. New York: Columbia University Press.

1970. *The Samurai.* London: Weidenfeld.

1967. *The Onin War.* New York: Columbia University Press.

Varley, H. Paul, and George Elison. 1981. "The Culture of Tea: From Its Origins to Sen no Rikyu." In George Elison and Bardwell L. Smith, eds., *Warlords, Artists, and Commoners.* Honolulu: University of Hawaii Press.

Wakita Haruko. 1975. "Towards a Wider Perspective on Medieval Commerce." *Journal of Japanese Studies* 1: 321–345.

Wakita Haruko, with Susan B. Hanley. 1981. "Dimensions of Development: Cities in Fifteenth and Sixteenth Century Japan." In John W. Hall, Keiji Nagahara, and Kozo Yamamura, eds., *Japan Before Tokugawa.* Princeton, N.J.: Princeton University Press, pp.295–326.

Weinstein, Stanley. 1977. "Rennyo and the Shinsu Revival." In John W. Hall and Takeshi Toyoda, eds., *Japan in the Muromachi Age.* Berkeley and Los Angeles: University of California Press, pp.331–359.

Wintersteen, Prescott B., Jr. 1974a. "Early Muromachi Bakufu in Kyoto." In John W. Hall and Jeffrey P. Mass, eds., *Medieval Japan: Essays in Institutional History.* New Haven, Conn.: Yale University Press, pp.201–209.

1974b. "Muromachi Shugo and Hanzei." In John W. Hall and Jefrrey P. Mass, eds., *Medieval Japan: Essays in Institutional History.* New Haven, Conn.: Yale University Press, pp.210–220.

Yamamura, Kozo. 1981a. "Returns on Unification: Economic Growth in Japan 1550– 1650." In John W. Hall, Keiji Nagahara, and Kozo Yamamura, eds., *Japan Before Tokugawa.* Princeton, N.J.: Princeton University Press, pp.327–372.

1981b. "Tara in Transition: A Study of Kamakura Shoen." *Journal of Japanese Studies* 7: 349–391.

1975. "Introduction to the Workshop Papers on the Economic and Institutional History of Medieval Japan." *Journal of Japanese Studies* 1: 255–267.

1973. "The Development of *Za* in Medieval Japan." *Business History Review* 47: 438–465.

Yamamura, Kozo, and Tetsuo Kamiki. 1983. "Silver Mines and Sung Coins—A Monetary

45

History of Medieval and Modern Japan in International Perspective." In J. F. Richards, ed., *Precious Metals in the Later Medieval and Early Modern Worlds*. Durham, N.C.: Carolina Academic Press, pp.329–362.

第一章　镰仓幕府

杰弗里·P. 马斯，斯坦福大学历史系和牛津大学历史系

　　镰仓幕府是日本的第一个武士政府，它的建立代表了一个顶点和一个开始。　46
10 世纪以来，骑马作战的军人成为一个专业化程度越来越高的阶层，在各个地方
起到传统管理者和警察的作用，并以官员身份依附于地方管理机构。到了 12 世
纪，武士逐渐承担了大部分地方管理事务，起到主导作用。但是，即便 200 年之
后，他们在政治上依然不够成熟。在京都及附近地区，地位最高的武士在等级划
分中也依然仅仅处于中等地位，占据支配地位是公卿和宗教机构。因此，12 世纪
80 年代建立的幕府是首次突破之举，武士中的精英开始觊觎更高权力。但是，幕
府政权刚刚起步，无法对整个国家实施统一控制。当时形成的是类似于双头分权
的政府体系。在镰仓时代，日本有两个首都，两个互相联系的权力中心。对愿意
展望未来的人来说，武士具有的潜能显而易见。但是过去留下的遗产起到的阻碍
作用，并不仅仅使幕府取得异常缓慢的进展。

　　直到最近为止，对日本镰仓时代的研究往往过分夸大了武士取得的成就，认
为创造新的政府形式等同于同时毁灭了旧的政府形式。现在已经清楚的是，在 12
世纪，平安时代的皇帝和贵族制度统治不仅依然具有活力，而且依然是基本的治
理框架，幕府始终被迫在其范围之内运作。从这个意义上说，平安时代的治理模
式留存下来，一直延续到 14 世纪。它与镰仓幕府一起遭到毁灭，而不是被镰仓
幕府毁灭。12 世纪 80 年代发生的事件具有革命意义，它们见证了日本第一个非
中央权力中心，见证了日本第一个非最高社会阶层的人组成的政府。但是，正如
我们将要看到的，镰仓幕府是一个军人政府，一方面衷心希望让武士离开战场，　47
另一方面希望从司法方面找到解决办法，以便处理折磨社会的纠纷和争端。

源平合战的历史背景

尽管幕府反感争斗，但它毕竟是战争的产物，这场战争就是1180—1185年发生的源氏与平氏对垒的"源平合战"。那场战争动荡过程非常复杂，大大超过了"源平合战"这个术语的字面意义。过去的史学家认为，那是两大武士家族之间的纠纷。但是，实际情况完全不是如此。源平冲突是全国性内战，不仅涉及氏族之间的战斗，而且形成了地方利益与中央利益的对立。[1] 实际上，这场冲突的性质决定了其后创立的制度的类型。同理，这场动荡是社会处于紧张状态的产物，与镰仓幕府的历史存在内在联系。

为了理解武士取得的胜利和其后建立的政府的局限，我们需要追溯武士阶层在平安时代的崛起，追溯源平合战之前数年中平氏脱颖而出的情况。在日本宫廷政府的最初蓝图上，并未将军事贵族作为治理农村的主要支撑力量。当时，京都的公卿们对自己的优越地位的信心日益增加，开始放松对令制国的控制，拱手让出了公共领域的治理权，以便换取对其组成部分的所有权。这样一来，农村土地被分为公共田地和私有田地（在日语中，各个令制国的土地称为"国衙领"，那里的田地称为"庄园"），分别归国司和田地所有者（他们本身构成了公卿精英和宗教精英）管理。其结果是，最上层的土地所有者全是贵族和僧侣。对土地实行私有化旨在确保来自土地的收入超过官僚职位的收入，并且源源不断地进入中央政府。于是，安居京都的统治者的生活越来越奢华。这样一来，对农村土地的这种分割基于庄园主想要成为外居地主的愿望。此外，该做法还依赖庄园主在这方面的能力：招募一批心甘情愿、唯命是从的管理人员。

48　　　自上而下的控制变得宽松，从而弱化了地方与京都之间的联系。各个地方随之出现了一定程度的不稳定局面，社会地位较低的人于是寻求互相支持和保护。知名人士站了出来，他们德高望重，祖辈曾在京都担任过一官半职。由此可见，与欧洲鼓吹封建化的入侵者不同，日本的地方领导人是出身名门的男性。而且，他们还保留了与中央的联系。这意味着，发展之中的令制国官员阶层往往不是地

---

[1] 参见 Jeffrey P. Mass, "The Emergence of the Kamakura Bakufu," in John Whitney Hall and Jeffrey P. Mass, eds., *Medieval Japan: Essays in Institutional History* (New Haven, Conn.: Yale University Press, 1974)（以下引用文章时简称 Mass, "The Emergence"）。学界原来的观点对那场战争的重要性强调不够。对该观点的出色讨论，参见 Minoru Shinoda, *The Founding of the Kamakura Shogunate* (New York: Columbia University Press, 1960)。

方武装力量的成员，而是来自组织起来旨在确保一方平安的群体。这并不排除不时爆发的违法乱纪事件。但是，公卿们总是可以将诸如此类的局面称为叛乱，招募其他人充当自己在令制国的代理。这样一来，在整个平安时代，地方与中央从根本上说是连为一体的。

那些武士成为地方社会的真正头目，日语称"在厅官人"，住在令制国衙门（日语称"国衙"）里。虽然令制国官职本身继续由京都的公卿轮流担任，国衙之内的职位却变为世袭之物。后来，在源平合战的初期阶段，利益方面的裂痕逐渐出现，被镰仓幕府的缔造者源赖朝加以利用。但是，在1180年之前的两个世纪里，住在京都的贵族可以引导地方下属官员的力量，从而实现互利的目标。一方面，在税收和维持治安这两个方面，地方官员被赋予很大权力。另一方面，如果地方官员想要获得新的职位或确保现有的职位[1]，或者在亲戚或非亲戚之间时常出现的官司中得到公正待遇，他们只有通过自己的上司出面运作，才能如愿以偿。地方首领或族长（如果后者与前者不是同一个人）无权利用自己的地位实现上述三个目的也得仰仗住在京都的贵族的支持。这样一来，所有权与管理权，权威与权力变为可以分离的东西，住在京都的东家几乎不会承担任何风险。那种等级观念根深蒂固，位居中央者支配处于边缘者。如果没有某种基于地方的庇护来源，例如幕府，住在京都的公卿——无论他们多么软弱无力——仍旧是武士们的长官，无论后者多么强势都无济于事。[2]

但是，京都也以其他方式保护自身的利益，其中最聪明的做法是，将一批人提升为职业国司。在这种情况下，那些人可被从一个地方调任到另外一个地方，颇像今天的驻外大使。这种做法究竟始于何时？这个课题尚未得到充分研究，但是到了11世纪晚期，使用此类代理人（日语称为"受领"）的做法已经成熟，被藤原氏加以利用，成为与以京都的退位天皇为首的贵族集团的竞争的工具。到那时为止，国司职位在某种意义上已经成为商品，在精英阶层内部流通。设计令制国（那时叫作"知行国"）土地所有权制度的宗旨是，让国司充当主要工具，以便贵族集团对地方土地登记簿上的两方（"庄园"和"国衙领"）实施操控。对我

49

---

[1] 官职变为世袭，通过遗嘱进行安排。但是，遗嘱要被人承认，须到得到国司的查验。详细的讨论参见 Jeffrey P. Mass, "Patterns of Provincial Inheritance in Late Heian Japan", *Journal of Japanese Studies* 9 (Winter 1983)，第67–95页。

[2] 按照韦伯的说法，通过下属们的这一主观感觉，该制度得以维系：公卿们的支配是自然而然，而且合理合法。参见 Max Weber, *The Theory of Social and Economic Organization* (New York: Free Press, 1964)，第124页。

们来说重要的问题是，被前天皇和藤原氏聘用的职业国司是什么身份，带有什么性质？他们来自平氏和源氏。在贵族拥有的令制国中，平氏和源氏的某些后裔以排解纠纷为生。在此仅举一例：平正盛先后收到至少九个令制国国司的任命书，他的儿子平忠盛后来也是如此。平忠盛的儿子——著名的平清盛——曾经担任三个令制国的国司，后来才在京都脱颖而出，创造具有历史意义的成就。[1]

我们应该从这个方面来评估平氏和源氏的领袖们的历史地位。与人们通常描绘的相反，他们并非是受到公卿随意支配、敢怒而不敢言的地方官吏。恰恰相反，他们是确切意义上的军人贵族，起到牵线搭桥的作用，将以下两方面联系起来：一方是庇护他们的高高在上的京都贵族，另一方是追随他们的有权有势的令制国武士。来自那两个家族领袖们的双重性是在为两者服务的过程中形成的。就理解武士阶层在起步阶段的缓慢发展而言，这一点至关重要。同理，就理解幕府后来引导的武士革命的不完整性而言，这一点也必不可少。

平氏和源氏的名声如雷贯耳，他们逐步施加的影响十分巨大，这两点还以另
50 外一种方式反映出来。在令制国衙门中占据主导地位的武士家族通常使用这两个姓氏。另外还有一个是藤原。那时的人们认为，平氏和源氏这两个姓氏表示贵族祖先，起到将令制国与京都结合起来的作用，让真正的地方武士家族心生敬畏。直到镰仓时代，另一些武士家族才逐渐出名，获得名垂青史的地位，例如，千叶氏、小山氏、三浦氏等等。[2]

不幸的是，由于使用平氏和源氏的人大量出现，于是形成了这个观点：这两大家族的首领们能够让家臣形成不同的群体。武士群体逐步演变这一理念转而又支撑这个观点：平氏和源氏的历史其实是追溯武士兴衰的适当框架。[3]但是，那个时代留下的记录显示，实际情况并非如此。这迫使我们得出结论说，被人们视为脉络清晰的历史其实是由各不相同的图像组合而成的。有时候，这两大家族的首领们的确增加了一层可能发挥效力的权威。但是，他们常常蜻蜓点水，到一连串令制国任职（更不必说长期待在京都的情况）。这几乎注定国他们形成的任何人际联系必然是脆弱的。由此可见，那个时代最负盛名的武士源义家取得的成功

---

[1] 参见 Iida Hisao, "Heishi to Kyushu", in Takeuchi Rizo hakase kanreki kinenkai, ed., *Shoensei to buke shakai* (Tokyo: Yoshikawa kobunkan, 1969), 第 50 页。

[2] 在此仅举一例：与平安后期千叶家族相关的文献仅仅指的是平氏。参见 "Ichiki monjo," in *Ichikawa shishi, kodai-chusei shiryo* (Ichikawa:Ichikawa shi, 1973)，第 363-374 页。

[3] 相关说明参见 George B. Sansom, *A History of Japan to 1334* (Stanford, Calif.: Stanford University Press, 1958)，第 12 章。

虽然独一无二，但也是昙花一现。我们应该将源义家的成功与围绕平氏首领继位展开的活动，与源义家自己的曾孙源义朝取得的成功放在一起来考察。在源氏的具有历史意义的核心地区关东，常常出现的情况是，有的人拒绝源义朝，有的人认可源义朝。1160 年，他被仅仅 300 人组成的军队彻底击败。[1]

平氏和源氏的传说也许不是描述 1180 年之前史实的可靠框架，然而令制国中那些大家族的历史给我们的研究提供了比较坚实的基础。在这个问题上，我们强调两点：一是传统统治制度之内的力量扩张；二是缺乏回避该制度的任何有效手段。换言之，武士发展的早期阶段可以接受的东西未必能维持下去，如果考虑到武士家族逐渐感受到来自上层的压力时，情况更是如此。例如，千叶氏发现，伊势神宫的庇护既不能阻止一位新国司在 12 世纪 30 年代没收他们拥有的财产，也不能保护他们在一代人之后不受该神社本身的进一步掠夺。[2]这类经历导致愤恨；就此而言，在那些令制国中，求变的氛围日益浓厚。

正如我们所知，率先体验国家大权滋味的不是源氏，而是平清盛领导之下的平氏。近来，历史学家们修正了对平清盛脱颖而出的传统看法，转而强调其局限性和短暂性。现在的观点认为，平清盛那时不再是一个得到令制国全力支持的武士，而是一个掌握军权的贵族。可是，他没能成功利用朝廷官员搭建的平台来实现霸权。平清盛缺乏大量武士追随者，缺乏大庄园主的管理组织，直到很晚才确立了一个可被确认的"政权"。我们将要看到，他留下的遗产起到两个作用：其一，说明京都容易受到胁迫；其二，让农村陷入动荡。鉴于这两个因素，他经历的短暂上升时期应被视为导致 1180 年爆发战争的直接因素。

平氏上位的经历可被分为两个阶段。从 1160 年到 1179 年，平清盛在他的庇护人（禅位的后白河天皇）的影子下活动。那时，他本人已经爬到了朝廷官僚位阶的顶端，于 1167 年担任太政大臣，但是仍然依赖那位前君主制定的分肥制度。京都的既得利益群体毫不动摇，反对他进入京都的精英行列，让他忙于应付，疲惫不堪。1179 年末，平清盛发动政变，剥夺了禅位天皇进行有效统治的权力。然而，那次政变还产生另外一个效果，摧毁了公卿阶层共同掌权的基本格局。在那

[1]　参见 Yasuda Motohisa, *Nihon zenshi (chusei 1)* (Tokyo: Tokyo daigaku shuppankai, 1958), 第 14 页，以及 Jeffrey P.Mass, *Warrior Government in Early Medieval Japan* (New Haven, Conn.: Yale University Press, 1974), 第 35-44 页（以下用 *WG* 表示该书）。

[2]　参见 *WG,* 第 48-54 页。

以前，公卿阶层根据他们认可的规矩，相互进行竞争。此外，平清盛还没收了大量田地，夺取了令制国的田产，让京都的公卿颇有雪上加霜之感。此举不仅削减了他面对的贵族和宗教对手的力量，而且搅乱了乡村的政治现状。1180 年初，平清盛让自己年幼的孙子成为天皇，从而加剧了已在全国各地蔓延的不满情绪。[1]

在这个过程中，源氏的领导地位在流放中逐渐衰落。20 年之前，在平治之乱时，源义朝本人被杀，他的儿子们逃亡至日本各地。13 岁的长子源赖朝被交给家在东部的北条氏——平氏家族的一个小分支——监护。关于源赖朝在 1160—1180 年间的情况，我们掌握的信息甚少，我们知道的一个事实是，他娶了他的监护人北条时政的女儿北条政子为妻。从后来发生的事情看，平清盛 1160 年在处理其对手的过程中表现出来的宽大态度显得失策。然而，将要发生的事情无法预料：源氏的继承人软弱无力，已经通过与平氏的亲属结婚的方式，被纳入了平氏门下。部分原因在于，源赖朝没有采取任何政治行动。因此，历史学家们发现，难以解释将要发生的波澜起伏的事件。平清盛显然认为，平氏与源氏之间的竞争十分重要。我们只有降低其重要性，才能排除理解那段历史的障碍。1180 年 8 月，源赖朝举起反叛大旗，吸引大量支持者。其原因在于当时面临的种种问题，而不是对某种理想化的过去的回忆。追溯源平合战的历史背景，我们发现两个根源：其一是对朝廷的脆弱性的认识；其二是各地武士家族的状况。

源平合战

日本进行的战争掩饰真实动机，其实是在严格的象征范畴下进行的，其中最重要的是为高尚事业献身的精神。1180 年，源赖朝造反的理由基于一点：一位不能继位的亲王号召人们拿起武器反对平氏。虽然那位亲王本人在发出号召后几个星期之内（5 月 26 日）一命呜呼，但他提出的建议依然具有重大意义。源赖朝率领的军队后来利用这项建议，将其作为起兵（8 月 19 日）的托词。幕府后来在史书（《吾妻镜》）的开头中如是说。[2] 这样一来，引起大规模暴力的普遍原因被一

---

[1] 关于平清盛崛起的情况，参见 WG，第 15—30、54—56 页。

[2] 参见《吾妻镜》（AK），1180 年，4 月 9 日。最容易理解的《吾妻镜》版本由永原庆二和岩信昭三编辑（东京：人物往来社，1976—1977 年），六卷本。《吾妻镜》记录了 1180 至 1266 年的历史，于 14 世纪初完成。该书后半部章节记录的史实比较可靠。

个官方解释所取代。

但是，纠正继位决定与战争爆发关系不大，也不能将那场战争的爆发解释为，人们自发响应源氏的造反呼吁。正如源赖朝本人发现的，忠诚根本不可能瞬间激发起来。在提出挑战之前，东部的武士们需要时间，以便评估他们面对的局面。千叶家族——那个家族不久前屡遭败绩——尽管以平氏冠名，但在初期（6 月 17 日）便加入其中。但是，对其他许多家族而言，当时的问题十分复杂，通常涉及自己所在令制国内家族之间和之内的关系。在那个过程中，武士家族结成新的联盟和团体，令制国本身变为集结地，面临即将开始的一系列内战。[1] 为了防止东部分裂，陷入两败俱伤的冲突，源赖朝不得不寻找某种新的共同基础，让自己麾下的家族结合起来，而不是陷入四分五裂的状态。源赖朝没有通过驱逐平氏、组成阵营的方式来保卫朝廷，而是制定政策，满足一般武士内心深处的愿望。这位源氏首领承诺，让他们获得以前从未想到的东西：制定地方安全制度，绕过京都的干扰，保证追随者们的土地所有权。这个理想十分新颖，而且最终促成了镰仓幕府的创立。

源赖朝使用支持朝廷反对平氏的语言，表达他自己的计划，这项计划起到的效果是，让东部脱离中央的控制，将东部的公私官员变为他自己的家臣。具体来说，他给东部的男性授权，让他们获得与自己长期相关的土地的所有权。当伊豆国——源赖朝被长期流放的地方——国司的代理人（日语称"目代"）遭到源氏军队的袭击时（8 月 17 日），这个计划的性质最终定调。类似情况接着出现（例如，千叶氏在 9 月 13 日采取了针对下总国目代的行动）。这种做法很快变为一个步骤，用来一一清除中央政府的所有代表。支持的浪潮以前零零星星，这时变为滔天涌浪。各个令制国的驻京官员纷纷宣誓效忠源赖朝，一帮庄园主也竞相效仿。这样做产生的效应是，将广大区域的潜在管理权交到了源赖朝的手中。这位源氏首领采取的下一个行动进一步巩固了该效应：自己扮演主要寺院和神社的保护人的角色。源赖朝实现后一个目标采用的方式是，向令制国官署下达公开指令。实质上，那样做是在没有获得封号的情况下，行使国司的权力。就在宣布开战的同一天，他发出了相关文书。[2]

---

[1] 相关细节参见 Mass, "The Emergence," 第 134—143 页。

[2] 参见 "Mishima jinja monjo," 1180/8/19 Minamoto Yoritomo kudashibumi, in Takeuchi Rizo, com, *Heian ibun* (Tokyo: Tokyodo, 1947—80), 15 vols., 9:3782—83, doc. 4883。这是最早标有源赖朝名字的文件。

　　源赖朝还有许多难题需要解决。8月23日，他指挥的一支部队在相模国的石桥山之战中完败。他的对手不是住在京都的平氏招募和派出的部队，而是与其他家族对峙的典型的地方家族。与源赖朝麾下那些来自相模国、自称源氏的军人一样，对手自称平氏。但是，没过多久，平氏这个标签便过时了。随着源赖朝在那个地区出现，他的计划显示了很大吸引力，大批人马投靠他的阵营，原来的中立者或反对者也希望改弦易辙。那种选择迫使传统竞争对手掩饰其敌对情绪，但是所起作用可能是毁灭性的。源赖朝表现出很大的仁慈之心，接纳以前的敌人，并且通过划分和承认新家族的方式，显示自己的理解态度。到了1180年底，东部仅仅剩下很小的"源平"合战的残余。当时的任务是清洗和净化队伍，而不是与敌人正面对抗。镰仓与源赖朝的祖先有历史性联系，因此被定为他的政府所在地。

　　平氏的一项政策起到类似隔离的作用，实际上促使源赖朝将注意力集中在东部。由此形成的一个附带结果是，京都附近的中部和北陆地区成为下一个展开冲突的场所。到1181年为止，那两个地区中的武士使用与东部武士相同的托词，已经开始驱逐京都的代表。他们自称源氏部队，正在征讨平氏。对于那些打着他的旗号的人所干的事情，源赖朝可能并不知情。这一点间接表明，那时的战场已经获得自身的势头，正在迅速扩大。在那个阶段中，源赖朝满足于将自己的人马严格限制在东部。这种做法一直延续到1183年。对东部之外的地区，他将宽松的管理权授予两名亲属：一个是他的堂弟源义仲，另一个是他的叔叔源行家。

　　与此同时，住在镰仓的源赖朝正在确定新对手。那些人来自他的家族旁系，拒绝承认他的权威。即使在1180年底之前，源赖朝就对平氏表现出毫不理会的态度。他发兵东征，讨伐一代人之前拒不服从他父亲的亲戚佐竹家族。父亲与儿子之间的差异（实质上是12世纪50年代与12世纪80年代局势之间的差异）具有启发意义。当年，父亲源义朝无法让拒不服从的源氏分支归顺自己；这时，儿子源赖朝利用军事力量的优势，强行解决了这个问题。在1180年11月5日的大战中，佐竹氏遭到毁灭性打击。其他旁系态度更谨慎一些。例如，新田家族改变了以前的不妥协态度（9月30日），没有交战便向源赖朝表示臣服（12月22日）。另外一个旁系志田家族摇摆不定，源赖朝拒绝他们表示顺从的意图，起兵将其摧毁（1181年2月2日）。我们将会看到，亲戚们的敌意是采取军事行动的强大诱因，其作用超过了并不形成威胁的平氏。

1180 年至 1183 年，源赖朝竭尽全力，将东部地区变为自己的势力范围。他采取以下几个方法：第一，将现存的官僚变为他的私人家臣；第二，努力让他自己成为该地区全部庇护的来源；第三，将一个普普通通的村庄——镰仓——变为庞大的统治中心。他禁止当地人表示愤怒，授权实施财政豁免，分配新开垦的土地，向令制国官员发号施令。他住在一个稳定的基地内，他可以毫不夸张地将它称作自己的"京都"。但是，源氏推进的运动不可能在孤立状态下无限持续，其原因在于，源氏旗帜之下的暴力行动具有传染性。后来，源赖朝将这一新动向视为提高自己首领地位的一个机会。不过，他同时也发现，他的权威刚刚树立起来，如果面对武士们的非法行为他无所作为，肯定会出现危险。在京都的平氏和在镰仓的源氏都不愿与对方发生正面冲突，然而令制国出现的情况最后让问题凸显出来，并且迫使两个行政中心寻求适应方法。

从 1183 年到 1185 年，事件在几个层面上趋同。当初断断续续的源平合战此时升温，突然达到高潮。镰仓幕府基本成形。在幕府的帮助下，朝廷开始振兴自身。武士阶层通过实施持续暴力，实现了前所未有的新目标。

1183 年中期，源赖朝在中部的代表源义仲和源行家突破平氏的防线，一举占领京都。于是，源平合战第三年和第四年的僵持状态被打破。在平氏阵营，官员们领着那位儿童皇帝向西逃窜，试图重整旗鼓。在战争爆发之后，尽管平氏曾经作出一些努力，希望与令制国建立更密切的联系[1]，但是他们不得不立足于平氏这一代人自身的力量这种情况尚属首次。至少在表面上，平氏与源氏旗鼓相当，双方都寻求地方武士的支持。在京都，人们对平氏的离开普遍表示欣喜。而且，人们真的感到乐观，认为源氏将会成为朝廷的久经考验的保护者。

但是，两大障碍阻挡着这一希望，并且阻止日本历史回到平氏掌权之前的传统方向。第一个障碍涉及农村中出现的动荡的性质和程度，这一点将在下文中讨论。第二个集中于源氏领导集团的情况。源义仲率部进入京都之后不久，开始以源氏的真正领袖自居，在京都强行实施自己的专权统治。源赖朝勃然大怒，但是却没有作出"符合逻辑"的反应。他拒绝放弃自己的首都，拒绝在国家的首都与堂弟一决雌雄。更确切地说，他开始与禅位皇帝的代理人谈判，希望达成一项条

56

---

[1] 那些努力集中于两个新的地方头衔，参见 Ishimoda Sho, "Heishi seiken no sokan shiki setchi," *Rekishi hydron* 107 (1959)，第 7–14 页；Ishimoda Sho, "Kamakura bakufu ikkoku jito shiki no seiritsu," in Sato Shin'ichi and Ishimoda Sho, eds., *Chusei no hoto kokka* (Tokyo: Tokyo daigaku shuppankai, 1960)，第 36–45 页。

约，以便让自己领导的政府获得永久地位。而且，他还开始计划远征，惩罚源义仲。远征部队将由他的亲弟弟源义经领衔。

1183 年闰 10 月，该条约终于出炉。一些学者宣称，它标志着镰仓幕府正式成立。学者们提出的看法是，源赖朝的造反行为此时得到朝廷的认可，他早些时候夺取的部分土地此时也被名正言顺地收入囊中。[1] 这个观点的问题在于：其一，它将镰仓幕府的创立最终归因于京都；其二，它认为源赖朝要求得到一种有限的权力。其实，源赖朝那时已经掌握了东部的统治力量。该条约承认了这一事实，不过也要求在东部恢复朝廷的传统所有权。更重要的是，作为条约的一个结果，幕府的管理范围此时扩大到全国。从这个节点开始，镰仓确立了自身作为日本重要和平缔造者的地位，担负的职责最初为军事警察，不过很快在性质上变为以司法为主。正如我们将要看到的，后来的情况显示，主持公义不仅是镰仓管辖的本质，而且也是 13 世纪日本社会的最大需求。

57　　有一份迄今为止没有见过的文件被突然发现，提供了证明镰仓的新角色的证据。它就是源赖朝回应传统土地所有者的求助要求而发出的若干禁令。[2] 这一项发展具有革命意义，这样说的理由有两个：其一，在日本历史上，一个非中央来源在权威为中央的受援者提供庇护。此举颠覆了古老的做法，预示一个武士统治的新时代即将出现。其二，这些政令本身提供了具体证明，说明幕府此时已在日本中部和西部行使职权。与此同时，这些政令使用的语言清楚地显示，源赖朝承认传统土地所有者的合法性，保留了他们在土地制度中的地位。实际上，那位曾经的反叛者此时在历史记录上留下一笔，让自己以法律和秩序的维护者示人。从此以后，武士和公卿的权利将会得到同等保护。幕府的这一做法是恢复国家稳定性的唯一现实方式。

京都和镰仓的姿态其实都是一种回应，针对的不是战争的迫切需要，更确切地说是 1184 年席卷日本各地的史无前例的违法行为。留存下来的文件显示：第一，京都试图通过扬言实施传统的制裁，消除大量出现的违法活动；第二，人们

---

[1]　相关讨论参见 *WG*, 第 72–77 页；以及 Uwayokote Masataka, "Kamakura seiken seiritsuki omeguru kingyo," *Hoseishi kenkyu* II (1960): 第 175–181 页。

[2]　关于这类文件的译文，参见 Jeffrey P.Mass, *The Kamakura Bakufu: A Study in Documents* (Stanford, Calif.: Stanford University Press, 1976), docs 1–6（下文中以 KB 表示）。

逐步意识到，只有镰仓才能恢复真正的和平。[1] 一个结果是，在处理了源义仲的问题之后，源义经接到哥哥的命令，继续留在京都，并且在那里建立一个幕府衙门。他将回应庄园主提出的请愿书，颁布幕府的禁止令。[2] 此举带来的效果强化了镰仓的独立性，实际上增强了两个政府的相互依赖性。

此时，源赖朝涉足日本中部和西部，发现自己有必要与尽可能多的人和地方接触。他将自己最信任的追随者派往西部，命令他们招募愿意效忠的人作为家臣。优先考虑招募的是在东部各令制国衙门中任职的在厅官人和其他地方官员。那些人拥有给源氏输送大量属下的潜能。因此，他们得到承诺，将会和东部官员一样，获得相同的确认状和晋升状。这样一来，在源赖朝之前并不熟悉的那些地区中，大片土地可以成为基地，维护镰仓幕府在西部的利益。[3] 在这种情况下，源赖朝招募御家人的政策可与他采取的其他方式配合，获取私有和公共田地，消解庄园主对违法行为的怨气。

各个令制国和地区的情况不尽相同，有的由大家族占主导地位，有的却不是如此，另外一些成为平氏一派的中心。这样一来，镰仓幕府要进入各个地区，在方法上就必须具有一定的灵活性。同理，根据定义，成功必然是不平衡的，所以影响力的潜能总是参差不齐。最后，镰仓必须找到一种方式，以便为自身在西部的存在引入一些对称因素。

那场战争显然是源氏渗透那个地区的自我辩解，不过重要的是，主力部队此时开始参与战斗，战争大体上是镰仓扩张尝试带来的结果。例如，1184 年 2 月摄津的一之谷之战仅是平氏与源氏的主力部队的第二次交锋。[4] 然而，后者取得的胜利并未将摄津变为源氏的主要堡垒。显然，打仗与旨在控制人口和土地的较量是两个分离开来的过程。打败平氏虽被视为必要的，却没有唤起武士的多少热情，这就是原因之一。源氏主力的指挥权最终交到源义经手中。经过一系列高超的策略，源义经搜寻到平氏领袖，1185 年 3 月在坛之浦将其歼灭。[5] 源平合战自

---

[1] 禅位天皇 1184 年颁布的诏书强调了这一点，参见 KB, doc 7。

[2] 关于源义经颁布的一系列诏书，参见 Mass, "The Emergence"，第 148 页上的注释 71。有关全面讨论参见 Tanaka Minoru, "Kamakura dono otsukai ko", *Shirin* 45 (1962): 第 1–23 页。

[3] 在西部不同令制国中进行的相关努力，参见 WG, 第 79–89 页。

[4] 富士川之战发生在源平合战初期（1180 年 10 月），是双方首次交手。大战发生在关东西部的骏河国，它导致的"虚张声势的战争"在一之谷结束。

[5] 关于那场战争的各个战役和策略的精彩论述，参见 Shinoda, *Tke Founding of the Kamakura Shogunate*。

始至终架子大于实际，此时落下帷幕。但是，这场战争释放的力量——真正的战争——仍在积蓄。镰仓幕府要在日本的权力结构中占据永久位置，就必须制定实现这两个目标的策略：一是恢复真正的和平，二是满足部下的要求。这意味着，镰仓幕府找到的方式必须兼具各种功能：限制和特许，没收和赐予，惩罚和奖赏。地头的设立可以满足这几个要求。

源平合战的结果：地头和守护

59   在日本历史上，1185 年是最著名的年份之一。其美誉一是来自源氏打败平氏取得的胜利，二是来自镰仓幕府在战场上开始的所谓两种官员结构。一种是军方田地管理者（日语称"地头"），另一种是军方行政长官（日语称"守护"）。我们已经看到，源平合战尽管对乡村的状况带来了出人意料的影响，但其结尾大体上有虎头蛇尾之嫌。随着战争的正式结束，武士们再也无法使用源平合战的幌子，为自己目无法纪的行为辩解。于是，他们的攻击本能以更直接的方式，转向公卿占据主导地位的田地制度。1185 年中期的几个月里，幕府承受越来越大的压力，不得不设法消除愈演愈烈的违法现象。

在这种情况下，幕府一时不知所措。再则，源赖朝与源义经的关系恶化，这种情况被禅位的天皇伺机利用，幕府真有雪上加霜之感。这样一来，不仅各个令制国内部（其中许多受到节节胜利的源氏的刺激）危机四伏，而且在幕府内部，在幕府与京都之间，裂痕也越来越大。最后，源氏两兄弟之间的问题激化。正如我们已经看见的，在整个源平合战期间，源赖朝一直十分敏感，时刻提防来自家族内部的威胁。因此，完全可以预料的是，当源义经在 9 月明目张胆地开始造反时，源赖朝决定将其完全摧毁。[1] 但是，源义经在抓捕过程中逃之夭夭。他成功游说退位的后白河天皇，将源赖朝定为反叛分子，并且任命战争英雄担任九州地头。此时，一切就绪，日本历史上最重大的事件之一即将展开。

源赖朝着手应对危机，将一支武装力量派往京都，在朝廷上提出一系列要

---

[1] 在日本史学界，关于源赖朝与源义经之间的关系的著述汗牛充栋，超过对任何家族竞争的记录。参见 Shinoda, *The Founding of the Kamakura Shogunau,* 第 121 页；以及 Ivan Morris, *The Nobility of Failure* (New York: Holt, Rinehartand Winston, 1975) 中关于源义经的一章；Helen Craig McCullough, *Yoshitsune: A Fifteenth Century Japanese Chronicle* (Tokyo: University of Tokyo Press, 1966) 中的相关章节。

求。不幸的是，我们无法确定那些要求的准确内容或朝廷的答复。所以，我们只能依赖现被视为疑点重重的一种说法。根据《吾妻镜》的记录，源赖朝迫使那位前天皇授权，让镰仓幕府在全国范围内任命地头和守护。[1] 近代学者认为，这一发展的重要性在于，源赖朝获得了任命那些职位的权力，这为他的政府长期存在奠定了基础。现代学者认为，其重要性远远不止于此。对地头和守护的任命权至少表示，家臣制度和封地制度开始合二为一。借助他掌握的这一新权力，源赖朝成为封建首领，日本因此也进入了中世时期。日本历史是世界史的组成部分，东方和西方显示出类似模式。[2]

60

在后一个推断中，存在许多问题（当然优点也不少）。其中之一是，这一推断倾向于从《吾妻镜》的表述中得出过多结论。12 世纪 90 年代早期之前根本没有守护一职；乡村中设立地头并不意味着全国各地都设立了该职位。其次，从另外一个层面说，镰仓有了存在的基础与镰仓取代京都根本不是一码事。在整个镰仓时代，日本的大部分统治权一直在传统的庄园主和国司的手中。另一方面，这里所说的"授权"意义重大，其原因在于：第一，它从未被取消；第二，它的确标志着某种十分新颖的东西。即便如此，在 12 世纪末，封建主义仍处于起步阶段，源赖朝的影响仍旧十分有限。更重要的是，他赠送的土地既不属于他，也未受到他的控制。即使如此，这位住在镰仓的首领仍得以逐步在日本行使一种全新权力。该权力的明确限度和性质与地头这个官职密切相关，我们下面回过头来详细论述。

"地头"这个术语最初出现在 9 世纪，到 12 世纪中叶才成为一种土地官职。它在平安时代的起源和历史如今依然是引起激烈争论的课题 [3]，但是，我们关注的问题仅仅是，该头衔在源平合战中出现了什么变化？从某种程度上说，地头相对来说带有新的性质，所以地方人士发现，它是一种有吸引力的辩解借口，证明

---

[1] 参见 AK,1185/11/29。这是该编年史中最有名的记载。

[2] 这个老观点的经典表述，可参见 Edwin O. Reischauer, "Japanese Feudalism," in Rushton Coulborn, ed., *Feudalism in History* (Princeton, N.J.: Princeton University Press, 1956)，第 31-32 页。关于近来对镰仓早期统治的封建主义特点的讨论，参见 Jeffrey P. Mass, "The Early Bakufu and Feudalism," in Jeffrey P. Mass, ed., *Court and Bakufu in Japan: Essays in Kamakura History* (New Haven, Conn.: Yale University Press, 1982)，第 123-142 页（该书在下文中以 Mass, "Feudalism" 表示）。

[3] 这几个论点的有用概述，参见 Oae Ryo, "Jito shiki o meguru shomondai," *Hokei gakkai zasshi* 13 (1964): 第 26-32 页；以及 *WG,* 第 102-111 页。

自己非法夺取中央所有者的田地的权益的做法是有道理的。[1] 这就是说，那些人宣称，他们的地头头衔既得到源氏的任命，也得到私人的委派。有了这二者的结合，他们就可以不受中央的控制。当然，这实际上有助于进一步确定地头与镰仓幕府之间的关系。相关的大多数进展出现在 1184 年至 1185 年间。正是在那段时间，镰仓幕府公开表明立场，反对武士的违法乱纪行径。也是在那段时间，源赖朝绞尽脑汁，希望找到一种通用标准，以便建立全面的回报和控制制度。最终，他采用了地头一职来实现他的双重目的。源赖朝肯定仔细考虑过，消除乡村中自封地头的最有效方式是，京都授权镰仓幕府垄断那个职位。在这种情况下，这位幕府首领一方面全力打击冒牌地头，一方面任命立下战功的家臣担任合法地头，让他们得到最近战争期间被没收的战败者的田产。这样一来，他就可以确保，田地及其所有者为他提供持续不断的服务，遵纪守法的忠诚源氏成员可以获得终身的管理职位。幕府掌控地头的任命事项，并且保证任职者遵纪守法，做事可靠。稳定的状况将会得到恢复；镰仓幕府通过地头实现的控制将持久确立；幕府的官员将会衣食无忧，并且享有精英地位。

我们现在难以确定，在付诸实施之前，该设想在多大程度上应该归功于源赖朝？清楚的史实是，1186 年任命了许多地头；与此同时，没有得到授权的地头继续受到惩罚，合法任命的地头如果越权也是如此。在许多情况下，地头如果犯了十分严重的罪行，或者当初的任命缺乏公正，就会遭到免职。[2] 地头必须遵章守法，做事可靠。关注这两点带来的一个结果是，令制国的官员总是面临升职或降职的问题。镰仓幕府的地头队伍规模并不固定，其任职地方也常常变动。源赖朝愿意惩罚家臣，甚至与之关系最密切的人也不例外。这样做带来的第二个结果是可信性。为他服务的人相信他，依赖他的庄园主也相信他。由此形成的重要结果是，镰仓幕府很快开始对日本的治理作出长期贡献，并且有能力对地方精英与中央精英的利益进行仲裁。

根据《吾妻镜》记载，守护与地头同时出现；其实，设立守护一职的时间稍后一些。幕府在战争初期确实任命了令制国一级的官员，但是那些人显然并不叫

---

[1] 参见 WG，第 111—119 页，以及 KB, docs 6-7。
[2] 例如，1186 年取消了中部地区的丹波国的一个地头职位，参见 KB, doc 30。失去该职位的不是别人，正是源赖朝的舅舅北条义时。

守护，而是有一个旧头衔，日语称"总追捕使"[1]。两者之间的区别其实非常重要。在战时，镰仓幕府的总追捕使是令制国指挥官，肩负多项使命；对比之下，1190年及其后任命的守护在法律上受到诸多限制。实际上，这两种官员施展才能的环境完全不同。总追捕使属于崭露头角的镰仓幕府仓促发展时期的产物；守护是幕府寻求自我控制的约束过程的产物。由此可见，两个头衔之间的联系大体上是表面的。两个职位虽然都在令制国范围内行使权力，但是所起作用却迥然不同。《吾妻镜》称1185年授权幕府任命守护，将守护与地头混为一谈。这是编年史作者后来推理形成的结果，其意图旨在创造两个可以相称的古代做法。

12世纪80年代后期，镰仓幕府迫切希望就各自的职责与京都进行切实可行的划分。于是，地头一职有了重要的开端。可是，一方面，全国的庄园主仍旧向镰仓提出大量鸣冤叫屈的上诉；另一方面，幕府一时全无主意，不知道应该将哪些人定为永久家臣。实际上，源赖朝逐步意识到，他领导的政府管理的事务太多。于是，他开始驳回上诉，换取他以前接受的那种协助。他还劝说京都承担责任，处理他认为自己分外的事务。[2]这样做的一个结果是，地头与类似官员（日语称"下司"）的管辖范围开始。前者是公开宣布的镰仓下属人员，由幕府任命、革职和惩罚。后者的待遇和职责与地头没有多大差别，但是交给田地所有者负责。于是，地头与下司之间的界线明确划分，形成京都—幕府二元政体的一个突出特征。

镰仓家臣的身份同样是一个棘手的问题，1190年以后才得到源赖朝的充分关注。直到最近，学者们还依然认为，源赖朝在1180年起兵夺权时，发明了"御家人"一词。《吾妻镜》将"御家人"用于最早的史料条目中。在历史上，这个术语的使用也是有意义的。[3]源赖朝是封建首领，御家人是家臣的标记，适合他的武士行为。但是，正如我们所知，这个术语与源平合战不属于同一时代，在12世纪80年代后期甚至没有使用。[4]我们的结论是，在幕府建立之后头10年中，家臣身份一直是没有确定的概念。忠诚本身常常与时务相关，"投靠源氏"确实

---

[1]　关于总追捕使与守护问题的精彩论述，参见 Yasuda Motohisa, *Shugo to jito* (Tokyo: Shibundo, 1964)，第22–42页。

[2]　参见 *WG*, 第125–127页。

[3]　关于地头与下司之间划分产生的隐含意义的讨论，参见 *WG*, 第136–142页。

[4]　参见 Yasuda Motohisa, "Gokenin-sei seiritsu ni kansuru ichi shiron", *Gakushuin daigaku bungaku bu kenkyu nempo* 16 (1969)，第81–110页。相关讨论参见 Mass, "Feudalism," 第131–137页。

可以单独实现。例如，源平合战结束时，就是否组建一支自己的永久性队伍这个问题，源赖朝尚未下定决心。最早得到承认的家臣多为东部人，获得了首批地头任命书。但是，每个令制国都有武士宣称，自己是合法的忠实追随者。这样一来，源赖朝必须想出一个方式来检验那些人的誓言，以便让追随者在待遇方面的差异不太明显。

因此，并不出人意料的是，巩固权力的努力在 12 世纪 80 年代后期开始，并且持续到那个世纪之末。除了关东之外，最先考虑的是中部，即两个首都之间的那些令制国。但是，没有哪个地区是彻底安全的，其原因在于，镰仓的指挥机构从来没有统一起来，许多武士仍然听从传统首领的调遣。源赖朝解决这些问题的办法是，让国家的军人们投入另外一场战争，这次的对手是北方人。北方是私人统治的主要飞地，北方人在源平合战中作壁上观，后来给源赖朝逃亡之中的弟弟源义经提供庇护。因此，源赖朝有几个理由进攻盘踞这个地区的奥州藤原氏。

在进行战前准备的过程中，源赖朝授权经过精心挑选的东部人，让他们在全国各地开始大规模的征兵活动。虽然我们缺乏大多数地区的详细资料，但是这一点相当清楚：各地武士纷纷响应，有的新兵来自遥远的九州，在中部入伍的人数最多。[1] 1189 年，镰仓在那场战事中取得大胜。源赖朝发现，自己的军力不仅可以摧毁东边的藤原集团，而且可以摧毁或征服西面的中部集团。在全国的其他地区，源赖朝奖赏忠诚作战的武士，惩罚或清洗表现欠佳的武士。[2] 于是，他采取了重大步骤，以便就全国军人的表现进行某种评估，形成类似财务状况表的文件。幕府打算将一些人确定为永久家臣，管他们叫"御家人"，并且将其名字写入家臣登记册。不过，此举当时尚未成为政策，上述步骤不久将会实施。

推行这样的政策需要一批代表，并且赋予他们规定的权力和统一的地方司法管辖范围。在这种情况下，这为守护的设置奠定了基础。守护是令制国一级的长官，也可起到治安官员的作用。不幸的是，我们并不知道最早设置守护的实际过程。学界的猜测是，源赖朝在首次京都之行期间，迫使朝廷任命他为总守护（1190 年），统管整个国家。[3] 关于这一安排，没有留下具体史料。但是，现在可以确认为守护的人员确实在 1192 年左右开始出现。就是在那段时间，"御家人"

64

[1] 参见 Kasai Sachiko, "Oshu heiran to togoku bushidan," *Rekishi kyoiku* 16 (1968)，第 27–40 页。
[2] 关于 1192 年九州的一场任职仪式的记录中，对此有生动描述。参见 *KB, doc* 37。
[3] 相关讨论参见 Yasuda, *Shugo to jito*, 第 45 页及之后各页。

这个标记开始出现，首批家臣登记册随之问世。[1]我们必须注意两者之间的联系：设置并监督御家人制度的主要责任被交给了守护。守护这个职位被创造出来，此举扩大了源赖朝对自己的新家臣的统领权。其次，随着御家人的设立，还出现另外一个法律范畴——非家臣（日语称"非御家人"）。御家人和非御家人以前可能都在"源氏"门下效力。不管怎么说，到了12世纪90年代初，镰仓幕府发明的这三个基本的地方职位——地头、守护和御家人——已经确立。与传统记载不同的是，在起源上有密切联系的不是地头和守护，而是守护和御家人。守护和御家人与源平合战没有任何直接关系。

学界长期以来认为，镰仓幕府的最终台柱是将军职位，它也是在1192年设立的。鉴于这一点，1192年几乎与1185年一样，在历史上也广为人知。但是，在某种意义上，这份殊荣本来不应记在源赖朝的名下。源赖朝在1192年担任将军，可是他当时却并不理解该职位的意义，它的重要作用是他去世之后才确立的。因此，这位镰仓首领于1195年辞去了将军官职。他从未想到，后人将把开创将军传统的殊荣记在自己名下。源赖朝以为，将军头衔的重要性仅仅在于它可能让京都对自己另眼相待。正是因为这个，他于1195年担任了声誉更高的官职（日语称"御太守"，相当于内宫卫队司令）。[2]反过来看，对他建立的家臣制度来说，将军职位并不是其顶点。我们将要看到，后来的北条氏需要一个头衔来摄政，于是赋予将军这个头衔未来和"历史"。由此可见，仅仅在其追随者的记忆中，源赖朝才成了首位将军。

正如前文中提到的，北方战役之后，源赖朝到了京都，开始了他童年以来的首次访问。总的说来，那是一次凯旋之旅。这位镰仓首领在各处被给予巨大荣誉，而且被授予"御太守"头衔。在担任将军3年（1192—1195年）之后，他再次担任朝廷的这个官职。再次升迁之后，他设立了"政所"。政所负责处理政府的财务，其模式沿袭了京都的豪门望族的做法。从那以后，他的政府颁布的政令均来自该机构，而不是源赖朝个人。[3]从某种意义上说，这是他对官僚化作出的

65

---

[1] 关于登记册列表，参见 Tanaka Minoru, "Kamakura shoki no seiji katei-kenkyu nenkan o chushin ni shite," *Rekishi kyoiku I*1 (1963)，第23页。

[2] 关于源赖朝和将军头衔，参见 Ishii Ryosuke, "Sei-i tai shogun to Minamoto Yoritomo", reprinted in Ishii Ryosuke, *Taika no kaishin to Kamakura bakufu no seintsu* (Tokyo: Sobunsha, 1958)，第87–94页；以及 Mass, "Feudalism" 第126–128页。

[3] 此类政令的一个早期例子，参见 *KB*, docs 12，16–17。

一种让步，可能是他生平作出的唯一一次重大让步。源赖朝更典型的做法是，坚决反对形成私人的权力飞地，因此常常让政府官员们轮换担任不同职务。此外，他还继续清洗忠诚度遭到怀疑的武士。在12世纪90年代，源赖朝亲自出面，清除了西部的某些令制国一级的家臣，逐步形成这一项补充政策：提拔名不见经传的东部人，让其担任东部地区的官员。他肯定觉得，这样的人的名望应该归功于他自己的慷慨的赠予。与之类似，武士权力较大这一现实迫使他采用封建主义的组织技巧，但是源赖朝的个人性情却让他偏向家长式专制统治。

在结束关于源赖朝时代这一部分的讨论时，我们应该指出，他与京都的关系出现了波动。1185年至1200年那段时间可被分为三个阶段。1185年至1192年，禅位的后白河天皇与源赖朝之间出现了某种竞争格局，不过并未形成公开对垒的局面。源赖朝致力于复活传统权威，始终对那位禅位天皇以礼相待。由于后白河天皇却没有什么可以失去。他利用了这一有利地位，试图令镰仓的竞争对手陷于尴尬境地。其结果是，后白河天皇在1192年去世时，京都的人没有什么悲痛之感。为了防止来自京都的反对言行，源赖朝决定增强自己在朝廷政治中的影响力。

在这个过程的初期，镰仓幕府的那位首领与京都的一位高官藤原兼实密切合作。源赖朝当时判断，他的女儿应像藤原兼实的女儿一样，成为天皇的嫔妃，结果却出现了一个问题。源赖朝有两个目标：一是成为未来天皇的祖父；二是他可以再次进京，以便促成那桩婚事。1195年，他放弃将军头衔，以便获取更好的职位——御太守。但是，到了那时，京都出现了一些势力。那些人在源赖朝的带有风险的策略中看到一个机会，以为可以摆脱藤原兼实和镰仓幕府的干涉。后来，他们如愿以偿。在源赖朝的破坏下，藤原兼实失去了权力。但是，源赖朝的女儿过早去世，他为她制订的计划没能实现。源赖朝在失望之余也经受了磨炼，重新将注意力转向镰仓。因此，1196年至1199年成为两个首都之间互动最少的时期。幕府继续收到公卿声称地头目无法纪的控告。但是，一个新的权力集团在京都崭露头角，源赖朝对它几乎毫无办法。当源赖朝1199年去世时，没有与京都建立密切关系可被他视为自己最明显的失败。

承久之乱的缘由

1200年至1221年那个阶段的出现带有一种必然性。其原因在于，日本此前只有一个行政中心，后来建立了一个武士政权，让两个首都对峙的承久之乱看来是合乎逻辑的结局。实际上，这场战争相当复杂，并非仅仅是新老两个权力制度命中注定的摊牌之举。1221 年，从集合起来的各种力量来看，两个社会不仅互相敌视，而且各自内部也矛盾重重。这场战争之中和之后出现的大规模冲突间接表明，源平合战形成的结果包含源赖朝作出的各种妥协，然而它们仅在表面上满足了许多武士的要求。承久之乱牵涉许多方面，它的一个主要结果——如果说不是重构——是权力结盟方面的变化。它既出现在两个首都之间和之内，也出现在总体上的武士阶层内部。鉴于此，承久之乱尽管时间不长，但其实是 13 世纪最重要的事件，可以与之相提并论的只有蒙古人入侵。[1]

在承久之乱前的那一代人时间里，镰仓取得进展的主题是北条氏崛起，成为新的霸主。这一点并非像学界常常所说的那样，轻而易举地取得了进展。在那个时期，权力斗争和叛乱频频出现。在那种局势下，北条氏取得成功得益于诸多确定因素。[2] 那场竞争的背景是，源赖朝之死在政治中心形成了空白。源赖朝的继位者相继为儿子源赖家（1199—1203 年在位）和源实朝（1203—1219 年在位），两人都没有其父亲那种气魄。这意味着，镰仓幕府的实际领导权落入家臣组成的联盟手中，而该联盟本身也是一种并不稳定的安排。1200 年至 1203 年，梶原和北条两大家族主持联盟事务。梶原家族的领头人是源赖家的岳父，而源赖家本人敌视母亲的娘家北条氏。最后，一场血战随之出现，源赖家被更有柔性的源实朝取代，梶原家族被竞争对手北条氏摧毁。至此为止，通道已经开启，北条氏的后裔北条时政开始对镰仓幕府进行短暂但直接的领导。

学界长期以来认为，北条时政 1203 年担任摄政王，日语称"执权"，辅佐新任将军源实朝，上升到了实权顶峰。根据该传统，随着一个接着一个的将军，出现了一个接着一个的执权。实际上，我们有理由怀疑这种说法。其原因在于，执权这个头衔的意思是日语所称的"政所"长官；如果没有政所，该职位不大可能设立。在那个阶段中，将军在朝廷中的地位不高，难以设立正式的管理机构。[3]

67

---

[1] 关于承久之乱的这一多维度观点，参见 Jeffrey P. Mass, *The Development of Kamakura Rule, 1180–1250: A History with Documents* (Stanford, Calif.:Stanford University Press, 1979)，第 1 章（下文以 *DKR* 表示）。

[2] 英语文献中关于北条氏崛起的最清晰论述，参见 H. Paul Varley, "The Hojo Family and Succession to Power," in Mass, ed., *Court and Bakufu in Japan*, 第 6 章。

[3] 关于北条时政的执权职位，参见 *AK*, 1203/10/9；相关批判，参见 *DKR*, 第 77–79 页。

尽管如此，北条时政确实支配着幕府事务，直到 1205 年才告一段落。从该政权颁布的官方命令（它们全部由北条时政一人签署）中，我们了解了这一事实。[1] 那一年，北条时政被他的儿子和女儿取代。由于他们的父亲尚未将其统治制度化，他们没能继承他的全部权力。北条时政的两个继承者因此被迫与其他人分享权力。在 1209 年之后的 10 年里，政所——那时已经设立——成为镰仓主要的决策机构和官方命令的主要发布机构。[2]

1213 年，出现了另外一场杀戮。老牌的御家人家族和田氏发现，自己被莫名其妙地牵扯进背叛阴谋之中。这让北条氏有了借口，率领幕府军队对其进行征讨。但是，即便此时，北条氏对政府机构的控制依然不稳；政所的人选变动不定，北条家族的人选并非总能如愿以偿。但是，到了 1219 年，将军遭到暗杀，整个格局发生变化。北条氏找到借口，宣布国家进入紧急状态。那时没有立刻找到合适的继任者，声称"紧急"也有一定道理。政所当时没有名义上的主管，被迫停止正式活动。北条义时效仿父亲的做法，开始使用自己的名字颁布幕府的官方命令。史实证明，北条氏在幕府内部的权力这一次将会延续很长时间。

就在北条氏终于如愿以偿获得霸主地位时，在一位刚刚禅位的天皇的主导下，京都也出现了类似的格局。12 世纪 90 年代中期，源赖朝以并不高明的手段干涉朝政，后鸟羽天皇是最终的受益者。1198 年，当后鸟羽天皇 18 岁退位时，他面对的首要任务是，让构成其随员的那个支持者集团持中立态度。当初，正是得益于该集团的操作，一是消灭了藤原兼实余党，二是阻止了源赖朝染指朝廷事务的企图。到了 1202 年，后鸟羽天皇羽翼丰满，并且做好准备，打算掌控京都。他确定，他的行政管理机——院厅——是京都的核心决策机构。此外，他还大肆敛财，常常牺牲其他财产所有者的利益。结果，京都与镰仓城一样，抗拒情绪四处蔓延。

实际上，后鸟羽天皇给全国的武士提供其他支持渠道，试图以此利用武士们日益增长的焦灼情绪。他招募御家人和非御家人，组建自己的私人卫队，并且让那些家臣们得到升迁，担任各级官员。这样一来，后鸟羽天皇便创建起一支军队的核心力量。后来，这支军队向镰仓幕府提出挑战。也许，后鸟羽天皇开始时并未意识到这一点。他的卫队成员来自东部和西部，不过这一新动向幕府几乎没有

[1] 例如，*DKR,* docs 55–59；*KB,* docs 20, 33–34, 48, 100, 113, 161, 163。
[2] 关于政所在那个时期中作用，参见 *DKR,* 第 75–80 页。

注意到。其原因在于，两个首都之间当时的关系虽说并不十分友好，但大体上还算平稳。在前一个时代，有的源氏成员没有得到源赖朝的提名，源赖朝曾经向朝廷为他们争取奖赏。但是，将军本人现在大张旗鼓地接受朝廷给予的荣誉，镰仓幕府却依旧不愿将地头职位奖赏给大多数西部家臣。经过一段时间以后，相当多的武士逐步意识到，幕府的存在给他们自己带来的好处微乎其微。与过去的情况一样，那些武士们与京都控制的田地制度联系密切。于是，他们积极响应后鸟羽天皇的号令，于1221年起兵反对镰仓幕府。

学界普遍认为，1219年发生的事件是发动战争的导火索。一年前，北条政子曾经到过京都，就提名将军指定继任者的事宜与后鸟羽天皇讨价还价。假如源实朝有后嗣，北条政子的那次京都之行是没有必要的。然而对北条家族来说，将军职位是其摄政的基础。因此，北条家族决定在皇族内部寻找继位者。一方面，这将给幕府（以及北条家族的人）提供无懈可击的合法性；另一方面，对后鸟羽天皇（他尚在襁褓中的儿子是被指定的继任者）来说，存在着将幕府"纳入"朝廷的可能性。然而源实朝1219年遭到暗杀，后鸟羽（前）天皇于是改弦易辙。他违反当初的协议，引起了镰仓的一场动乱。幕府向京都显示武力，获得了一个妥协性选择：藤原家的一名婴儿将会成为下一任将军。但是，当这名婴儿被带到镰仓时，这位禅位天皇出尔反尔，收回了自己颁布的正式任命。

这些事件让两个首都之间的关系迅速恶化。不过，值得注意的是，在历史资料中没有找到关于这场战争的细节。双方究竟采取了哪些公开步骤，导致何种形式的摊牌，现存史料中没有任何线索。1221年春天，相关记载恢复：那位前天皇已经做出了最后决定。他的错误影响巨大；更令人遗憾的是，我们无法跟踪1219年中期以来出现的情况。不管怎么说，我们可以想象，朝廷头脑发热，以仓促应对的方式，组建了一支欠缺忠诚的队伍，最后惨遭失败。结果，后鸟羽天皇的军队由一帮杂牌武士组成，其中大多数来自中部和西部各令制国，外加一些东部的叛逃分子，几乎没有多少内在结合力。[1]为幕府作战意味着，武士们有可能获得新地头头衔；对比之下，为朝廷作战却不能得到任何具体好处的承诺。显然，武士们对镰仓的负面（或者消极）感觉难以弥补欠奖赏形成的空白。

---

[1] 关于后鸟羽天皇军队的性质的详细讨论，参见 *DKR*, 第16–29页。

再则，后鸟羽天皇也没有考虑到这一事实：他和北条氏一样，已经让他自己的支持者们离心离德。他或许觉得，中央庄园主也不很喜欢镰仓，将会集合起来支持自己的事业。他肯定还希望管理庄园的武士们和为自己服务的雇佣兵会群起响应。不管怎样，贵族与武士一样，对他的号召反应不一。许多人持中立态度，其他人其实并不能保证住在自己土地上的人将会听从指挥。因此，后鸟羽天皇无法确定，京都是否能团结一致。这与平清盛在两代人之前遇到的情况如出一辙。

在讨论承久战争本身之前，我们需要考虑的一点是，这位禅位天皇挑战镰仓幕府，究竟希望得到什么结果？后鸟羽天皇发布的战争宣言中，单独提到了北条义时。在招募潜在的武士时，北条义时是他可以发现的最明确的共同敌人。源氏的统治已经结束，之前他们为朝廷提供的服务可圈可点。相比之下，北条氏试图谋反，应该遭到谴谪。除此之外，后鸟羽天皇还恳求镰仓的军人从此以后依靠京都的司法权威。这一恳求是微妙的，试图在不解散幕府的前提下，削弱幕府的管辖权力。在推翻武士政府的过程中，寻求武士的支持只能起到一个作用，那就是减少后鸟羽天皇取得成功的机会。反过来说，投靠朝廷的御家人的初衷既不是破坏幕府理念，也不是结束自己的精英地位。他们期望的是重构政权，确立新的武士领袖，与京都建立新的合作形式。但是，后鸟羽天皇——无论他使用什么说法——难以赞同上述想法。他的最终目标肯定是结束日本的二元政体，其手段也许是将守护和地头置于自己的掌控之下。我们知道，双方在目标方面的潜在分歧尚没有浮现出来。承久之乱——如果说不考虑它释放的暴力——开始之后不到1个月便宣告结束。

承久之乱及其结果

如果我们相信《吾妻镜》的记载，镰仓幕府事先没有得到警告，不知道后鸟羽天皇将要开战。令人并不感到意外的是，幕府领导人开始时并不确定应该如何应对，就是否应与朝廷军队交手这个问题，展开了一场辩论。不过，在北条氏的督促下，对即将出现的危险的顾虑被打消了。1221年5月19日，后鸟羽天皇的战书送达镰仓。根据《吾妻镜》的记载，在一个星期之内，幕府集合了1.9万人迎战。[1]

对那场战争的结果，对战后的解决方案，北条氏设计的征兵政策产生了直接影响。最初只有东部武士被要求服役，不过随着镰仓的军队向西推进，招募了地方家臣参战。这样一来，那场由关东人领导的战事形成了一个楔子，不仅打开了渗入西部的缺口，而且还提供了进一步巩固中部的机会。在这种情况下，与源平合战之初的情况不同，镰仓幕府领袖决定，将战火直接烧到敌方阵营。这个战略非常奏效，大获全胜的幕府军队 6 月 15 日开进京都。镰仓不理睬后鸟羽天皇发出的手下留情的恳求，流放了这位前天皇和部分参战军人。

战事进展很快，幕府开始时几乎无法评估那场胜利的规模。幕府必须确定前天皇的部队的组成情况，而且必须进行调查，以便决定战争罪行的严重程度。此外，幕府还必须评估自己军队的状况，确定参战人员及其具体的勇敢表现。让所有这些事情变得复杂的一个因素是，乡村地区处于恐怖统治之下。家臣和非家臣都以为，朝廷的失败给自己发放了一份违法乱纪的特许状。[2]违法行为大量爆发，异常野蛮。无论镰仓针对京都的复仇本能是什么，镰仓的领袖们都意识到，自己无法在不损害幕府的情况下，摧毁传统的权力体系。事实上，必须恢复传统的权力体系。因此，镰仓采取了相关步骤。它保留了朝廷政府机构的大多数职位，让一位新的禅位天皇登基。与此同时，镰仓还处理了传统庄园主递交的针对暴力活动的投诉，努力让乡村恢复安定。

但是，镰仓并未做好充分准备，无法监督国家全面恢复到以前的状态。幕府在京都设立分支，日语称"六波罗探题"，取代不起作用的京都守护衙门。而且，它还保留了自己干预朝廷高层官员任命的权力，其中包括天皇人选的提名权。幕府还进一步明确两点：其一，镰仓和京都今后将协同管理；其二，二元政体是一个永久存在的现实，再也不可能受到挑战。为了强调这一点，幕府开始颁布立法公告，显示它与京都一样，也是享有立法权的机构。最后，幕府任命了大量新地头，将他们派往中部和西部诸国，从而满足了门下武士们的掌权欲望。这一做法其实是一种殖民化运动。其原因在于，接受任命的武士几乎清一色来自东部，他

[1] 关于那场战争的叙事的两个译本，参见 William McCullough, "The *Azuma kagami* Account of the Shokyu War," *Monumenia Nipponica* 23 (1968)，第 102–155 页，以及 "Shokyuki: An account of the Shokyu War," *Monumenia Nipponica* 19 (1964)，第 163–215 页；以及 21 (1966)，第 420–453 页。

[2] 关于 1221 年和 1222 年间战争的例子，参见 *DKR, docs* 21，24–26；以及 *KB, docs* 95，112，116。

们赴任的地区是西部，那里的人原来拥有的土地已被没收。这样一来，日本武士力量的人口统计显著变化，有利于来自关东的精英武士。

当时，恢复稳定是镰仓幕府关注的重中之重，然而大量新地头进入他们不熟悉的地区，实际上却起到破坏稳定的作用。但是，为了在全部范围内实施该制度，为了满足幕府的核心支持者的期望，那是必须付出的代价。由此形成的一个重要结果是，对实施司法权——这是镰仓幕府长期以来主要的施政目标——提供了实质性支撑。幕府成员在全国各地执掌大权，这一点具有前所未有的重要性：迅速处理不受庄园主约束的地头的治安行为。开始时，镰仓幕府应付各地对法官的需求，感觉压力很大。事实上，它所努力实现的公正可能受到了影响。[1] 但是，那些失误被证明是暂时的，因为幕府愿意收回任何错误决定。不管怎么说，在大约 20 年的平衡时期之后，日本进入调整和变化时期。

这里所说的变化与实质和结构关系不大，更多涉及的是范围和数量。这就是说，与源平合战以及其后逐渐形成的情况相比，承久之乱没有在制度方面产生什么新东西。1221 年之后出现的局面是，现存的官员圈子和权力扩展并没有从根本上引入新的治理概念。诚然，镰仓此时开始与京都平起平坐，成为立法权威，这一点肯定是史无前例的。但是，那些行为本身并未侵犯朝廷的权威；其实上，它们起到承认和增强朝廷的作用。其次，镰仓作为立法者，其所做的努力开始时是相当温和的。在地方和中央两个层面上，幕府并未给自己划分新的司法管辖范围。1221 年以后新出现的情况是，镰仓解决的纠纷越来越多，任命地头的步伐越来越快。那些地头数量也许是关键问题，这里引用一段有趣的逸事。

根据《吾妻镜》提到的一个著名的数据，作为承久之乱之后签订的协议的一部分，镰仓幕府没收了整整 3000 处庄园，从中大赚一笔。如果这个数字无误，如此之大的变化肯定打乱了朝廷与幕府之间的平衡。京都可能遭受巨大挫折，收入大大减少，随之陷入衰退。但是，3000 这个数字带来的影响并不像看上去那么大。首先，史料根本无法证实出现了那么大数量的产权易手；与镰仓幕府军队规模的情况类似，没收的庄园总数很可能被人为夸大。其次，即便这个数字是准确的，它也可能表示各级政权处理的庄园总数。这就是说，镰仓和京都分享了这份新的慷慨赠予。幕府宣布，它有权处理失败一方武士的管理职位，自行决定地头

---

[1] 一个经典例子涉及在四个不同场合纠正错误的努力，那些案子最终于 1232 年得到纠正。参见 *DKR*, doc 33。

任命事项。同理，经过幕府的同意，朝廷将一部分传统贵族（后鸟羽天皇的武装力量）的封号转移到另外一批人手中。具体数量不详，但是那些受益人有的在战争中保持中立，有的同情幕府。正是在这个意义上，承久之乱在日本的两大权力集团之内和之间形成了变化。关于《京都协议》的研究刚刚起步，结果显示，主要宗教机构当时一家独大。[1] 对比之下，有关镰仓幕府的学术研究进展喜人。专家们发现，尽管任命了大量新地头，还是出现了一小批庄园主。[2] 由此可见，正如该协议所反映的，幕府可能得到保证：社会的基本秩序不会因此受到损害。武士在最好的情况下也难以控制，将会继续充当中层土地管理者。

关于这个问题的最后一点是，战后时期不是一两年就结束了。虽然大多数产权交割显然在 1240 年之前已经完成，但承久之乱形成的土地所有权变更一直延续到 13 世纪 40 年代。到了 1225 年或 1226 年，镰仓幕府已经做好准备，推进其组织的结构性变化。幕府运作的一个新的成熟阶段随之开始。

幕府的治理

1224 年，北条义时去世，一年之后北条政子去世。北条家族的摄政王们一致同意，幕府的新领袖是北条义时的儿子北条泰时。北条泰时在幕府创立之后出生，接受了正宗的儒学教育。在幕府的运作方面，他留下的个人特征延续整个幕府时代。正是在北条泰时治下，幕府斡旋争端的能力达到新的高度；也是在他的治下，镰仓幕府实施良好管理的美誉在历史记忆中固定下来。[3] 镰仓幕府的黄金时代此时拉开帷幕，它取得的许多辉煌成就都归功于这位杰出人士的努力。

北条泰时从执政开始便实施创新。他希望结束战后的紧急状态，于是采取了三个步骤，让幕府的统治基础制度化。第一，他建立了共同签署（日语为"连署"）制度。根据该制度，来自他的家族的一个人分享摄政王的权力，将会加入

74

---

[1] 朝廷的失败让高野山神社尤其受益。东大寺、贺茂、伊势和岩清水三个神社也是如此。参见 *DKR*, 第 38–40 页。

[2] 有关承久之乱结束后颁布的 129 项任命的细节，参见 Tanaka Minoru, "Jokyu kyogatabushi no ichi kosatsu–rango no shin jito buninchi o chushin to shite," *Shigaku zasshi* 65 (1956)，第 21–48 页；以及 Tanaka Minoru, "Jokyu no rango no shin jito buninchi," *Shigaku zasshi* 79 (1970)，第 38–53 页。

[3] 对北条泰时任期，14 世纪作家北畠亲房给予极高评价，参见 Kitabatake Chikafusa, *Jinno Sholoki: A Chronicle of Gods and Sovereigns,* trans. H.Paul Varley (New York: Columbia University Press, 1980)，第 228–230 页。

镰仓幕府的正式机构。[1]第二，他提倡共同掌权的理念，创建了一个评议会（日语称"评定众"），将其作为幕府的高级政府部门。最后，他还规范了提拔候任将军的程序。即便在取得承久之战胜利之后，其前任们也未实施这一做法。1226年1月，年仅8岁的藤原赖经成为镰仓幕府的第四任将军。

以上就是北条泰时采取的公开行动。此外，他还幕后运作，确保评定众按照自己的希望办事，使之成为镰仓幕府新的最高法庭。评定众与以前的政所一样，由老派的御家人和前贵族的法律专家组成。不过与政所不同，评定众是其创立者实现个人意志的工具。政所是源氏设立的，在1219年那个时期发挥了非常重要的作用，但是在整个13世纪20年代却无所作为，后来被完全剥夺了司法权。1232年，将军担任朝廷要职，完全有资格开设政所。但是，到那时，北条泰时执掌大权，因此可以对政所主要任务——任命和确认地头职位——实施监督。总之，政所的历史可以追溯到平安时代，其存在与朝廷任命的将军军衔密切相关；评定众是幕府创立的机构，是摄政王的载体。如果像许多历史研究者那样，试图证明政所在镰仓历史上开始了一种新的评议阶段，那么就会忽视该机构的起源，忽视北条氏后来所起的主导作用。[2]

虽然史料并未直接提及那个过程，但是评定众一开始就成为重要活动的场所，见证了一个迅速现代化的司法制度。正如前文提到的，实际上从源氏起事的最初日子开始，幕府已被置于实施司法仲裁的位置上。最早审定的案子涉及源赖朝本人颁布的官方命令。但是，政所成立之后，他将大部分权力集中在政所内。正如有的学者指出的，在承久之乱前10年，政所死而复生。但是源赖朝去世之后，北条时政掌权，北条家族逐渐主导了那个过程（1203—1205年）。1219年至1226年，北条家族再次控制司法大权。[3]

司法技术很快变得更加复杂起来，掩饰了在幕府高层出现的权力变更。实际上，从一开始便强调了司法技术。镰仓开始时既无见诸文字的法律，也无任何哲

---

[1] 由于《吾妻镜》中的一项错误记载，此项创新曾被归功于北条政子。其正确归属，参见 Uwayokote Masataka, "Renshosei no seiritsu," in *Kokushi ronshu,* vol. 2 (Kyoto: Dokushikai, 1959), 第 625–640 页。

[2] 佐藤进一对这个观点的驳斥广为人知。参见 Andrew Goble, "The Hojo and Consultative Government", in Mass, ed., *Court and Bakufu in Japan,* 第 7 章。

[3] 从 1219 年至 1226 年，北条氏的控制是直接的；因此，它是通过评定众来实现的。无论以哪种方式，1219 年和 1333 年作出的判决都由北条独自签署。相关判决参见 Seno Seiichiro, *Kamakura bakufu saikyojo thu* (Tokyo: Yoshikawa kobunkan, 1970–1971), 第 2 卷。

学传统，日本的有产者习惯于将个性化的先例作为判决基础。因此，幕府在司法上自然就会重程序、轻原则。在整个镰仓时代，确定和证实地方司法先例起到基础作用。根据先例，形成对公正性、证明方式、法定诉讼程序以及上诉权的基本态度。当时的社会没有法律，然而爱打官司，不受管束，却依然尊重权威。该制度在成熟时期会根据当时社会的需要，进行适当调整。

　　1187 年的一件案子显示，镰仓的司法制度具有巨大潜能，其主要目标是，公平对待所有诉讼参与人，而不是强化法官的权力。该案涉及对遥远的九州的一块土地的所有权，诉讼双方都声称应该属于自己。源赖朝在此案的裁决书中称："本庭调查并判断了原告和被告陈述的各自优点，认为一方［地头］的陈述有理。" 76
为了支持这一判决，罗列了证明记录作为证据，驳回了异议者的"虚假声索"。最后，该裁决书的副本被送往九州的政府衙门（日语称"太宰府"），授权它下达执行判决。[1]

　　在源赖朝时代，司法可以说是这位首领的特权。他指派受到信任的追随者处理案件，允许他们拥有一定的裁量权。但是，他没有职业调查人员，更不用说法官了。如果从独立机构的意义上说，"司法机关"出现的时间是要晚许多。[2]

　　承久之乱前 20 年中，镰仓幕府处理诉讼的方式出现一些进步。那些是名副其实的诉讼案件：实施的是控告制度，诉讼由原告提起。其次，从那个时期总体看，幕府自身一直不是涉案的一方，因而可以增强它作为仲裁者（而不是检察官）的名声。顺理成章的是，源赖朝去世之后，负责调查的机构（日语称"问注所"）变得活跃起来。此时，在法庭调查过程中，控辩双方按照明确规定的方式，各抒己见（"诉状"和"陈状"）。问注所首先搜集和分析证据，然后公布报告。通常，那份报告就是法庭判决的基础。从一开始，与证人或者诉讼当事人的主张相比，书面证据就被认为更可靠一些。不久，各类文件的区分形成。接着，裁定逐步依赖文件，于是，编造记录罪、盗窃记录罪、敲诈记录罪也随之成为问题。幕府很快发现，司法技术方面的进步出现之后，随之而来的常常是滥用或破坏它们的尝试。

---

[1]　参见 *KB*, doc 314。

[2]　根据《吾妻镜》的记载，这个传统观点设想，从 1184 年开始出现了"调查委员会"（问注所）。我对这种说法持不同意见。参见 Jeffrey P. Mass, "The Origins of Kamakura Justice," *Journal of Japanese Studies* 3 (1977)，第 307–310 页。

镰仓幕府取得上述进步的不可或缺的一点是，地方支持制度起到了促进作用。某些种类的指控随后在当地才能进行有效证实，守护成为令制国中负责调查的主要官员。指令和回复的递送量增加，加快了对案件的处理，客观上强化了幕府对领地的控制。同理，幕府以直接或间接方式，将正式调查表和传票送达被告人，也起到了这样的作用。那些案件大都分为三类。在镰仓时代早期的最突出的案件中，传统庄园主为原告，地头为被告。其中一些已经相当复杂，涉及多个问题，全是野心膨胀的地头推行各种违法乱纪的计划造成的。[1] 第二类案件涉及家臣家族内部的争端，大都与财产继承问题相关，其重要性后来更显著。[2] 最后一类是由御家人提出或控告御家人的案件，涉及家族之间的财产侵权。[3] 镰仓幕府规定，不接受公卿或武士提出的不涉及家臣的诉讼。但是，幕府自身偶尔违背这一官方立场。然而，与京都分别管辖的政策一直有效，起到那个时代的二元政体的基础作用。

尽管如此，在承久之乱之后的年份中，该制度中的某些缺陷仍旧凸显出来。我们在前面提到，承久之乱的紧急状态导致诉讼案件数量激增，在一定程度上影响了法定诉讼程序。其结果是，虚假或琐碎案诉讼增多，人们渐渐觉得，幕府判决提供的信息既不足以防止相同问题反复出现，也不能给幕府提供解决将来问题的合适基础。具体说来，当时的裁决书往往没有考虑涉案地域或家族的全部历史，也没有就构成判决基础的口头和书面证词进行概要陈述。此外，到了13世纪20年代后期，存在着若干问题田地。它们是幕府过去采取的互相矛盾的做法造成的。为了梳理那些记录，需要对先例（可以这么说）进行排列。北条泰时的倾向性意见是，让评定众重审这些案件。我们从1227—1228年留存下来的一批结案裁决书了解到，镰仓幕府的司法取得了长足进步。[4] 在那一时期的进展中，重要的做法是努力实现司法公平，采用了对决或称当面质证的形式，并且将根据口头和书面证词进行判决的事实和推理一一记录下来。[5] 在那之前，通常会传唤

---

[1] 例如，1216年的一个案件包含16个操作争议的问题。参见 KB, doc 93。

[2] 例如，涉及九州的肥前国的旷日持久的案件。幕府最初于1196年审理该案，1204年复审，此后反复审理，直到1228年才终审结案。参见 KB, docs 19—20；以及 DKR，第95—101页。

[3] 例如，1205年和1212年九州的案件。参见 DKR，第57号和第65号文件。

[4] 具体请见1228年关于小值贺岛的结案情况，参见本章第55注。1227年3月作出的判决是这一"新"种类的最早例子。参见 KB, doc 46。

[5] 例如，1244年的一件案子涉及九州的肥前国的一个偏远地区，至少20名当地人接受了询问。参见 DKR, doc 144。

原告和被告。但是，我们并不确定双方是否会与审判者同时到庭。即便在那时，只有少数案件接受这种终极查验。但是，非常重要的使用权原则已经确立。此外，幕府还明文规定：第一，必须采取非常措施查明真相；第二，在需要的情况下，必须寻找证人，无论多么偏远也在所不惜；第三，只要有助于审判，必须发送传票。[1] 反之，镰仓幕府也反复灌输这个观念：司法程序中的每个阶段均可作为最后阶段。我们看到，镰仓幕府并不要求按部就班地完成整个司法程序。这样做的合理之处有两点：其一，幕府避免浪费宝贵的资源，包括诉讼当事人或幕府的资源；其二，给予该制度最大的灵活性。于是可能出现这样的情形：提起诉讼这一行为本身可能让被告寻求"庭外"解决方案。也许，接受案件、递交指控书和传票时，也可能出现的相同的情形。在镰仓幕府的制度下，司法过程可能十分迅速，也可能旷日持久。在许多情况下，可以提起正式上诉，涉及老问题的新案件司空见惯，所以审理过程可能没完没了。实际上，幕府的目的是遏制诉讼中的潜在失控局面。精英武士宁愿让自己在法律战场上长期交手，而不是在战场上对垒。这一点是镰仓幕府取得的最持久的成就。

　　其次，镰仓幕府的司法既没有停滞不前，也没有过度官僚化。在引入将会起到核心作用的法定诉讼程序之后不久，北条泰时便积极推进立法进程。他利用自己接受的儒家学说和对现实情况的评估，在幕后大力引导 1232 年颁布的《御成败式目》，使其成为御家人的行为准则。该法典的重要性体现在几个方面：它是首份由武士制定并规范武士行为的文件，进一步证实了镰仓与京都平起平坐的地位。实际上，它为其后所有的武士法典起到灵感和先例作用。但是，在镰仓的环境中，制定该法典的本意并非像人们常常认为的那样，在很大程度上约束武士的行为。[2] 与其说它表示制定了具有束缚力的条款，毋宁说它确立了标准；其基础原则"道理"表达的是通情达理，而不是其字面意思。因此，根据一个案子的具体情况作出的判决最接近"道理"；镰仓的法律作为当时实践的总和，也最接近"道理"。

　　由此可见，《御成败式目》仅仅是初稿，可被视为并未绘制完成的蓝图，其总体关注比具体内容更重要。对比之下，如果该法典试图强制实施一套统一的规

---

[1] 例如，在 1255 年备前国的一桩诉讼中，提到了 7 份传票。参见 *KB*, doc 50。

[2] 该法典的早期英译本（1904 年）致使几代历史学家过分依赖这份文件。对此类译文的潜在影响的讨论，参见 Jeffrey P.Mass, "Translation and Pre-1600 History", *Journal of Japanese Studies* 6 (Winter 1980)，第 61–88 页。

定，它就会与基于庄田种类的许多习俗发生冲突。那么，司法就会失去可操作性，其原因在于，13世纪（镰仓或京都）的治理不可能被缩减为任何固定形式。因此，《御成败式目》的目标旨在明确御家人世界的界限，宣告将会抬高同时又限制成为御家人的标准。家臣的社会本身是不断变化的，人们容易期望该法典起到类似宪法的作用，将会通过立法进行补充。

实际结果就是如此。1232年，《御成败式目》的墨迹未干，镰仓幕府的立法者们便开始制定大量新法规。其中有的法规涉及《御成败式目》没有覆盖的范围，有的却具有纠正性质。促成后一类法规的原因是，出现了北条泰时当初没有预料到的发展。在努力调和两个互相冲突的社会和政治秩序的过程中，镰仓断然放弃了对庄园主事务的干预，具体说来，是对地头并非拥有全部地权的庄园的干预。没有担任地头的御家人构成西部诸国的大多数本土家臣，这一做法让他们在法律上失去了保护[1]，庄园主们很快利用了这一局面[2]。其结果是，在13世纪30年代和13世纪40年代，幕府认为最初的法律需要修正，于是进行了若干调整。

虽然出现了上述问题，《御成败式目》颁布之后，镰仓幕府的司法水平仍然到达了一个新的卓越高度。大约从1230年开始，京都的六波罗探题次官职位应运而生，成为该制度的附加品。它可以在独立于镰仓幕府的情况下，裁决诉讼案件。六波罗探题实际上主要起到下层法庭的作用，经常处理东部的上诉案件。镰仓幕府借此将司法机构多样化，增强了自身作为日本名望最高的法庭的信誉。与此同时，镰仓幕府还采取步骤，提高效率，改善全面治理。1249年，它增设另外一个机构，日语称"引付众"。经过一定时间以后，引付众逐步到位，主要功能是在评定众领导之下进行调查。

正如前文所示，纠纷解决方式是镰仓幕府对那个时代的主要贡献。一方面，从广义上考虑，对幕府而言，土地诉讼的裁决是它自身存在的理由，其重要性超过治安管理和收税，超过与政府相关的其他许多职责。另一方面，这并不意味着镰仓的权威只是单一维度的。例如，在它的根据地东部，幕府还履行某些行政职责。然而，关于镰仓幕府作为地方权力的文件，留存下来的寥寥无几，幕府在这

---

[1] 参见 *DKR*, docs 76—77。

[2] 例如，在一个案件中，一名庄园主忽视先前一项不利于自己的判决，试图再次提起诉讼。参见 *DKR*, doc 78。

方面的权威因此没有得到充分阐述。

为了解释这种反常现象，我们必须回头考察二元政体。在镰仓时代，日本并未划分分离的领地圈。在包罗一切的土地制度的大环境下，权力互相重叠。这意味着，一方面，庄园主和令制国领主保持了与东部的联系；另一方面，镰仓通过守护和地头，在西部施加影响。由此可见，无论二元政体的双方多么不均衡，其实是一种充分整合的政体。虽然镰仓或许做出的贡献更大，京都的职责却明显更加多样。镰仓关注自身的司法重担，避开了许多补充性管理职责。这些职责一直在以朝廷为基础的传统权力的视野之内。[1]

守护和地头

守护和地头是镰仓时代具有界定意义的角色，这一状况甚至在当时就得到了承认。在两者中，守护的重要性稍小一些。正如我们已知的，它由幕府在 12 世纪 90 年代设立，作为行政措施的组成部分，一是为了给家臣圈子注入凝聚力，二是为了明确崭露头角的二元政体的边界。设立守护的计划是，将受到信任的东部人派往每个令制国，让其在令制国中担任幕府的高级代表。守护的权力包括三个方面：其一，起到协调所在地区的御家人的作用，具体职责是在战争中担任指挥和平时领导御家人在京都实施警卫。其二，负责控制地方叛乱，处理涉及生命安全的罪案。到那时为止，原来的国司已经不再履行这两项职责。其三，对幕府的司法制度起到辅助作用，身兼调查者、执法官和联络员三重角色。[2]

在上述三大职责中，前两项超越了镰仓与京都之间确定的权力分界。因此，它们需要得到朝廷的正式认可。我们不知道与这一安排相关的具体情况，不知道镰仓是何时使它们得到认可的。但是，在 13 世纪初，守护在这三个方面起到了积极作用。京都的警卫，日语称"大番役"，沿袭了平安时代的做法。幕府继承下来，使其成为令制国家臣义不容辞的责任。警卫事务通常为三四个月，由各个令制国不定期担任，有时候间隔为 20 年或者更长。大番役——现在看来似乎显得不可思议——是镰仓的家臣服务制度的核心。家臣提供的服务还包括进

[1]　对这些观点的阐述，参见 Jeffrey P. Mass, "What Can We Not Know About the Kamakura Bakufu?" in Jeffrey P. Mass and William B. Hauser, eds., *The Bakufu in Japanese History* (Stanford, Calif.: Stanford University Press, 1985), 第 24-30 页。
[2]　关于镰仓幕府的守护讨论，参见 *WG*, 第 8 章。

贡（提供劳务和马匹等等），但是不包括缴纳定期税金或租金。这种方式的部分基本原因源于幕府对非东部家臣的矛盾心理。在那些人之中，受到幕府尊重者屈指可数。幕府希望不时召集他们服役，但是并不愿意让他们待在镰仓。镰仓幕府只让东部人为自己提供大番役。在任何情况下，都由守护负责朝廷的警卫事务。

守护拥有维护治安的权力，他们（或其代表）与试图阻止自己进入的庄园主经常发生冲突。对于守护在这个问题上的管辖范围，历史学家们莫衷一是。这就是说，在刑事检控过程中，守护的权力限度在哪里？或者说，管辖涉及的准确社会阶层有哪些？[1] 但是，值得注意的是，幕府在这个领域中的高级治安官员类似于其他时期和地方的警官，常常遭到表面上接受其服务的利益集团的谴责，难以得到褒奖。就此而言，守护与作为文官的国司，与庄园主争取豁免权的国司代表，没有多大不同。无论如何，我们可以说，至少在其职责的这个方面，守护并不成功。他们自己常常是违法乱纪的角色。

在三大重罪规定（日语称"大犯三个所"，它是一个不可思议的不当名称）中，守护的正式职责（京都大番役、对付叛乱、制止谋杀）被纳入了镰仓法律。1231 年，在守护的三大职责（当时没有这个名称）确立很久以后，大犯三个所成为对守护权力的一种操作性定义。此类法律术语表达的统一理念深入守护这个构思的核心。守护头衔的拥有者被视为政府官员，其职责在日本的各个令制国中被竞相复制。在这一点上，他们与作为文官的国司类似，与沿袭庄园习俗的地头不同，三者被视为各不相同的职位。大犯三个所的权力不足，显示了守护的十分有限的公共影响。

正如前面所述，守护的权力还有第三个方面。这一权力围绕着以幕府名义行使的职责。具体说来，就是守护协助幕府的司法活动。这里涉及的范围引人注目，包括询问证人、传唤被告、收集相关文件、转交调查报告、发布执法命令、宣布判决结果等等。于是出现了一个问题：此类活动（以及大番役）是否让守护形成控制御家人的手段，并且将此作为改变私家臣仆的一个步骤呢？总的说来，这种情况大概不会出现。其原因在于，第一，守护一般都采取对地头不友好的行动；第二，地头在官司中通常是被告人；第三，镰仓幕府十分小心，避免各个

---

[1] 辩论主要在佐藤进一与石井良助之间展开。关于辩论的小结，参见 WG, 第 213-220 页。

令制国中的下属获得自治权。例如，幕府可以任意取消守护的任期；守护只能在其出生地之外的其他令制国中任职（东部地区除外）；他们的职位一般与其土地所有权不在一地；对人数和作用两个方面，守护次官也受到限制。[1] 鉴于以上诸因素，很少有守护愿意在任职国中居住，这也就不足为奇了。守护的职位被认为是不能继承的，所以他们之中的大多数要么待在东部的老巢中，要么选择住在镰仓。

　　个别守护确实在任职国中站稳了脚跟，但是这并不意味着他们与镰仓幕府的关系不好。他们继续要求幕府的积极支持和庇护，将此视为对他们持续提供的宝贵服务的回报。守护根本无法孤立存在，更不用说发家致富了。此外，随着时间的推移，幕府中的主要家族北条氏逐步获得大量守护头衔，在镰仓时代结束时大概有三十余个，几乎占全国总数的一半。对于这一点，我们了解的情况不多，无法判断它是损害了守护制度，还是使其效率更高。毋庸置疑，这种情况限制了其他守护获得自主性的潜能，因为"北条邻居"此时是大家面对的现实。我们的最佳猜测是，北条氏扩大守护职位的做法并未扭曲镰仓幕府的目标或管理。不管怎样说，本地化虽是当时社会的大潮流，在守护或令制国层次上却并未出现，并且在一定程度上受到制约。由此可见，守护职位没有削弱更高权力，而是对其起到主要的支撑作用。我们在下文中将要看到，就镰仓幕府的地头而言，情况就大不一样了。

　　我们可以说，守护的多样性是建立在地头职位的基础上的。地头可根据形形色色的土地单位任命，或者说，实际上可以与土地毫无关系。地头获得的补贴和权力也有各种形式[2]，一般与其前任的待遇一致。其前任要么是另一地头，要么是拥有其他头衔的土地管理者，通常是下司。地头一旦得到任命书，就可将自己的职位视为可以继承的财产，唯一条件是其遗嘱要得到镰仓幕府的认证。正如前面提到的，地头还可得到豁免权，不受外居庄园主的权力的约束。如果地头犯下侵犯人身或财产的罪行，庄园主别无他法，只能上诉镰仓幕府，要求赔偿。地头代表庄园主管理土地，庄园主对地头没有实施直接控制。这样的责任关系让地头职位具有创新意义。此外，它也意味着一直需要幕府行使司法权。

---

[1]　在这四点中，唯一存在争议的是土地所有权。佐藤进一持否定态度，石井良助与他的观点相反。我在这一点上支持佐藤进一。参见 *WG*, 第 225–227 页。

[2]　该权力的具体形式和范围五花八门，具体例子可参见 *WG*, 第 171–172 页。

地头职位掌握在武士手中，从一开始便容易引起麻烦。镰仓幕府在任命地头时并不知道这类管理权力的范围，因此没有对其加以规定。幕府要求地头服从当地的先例，并且让地头去发现那些先例。并不令人感到意外的是，庄园主和地头对这类做法的解读各不相同，诉讼因此不断产生。最初，幕府曾经着手了解边远地区的习俗。幕府的错误在于它没有记录发现的所有习俗。当然，这是北条泰时推行改革之前的情况。但是，即便在那时，足智多谋的地头依然可以自由选择新的活动区域，挑战或者重提尚有歧义的老问题。幕府面临的难题是，它几乎无法采取行动，以便对数量那么大的下属严加管教。幕府对地头的判断从未动摇，但是它作出的大多数决定都是告诫性的，并不是公开惩罚。幕府认为，在极端情况下，可以免去地头的职务。不过，确定地头的权力范围的做法常常足以起到惩罚作用。因此，地头往往受到一份法律文件的束缚：该文件罗列了他以前所犯条款的具体情况。

具体的争端涉及哪些方面呢？作为对其提供服务的补偿，地头得到一定面积的土地。地头的普遍做法是：第一，宣称相邻的土地在受到保护的地域之内；第二，主张自己缴纳比例较低的税金或较少的税金总额；第三，援引习俗，将其作为强迫自耕农提供劳务的理由。庄园管理方面的争执围绕几点：其一，地头维持治安的权力范围；其二，地头对当地官员的管辖范围；其三，地头组织和监督农业生产的能力；其四，地头参与收缴和移送的庄园钱款具有的性质。如果控制这几点，地头就会在庄园中占据主导地位。因此，每一点都会导致当地人产生不同意见。但是，一般情况下，地头仅仅享有一部分权力，这些权力往往以某种固定方式表出来。例如，就维持治安的能力而言，地头可能负责三分之一或者二分之一份额。[1]这意味着，地头往往按同样比例，获得没收的财产或者罚款。在庄园管理人员方面，地头可能控制某些带有头衔的官员，这让地头拥有任命或罢免他们的权力。[2]

在以上各个方面，通常地头的对手是庄园主任命的特别管理者，后者行使剩下的管辖权。于是，许多庄园就有两条权力轨道：一条在地头控制之下，不受庄园主的约束；另一条由庄园主通过其代理人进行控制。庄园主的代理人来自两个

---

[1] 分别参见 KB, doc 90,89。有时，该份额可能是全部，参见 KB, doc 88。
[2] 关于萨摩国和安芸国的地头管辖的几个头衔，可参见 KB, doc 78；以及 DKR, doc 41。

基本渠道：一类是庄园所在地的长期居民，而且可能是庄园的部分或全部土地的最初委托人；另一类是上面派来的职业管理者。不管怎样，在权力和责任两个方面，地头与管理者——他们当时获得此名[1]——之间形成了分歧，这就是那个时代的真正经典的长期斗争的背景。从幕府的司法裁决书（它们是实现所期望的解决方案的工具）中，我们知道了与许多问题相关的大量史实。其实，地头是主要的诉讼对象和控制对象，是成千上万份文件的主题。因此，关于地头的整体情况，我们知道大量史实。

85

庄园主的绝望感与日俱增，慢慢找到一系列安抚或限制地头的直接方法。庄园主率先采取行动，典型的做法是主动妥协。在日语称为"合与"的这个总名称下，主要实施了两种妥协办法。第一种办法在日语中叫"请所"，似乎与实际情况没有多大关系。根据双方达成的协议，地头得到了对庄园的整个管理权，有时甚至可以阻止庄园主的代表进入庄园。地头根据协议，无论农业收成如何，向庄园主缴纳定额年租作为回报。镰仓幕府愿意支持此类协议，实质上作出了承诺：违背协议的行为也许将会面临官司。可是，缴纳年租是地头对庄园主的唯一责任，欠款数额成为诉讼的唯一标的。可能出现的最糟情况是，地头负债累累，但是双方达成的"请所"却依然有效。在这种情况下，幕府只能下令，让地头支付欠款，不过条件常常宽松。[2]

第二个办法旨在抚慰地头，日语称"下地中分"，即将庄园一分为二。与其他形式的权力分割类似，这里的常规是比例安排，在示意图上画出红线，以便标示各自的份额。[3] 通常做法是，幕府正式表示赞同，象征自己所起的担保作用。[4] 长期以来的观点是，下地中分涉及所有权，而不是管理权。所以，它与请所相比，代表一种更先进的解决问题的形式。根据这个观点，地头此时成为日本最早的以地方为基础的庄园田产持有者。它标志着将权力归还土地的过程中的一个创新阶段。这一总体结论事后显得准确，但是当时的看法却略有不同。具体说来，庄园主——而不是地头——提供了实现下地中分的主要推动力。他们的目标是，

---

[1] 这里的术语是"预所"。到了镰仓时代中期，第二个术语"杂掌"开始流行。有时候，它们表示同一个人，可以交替使用（参见 DKR, doc 103），有些时候不能交替使用（参见 DKR, doc 41）。

[2] 关于"合与"和"请所"的讨论，参见 Jeffrey P. Mass, "Jito Land Possession in the Thirteenth Century", in Hall and Mass, eds., *Medieval Japan,* 第 7 章。有关实例，参见 *KB*, docs 117–125。

[3] 《中世日本》一书护封上的照片就是一例，参见 Hall and Mass, eds., *Medieval Japan*。

[4] 可参见 *KB*, docs 126–128。

86 以不受妨碍的方式，获得法律上属于自己的财产的一部分。但是，他们不断面对地头施加的压力。地头大都考虑自己的当下利益，因此，他们一般都抵制下地中分安排，因为那将让他们失去对整个庄园的控制权。或者这个问题可被这样理解：地头试图获得覆盖整个庄园的请所，取代他的前辈签署的下地中分。[1] 就具体发展而言，历史并不是一直前进的。

  地头头衔与其他形式的财产类似，在持有者家庭内部是可以继承的。幕府允许地头将头衔遗赠给自己选定的立法亲属，无论以整体或部分形式都行。地头不能将职位遗赠给家族之外的人员。在镰仓幕府初期，遗产分割是常规做法，女性也在正式继承人的范围之内。名门望族可能拥有多个地头职位，子女有时获得单独头衔，建立获得幕府承认的单独分支。如果不是单独分支，子女可获得地头的部分财产。这让他们有权得到幕府的确认和保护，并且有权将其拥有的那部分遗赠给自己的继承人。在镰仓时代的强烈倾向是，避开横向继承，偏向纵向继承。这意味着，财产方面的宗族特征依旧处于不发达阶段。即使在核心集团内部，依然存在关系紧张的潜在可能性。其原因在于，父亲（以及母亲）订立和修改遗嘱，后辈可能失去继承权。最后，选择主要继承人（他可能是非长子）的重担落在族长的肩上。家族冲突和诉诸幕府法庭的可能性普遍存在。[2]

  新的地头职位数量有限，难以满足争取该职位的年轻一代人的要求。于是，一些做法应运而生，开始将武士社会推向拥有更加统一的财产制度的社会。例如，设立了终生遗产和终生年金，继承权转给主要继承人或者他的继承人，取代不受妨碍、可以让渡给女儿的权力。这样，新的继承制度逐步形成。此外，父亲开始盼咐拥有继承权的儿子维持家族田产的完整性，减少或者淘汰第二顺位继承人。学者们以恰当的方式，强调了这种发展。然而，在镰仓时代，这样的做法一

87 直没有成为普遍现象，女儿拥有继承权和分散持有田产的情况一直存在。[3] 镰仓幕府对那些新倾向持何态度？这一点也不清楚。正如濑野精一郎说明的，镰仓首领对其氏族成员的权威一直没有成形，幕府的判决并不偏向他，因而也没有让他

---

[1] "下地中分"在 1237 年已经出现；用"请所"取代它的尝试在 60 年之后出现，参见 *KB, doc* 129。

[2] 参见 Jeffrey P. Mass, *Lordship and Inheritance in Early Medieval Japan: A Study of the Kamakura Soryo System* (Stanford, Calif.: Stanford University Press, 1989)。

[3] 例如，1323 年对一个女儿的不涉及债务负担的遗赠。参见 Mass, *Lordship and Inheritance*, doc. 147.

的兄弟们受益。[1] 不管怎样，对地头的控制权的竞争，地头与庄园主之间的竞争，这两点构成了镰仓司法的生命线。地头的野心是大多数人的生活痛苦的根源，但是地头职位本身标志着进步的开端。

13 世纪中叶的幕府

1242 年，北条泰时去世，享年 59 岁。北条家族的这位伟人不再担任镰仓的舵手，幕府立刻陷入前途唯卜的时期。他的继承人是其 18 岁的孙子北条经时。没过多久，北条经时便与藤原赖经将军发生冲突。藤原赖经当时 20 多岁，非常希望登上权力之巅。1244 年，藤原赖经被自己 7 岁的儿子藤原赖嗣取代。但是，麻烦并未就此结束。这位前将军依然待在镰仓，并且开始纠集力量，反对北条家族。两年之后，他被流放到京都，不过他带领的那一帮人依旧跃跃欲试。

与此同时，京都的局势也在不断变化。就在北条泰时去世的同一年，天皇驾崩。幕府推出后嵯峨天皇继承皇位，不过后嵯峨天皇不是京都的选择。也在那一年（1246 年），北条经时去世，他的充满活力的弟弟北条时赖担任摄政王。然而，即便两个首都的领导更新，依旧没有出现双方和谐相处的迹象。1246 年 5 月，消息传到镰仓：北条氏的一个庶系的头目名越光时领兵谋反。结果，评定众中四名反对北条时赖的官员遭到革职。1247 年，与北条嫡家结盟的安达家族策动著名的三浦家，试图夺取控制权，局势出现危机。结果，三浦家兵败。这样一来，幕府中实力位居第二的名门望族灰飞烟灭。随后，拒不服从的残余分子遭到彻底清洗。三浦叛乱导致的结果是，北条时赖家系从此称为"得宗"，其地位更加稳固。当然，北条时赖家系也没有完全高枕无忧。在一成不变的继承机制中，强势领袖的去世依旧是一大难题。但是，在 1247 年的三浦叛乱之后，出现了一段稳定时期，一直维持到 13 世纪 60 年代后期蒙古人入侵时。

值得注意的是，即便在 13 世纪 40 年代的政治内斗过程中，镰仓幕府依然继续担负着司法职责。1247 年以后，实施了一些改革。其最终成果是 1247 年设立的一个新的调查机构，人称"引付众"。也是在那个时期，镰仓幕府在后嵯峨天皇的怂恿下，鼓励朝廷以幕府为模式，对机构进行更新。此举耐人寻味，超过了

88

---

[1]　参见 Seno Seiichiro, *Chinzei gokenin no kenkyu* (Tokyo: Yoshikawa kobunkan, 1975), 第 375–388 页。

1246 年组建京都评定众带来的影响。按照当时的设想，京都评定众负责处理与幕府利益无关的案子。从某种意义上说，通过那一举措，那个时代的二元政体被赋予终极表现方式。那时，朝廷模仿幕府，实现了重大的结构进步。但是，分开两者的司法管辖方式维持不变。在日本的两个政府之间实现合作是源赖朝早年的宏伟目标，此时进入一个新的阶段。

1252 年，后嵯峨天皇的儿子宗尊首次以亲王身份担任将军。在三十余年之前，北条政子曾经试图与后鸟羽天皇协商作出类似安排，结果后鸟羽天皇表示反对。但是，北条家族此时实现了这个目标。幕府的主要家族在两个首都安排了傀儡——幕府方便打交道的父子两人。宗尊实际上是历史学家记得的最后一位将军，其继位者出现在幕府首领的名单中，然而没有起到多大作用。在那个时代余下的时间里，还出现了一些重要进展，其中包括：较低阶层的崛起；武士的境遇分化，有的贫穷潦倒，有的发家致富。在社会的许多层面，人们都感受到了蒙古人入侵带来的影响。但是，到那个世纪中叶，幕府已经完全成熟。从那以后，北条氏大权独揽，武士总体上支配未来。

第二章 中世时期的庄园

大山乔平，京都大学文学部

中世时期令制国的内部结构

在本书开头一章中，杰弗里·P. 马斯讨论了日本中世时期镰仓幕府领导的武
士政府的情况。在农业社会中，全国的将军、摄政王和武士与京都的皇帝和贵族
一样，主要依赖土地和农产品提供经济来源。因此，要理解早期的中世社会，至
关重要的是要理解那种土地制度的性质，理解在土地上发生的微妙且影响深远的
变化。

中世时期的土地制度有时被界定为私有土地和公地共存的制度。在日语中，
前者叫作"庄园"，后者叫作"国衙领"。早在奈良时代（710—794 年），各个令
制国的所有土地在财务和行政两个方面就全都受到朝廷的控制。从那时开始，公
地就开始存在。在平安时代（794—1185 年），外居庄园主，其中包括贵族、寺院
以及皇室成员，获得若干私有权力（日语称"司记"），涉及各个令制国中的开垦
土地或托管土地。那些土地被称为庄园，后来逐渐封闭起来，既不受政府官员的
行政监督，也不缴纳税款。于是，到 12 世纪为止，日本大多数令制国中存在着
复杂的土地所有制，公地和私有土地犬牙交错，同时并存。本章拟考察镰仓时代
的庄园与国衙领的变迁、庄园的结构和管理、庄园主与土地所有权之间的关系，
研究武士在政治方面崛起对庄园控制权产生的影响。

庄园是中世日本土地制度的特点，为了理解这种私有土地所起的作用，重要
的是要考察每个令制国中土地所有权的结构，研究中世日本的基本行政单位。那
时，在一个令制国中，所有庄园只有一种土地所有权（日语称"所领"），要么属

90 于宫廷贵族，要么属于宗教机构，只有岛津农庄例外。[1]那些庄园主（日语称"庄园领主"）住在京都或者京都附近，其土地常常位于偏远的令制国。

几份中世时期的土地登记册留存下来，记载了它们覆盖的各个令制国的全部庄园。它们一般被称为令制国登记册，日语称"大田文"，有助于我们解释中世土地所有制，特别是单个令制国内部的土地所有权结构，分析私有土地（庄园）与公地（国衙领）之间的关系。

能登国：庄园的形成过程

每部大田文都有独特的结构特点和登记类型。能登国的田地登记始于1221年，对研究庄园特别有用。其原因在于，它一一记录了庄园、乡、保（管理公地的单位）以及院（禅位天皇的土地所有权）的情况。此外，它还按照不同情况，对那些土地所有权进行分类：一是中央政府准许的年份；二是国司给予豁免权的年份；三是土地首次接受检验的日期。如果某些土地所有权仅有检验日期，那么可能的情况是，在大田文编撰时，这些土地所有权缺乏准许文件或豁免权文件，因此仍然是公地（日语称"公领"）。[2]石井进在研究能登国的大田文过程中，最先注意到这一点。他发现，在总数为2051町的稻田中，1437余町构成了28家庄园（参见表2.1）。这就是说，在该国的稻田总面积中，庄园占有的比例为70%。[3]

根据石井进的研究，能登国的庄园开始形成于鸟羽天皇禅位统治时期（1129—1159年）。能登国最早的三处庄园在羽咋郡：第一处是贺茂农庄，拥有土地30町；第二处是1051年成立的毛田农庄，拥有土地85町；第三处是在几乎一个世纪之后的1136年成立的大泉农庄，总面积为200町。在那以后，庄园大量出现。在珠洲郡，当地最大的庄园于1143年组建，占地面积500町。1145年，町野农庄在凤至郡成立，占地200町，下町野农庄占地5町6段。次年，几处新庄
91 园建立。1136至1145年组建的三处庄园——大泉、和歌山、町野——面积为900町，占能登国稻田面积的44%。因此，在能登国，12世纪30年代和40年代是庄园形成最多的时期。

---

[1] 岛津农庄是近卫家的领地，包括九州最南端的日向、大隅和萨摩三国。

[2] 参见 *Kamakura ibun,* no. 2828。

[3] 参见 Ishii Susumu, *Inseijidai,* vol. 2 of *Koza Nikon shi* (Tokyo: Tokyo daigaku shuppankai, 1970), 第 207-213 页。

表 2.1　能登国的庄园

组建日期	庄园数量	面积		
		町	段	步
古代庄园	1	30	0	0
1051 年	1	85	6	7
1136—1150 年	8	1067	9	5
1184—1197 年	9	197	9	9
1201—1275 年	9	56	0	2
总计	28	1437 町	6 段	3 步

　　其余各国的情况不像能登国这样清楚。但是，竹内理三和网野善彦认为，在若樱和其他各地，庄园在 1130 年至 1155 年间——或者说鸟羽天皇禅位统治期间——开始迅猛扩展。[1]

淡路国的国衙与庄园

　　根据淡路国 1223 年的大田文，该国的田地总面积为 1412 町，分为两个郡。[2]津名郡有田地 777 町，三原郡有田地 635 町。这两个郡进一步分为国有土地和私有土地。该大田文将淡路国的田地列为 37 项产权。根据这份大田文，两个郡的国有土地所有权标为"乡"和"保"。唯一的例外是三原郡仅有一个独立单位永田村。对比之下，私有土地全部属于庄园，无一例外。在这两个郡中，庄园拥有田地 1011 町，占总面积的 72%，余下的 28% 是国衙领。

　　在 1221 年的承久之乱中，淡路国的军方行政官（日语称"守护"）佐佐木经高率领武士，支持禅位的后鸟羽天皇，反对镰仓幕府。大多数武士最后遭到惨败，取得胜利的幕府任命新的军方土地管理者（日语称"地头"）。这部大田文在承久之乱后编撰，记录了涉及武士们的产权变化，列出了每一领地中的私有土地所有者的姓名。那些登记项目是整个令制国的产权关系的代表。

92

---

[1]　参见 Takeuchi Rizo, "In-no-cho seiken to shoen," pt. 2 of *Ritsuryosei to kizoku seiken* (Tokyo: Ochanomizu shobo, 1958), 第 392–419 页；以及 Amido Yoshihiko, "Wakasa no kuni ni okeru shoensei no keisei," in Takeuchi Rizo hakase kareki kinenkai hen, *Shdensei to buke skakai* (Tokyo: Yoshikawa kobunkan, 1969), 第 127–170 页。

[2]　参见 *Kamakura ibun*, no. 3088。

我们从那些登记册中清楚地看到，淡路国的许多庄园与京都的寺院、神社、贵族尤其是朝廷关系密切。京都的寺院和神社获得了许多庄园的产权，例如，仁和寺的物部农庄，石清水八幡宫的菊地、平石和鸟饲三处庄园，上加茂和交野神社的那间理惠农庄和鲇原农庄。

淡路国的其他许多庄园（日语称"院"）与四代禅位天皇——白河天皇、鸟羽天皇、后白河天皇和后鸟羽天皇关系密切。例如，京都附近的国分寺农庄是白河天皇领地的一部分。淡路国的田产与其后的禅位天皇鸟羽天皇相关，包括其领地中的尼农庄、司农庄、内膳农庄、扫部农庄。最后两座都是鸟羽天皇的妻子待贤门院所建。[1] 在与后嵯峨天皇相关的田产中，静希农庄属于今熊野神社，樫尾农庄和吹浦农庄属于高野山的领地。禅位的后鸟羽天皇拥有大片领地，其田产包括梶原农庄和津里农庄。后鸟羽天皇的个人田产还包括安平农庄（菅原农庄）。[2]后鸟羽天皇的妻子的领地包括吉野农庄。

93　　在四位天皇相继禅位的年代，庄园在很大程度上围绕朝廷设立，这一点很容易理解。除了淡路国的那些庄园之外，属于藤原摄政王家族的庄园有：在松殿基房之子的领地上的久留麻农庄、在山科的劝修寺领地上的盐田农庄，在六条御堂领地上的晒谷农庄，在摄津国的西宫神社领地上的广田农庄。

包括淡路国大田文中列出的全部庄园，以上23家庄园全部属于外居庄园主所有。此外，虽然少数庄园（例如纪伊国的高野山、摄津国的西宫）的所有者住在京都之外的一些地方，但他们之中大多数主要在京都及其周边活动。学者们经常谈到，在中世日本的每个社会现象中，离心倾向非常明显。淡路国在政治权力的行使、经济结构和庄园所有权方面的情况支持这一观点。

在镰仓时代，庄园和国衙领的共同特征是，除了庄园主之外，地头和各类庄园官员全部从武士阶层中选派，以便对庄园进行控制。在淡路国，官署（国衙）坐落在三原郡。这里的国衙领主要由野原保、西新第乡、东山保以及植田保组成。在承久之乱期间，守护篡夺了地头对这些乡长和保长的任命权，那些地方于是成为守护的领地。守护由镰仓幕府的创立者源赖朝任命，逐步控制了淡路国的

---

[1]　内膳农庄、扫部农庄、由良河农庄和司津里农庄后来形成了一大批朝廷农庄。后鸟羽天皇很可能将该领地传给了自己的女儿。

[2]　其中的樫尾农庄、吹浦农庄和猪狩农庄组是与后白河天皇相关的皇家农庄，人称长讲堂领地。

国衙领的轴心。但是，国衙领所在地的官员（在厅官人）依然活跃。西新第乡、东山保以及植田保包括了在厅别名中的 55 町 4 段 22 步田地。各种各样的私有田产，日语称"别名"，通过获得文官政府的正式批准，从国衙领分离出来，形成类似于乡的独立行政单位。根据该大田文的记载，在西新第乡有 14 町在厅别名，人称志知农庄。这是个人宅地，其主人以前是淡路国最有权势的本地官员。这不是普遍情况，但是在中世时期，存在类似的非常规庄园。从土地制度的角度看，国衙领及其周边构成了地方政治的核心。

若狭国的庄园与国衙领

若狭国的大田文于 1265 年编撰，记录详细，勾勒了庄园形成的历史：一是瓜分以前的国衙领的形成过程；二是国衙领本身在镰仓时代的重构方式。[1]

若狭国分为三个郡——远敷、大饭和三方。该国的田地总面积为 2217 町 6 段，其中庄园占地 1036 町，国衙领占地 1181 町。因此，若狭国是少数几个国衙领占地面积超过庄园占地面积的令制国之一。根据庄园建立时间，大多数庄园产权可被分为两类：其一是最初的庄园（日语称"本所"），其二是新庄园（日语称"新所"）。加茂庄园、其他四家庄园和两个乡的面积为 129 町，包含在本所之内。立石庄园和其他 10 家庄园为新所，总面积为 474 町。

在若狭国，还有叫作"保"的田产，其用途是补充官员的收入。[2] 这些田产由中央政府的机构控制。六个保（其中包括国友保）占地 153 町。如果一个令制国的土地被分为庄园和国衙领，那么，中央政府的机构控制的田产可被视为庄园。最初，这些产权没有进入土地登记册，不向中央政府的各个机构缴纳税金（年贡），这些土地的使用权被转让给相关的政府机构。从平安时代后期开始，控制这些产权的政府机构的长官将土地的世袭控制权转让给关系密切的贵族。这样一来，实际上难以将这些产权与庄园区分开来。除了拥有贵族血统的官员之外，若狭国还感受到两大佛教中心——相邻的近江国内延历寺和三井寺——带来的强势影响。延历寺有 9 项田产，其中包括得爱乡，总共占地 132 町。三井寺有 3 项

94

---

[1]　参见 Oyama Kyohei, *Nihon chusei noson shi no kenkyu* (Tokyo: Iwanami shoten, 1978), 第 75–101 页。

[2]　参见 Hashimoto Yoshihiko, "Oiryo ryo ni tsuite," in *Heian kizoku thakai no kenkyu* (Tokyo: Yoshikawa kobunkan, 1976)。

田产，包括玉城乡，总共占地 83 町。[1]

在这部大田文中，最有趣的或许是关于当时依然存在的国衙领的记载。它们揭示了镰仓时代国衙领正在改变的结构。若狭国的三个郡——远敷、大饭、三方——最初各有其组成乡。远敷郡包括四个乡，分别为富田、志摩、佐井以及东区；大饭郡包括三个乡，分别为阿保、佐分利、本；三方郡包括三方乡和耳西乡。这些乡在镰仓时代被重新划分，各种各样的领地名称应运而生，包括乡、保、浦、寺、宫等等。我们大约可以确定 67 项这样的田产。[2] 此外，可以看到，当它们各自独立时，被纳入令制国官署（日语称"国衙"）的税收部门管辖。

若狭国对国衙领的重构围绕国衙展开。那些田产与在厅别名的距离说明了这一点。当地权势人物成为住在国衙领的官员（日语称"在厅官人"），参与国衙的行政管理，从而扩大了他们的影响范围，其数量在平安时代后期全日本范围内大量增加。在中世时期，各令制国的强势武士队伍就是由地方上的这类掌权者组建的。在厅别名是在厅官人拥有的国衙领之内的土地。平安时代后期，一位有权有势、名叫时贞稻叶的在厅官人控制了若狭国的税收部门。他还拥有一个面积超过 55 町的大别名，叫作"今富名"。此外，这部大田文还清楚显示，至少有 11 项在厅田产，包括冈安名、千代鸰名、武安名，都在国衙官邸附近。

在国衙领之内，有若干核心机构，分别为负责税收的"税所"、负责稻田管理的"田所"、处理官方文件的"府所"。在若狭国，除了今富名的税所之外，吉松名、田所名、时枝名这三处田产称为府所名（有趣的是，监管若狭国的府所的人姓秦，这个姓氏是早年经朝鲜半岛迁徙到日本的一个中国家族）。不管怎么说，在某些指定的家族中，那些国衙职位成为世袭之物。根据以上因素，国衙领被分为不同种类，人们难以将曾经的共有土地与以上家族控制的私有土地区分开来。国衙中的中下层官员以及在国衙作坊中劳作的人，例如随从、马夫、仆人、织布工、木匠和木雕工，也被给予国衙领之内的土地（名）。他们从事各自的行当，获得相应收入。

那些古代的乡过去构成若狭国的国衙领的结构，此时基本上名存实亡。例如，远敷郡志摩乡最初包括 139 町国衙领。随着重构和分割活动的继续，这个乡

---

[1] 这些寺院的田地并不包括附近的其他地块。

[2] 若狭国的乡最初看来大约为 120 町。在前面提及的 9 个乡中，5 个乡的面积接近 120 町。如果将公地中的阿尾乡和阿尾保乡（它类似庄园的领地，看来是从前者分割出来的）加在一起，两者包含的合计面积也为 120 町。

向国衙支付税收的稻田面逐步减少，最后仅有 9 段（参见表 2.2）。镰仓时代，公地依然向国衙交税，因此它们的所有权性质未变。与此同时，当时的现实情况是，越来越多的公地变为各级官员的私有财产。此外，那些田产逐渐变为权势家庭的世袭财产。从这个意义上说，国衙领具有私有庄园土地的许多性质。

下面，我们看一看能登、淡路和若狭这三个令制国的大田文。它们的社会条件各异，然而却无一例外地显示，庄园制度正在发展，成为中世日本越来越重要的特征。我们也许有理由假设，其他令制国的也走过了类似的道路。

表 2.2　若狭国国衙领中的乡和别名

	最早的稻田 （町）	别名的数量 [a] （町） [b]	剩余的稻田
大饭郡			
阿尾乡	60.8	5	24.7
佐文乡	120.3	1	64.2
本乡	116.8	0	81.2
远敷郡			
富田乡	128.2	24	6.3
志摩乡	139.5	28	0.9
佐井乡	177.5	27	13.5
土乡	88.7	10	5.4
三方郡			
三方乡	50.9	7	7.1
耳西乡	72.6	0	51.2

a. 别名是通过与乡分离形成的各种田产的总称。
b. 剩余的稻田，表示依然留在公地中并向中央政府交税的稻田数量。

庄园主的家庭经济

前面谈到，大多数庄园主住在京都或者京都附近，远离分散在各地的庄园土地。在这种情况下，将令制国与京都及其周边地区连接起来的运输体系非常重要。

许多东西必须送到京都的庄园主手中，其中包括各地庄园以稻米和其他商品形式缴纳的田产年租、劳务和租费（日语称"公事"）。通过收取税金和公事，庄园主基本上自给自足。达官显贵构成的最高层面的城市精英和宗教机构一起，欣赏终年不断的仪式和节日。这意味着，散落在日本各地由京都地区的外居庄园主控制的庄园必须组成一种自给自足的系统，以便满足终年举行的那些仪式的需要。

通过对一处皇家领地庄园的一项研究，我们可以一窥这种自给自足经济制度的运行情况。1173 年，禅位的后白河天皇实现了建春门院平滋子的祈愿，修建了一座救王护国寺。1326 年，后醍醐天皇将该寺院归为皇家领地，赐予京都的东寺。

97 在那之前的 1325 年前，进行了一次土地登记，包括了 16 个令制国中的 20 家庄园，标明了每家庄园应该提供的年贡。例如，播磨国的桑原农庄按照要求，提供稻米和花绸；摄津国的山边农庄提供松树松木板 [1]；摄津国的坂井农庄提供油料。

除了详细说明租费的种类和数量，包括稻米、丝绸、丝棉、花绸、松木板、柏木盒子、制作夏季和服的麻布、榻榻米、白布、米糕，该登记册还列出了每个庄园必须承担的兵役人数和时段。除了需求武士较少的 3 月、5 月和 9 月之外，从东部的信浓国和常陆国，到西部的筑前国，每个庄园必须提供 10 名武士。[2]

在禅位的后白河天皇获得的一处寺院领地中，我们可以看到，相同的经济考量以更大规模的方式出现。该领地上有一处佛教大殿莲华王院本堂，1185 年由后

98 白河天皇在六条的离宫内建造。后白河天皇向寺院推荐了许多庄园，尤其是他作为皇家之首拥有的土地。根据一份对禅位天皇拥有土地的登记，该领地的土地包括 70 家庄园、4 座寺院、2 座神社、13 处免税田产。[3] 这是中世时期最大的皇家土地之一，后来传给后白河天皇的女儿亮子内亲王。后来，由禅位的后深草天皇传给伏见天皇和后伏见天皇。在 14 世纪中叶和后期，日本进入南北朝对峙时期，这些田产为北朝——持明院统——提供了经济基础。

莲华王院本堂位于京都的六条，是一个四面环街的大院子。院子的每个大门都由庄园轮流选派的武士把守。院内有一间珍宝馆，由该领地的庄园派出的卫兵

---

[1] 用于制作手持火把的干松枝，用柏树或雪松板制作的盒子和箱子。

[2] 参见 Uejima Tamotsu, "Toji jiin keizai ni kansuru ichi kosatsu", in Kyoto daigaku bungakubu dokushikai, ed., *Kokushi ronshu* (Kyoto: Dokushikai, 1959)。

[3] 这类庄园大多位于东部的令制国。源赖朝在征战平氏的战争中取得胜利之后，东部的许多庄园落入关东武士手中。

守卫。寺庙内的各种服务也由各家庄园每月选派的随从提供。除此之外，在每月的某些日子里，庄园还为寺院提供蔬菜。例如，肥后国的六花农庄在每月的头两天提供蔬菜；丹波国的野口农庄在每月的第三天提供蔬菜。[1]

新年的头三天叫作"三贺日"。全国各地举行特别仪式，祈愿来年和平。按照精确计算，每家庄园分摊仪式用品和支出，为仪式提供物件和用品。例如，远江国的山风农庄提供 7 张竹帘、5 张榻榻米、10 袋沙子，肥后国的六花农庄提供 4 张竹帘、21 张榻榻米、20 袋沙子、供侍所（家臣会）使用的 3 段布帘。除了新年之外，每年还有其他仪式。庄园应该提供物品和服务的仪式包括 3 月的妙法莲华经法会、8 月的盂兰盆节、重阳节仪式、10 月的更衣仪式、11 月的供神仪式等等。　99

除此之外，远江国的山田农庄和肥后国的六花农庄还为其他形形色色的仪式提供物品：山田农庄为新年提供 5 张榻榻米、10 袋沙子；六花农庄提供 4 张竹帘、21 张榻榻米、20 袋沙子、3 段布帘。这两家庄园还在 3 月为妙法莲华经法会提供沙子，数量分别为 5 袋和 20 袋。为了 8 月的盂兰盆节，六花农庄捐赠 20 段麻布。重阳节期间，山田农庄提供一座神龛。在 9 月举行的换季更衣仪式期间，山田农庄要提供 3 张榻榻米。在 11 月的祭神期间，山田农庄还得提供半套神篱。该月的头两天，六花农庄供应蔬菜，在该月的第六天和第七天，山田农庄供应蔬菜。1 月、11 月和 12 月，六花农庄派出 3 名随从。6 月，山田农庄派出 3 名随从，另外还要派出 1 人担任仓库守卫。六花农庄 6 月派出 12 人担任门卫，山田农庄 11 月派出 1 人担任门卫。此外，山田农庄提供 20 个颜料饼。

莲华王院还收取各种形式的庄园租费。当然，许多庄园缴纳稻米，但是 3 个令制国中的 6 家庄园缴纳丝绸和丝线，其他两家庄园缴纳白布。不同令制国中的 3 家庄园缴纳纸张，其他缴纳黄金、马匹、黄铜、生铁、海鲷和香。这种税收制度反映了日本不同地区生产的物品：尾张、美浓、丹后的生丝和丝线；伊豆和甲斐的白布；远江、丹波和但马的纸张；出羽的黄金和马匹；大和的黄铜；伯耆的生铁；摄津的海鲷；能登和山城的香水。

莲华王院领地拨出的商品包括：5384 石稻米、1216 匹丝绸、4274 两丝线、10000 斤生铁。许多东西作为给予天皇随从的定期津贴。但是，在京都和其他地　101

---

[1] 这类蔬菜叫作巡回菜。

方的市场中，一定数量的东西被用来换取其他的生活必需品。[1]

当时的习惯做法是，皇室或贵族（权势最大的家系）成员拥有庄园的主要田产（日语称"本家－司记"）。领家司记的地位在本家－司记之下，通常由为豪门服务的中下层贵族持有。标注时期为 1253 年的近卫家族庄园产权登记册显示，即使在本家掌控庄园实际权力情况下，许多为他们服务的贵族也是主要业主（日语称"领家"）或管理者（日语称"预所"），掌控着那些庄园。[2]这种多层次所有权制度是中世时期日本庄园制度的一个特征。

在镰仓后期，庄园所有制的基本自给自足性质开始出现较大变化。这一现象可在许多庄园中看到。在圆觉寺的一份年度纳税表的分析报告中，我们清楚地看到了这一点。圆觉寺是镰仓的一座禅宗寺院，由北条时宗于 1283 年下令修建。那时，圆觉寺的田产包括尾张国的富田农庄、上总国的安昼皆实农庄中的龟山乡。从上述产权中，圆觉寺得到 1569 石，其中 8 斗稻米，1575 贯 451 文现金，其中大部分由富田农庄支付。该农庄通过在当地市场中出售生丝和丝线，获得了必需的现金，如数交给圆觉寺。圆觉寺通过销售从庄园土地获得的稻米和现金，支付每年的花费。

另一方面，圆觉寺获得 3960 驮马木柴和 500 驮马木炭，由龟山农庄直接运送。圆觉寺用龟山农庄的 25 石稻米，冲抵运输木柴和木炭的开支。另外，还用 4 石稻米，给烧制木炭的人提供"餐食"。从遥远的富田农庄，圆觉寺还获得了以丝绸和丝线形式支付的税收。那些丝绸和丝线出售之后，获得的钱币被送到该寺院。距离较近的龟山农庄雇人烧炭。由此可见，该寺院每年所用的木柴和木炭都在农庄所在地生产。在 13 世纪后期，在富田农庄和太平洋沿岸的附近庄园中，将实物租费变为现金的做法很快开始。在庄园主经济中，这是一个重要转折点。

正如前文所述，庄园主家庭经济形成了自给自足结构，至少在理想形式中如此。与此同时，他们作出了一些努力，让远离京都和镰仓的庄园缴纳比较合理的税收。但是，就庄园居民的承受负担的实际能力而言，就经济效益而言，随着时间的推移，还是出现了种种压力。其次，市场活动稳步增加。于是，随着商业的

---

[1] 参见 Nagahara Keiji, *Nihon chusei shakai kozo no kenkyu* (Tokyo: Iwanami shoten, 1973), 第 61 页；以及 Takeuchi, *Shoensei to buke shakai,* 第 417 页。

[2] 例如，在近卫家族的田产中，丹波国的宫田农庄和越前国的鲇川农庄被委托给预所肖汉；尾张的富田农庄、摄津的江波纸东方农庄、和泉的新建农庄也以类似方式委托给了行勇。

发展，中世时期的庄园主越来越多地依赖京都和其他地方的市场，获得需要的许多商品。

庄园的内部结构

就区分庄园内部的田产模式而言，最有用的文件是庄园的土地登记册。庄园最初建立时，那些登记册应运而生。如果出现庄园主换代、庄园被分割或者产权转移的情况时，都会勘定土地，重新进行登记。在这一部分中，我将使用此类土地变更记录，更详细地考察三家庄园的内部结构，它们分别在备后国、安芸国和肥后国。但是，在考察单个的庄园之前，我先概括论述庄园产权方面出现的重要变化形式。

庄园的内部结构复杂。用最简单的话语来说，庄园由若干叫作"名"的较小田产构成，镰仓时代的庄园尤其如此。"名"包括称为"名田"的稻田（或旱地）。每个名都有实名田产所有人，他们通常是富裕农民（日语称"名主"）。在庄园内部，各类名主负责收集每年的租米和其他实物租费，然后交给庄园主。此外，名主还要根据对每个名进行的评估，为庄园主提供劳务或服务（日语称"公事"）。庄园主向庄园之内的各种名主收费，认为名主有义务缴纳年度费并提供劳役。

但是，大多数庄园的结构实际上更加复杂。例如，在许多庄园中，所谓的"名"结构几乎不存在。在这种情况下，税负由当地的农民（日语称"在家"）承担。在京都附近的庄园中，农业生产的技术进步明显，水稻农业占据主导地位，名比较常见。但是，在九州或关东的庄园中，存在着许多在家产权。在京都周围以旱地为主的山区（例如纪伊国）庄园中，也出现了类似的情况。

小田农庄位于备后国，在流入濑户内海的芦田河上游。[1] 在镰仓时代，它是纪伊国的高野山佛教寺院拥有的诸多产权之一。小田农庄的结构特别清晰，其原因在于，高野山的僧侣阪阿正忍 1190 年撰文，详细记载了小田农庄及其土地制

102

---

[1] 庄园产权的模式就像一个格状权利网（日语称"司记"），其中包括外居庄园主的权利（本家司记和领家司记）、庄园官员的权利（下司司记和公文－司记）、农民的权利（名主司记）。司记持有者拥有每个层面的土地所有权。这里讨论的小田农庄是领家－司记类型的庄园产权。对小田农庄的概述参见 Kawane Yoshihira, *Chusei hokensei seiritsu shiron* (Tokyo: Tokyo daigaku shuppankai, 1971), 第 121–152 页。

度。[1] 根据该文的记录，庄园规模很大，总面积大约 613 町。在这种情况下，庄园被分为两个乡，小田地方和桑原地方。[2] 此外，在各处丘陵，还有孤立的小块开垦农田，它们是分散的村庄田地。

庄园官员名

庄园的名主要有两种：一种由中央庄园主的代理人和官员持有（日语称"庄官名"）；一种由普通农民持有（日语称"百姓名"）。在任何庄园中都存在各个等次的官员，其头衔包括下司、公文、追捕使、田所、国人。下司和公文在大多数庄园中都存在，小田农庄所见的追捕使、田所和国人并不是所有庄园的共同特征。

禅位的后三条天皇将高野山的小田农庄赐给两名地方武士——小田三井和金高立花。两人以前追随平安家族，担任下司，控制小田地方和桑原地方。根据那名僧侣的描述，有 4 处下司名，分别为福富名（20 町）、宫吉名（20 町）、羽贺重光名（3 町）、户张宫吉名（3 町），其中包括僧侣们自己的两处。显然，早在平安时代，四名下司就对该地区行使严格的控制权。

103　　除了上述下司名之外，在小田农庄还有五处公文名，位于小田农庄的桑原地方地界之内，名叫上原、猪尾、小世良、赤尾、羽贺。鉴于存在"各种公文"这一说法 [3]，我们可以假设，这些公文位于每个乡之内。那 5 个名分别是重政、宫丸、常长、三平、松冈。除了面积为 2 町的松冈之外，其他 4 个名的面积都是 3 町。在那些名中，田地面积大致反映了其所有者在政治和经济两个方面的影响力，土地面积揭示了每个庄园之内下司与公文之间的实际力量平衡。在小田地方和桑原地方中，有一处追捕使名和一处田所名，面积各为 1 町。另外，每个町内还有 11 处国人名，其中包括井谷子名。其余的 10 处名的面积各为 5 段。阪阿正忍的记载清楚地显示，在小田农庄中，有 70 町被标为官方土地。

农民名

在该庄园中，除了官员持有的名之外，还有农民持有的名，总面积为 332 町，

---

[1]　参见 Tokyo daigaku shiryo hensanjo, ed., *Dai Nikon komonjo, Koyasan monjo,* vol. 1, no. 101。

[2]　小田地方和桑原地方被称为乡，但是我将在后文中解释，在这两个乡的范围之内，还有其他几个乡。

[3]　参见 *Dai Nihon komonjo, Kqyasan monjo,* vol. I, 第 100、114 页。

在庄园田地中比例最大。根据该文的描述，农民持有的名承担提供劳役的责任，日语称"公事名田"。那些名是稻田，属于小田农庄的普通农民（日语称"百姓"）。这些田地除了满足庄园农民的日常需要之外，还承担支付年租、提供劳役的负担，是庄园主的最大收入来源。因此，庄园主的主要管理目标显然是让这些农民名保持稳定，有人耕种。

三类稻田

那位僧侣的记载还显示，年租负担与劳役之间的关系是小田农庄稻田的基础。他使用了三个术语来进行区分：纳税田（日语称"官物田"）、劳役田（日语称"公事名田"）、免税田（日语称"杂事免"）。"官物"是表示租费的另外一个术语。如果将支付租费视为标准，那么，所有田地可被分为纳税（官物）与非纳税两大类。所有的定为名田的土地都是纳税的官物田，不仅在小田农庄内，而且在所有庄园内，官员持有的名或者普通农民持有的名也概莫能外。本文在下文中讨论丹波国的陵部农庄时将要指出，在镰仓时代，武士继承庄园的下司司记，获得土地和地头官员身份。如果他们拥有地头司记，本来要向庄园主支付年贡，其原因正在于此。虽然所有名田都是纳税田，但是就提供劳役而言，庄园官员名与农民名之间的差别非常巨大：庄园官员通常不会为自己的名田支付劳役税。在淡路国的鸟饲农庄，地头与庄园主的代理人（日语称"杂掌"）发生争执。后来，那位地头对康正农庄和恒吉农庄的产权控制逐步得到承认。但是，当时增加了一个特别条件：虽然该地头控制那两处田地，但是他依然应该以稻米形式支付税费，提供普通农民承担的各种相关劳役。增加这一条件的原因是，那两处名田本来属于农民。[1] 因此，被视为官员名的田地一般没有提供劳役之忧。不向庄园主提供劳役（日语称"杂事"）的田地叫杂事免，或者叫"杂免"。相比之下，普通农民承担上述劳役税的名一般叫"公事名田"。

分散的乡村土地

在小田农庄，除了上述各种官员名（杂事免）和农民名（公事名田）之外，

---

[1]　参见 *Kamakura ibun*, no. 3088。

大约还有 116 町为分散的乡村土地。在镰仓初期，在中国地区的山区，土地开垦活动仍在推进，小田农庄的分散的乡村土地大概属于这一类。那些土地尚未纳入名制度，也未对其征收庄园劳役地租。鉴于此，阪阿正忍将这类土地等同于官员名，被划入杂事免。他很可能认识到，在困难的情况下，耕耘者已经履行了他们的随军义务，把独立的田地耕种起来。

105   另外，小田农庄还有 12 町称为"佃"的土地。这些土地的特征是，耕种它们的方式与普通的名田不同。在丹波国的陵部农庄，将种子和食物分配给庄民。[1] 此外，在普通名田上，每段土地的年贡很难超过 3 斗或 4 斗；相比之下，对佃收取的年贡通常很高，达到每段 1 石或者更多。从这个意义上说，佃保留了庄园主直接管理的田地的性质。

在概述小田农庄内部的土地结构的基础上，还有必要解释免税田地（日语称"职田"）的情况。在所有庄园中，形形色色的人以不同的方式生活，小田农庄也不例外。中小村庄的寺庙和神社是那些庄园居民的中心。此外，还有许多拥有专门技能的工匠和劳动者，比如铁匠和船夫。维护并管理水库和灌溉沟渠的劳作也必不可少，一般要专门划定地块来支持这样的活动。这些地块被庄园主称为寺田、神田、薪金田，不用纳税。除了工匠和手艺人之外，庄园主还认为，庄园官员（例如，下司和公文）拥有定期津贴田地（职田），不用租费。在免税田地中，还有庄园主无法收取租费的地块。那样的地块有的被洪水冲毁，有的出于种种原因被人放弃。那个时期的农耕技术原始，这样的情况几乎见于所有庄园。

安芸国的美里农庄的主人是一位地头，来自镰仓御家人熊谷家族。1235 年，熊谷家族的两个兄弟之间发生内斗，将该庄园按照 2：1 的比例分割。从关于分割的文献记录判断，熊谷家族的土地资源包括 55 町 70 步稻田、19 町 7 段 300 步旱地、6 町 300 步栗子林、一处狩猎林地。[2] 在熊谷家族拥有的那座庄园的稻田、
106 旱地和林地里，有一些"宅基田地"（日语称"门田"）、地头名、被称为"公文–司记"的官家土地，而且甚至还有庄民的地块（参见表 2.3）。

---

[1] 参见 *Kamakura ibun*, no. 5315。

[2] 小田农庄是的领家庄园；对比之下，美里农庄显示出地头司记庄园模式。关于美里农庄的其他情况，参见 Kuroda Toshio, *Nihon chusei hokensei ron* (Tokyo: Tokyo daigaku shuppankai, 1974), 第 109–134 页。

表 2.3 美里农庄中熊谷家族田产

	稻田			旱地			林地		
	町	段	步	町	段	步	町	段	步
"宅基田地"	3	8	0	1	5	0	0	8	180
地头名	11	4	240	7	2	300	1	2	240
公文－司记									
住宅稻田	1	3	240	3	9	180		7	0
公文名	5	3	240						
庄民地块	27	5	6	6	9	180	3	2	0

　　虽然并非异常，但值得注意的是，地头熊谷家族还拥有美里农庄的公文－司记，作为其产权的一部分。[1] 地头的宅基田地在庄园主的视野之外，在美里农庄中包括稻田、旱地以及地头主要住宅附近的林地。我们在讨论小田农庄时已经作过解释，从技术层面上说，地头名田地承担支付给庄园主的租费，但是免除了劳役。在美里农庄中，称作公文－司记的官员田产包括：公文住宅附近的门田、由免除劳役税的领主名（杂事免）构成的公文名。

　　稻田、旱地以及农民名构成了美里农庄的核心地块。在庄园的稻田中，50%是农民名，旱地占庄园土地的 35%，林地占庄园土地的 53%。这包括 27 位农民的地块，面积从几段到两三町。[2] 它等于讨论小田农庄时描述的公事名田；稻田、旱地和林地都要向庄园主缴纳年贡，提供劳役。在地头的田产中，农民名是重要因素。地头有权收取数额较小的附加租谷（日语称"加征米"），每段稻田 3 升或 5 升。而且，借助征收加征米这一权力，地头还能显示他对庄园的全部稻田和旱地拥有合法的控制权。

　　在那 5 町土地中，3 段稻田属于地头熊谷的家族。他们直接耕种的稻田和旱地仅仅 2 町多一点，剩下的由贺良木、库三郎以及其他人耕种。这一罕见数据显示地头在乡村武士群体中的地位。在那位地头的稻田中，除了 120 步自耕土地之

107

---

[1] 从其他庄园的类似情况判断，熊谷家族很可能成功战胜了领家，获得了该公文－司记的产权。

[2] 参见 Kuroda, *Nihon chusei hdkensei von,* 第 120 页。

外，11 町以上被分别交给名叫实赖、小山田、教正、国森等等的农民耕种。在那些农民中，有些人在该登记册的其他地方提及，例如，国重和明善两人分别拥有国重名和明善名。在那家庄园中，那 27 位耕种地头名的农民看来是独立名主。[1]

正如前文所述，地头名免交庄园主征收的杂公事。但是，地头有权代替庄园主，向耕种地头名的农民征收杂公事，将其截留下来作为自己的收入。这样，耕种地头名的农民向庄园主支付租费，向地头支付劳役税（参见表 2.4）。

表 2.4　美里农庄中地头的稻田和旱地的管理

	稻田		旱地		栗子林	
	段	步 a	段	步	段	步
自耕	17	300	3	60	0	186
贺良木	3	180	5	0	2	186
仓上郎	6	300	4	120	2	180
库三郎	6	0	2	180		
三郎	3	0				
三河道野	1	180				
中入道					1	0
加治鸟					1	0
三河道野－四津					1	0

108　　　此外，美里农庄的地头还控制着山林，将其作为狩猎场，将流过庄园所在山谷的河流作为边界，将两岸的土地分别划给两兄弟。关于此类狩猎场在庄园经济中的重要意义，我将在后面的讨论中详细论述。

肥后国（现在的熊本县）的人吉农庄属于京都的莲华王院领地，其土地位于水流湍急的球磨川上游。莲华王院的地头相良家族最初来自远江国，当初加入西迁地头的行列，最后成为战国大名。

1244 年，莲华王院的地头司记被分为南北两部分，北条家族没收了相良家族

---

[1] 美里农庄中的这一现象难以解释。庄园主认为，地头应该负责缴纳地头名的年贡。通常根据地头与庄民之间的互惠关系，地头有权分派地头名之内的稻田。可能还存在特殊的情况，不过并不确定的一点是，如果说耕种农民名必须向庄园主缴纳年贡，那么，其耕种者是否是拥有那些土地的产权呢？

控制的北面部分。根据当时的分割备忘录[1]，分割完成之后，相良家族拥有122町法律上属于庄园的稻田（日语称"贵所田"），庄园农民耕种的稻田41町[逐步被视为庄园的一部分（日语称"出田"）]以上，此外还有10余町新开稻田（日语称"新田"）。他们还有70块家庭菜园，29处狩猎场和河流权益。他们的控制权扩大，遍及稻田、旱地、家庭菜园、山林、河流和狩猎场。分割之前，东部的乡依然属于庄园，人吉农庄曾经拥有352町贵所田，111町出田，并且与其他庄园一样，在其地界之内设立了名。那些名面积巨大，与京畿、附近令制国或地区不同。它们看来构成了经济基础，显示出少量九州地头的特征。其结果是，那家庄园的收入基础来自庄民（日语称"在家农民"）。

1197年的抽样调查记录了那些贵所田，1212年的抽样调查记录了那些出田，余下的田地在1244年的抽样调查中被确定为新田。分割之后，人吉农庄被分为贵所田和出田，外加19个名以上的神社田地。在神社田地中，11个名的面积1至5町，地块数量最多。但是，还有若干名的面积在20町以上，例如，庆德名的面积在35余町，松延名为29余町，常乐名为25余町。这种情况意味着，平安时代以来，在那个地区，此类名曾是本地庄园主的确定产权。[2]它们的规模堪比本章在讨论淡路国和若狭国的公地时所说的在厅别名。那家庄园历史悠久，因此我们可以相信，庄园与公地分离之后，名的结构基本没有什么变化。

因此，与本章讨论的其他庄园的情况比较，人吉农庄的庄园主和地头对当地庄民家庭（日语称"在家"）的控制力量更大。庄园主迫使那些"在家"成为形形色色税种的征收对象。相良家的一份文件写道："一家。惣公文头衔持有者。麻7两。桑树48棵……一家。舵手生徒。桑树33棵。"[3]那时，在家缴纳的税金名目繁多，统称"在家役"，常为劳役地租。这就是说，庄园主根据山林、空地和旱地的数量，要求在家提供劳役。在某些情况下，无法找到合适的劳务，庄园主则收取丝线、丝棉（其根据是桑树数量）或麻布代替在家役。那时，人吉农庄的许多地方都繁殖桑蚕。根据那份分割文件，人吉农庄种植了3775.5棵桑树。[4]与免税稻田（日语称"剩田"）的情况类似，有些桑树也在庄园主的视野之外。那些

109

---

[1] 参见 Tokyo daigaku shiryo hensanjo, ed., *Dai Nihon komonjo, Sagara-ke monjo*, vol. I, no. 6。

[2] 根据源赖朝的政策，九州当地的庄园主被划为"小地头"。相良这样来自关东的地头作为"惣地头"，地位在其之上。

[3] 参见 *Dai Nihon komonjo, Sagara-ke monjo*, no. 7。

[4] 桑树使用小数的原因不详。它可能表示从一棵桑树上收获的一半桑叶。

桑树成为神社和低级庄园官员的收入来源。

在人吉农庄内，还有属于地头的 29 处狩猎场。那些狩猎场位置偏僻，主要分布在山脊上和森林中，远离构成名田的贵所田和出田。大多数狩猎场位于山区高地，冬季时便于行走。但是到了夏季，那些地方林木茂盛，难以接近，可供使用的只有位于山脚平原的狩猎场。除了高地狩猎场之外，在球磨川两处水流湍急的河段设下了捕鱼陷阱，还是由庄户照料。宗川河的捕鱼陷阱使用 3 张竹席，有的捕鱼陷阱使用的竹席多达 30 张。这些捕鱼陷阱遍布整个河道，30 张竹席连成一片，一张接着一张。分割那家庄园时，在河道中心划了一条想象的边界，南北各有 15 张竹席。

110

地头的权力

在镰仓时代，庄园内部政治斗争数不胜数[1]，主要发生在地头与农民之间。争端包括种种竞争，涉及稻田、旱地、高地、公地、河流和海洋，全都关乎生计，有时甚至是生存本身。仔细研究此类争端大有裨益，可以帮助我们了解中世时期的庄园生活。

1207 年，幕府就若狭国的国森农庄发布了一项裁决。[2] 在包含 11 项条款的裁决中，幕府罗列了国森农庄地头的种种非法行径，然后下令：第一，在处理庄园事务时，他应该尊重前任时贞星的做法；第二，立刻停止非法活动。时贞星就是前面提到的时贞稻叶，是平安时代后期和镰仓初期该国最大的地方官员（在厅官人）。在应该作为先例的做法中，一是关于耕种地头的私人土地（日语称"佃"），二是关于提供用于捕鱼和养蚕的劳役。幕府命令该地头停止的做法包括：第一，收取用于地头的官方代理人的每月开销；第二，在收获季节强令提供捕鱼劳役；第三，要求提供马匹，为他和代官的子女服务；第四，收割农民的火麻；第五，强令提供旅行劳役，以供地头和代官的妻子往返庄园。

该裁决还就马匹载重问题下达命令：第一，从地头的稻田搬运稻米的任务可

---

[1] 有关人吉农庄的情况，参见 Nagahara Keiji, "Zaike no rekishi-teki seikaku to sono henka ni tsuite," and Oyama Kyohei, "Jito ryoshusei to zaike shihai," in Nagahara Keiji, ed., *Nihon hokensei seiriuu katei no kenkyu* (Tokyo: Iwanami shoten, 1961)。

[2] 参见 *Mibu monjo, Kamakura ibun,* no. 1709。

以分配给农民完成；第二，可以要求农民每年提供搬运劳役，但是如果没有先例，不得要求农民将物品运往国森农庄之外；第三，该税赋的一半可以收取水稻，将水稻运到关东的费用由地头支付。最后，该项裁决还命令，外逃农民的土地和房屋由领家和地头各得一半。与该地头在那家庄园内的情况类似，在镰仓时代的其他庄园中，地头的非法行为是许多类似争端的根源。

招募庄园农民，迫使他们在地头的私人土地（佃）上劳作，这是那个时期地头与庄园居民之间冲突的主要原因。那座庄园的地头试图扩大他的佃。但是，那里的农民进行抵制。在这种情况下，地头接到政府发出的沿袭前任习惯的命令。地头试图强迫农民提供劳役，不仅替他耕种佃，而且还要做许多别的事。例如，国森农庄的地头在流经庄园的河流中捕鱼。[1] 自古以来，捕鱼的方式各种各样，例如建筑低坝、安设陷阱、使用鸬鹚等等。我们并不清楚国森农庄使用的是什么方式，但显而易见的是，地头直接控制农民，强迫他们为他捕鱼。在这种情况下，鉴于农民抵制强征劳役，觉得这种法无视农业季节的需求，幕府下令在主要的农业季节中停止该做法。

在养蚕问题上，出现了类似的麻烦。地头自己并不养蚕，他的桑蚕由庄园农民家庭的妇女照料。那些家庭替他抽蚕丝、制丝棉、纺丝线。在农忙时期，幼蚕消耗大量的桑叶，农民要求幕府下令：在农忙季节地头应该停止征募劳役。[2] 幕府回应农民的要求，命令地头遵守时贞时期创立的先例。[3]

地头征集的徭役用于耕种和捕鱼，增加了自己的收入。农民家庭或马夫为地头及其手下提供服务，有助于满足地头的家庭需求。地头、他的家人和代理人总是骑马巡视庄园，因此需要提供饲料。此外，在地头及其随员在庄园住宿期间，农民还得为其提供木柴和食品。因此，在国森农庄，家庭服务的形式包括为地头的妻子、代官、仆人供应食品，为马匹提供饲料。这也是双方产生摩擦的一个原因。因此幕府规定：第一，只能照料地头本人使用的一两匹马；第二，由此产生的开支由庄园的全体居民承担。对于诸如此类的家庭服务，没有具体的明文规

---

[1] 这里所捕的鱼类似鳟鱼，生长在日本流速很快的河道中。

[2] 在养蚕季节，农民全家都要干活。在那位地头进入庄园大约10年以后，他"强迫农民根据他的需要提供徭役"。换言之，他随心所欲，要求他们提供服务。

[3] 正如本章解释的，时贞是当地的一个庄园主，在那里居住了很长时间。此类长期居住的庄园主通常维持了农民与他本人之间在需要方面的平衡。国森农庄提供了早期的例子，让我们看到新地头是如何无视这一历史悠久的平衡的。

定，但是很可能根据同一原则处理。就地头或代官的子女而言，由地头名——而不是庄园——负担相关费用。地头的妻子往返庄园和京都的劳役税那时也停止收取。为了管理庄园，地头每月派出一名代理人，后者的开销由农民承担。这一做法也激起一片反对之声，最后不得不以取消收场。

第三种劳役地租是所谓的"马匹税"（日语称"府马役"），用于庄园与京都或关东之间的人员和物品运输所需的苦力或马匹的开支。府马役仅供从地头的佃运输稻米。用于运输其他物品（例如地头名的物产）的徭役，每年征收一次。在镰仓时代，派驻了地头的大多数庄园必须向关东衙门缴纳货物税。[1] 在国森农庄，用于每名苦力的府马役固定为6石稻米。但是，因为农民每年的税负过于沉重，府马役的一半从地头的收入中列支，剩下的一半由农民支付。[2]

在棉花引入日本之前，农民的服装大都用麻布制作。在国森农庄，虽然种植火麻与野生火麻都可用来纺织麻布，但两者其实是区分开来的。有的火麻由农家在特定的土地上种植，称为"农民火麻"，野生火麻很可能生长在山上。在地头与农民之间，出现过一场涉及火麻的争端。农民向幕府投诉说，地头收割农民火麻。地头辩解说，他收割了山上的火麻，从未碰过种植火麻，而且农民已经收割了种植火麻。也许，那位地头来自关东。该庄园位置偏远，他没有获得每年上山收割火麻的权利。国森农庄的农民可以保留收割山上火麻的权利。

使用靛蓝来染麻布，提取靛蓝的植物叫作蓝草，那时在日本的许多令制国中种植。若狭国政府长期征收靛蓝税，但是国森农庄的农民要求免除该税，并且获得幕府许可。后来，那位地头试图重新开征该税。但是，鉴于领家以前免除了该税，法庭判决承认了那个先例。于是，地头强征的靛蓝税被取消。

在镰仓时代农民常常逃离庄园。遇到那样的情况，如何处理逃离者的宅基地和耕地是一个主要的争议点。[3] 在国森农庄，地头不仅没收逃离农民的宅基地，而且将其田地纳入自己的地头名。如果每次有农民逃离地头都这样做，那么百姓名的数量将会持续减少，地头名的数量相应增加。这种情况导致全日本的庄园中出现争端，镰仓幕府最后确定了一个原则：领家和地头应该平分空闲的土地，从庄

---

[1] 在西部庄园里，习惯的做法是以实物计算这种税金。在丹波国的陵部农庄，庄园农民支付4石（其中2石是稻米）和120卷纸，替代两个男人到东部诸国去做苦力。参见 *Higashi monjo, Kamakura ibun*, no. 5315。

[2] 1299年，若狭国的多良农庄的农民达成一项协议：只有在地头本人前往关东时，才能征收关东税金。参见 *Kamakura ibun*, no. 20139。

[3] 在日本的中世时期，重罪犯的住所被捣毁，房屋所用木料被运到很远的地方，以免被人重新利用。

园之外招人耕种。在那样的情况下，明令禁止地头安排自己的仆人参与耕种。其缘由可能在于，如果新来者并不独立于地头和领家，这种情况可能损害农民名的连续性。这一原则在各个庄园的实施方式略有不同。国森农庄的记录提供了应用这一原则的最早例子之一。在越中国的石黑农庄，应用了相同的原则，领家和地头分担招募新庄民的责任，不过那样的田地以特殊方式进行管理。[1] 安芸国美禄农庄的一份文件提到，3 町 9 段 240 步政所名曾为"逃离农民的田地"。这间接表明，在那座庄园中，逃离农民放弃的地块被领家的官署（日语称"政所"）没收。[2]

国森农庄地头的许多违法行为表明了镰仓时代庄园生活的实际状况。虽然各个地方的状况改变了那些违法行为的性质，但类似事件在整个日本的庄园中频繁发生。例如，丹波国的陵部农庄的土地拥有稻田 100 町以上，业主是京都的神社松尾大社。庄园位于流入日本海的由良河中游，利用鸬鹚捕鱼是那里经常进行的活动。庄园农民自称"受到神灵护佑人"（日语称"神人"），每天都要向给松尾大社的神灵供奉鲜鱼（鲇鱼和鲑鱼）。陵部农庄的渔民身为神人，他们使用鸬鹚捕鱼的权利非常重要。由良河在陵部农庄进入丹波国的天田郡，但是这些渔民越过了庄园的边界，宣称他们拥有在由良河上捕鱼的垄断权，其范围远至与丹后国接壤的河段。镰仓幕府成立之后，势力强大的关东武士梶原景时得到了这座庄园，担任了下司和副地头。实际上，他并未进入庄园，而是派了一个代表。后来，梶原景时因为密谋反对幕府遭到处决，于是幕府任命了一个普通地头。1237年，来自关东的一名地头陪同一位将军到京都，途中进入庄园，首次尝试实施全面控制。

那位地头刚一进入陵部农庄，便试图利用那里农民的劳力，修建一座新住宅。但是，他遇到了强烈抵制。当然，可能是庄园业主松尾大社激起了农民的反抗。那是地头试图在庄园强力实现个人意志的首次尝试，其后还如法炮制，干了其他事情。但是，他的所作所为激起了农民的坚决抵制。

在京都的六波罗，幕府法庭并不支持那位地头试图强化控制的尝试。[3] 地头随后的主张遭到直接驳回：第一，法庭并不支持他征集的形形色色的劳务，其中包括在庄园中修建新宅的劳务、9 名在地头的京都宅子中干杂活的"永久苦力"

114

---

[1] 参见 *Toyatna ken sin, shiryd hen, chusei*。

[2] 参见 Tokyo daigaku shiryd hensanjo, ed., *Dai Nikon komonjo, Kumagai-ke numjo*, no. 16.

[3] 镰仓幕府在京都成立了六波罗探题，旨在控制西部各国，处理影响幕府的行政事务。

的劳务[1]、为京都住宅征用的忽视每家每年一次课税先例的劳务。第二，法庭并不支持几项额外的税金，其中包括要求提供的 10 捆木柴、80 包饲草、一项家庭劳务[2]、强制实施的一项超额课税。该税每段土地征收 300 文，供其京都住宅的开支。此外，12 个工头从陵部农庄到京都，每人使用一匹马。法庭并不支持该驮马运输劳役[3]。第三，法庭不支持将已经耕种的地头土地扩大为 1 町 2 段。第四，法庭不支持地头申诉的由良河上的一半捕鱼权。第五，法庭不支持地头扩大对陵部农庄公文的管理权。

由此可见，该案的基本纠纷点与国森农庄的案子完全相同。这座庄园的一个新的重要问题是地头田的扩大。在地头本人的土地上的劳务叫作"雇佣劳务"，庄民每人一年提供三次。它包括在早春清理田地，初夏种植水稻，仲夏除草。提供劳务的这三天恰逢每年水稻生产最繁忙的时节。从这个意义上说，在镰仓时代，地头田的管理方式是"雇用劳务"管理。除了配送种子之外，地头每天提供三餐，换取所需的劳务。这种雇用方式以劳务换取食物或其他津贴，是中世时期劳务的典型特征。[4]

陵部农庄的地头离开自己在相模国的老家，到了京都，以便实施对陵部农庄的全面控制。但是，情况出乎地头的预料，庄园农民们抵制他的做法。很可能出现的情况是，他采取的控制步骤在相模国和东部其他各国中司空见惯。在中世时期的日本，幕府在东部影响力很大，地头的权利与农民的实际权利在那里与在西部诸国中大不相同。[5] 有一天，地头将一批农民带到京都干活，夜里将他们关在一间棚子里，以防他们逃跑。双方对这一事件的反应清楚地显示出两者的权利：松尾大社向地头发出呼吁，强调"这些人拥有美德，受到神灵保护，束缚并监禁他们是非法的"。地头回应说，"晚上让他们待在棚子里的做法并非监禁。他们是没有价值的农民和仆人（日语称'下人'），不受神灵保护"。那位地头来自东部，他可能没有意识到，他的行为是没有道理的。双方对于庄园农民的看法迥然不

---

[1] "永久苦力"（日语称"长夫"）是长期干活的仆人。

[2] 在这个问题上，松尾大社愿意提供 2 捆木柴、2 包饲草，但是直截了当拒绝地提供任何家务服务。

[3] 那家庄园实行 12 个农民共同承担责任的制度。12 个户头（日语称"班头"）分担一份稻米税（日语称"封户米"），每一组缴纳 3 斗 5 升稻米和 10 卷纸，人称"纸张税"。

[4] 参见 Oyama, *Nikon chusei noson shi no kenkyu*, 第 194–230 页。

[5] 就东部与西部诸国中地头的权力之间的巨大差异而言，存在若干原因。其中相当重要的是源赖朝——他建立了镰仓幕府并设立了地头制度——制定的政策。

同。六波罗法庭驳回了陵部农庄地头的托词。地头控制原则在东部各国开始部分落实，但是依然存在许多障碍，阻止那些原则在日本各地广泛实施。

淡路国的鸟饲农庄是濒临濑户内海的一座小庄园，有 30 町稻田和旱地，还有一个面朝大海的小村庄。庄园的业主石清水八幡宫坐落在京都南面，宇治川、桂川、淀川在此交汇，与濑户内海地区联系密切。在庄园之内，有隶属于石清水八幡宫的一家小神社。1278 年，地头佐野富津名与小神社主持发生争端。后来，双方达成和解协议，写入一份包括 27 项条款的文件。[1] 该协议显示，地头的权力在 13 世纪最后几十年中有所增强，但是依然受到某些限制。

许多西部武士支持京都朝廷的事业，在 1221 年的承久之乱中遭到毁灭性打击。来自东部的武士以地头身份，接管了前者曾经拥有的领地。承久之乱以后设立的地头职位称为"新地头"（日语称"新补地头"），通常与"老地头"（日语称"本补地头"）区分开来。本补地头在承久之乱之前就任，与新地头平起平坐。从原则上说，新地头继承其失败前任（诸如下司等庄园官员）的权力。但是，某些庄园中，他们得到的收入及继承的权力都十分有限。在那样的情况下，新地头只能保证得到一份固定收入。在鸟饲农庄，地头声称他有权获得本补地头和新补地头两份收入，争议随着出现。到头来，幕府驳回他的要求，裁定他仅仅有权获得新补地头的收入。

那份协议大体上沿袭了关于承久之乱后到任的地头的收入（日语称"德政分"）的规定，并且就地头的权利形成了以下五项原则：第一，应该以 1233—1234 年对庄园正式勘察的计算结果为基础，按照 1:11 的比例，将稻田和旱地分配给田头。第二，除了特殊田地之外，地头对农民名和普通田地征收的租谷（加征米）应为每段 5 升。[2] 第三，设立特殊津贴，以便拘押庄园内的罪犯，其分配方式为领家得三分之二，地头得三分之一。第四，除了年租（年贡）之外[3]，领家和地头应该平分山林、河流和海洋产生的收入。第五，对家庭菜园、桑树和火麻

117

---

[1] 参见 Tokyo daigaku shiryo hensanjo, ed., *Dai Nihon komonjo, Iwashimizu monjo,* vol. i , nos. 217, 218. *Kamakura ibun,* no. 3088。关于该庄园的情况，参见 Inagaki Yasuhiko, *Nihon chusei shakai shi von* (Tokyo: Tokyo daigaku shuppankai, 1981), 第 367 页。

[2] 关于鸟饲农庄地头的收入田地，它写道："明文规定，除了菩萨田、神田、古代免税稻田、水井和水道之外，名田的稻田和旱地都应向地头交税。"关于地头加征米，也有一项条款规定："从剩田征收。"参见 *Dai Nihon komonjo, Iwashimizu monjo,* vol. I, no. 217。

[3] 这里所说的是"公事"。下同。

征收的德政分，应由领家与地头平分。

为了确保以上五项原则得到承认，地头必须做出一些让步。地头以种种借口侵占的公地必须退还，停止征用长期家庭劳务[1]，停止收取五大节日祭品及公地的稻米税。具体说来，地头曾经主张的管理庄园主仓库的权力被否认。与之类似，幕府的裁决否定了地头主张的任命石清水八幡宫下属神社的僧侣和官员的权力。

庄园主的租谷存放在庄园的仓库里。在1278年协议之前，地头遭到常常干涉仓库的运作的指控。这说明，在那家庄园中，地头实际上参与收取年租，并且利用其监督庄园主仓库的职权。鉴于地头提供的服务，地头可以保留固定比例的稻米。但是，这一做法那时也终止了。

地头显然试图控制构成庄园核心部分的鸟饲神社。为了实现这个目的，地头试图行使对僧侣领袖（神主）和其他僧侣的任命权，从而控制那个小神社的征税收入和土地。有些土地的年租专门供奉小神社的大智佛经。地头宣称，他有权获得那些年租，有权管理那些土地。他还试图获得药师寺主持的任命权，并且控制该寺的土地。他还宣布，他有权在神社附近的森林中伐木。他本人还向神主和神社的其他官员发号施令，试图干预神社的各项祭祀活动。上述行为旨在垄断对神社及其土地的控制。

到了13世纪70年代，镰仓时代进入后半段，地头权力显示了全面扩大的趋势。在鸟饲农庄，地头碍于约束新地头的相关规定，矢口否认自己染指人事任命事项。其实，他和庄园主联手，干预了涉及神社的事务。在码头管理事务方面（当时是一个争端之源），他向神社官员和僧侣发号施令，尽管受到一些限制，依然屡屡得手。与陵部农庄的地头相比，他看来获得了更大的权力。但是，这位地头全面掌控那座小神社的基本目标遭到挫败。除了得到法律认可的征收加征米的权力之外，地头的下述主张——遭到否决：神社僧侣的任命权、收税权、神社附近林地的伐木权。这三点是控制神社的基本要素。

在其他方面，地头的权力也受到约束。例如，在他前往京都时，他获准向农民征税，用以支付马匹运输和苦力费用。但是，那些税金必须"受到限制"。此外，在地头前往京都的旅途中，禁止他让永久仆人和船工随意吃喝。允许地头以

---

[1] 在鸟饲农庄，在地头逗留庄园期间，还有一项家庭劳务税。这里所说的长期服务看来相当于陵部农庄中的长工。

"受到限制"的方式要求繁杂的家庭服务，但是不能违反先例。不过，他的代官就没有这一待遇，给他的马匹喂饲料也是如此。鸟饲农庄的安排与国森农庄和陵部农庄相差无几。地头受到劝诫：不能垄断庄园的水利灌溉，不能将水完全引入他自己的名田。此举间接表明，这是当时的常见情况。

在中世时期，对神灵和阴阳思想的信仰方兴未艾，人们受到许多禁忌的制约。根据每天的不同天象，某些方向上可能出现危险。为了避开那些不吉利的方向，人们常常采用所谓的"变向"方式，路过第三方的房屋。鸟饲农庄的地头看来也沿袭这一做法，常常闯入农民的房屋。农民强烈反对这种侵扰。

1237 年，陵部农庄的地头接到命令，3 年之内必须为地头名补缴 300 石年租。那些土地在他不知情的情况下积累而成，一直留给代官打理。对比之下，就鸟饲农庄的地头在 1278 年的情况而言，存在诸多不合法的行为，例如，地头在庄园码头抢夺神社的稻米[1]，扣押各种名缴纳的 310 石稻谷。但是，根据达成的和解协议的条款，这些做法全部一笔勾销。毫无疑问，庄园经历了各种变迁，但是随着中世时期的推进，情况朝有利于地头的方向发展。与此同时，在镰仓时代，针对地头的严格限制依然有效，其目的是防止地头全面控制庄园。

在该庄园中，地头与庄园主之间的争斗持续不断。最后，地头签订合约为庄园主收取年租（日语称"地头请负"），实际上逐步垄断了控制庄园土地的权力。在东部的许多庄园中，地头在与庄园主打交道的过程中往往处于有利地位，所以大都很早采取了那种收税制度。例如，在尾张国的富田农庄，北条家族授权禅宗寺院圆觉寺收取地头司记。1237 年，续签了一份地头请负合约。根据那份合约，圆觉寺作为地头，每年冬月必须向在京都的庄园主支付 110 贯现金。但是，该地头 1282 年从该庄园获得的收入高达 1248 石 8 斗稻米，外加 1596 贯 868 文现金。两者之间的巨大差额说明，根据地头请负合约，庄园主的权威肯定弱化。虽然我们不知道年租的具体数额，但在富田农庄，地头请负合约本身早在 1211 年就已签订。在东部诸国，庄园权威的弱化过程很早便迅速推进。[2]

富田农庄位于日本东部，与北条家族关系密切，因而是一个特殊的个案。但是，类似的情况在其他庄园中也出现了，例如日本西部的小山农庄——东寺在丹

---

[1] 年租在码头装船，准备运往石清水八幡宫。

[2] 参见 Oyama, *Nihon chusei noson shi no kenkyu*, 第 324 页；以及 Martin Collcutt, *Five Mountains: The Rinzai Zen Monastic Institution in Medieval Japan* (Cambridge, Mass.: Harvard University Press, 1981), 第 255–263 页。

波国的领地守上的一处田产。1266 年，一位地头来自东部，名叫中泽本贞，与东寺交换一份协议，承诺每年按时缴纳 200 石税谷、400 合水果以及其他作为补充的商品。可是，该地头多年没能按时缴纳年租，双方 1295 年达成协议：第一，分割庄园的土地（日语称"下地中分"）；第二，互不干涉对方的土地所有权。那时，给东寺留下的田地包括：在栎谷的 14 町 4 段 10 步稻田和 3 町旱地、在贺茂神社贺茂村的 1 町 8 段 35 步稻田、在西体村的 8 町 7 段 5 步稻田和 2 町旱地。东寺因此能够维持其经过缩减的庄园主权益，直到 16 世纪初期。那位地头通过下地中分，能够超越在那之前具体分配给他的土地局限，获得对庄园更大面积土地的控制权，而庄园主对那部分土地没有任何权力。这类土地称为"完全地头土地"，显示了封建土地所有权的一种新发展。但是，在镰仓时代，"完全地头土地"仅仅是个别现象。[1]

1318 年，小山农庄庄主与栎谷的农民交换了一份涉及年租支付的税务合约（日语称"百姓请负"），以便应对他们长期提出的削减土地的要求。农民同意支付的租谷数额略低于签约前名义支付额数的 62%。这说明，到 14 世纪初为止，农民的政治权利已经大幅增加。这一发展预示了一个新时代的开始。[2]

庄园中的社会阶层

留存下来的文件没有揭示一切，所以了解镰仓时代庄园居民的实际生活状况并非总是易事。但是，我们在考察各类具有代表性的庄园之后可以清楚地看到：其一，庄园农民能够以相当自由的方式采取行动；其二，他们有时候与地头和庄园主联合，有时候抵制地头和庄园主。

镰仓幕府考虑那些庄园居民的情况，颁布了《御成败式目》。该文件明文规定，"已经缴纳年租的农民有权自行决定是否继续待在庄园"[3]。在可能的情况下，幕府显然希望阻止地头和地方庄园主将农民束缚在土地上。因此，幕府不让地头和地方庄园主以产权所有者的身份完全控制农民。地方庄园主如果变得过于强势、过于独立，就会危及幕府本身的生死存亡。因此，在中世时期，农民基本上

---

[1] 参见 Tokyo daigaku shiryo hensanjo, ed., *Dai Nihon komonjo, Toji monjo*, sec. *ni*, nos. 2, 41.

[2] 参见 *Toji hyakugo monjo*, sec. *ya*, nos. 3–5. Oyama, *Nihon chusei noson shi no kenkyu*, 第 256–264 页。

[3] 这是镰仓幕府的基本法典。

是"自由人"（自由民）。根据幕府的法律，这类自由人在日语中被定义为"百姓"[1]，可以与非自由民——例如，仆人和家臣——区分开来。

　　不过，百姓的种类形形色色。他们住在庄园和国衙领之内，他们与具体土地的关系，特别是与占据上风的土地制度的关系，决定其生存模式。有的农民享有比其他农民更大的独立性。就界定庄园内社会阶层而言，一个区别性因素是，在百姓名存在的庄园领地内部，农民是否取得了名主地位？在若狭国的多良农庄中，这一点十分清晰地显示出来。根据相关土地登记册，这座庄园的田产包括被称为"一色田"的土地（相关详情在后文中讨论）和称为"百姓名"或"名田"的其他土地。在那些农民中，有5位名主持有名田和部分一色田。但是，其中大多数土地分配给27名其他庄民，他们名字有重永、素津井、晋次郎等等。

　　显而易见，多良农庄有两个明显不同的阶层——名主与庄民。每个名主都分配到2町1段名田以及1段直接由庄园主控制的土地。此外，每个名主还有一块一色田，拥有的田地总面积接近3町。[2] 那时，多良农庄的土地分配由一位东寺僧侣控制。他名叫"顺"，负责管理该庄园。如前文所解释的，名不仅是庄园的税收单位，而且也是庄园官员拥有的土地单位，例如地头名下司名。庄园最初是通过固定的法律程序建立起来的，其基础是官员与国家的关系；但是，就名的建立而言，并不存在那样的关系。

　　名是根据个人关系建立起来的，一种是大庄园主与本地的小地主之间的关系，另一种是隶属于两者的农田管理者与上层农民之间的关系。我们在讨论若狭国的《大田文》时提到，通过该国官署（国衙）内部的各种私人关系，名开始出现，最初作为公地的税收单位。镰仓时代，名和公地之间的这种私人关系通常转化为庄园。当然，随着庄园的成熟，这种关系的形式发生变化，并且更为广泛地传播。这样一来，几种类型的庄园就可能存在了。其中大多数根据庄园居民与庄园主之间的关系，在庄园形成时确定。我们几乎可以肯定，由"顺"创立并在多良农庄农事登记中留下记载的名属于这一类。如此一来，农民耕种名的权利得到

122

---

[1] 日语中的"百姓"一词可被译为"农民"或者"农夫"。本书使用的是"农民"。日语中"百"的字面意思是"形形色色"，姓的字面意思是"姓氏"。

[2] 准确地说，时安和宗安分别拥有其他名的一半，他们最初分得的是一个名。在多良农庄中，除了这一点之外，还有存在争议的"末武名"：它究竟是预所名，还是农民名？此外，还有一些土地享有特殊环境，并不符合上面所述模式。

保护，那些田地作为可以继承的名田，能够传给他们的后代。

就一色田（或称部分免税田）的情况而言，庄民的权利极不稳定，这种土地也称为"浮动免税"（日语称"浮免"）。耕种此类土地的庄民与耕种名的农民不同，并不占有这些土地。庄园主根据自己的利益，任何时候都可能叫人取而代之。某些庄民实际上肯定拥有那些土地，不过在庄园主看来，通过每年签约的方式控制土地更容易一些。在那个时期，如果庄园主允许农民在具体时段中耕种一块土地，那样的土地叫作"分散土地"（日语称"散田"）。例如，庄园通过"分散土地"，让农民以每年签约的方式耕种一色田。在多良农庄，专门耕种一色田的农民多达 27 人，其数量远远超过名主。但是，他们耕种的土地的面积大多仅有 2 段或 3 段，最大的不超过 5 段，只有一位名叫"重长"的农民耕种的一块土地稍大一些。"顺"对待两种土地的方式显然不同，多良农庄的农民于是被分为两个阶层：一个是名主，一个是散田庄民。

123 　关于镰仓时代的其他庄园，由于现存文献有限，我们无法清楚地了解农民分类的具体细节。尽管如此，除了名主拥有的名之外，每个庄园肯定有各种各样的庄民，他们耕种各种各样的散田。在有些地方，那样的庄民被称为"下人"，他们在庄园中处于边缘地位。实际上，如果境遇艰难，他们往往从一座庄园迁到另一座庄园。在镰仓时代的庄园中，许多土地并非采取农民名的形式。在人吉农庄中，那些土地的耕种者是单个的"在家"，受到庄园主的控制。在九州，在家也被称为"素农"。在一份涉及丰前国的相良地头家族与成常名的转让契约中，几次提到素农。例如，其中一条写道："一处土地：今吉素农。"[1] 在关于那个时代的早期研究中，在家被视为独立农民，本来没有土地。在庄园主的家族资源登记册中，在家是财产，可以通过契约进行买卖或者交流。但是，随着时间的推移，在提到"依附土地的在家"那样的文献中，在家与稻田相关。

有的历史学家阐释了这一事实。这一做法显示：其一，在家农民曾经强化过对自己土地和生产资料的控制；其二，他们曾经拥有更大的独立性。在领地土田产权转移的过程中，在家被分开处理。其原因可能在于，他们在历史上曾是直接生产者，而不是百姓名持有者那类角色。但是，依然存在的问题是，鉴于九州或日本东部的农民的地位低下，我们是否可以获得任何直接的结论？在丰前国的

---

[1] 参见 *Dai Nihon komonjo, Sagara-ke monjo*，第 1 卷，注释 26。

成常名的那份转让契约中，14 个在家家庭附属于 22 町 9 段稻田。在成常名的内部单位中，提到了 6 个名：分别为今吉、庄屋—今吉、井上、太郎丸、岩丸、吉广。在那 14 处在家住宅中，列出了 7 个主要的在家（日语称"本在家"），例如制弓匠人上武三郎－素农。它显示，那个地区中存在两个阶层：一个是"本在家"，另一个是"胁在家"。与此同时，在那 6 个名（包括今吉名，但不包括寺—素农）中，6 个本在家地块的名称完全相同，间接表明名与在家之间存在联系。不管怎么说，虽然名和在家的存在模式是支撑庄园土地制度的最重要因素，但许多问题至今依然朦胧不清，我们无法得出确定结论。

公卿和武士

在日本的中世时期，两种土地制度重合起来：一种是庄园制度（或称"庄园—国衙领制度"），一种是地方领主制度（日语称"在地领主制度"）。庄园制度　124
支撑贵族，地方领主制度支撑武士。

对日本中世时期的社会特征的早期研究显示，将欧洲与亚洲进行比较的学者的关注点在不断变化。学界将地方领主制度与欧洲的中世纪封建主义进行比较，许多专家试图在日本中世时期发现类似的封建结构。对比之下，学者们将庄园制度与中世纪宫廷贵族的灿烂文化传统联系起来，与以文职官僚为主的政治联系起来。关于庄园制度的早期研究集中考察中世时期制度的缺陷，认为它们没有挣脱"古代"国家结构的束缚。近年来，学界对日本中世时期本身产生了较大兴趣。越来越多的人认为，那个时期体现了非欧洲结构性特征，其最高点是中世时期的皇帝制度（日语为"天皇制"）。因此，日本中世史上的庄园制度主题与日本历史上长期存在的天皇制密切相关。与此同时，日本封建结构是否成熟？中世纪社会是否具有"亚洲式结构学特征"？对于这两个问题，研究日本中世时期的学者们继续辩论，莫衷一是。中世时期的日本是否在任何重要方面类似于封建时期的欧洲？近年来，随着日本在经济成长方面显示较高水平，这个问题似乎有所淡化。但是，对一直试图赶上欧洲文明的日本来说，它依然是令人感兴趣的话题。[1]

---

[1] 尽管如此，对日本史研究者来说，以自由和直接方式研究天皇的做法依然为视被禁忌，甚至在第二次世界大战之后的开放时期中也是如此。从这个意义上说，网野善彦的近作《中世时期的天皇制与非农业民》（东京：岩波书店，1984 年）虽然只以间接方式讨论了庄园，但依然是对中世史研究的重大贡献。

在中世时期，中世社会的任何矛盾都可以表现为武士（地方领主）与公卿（庄园主）之间的斗争。通常采用的一个方法是，试图将中世时期的日本社会描述为"公家"与"武家"之间的斗争。但是，我们应该记住，中央领主（领主）与地方领主（地头）分享庄园的所有权。此外，两者还不得不面对住在庄园中的农民，继续收取并且瓜分年租和税金。在关于中世时期日本的学术研究中，最近引起人们关注的一种说法是，公家、武士以及佛教宗教机构的力量结合起来，形成控制农民阶级的单一的互补性的权利结构。这个观点强调了日本中世社会的非欧洲特点，被认为具有开拓意义。[1] 实际上，中央领主与地方领主联手控制一家庄园的做法非常普遍。

在镰仓时代，这个倾向尤其强烈。在若狭国的国森农庄和丹波国的陵部农庄，如果中央领主与地方领主之间发生冲突，幕府常常采取措施，阻止地头的非法行为。我认为，源赖朝领导的幕府起到积极作用，创建了中世时期地方领主制度与庄园制度的共存模式。

有些研究者认为，源平合战是内部冲突形成的暂时现象，和平恢复后随即消失。但是，对公家阶层来说，源平合战是一场巨大危机。历史上的危机与稳定之间的联系在此具有重要意义。稳定必然是由那场冲突的过程所界定的。内战的根源越深，恢复和平之后的稳定产生的影响越大。源平合战波及日本的大多数地区，从西部的九州到北部的奥州概莫能外，对当时日本社会的影响无法估量。

1185 年，禅位的后白河天皇并不赞成源赖朝战胜平氏之后采取的扩张做法，向源义经颁布推翻源赖朝的诏书。后白河天皇希望两兄弟对立，引起源氏的内乱。后来，源义经遭到毁灭性打击，后白河天皇的企图以失败告终，这位禅位天皇的政治地位岌岌可危。源赖朝曾经派出军队，希望让源义仲脱离京都，此时再次派出武士去占领那座城市。源赖朝相信，那是源义经的藏身之地，此举可向后白河天皇施压。源赖朝迫使后白河天皇将京畿各国和日本西部划给北条时政和其他家臣，承认源赖朝有权征收用稻米税作为军粮（日语称"兵粮领所"），每段缴纳 5 升，庄园和国衙领无一例外。那样的土地被视为封地（日语称"知行"）。

这是为人熟知的文治时代对诸国地头（国地头）的任命。与令制国的行政长

---

[1] 黑田俊雄提出的相关理论发展了这一论点。参见 Kuroda Toshio. *Nihon chusei no kokka to unno* (Tokyo: Iwanami shoten, 1975)。

官（国司）不同，那些武士被任命为国地头，实际上治理分给自己的令制国。但 126
是，1185 年的局势并未维持很长时间。1186 年，按照源赖朝本人的判断，取消
了以上提到的三项权力中的两项：一是收取兵粮领所，二是将土地作为封地。这
两项均是国地头的收入来源。这样一来，庄园制度和地方领主（日语称"在地领
主"）制度在镰仓时代共存。不过，应该指出的是，在 1185—1186 年间，全日本
的庄园主面临一场短暂危机，惊慌失措地意识到地方领主具有毁灭性力量。

　　在另外一篇文章中，我已经提及这个问题。[1] 1185 年，备后国的国地头土肥
真衡将儿子远衡派去备后国治理。那时，身为该国国司的远衡了解到，小田庄园
的两名下司——桔金高和小田光家——声称，他们控制小田庄园中的 100 多町土
地。自从平安时代以来，桔家和小田家便是备后国势力强大的地方领主。在那
场冲突中，他们抢占了几百町部分免税的稻田（杂免）。他们还控制了几百名在
家，让一百多个家庭的人日夜充当仆人。此外，他们以每段 2 升 5 合的税率征收
加征米。在禁猎的山区坝子里，他们追猎野猪、小鹿，打鱼，捕鸟。我们从 1190
年高野山递交的一份请愿书中看到，在骚乱期间，那两名下司推行强硬政策，迫
使庄园居民沦为仆人。他们推行的另外一项政策试图将庄园的稻田和旱地据为己
有，或者变为杂免。在 1186 年的国地头制度的庇护下，土肥真衡和土肥远衡迫
切要求实施在地领主控制。针对两人的行为，高野山宣布："各个庄园的习惯做法
是，定期津贴稻田（日语称'给田'）和杂免在 2 至 3 町之间。此外，依据五畿
七道（即日本全国）的传统，获得免税待遇的庄园官员家庭的数量为 4 至 10 户。"
另外还有一条："鉴于各地庄园官员要求仆人家庭提供徭役的情况，绝不允许桔金 127
高和小田光家要求普通农民日夜伺候的做法。"在内乱极盛的 1184 年后，小田庄
园的桔金高和小田光家的此类掠夺行为持续了 7 年左右。

　　这一点清楚表明，地方领主制度蔓延开来，破坏了庄园主制度。从源赖朝时
期开始，地头政策实质上起到刹车作用，阻碍了地头在庄园的非法行径。桔金高
和小田光家因为支持平氏遭到处决之后，后来担任小田庄园地头的三吉吉诚制定
了以下管理庄园的原则：

---

[1] 参见 Oyama Kyohei, "Bunji kuni-jito no sonzai keitai," in Shibata Minoru sensei koki kinenkai, ed., *Nihon bunka shi ronso*
(Osaka: Shibata Minoru sensei koki kinenkai, 1976)。

一　稻田产量为每段 2 斗和 3 斗的，加征米应为每段 3 升；产量较低稻田的加征米为每段 1 升。

二　关东苦力徭役每年应为 4 人。

三　在庄园主承认地头可以免除徭役的地方，农民应该长期供应蔬菜；百姓名拥有者不应承担此项义务。

四　已经逃离的农民的名田不应归入地头名。如果已被归入，此类名田应向庄园主缴纳年租和其他钱款（日语称"公事"）。

五　对于以避免旅行的不祥方向（日语称"方违"）为名，实则侵扰农民家庭的做法，应该加以制止。

六　就桑树而言，应该沿袭桔金高和小田光家那时的先例。

七　应将地头的稻田（佃）分给免除劳役地租的农民。不应侵占农民的名田。

八　地头的代表（日语称"地头代"）必须与高野山的代表和预所讨论所有问题，鼓励农业生产。

九　地头代表不得强行罚款。

十　必须遵守不能随意杀人的禁令。

在其他令制国的庄园中，例如若狭国的国森农庄，也采取了大致相同的步骤。由于镰仓幕府强化了地头政策（它同时也是一项庄园政策），在内乱时期没有出现地方领主粗野行事的情况。这证实，庄园土地制度在南北朝时代开始解体，在 16 世纪的丰臣秀吉实施的地籍测量中结束。[1]

---

[1]　此举旨在沿用那场内乱之前确立的先例。

第三章　镰仓幕府的衰落

石井进，京都大学文学部

引言

13 世纪 60 年代标志着，镰仓幕府进入一个具有决定性意义的新时期。那时，国内外情况出现变化，镰仓幕府面临由此导致的日益复杂的问题。[1] 1263 年北条时赖去世之后，镰仓幕府的政治结构将要经历重大变化，以摄政（日语称"执权"）制度为特征的"黄金时代"实质上就此终结。与此同时，社会、经济和技术方面出现变化，11 世纪以来繁荣发展的庄园制度开始动摇。这些变化的例子之一是，双季种植技术——收获水稻之后种植小麦——提高了生产率。随着剩余产品的增加，农业生产呈现出多样化特征。周期性市场的出现说明，商业和贸易的

128

129

---

[1] 在撰写本文的过程中，我使用了以下资料：(1) *Azuma kagami*。该书是一部以幕府视角撰写的日记体编年史，覆盖时段为 1180 年至 1266 年。(2) The "Kamakura nendai ki" 和 "Buke nendai ki" 虽是一家之言，也是有用的参考文献。(3) 我还使用了其他日记，例如 "Kenji sannen ki" and "Einin sannen ki"。相关日记参见 Takeuchi Rizo, comp, *Zoku shiryo taisei,* 22 vols. (Kyoto: Rinsen shoten, 1967)。(4) "Kanezawa bunko komonjo" 是重要文献，收录了金泽（北条）家族成员信件，揭示了幕府内部的政治状况。(5) *Kamakura ibun, komonjo hen*（迄今为止共出版 36 卷）由竹内理三编撰，是关于镰仓时代内容最丰富的文件汇编。(6) *Kanagawa ken shi, shiryo hen,* 第 1 卷和第 2 卷是有用的资料。(7) *Kamakura bakufu saikyojo shu* (Tokyo:Yoshikawa kobunkan, 1970)，由濑野精一郎编撰。(8) Jeffrey P.Mass, *The Kamakura Bakufu: A Study in Documents* (Stanford, Calif.: Stanford University Press, 1976) 的第二编。该书的索引数量巨大，独一无二。该书包括以上文献及其他已经出版的文献资料，以及全面描述和索引。(9) 关于镰仓幕府时代京都方面的情况，贵族们留下的日记是重要的历史资料。那个时期最著名的包括 "Kitsuzokki" 和 "Kanchu ki"，参见 Sasagawa Taneo, ed., *Shiryo taisei* (Tokyo: Naigai shoten, 1937)。另外还有 "Sanemikyo ki" 和 "Hanazono Tenno shinki"，参见 Sasagawa, ed., *Shiryo taisei*。其他有用的编年史还有 "Masukagami"、"Godai teio monogatari" 和 "Horyakukan ki"。(10) the *Dai Nihon shiryo* 第五版，收录了这里提及的许多文献。不过，该书覆盖的时段到 1248 年为止。(11) 读者还可参见 Tokyo daigaku shiryo hensanjo, ed., *Shiryo soran,* vol. 5 (Tokyo: Tokyo daigaku shuppankai, 1965)。

相关次级文献数不胜数，以下各卷特别值得注意: Miura Hiroyuki, *Kamakura jidaishi,* vol. 5 of *Nihon jidaishi* (Tokyo: Waseda daigaku shuppanbu,1907, 1916), 再版书名参见 Miura Hiroyuki, *Nihonshi no kenkyu,* vol. 1 (Tokyo: Iwanami shoten, 1982)；Ryo Susumu, *Kamakura jidai, jo, ge* (Tokyo: Shunshusha, 1957)；Sato Shin'ichi, "Bakufu ron," (转下页)

重要性逐渐上升。同时，农民有了空闲时间和剩余手段，可以制作各种各样的手工艺品，然后在市场上出售。随着从中国进口的钱币大量增加，现金经济长足发展，金融经纪人应运而生，庄民开始以现金方式支付庄园税款。

那些变化必然给整个社会结构带来影响。在各个地区中，庄民们行动起来，反对本地地头或庄园主。与此同时，地头和庄园主自己也开始竞争，其中以五畿和西部最盛，并且常常使用武装力量。各种各样的帮派肆意抢掠，扰乱安定，破坏幕府最初订立的稳定社会的目标。这些帮派日语称"恶党"，由农民或者武士组成。[1]

此外，临近日本的东亚各国政局不稳，最终导致蒙古人大规模扩张，并且多次入侵日本，让日本面临近代社会之前的最大攻击。其结果是，日本的国内问题变得更加复杂。面对威胁，幕府采取了应对措施：第一，巩固自身的力量；第二，扩大在日本西部的政治影响；第三，强化对京都朝廷事务的控制。这种扩大权力的做法让幕府内部的各个派别看到了天赐良机，纷纷增强各自的影响。

130　　　　一方面，北条家族，特别是其嫡家（日语称"得宗"），进一步巩固已经取得的主导地位；另一方面，御内人（得宗的私家武士）也提升自己的力量。1285 年发生霜月骚乱，以安达泰盛为首的一批强势御家人遭到清除。得宗推行的所谓专权统治时期随之开始。

伴随幕府在国内的地位提升，得宗和御内人宗派的崛起最初似乎标志着幕府的政治力量达到了巅峰。但是，后来的情况证明，这是一种幻觉。当时的总趋势是，内部冲突日益扩大，不满情绪日益蔓延，很快便演化成一场严肃的反幕府运动。武士的不满其实有许多原因，其中之一是在蒙古入侵之后，立功的武士没有得到奖赏。到蒙古人入侵为止，许多御家人已经穷困潦倒。其原因包括：第一，受

（接上页）in *Shin Nihon shi koza,* 7th series (Tokyo: Chud koronsha, 1949)；Sato Shin'ichi, "Kfmakura bakufu seiji no senseika ni tsuite," in Takeuchi Rizo, com, *Nikon hokensei seiritsu no kenky* (Tokyo: Yoshikawa kobunkan, 1955), 第 95-136 页；Kuroda Toshio, "Moko shurai," *Nihon no rekishi,* vol. 8 (Tokyo: Chuo koronsha, 1965)；Amino Yoshihiko, *Moko shurai,* vol. 10 *of Nikonno rekishi* (Tokyo: Shogakkan, 1974)；Amino Yoshihiko, "Kamakura makki no shomujun," in Rekishigaku kenkyukai and Nihonshi kenkyukai, comps., *Koza Nihonshi,* vol. 3 (Tokyo: Tokyo daigaku shuppankai, 1970), 第 21-56 页；以及 Nitta Hideharu, "Kamakura koki no seiji katei," in *Jwanami koza Nihon rekishi,* vol. 6 (Tokyo: Iwanami shoten, 1975), 第 1-40 页。三浦周行的 *Kamakura jidaishi* 虽然在很久之前出版，至今仍有价值。在两次大战之后的时期中，佐藤进一是该领域中的领军人物。最近，网野善彦出版了《蒙古入侵》，以创新方式阐述那段历史，值得特别注意。

[1] 关于恶党问题的最近研究，参阅 Koizumi Yoshiaki, *Akuto* (Tokyo: Kyoikusha,1981)。

到瓜分遗产制度的影响，土地所有权持续分割；第二，御家人身陷日益发展的现金经济，其传统经济基础遭到破坏。再则，武士自行负担参与战事的开支，蒙古人入侵加重了他们经济困境。许多武士有的出售土地，有的典当土地，最终一贫如洗。在这种情况下，大量无地御家人出现，幕府于是面对一个巨大难题。

在中小规模的御家人家族濒临破产之际，幕府采取了果断的挽救措施：下令勾销那些御家人的债务，无偿归还他们典当的土地。但是，这项紧急救济措施仅仅起到短期作用，挽救捉襟见肘的御家人。许多御家人家族已被其他人收编。后者包括守护、御内人，甚至还有通过商业、贸易或金融活动发家致富的恶党武士。

每个武士家族也进行了重组，此举让改换门庭的家族成员越发不满。那个转变过程表现出两个同时出现的特征。第一，瓜分遗产的做法逐步让位于统一继承。整个家族的田产给予家长，在这种情况下要求子女服从家长。第二，家族的嫡系（日语称"本家"）与旁系（日语称"分家"）之间的联系逐渐弱化。后者与所在区域的其他武士家族形成牢固的纽带，并且在该过程中脱离以前的家系。

在这个动荡不安的背景下，北条家族实行的专权统治加剧了武士们的不满情绪。后来，两个朝廷之间的竞争进一步恶化，促使后醍醐天皇出面，主导反幕府行动。那时，皇室已经分裂为两个分支。双方明争暗斗，争夺天皇名号和庄园权利。幕府担任了仲裁者的角色，决定让两个分支的成员以轮流方式进行统治。幕府染指皇室事务，可以对宫廷的内部运作方式进行更牢固的控制。但是，此举也引起那场竞争中的输家对幕府产生敌意和愤恨。对于幕府干涉朝廷事务的做法，后醍醐天皇尤其不满。他下定决心，要让国家回归以天皇为中心的全面统治轨道。于是，后醍醐天皇利用一切机会，激化御家人骚乱和日益蔓延的恶党活动中表现出来的反北条和反幕府情绪。不过，后醍醐天皇推翻幕府的计划并未立刻见效。1331 年，后醍醐天皇的企图败露，最后被流放到隐岐岛。可是，那场计划一旦启动，叛乱很快从五畿蔓延到整个日本。1333 年，镰仓幕府被推翻。

131

蒙古人入侵与镰仓幕府

来自元朝的外交讯息

13 世纪 60 年代初期，蒙古人已经建立横跨欧亚大陆的庞大帝国，成吉思汗的孙子忽必烈担任蒙古部落首领。[1] 蒙古人认为，日本比邻朝鲜，与南宋往来密切，是值得考虑的国家。1266 年，忽必烈决定，通过高丽国王转交一封国书，首次向日本表露善意。高丽国王得令后派出一名中间人，陪同元朝信使赴日。但是，那位信使没能抵达日本，空手返回中国，没有完成他的外交使命。次年，怒气冲冲的忽必烈向高丽国王下达一项严令，责成他将元朝的国书送达日本。这位高丽国王别无他法，随信附上一封解释函，并且像上次一样，为元朝信使提供了一名向导。1268 年元月，元朝信使抵达九州太宰府。

132

元朝使节携带的国书大致表达了以下内容：

> 远古以来，小国君主一直希望互相维持友好关系。我们大蒙古帝国秉承天意，成为宇宙之主。因此，无数遥远国度纷纷期望和我们建立联系。朕登基之后不久便与高丽休战，让其人民修养生息。高丽国君和人民心存感激，归顺天朝，变为臣民。他们的欢乐犹如子女见到父亲一般。日本毗邻高丽，建国之后数次派遣使节朝拜中国。但是，自朕治国以来，日本没有任何表示。因此，朕派遣特使，告知我们的愿景。从即日起，让我们两国建立友好关系。没有谁希望诉诸武力。[2]

那时，坐镇太宰府的是时任九州北部诸国守护的武藤（少式）资赖。武藤资

---

[1] 关于蒙古人入侵的课题，著述很多。川添朝二的近作《蒙古入侵研究史论》（东京：雄山阁，1977 年）提供了几乎囊括一切、经过准确注释的参考文献。我在此仅列出具有特殊重要意义或本文使用的著作。对一般读者来说，以下文献十分有用：Kawazoe Shoji, *Gen no shurai* (Tokyo: Popurasha, 1975)；Yamaguchi Osamu, *Moko shurai* (Tokyo: Josha, 1964, 1979)；Hatada Takashi, *Genko-Moko teikoku no naibujijo* (Tokyo: Chuokoronsha, 1965)；Abe Yukihiro, Moko shurai (Tokyo: Kyoikusha, 1980)。山口修和旗田巍的著作具有重要意义。他们两位从整个东亚的广阔视角，阐述了各自的观点。阿部征宽的著作发表时间距今最近。但是，该书并非完全可靠，我力推川添朝二的作品。就文献收集而言，山田安荣的《伏敌编》第二卷（东京：吉川弘文馆，1981 年）是十分有用的经典，后来出版的任何著作难以望其项背。与防卫本身相关的最佳资料选集参见 Kawazoe Shoji, *Chukai, Genko borui hennen shiryo-Ikoku keigo banyaku shiryo no kenkyii* (Fukuoka: Fukuokashi kyoiku iinkai, 1971)。这部著作包括了许多有用的注释。

应该提及一些基本专著。关于从东亚视角讨论蒙古人入侵的尝试，参见 Ikeuchi Hiroshi in his *Genko no shin kenkyii, 2 vols.* (Tokyo:Toyo bunko, 1931)。四分之一世纪之后，相田二郎撰写了《蒙古入侵研究》，从日本内部政治状况的角度，分析了那些入侵行动。参见 Aida Niro, *Moko shurai no kenkyii* (Tokyo: Yoshikawa kobunkan, 1971)。该书对后来的研究产生了很大影响。用英语发表的文章参见 Hori Kyotsu, "The Economic and Political Effects of the Mongol Wars," in John W. Hall and Jeffrey P.Mass, eds., *Medieval Japan: Essays in Institutional History* (New Haven, Conn., Yale University Press, 1974)。

[2] 读者可参见当时的东大寺僧侣双松的著作，以及 Yamada, An'ei, ed., *Fukuteki hen,* and Takeuchi Rizo, com, *Kamakura ibun,* vol. 13 (Tokyo: Tokyodo, 1977) doc, 9,564.

赖收到国书之后，随即送往镰仓。

幕府中的变化

1268 年，太宰府转交的国书送到镰仓。但是，在讨论幕府的回应之前，我先说明一个情况：1263 年北条时赖去世之后数年中，幕府内部出现了某些变化。在司法部门设置了一个新职位，日语叫"越诉奉行"，以便检视可能上诉的判决。最初的两位越诉奉行是北条（金泽）实时[1]和安达泰盛，两人都曾任幕府主要调查机关（日语称"引付众"）的长官。北条实时是新摄政王北条时宗的母亲的弟弟，曾经受到已故摄政王北条时赖的器重。安达泰盛是安达家族的族长，该家族与北条家族的关系保持了数代人之久。安达泰盛还是北条时宗的年轻妻子的父亲。在经过重组的幕府中，这两个男人成为主要角色，分别代表北条时宗的母亲和妻子。在北条时宗领导的幕府中，两人起到举足轻重的作用，其地位反映了幕府希望维持北条时宗的基本政策的愿望：第一，强化北条家族对幕府的顾问机构的控制；第二，改良司法制度，确保御家人的信任。北条时宗、北条实时和安达泰盛任职实现了第一个目标，建立越诉奉行旨在满足要求公平判决的御家人的要求。

总的说来，采取以上措施的目的是，平息北条时赖去世之后浮现出来的某些内部冲突。北条家族的名越系是北条义时的次子的后裔。该家系此时位高权重，向北条嫡系得宗提出挑战。他们担任了幕府要职，这一格局说明了当时的内部摩擦。例如，名越系首领获得了引付众要职，其地位在幕府中名列第三，仅次于摄政王和联署人（日语为"执权"和"连署"）。但是，在新近成立的越诉奉行中，名越时章没有担任任何职位。其次，引付众本身在 1266 年 3 月被突然废除，其职责划给了摄政王联署人，调查委员会（问注所）起到辅助作用。此举十分奏效，将名越时章逐出了镰仓幕府的权势基础。

几个月之后，在北条时宗公馆举行的一次私人会议显示，一个新的权力集团已经形成。那次会议本身是寄合的一种延伸。寄合是北条时赖数年之前召开的秘密会议，旨在讨论紧要问题。与会者有北条时宗、北条正村、北条实时和安达泰

---

[1] 北条实时是北条实康之子，北条实康是北条义时的小儿子。他姓金泽的原因是，他在镰仓东面的（武藏国）金泽郡有一座别墅。北条实时因为创立"金泽文库"（金泽档案馆）广为人知。该馆在他的别墅内，收藏了大量日语和中文出版物品。

盛。在那次会议上，4 人决定用时任将军宗尊亲王 3 岁大的儿子惟康取代将军。我们不知道作出那个决定的幕后动机（据称，那位将军的妻子与某个僧侣有染）。但是，给朝廷的解释仅仅是"将军企图谋反"。更合理的解释是，幕府的领导人可能发现将军与反对派建立密切联系，形成潜在威胁。因此，幕府决定以攻为守，以免出现任何麻烦。

134 　　关于将军被迫返回京都一事，镰仓城内传言四起。正在那个关键时刻，高丽王朝的信使带着蒙古人的国书，已经抵达京都。

幕府对元朝国书的反应

　　蒙古人要求与日本建立和平关系，这给幕府出了一道难题。蒙古人送来的国书看来并非恐吓之词。蒙古人提出的要求是和平相处，而不是俯首称臣。此外，高丽国王的信件也强调说，忽必烈的目的是显示其王朝的声誉，而不是发兵征服。不过，也可从反面角度解读蒙古人来信的措辞。因此，幕府不得不再三斟酌如何回复。镰仓首先想到的可能是日本处理外交谈判的能力。虽然日本和南宋维持商业联系，但两国之间的正式外交在 9 世纪后期以来处于中止状态。这意味着，日本欠缺必要的技巧和信心，难以评估当时的国际形势。其次，很可能的情况是，日本对蒙古人的看法极端偏颇，它获得的关于中国的信息要么来自宋朝商贩，要么来自佛教僧侣。众所周知，在那些商贩和僧侣眼里，蒙古人是不受欢迎的侵略者。具体说来，那些禅宗僧侣——其中许多受到北条家族的眷顾——来自南宋 [1]，肯定对元朝颇有微词。

　　再则，幕府并非日本外交的最终权威。元朝国书的收信人是"日本国王"，而不是镰仓幕府。因此，1268 年 2 月，该国书被送到京都，但是没有引起应有的关注。从表面上看，置之不理的决定是禅位的后嵯峨天皇作出的，但其实可能是他遵从幕府意见的结果。

　　与此同时，镰仓担负起实施实际防卫的重任。早在朝廷作出正式决定之前，
135 幕府便向赞岐国的守护下达了一项指令："本府近来得知，蒙古人性格恶劣，试图征服日本。火速告知你处御家人，确保国家固若金汤。"这是留存下来的唯一指

---

[1] 北条时赖是兰溪道隆的虔诚门徒。后者是中国的禅宗僧侣，1246 年东渡日本，在镰仓建立了建长寺。北条时赖还供养了 1260 年到达日本的临济宗兀庵派之祖兀庵普宁。在其后数年中，北条时赖和北条时宗邀请南宋僧侣访问日本。在抵达日本的僧侣中，无学祖元后来受到临济宗信众的高度崇敬。

令。但是我们可以假设，日本西部的所有守护都接到了类似命令。

那段时间，蒙古人正在积极备战。1268 年 5 月，忽必烈命令高丽王朝建造 1000 艘战船，招募 1 万名士兵。该命令还解释说，鉴于南宋或日本可能谋反，那样的准备十分必要。蒙古人公开摆出对日友好的外交姿态，暗地里其实准备挑起武装冲突。但是，忽必烈继续通过高丽向日本派遣外交使节、传递外交信函。第一名使节被迫返回高丽，两手空空。1268 年 11 月，忽必烈派出第二名使节。这位元朝使节在一名朝鲜向导的引领下，1269 年 2 月登陆对马岛。但是，他与当地日本人发生冲突，没有完成使命。后来，他押着两名日本俘虏返回朝鲜。

两个日本人被带到元朝京都，见到了忽必烈。大汗再次强调，他只是希望自己的正式代表拜访日本朝廷，让数代后人记住自己的名字。于是，忽必烈下令，再派一位使节携带国书，陪伴两个日本人回国。高丽再次担负移交国书的重任。1269 年 9 月，他们一行人抵达对马岛。这次的提议与以前的一样，也以失败告终。然而，蒙古人依旧实施自己的外交策略。例如，标注日期为 1270 年 2 月的信函草稿写道：“无端使用武力有悖于儒家和佛教教导。日本系神圣之邦 [神国]，本朝不打算动用武力。”然而，幕府建议朝廷不要理睬。那位使节没有摆脱以前使节的命运，再次空手而归。

迫在眉睫的入侵

从时间安排和具体实施两个方面看，入侵日本的计划与高丽局势的变化密切相关。从 1269 年 6 月开始，高丽陷入混乱，其原因是高丽老国王下台，新国王登基，内战随即爆发。蒙古人趁火打劫，增强了对高丽的控制，加快了入侵日本的步伐。1270 年 12 月，忽必烈派遣特使赴日，同时在高丽驻扎军队。接着，忽必烈作出了最后努力，以便实现和平解决。与此同时，他发动猛烈的攻击，打击高丽国内的反叛者。1271 年 5 月，反叛分子被击败，其残余逃到南方，在那里继续顽抗。[1]

1271 年，日本收到来自高丽的一封信函。该信函声称，蒙古人将要大举进攻高丽，要求日本囤积食物，增加兵力。近年来发现的证据显示，携带那封信函到

136

---

[1] 参见 Ishii Masatoshi, "Bun'ei hachinen rainichi no Koraishi ni tsuite–Sanbetsusho no Nihon tsuko shiryo no shokai," *Tokyo daigaku shiryo hensanjo ho* 12 (March 1978)，第 1–7 页。

日本的信使来自高丽的反叛力量。那些反叛者自己的国家沦为忽必烈的走狗，但是他们显然试图向日本发出警告，借此抵制蒙古人的侵略扩张。他们的行动没有产生具体效果，然而确实说明了当时的复杂国际关系。

这时，日本人受到启示，动员更多武士保卫九州，加快了防御侵略的准备。1271 年 9 月，幕府颁布的一条命令称："本府得到消息，入侵迫在眉睫。在九州拥有土地的御家人必须立刻悉数返回九州，以便保卫疆土，平息扫除不法之徒 [恶党]。"[1] 该命令颁布之前，只有住在九州的御家人参与该岛的防卫活动。

过了不久，蒙古使节带着国书进入太宰府。那份国书重复了前几封中的内容。蒙古使节还口头警告说，如果日本 11 月不正式答复，蒙古人就要派遣战船赴日。朝廷打算发出官方复函。但是蒙古特使新年时被迫返回高丽，并未等到音讯。看来，幕府再次否决了朝廷回复蒙古人国书的决定，甚至表示拒绝的回信也不行。两次要求回信的尝试（时间分别为 1272 年 5 月和 1273 年 3 月）失败之后，蒙古使节最后禀报忽必烈，日本人不肯就范。后来，蒙古人又给了日本人 7 次回心转意的机会。但是，日本的强硬政策已经定型。蒙古人最后意识到，要实现自己的外交目标，动武是唯一途径。[2]

镰仓幕府的回应

蒙古人入侵看来不可避免，幕府决定巩固其内部结构。首先，在引付众被废除以后，幕府于 1269 年 4 月恢复了该制度，试图弥合北条家族的裂痕。这时，幕府让北条家族的嫡系和非嫡系成员出任引付众的五个下属机构的官员。除了名越时章、金泽实时和安达泰盛之外，还有两名北条家族的成员。引付众的每一机构代表北条家族的一个分支，它们共同组成了一个类似联合政府的制度。尽管如此，幕府内部的矛盾依然激化，于 1272 年 2 月爆发出来，史称"二月骚动"，许多反得宗的武士和公卿遭到谋杀。在镰仓，受害者包括名越时章、他的弟弟名越

---

[1] 在此必须指出，幕府的这项命令既强调了国家防御，又强调了镇压恶党。但是，在九州占有土地的东部武士并未立刻离开。例如，武藏国的一位名叫小代的御家人直到 1275 年才迁往他在肥后国的土地。比较而言，这或许是最早的个案。1286 年底，幕府抱怨说，还有一些人没有行动。参见 Gomi Katsuo, "Nitta-gu shitsuin Michinori gushoan sonota," *Nihon rekishi*, no. 310 (March 1974)，第 13-26 页。在幕府中担任要职的武士并非必须到九州去，他们可以派一些强壮男人作为替身。

[2] 某些史家认为，幕府对这个问题的刻板态度是刻意而为的政策，旨在强化外部危机，以便转移诸如恶党崛起这类内部问题带来的冲击。这个说法的言外之意是，幕府有意激起蒙古人进攻日本。关于这一观点的例子，参见 Abe Yukihiro, *Moko shurai*。依笔者所见，以上阐释过多地反映了当今世界的看法。

教时，还有从京都赶来为那位将军效力的一批公卿。在京都内部，被处决的最重要的人物是北条时辅。他时任六波罗探题（驻扎在京都东南六波罗的将军代表，其职责是监督日本西南部的政治、军事和司法事务），是摄政王北条时宗的郁郁寡欢的哥哥。

名越时章死后不久，事件进程逆转：幕府宣布名越时章无罪，参与谋杀者的五名北条御内人被灭。谋杀名越教时的人既未得到赞扬，也未受到惩罚，仅仅遭到讽刺而已。总而言之，那一事件以具体方式，表现了幕府内部的严重不稳状态。就我们可以确定的情况而言，御内人发起反北条嫡系的清洗之后，御内人自己成为被谴谪的对象，并且因此被灭。一位名叫金泽秋时的旁观者是这样描述那一怪诞事件的："1269 年之后，鉴于种种原因，生活变得混乱无序。无论你我，日子毫无安全可言。" 138

二月骚动平息之后，幕府向各个令制国当局下达命令：呈交土地勘定结果（日语称"大田文"），提供各地土地所有者的姓名和土地面积，将此作为税收和招募御家人的基础。下达该项命令的时间安排显示，幕府终于开始调查人力和经济资源，以便增强日本的军事实力。早在 1267 年，幕府曾经颁布了一项规定，禁止将御家人的土地出售、典当或转移给非亲属，并且授权收回已经出售或者典当的田产，偿还原来的地价。该项规定于 1270 年取消，但是在大田文上交 1 年之后，一项新规定生效，保证无偿归还被典当的御家人土地。此外，幕府还下令呈交两份清单，一是失去土地的御家人的名册，二是那些土地的新主人名册，以此着手改善家臣的境遇。

1274 年的入侵

1273 年 2 月，蒙古人冲击南宋防线，南宋王朝岌岌可危。当年 4 月，高丽的反叛者全被剿灭。两年之前，忽必烈已经按照中国方式，将其王朝名称改为大元。这时，他已做好准备，进一步扩大元朝版图。此时，已经没有任何屏障可以阻挡他的军队强力进攻日本。

因此，那位大汗任命了一支远征军的联合指挥官。1274 年 7 月，舰队扬帆启航。高丽也接到类似命令：建造并且派遣 1 支由 900 条战船组成的舰队，出征官兵一共 5000 人。高丽人接到征服者的命令后匆忙行动，打造的船只的质量很糟。但是，总算按时凑齐了忽必烈要求的数量。

10 月 3 日，在原定时间 3 个月之后，船队起航。远征军包括 1.5 名万元朝军人、8000 名高丽军人，外加 6.7 名万船工。他们扬帆起航，从高丽出发，两天之后进攻对马岛，击败了守护代宗助国率领的大约 80 名骑兵。第 14 天，他们进攻壹岐岛。守护代平景隆率领 100 名骑兵英勇抵抗，最终惨遭失败。两周之后，元朝和高丽联军进入博多湾，兵分三路，开始在海湾西部的今津一带登陆。他们计划从三个地方东进，最后进攻博多。

在日本方面，两位强有力的守护——大友赖泰和武藤（少式）佐好——携手幕府的两位九州代（日语称"镇西奉行"），共同指挥御家人组成守卫部队。相关资料没有告诉我们日军的规模，但是我们可以假设，它远远小于元朝－高丽远征军。一份中文记录中所称的 10 万显然是夸大的数字。[1]

元朝—高丽远征军经过遥远航程，身体疲惫。但是，这似乎没有影响他们的集体作战能力。此外，他们使用日本人从未见过的毒箭和爆破装置。日本武士擅长的一对一单挑方式并不奏效。守卫部队虽然取得一些小胜，最后被迫撤退。后来，风暴突然来袭，港口遭到破坏，元朝—高丽远征军舰队的船只损失过半，日本人逃过一劫。

肥后国的御家人竹崎季长定制了一幅画卷，表现他自己的英勇，让我们看到了对那场战争的生动描述。这幅《蒙古人侵绘词》画卷上的文字写道[2]，10 月 20 日，竹崎季长召集部下，投入箱崎湾战役。但是，他听说博多湾受到攻击，于是率部赶往那里。他们抵达博多的冲浜时发现，那里已经聚集了许多武士。这时，指挥官武藤景隆（佐好的次子）命令他们联合行动，击退敌军。竹崎季长手下只有 5 名骑兵，断定无法取得冲浜战局的胜利，于是将手下带到另外一个名叫赤坂的地方。在那里，勇猛的肥后国武士菊池建英正在击退敌人。竹崎季长看到，自

---

[1] 我们知道，大约 120 名武士在 1275 年获得回报。规模较大的武士家族，例如，菊池家族和白石家族，派出了 100 名骑兵。但是，规模较小的武士家族（例如竹崎季长）派出的人马很少。如果我们假设，每个武士家族平均派出 50 名骑兵，参与防御的人马大约 6000 左右。但是，如果平均数是 30 人，那么总数仅为 3600 人。

[2] 这是该画卷的常用名称，不过鉴于它反映竹崎季长一个人的观点，称它为《竹崎季长绘词》更贴切一些。竹崎季长定制画卷的时间较晚，大约在 1293 年左右。历经数百年时间，画卷有所缺损。因此，我仅仅使用不存争议的某些部分。画卷有几种复制品：参见 *Gyobutsubon, Moko shurai ekotoba (fukusei)* (Fukuoka:Fukuokashi kyoiku iinkai, 1975)。它复制了原作的四分之三，参见 *Nihon emaki taisei* (Tokyo: Chuo koronsha, 1978) 第 14 卷。关于 *Heiji monogatari emaki* 和 *Moko shurai ekotoba,* 参见 *Nihon emaki zenshu* (Tokyo: Kadokawa shoten, 1964) 第 9 卷。前面两卷为彩色，后面两卷包括描述和研究人员所做的注释。关于该绘词主要文本的发音和阐释，参见 Ishii Susumu et al., eds., *Chusei seiji shakai shiso, jo* vol. 21 of *Nihon shiso laikei* (Tokyo: Iwanami shoten, 1972)，第 415-428 页。

己的机会来了。他加入了战斗，但是他的一名战士很快中弹，季长自己和其他三人身负重伤，失去了马匹。这时，肥前国的白石通康率领一百余人马赶到，将他救起。

竹崎季长的表现代表了日本人的战斗方式，与敌方形成鲜明对比。元朝和高丽的士兵集体行动，排成整齐队形，手里高举长矛，跟随鼓声和信号前进。不过这并不是说，所有参战的日本军人都和竹崎季长一样，将个人荣誉放在首位。那次入侵之后，幕府抱怨说，有的武士人到了战场，但是拒绝参加战斗，有的甚至拒绝挪动位置。

第 12 天傍晚，激战进入高潮。日军放弃博多和箱崎地区，退到水树的一座古代要塞废墟，以便保卫距离海岸大约 16 公里的太宰府。当然，元朝—高丽联军同样损失严重。具体来说，元军副帅刘复亨被武藤景隆用弓箭射中。蒙高联军人员不足，供应也出现问题。于是，蒙军将领做出了立刻撤退的重要决定。次日上午，大部分联军舰队不见踪影。在风暴来临时，那些船是仍在博多湾内，还是在返回高丽途中经过壹岐和对马两岛，这一点尚不清楚。不管怎么说，联军 1 个多月之后才返回高丽。联军舰队 11 月 27 日返回朝鲜，通过海峡的时间是平常用时的两倍以上。留存下来的一份记录显示，13500 余人没有返回，大约占联军总数三分之一。当时的日本文献将那场拯救日本的风暴称为"神风"。[1]

文永之役以后的日本

近代之前，日本在任何战争结束之后，接下来做的事情都是奖励有功人员。那场战争涉及外部侵略，没有获得可以分配的地方土地。但是，参与防御的武士照例提出了奖励要求。1275 年，幕府奖励 120 余名武士，表彰他们在不久之前的战斗中提供的服务，其中就有竹崎季长。但是对其他武士来说，幕府的做法令人失望。

1275 年 6 月，竹崎季长离开他在肥后国的家乡前往镰仓。他在防卫战斗中表

---

[1] 明治时代以后日本史家接受的说法是，10 月 20 日晚上，蒙高联军遭遇了那场风暴。但是，1958 年，一位名叫荒川英寿的气象学家发表了一篇引起争论的论文，题目是"结束文永之役的并非台风"，参见 *Nihon rekishi*, no. 120 (June 1958)，第 41–45 页。这篇文章促使学界重新评价这个传统上被人接受的说法。因此，许多观点相继问世。关于那些观点的简介和批判，参见 Tsukushi Yutaka, *Genko kigen* (Fukuoka: Fukuoka kyodo bunkakai, 1972)，以及 Kawazoe, *Moko shurai kenkyu shiron*。

现勇敢，可是他的功绩甚至没有上报幕府。因此，他打算去镰仓当面提出要求。有趣的是，他的亲属们反对他的计划，拒绝给他提供旅行需要的物质支持。他以前打官司曾经失去土地，已经穷困潦倒，所以不得不出卖马匹和鞍具，筹集必需的旅行经费。

8月中旬，竹崎季长终于抵达镰仓，随即设法面见各级幕府官员。但是，也许他打扮过于普通，那些官员甚至没有给他讲话的机会。不过，他后来确实时来运转。10月，他终于将申诉递给了幕府分管奖励的官员安达泰盛。安达泰盛提出了种种问题，竹崎季长回答说："我申诉并不是因为自己想要得到奖励。如果我谎报自己冲锋在前，请立刻砍下我的脑袋。我只有一个愿望：让将军知道我的优点。如果再有战斗，那将是对我的极大鼓励。"面对竹崎季长毫不动摇的态度，安达泰盛承认，竹崎季长是幕府的忠诚仆人，并且承诺将情况禀告将军，协助处理奖赏事项。

竹崎季长的画卷生动描述了两人见面的情形，并且特别指出，安达泰盛显然
142 兑现了自己的诺言：在获得奖赏的120名武士中，只有竹崎季长获得将军专门举行的个人颁奖仪式。此外，安达泰盛还奖给竹崎季长一匹战马。这样的善意之举使受礼人永久难忘。在留给后代的证言中，季长告诫自己的后人，要继续尊重他的高贵恩人。[1]

幕府判断，蒙古人将要再次入侵，于是很快采取行动，推进日本的防卫计划。1275年，九州地区的家臣武士接到命令，以两三个令制国为单位，组成联合部队。每一支部队每年巡回防御3个月。这种兵役叫作"异国警固番役"[2]，给九州的武士带来很大负担。此外，如果在其余时段出现危机，他们还得快速集结，简直有雪上加霜的感觉。

除了海岸防御责任之外，幕府还推进了一系列措施，增强全国的防卫力量。但是，其中的许多计划同时还另有目的：一是提高幕府面对朝廷时讨价还价的筹码，二是增强得宗面对其他武家时的力量。早在1274年，也就是蒙古舰队在文永之役中撤退之前，幕府这项一箭双雕的计划就露出了雏形。当时，幕府利用国家出现的紧急局势，命令西部各令制国的将军调动军队，御家人和非御家人概莫

---

[1] 相关部分参见 *Moko skurai ekotoba* 的附录，标题为 "Yasumori no onkoto"。

[2] 有关这个问题的详情，参见 Kawazoe, *Chukai, Genko borui hennen shiryo*。

能外。此举的目的昭然若揭，一是超越了幕府在全国的管辖权限，二是扩大了守护在地方上的管辖范围。例如，安芸国的守护征用了 100 多艘船只，没收了一船准备交给京都的一名庄园主的租谷（年贡）。此外，幕府还给东部的御家人下令：凡是在山阳道和山阴道地区西部拥有土地者，必须前往各自土地的所在地。这样一来，幕府便在各个战略要地集中了更多人马。但是，那些家臣武士还没到达前线，蒙古人就已经收兵回国了。

　　文永之役以后，政治上影响巨大的武士取代了若干处于战略要地的令制国的守护。在历史学家证实的 11 个令制国中，北条家族成员被任命为其中 8 个的守护。于是，北条家族便增加了自己控制的守护数量。这意味着，全国的防御力量逐步处于幕府的几个核心人物的监督之下。[1]

143

　　镰仓还部署新的兵力，将德高望重的北条时守和其他著名武士派到京都，增强京都防务。幕府同时还明令山城国的所有军人——御家人和非御家人——都有守卫京都的职责（日语叫"大番役"），然而来自九州的武士除外。其次，为了避免给民众增加不必要的负担，幕府鼓励武士和公卿生活从简。镰仓还命令，全国的守护督促所在令制国寺院和神社专门安排活动，求神灵相助，打败敌人，护佑神圣的日本国土。

　　最后，防卫计划还包括一项报复策略，攻击元军侵略日本的基地——高丽。九州和安芸国现存的文献显示，从 1275 年年末开始，一直到次年春季，幕府继续下达命令，动员武士，调动战船，征集水手，准备远征。应招前来的不仅包括地头和御家人，还有非幕府家臣的武士。我们可以利用的资料有限，无法确定那些计划付诸实施的具体情况。当然，实际上并没有进攻高丽。

　　在博多湾沿岸，有一系列石墙。它们就像纪念碑，证明幕府当时为保卫国家作出的努力。当初的石墙，如今只留下一部分。它们长约 20 公里，1.5 米至 2.8 米高，底部 1.5 米至 3.4 米宽，以博多为中心，沿着东西两个方向延伸，距离海岸线大约 50 米。官方计划规定，石墙定于 1276 年 3 月开工，同年 8 月竣工。但是，修建计划看来并未按原计划快速推进。例如，萨摩国直到 1277 年初才完成

---

[1]　关于这个课题的经典研究，参见 Sato Shin'ichi, "Kamakura bakufu seiji no senseika ni tsuite," in Takeuchi Rizo. ed., *Nihon hdkensei seiriisu no kenkyu* (Tokyo: Yoshikawa kobunkan, 1955)。后来，村井章介证实，那些守护调动出现在 1275 年下半年。参见 Murai Shosuke, "Moko shurai to Chinzei tandai no seiritsu," *Shigaku zasshi* 87 (April 1978)，第 1-43 页。我采用了村井章介的观点。

所承担的部分。修建石墙不仅是九州御家人的职责，各级庄园官员也不例外，按
照他们拥有的土地面积分摊各自的职责。根据大隅国的一份文件，每1町土地分
摊的修建石墙的长度为1尺。[1]

这样一来，全国动员的尝试让幕府获得前所未有的权力，可以指挥调度此前
处于其管辖范围之外的官员。以下例子显示，在全国力量平衡中，镰仓的位置出
现了变化：为了给濑户内海防御带提供强有力的指挥，得宗的弟弟北条宗赖被任
命为长门国守护。1276年，北条宗赖召集山阳道和南海道的所有武士备战，并不
考虑其家臣地位。

在那个时期，幕府的核心人物是北条时宗和安达泰盛。北条政村和金泽实
时——后北条时赖时期的两位重要角色——已经去世。安达泰盛是北条时宗的岳
父，在政策制定方面对镰仓幕府的影响巨大。根据三吉安在的日记的记录，1277
年，北条时宗两次（分别为10月和12月）在官邸召开私人会议（日语称"寄
合"）。北条时赖最先开始实行寄合的做法。在北条时宗统治时期，寄合延续下
来，取代审议机构（日语称"评定众"），成为关键的决策场所。根据三吉安在
的日记记载，那个时期影响力最大的人物出席寄合，决定最重要的政治事项和任
命。同年，推荐御家人担任传统宫廷职务的权力不再属于评定众，而成为将军的
独享特权。根据三吉安在的日记记载，北条时宗和（掌管问注所的）三吉安在一
共出席了四次会议；安达泰盛，两次；（领导一批御内人的）平赖纲，三次；另外
两位御家人，两次。那时，主要因为安达泰盛的影响，有一批御内人势力很大。
安达泰盛最初与那些御内人不和，不过二月骚动结束时还是提升了他们的地位。
但是，双方之间的这种利益平衡没有维持太久，安达泰盛与平赖纲之间的矛盾已
经露出苗头。

第二次蒙古人入侵

文永之役以后，元朝没有停止向日本发送提议。1275年4月，一位使节抵达
长门国。幕府的态度比以前更严厉。8月，幕府召唤来自元朝的全部使团随员；
次月，幕府在镰仓郊外将他们全部斩首。在中国，元军于1276年摧毁南宋京城，

---

[1] 川添朝二准确地概述了石墙的现在状态，参见 Kawazoe Shoji, "Kaisetsu," in *Chukai, Genko borui hennen shiryo*。

抓住了在位的宋朝皇帝。1279年初，南宋灭亡。那时，入侵日本再次成为元朝的当务之急。摧毁宋朝让元朝有了进攻日本的新途径。蒙古人可以利用已经投降的宋朝海军，从中国本土出兵远征，无须像从前那样通过高丽组织进攻。元朝还有另外一个优势：元朝将其边境推向朝鲜本身，而高丽王朝对此不像以往那么警觉。元朝考虑到以上因素，制订了第二次进攻日本的计划。

已经倒台的宋朝的土地为入侵行动提供了许多资源。1279年，忽必烈下令长江下游的臣民建造600艘战船，并且就具体的行动计划咨询了一位宋军的将领。大汗根据他获得的建议，再次派遣使节前往日本。元朝发出警告说，日本如不俯首称臣，将会遭到与南宋一样的命运。同年6月，使节一行抵达日本。但是，日本朝廷和幕府的态度与以往一样，拒绝和使节见面。使团全部成员在博多遭到处决。

在那个时期，高丽继续承担准备战船和招募船工的重任。这一次，忽必烈定制了900艘。在中国本土，忽必烈成立了一个新的政府机构，负责处理征服日本事务。1281年1月，进攻日本的正式命令下达。远征军分为两大部分，东线部队从高丽出发，江南部队从中国东南部出发。东线部队由1万名高丽将士和3万名蒙古人组成。除了将士之外，还有大约900艘战船和1.7万船工。江南部队由10万宋朝败兵组成，共有战船3500艘。两支部队在壹岐会合，然后一起向日本主岛进发。大军开拔之前，忽必烈知道入侵部队存在不和问题，着重强调必须和衷共济。[1]

在日本，备战事宜也已展开。有证据显示，日本知道入侵迫在眉睫。我们从幕府给九州守护大友赖泰的一封信函了解到，镰仓预测，元军将在次年4月发起攻击。镰仓警告那位守护，必须落实防卫策略。幕府在同一封信函中还指出，最近有迹象显示，守护和御家人之间缺乏有效合作。

日本的动员格局与文永之役时相同。九州的武士在博多湾沿岸集结。他们利用刚刚建好的石墙作为屏障，在大友和武藤的指挥下迎战。我们不知日军的准确数字，但是可以假设，其规模大于上次。[2] 安达盛宗（安达泰盛的次子）和南九州的岛津氏担任大将。势力强大的御内人安藤和合田从镰仓南下，担任军官。显

146

---

[1] Kenji sannen ki 的主要文本参见 *Gunsho ruiju, bukebu*, vol. 421，不过该文本有一些错误之处。更好的文本参见 Takeuchi Rizd, comp, *Zoku shiryo taisei*, vol. 10 (Kyoto: Rinsen shoten, 1967)。龙肃详细分析了 "Kenji sannen ki ko" 中的这篇日记，参见 Ryo Susumu, *Kamakura jidai, jo*, 第217-231页。

[2] 关于日军在1281年的规模，现存的文献无据可考。不过，从留存下来的大约七份获奖名单上，我们可以看到大多数武士的名字。仅仅在第三次颁奖大会上，肥前国的金崎庄园就见证了400余名武士获奖的盛况。与文永之役的获奖人数相比，这个数字已经超过了3倍。

然，北条嫡家试图如法炮制，强化自己的控制。总体上说来，我们可以猜测，元军的数量大大超过日军。

1281 年 5 月 3 日，东路军离开高丽，月底进攻对马和壹岐两岛。最初的计划是，东路军 6 月 15 日与江南部队会师。但是，东路军违反协议，6 月初向博多湾进发。他们遭遇石墙，无法登陆，转而占领志贺岛。

日军立刻搜寻停泊在海岸线外的元军舰队。日军使用小船，进入连接该岛与大陆之间的水道，拉开了进攻的序幕。竹崎季长再次现身，在肥后国军队的前列战斗，他的杰出功绩得到安达泰盛的认可。6 月中旬之前，元军放弃了志贺岛，退到壹岐岛。日军乘胜追击，战斗继续进行。

与此同时，江南军因为指挥官去世，直到 6 月中旬才离开宁波。他们改变了原定的与东征军会师的计划，从壹岐转向平户。7 月，两支大军会师，离开平户，前往原定的目的地博多湾。7 月末，部队抵达肥前国附近的高岛，与日军正面遭遇。

但是，11 月 30 日晚上，就在元军发起最后攻势之前，一场风暴袭击海湾，给元军造成毁灭性打击。元军将领指挥剩余船只，掉头驶向高丽，大量受困士兵面对日军的屠杀。竹崎季长参与了那个阶段的战斗，他定制的画卷记录了他的勇敢战功。

在针对日本的第二次远征中，蒙古人损失了部队的 69%—90%，阵亡总数超过了 10 万人。日本取得的胜利再次归功于神灵的护佑。在那场危机中，幕府继续增强自己的势力。幕府获得朝廷的许可，向公有土地和私有土地征收给养税，涉的区域有九州以及本州西部的山阴道诸国。此外，在当年闰 7 月 9 日，幕府要求朝廷许可，从非幕府控制区域招募武士。就在那时，传来蒙古人撤退的消息，所以朝廷没有立刻答应。但是，幕府就此向天皇持续施压。同月 12 日，天皇发布一纸诏书，赋予幕府该项权力。不过有趣的是，该诏书标注的日期是 7 月 9 日，而不是 12 日，其目的在于给幕府自称的需要授权，让它以国家安全之名，扩大其控制范围。

元朝军队失败之后，幕府随即修改以前制订的进攻高丽的计划。该计划确定，武藤或者大友家族率领的大军由两部分人员组成：一是来自大和国和山城国的恶党，二是九州北部三个令制国的御家人。现存记录没有说明那个有趣的策略实施了多长时间。但是，实际上没有进行侵略准备。事实上，日本本土一直受到入侵威胁[1]，顺理成章的做法是，幕府派出更多北条家族成员到九州和山阳道担任守护。但是，如果没有幕府授权，九州的御家人不能前往京都和镰仓。此外，九州的家臣应该继续履行常规防卫义务：第一，在九州或长门国的三至四个月警卫任务；第二，建造和修补石墙；第三，提供军需物品，如弓箭、长矛和旗帜。此时，这些职责全部落在来自九州的所有武士的肩上，并非仅由御家人承担。对这一变化，一些庄园主显然持抵制态度。其原因在于，幕府在 1286 年规定，如果遇到不履行职责的情况，镰仓将向犯事的庄园派出一名地头。

蒙古人入侵之后的日本

危机时期结束之后的幕府

在蒙古人入侵之后的数年中，幕府呈现出几个特征：制定创新性法规，实施司法改革，派系之间的冲突日益紧张。1284 年，年仅 34 岁的摄政王北条时宗突然去世，14 岁的儿子北条贞时继位。新摄政王的谋士们立刻实施变革，发布新的法典，重构司法机构。1284 年 5 月，幕府颁布包含 38 项条款的“新规定”（日语称“新式目”）。幕府以那些法典为基础，制定了 80 条具体规则，作为新的行为规范。

新法律处理的问题涉及许多人们广泛关心的问题。例如，将军在生活各个方面必须遵守礼仪，节约俭朴。对将军的土地（日语称“关东御领”）的监督比以前更为严格，中央政府和各个令制国的官方神社和寺院（日语称“一宫”和“国分寺”）必须加以保护、宣传和维修。在九州，得到特殊关注的不仅有一宫，而且还包括所有神社。例如，被典当的神社土地必须无偿归还给神社，以此作为还愿之举，感谢神灵回应了人们在蒙古入侵时期的祈愿。

九州的庄园官员和小庄园主（名主）参加了抗击蒙古人入侵的战斗，此前没有得到补偿，这时得到了土地奖赏。相关法令还规定，他们的土地如果已经出售或典当，必须悉数归还，无须支付罚金。为了实施这一条款，幕府向九州派出了由三名引付众组成的特使团。

[1] 1283 年，忽必烈下令成立“征东官署”，同时再次向日本派遣一名使节。不幸的是，该使团遭遇风暴，被迫返回中国。忽必烈镇压江南地区的叛乱之后，1284 年又派出一名使节。该使节到了对马岛后遭到杀害。蒙古帝国面对越来越多的国内叛乱，进攻日本的进一步计划暂时终止。1294 年，忽必烈去世，远征尝试就此作罢。尽管如此，直到镰仓时代结束，日本也未放弃其防卫措施。

那些官员是实施德治的特派员，日语叫"德政官"，负责救助使命。大约那时留下的证据显示，九州之外的御家人也得到了类似保护。[1] 1273 年的德政仅仅涉及被典当的财产；相比之下，1284 年推行的德政措施涉及的内容更多一些。

鉴于恶党活动猖獗，幕府派出专员，指挥镇压他们在京畿及附近令制国的活动。那些专员与当地守护合作，维持相关动乱地区的和平和秩序。

尽管如此，幕府在 1284 年的重中之重仍然是巩固自己在九州的统治。13 世纪 60 年代之前，武藤和大友家族的守护势力强大，共同享有镇西奉行的头衔。但是，蒙古人入侵之后，格局发生变化，幕府认为必须在九州建立独立的司法权威，以便阻止当地御家人到京都或镰仓打官司。在这种情况下，三位德政专员与武藤、大友家族和安达泰盛联手，逐步形成了下辖三个部门的司法体系。三个部门分别负责处理一个令制国的案件。该法庭位于博多的一幢房子内[2]，作为政府的一个部门，一是进行司法判决，二是落实德政举措。

那年，镰仓的司法制度也进行了改革。8 月，幕府颁布一部包含 11 项条款的法典，命令引付众及其治安官员忠实履行职责，消除权势人物对司法判决的影响。有趣的是，幕府主要考虑的是需要法庭救助的贫穷御家人。在那以前，引付众官员在撰写法律文书时，需要草拟两三份裁定，然后呈交给评定众定夺。但是，根据新的司法程序，这时只需交给评定众一份裁定。此举大大增加了引付众的权力。[3]

在推进上述改革的过程中，年轻的摄政王的外祖父安达泰盛影响巨大。他在北条时赖去世之后首任上诉法庭厅长（日语称"越诉奉行"），一直试图通过有效的司法管理，维系御家人对自己的支持。[4] 此外，安达家族一方面通过与北条家族合作，构筑了强大的权力基础，另一方面也与将军保持了密切联系。[5] 与安

150

---

[1] 参见 Kasamatsu Hiroshi, *Nihon chusei-ho shiron* (Tokyo: Tokyo daigaku shuppankai, 1979)，第 104 页。

[2] Sato Shin'ichi, *Kamakura bakufu sosho seido no kenkyu* (Tokyo: Meguro shocen, 1946)，第 287–291 页。

[3] 佐藤进一强调了这一点，参见 Sato Shin'ichi, *Kamakura bakufu sosho seido no kenkyu* (Tokyo: Meguro shocen, 1946)，第 69–76 页。

[4] 安达泰盛不仅是那个时代最杰出的政治人物，而且是饱学之士，精通儒家和佛教典籍。关于他的生平简介，参见 Taga Munehaya, "Akita Jō-no-suke Adachi Yasomuri," in Taga Munehaya, *Kamakura jidai no shiso to bunka* (Tokyo: Meguro shoten, 1946)，第 247–279 页。

[5] 安达泰盛的祖父安达景盛的妹妹是平赖纲的弟弟平德赖的妻子。第三任将军源实朝死后，安达景盛出家。安达泰盛本人得到源实朝的妻子重视。有一次，安达泰盛发现一把名刀，它是源赖朝留在京都的。他恭恭敬敬地将它送回镰仓。

达泰盛及其追随者对立的，是以平赖纲为代表的一个集团。平赖纲与得宗和御内人关系良好。在平赖纲去世之前，摄政王北条时宗担任仲裁者角色，在两个势不两立的集团之间斡旋。但是，在年轻的北条贞时于 1284 年继位之后，情况急转直下。

霜月骚乱：安达泰盛倒台

1285 年 11 月，平赖纲突然攻击安达泰盛及其追随者，并且宣称此举是执行摄政王的命令。镰仓城内激战半天，安达泰盛及其追随者猝不及防，很快遭到杀戮。那次事变发生在"霜冻"月份，当时的一份记录称之为"霜月骚乱"。事变的原因并不清楚，但是，安达泰盛的继承人安达宗景受到指控：他声称其祖先安达景隆其实是源赖朝之子，企图篡夺将军职位。安达氏和源氏传统上保持密切关系，安达宗景改为源姓，这一决定本身不能被视为掩盖动机之举。更为稳妥的假设是，安达泰盛与平赖纲之间的对峙相当严重，武装冲突已经无法避免。

那次事变影响深远，持续很长时间。根据现存文献，事变之后，五十余人切腹自杀。其中包括安达家族及其分支大曾根家族的成员，以及其他名门望族的武士。[1] 那些文献还显示，来自武藏国和上野国的许多御家人也切腹自杀。其中一条记录提到，被害者多达 500 人。但是，后者受到攻击的原因可能是，被怀疑与安达泰盛有染。

安达泰盛曾经担任上野国的第四任守护，那里的许多御家人与他共同进退是可以理解的。尽管如此，与安达家族没有瓜葛的武藏国死了很多人，这一点需要特别注意。长期以来，武藏国有若干规模较小的武士队伍。我们可以得出结论说，安达泰盛在较小武士家族中影响巨大。其次，武藏国将军门下的一个名叫藤原资纪的公卿自杀。由此可见，安达泰盛与将军身边的人关系密切。因此，确定那些死者的身份可以帮助我们厘清支持安达泰盛的整个人脉。安达泰盛的党羽以规模较小的御家人团体为主，另外还有与武藏国将军关系密切的人。

在安达泰盛的追随者中，有的人逃过生命之虞，但却失去了政治权势。其中

151

---

[1]　参见 *Kanagama ken shi, shiryo hen* vol. 2, nos. 1016-1020。例如，安达泰盛母亲的家族小笠原家族失去了首领（惣领）和别的几个人。还有其他人自杀或失宠，其中包括三浦的豪门佐贺弥家族、伊豆的伊藤家族、足利家族的一个分支吉良家族、政所执事的继承人和引付众成员二阶堂行景、另外一名引付众成员武藤景泰、常陆国守护八田，以及大江、小早川、伊贺和其他家族的成员。他们之中不乏著名的御家人。

一个著名例子是安达泰盛的女婿金泽秋时——北条家族一个分支的成员。金泽秋时掌管引付众第四官署，在评定众中位列第三。金泽秋时被控参与密谋，于是被革除官职，流放到下总。流放前一天，他给称名寺（它可被称为金泽家庙）的一位僧侣寄去一封信件。他在信中写道："在 1269 年以来的十余年间，我如履薄冰，战战兢兢。"[1] 此语形象地传达了幕府政治结构中心存在的高度不安氛围。其他失势者包括宇都宫景纲和大江时秀。两人都任职评定众，各娶安达泰盛的一个妹妹为妻。实际上，我们可以由此评估安达泰盛的巨大影响：在 16 位评定众官员中，5 人与安达家族联姻；在 13 位引付众官员中，7 人与安达家族联姻。[2]

那次事变引起的反响波及整个日本。在博多，安达泰盛的次子安达森宗遭到暗杀，他曾经接替父亲担任肥后国的守护代。在常陆、远江、信浓和播磨等国，152 安达泰盛的同情者也遭到杀戮。没过多久，在筑前国，曾经领导过竹崎季长的武藤景资起兵造反，地点是当初为抵御蒙古人入侵修建的岩户堡。武藤氏与来自九州北部的许多武士在岩户之战中惨败。[3]

御内人代表平赖纲的专权统治

霜月骚乱的直接后果是，政治权力集中在御内人首领平赖纲的手中。一名公卿的日记描述了当时的情况："平赖纲大权独揽，人人惶恐不安。"[4] 据说，平赖纲本人是平森国的曾孙，曾在平清盛崛起时期为其效力。平氏被打败时，平森国沦为人质，被押送到镰仓，交给三浦氏监护。后来，平赖纲的父亲平盛时投奔北条泰时，在北条家担任管家，拥有较大权力。平赖纲为北条时宗鞍前马后，开始崭露头角，其妻子是北条时宗之子北条贞时的奶妈。由此可见，平赖纲具备了领导御内人的全部必要条件。

那些御内人究竟来自那些家族？[5] 从北条泰时当政时开始，著名的御内人家

---

[1] 参见 *Kanagawa ken shi, shiryo hen* vol. 2, no. 1023。

[2] 多贺总隼最早研究霜月骚乱，并且详细分析了前因后果。参见 Taga Munehaya, *Kamakura jidai no shiso to bunka,* 第 288–320 页。佐藤进一梳理了霜月骚乱的历史意义，参见 Sato Shin'ichi, *Kamakura bakufu sosho seido no kenkyu,* 第 76–78、96–97 页。还可参见 Ishii Susumu, "Shimotsuki sodo oboegaki," in *Kanagawa ken sin dayori, shiryo hen* vol. 2 (Yokohama: Kanagawa ken, 1973)，第 1–4 页。

[3] 关于那场战斗的详细研究，参见 Kawazoe Shoji, "Iwato gassen saihen - Chinzei ni okeru tokuso shihai no kyoka to Muto shi," in *Mori Katsumi hakase koki kinen kai,* ed., *Taigai kankei to seiji bunka,* vol. 2 of *Shigaku ronshu* (Tokyo: Yoshikawa kobunkan, 1974)，第 217–249 页。

[4] 参见 "Sanemi kyoki," 1293/4/26。

[5] 关于御内人的经典研究，参见 Sato Shin'ichi, *Kamakura bakufu sosho seido no kenkyu,* 第 104–121 页。

族有尾藤、安藤、诹访、南条和关氏，他们全都住在北条泰时的公馆内。那些家族本身来自东部之外的区域，13世纪初期被北条家族吸纳。[1] 后来，东部的御内人组成新的队伍，驻扎在将军的御家人控制的区域。

东部御内人组成的那支新队伍包括工藤、小野泽、曾我、涩谷、宇治、盐饱、相原和本间等家族。那些家臣的主要作用有两个：一是管理得宗占有的土地；二是管理担任守护的北条家族成员控制的土地。除此之外，御内人还在镰仓履行一些管理职责，例如，监督北条家族日益增加的田产的文件管理。

御内人属于另外一个种类的武士，在几个重要方面与御家人不同。安藤莲照就是一个例子。[2] 安藤莲照生于北条泰时的摄政王任期结束之际，死于镰仓幕府即将倒台的1329年。他与平赖纲几乎是同时代的人。安藤莲照建树众多，其中之一是出资重建久米田寺。那座寺庙在和泉国，今天依然悬挂着他的肖像。1277年，安藤莲照将自己在和泉国的三处土地和但马国的一处土地交给该寺院，让它焕发出新的活力。但是，就其他寺庙而言，安藤莲照却引起了许多麻烦。他无力收回借给仁和寺的一位僧侣的贷款，后来不得不向延历寺的一位发放高利贷的僧侣求助。于是，延历寺的那位僧侣采取手段，夺取寻谷，以此冲抵贷款。仁和寺受到影响，一纸请愿书将安藤莲照告到幕府。

安藤莲照为北条家族效力多年，先后在摄津国的多田庄园和其他三处庄园担任管理职务。那些庄园全归得宗所有。他还担任过摄津国的守护代。在他管理的三处庄园中，两处濒临大阪湾，可能起到港口作用。福泊港位于播磨国，其大部分建设经费由安藤莲照一人出资。该项目耗时超过十五年，总费用高达数百贯。最后，福泊港终于建成，后来发展成为摄津国古老的港城兵库。安藤莲照收取高额租金，经商发财。

由此可见，安藤莲照并非仅是一介武夫，而且还是一个颇有心计的商人，染指运输和高利贷。安藤家族的其他成员管理九州濑户内海沿岸以及东北北部（津轻半岛）的得宗土地。在津轻半岛，安藤家族的成员从北条义时时期开始，担任虾夷的代表（日语称"虾夷代官"）。而且，他们还控制同一地区北部的重要港口

---

[1] 关氏与平盛时一样，也是平氏后裔。尾藤家族的祖先在源平合战时失去了田产，后来到了镰仓找到平赖纲寻求庇护。诹访家族是神道僧侣，来自信浓国的诹访神社。在来自东部的御内人中，唯一显赫的家族看来是南条。

[2] 若干论文讨论了安藤莲照及其活动。相关简明描述参见 Amino, *Moko skurai*, 第115-116、296-300页。

土佐。从土佐南部开始，经过若樱，一直到京都，沿途的港口集镇也在北条家族的控制之下。[1]

在霜月骚乱之后，御内人的领袖平赖纲在镰仓幕府中占据主导地位。但是，他遇到了许多问题，重中之重是如何赢得愤愤不满的御家人阶层的信任和支持。他采取的主要决策是，在蒙古人入侵之后，将土地奖赏给御家人。奖赏计划于1286年开始实施，大约25名九州武士（其中包括守护和北条家族成员）被挑选出来，作为首批受奖者。将军亲自主持了颁奖仪式。获奖人员名单和奖品名录送到大友和武藤家里。但是，划分那些土地的过程十分复杂，花了两年时间才一一落实。奖品本身分为三个等级：稻田分别为10町、5町、3町，另外还有相应比例的宅基和旱地。

为了解决土地不足的问题，幕府采取几项措施：一，调用将军本人的部分土地（日语称"关东御领"）；二，没收某些庄园主的土地权益；三，利用九州之外的土地，换取九州之内的土地；四，没收参与霜月骚乱的武士的土地。幕府当时制定的政策是，将奖励的土地限制在九州之内。此举引起了九州田产的重大变动。最大一批地块有的落入北条家族手中，有的分给了北条家族的支持者。甚至可能出现这样的情况：就大多数奖励土地而言，在分给层级较低的御家人的土地上，北条家族逐步取得了控制权。

在平赖纲的统治下，幕府的各级官职大都由拥护北条家族的人员担任。同理，决策过程大打折扣。例如，1284年，幕府颁布德政措施，旨在挽救九州的神社、庄园官员和名主（日语称"庄民"）。但是，幕府下达另外一条命令，要求那些土地恢复到1284年以前的格局，所谓的德政措施实质上不起作用。1285年，幕府设立新职位"镇西谈义所"，任命三位德政官员到博多履新。镇西谈义所是新的司法和行政机构，统管整个九州地区，由武藤家族和大友家族的成员，以及宇都宫和涩谷重里出任。宇都宫和涩谷重里虽是御家人，但是在利益上显然与德政密切相关。[2] 不管怎么说，镇西谈义所是博多的司法中心，可以处理涉及土地的纠纷和刑事案件。

---

[1] 1272年留存下来一面带有北条家族徽章的旗帜授权，船只可以自由通过和歌山的田鸟湾。1306年的一份记录显示，20条运送鲑鱼和和服的大船带着幕府的授权，从津轻半岛出发，进入越前国的三国港。

[2] 在得宗成员担任肥后国守护时期，宇都宫后来担任了该国的守护代。此外，涩谷家族的各类成员逐步被视为御内人。

除了上述结构改革之外，还任命御内人担任幕府内部越来越多的要职。例如，1291 年，两位御内人获得镇西谈义所的监督职位；来自引付众的其他几个御内人奉命处理涉及寺庙、神社和拥有土地的公卿的司法事宜。北条家族的五名能干家臣，其中包括平赖纲的两个亲儿子，逐步在引付众中崭露头角。

得宗的专权统治

但是，平赖纲的统治最终证明是昙花一现。1293 年 4 月，平赖纲掌权未满 10 年，试图提拔儿子助宗担任将军。摄政王北条贞时派兵讨伐，将他和九十余名同情者全部杀死。那次武装冲突发生在平禅门，结束了平赖纲统治，史称平禅门之乱。24 岁的北条贞时开始了得宗统治。

仅在 1 个月之内，评定众、引付众和奉行人众三大机构相继表示，效忠北条贞时。具体说来，北条贞时要求引付众和奉行人众宣誓，不能收受贿赂。总体上说，北条贞时的目标有两个：其一，帮助举步维艰的御家人；其二，让诚实者获得好处。他再次宣布，凡是其曾祖父担任过家臣的武士，无论当时有无土地，一律担任家臣。换言之，此举在理论上确保了御家人的地位，即便他们典当或出售了幕府给予的土地也不受影响。

当时的文献将那些新措施称为"德政措施"。这一点暗示，人们认为它们类似于安达泰盛 1284 年颁布实施的政策。更有甚者，安达泰盛的同情者们也重新受到青睐。例如，以前遭到贬黜的永井宗秀与北条宗信一起，被任命为上诉法庭（日语称"越诉奉行"）庭长。同年 10 月，北条贞时废除引付众，以新创立的六位"报告官"制度（日语称"执所"）取而代之。他还任命曾任引付众三大要职的北条家族成员——宇都宫景纲、金泽秋时和北条宗信——出任越诉奉行。[1] 1285 年年底以后，摄津怀宗一直担任问注所的长官（日语称"执事"），这时被安达泰盛的支持者之一三善康信取代。最后，政所职位从二阶堂行定转到曾与安达泰盛关系密切的二阶堂行藤手中。[2] 安达泰盛的支持者们重新得势，不过这被证明是表面现象。例如，新设的执所听从北条贞时的指挥，其职责仅仅是提供与诉

156

---

[1] 武藤景资和金泽秋时都是安达泰盛的支持者。

[2] 相关细节，参见 Ishii Susumu, "Takezaki Suenaga ekotoba no seiritsu," *Nihon rekishi*, no. 273 (1971): 第 12–32 页。也是在 1293 年，安达泰盛的另外一名支持者竹崎季长开始实施自己的计划，制作表现其武功的画卷。此举恰逢平禅门之乱之后，这样的时间安排肯定不是偶然。

讼案件相关的细节或者参考资料。对比之下，在安达泰盛推行改革措施时，引付众各个单位的长官拥有更多的行动自由。

1294 年，北条贞时规定，不再根据参与霜月骚乱的情况进行奖赏或惩罚。那时，对北条贞时来说，只要武士们绝对服从自己，以前的从属关系并不重要。那年，他还扩大了当面质证程序，以便审理更多案子。1294 年 10 月，他改组引付众，保留了做出独立判决的权力。[1] 不过，他确实作出了一个重大让步，允许对他本人判定的案件进行再审。此举推翻了他以前关于这个问题的立场。

北条贞时想方设法消除幕府内部的派系冲突。但是，他面对的压力继续增加，一是来自御内人群体，二是来自御家人阶层中处于不利地位的成员。在 1295 年的日记《永仁三年记》中，三善康信通过以下事件描述了那种派系冲突[2]：一位御内人报告说，评定众犯下错误。北条贞时知道后惩罚自己的家臣，而不是犯错的官员。虽然我们可以说，德政的最终目标是减轻御家人阶层的痛苦，但是北条贞时却一意孤行，推行的政策强化了他自己的专权统治。这一点在 1297 年颁布的著名德政令中体现出来。该法令规定：第一，废除上诉制度（日语称"越诉"）；第二，禁止典当或出售御家人的财产，确保以前出售的土地无偿归还[3]；第三，幕府拒绝接受任何涉及收取贷款的诉讼，以便减少高利贷泛滥的情况。

对贫穷潦倒的御家人来说，以上第二、三项规定代表了大胆的补救措施，比安达泰盛颁布的德政令更进一步。许多地区的御家人反响强烈，纷纷要求退还他们交出的土地。幕府一般支持他们的主张。[4] 但是，上述第一项显然是北条贞时强化其统治的一个手段。其原因在于，它推翻了他 3 年之前授权实施的上诉权利。不管怎么说，1297 年颁布的德政令代表了那个时期特有的摇摆不定状态。[5]

其实，这些政策依旧变动不定。次年，上诉制度再次恢复，涉及收取贷款的诉讼被视为提起诉讼的合理原因。维持不变的只有一条：无偿归还以前被典当或

[1] 在《镰仓年代记》中，恢复引付众的时间是 1295 年。许多历史学家接受这一说法。但是，佐藤进一首次指出，正确的日期应是 1294 年 10 月。参见 Sato Shin'ichi, "Kamakura bakufu seiji no senseika ni tsuite," 第 121-122 页。
[2] 如前所述，三善康信担任问注所执事。1953 年，川副博首次公开并且介绍了这份文件。参见 Kawazoe Hiroshi, "Einin san'nen ki kosho," *Shicho* 50 (January 1953): 第 33-51 页。该文的其他收录情况，参见 Takeuchi, ed., *Zoku shiryo taisei,* 第 10 卷。
[3] 持有时间 20 年及以上的土地不在此列。
[4] 有关德政令的更详尽研究，参见 Miura Hiroyuki, "Tokusei no kenkyu," in Miura Hiroyuki, *Hoseishi no kenkyu* (Tokyo: Iwanami shoten, 1919), 第 767-835 页。
[5] 参见 Kasamatsu Hiroshi, "Einin tokusei to osso," in Kasamatsu, *Nihon chusei-ho shiron,* 第 103-121 页。

出售的御家人土地。

上诉制度后来经历更多变化。1300 年，就在该制度恢复两年之后，废除了上诉法官职位（日语称"越诉奉行"），由五位御内人接手这个职责。此举一方面试图维持上诉制度本身，另一方面将权力集中在得宗手里。[1] 但是在 1 年以后，恢复越诉奉行。这一点证明，北条贞时在巩固其统治的过程中遇到了诸多困难。

无论这种"专权统治"出现多少麻烦，北条贞时仍旧获得了前所未有的主导地位。1285 年，霜月骚乱刚刚平息时，在日本全国 68 个守护职位中，北条家族成员控制了 29 个，其他家族拥有 22 个。5 个令制国不设守护，在剩下的 12 个令制国中，守护的出身在文献中没有记载。不管怎么说，在已知的守护职位中，北条家族占据了一半以上。到 1333 年为止，北条家族拥有 36 个守护头衔，其他家族拥有 21 个。5 个令制国不设该职位，另外 6 个令制国的情况无从确定。[2] 北条家族拥有守护头衔的令制国分布广泛。

历史学家尚不确定北条家族究竟拥有多少个地头职位，[3] 不过，其中大多数看来集中在东北地区、东海道东部（特别是伊豆国和骏河国）及九州。在九州，北条家族控制了至少 60 个地头职位，拥有的稻田多达 2.2 万町，约占九州全部稻田面积的 20%。[4] 北条家族大权独揽，其力量主要源于不断增加的土地保有量。

恶党

13 世纪后期，幕府面对的严重问题之一是日益泛滥的恶党。庄园再三要求镰仓当局严厉镇压那些匪徒。1296 年，作为庄园主的幕府给守护下达命令：第一，在所有重要道路上设立警务站；第二，雇用御家人，强化镇压恶党的行动。1300 年，幕府给九州的每个令制国派出一名强悍武士，以便协助守护维护治安。1301 年，幕府要求九州的所有船只必须标示船主姓名和注册港口，以此控制海盗。

---

[1] 根据笠松宏至的研究，那些御内人决定案子是否应该再审。但是，负责再审的实际上是引付众。换言之，御内人自己并未处理整个越诉过程。

[2] 以上统计数据主要来自佐藤进一的研究，笔者仅仅略有调整。参见 Sato Shin'ichi, *Zoho Kamakura bakufu shugo seido no kenkyu* (Tokyo: Tokyo daigaku shuppankai, 1971)。

[3] 关于北条家族的田产机构，目前发表了许多研究成果。其中最全面的参见 Okutomi Takayuki, *Kamakura Hojoshi no kisoteki kenkyu* (Tokyo: Yoshikawa kobunkan, 1980), 特别是其中的章节 "Hojoshi shoryo gairyaku ichiran," 第 258–278 页。

[4] 这些数据更新了笔者的研究，参见 "Kyushu shokoku ni okeru Hojoshi shoryo no kenkyu," in Takeuchi Rizo hakase kanreki kinenkai, ed., *Shoensei to buke shakai* (Tokyo:Yoshikawa kobunkan, 1969), 第 331–393 页。

1303 年，夜袭和海盗行为被重新定位为重罪，用死刑取代以前实施的流放。对小偷、赌博和纵火行为的惩罚也比以前严厉许多。

幕府实施的控制恶党的措施并未立竿见影。1308 年，伊予国的一个名叫河野通有的富豪本来被派到九州，后来接到命令返回故乡，协助控制日本西部海湾，特别是熊野猖狂作乱的海盗。1 年之后，来自 15 个令制国的武士接到动员令，清剿在熊野活动的那批海盗。[1] 1301 年，来自大和国的 5 名恶党拒不服从幕府的征兵令。幕府不得不召集京都以及另外 7 个令制国的御家人，对他们的堡垒发动攻击。[2]

镰仓对武力的依赖越来越大，这一点逐步反映在刑法中。例如，偷窃合法拥有人的土地收成的做法日语称为 "刈田狼藉"，以前常被视为涉及土地纠纷的民事案件。到了 1310 年，它被列为刑事案件。与之类似，幕府还改变了之前的做法，将偷盗动产抵偿未还债务的行为纳入刑事司法范畴。

1301 年，北条贞时正式出家。即便如此，他依然继续出席评定众会议，以幕府主角的面目示人。但是，他在得宗中的终身任职地位受到内部竞争的困扰。北条贞时的堂弟北条宗方是得宗嫡系成员，自认为在御内人中与北条贞时平起平坐。他不顾自己的家庭背景，取得了侍所官员（日语称 "内管领"）位置，试图以此窃取权力。1305 年，北条宗方杀了竞争对手——时任联署人（连署）的北条时村。不久以后，北条宗方本人被密谋者杀死。五月骚乱（它以北条宗方去世的那个月命名）显示，即便北条贞时也无法清除北条家族成员之间的派系之争。1311 年，北条贞时去世，享年 41 岁。一个与他同时代的人记得，北条贞时去世之前是一名身心疲惫的政客，曾经下令判处无数对手死刑。

在北条贞时的统领之下，幕府巩固了九州地区的行政和司法机构，以此继续备战，对付蒙古人可能的入侵。1292 年，平赖纲的统治即将终结，来自中国的两份文件送到日本。一份由元朝官员委托一名日本商贩转交，一份是忽必烈的命令，由来自高丽的信使专程送达。幕府认为，两份文件是元朝再次入侵的前兆，立刻将两员干将派往博多：一位是北条贞时的堂弟、时任六波罗探题的北条兼时，另一位是北条家族门下的名越时家。两人得到授权，除了指挥军队之外，还要审理诉讼案件。为了便于两人行使职权，幕府于 1293 年设立镇西奉行。该机构是

---

[1] 参见 Amino Yoshihiko, "Kamakura bakufu no kaizoku kin'atsu ni tsuite - Kamakura makki no kaijo keigo o chushin ni," *Nihon rekishi*, no. 299 (April 1973): 第 1–20 页。

[2] 参见 "Kofukuji ryaku nendaiki," in *Zoku gunsho ruiju*, no. 29, *ge*, 第 172 页。

否应被视为九州代表（日语称"镇西探题"）开始呢？学者们对此莫衷一是。[1]

1294 年，北条兼时和北条时村返回镰仓。当时，曾任长门国和周防国守护的金泽实昌被派到博多，审理九州的御家人案子。这一转变标志着设立镇西探题的最后一个步骤。镇西探题是博多的一个强有力的政治机构，其作用一是统管针对外来入侵的防御措施，二是负责整个九州地区的司法判决。镇西探题在规模上不及镰仓的幕府总部或者六波罗探题，其司法结构逐步配备了较低的官职，例如评定众、引付众和奉行人众。

与此同时，在本州西端的周防国和长门国中，守护的权力进一步强化。那些令制国中的守护由北条家族成员担任，被赋予很大权力，其他守护无法企及。有时候，他们被称作长门和周防探题。

镇西探题负责轮流防务（日语称"异国警固番役"）。从 1304 年开始，九州的令制国被分为五组，每组负责 1 年防务。此举改变以前的防务责任模式，旨在减轻防务负担。该制度一直维持到镰仓幕府垮台。

镰仓幕府垮台

朝廷内部的冲突

在镰仓时代后期，得宗的北条贞时采取专权统治，这是症结所在。但是，幕府灭亡的更直接的因素是朝廷中的不稳定因素。[2] 1272 年 2 月，刚刚清除了镰仓城内的反得宗分子，禅位的后嵯峨天皇就去世了。后嵯峨天皇（在位时间 1242—1246 年）是在幕府操控之下登基的，他在位时间不长，随后以禅位君主的身份，统治了将近 30 年时间。在那个阶段中，北条时赖和北条时宗作为摄政王占据主

[1] 关于镇西探题的设立，存在两种迥然不同的说法。一种以瀬野精一郎为代表，参见 Seno Seiichiro, *Chinzei gokenin no kenkyu* (Tokyo: Yoshikawa kobunkan, 1975)，第 391-392 页。另一种以佐藤进一位代表，参见 Sato Shin'ichi, *Kamakura bakufu sosho seido no kenkyu*，第 304-311 页。瀬野精一郎认为，他们两人没有明确的发号施令权力，那样的镇西探题并不存在。与之相反，佐藤进一提出的观点是，即便没有上述明确权力，拥有司法权本身意味着，镇西探题已经开始存在。

[2] 相关描述宫廷状况的重要著述，可参见 Miura Hiroyuki, "Kamakura jikai no chobaku kankei," in *Nihonshi no kenkyu,* vol. i (Tokyo: Iwanami shoten, 1906, 1981)，第 14~115 页；Miura Hiroyuki, "Ryoto mondai no ichi haran," in *Nihonshi no kenkyu,* vol. 2 (Tokyo: Iwanami Shoten, 1930, 1981)，第 17~36 页；Yashiro Kuniharu, "Chokodo-ryo no kenkyu," in Yashiro Kuniharu, ed., *Kokushi sosetsu* (Tokyo:Yoshikawa kobunkan, 1925)，第 1~115 页；Nakamura Naokatsu, *Nihon shin bunka shi, Yoshino jidai* (Tokyo: Nihon dentsu shuppanbu, 1942)，第 41~144 页；以及 Ryo Susumu, *Kamakura jidai, ge: Kyoto - kizoku seiji no doko to kobu no kosho* (Tokyo: Shunshusha, 1957)。

导地位，朝廷与幕府大致相安无事。1252 年，后嵯峨天皇的儿子宗尊亲王被任命为将军，这也反映了双方之间的和平关系。

此外，双方在决策方面也有实质性合作。早在 1246 年，后嵯峨天皇便听从了幕府提出的要求，进行了行政方面的全面重构，举措之一是清洗了大权在握的九条道家。那次改革采纳了幕府的模式。例如，五位贵族进入评定众任职，评定众起到朝廷最高决策机构的作用。两位能力出众的贵族被任命为"联系官员"（日语称"传奏"），分别隔日处理朝廷事务。两人有权处理日常问题，但是如遇重大决定，由京都评定众定夺。关东申次负责处理涉及朝廷与幕府关系的问题。西园寺实被任命为关东申次，取代失去信任的九条道家。从那时开始，该官职便成为西园寺家族的世袭职位。后嵯峨天皇开始的改革为将来的禅位天皇订立了标准，他的终身任期后来被称为"后嵯峨令人敬畏的院政时期"[1]。这样一来，他的去世在京都和镰仓引起了相当大的震动。

在诸多问题中，首当其冲的是皇室的继位方式。从许多方面说，那场争端是后嵯峨天皇自己一手造成的。他在世时偏爱次子龟山（在位时间 1259—1274 年），希望让其取代长子后深草天皇（在位时间 1246—1259 年）。后嵯峨天皇还表示，他还希望册立龟山的儿子为皇太子（后宇多天皇），并且使其世代相传。但是，后嵯峨天皇没能确定，哪个儿子（后深草或龟山）应该掌控继位事务，而是将决定权交给了幕府。后嵯峨天皇当初登基时，全靠幕府推荐。因此，他可能觉得幕府应该再次出面安排。[2] 但是，镰仓当局询问后嵯峨天皇的皇后，她丈夫生前的真实希望究竟是什么。最后的人选是龟山。在整个过程中，幕府小心行事，没有自作主张，以免引起冲突。

这样一来，年仅 24 岁的天皇成为京都"举足轻重的角色"。当时，朝廷的政治中心已从禅位天皇转移到在位天皇，但是基本行政结构保持不变。在后嵯峨天皇在位时，评定众更名为"仪定众"，然而其功能与前者完全相同。与之类似，关东申次和传奏的运作方式也与以前一样。该制度顶端是"治天之君"（最高统治者）。在位天皇或禅位天皇那时都可以担任此职。这样一来，在位天皇（龟山）

---

[1] 有关后嵯峨天皇政府的情况，我大量借鉴了桥本义彦的研究成果。参见 Hashimoto Hoshihiko, *Heian kizoku shakai no kenkyu* (Tokyo: Yoshikawa kobunkan, 1976)，第 59~84 页。

[2] 伏见天皇留下的文字 "Godai teio monogatari," 记录了这种情况。参见 Fushimi. See Yashiro, "Chokodo ryo no kenkyu," 第 50~52 页。

势力逐渐壮大，压倒了禅位国君（后深草天皇）[1]，自从 11 世纪以来，这种格局尚属首次。之后出现了一系列调整，最终导致了后醍醐天皇的建武复辟。

1274 年，就是第一次蒙古人入侵那年，龟山将皇位让给儿子后宇多。[2] 后深草天皇显然对此深感不满，于 1275 年宣布，自己打算出家为僧。这时，幕府突然放弃了以前所持的漠不关心的立场，建议龟山认养后深草天皇的儿子，并且将其册立为皇太子。我们不知道此举的确切动机。也许，镰仓幕府企图维持他们两兄弟之间不断摩擦的格局，从而减弱朝廷的潜在势力。也许，那是与幕府关系密切的西园寺实兼（时任关东申次）一手策划的动作。西园寺实兼可能希望利用那种摩擦，以便削弱洞院的力量。洞院是西园寺家族的一个分支，由西园寺实兼的叔叔西园寺实夫在不久前创建。西园寺实夫与龟山的关系不错，是一位呼风唤雨的人物。但是，促使幕府突然干预的可能性最大的原因是：蒙古人入侵在即，幕府迫切需要将整个日本尽可能置于自己的控制之下。玩弄皇位继承把戏是另一件武器，其目的在于控制全国。[3]

龟山表示服从，但是此举其实埋下了更大的隐患。在确保皇太子地位之后，后深草天皇的支持者接着要求镰仓幕府：后宇多天皇禅位之后，皇太子立即继位。与此同时，禅位天皇龟山也许明白，自己的后人可能无法永久保住皇帝宝座，于是强力推进新政。例如，龟山 1285 年 11 月颁布一项包含 20 项条款的规定，一是禁止寺院和神社之间的交易土地，二是禁止将寺院和神社的土地出售给非神职人员。[4] 这项禁令和其他禁令标志着，涉及土地交易的法律程序出现了重要发展，而且是公卿法律（日语称"公家法"）制定方面的一大进步。

次月，禅位天皇控制的评定众颁布一部法典，规定宫廷内外的恰当礼节，甚至还包括撰写公文的格式。类似规定名目繁多，通过将每个社会和官僚阶层的得

---

[1]　1273 年，龟山颁布包含二十五项条款的诏书（"亲政"令），宣布了这一变化。参见 Miura Hiroyuki, "Shinsei no kenkyu," *Nihonshi no kenyu,* vol. I, 第 614–618 页；以及 Mitobe Masao, *Kuge shinsei no kenkyu* (Tokyo: Sobunsha, 1961)，第 232–241 页。

[2]　那时，新的仪定众机构撤销，原来的评定众恢复，权力重归禅位天皇。

[3]　参见 Murai Shosuke, "Moko shurai to Chinzei tandai no seiritsu"，第 11 页。

[4]　此诏书见于《石清水八幡宫文书》第 319 号文件，近来的收录参见 Kasamatsu Hiroshi, Sato Shin'ichi, and Momose Kesao, eds., *Chusei seiji shakai shiso, ge* vol. 22 of *Nikon shiso taikei* (Tokyo: Iwanami shoten, 1981)．相关注释和日文文献，参见该书第 57–62 页。对这份诏书内容的分析，参见 Kasamatsu Hiroshi, "Chusei no seiji shakai shiso," in Kasamatsu Hiroshi, *Nihon chusei-ho shiron* (Tokyo: Tokyo daigaku shuppankai, 1977)，第 178–179 页。

体举止法律化，将日常等级划分制度固定下来。[1]

  龟山实施的另外一项改革是规范公卿司法制度，使其与镰仓幕府的制度更加一致。[2] 例如，评定众于 1268 年将其职责明确划分如下：一是"德政沙汰"，评定众每月开会三次，讨论与宗教事务和官员任命相关的议题。二是"杂掌沙汰"，评定众每月开会六次，研究诉讼问题。评定众还就此设立人称"文殿"的机构，确定了诉讼当事人当面质证的制度。文殿可以根据质证，立刻进行判决。在那之前，文殿的作用曾是为禅位天皇管理文件，这时被改造为全面的司法机构。[3]

大觉寺统与持明院统：朝廷分裂

  禅位天皇龟山紧锣密鼓地重组政府，坊间谣言四起，说他密谋反对幕府。谣言可能来自朝廷中的后深草天皇的支持者，也可能来自幕府本身。幕府可能害怕前天皇拥有的潜在势力。那时，平赖纲领导的御内人控制着幕府。不管怎么说，镰仓 1278 年要求后深草天皇的儿子继位，名号为伏见天皇。龟山竭力反对，但是后宇多天皇被迫禅位，由伏见天皇（在位时间 1287—1298 年）取而代之。于是，后深草天皇取代龟山，坐上了"太上皇"的位置。两年之后，在幕府反复坚持之下，伏见天皇的儿子被册立为皇太子。同年，1289 年，担任将军的惟康亲王（前任将军宗尊亲王的嫡男，而宗尊亲王本人是后嵯峨天皇之子）遭到密谋反对幕府的指控，于是被送回了京都。镰仓城内的人议论纷纷，盛传"亲王被流放到京都"。这时，后深草天皇的 13 岁儿子久明亲王成了新任将军。

  在镰仓和京都，平赖纲集团启用后深草天皇的人马，填补了留下的高层空缺。平赖纲派遣次子到京都迎接新任将军，以此强调他与后深草天皇的关系。

  许多地方的人愤愤不平。龟山没有任何实权，1289 年发愿为僧。次年，后深草天皇出于别的原因也发愿为僧，将政治权力交给了伏见天皇。大约那段时间，一名在霜月骚乱中遭到清洗的武家成员溜进皇宫，企图刺杀天皇。密谋的罪责最后落到龟山头上。伏见天皇沿袭处置承久之乱的做法，龟山被迫待在六波罗，几

---

[1] 该法典收录进《群书类从之杂书部》第 27 卷。关于它的历史意义，参见 Kasamatsu, *Nihon chusei-ho shiron*, 第 191-192 页。

[2] 参见 Kasamatsu, *Nihon chusei-ho shiron*, 第 157-202 页；以及 Kasamatsu Hiroshi, "Kamakura koki no kuge ho ni tsuite," in Kasamatsu et al., eds, *Chusei seiji shakai shiso, ge*, 第 401-416 页。

[3] 参见 Hashimoto, *Heian kizoku shakai no kenkyu*, 第 77 页。

乎处于软禁之中。后来，有人提出特别请愿，龟山得以逃脱噩运。新的最高统治 165
者伏见天皇精力旺盛，积极改革，与善于妥协、遵从先例的父亲后深草天皇迥然
不同。[1] 1292 年，他颁布十三条法典，对司法程序进行规范。[2] 1293 年，朝廷的
传统法庭之一记录所采用新的称为"庭中"的上诉制度。在庭中诉讼案中，审理
的人包括 6 位朝廷的法官（日语称"处刑"）、6 位法律专家（日语称"本"）和
16 位助手。朝廷法官和法律专家组成 6 个小组，助手分为 8 个小组。每个小组轮
流审理上诉案件，每月 28 天。

与此同时，普通庭审每个月开庭 6 次，审理新案件。出席庭审的还有仪定众
的 3 个轮流小组，以及隶属于记录所的法律专家和助手组成的 3 个轮流小组。[3]
伏见天皇推行的改革再次反映了镰仓自身的司法制度，标志着朝廷在司法实践方
面出现了重要进展。

但是，伏见天皇在朝廷中的个人地位并不稳固。其主要原因在于，他身边的
人出现了分裂。在与伏见天皇关系最密切的公卿中，有个人名叫京极为兼，是著
名诗人藤原定家的孙子。京极为兼本人是很有天赋、善于创新的和歌作者。但
是，这位诗人还有另外一面。他是心胸狭隘的政客，为人处事不讲道德，内心深
处自视很高。[4] 他的妻子婚前曾是伏见天皇和花园天皇的奶妈，在皇宫中颇有影
响。于是，他想方设法娶她为妻，但是心里却愤愤不满。京极为兼树敌众多，其
中最难对付的是时任关东申次的西园寺实兼。为了给京极为兼添乱，西园寺实兼
离开伏见天皇，加入龟山支持者的行列。伏见天皇支持者圈子中出现的这一变化
又危及了他的地位。没过多久，伏见天皇重蹈龟山倒台的覆辙，受到了同样谣传
的困扰。为了保住摇摇欲坠的地位，伏见天皇在诏书中写下宗教祈祷，声称："少
数人散播流言蜚语，企图篡夺皇位。"[5]

那时，源赖朝已经倒台，北条贞时的专权统治顺利实施。1297 年，幕府逮 166

---

[1]　这时，朝廷沿用龟山天皇在 1272—1274 年的先例，设立仪定众。该机构相当于禅位天皇的评定众。后来的
　　在任天皇领导的政府沿袭了这个基本格局。

[2]　关于诏书的讨论，参见 Miura Hiroyuki "Shinsei no kenkyu," 第 619–622 页；以及 Mitobe, *Kuge shinsei no kenkyu,*
　　第 241–244 页。该诏书的译本，参见 Goto Norihiko, "Tanaka bon Seifu - bunrui o kokoromita kuge shinsei no
　　koshahon," *Nempo, chuseishi kenkyu,* no. 5 (May 1980): 第 73–86 页。

[3]　参见 Hashimoto, *Heian kizoku shakai no kenkyu,* 第 78 页。

[4]　对作为诗人而不是政客的京极为兼，学界的研究比较充分。其代表作参见 Toki Zenmaro, *Shinshu Kyogoku
　　Tamekane* (Tokyo: Kadokawa shoten, 1968)。这本著作还包括关于京极为兼的相关著作目录。

[5]　引文参见 Miura, *Kamakura jidaishi,* 第 567 页。

捕了京极为兼，将其流放到佐渡国。幕府清除这个麻烦制造者之后，随即作出安排，让伏见天皇禅位，伏见天皇的儿子后伏见天皇（1298—1301 年在位）登基。龟山的孙子、后宇多天皇的儿子（未来的后二条天皇）被定为新的太子。后来，幕府开始认真考虑了一个制度，即让后深草天皇与龟山天皇两统交替继位。[1] 图 3.1 显示两统的家系和继位顺序。

为了实施交替继位做法，幕府要求后伏见天皇于 1301 年禅位，后伏见天皇登基之后仅仅在位 4 年。在这种情况下，后二条天皇——龟山天皇的孙子——继位。选择太子成为重要问题，但是幕府确定，后伏见天皇的弟弟（后来的花园天皇）为法定继承人。

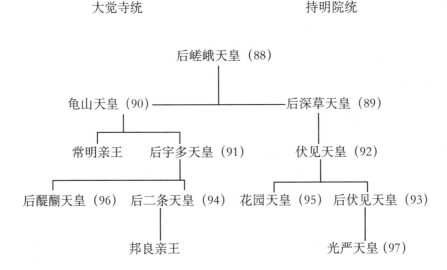

图 3.1　后伏见天皇与龟山天皇两统之间的交替继位体系
注：继位顺序用括号表示

这时为止，两统之间的对立已经持续了 30 年，成为皇室制度传统中的一个重要部分。卷入这一冲突的不仅是天皇的家人，还有朝廷中的贵族。其次，冲突涉及的问题超过了皇位继承。两统各自的经济利益影响土地权力的拥有者，波及

[1]　参见 Miura, *Nihonshi no kenkyu*，98–100 页。

庄园位阶等级机构的各个层面，加深了朝廷内部的紧张关系。

可以根据他们各自私邸的位置，确定两统人马的归属。龟山天皇家系称为 [167] "大觉寺统"，根据后宇多天皇的宅邸命名；后伏见天皇家系这一名称源于伏见天皇的宅邸，人称"持明院统"。每个家系的支持者有 100 家至 200 家庄园，两统的庄园也分别命名，以此表示各自的领地。[1]

如果两统交替拥有皇位，它们的经济资源也需取得平衡。但是，如果一处大田产持有者死亡，两者之间的平衡有时候可能轻易改变。例如，室町院去世之后，室町院拥有的将近 100 家庄园的所有权在 1300 年引起争端。室町院的母亲是持明院的成员，其女儿在她去世之后继承全部家业。但是，这位女儿后来成为后宇多天皇的妻子，加入了大觉寺统，那些土地便不再归持明院统所有。幕府担心类似问题将来可能再次出现，于是作出安排，将全部大臣职位平分给两统。[2] 两统之间的对峙日益加剧，最初以继位争端的方式出现，最后影响到整个宫廷结构。即便在文化和宗教领域，分裂也显而易见。大觉寺统受到新的中国文化的影响，崇尚宋朝儒教、禅宗和中国书法；对比之下，持明院统更喜欢文学、书法和佛教中的传统日本（平安）文化。[3]

在朝廷内部，公卿之间的对峙打破了最初分开两大阵营的鸿沟，两统内部的分裂随之扩大，局面进一步恶化。在持明院统内部，禅位的后伏见天皇与弟弟（未来的花园天皇）之间显示不和迹象。但是，大觉寺统面临的情况要糟糕许多。开始时，禅位的龟山天皇喜欢后二条天皇的弟弟尊治亲王（将来的后醍醐天皇），希望他继承皇位。但是，1303 年，西园寺实兼的女儿西园寺禧子给龟山天皇生了一个儿子（世仁亲王），龟山天皇改变初衷，开始提拔年轻的儿子，希望让他继 [168] 承皇位。这一变化促使大觉寺统分为三个小的派系，分别支持后二条天皇、尊治亲王和世仁亲王。

后深草天皇和龟山天皇于 1304 年和 1305 年相继去世，后二条天皇也于 1308 年去世，朝廷内部的争斗愈演愈烈。他们三人去世之前，西园寺家族曾经满怀希

---

[1] 有的学者研究了皇室田产的转移和划分。其中最重要的著作，参见 Yashiro, "Chokodo-ryo no kenkyu"；Nakamura, *Nihon shin bunka shi, Yoshino jidai*；Ashida Koreto, *Gotyochi-shiko* (Tokyo: Teishitsu Rinya kyoku, 1937)；Nakamura Naokatsu, *Shoen no kenkyu* (Kyoto: Hoshino shoten, 1931, 1978)；以及 Okuno Takahiro, *Koshitsu gokeizai shi no kenkyu* (Tokyo: Unebi shobo, 1942)。

[2] 参见 Nakamura, *Shoen no kenkyu,* 第 382–385 页。

[3] 关于这一点的详细讨论，参见 Miura, *Nihonshi no kenkyu,* 第 106–107 页。

望，强迫后二条天皇禅位，从而让世仁亲王登基。但是，后来的发展证明，这样做已经没有必要：后二条天皇去世了，根据轮流继位原则，持明院统的花园天皇将坐上帝位。在那期间，禅位的伏见天皇——他也来自持明院统——实际上统治宫廷，在院统内部发号司令。大觉寺统保留了皇太子位置。后宇多天皇认为，朝廷官职和土地将会转到后二条天皇的儿子手中，于是册封尊治亲王（后二条天皇的弟弟，后来的后醍醐天皇）为法定继承人。

后醍醐天皇的统治

伏见天皇以前君主的身份实施强力统治，不亚于名正言顺的天皇。他将许多职责下放给那时已从流放地返回京都的京极为兼。司法机构进一步重组，上诉法庭（日语称"庭中"）并入文殿。[1]但是，京极为兼与西园寺实兼之间早年存在的摩擦死灰复燃，降低了伏见天皇统治的效力。1315年，京极为兼被控企图推翻幕府，六波罗探题派人将他逮捕。他像之前一样，被再次流放到土佐国。

京极为兼的倒台自然给伏见天皇带来负面影响。而且，坊间谣传，伏见天皇也染指一场反幕府密谋。在这种情况下，这位前天皇被迫亲笔写信否认，试图证明自己的清白。看来，幕府和西园寺实兼给予大觉寺统更多支持，冷落了伏见天皇的持明院统。

1317年，幕府送给朝廷一封信函：一是建议花园天皇禅位；二是通过两统协商，选出一位新皇太子。但是，相互竞争的两统难以像幕府希望的那样，顺顺当当地达成一致。在做出关于新皇太子的决定之前，禅位的伏见天皇去世。持明院统群龙无首，顿时失去力量。1318年，幕府建议，册立后宇多天皇的儿子为法定继承人，将尊治亲王（后醍醐天皇）送上皇位。于是，后宇多天皇——后醍醐天皇和后二条天皇的父亲——以禅位天皇的身份，开始其统治。在这种情况下，大觉寺统逐步占据了朝廷官阶的最高位置。

但是，幕府本来并不希望打破两统之间的平衡。在大觉寺统地位急剧上升的同时，镰仓定下这个家系必须遵守的具体条件。后来的文件揭示了相关条款：第一，在尊治亲王成为天皇之后，立即册封后伏见天皇之子量仁亲王（后来的光严天皇）为皇太子，从而确保持明院统继位；第二，每位天皇在位时间不超过10

169

---

[1]　参见 Hashimoto, *Heian kizoku shaken no kenkyu,* 第82–83 页。

年；第三，后醍醐天皇的后裔不能谋求皇位。[1] 因此，后醍醐天皇登基之际便面临若干限制。由此可见，后醍醐天皇并不十分满意的是，他时年 35 岁，年富力强，却不得不放弃让自己的后裔成为皇位继承人的希望。他还担心，如果后继无人，他无法实现自己的宏伟计划，复兴醍醐（平安早期的一位天皇）的"黄金时代"。他个性很强，这一点反而增强了他对周围环境的不满心态。为了摆脱左右为难的困境，他采取的第一个措施是，设法让自己成为最高统治者。1321 年，后宇多天皇不再积极参与政治活动，后醍醐天皇抓住机会，力图获得实权。

首先，后醍醐天皇任命能人担任宫廷职位。他对宋代儒学的兴趣产生作用，使他挑选一批学者型政治人物入宫。例如，来自大觉寺统的吉田定房和北畠亲房，并非出身名门但才华出众的日野资朝和日野俊基。其次，根据后宇多天皇退出公共生活之后出现的变化，后醍醐天皇将上诉法庭（庭中）从禅位皇帝领导的政府中剥离出来，归入自己管理的记录所。有时候，后醍醐天皇本人亲自审理案件。[2]

后醍醐天皇统治的一个重要方面是，开拓日益发展的商业，将其作为税收来源，从而巩固朝廷的力量。例如，他 1322 年颁布诏书，朝廷官员定期向京都的米酒厂收税。此举在日本历史上尚属首次。[3] 而且，朝廷还对波动的物价表示关注。1330 年，出现了饥荒，后醍醐天皇于是颁布诏书稳定物价，规定囤积稻米的商贩必须到指定市场销售，同时在 3 个月内暂时不收任何关税。[4]

幕府中浮现的危机

那段时间，北条贞时在镰仓的专权统治已是日薄西山，御内人重整旗鼓，逐渐占据上风。1311 年，北条贞时去世。他的年仅 9 岁的儿子北条高时成为得宗。

---

[1] 相关详细描述，参见 see Yashiro, "Chokodo-ryo no kenkyu," 第 72–81 页。

[2] 若干著作讨论了预示建武复辟的基本历史因素的问题，可参见 Miura, *Kamakura jidaishi*；Tanaka Yoshinari, *Nambokucho jidaishi* (Tokyo: Meiji shoin, 1922), 第 23–82 页；Hiraizumi Kiyoshi, "Nihon chuko," in *Kemmu chuko roppyakunen kinenkai, comp, Kemmu chuko* (Tokyo: Kemmu chuko roppyakunen kinenkai, 1934), 第 1 -177 页；以及 Nakamura Naokatsu, "Godaigo tenno no shinsei," in *Nakamura Naokatsu chosaku shit,* vol. 3: *Nancho no kenkyu* (Kyoto: Tankosha, 1978), 第 55–67 页。

[3] 关于这个问题的详细讨论，参见 Amino Yoshihiko，"Zoshushi kojiyaku no seiritsu ni tsuite - Murotnachi bakufu sakayayaku no zentei," in Takeuchi Rizo hakase koki kinenkai, comp, *Zoku shoensei to bukeshakai*(Tokyo: Yoshikawa kobunkan, 1978), 第 359–397 页。

[4] 参见 Hiraizumi, "Ninon chuko," 第 93–100 页；以及 Nakamura, "Godaigo tenno no ichi rinji," 第 76–79 页。

年幼的得宗有两位顾问：一位是长崎高纲（平赖纲弟弟之子），长期担任内管领；一位是安达时显（安达泰盛弟弟之孙，北条高时的岳父）。1316 年，北条高时满 14 岁，担任摄政王（执权）。后来的情况证明，他其实是一名软弱无力的政治人物。当时的一本编年史《保历间记》写道：北条高时"生性懦弱，没有活力……难称执权"[1]。其结果是，实权落入新任内管领长崎高资（长崎高纲之子）手中。长崎高资联合其他御内人，开始在幕府中占据主导地位。1326 年，北条高时不再担任摄政王职务，内讧随即出现。长崎高纲立刻行动，迫使时任共同签署人（连署）的北条贞显（金泽秋时的儿子）担任下一任执权。此举大大激怒了北条贞时的妻子安达氏。原来，她已经计划，扶持北条高时的弟弟北条泰家担任执权。北条贞显面临安达氏的谋杀企图，担任执权后仅仅一个月之后便被迫下台。与此同时，北条高时沉迷于文化追求，对政治不闻不问。但是，北条高时向长崎高赖和另外一名御内人下令，刺杀长崎高纲。也许，长崎高纲独霸幕府的做法惹怒了北条高时。但是，密谋暴露，北条高时被迫装出一副满脸无辜的模样。

171   就在镰仓城内密谋迭出之际，各个令制国中最突出的问题依然是恶党。根据播磨国的历史文献和编年史记载，在那个世纪之交，恶党——无论海盗，还是土匪和强盗——迅速蔓延。他们身穿奇装异服，配备简单的刀剑或竹棍，组成小股团伙，常常一起赌博，善于小偷小摸。[2]

1318 年，幕府开始出面，将日本西部（山阳道和南海道）十二个令制国中的恶党控制起来。幕府向每个令制国都派驻三位著名御内人。他们要求守护、守护代和地头御家人立下誓言，摧毁恶党盘踞的地方。根据相关编年史记载，仅在播磨国境内便摧毁二十余座要塞，杀死恶党成员若干。此外，幕府还发出逮捕 51 名不法之徒的命令，但结果一个人也没有抓到。与此同时，幕府要求在濑户内海沿岸拥有田产的武士行动起来，对抗海盗，保卫重要港口。[3] 这一系列措施带来一些正面结果，但是维持的时间并不长久。以播磨国为例，恶党活动在两三年中有所减少，但是后来再次猖獗，而且势头胜过从前。

随着时间的推移，播磨国恶党的做法和行为出现变化。14 世纪 30 年代后半期，以前影响不大的小股恶党开始聚集，以 50 人至 100 人的团伙出现。他们的

[1]　该文收录进 Gunsko ruiju, zatsu bu。

[2]　此文收录进 Zoku Gunsho ruiju, Shakuka bu。

[3]　参见 Amino, "Kamakura bakufu no kaizoku kin'atsu ni tsuite."。

武器装备明显改进，全都骑上了优良战马。他们之中的许多人来自邻近的令制国，通过发誓相互忠诚的方式，聚集成伙。他们采用各种各样的暴力方式，以便达到目的。播磨国的大多数庄园沦为他们掠夺的牺牲品。实际上，在那个令制国中，一半以上的武士同情恶党。

现在已经清楚的是，许多恶党成员本身就是地方武士，而不是人们常说的"土匪"。在这种情况下，幕府通过发布招安令来控制恶党的尝试自然收效甚微。例如，幕府1324年威胁说，如果庄园没有将抓获的恶党交给守护，幕府将会没收该庄园的全部财产。结果，此举也没有起到多大作用。

在日本东北部，北条家族起到重要控制作用。那里出现的问题不是恶党，而是乡村中爆发的反幕府活动。以虾夷为例，1318年开始出现叛乱。两年之后，世袭该地区官职的安藤家族出现了严重内部分裂，叛乱随之愈演愈烈。镰仓派出一支大军，试图镇压骚乱。但是，双方之间的战斗长期延续，没有减弱的迹象。[1]

镰仓幕府灭亡

幕府面对各种各样的问题，后醍醐天皇于是开始考虑，如何使用武力让幕府垮台。他的最初计划是，集中可能成为潜在盟友的各种资源。他首先接触了京都各大寺院的僧侣。他特别注意到，延历寺僧侣拥有潜在的军事力量。于是，他让自己的两个儿子，护良亲王和宗良亲王，担任最高的神职天台座主。除了宗教教团之外，后醍醐天皇的亲密合作者——日野俊基和日野资朝，联系京畿及附近各国的不满武士和恶党。一个反幕府的运动慢慢成形。同情者们不分官职或地位高低，常常身穿便装集会。他们还举办宴会，讨论策略和后勤问题。与会人员不拘礼节，自由讨论。

有时候也会遇到挫折。后醍醐天皇本来计划，在美浓国的两个武士家族——土岐和多治见家族——领导下，将京都的武士动员起来。后来，该计划意外曝光，六波罗探题派出一支幕府部队，抓住了涉案头目。更重要的是，日野资朝和日野俊基两人参与了所谓的"中正之变"，后来遭到逮捕。后醍醐天皇本人成为怀疑对象，不得不自证清白。不管怎么说，幕府没有注意到那次事变中露出的警

---

[1]　参见 Kobayashi Seiji and Oishi Naomasa, comps., *Chusei oshu no sekai* (Tokyo: Tokyo daigaku shuppankai, 1978)，第 80–82 页。

示，仅仅指控日野资朝谋反，将其流放到佐渡国。后来发生了另外一件事情，让
后醍醐天皇在继位之争中有了挑战幕府的新理由。1326 年，皇太子邦良亲王去世，
173 相关各方就新太子人选各执一词。候选人一共三位：邦良亲王的儿子、后醍醐天
皇的儿子、持明院统的量仁亲王。让后醍醐天皇非常失望的是，幕府选择了量仁
亲王——后来的光严天皇。

　　1331 年 4 月，第二个反幕府密谋暴露。这一次，日野俊基及其追随者遭到逮
捕。后醍醐天皇损兵折将，于是亲自出马，领导反幕府运动。8 月底，他离开京
都，前往奈良，在笠置山上修筑堡垒。后醍醐天皇本人出马，更多人纷纷响应，
例如，来自相邻的河内国的楠木正成，以及来自更远的备后国的许多武士。镰仓
紧急应对，出兵进攻，9 月底俘获天皇。那次事变史称"元弘之乱"，看来标志着
后醍醐天皇摧毁幕府的希望完全落空。接着，量仁亲王登基，成为新任天皇。禅
位的后伏见天皇东山再起，恢复了持明院统的权力。后醍醐天皇既不是天皇，也
不是积极参政的禅位天皇，幕府将他流放到隐岐岛。在承久之乱以后，后鸟羽天
皇在 1221 年遭到了同样惩罚。幕府还是沿用了承久之乱的先例，惩罚了后醍醐天
皇的许多追随者，有的处以死刑，有的流放外地。不过，此举的结果与前一次的
情况不同。虽然幕府采取了强力措施，但是并未彻底清除全部反幕府分子。之前
担任天台座主的护良亲王看到父亲遭到流放，这时挑起了领导反幕府运动的重任。

　　实际上，在之前的一段时间里，护良亲王一直暗中行动，鼓励五畿南部的恶
党起事。1332 年，他突然公开自己的行动。到了 11 月，他大张旗鼓地动员大和
国的武士。楠木正成听到这个消息之后，从隐蔽之处现身，在河内国重组部队。
与此同时，支持护良亲王的恶党成员在京都附近积极活动。1333 年 1 月，楠木
正成领兵从河内国攻入摄津国，在四天王寺附近击败了幕府的六波罗探题派出的
部队。

　　不过，幕府并未惨败。2 月，幕府攻克了一座具有重要战略意义、曾被楠木
正成夺取的城堡（河内国的赤坂），接着挥师进入吉野。一方面，护良亲王逃过
追捕，在前往纪伊国的高野山途中继续组织反幕府力量。另一方面，楠木正成在
174 金刚山的千早城里排兵布阵，加强防卫。他们使用恶党惯用的做法，从山顶上将
石块和木头抛向下面的幕府人马。

　　这时，反叛力量宛如不断滚动的雪球，力量越来越大。例如，1 月末，播磨
国的一位名叫赤松则村的富裕地方武士起兵；2 月，伊予国的土肥氏和忽那氏宣

布造反。这样一来，山阳道和濑户内海地区变为主要战场。赤松则村领导的部队继续进攻，向京都推进，很快攻入摄津国。后醍醐天皇听说局势逆转，2月逃离隐岐岛，抵达伯耆国海岸，受到势力强大的武士名和长年的欢迎。3月，赤松则村率领来自播磨国和五畿其他各国的武士攻打京都，但是未能全部占领。1个月之后，后醍醐天皇的密切合作者千草定名率领援兵赶到。但即便如此，幕府依然击退保皇部队，保住了京都。

这时，镰仓当局下令足利尊氏率领一支新部队协防京都。足利尊氏是东部著名武士家族的首领，长久以来对北条得宗及其御内人深为反感。早在进驻京都之前，他就与后醍醐天皇取得联系。开始时，他攻击镰仓的敌人，但是很快反水，领兵返回京都，进攻六波罗探题代表处。5月，六波罗探题代表处沦陷。六波罗探题的武士们群龙无首，保护光严天皇冲出重围，却落入恶党封锁的街垒之中。5月9日，那批恶党人员俘获了天皇随员，幕府的许多将士切腹自杀。

就在前一天，上野国的新田义贞在东部向幕府发起挑战。当月21日，镰仓城陷落。根据坊间传言，多名北条家族和御内人成员自杀。从实际效果看，镰仓幕府已被摧毁。4天之后，武藤和大友两个家族的人马在九州向镇西探题发起攻势。同日，后醍醐天皇在赶往京都途中发布诏书，拒绝承认光严天皇。在日本首个幕府将军的残骸上，复辟即将开始。

第四章　室町幕府

引言

　　在日本，武家政府掌权时间从 1185 年开始，到 1868 年结束。室町幕府为其
中第二个，由足利尊氏（1305—1358 年）在 1336—1338 年间创建。室町这个名
字取自京都的一个区，1378 年之后，足利尊氏家族将府邸和官邸定在那里。关于
该政权结束的时间，一说为最后一名将军被赶出京都的 1573 年，一说为那位前
将军在流放地去世的 1597 年。

　　日本历史上，根据室町幕府的存在对那个时期进行界定，对它的两种判断迥
然不同。一方面，从有效集权统治的基础上看，室町幕府被视为政治软弱无力、
社会动荡不断的时代。另一方面，从文化角度看，它被视为日本历史上艺术创作
成就最高的时期之一。当然，在政治稳定与文化辉煌之间没有必然的矛盾。所
以，现代日本史家倾向于淡化上述明显悖论，转而强调那个时期在社会和制度方
面的变化：武家政府（幕府制度）成熟，军人贵族（武家或武士阶层）成为国家
的实际统治者，给土地所有权和庄民阶层的组织带来深刻变化。学界最近的评估
显示，即便就政府有效性而言，也不应该过于轻易地排斥足利家族所起的作用。
无论如何，室町幕府存在的时间超过了 200 年。在其权力巅峰时期，在第三位和
第六位将军的领导下，武家政府首次获得非宗教权力的各个方面。只有在行使该
权力的过程中，足利氏将军们才遇到难题。[1]

---

[1]　从 20 世纪 40 年代末开始，日本学者沿着四条主线，名副其实地改造了室町幕府研究领域：第一，松（转下页）

161

176 在镰仓时代，土地管家（日语称"地头"）和令制国治安官员（日语称"守护"）组成的网状结构，其可靠性得到保证的方式大概是，在可能的情况下，将家臣们招入将军的队伍。第一个幕府依靠这样的网状结构，将其影响力扩大到镰仓之外。在天皇权力之外的令制国管理的法律制度内，镰仓幕府招募士兵时受到某些方面的限制，不过可以有效地行使其权力，采取司法和治安行动，迅速收取地租。但是，足利氏将军在这方面没有继承多少遗产，不得不更多地依靠自己创立的制度。因此，他们依靠各个令制国的治安官员，并且赋予后者较大的地方权力。在室町幕府时代，守护将镰仓时代的守护权力与天皇制度习惯上赋予令制国国君的权力结合起来，从而获得政治影响力。将军、守护和各国御家人形成指挥链，基本上担负起全部治理的职责，从国家和地方两个层面看均是如此。

  但是，足利氏将军们对日本管理制度发展的贡献是什么？要确定这一点并非易事。与镰仓幕府相比，室町幕府在行政、司法和军事三个方面承担的事务更多。但是，无论将军还是守护都没有获得所需的执行能力，无法全面行使其法定权力。足利氏依赖的指挥命令与权力之间的平衡被这一实际情况削弱：足利氏将军们无法实现自己的意愿，赋予家臣完全的官僚行政权力或"世袭"领主权力。足利氏将军们身为军事集团的首领，确实保持了自己的官僚集团，以及由自己的庞大但个体软弱的地头家臣组成的卫队。但是，那些接受直接指挥的御家人数量有限。如果遇到重大军事行动，如果涉及重要的幕府官职任命，足利家族在很大

177 程度上依赖各国守护的支持。根据各个将军的情况，维系那种支持的忠诚度的能力随着时间和局势发生变化。因此，我们对室町幕府的研究有必要首先考察足利氏，看一看它在镰仓幕府治下是如何成为知名守护家族，在摧毁北条家族、建立新幕府的过程中发挥了什么作用。

（接上页）本荻原、佐藤进一、石母田正、永原庆二和黑田俊雄进行的研究探索了那个时期的政治制度，有助于理解文官利益与军人利益、中央利益与地方利益之间的权力平衡。第二，佐藤进一等人取得的成果研究了另外一个层面，开始分析作为中央政府的室町幕府的内部运作。桑川浩然以最直接的方式，继续了这一开创性研究。第三，永原庆二和杉山博以严肃的方式，探索了守护的地方行政管理，讨论它如何在令制国运作，将幕府利益置于较小的武家利益之上。第四，杉山博对室町幕府的经济结构进行了开拓性研究，桑川浩然最近开展了更深入的研究。他们两位的成果以更准确的方式，刻画了室町幕府政权的财政实践和政策。一批研究室町幕府的西方专家密切关注上述日本史家的动向。在本章随后论述中，将要提到他们的著述。

表 4.1　足利氏将军

	姓名	在职时间
1	足利尊氏（1305—1358 年）	1338—1358 年
2	足利义诠（1330—1367 年）	1358—1367 年
3	足利义满（1358—1408 年）	1368—1394 年
4	足利义持（1386—1428 年）	1394—1423 年，1425—1428 年
5	足利义量（1407—1325 年）	1423—1425 年
6	足利义教（1394—1441 年）	1429—1441 年
7	足利义胜（1434—1443 年）	1441—1443 年
8	足利义政（1436—1490 年）	1443—1473 年
9	足利义尚（1465—1489 年）	1473—1489 年
10	足利义材（1466—1523 年）	1490—1493 年，1508—1521 年
11	足利义澄（1480—1511 年）	1493—1508 年
12	足利义晴（1511—1550 年）	1521—1546 年
13	足利义辉（1536—1565 年）	1546—1565 年
14	足利义荣（1540—1568 年）	1568 年 2 月—1568 年 9 月
15	足利义昭（1537—1597 年）	1568—1588 年

　　* 足利义材先后担任第 10 任和第 12 任将军。室町幕府共有 16 代将军，由足利家族的 15 人出任。——译注

足利家族的崛起

　　如表格 4.1 所示，足利家族与创建镰仓幕府的将军源赖朝（1147—1199 年）一样，也是源氏同一分支的后裔。[1] 足利这个姓氏源于该家族在下野国的最早田产——足利农庄。在源义家（1039—1106 年）统治时期，源氏开始经营下野国的庄田（日语为"庄园"）。源义家的孙子源吉安（？—1157 年）获得了足利农庄的经营权（日语称"下司职"），使用了那家庄园的名字作为姓氏，以便确立他刚刚

---

[1] 下文对足利尊氏家的描述以及该家族早期发展的情况，参考了 Toyoda Takeshi,"Genko tobatsu no shoseiryoku ni tsuite," in Ogawa Makoto, ed, *Muromachi seiken,* vol. 5 of *Ronshu Nihon rekishi* (Tokyo: Yushodo, 1975)。

建立的家族分支。那家庄园的所有权属于禅位的鸟羽天皇（1103—1156 年）。在
整个镰仓时代，足利农庄一直是一处重要田产，由天皇家的"小"——或称大
179 觉寺——统一控制。这样一来，足利家族保持两种忠诚，一是对将军和北条摄
政王，一是对天皇家族。在某种程度上，以大觉寺统的后醍醐天皇（1288—1339
年）的名义，足利尊氏倒戈，最后导致镰仓幕府的灭亡。

1180 年，足利义康之子足利义兼（？—1199 年）加入源赖朝的队伍，足利家
族从此开始为镰仓军人政府效力。1180 年之前，足利义兼娶了北条时政之女为妻。
北条时政的另外一个女儿北条政子（1157—1225 年）嫁给了源赖朝。因此，足利
义兼后来发现，自己娶了首任将军源赖朝夫人的妹妹。足利家族与北条家族的联
系得以积极维持。在镰仓时代，七位足利家族的首领中，有五位娶了北条家的女
儿。足利尊氏反叛时，其妻子是镰仓幕府最后一摄政王的妹妹。但是，重要的一
点是，足利尊氏的母亲并非来自北条家族。他的父亲娶了上杉家族的女儿，上杉
是京都以西的丹波国的一个重要武士家族。

足利义康之后三代，足利家族开始扩大，其分支发展到其他令制国。足利义
兼的两个儿子最先离开下野国。一个去了上野国，改姓桃井；另一个去了武藏国，
改姓畠山。在下一代中，三人迁移到三河国，分别使用那里的地名——仁木、今
川和一色——作为姓氏。三河国的土地所有权比较集中，这或许可以解释为什么
足家族的首领 1238 年被任命为那里的守护。1259 年，足利家族还获得了上总国
的土地。但是，他们祖先的田产所在地一直在长期盘踞那里的小山家族手中。

关于足利家族各个分支的数量和田产的位置，可以得到一些资料，但是那些
土地的规模和价值几乎没有任何数据。对足利家族的首领来说，旁系家族构成
了一线支持队伍。到足利尊氏那一代人，那些家族包括桃井、畠山、仁木、细
180 川、吉良、今川、一色、石堂、斯波。在足利家族发迹的过程中，另外一个家族
起到了重要作用，它就是上杉家族。上杉家族的许多女儿都嫁给了足利首领，其
数量仅次于北条家族。那些同宗旁支给足利军队提供了大量人力。三河国及其附
近各国是那些家族聚集区域，显然处于核心位置，靠近京都，同时又保持了一定
距离。此外，非常凑巧的是，上杉家族祖上留下的土地位于丹波国，就在京都西
面。足利尊氏从丹波发起对北条家族的攻击绝非偶然。

足利氏的权力基础的另外一个重要群体是其家臣。他们统称"被官"，在足
利家族首领的土地上处于隶属地位，所起作用一是管理土地，二是提供军役。关

于这批家庭的资料甚少，但是室町幕府档案中，一份重要文件列出了据信是足利家族嫡支拥有的田产和管家。[1] 这份文件没有标注日期，但是内部证据显示，它是在1293—1301年间起草的。室町幕府的这份文件列出35处田产，分散在10个令制国。文件没有显示那些田产的大小，也没有说明它们带来的收益。[2]

这份文件显示，与其同宗旁支的基础田产相比，足利家族嫡支的田产分布更广。这良种田产的相互关系表明，足利家族首领不可能依赖其旁支的人员来监督他的土地，不得不从自己的世袭家臣挑出人选，将土地交给他们管理。室町幕府的这份文件列出了21名管理者，分别属于19个姓氏。

1333年，面对后醍醐天皇的密谋形成的威胁，足利尊氏起兵。足利尊氏事前已经考虑到，后醍醐天皇可能背叛幕府，但是他心里依然顾虑重重。第一，他是源氏后裔，觉得自己受到平氏和北条氏的伤害。那两个家族依赖他在军事方面的支持，但却将他视为家臣，命令他领兵保卫镰仓，要求他特别宣誓效忠。根据《太平记》的记载，足利尊氏对北条高时发出怨言，首先源于个人因素：[3]

> 北条高时不过是北条时政的后代而已，其宗族很久以前皆是平民。敝人是源家后裔，不久之前才脱离皇室。毫无疑问，北条高时本应为敝人的家臣，不应趾高气扬地发布此等命令！[4]

然而，一旦足利尊氏公开其背叛的决心，他就需要更多的理由。当然，他肯定有权将后醍醐天皇的召唤视为至高无上的命令，何况那位天皇依然掌握着足利农庄的所有权。但是，足利尊氏可以声称，自己那样做是为了更高尚的原因。在向八幡神（源氏的护佑神灵）的祈愿中，他公开了这一原因。1333年，在率兵攻打住在六波罗的北条氏的途中，他经过丹波的下村。足利尊氏在一座供养八幡神的神社前停下脚步，表露了自己的心迹。他高声宣布，他的目的是要毁掉"平氏

---

[1] 这份文件保存在东北大学。关于对它的初步分析，参见 Kuwayama Konen, "Muromachi bakufu no sosoki ni okeru shoryo ni tsuite," *Chusei no mado* 12 (April 1963): 第4–27页。

[2] 这份文件提到了35处田产，其中只有25处左右可以通过位置来确定。

[3] 据说，《太平记》出自1345年投奔后醍醐天皇的流亡朝廷的一位僧侣之手，后来不断增补资料，直到1370年成书为止。该书覆盖的时段大约1318年至1368年。该书在历史方面的可靠性颇有讨论余地，但是其内容并非虚构。这里引用的英语译文参 Helen C. McCullough, trans., *The Taiheiki: A Chronicle of Medieval Japan* (New York: Columbia University Press, 1959). 以下引用为 *Taiheiki*。

[4] 参见 *Taiheiki*, 第237–238页。

的东部后裔……在长达九代的时间里，他们邪恶地滥用种种暴力"[1]。但是，这种大张旗鼓的宣传言辞不过是他证明自己有理的说辞。在14世纪30年代，引起日本动荡的并非仅仅是个人恩怨或家族竞争。

在研究废除北条摄政的过程中，丰田武首先考察了邪恶匪帮（日语称"恶党"）现象。[2]"恶党"这个术语用于描述形形色色的非法活动。但是，从他的分析的角度看，其中最重要的是刻意组织起来的地方武士团体。他们遇到争端（通常为涉及地权的争端）时诉诸暴力。此类争端的一个经典例子是，伊贺国黑田的东大寺地权争端。该寺的田地管理人（日语称"下司"）是那处田地问题的始作俑者。13世纪60年代，那位下司与幕府派驻黑田的地头联手，找该寺院的麻烦，不交租费等等。东大寺的人前往幕府在京都的官署六波罗，要求幕府出面纠正。六波罗下令，近江国的守护代和伊贺国的一名镰仓御家人处理该案。但是，该命令并不奏效。于是，六波罗最后不得不调动一支执法力量。黑田农庄面对的麻烦持续不断，那种情况直到北条摄政结束时才告一段落。

我们在黑田案件中可以看到，中央权威与地方自治之间冲突日益加剧。六波罗无法召集幕府的地方官员来镇压黑田恶党，这一事实说明，以下两者之间的对立愈演愈烈：一方是镰仓的地头类型的家臣，另一方是垄断高层官员任命事项的北条家族。以日本中部为例，那些地方的武家发现，在天皇朝廷中的人脉十分有用，可以让他们背叛北条的行为合法化。因此，当后醍醐天皇开始密谋将天皇政府从镰仓幕府的支配下挽救出来，全国各地的武家纷纷表示积极支持。恶党行为是引起不满的两大问题的表征。

这两个问题后来导致内战，从1333年北条领导的镰仓幕府垮台开始，持续了将近80年时间。一方面，后醍醐天皇在朝廷贵族和主要宗教机构中唤醒了一个希望：有可能改变局面，阻止武家大量侵吞地方政府和来自土地的财富；另一方面，在各个令制国中，压力朝向相反方向。身为土地管理者的武家一直尝试规避为京都贵族提供的劳役，以便自己支配那些土地的收入。这两大趋势水火不相容。最终，随着领主权力落入可以在村庄层面上进行自卫的人们手中，后一种趋势注定

---

[1] 参见 *Taiheiki,* 第 250 页。

[2] 参见 Toyoda，"Genko"，第 1-5 页。关于最近发表的用英语撰写的文章，参见 Lorraine Harrington，"Social Control and the Significance of Akuto"，in Jeffrey P.Mass, ed., *Court and Bakufu in Japan: Essays in Kamakura History* (New Haven, Conn.: Yale University Press, 1982)。

将会取得胜利。但是，在室町幕府时代前半期，足利家族的将军们处于上述两者的中间地带，在长达两个世纪的时间里，让依靠庄园的贵族逃过灭亡之虞。

室町幕府的创立

1318 年，后醍醐天皇在登基之初便显示迹象，决心从宫廷的上层贵族（日语称"公卿"）和镰仓幕府手中，夺回皇室的权力。那时，朝廷的制度是，禅位天皇（日语称"院政"）和藤原氏摄政（日语称"摄关"）实施政治控制。1321 年，后醍醐天皇终止了这一制度，他提倡直接参与国政。作为实现各个目标的第一步，他恢复了土地登记机关（日语称"记录所"）。该机构 1069 年创立，其职责一是监督对庄园的登记，二是管控贵族和宗教机构非法获得土地的行为。这样一来，应该纳税的土地就无法逃避朝廷任命的地方官员的审查。后醍醐天皇反对北条家族的密谋引起了幕府的注意。1331 年，后醍醐天皇被流放到遥远的隐岐岛。但是，后醍醐天皇已经开始行动，攻击北条支配的幕府。而且，这样做的动机并非完全出自个人恩怨。1333 年，他设法逃离隐岐岛，发现自己在基础广泛的反北条家族运动中处于核心位置。许多令制国的军方行政官纷纷表示支持，其中包括足利尊氏和新田义贞。

1333 年初，听说后醍醐天皇已经返回本岛，足利尊氏奉命离开镰仓，指挥一支大军，保卫京都六波罗的北条官署。他已经作出决定，一旦时机成熟，自己便改换门庭。抵达近江国时，他接到后醍醐天皇的委任状，这让他的反水行动有了合法化的根据。足利尊氏路过京都，直接向上杉家的故乡丹波国挺进。1333 年 4 月，足利尊氏在那里举起了源氏对抗北条氏的大旗，号召人们支持他的行动。全国各地的武士队伍立刻响应。根据《太平记》的说法，在丹波时，他的队伍仅有 2 万人。足利尊氏抵达京都城下时，队伍已是 50 万人之众。[1] 以播磨国为例，那里的主要武家赤松氏成为最早加入足利尊氏队伍的人员之一，命中注定将被任命为播磨国守护。接着，附近的备前和备中两国的武家队伍纷纷响应，其中包括后来成为备前国守护的松田氏。战斗零星展开，但是非常激烈。足利尊氏几乎不费吹灰之力，摧毁了京都城内的北条力量，为后醍醐天皇拿下了那个城市。几乎就

184

---

[1]　参见 *Taiheiki*，第 151 页。当然，所有这些数字全系猜测。

在同时，新田义贞率领他的部队，重创在镰仓的北条力量。因此，他们两人肯定将会成为后醍醐天皇麾下相互竞争的将领。后醍醐天皇返回京都，一心让自己成为名副其实的君主。为了实现这一目标，他启动了土地登记机关，建立了奖励委员会。通过这两个以及类似的政府机构，他开始任命中央和各个令制国的官员，并且给他们分封土地。与足利尊氏的争执几乎立刻出现。足利尊氏和他的部下一起战斗，击败了北条氏，帮助后醍醐天皇重新登上天皇宝座。但是，他们都不愿接受天皇的这一计划：创立一个以天皇为中心的政府，军队领导人的地位不能高于在战争或治国方面毫无经验的朝廷贵族。足利尊氏本人受到后醍醐天皇的善待。他被定为"首位得到奖赏者"：第一，获得朝廷的四品官职；第二，享有使用天皇个人名字中的一个汉字的殊荣；第三，担任两个令制国的国司；第四，被授予另外一个令制国的守护职位；第五，获得了多处田产。但是，足利尊氏之前提出请求，希望担任"征夷大将军"（字面意思为"征服野蛮人的将军"）和"总追捕使"（总治安官）。这两个职位将会授予他建立新幕府的权力。后醍醐天皇确实颁诏，任命足利尊氏为"镇守府将军"（指挥北部军队的将军），后来还追加"征东将军"（指挥东部军队的将军）。但是，他拒绝在自己的有生之年答应足利
185 尊氏的要求。非但如此，他还相继任命自己的儿子护良亲王和义良亲王担任该职务。这样一来，形成了一个公家权力高于或取代军人权力的政体。

后醍醐天皇的想法堪称大胆，但是他对计划的实施却显得无能，并且十分偏颇。《太平记》写道：足利尊氏和新田义贞这样的人获得了天皇的特殊关照，然而"五十余个令制国的守护和国司职位授予了贵族和朝廷官员。而且，他们还获得了被没收的田地和大庄园。这样一来，他们……大权在握，十分富有"[1]。北条氏灭亡之后，各个令制国中出现了大量无主空地和职位，它们可以奖赏给帮助后醍醐天皇重获皇位的有功之臣。但是，天皇将宫廷贵族列入获奖人员名单，结果造成僧多粥少的局面，一些军队官兵没有领到奖励。在受到冷遇的人员中有一批地方将领，其中包括赤松则村。赤松则村曾被任命为播磨国守护，后来该任命被撤销。诸如此类的武断行为在令制国将领中引起了普遍的幻灭感。足利尊氏是雄心勃勃的将领和潜在将军，成为取代后醍醐天皇的最重要人选。但是，正如他与新田义贞的竞争将要证明的，觊觎将军宝座的并非仅他一人。

---

[1] 参见 *Taiheiki*，第 365 页。在这个案例中，有可靠证据显示，《太平记》的记载是准确的。

　　1333 年，在京都重创北条氏之后，足利尊氏建立了一个办事机构（日语称"奉行人众"），以便采用刚被消灭的六波罗官署的方式，管理那个城市。身为得胜将领的足利尊氏取得了权力，一是用没收而来的土地奖赏自己的部下；二是任命守护和地头。就这一点而言，显然在权力和司法方面存在冲突，不可能长期拖延不决。在 1333 年的大部分时段中，足利尊氏和后醍醐天皇在京都维持了不稳定的共存状态。天皇公布自己的计划，史称"建武复辟"，组建了各种各样的中央政府机构。足利尊氏既没有担任任何职务，也没有解散自己的办事机构。后来，后醍醐天皇将他年轻的儿子义良亲王派到镰仓，设法强调朝廷在关东的存在。足利尊氏任命自己的弟弟足利直义担任亲王的卫队长。足利尊氏向后醍醐天皇抱怨说，新近任命的将军护良亲王密谋加害自己。于是，天皇将护良亲王送到镰仓，交给足利直义关押。

　　1335 年，北条残余夺回镰仓，赶走了足利直义和护良亲王。在混乱中，足利直义杀了护良亲王。在朝廷没有命令的情况下，足利尊氏领着自己的军队赶到关东，很快收复了镰仓。这一次，足利尊氏在镰仓逗留了一年，开始行使将军职权，颁发土地证书和田产确认证书。当新田义贞明确站在后醍醐天皇这一边以后，足利尊氏宣布，没收新田义贞的土地，然后将它们分给自己的部下。后醍醐天皇采取报复行动，宣布足利尊氏是"帝位之敌"，褫夺了他的全部封号和荣誉。他将忠于自己的将领们招至麾下，包括新田义贞和北畠显家，试图夺回关东。

　　这时，足利尊氏已经开始全力对抗后醍醐天皇，并且与新田义贞那样的其他武士们彻底决裂。他再次进入战场，横扫支持后醍醐天皇的人马。1336 年 2 月，他挥师杀回京都。足利尊氏仅仅控制京都 4 天，很快被驱赶出来，逃向西部诸国。他一路退到九州，最后才停了下来。

　　从军事方面看，足利家族在九州和本州西部各国没有多少直接的联系。但是，从禅位的光严天皇（皇室较长分支的元老）那里，足利尊氏赢得了惩罚会的支持，对抗新田义贞。此外，足利尊氏代表源氏的大业，宣称自己当上将军之后将维护武士的利益。他在撤退过程中招兵买马，武士们群起响应。他一路上尽量寻找机会，为同宗旁支的部下安排有利可图的职位。而且，他还向势力最大的地方家族和足利同宗旁支的族长们封官许愿说，取胜之后，支持者将会得到各个令制国军事长官的职位：细川家族将得到整个四国；今川家族将得到备中国；赤松家族将得到播磨国；仁木家族将得到丹波国。足利尊氏抵达九州时，已经赢得了大多数当地军阀的支持，其中包括岛津家族。他只需经过短暂的战役，就可将其余人马招致麾下。

1336年5月，足利尊氏率领他的一些家臣、旁系将领以及他刚从日本西部争取的同盟者带来的部队，开始反攻京都。他的大军从水陆两路进发。在摄津的凑川关键一役中，足利尊氏取得了决定性胜利，迫使新田义贞退回京都，后醍醐天皇不得不去找比叡山僧侣避难。足利尊氏和丰仁亲王一道，率军开进京都。丰仁亲王是曾经授予足利尊氏"院宣"的光严上皇的弟弟。足利尊氏出手大方，将土地给予光严上皇宗派，并且声称保证他的收入。出于某种未知的原因，足利尊氏从后醍醐天皇那里弄来了三神器。足利尊氏将这三件标志给了丰仁亲王，使其有了基础，登基成为光明天皇。足利尊氏建造皇宫，新皇宫于次年完成，那是多年以来第一座永久性皇宫。这时，足利尊氏获得至高无上的地位，利用自己掌控的军事力量扶持一位天皇即位。接着，他在宫廷中担任高级职位，接受了武士首领的角色，让自己获得了更大的合法性。他三年以前建立的办事机构仍在运作，此时实际上变为没有正式名称的幕府。此外，他还颁布建武命令（日语称"建武式目"），公布他被任命为将军时建议遵循的政策，从而进一步提升了自己的地位。[1]但是，将军任命直到1338年才正式下达。

对于足利尊氏来说，……任重道远。他控制的京都并不安全，新幕府的敌人也不会离开战场。后醍醐天皇宣称：其一，交出的仅仅是三神器的复制品，他依然拥有三神器的真品；其二，他在吉野的山区中行使天皇权力。他在那里建立流亡朝廷。那地方在京都南面，所以称为"南朝"。另外一个朝廷史称"北朝"，依然在京都城内，让足利氏将军有了合法性。以两个朝廷之名义进行的战争一直延续，直到1392年才形成一个解决方案。两个朝廷均宣称自己具有合法性，为诉诸武力——常常纯粹为了一己私利——寻找借口，要求全日本的武家为本朝战斗。那些战争的基本动机并非总是明朗。但是，在随后的岁月中，各个令制国的大多数武家为了权力激烈争斗。

从一开始，足利尊氏便在军事上面对两个主要竞争对手——新田义贞和北畠

---

[1] 关于这份文件以及随后的452项补充法律的英文译本，参见 Kenneth A. Grossberg, ed., and Kenneth A. Grossberg and Nobuhisa Kanamoto, trans., The Laws of the Muromachi Bakufu: Kemmu Shikimoku (1336) and the Muromachi Tsuikaho (Tokyo: Momtmenta Nipponica and Sophia University, 1981). 以下引用为 Kemmu Shikimoku and Tsuikaho。

显家。两人都在京都东部和北部拥有大量支持者。1338 年夏天，两人双双阵亡。　188
1339 年夏天，后醍醐天皇去世。尽管如此，双方之间的战斗却没有结束。后醍
醐天皇之子义良亲王继位，成为后村上天皇。在中部各国，河内国守护楠木正行
挡住了足利尊氏的部队。在九州，后醍醐天皇的另外一个儿子怀良亲王入主太宰
府，成为京都的主要官员。朝廷分裂以及由此形成的内战继续下去。但是，在京
都设立幕府这个主要问题已经尘埃落定。

　　在数年之中，京都地区一直相当平静，组建新幕府事宜可以向前推进。《建武
式目》颁布之后，还颁布了若干补充政令，试图解决数年战争中悬而未决的许多
问题。[1]1350 年，足利领导集团的内部冲突凸显，局势突然出现变化。在那之前的
几年中，就制定什么样的基本政策，足利尊氏与他的弟弟足利直义之间的裂隙越
来越大。这是两人原来划分的职责范围带来的后果。当初的划分显得理所当然：足
利尊氏负责军事策略和人事任命，足利直义负责幕府行政机构和司法机构。但是，
两兄弟之间的政策差异很快显露出来：一方面，足利尊氏主要依赖地方武家，所以
比较关心他们的利益；另一方面，幕府职位在很大程度上由世袭法律专家担任，足
利直义倾向于支持首都精英阶层的利益。[2] 最终在足利兄弟背后形成了派系。

　　1349 年，足利尊氏听信进言，认为足利直义对自己不忠，于是解除他在幕府
中的职务，收回让他继承将军职位的承诺。次年，足利尊氏被迫亲临战场，与自
己的亲儿子足利直冬——他被足利直义领养，这时开始制造麻烦——兵戎相见。

　　1351—1352 年冬季，足利直义被捕后遭到杀害。据说，有人奉足利尊氏之命　189
下毒。但是，足利直义之死反而增强了关东人反对足利尊氏的情绪。后来，也许
是那场内战中最惨烈的战斗爆发，京都的几个地区荡然无存。直到 1355 年春天，
足利尊氏才再次占领京都。

　　1358 年，足利尊氏去世，足利义诠继位，担任足利家族的首领和将军。正如
人们可能预料的，第二任将军开始统领部队时遇到一些麻烦。但是，内战已经没
有以前激烈。有能力与足利家族对垒、势力最大的守护家族——斯波、上杉、大

[1]　参见 Kemmu Shikimoku and Tsuikaho, 第 25—41 页。1336 年至 1345 年，一共发布了 14 项命令。但是，仅在
　　 1346 年一年里，发布了 40 项类似命令。

[2]　相关初次分析，参见 Sato Shin'ichi, "Muromachi bakufu kaisoki no kansei taikei", in Ishimoda Sho and Sato Shin'ichi,
　　 eds., Chusei no ho to kokka (Tokyo: Tokyo daigaku shuppankai, 1960)。相关英语陈述，参见 Shin'ichi Sato, with John
　　 Whitney Hall, "The Ashikaga Shogun and the Muromachi Bakufu Administration", in John Whitney Hall and Takeshi, Toyoda,
　　 eds., Japan in the Muromachi Age (Berkeley and Los Angeles: University of California Press, 1977), 第 41—52 页。

内以及山名——已经弥合了相互之间的分歧，决定率兵加入幕府。1367 年，足利义诠去世。他年仅 10 岁的儿子足利义满继承将军职位。后来，在足利义满领导下，室町幕府进入最繁荣的时代。

足利氏获得合法性之路

足利氏取得重大成果之一是，在法律上依旧隶属于天皇君主权力的情况下，成功将将军职位合法化。我们已经提到，首任将军源赖朝在确立自己的合法性时，并没有完全依赖将军头衔。[1] 恰恰相反，正是北条摄政王们确立了该职位的重要性，将其作为一个手段，实现对武士阶层的领导。源赖朝去世之后，将军职位与他在这两个方面获得的权力一致，一是地位最高的军方领袖，二是朝廷赋予他的高官和封号。将军职位既没有书面规定，也没有法律表述。但是，在足利家族手中，这个头衔给予其接受者和拥有者多重身份：军事集团的首领（日语称"武家栋梁"）、武士惯例法的保持者、武士阶层的地权的终极保证人。

在朝廷文官政府的语境中，武士统治的概念在 14 世纪的日本是人们议论颇多的话题。对于军方统治引起的问题，京都和镰仓的政治哲学家们十分了解。

190 后醍醐天皇的建武复辟、随后出现的长期内战，这两点自然让双方有了具体的辩词。就研究朝廷统治问题而言，《神皇正统记》是最重要的著作之一。该书在 1339—1343 年间写成，作者名叫北畠亲房，是流放中的后醍醐天皇的支持者。

北畠亲房论述的前提是，天皇世系源自太阳神。通过正确的继位，天皇世系是"超然存在的德治之源，不容他人置喙"[2]。另一方面，每位天皇要对其个人行为负责。如果天皇干涉政治和军事事务的行为带来不幸后果，他们是可以被批评的。根据北畠亲房的观点，甚至后醍醐天皇也在接受批评之列。后醍醐天皇没能认识到事态变迁的本质，以心血来潮的方式任命官职，赏赐公卿和军方将领，其结果被证明对国家有害。

北畠亲房从武士阶层的角度证明武家统治的合理性，显得更加直接。他宣称，公卿贵族已经日薄西山，完全失败。武士阶层命中注定的责任是，通过自己

---

[1] 见 Jeffrey P. Mass, *Warrior Government in Early Medieval Japan: A Study of the Kamakura Bakufu, Shugo, and Jito* (New Haven, Conn.: Yale University Press, 1974)。还可参见该书的这一章。

[2] 参见 H. Paul Varley, *Imperial Restoration in Medieval Japan* (New York: Columbia University Press, 1971)。

的力量（日语称"器量"），让国家重新回到和平的良好治理状态。从根本上说，这正是足利尊氏强调的观点，他在丹波国八幡神宫公开祈愿时曾有这样的表述。相同的前提还出现在 1336 年《建武式目》的绪言中。[1] 它们都没有批评天皇，没有批评朝廷，而是批评北条摄政王的不良治理。什么是良好治理的构成因素呢？显而易见的答案一是维持和平，二是法律和秩序。这两点是所有人生活富裕的条件。《建武式目》的基本意图在于，提供实现良好治理的指南。[2]

还有一份文件史称《足利尊氏证言》，写于 1357 年，但是不可能出自足利尊氏之手。从哲学意义上说，它的意图是更加明确地说明构成良好治理的因素。[3] 这份文件借鉴儒学，陈述这个命题：国家（日语称"天下"）不是任何人的私产，既不属于天皇，也不属于将军，而是属于自身；统治者必须遵循"政体之基本"（日语称"天下之精神"）。在天下之内，将军及其部下的任务是确保太平。

这些总体论述涉及政府和治国方法，体现了实用精神，给人印象深刻。它们显然站在中间立场，将军人统治放到包括天皇和大朝廷（日语称"公家"）群体的政体之中。没有哪种模式将天皇排除在外，也没有想过将公家和武家纳入单独的统治阶层。武家依旧是一个单独的贵族分支。将军虽被视为武士阶层的首领，然而没被视为自称或自封的官员，将军是朝廷任命的重要职位。天皇个人在取得胜利的军人领袖的扶持下登基，可能是军人霸权的产物；尽管如此，只有天皇及公卿才能实施给将军授勋的行为。

这种政治理念反映在现实世界之中。在足利尊氏取得最后军事胜利之前，其家族内部出现争斗，这决定了武家与公家之间互相依存的复杂关系。足利尊氏依赖朝廷的许可，让自己惩罚新田义贞、弟弟以及亲儿子足利直冬的行为获得合法性。他将光明天皇扶持上台；后者投桃报李，任命他为征东将军。在随后几年中，朝廷几乎完全依赖军人政府维持生计。然而，将领们贪得无厌，群起竞争朝廷中的明显空缺职位，谋求没有什么实际意义的朝廷头衔。无论足利尊氏作为军人霸主多么强大，如果他希望被人承认为整个国家的统治者，他需要的并不仅是一支可以征服对手的军队。他还需要谋求很高的朝廷官位，以便公开显示自己的统治

191

---

[1] 参见 *Shigaku kenkyu* no (April 1971)：第 72–97 页。

[2] 参见 Henrik Carl Trolle Steenstrup, "Hojd Shigetoki (1198–1261) and His Role in the History of Political and Ethical Ideas in Japan" (Ph.D. diss., Harvard University, 1977), 第 236 页。

[3] 同上，第 234 页。

权。足利氏在京都安顿下来之后，其成员很快融入上层贵族的圈子，这就是说，融入由公卿以上的朝廷高官家族构成的精英集团。第三任将军足利义满以最佳方式显示了足利将领们打入宫廷圈子的能力。1380 年，年仅 22 岁的足利义满获得朝廷给他的首个官位，后来陆续获得更高的职位。1394 年，他得到了朝廷可以授予的最高头衔——太政大臣。伴随着宫廷职务的步步高升，足利义满采取与之相应的生活方式。

1378 年，足利氏在室町大兴土木，打造豪华宅邸，人称"花之御所"。当年，足利尊氏为天皇修建皇宫，用那个大手笔来彰显他的地位；对比之下，整个花园宫殿建筑群占地面积为皇宫的两倍。1381 年，足利义满在自己的府邸款待后圆融天皇，后者当场确认了他的公卿地位。足利义满对此完全心知肚明，我们从一点可以看到：他刻意采用了两种不同的密码，一种是军人贵族成员使用的，另一种是公卿使用的。从那时开始，他几乎完全使用后一种。1392 年，他成功地让朝廷的两个对立分支和解。从那以后，他在公家和武家两个世界里几乎拥有至高无上的地位。他大力支持艺术创作，最著名的杰作之一是 1397—1407 年间修建的北山殿及其中心装饰，人称金阁。1408 年，他公开表示，希望他的儿子足利义教获得一个可与朝廷亲王媲美的礼仪性职位。消息公布之后，坊间谣言四起：他打算让足利氏登上皇位。但是，足利义满不久之后死去。

足利义满是否真的打算篡夺皇位？他是否能够如愿以偿？对于这两个问题，历史学家们依然莫衷一是。书面文献显示，没有足够的证据确定这一点。事实是，其一，他并未那样做；其二，继承他职位的儿子足利义持曾经劝说朝廷，不要追授他父亲"鹿苑院太上法皇"（禅位为僧的君主）的称号。此举显示，公开篡位的做法即便有可能，其实也很有难度。

但是，无论足利义满是否打算取代天皇，他和他的继承人作为将军，确实让之前的朝廷统治传统寿终正寝。正如永原庆二明确指出的，到那时为止，武士贵族已经开始发挥天皇和公家领导的朝廷政府的功能。足利义满拥有统治者的全部正式权力：其一，授予或撤销田产；其二，任命中央和令制国官员；其三，建立中央和令制国法庭；其四，维持源源不断的税收。足利义满作为武家首领，全面接管了政府的办事机构。[1]

---

[1] 参见 Nagahara Keiji, "Zen-kindai no tenno", in *Rekishigaku kenkyu* 467 (April 1979): 第 37–45 页。相关英文著作，参见 Peter Amesen, "The Provincial Vassals of the Muromachi Bakufu", in Jeffrey P. Mass and William B. Hauser, eds., *The Bakufu in Japanese History* (Stanford, Calif.: Stanford University Press, 1985), 第 125–126 页。

那么，是否可以说，足利义满已经获得君主地位呢？他是将军，因此是武家阶层的首领；他是首相，因而是职位最高的贵族阶层官员。在两个阶层中，他都拥有最高的权力资格。在足利家族的统治下，将军权力大增，超过之前的任何非宗教的官员。然而，他并不是君主，他的同辈们也不大可能让他成为君主。

在另外一个语境中，也提出了他是否成为君主的问题。1402 年，足利义满接待了一个来自中国的使团。他们给将军带来的一份文件授予他"日本国王"称号，要求他采用明朝皇历。足利义满如何自圆其说，证明自己背离日本承认外国君王的传统呢？毋庸置疑，贸易是一重大考量。但是，对那次接触的最终评估不在贸易领域。例如，田中健夫提出，与亚洲大陆贸易是足利义满精心实施的尝试，目的在于让日本汇入东亚事务的主流之中，以便获得承认，成为大东亚社会的成员。在日本国内，那位将军与中国的成功谈判成为证实这个原则的一个手段：他作为武士阶层的首领，完全控制了日本的外交事务。实际上，足利义满没让天皇看到明朝委任状的实际内容。但是，他明确表示，天皇将来不必被外交事务打扰。[1]

将军、守护和令制国政府

有时候，学界有人宣称，足利尊氏努力吸引并且保持对守护级别武士的控制，放弃了维持自己将军地位的必须资源。但是，相反的说法真实性可能更大一些。他将守护列为令制国官员，同时也扩大了幕府权力的范围。只要那些官员协调操作，承认将军的首要地位，守护在令制国中的发展对幕府的统治就有利。

在足利尊氏开始出兵进攻北条氏时，他主要依靠足利家族及其嫡支和直管家臣在战场上提供的支持。他任命的首批守护选自户氏兄弟这样的家臣。他们被派往足利家族已经拥有可靠基地的关东各国。随着战事的推进，足利尊氏遭到对立武家的广泛反对。在这种情况下，他只得任命值得信赖的旁系以及对所有令制国友好的盟友。[2] 1336 年至 1368 年，在曾经加入足利直义的那些嫡系家族中，有

---

[1] 参见 Takeo Tanaka, with Robert Sakai, "Japan's Relations with Overseas Countries", in Hall and Toyoda, eds., *Japan in The Mwromachi Age,* 第 178 页。

[2] 参见 Imatani Akira, "Koki Muromachi bakufu no kenryoku kozo - tokuni sono senseika ni tsuite", in Nihonshi kenkyukai shiryo kenkyu bukai ed., *Chusei Nihon no rekishizo* (Osaka: Sogensha, 1978), 第 154–183 页。这篇文章显示，在日本中部某些重要但以前没有稳定控制的令制国中，——例如，摄津、山城、大和以及和泉，出为战略原因，守护是根据地区（郡）来任命的。

一批遭到惨败。新的盟友受到信任，足利氏队伍的构成发生很大变化。自然而然，足利尊氏努力让担任守护的足利亲属发挥作用，领导尽可能多的令制国。如表 4.2 所示，到了 14 世纪末，在日本中部的令制国中，有 21 个由足利旁系控制，20 个由非旁系控制，2 个由宗教机构控制 [1]。

表 4.2　足利旁系和其他家族控制的令制国，约 1400 年

令制国	家族	令制国	家族
山城	幕府	丹后	一色
大和	兴福	但马	山名
河内	畠山	因幡	山名
和泉	仁木	伯耆	山名
摄津	细川	和泉	京极
伊贺	山名	石见	山名
伊势	土岐	壹岐	京极为兼
下野	土岐	播磨	赤松俊秀
尾张	斯波	美作	赤松俊秀
三河	一色	备前	赤松俊秀
远江	斯波	备中	细川
骏河	今川	备后	细川
近江	今川	安芸	涩川
美浓	京极	周防	大内
飞驒	土岐	长门	大内
信浓	京极	纪伊	畠山
若狭	一色	淡路	细川
越前	斯波	安房	细川

---

[1]　关于这些令制国的守护任命名单，参见 Sugiyama Hiroshi in *Dokushi soran* (Tokyo: Jimbutsu oraisha, 1966)，第 115–118 页。

（续表）

令制国	家族	令制国	家族
加贺	富樫	赞岐	细川
能登	畠山	伊予	川野
越中	畠山	土佐	细川
越前	上杉		
丹波	细川		

我们自然可以假设，那位将军认为，旁支家庭十分重要。但是，正如历史证明的，从某种程度上说，非旁支守护全是足利氏的"创造之物"，由足利尊氏或其继承人确认或安排，常常更加可靠。就镰仓时代遗留下来的历史悠久的武士家族而言，足利氏无法将其与所在令制国分离，所以与他们打交道时难度更大。

在非旁支担任的"创造之物"中，播磨国的赤松家是第一类中的典型。[1] 在镰仓幕府时代，赤松家曾在播磨国的佐用庄园担任管家。1333 年，赤松则村加入后醍醐天皇的队伍，帮助后者逃离流放地。作为回报，赤松则村被任命为播磨国守护。但是，没过多久，该任命被撤销。赤松则村转而投奔足利尊氏，在多次战斗中提供支持，帮助足利尊氏夺回京都。因此，他在足利尊氏的奖赏清单上名列前茅。1336 年，他被任命为播磨国守护，他的两个儿子不久之后分别到摄津国和美作国任职。在足利义满担任第三任将军的年代里，室町幕府的组织机构正式落地，赤松家担任播磨、备前和美作三国的守护，被视为四大家族之一，是幕府挑选家臣会（日语称"侍所"）头目的人选来源。

周防国的大内家族是第二类守护家的典型例子。[2] 大内长广曾在镰仓时代担任周防守护，1336 年投奔足利家族，在夺回京都的战役中立下汗马功劳。作为回报，足利尊氏确认了他对周防的控制。从那以后，大内家族必须为足利氏效力。在足利氏扩张的鼎盛时期，大内家族拥有 6 个守护职位。在镰仓时代，守护一职

---

[1]　关于赤松家族担任备前国守护的情况，参见 John Whitney Hall, *Government and Local Power in Japan, 500-1700: A Study Based on Bizen Province* (Princeton, N.J.: Princeton University Press, 1966), 第 137-206 页。关于赤松家族在播磨国统治的详细情况，参见 Kishida Hiroshi，"Shugo Akamatsushi no Harima no kuni shihai no hatten to kokuga", in Ogawa, ed., *Muromachi seiken,* 第 139-176 页。

[2]　参见 Peter Arnesen, *The Medieval Japanese Daimyo: The Ouchi Family's Rule in Suo and Nagato* (New Haven, Conn.: Yale University Press, 1979), 第 139-176 页。

并未充分发展。在有些令制国中，行政长官官署（日语称"国衙"）和所属派驻官员依然发挥作用，统领行政管理和司法组织机构。除了关东之外，那些机构依旧对京都的公家官员负责。随着公家权力的萎缩，幕府迫切需要加强对那些令制国的控制，实现这一点的部门就是守护官署。北条氏在其摄政后期，肆无忌惮地垄断守护职位的任命（在 57 项任命中，他们成功地获得 28 项）。显然，该职位的重要性越来越明确。在关东，幕府掌握很大实权，可以任命下属官员。将剩下的令制国"公地"奖给现任守护的做法大行其道，后醍醐天皇沿用这一做法。开始时，足利家族的将军认为，令制国是守护管理的行政单位，将军可以自由地任命守护。[1]

在 1336 年颁布的《建武式目》第七款中，守护官职相当于朝廷官僚制度中的国司。[2] 为了落实该条款，室町幕府设法让守护管理令制国官署及其附属土地（日语称"国衙领"）。那些土地面积相差很大，但是，无论它们是否具有很高的经济价值，控制令制国政府所在地的人都会发挥重要的政治影响。例如，赤松家的守护在播磨国上任伊始，便将地方派驻官员的地位降为家臣，从而稳步推进对令制国官署的控制。到了 14 世纪 60 年代，守护被称为"国方"。该称号承认，他们作为守护，是"该国的统治权威"。[3] 根据当时的文件记录，赤松家族的首领们将土地赏给自己的属下。对大内这样长期为派驻官员效力的家族来说，室町幕府的问世并不要求他们从根本上改变习惯做法。[4]

足利家族的头两任将军任命了日本中部和西部的新守护，那些人的大多数来自其没有任过职的令制国。在新的任职地方，那些官员没有令他们高枕无忧的现成地位。室町幕府很快意识到，它必须给予守护更大的行政、司法和财政权力。1333 至 1246 年间，守护职位的法定性质出现了重大变化。后醍醐天皇的政策是，提名公卿担任守护，或者任命同一人（其中大多数为武家将领）担任守护和国司。此举起到的效果是将两个职位合二为一。

在镰仓幕府时代，守护拥有三项职能：其一，招募保卫京都和镰仓的幕府家臣；其二，抑制重大犯罪行为，例如杀人和海盗；其三，惩罚背叛行为。1346 年，

[1] 参见 Kurokawa Naonori, "Shugo ryogokusei to shoen taisei", in Ogawa, ed., *Muromachi seiken,* 第 107-122 页。

[2] 参见 *Kemmu Shikimoku and Tsuikaho,* 第 18-19 页。

[3] 参见 Kishida, "Shugo Akamatsu", 第 165 页。

[4] 参见 Arnesen, *Ouchi Family's Rule,* 第 99-115 页。

室町幕府又增加了两项重要权力。第一项规定，守护有权处理非法收割稻米（恶党匪帮的最爱）行为。第二项实际上意味着，守护有权执行幕府的命令，没收或重新分配田产。总而言之，上述法律条款给予守护司法和财政权力，而那些权力此前属于中央政府机构。[1] 但是，若干具体的军事特权仍需进一步规定。

室町幕府的建立伴随着大量战争。有鉴于此，令人并不感到意外的是，获得物资供应和支持资源是幕府关注的主要问题。足利尊氏或北条贞时那样的军事将领指挥庞大的武家队伍，常常承受为部下支付军费开支的巨大压力。足利尊氏的做法是，要么利用自己家族的田产，要么承诺用将要获得的土地给予奖赏。这两种资源都不完全可靠，土地奖赏本身也不易或很快换为现成的经济产品，因此需要更直接的支持资源。解决办法是，援引先例，征收战时粮食附加税。

在一段时间之内的习惯做法是，武士参战期间或长期作战以后获得中央政府授权，从指定区域征收粮食附加税（日语称"兵粮米"）。例如，1185 年，在取得打败平氏的胜利之后，源赖朝得到授权，动用新近任命的军方土地管家，在全国范围内收税购买军粮，每段耕地 3 升，大约为年产量的 3%。1336 年，足利尊氏夺回京都，随即向某些部下颁布许可令，在战事实际发生的地区中对某些种类的土地征收额外税金。颁布的许可令具体规定该项征税权涉及的土地（日语称"兵粮领所"）。该许可令是临时的。但是，此类特权给予容易，撤销困难。没过多久，通过守护收取的一半税金（日语称"半济"），从国家年产量中提取"军粮"的做法被制度化。

半税方法的采用说明，早期室町幕府政策面对相互冲突的要求。1337 年颁布的首次补充法律显示，幕府主要关注取消以前给予守护的"临时"征税权，以便保护最上层贵族和僧侣庄园主的利益。该法律要求，守护和其他将领持有的用于粮食附加税的土地"必须立刻归还给非军人庄园主的代理人"[2]。1338 年颁布的命令谴谪说，守护滥用该权力，将用于支持军队的田地占为己有，有的甚至将它们分给其家臣。幕府显然处于进退两难的境地。一方面，它在各个令制国的基本利

[1]　参见 Kurokawa, "Shugo ryogokusei", 第 117–119 页。

[2]　参见 *Kemmu Shikimoku and Tsuikaho,* 第 25–26 页；Prescott B. Wintersteen, "The Muromachi Shugo and Hanzei", in John Whitney Hall and Jeffrey P.Mass, eds., *Medieval Japan: Essays in Institutional History* (New Haven, Conn.: Yale University Press, 1974), 第 212 页；以及 Shimada Jiro, "Hanzei seido no seiritsu", in Ogawa, ed., *Muromachiseiken,* 第 61–65 页。

益是增强守护的力量；另一方面，它又不可能完全剥夺京都贵族和僧侣的利益。

1352 年，在该补充法律的第五十六款中，幕府开始采取措施，保护庄园主的某些经过具体明确的有限权益。[1] 1368 年的幕府命令明文规定，保护"天皇、皇后、享有保护的神社和寺院的财产，保护藤原氏摄政王的世袭财产"。其次，幕府还规定，对地头权利（日语称"司记"）将给庄园主的田地，必须加以保护。[2] 这样一来，该政策保护了名声显赫的朝廷贵族和宗教机构的土地收入。其原因在于，维护那些人的权利关系到足利家族的重大利益。另外，那样的政策以选择性方式在令制国实施收取半税，是否能够实施取决于守护的作用。只有将军有能力对付守护的权威。这样一来，朝廷贵族就不得不依赖将军。

守护染指的另外一个财政措施增加了朝廷对幕府的依赖程度。在该制度之下，住在京都的外居庄园主委托守护，从他们在各个令制国的田产中收取并移交各项税金。在相关文件中，双方确定税金数量，作为固定数额或定额。庄园主一旦签订合约，其实就放弃了自己与土地之间的所有直接联系。

从令制国非军人行政长官的实践中，还派生出另外一个财政手法，它就是在令制国范围内征收临时税（日语称"一国平均番役"）。其中最常见的税种史称"段钱"，用以支付某些特殊的活动，例如天皇登基和禅位典礼，宫殿和重要寺院的重建等等。在室町幕府的治下，守护最初仅仅执行幕府命令，收取此类税金。[3] 但是，随着时间的推移，守护扩大了权力，可以自行处理段钱，甚至将段钱这种偶然税变为经常税。这一改变十分重要，无论怎样强调都不过分。收取段钱已经变为一种个人权力。除此之外，守护还能将该权力作为"封地"——而不是作为土地——奖赏部下，以便巩固领主和家臣之间的关系。[4]

在室町幕府时代，守护获得了经过扩大的权力，这给予守护的不是多大的具体权力，而是积累权力的工具。幕府可以任命某人担任守护，统领整个令制国，无论他在该国是否具有权力基础。即便一名守护确实拥有这种权力基础，例如大内家族的守护，在他任职的令制国的田产中，许多地块依旧由朝廷贵族、宗教组

---

[1] 参见 *Kemmu Shikimoku and Tsuikaho,* 第 48 页。

[2] 同上，第 64-65 页。

[3] 1346 年，大量文献记录了各个令制国中暴力夺取庄稼和财产的问题。参见 *Kemmu Shikimoku and Tsuikaho,* 第 33-47 页。

[4] 参见 Arnesen, *Ouchi Family's Rule,* 第 165-169 页。

织、别的守护和其他较小的武士家族持有。

守护为了控制令制国，采取了种种手段，其中最常见的不是获取私人土地，而是招募地方武士家族作为家臣。[1] 为了达到这个目的，守护必须被所在令制国接受。守护作为主要的执法者，必须有能力任命地方武士家族，或给予他们官职。正是基于这个原因，对守护来说非常重要的是，能够获得额外权力：一是染指涉及田产变更的司法行为；二是收取半济或段钱的特权。守护政策的终极目标是，将所在令制国的全部较小武士家族全部置于自己掌控之中。[2] 在令制国层面，上下级关系私有化的趋势有增无减，最终导致那时日本人所称的"大名"的出现。现代历史学家将其称为"守护大名"。在那种情况下，守护在地方上已经拥有相当大的实权。

从一定程度上说，守护在地方的影响力越来越大，这对幕府是有利的。但是，幕府可能或者说应该容忍的守护的独立性有一定限度。在许多例子中，幕府 201 将军与地方守护的利益相互冲突，幕府必须强调自身的重要地位。当然，从原则上说，将军本人，或者其主要守护支持者的集体意愿，有权执行纪律。足利氏将军们有若干手段，可以直接干预令制国事务。不幸的是，关于将军本人的家臣在令制国担任地头御家人的情况，我们没有足够的资料。但是，将军看来能够依赖权力较小但可更直接控制的地方武士家族，从而达到凌驾于守护头上的目的。[3]

室町幕府的权力分配

巩固权力的战斗结束以后，主要的守护家族获得职位，南北两朝分立的局面随之结束。这就是说，1392 年足利义满将军完全控制幕府之后的若干年中，在将军、朝廷和守护之间，形成比较稳定的利益平衡。那种状况持续了大约 75 年左右，平衡表现在管辖范围和政治影响这两个方面。

人们的通常印象是，室町幕府位于京都，在一定程度上维持了整个国家的控制。然而，就其政治影响而言，幕府其实不得不接受一定程度的地区差异。在足

---

[1] 同上，第 23 页。

[2] 参见 Sugiyama Hiroshi, "Muromachi bakufu", in *Nihon rekishi koza,* vol. 3 (1957): 51；Arnesen, *Ouchi Family's Rule,* 第 182–184 页。

[3] 参见 Arnesen, "Provincial Vassals", in Mass and Hauser, eds., *Bakufu in Japanese History,* 第 99–115 页。

利领导集团内部，就是否在京都设立幕府这个问题展开辩论。那场辩论形成了现实的结果。当时的人发现，关东历史上与京都分离，拥有武家发源地的美誉，京都鞭长莫及，难以治理。后来的结果证明，实际情况的确如此。足利尊氏曾经试图在镰仓组建幕府的关东分支，不过该目标没有实现。但是，幕府在另外两个地方遇到的问题更大，一个是远在北部的奥羽，一个是西南的九州。这两个地区出现分裂倾向，其原因不仅在于它们远离京都，而且还有政治和经济方面的因素。在这两个地区，占据主导地位的武士家族我行我素，倾向于组成自己的地方联盟，以便避开来自外部的干扰。幕府将军们一没有形成必要的治理机构，二没有获得强制推行全面军事霸权的力量。因此，就维持对偏远区域的控制而言，幕府将军们面对的难题是其本身无能造成的后果。每个地区都有其特殊问题。

关东地区

足利氏将军的最早意图显然是，从京都实施对关东各国的控制。[1] 但是，希望容易，实施困难。摧毁北条统治的大业是足利尊氏那样的军人完成的。他们是令制国武士家族的头领，当时试图扩大田产，增强自己在地方上的影响力。他们之中有些人经历了长期内战，具有土地和地方独立意识。中央权威没有能力通过命令或者通过派驻代表的方式，控制那些令制国。

中央政府本来希望通过官僚将权力延伸到地方，实施自上而下的治理方式。该希望落空以后，必须找到别的领导方式。当年，后醍醐天皇试图通过利用皇室的个人魅力，扩展其政治范围。对他来说幸运的是，在他儿子中，有八个长大成人。1334 年，他派儿子义良亲王到镰仓，担任上野国的国司。在这种情况下，足利尊氏坚持利用武力，支持皇室子弟应有的声誉。于是，他派弟弟足利直义以监护人身份，待在义良亲王身边。这种做法既维护了皇室或贵族的声誉，又考虑到强力武士家族的执行能力，成为有利的策略。后来，足利直义失去了镰仓，足利尊氏不得不亲自领兵进入关东地区，恢复足利氏在那里的首要地位。

足利尊氏返回京都，将时年 4 岁的儿子留在那里，作为自己的关东的代表。他任命了三个人担任儿子的监护人，他们与足利家族有血亲或姻亲关系：细川清

---

[1] 本书这部分的主要参考资料，参见 Ito Kiyoshl, "Muromachi ki no kokka to Togoku", *Rekishigaku kenkyu* (October 1979): 第 63–72 页。最近的资料可参见 Lorraine F. Harrington, "Regional Outposts of Muromachi Bakufu Rule: The Kanto and Kyushu", in Mass and Hauser, eds., *Bakufu in Japanese History*, 第 66–88 页。

氏、上杉宪显、斯波家永。本来的期望是，这个由足利氏嫡支成员和强力将领的
三人组合可以控制关东地区。1349 年，足利尊氏将次子足利基氏派到镰仓，担任
关东管领，监护人来自上杉家族。那个幕府分支（称为镰仓府）的管辖范围包括
"关东八国"，外加伊豆和甲斐两个令制国。在那些令制国中，关东管领被授予很
大的行政和司法权力，可以调动军队，授予或撤销土地奖励，任命地方官员（包
括提名守护），监督寺院和神社。室町幕府看来仅仅保留了批准上杉家继承人的权
力。为了发挥功能，镰仓府仿照室町幕府官署的模式，设立了一大批行政官职。

　　上述安排旨在将关东地区置于京都的管辖之下，但是一直运行不良，最后以
失败告终。在镰仓，分离感依然强烈，而且被这一事实强化：在幕府必须依赖的
足利家族旁支人员中，许多人曾是足利直义的支持者，一直对足利尊氏杀死足利
直义的方式心怀不满。此外，1367 年足利基氏去世之后的事实证明，足利氏镰
仓分支不愿听命于京都。没过多久，在关东的足利氏成员采用了"公方"（为将
军保留的荣誉头衔）方式，将管领职位交给了上杉家首领。到那时为止，上杉家
担任监护人和主要官员。镰仓公方足利氏满和后来的继承人根本没有维持关东地
区的平静。他们以咄咄逼人的气势扩大自己的影响，因而引起一系列动乱。足利
家族的两个分支之间的裂隙加大，其象征是关东公方最后没收了足利农庄。第六
任将军足利义教和第四任镰仓公方足利持氏（1398—1439 年）任职期间，室町与
镰仓之间的分歧达到危急关头。足利持氏在京都任职多年，本来指望自己继承足
利义持之位，成为室町幕府将军。他对选择足利义教继承将军职位心怀不满，拒
绝使用与足利义教的将军称号保持一致的年号（永享）。1432 年，足利义教终于
忍无可忍，派遣一支部队进入关东，惩罚足利持氏拒不服从的行为。足利持氏被
杀，镰仓府被毁。

　　但是，室町幕府并不愿意失去关东。1449 年和 1457 年，足利氏将军的嫡系
成员被派往关东，重建一个分支。但是，镰仓幕府无法振兴。上杉家已经获得了
关东管领头衔，在那种情况下竭尽所能，强调自身的统一力量。不过，他们的做
法与京都渐行渐远。

　　具有讽刺意味的是，尽管足利氏源于关东，足利尊氏离开那里以后，支持他
的人屈指可数。1400 年前后，关东各国的守护职位由八个家族把持，其中没有哪
一个属于足利嫡系。显然，那时的交通和军事技手段有限，关东距离京都太远，
京都无法通过代理人方式进行控制。室町幕府无法控制关东，然而这种局面并未

203

204

给幕府维持在京都的统治造成多大影响。

奥羽地区

两个欠发达的令制国——陆奥国和出羽国，统称"奥羽地方"，位于关东北面。那里远离日本的政治中心，地理位置带来的负面影响更大。[1] 在室町幕府统治时期，这两个令制国都没有守护制度。然而，这个地区在关东的"背后"，镰仓政府无法忽视它的存在，无法忽视它作为扩军或为镰仓的敌人提供庇护之地的潜在能力。在源平合战之后，源赖朝曾经为这个问题绞尽脑汁，指派官员到那里去维持和平。当年，后醍醐天皇将最重要的公卿将领之一北畠亲房派到那里，担任陆奥国国司。足利尊氏针锋相对，提名斯波家永担任奥羽的最高指挥官，导致了建武时代的军事行动。当时，这两个令制国起到相当大的作用。1335 年，足利尊氏将另外一名旁系将领石藤良房派到陆奥国，承担保护任务（日语称"陆奥陈状"）。随后几年中，石藤良房与该地区的南朝追随者们在作战中屡立战功。1345 年，足利尊氏在那两个令制国中设立行政长官职位，他选中了两个家族的将领畠山国氏和吉良定家。但是，两位将领在足利尊氏与足利直义的争吵中各站一边，势不两立。接着，室町幕府派去斯波家兼和上杉则治联合担任管领。在一段时间里陆奥国有四名候选人竞争探题职位。1293 年，关东公方足利氏满将陆奥国和出羽国纳入镰仓府的管辖范围内，任命他的儿子担任管领。但是，随着镰仓府的垮台，就室町幕府的政治意义和战略重要性而言，管领一职已经无关紧要了。

九州地区

九州给足利家族提出了完全不同的控制问题[2]。日本西部作为总体，从未被中部或东部的武士政权牢固控制。从历史上看，九州以及本州西端的令制国曾是历史悠久、势力强大的武士家族的领地。它们包括萨摩国的岛津家族；肥后、丰前和筑前国的少式家族；丰后国的大友家族；周防国的大内家族。足利尊氏及其继

---

[1] 参见 Endo Iwao, "Nambokucho nairan no naka de", in Kobayashi Seiji and Oishi Naomasa, eds., *Chusei Ou no sekai* (Tokyo: Tokyo daigaku shuppankai, 1978)，第 84–124 页。

[2] 见 Kawazoe Shoji, "Chinzei kanrei ko", in Ogawa, ed., *Muromachi seiken,* 第 77–106 页。

任者们别无选择，只能让那些势力强大的家族担任守护。

西部各国拥有各自的独立历史，不受京都或者镰仓的控制。习惯的做法是，九州北部各国大都设立一位中央政府的代表，作为管理外交事务的前哨。奈良时代以来，博多一直是太宰府所在地。太宰府是中央政府的官职，有权管理外交关系和贸易。镰仓幕府设立了九州特派员职位（日语称"镇西奉行"），一是负责处理地方事务，二是维持源氏家臣之间的和平状态。1293 年，蒙古人入侵之后，设立九州的军方行政官（日语称"镇西探题"）职位，其权力类似于六波罗探题。在北条家族统治结束时，该职位被废除。但是，在南北朝对立时期，双方都利用九州的这些官职，确立各自在西部各国的地位。

1336 年，足利尊氏撤离九州。我们发现，他设立了一个监督九州事务的地区性官职（日语称"九州探题"）[1]。他相继任命足利旁支头目担任该职，首任为一色范氏。但是，南朝的事业在九州拥有强大的支持力量，克服它并不容易。后醍醐天皇曾将他的许多儿子中的一个——怀良亲王——派到九州，担任安抚西部的将领（日语称"征西将军"）。在随后的 30 年中，怀良亲王动员担任守护的地方武士家族的力量，例如菊池和阿苏家族，抑制了支持北朝的派别。1369 年，明朝皇帝的外交使节相继抵达九州，就是与该部门进行谈判的。1371 年，室町幕府发现自己在西部力量薄弱，于是将最得力的将领之一今川了俊派到九州，担任探题一职。经过苦战之后，那位今川家族首领于 1381 年打败南朝的地方党羽。1395 年，他被涩川满赖取代，而后者却没有多大建树。但是，在室町幕府的余下时间中，该职位一直被涩川家族控制。京都从未完全统治濑户内海西端。就 14 世纪开始繁荣的对外贸易而言，那个地区非常重要。另一方面，九州守护往往自愿支持将军。他在京都居住，以便享受京都的文化生活。

中部各国

在关东与九州北部之间，是日本中部的 44 个令制国，室町幕府对其实施了最有效的直接控制。当历史学家们论及"室町国家"或"室町政府"时，他们通常所指的就是日本的这个区域。这些地方的守护人选来自 22 个家族。当然，其

_____

[1] 该职位有若干名称，例如镇西管领、镇西探题、镇西大将军。同上，第78-79 页。

206

中大多数是足利家族的旁支；余下的是通过婚姻或效忠诺言结成的联盟。此类家族被视为"外来领主"（日语称"外样"）。[1]

要在守护任命问题上维持稳定的平衡并不容易。南北两朝之间的战争在室町幕府建立之后开始，持续了 50 余年，实际上起到鼓励变化的作用。守护之间竞争激烈，常常改换门庭，以便追求各自的私利。[2] 深受足利义满信任的守护起兵造反，足利义满被迫出面镇压。其中包括 1383 年谋反的赤松，1394 年的山名，1399 年的大内。1392 年，足利义满成功地终结了两朝分裂的状态，排除了一个重大障碍，有助于将军与日本中部的守护实现普遍合作。到那时为止，幕府已经有效地起到中央政府的作用，守护发现，与幕府合作而不是对抗，符合自己的最大利益。

将军作为武士阶层首领，可以召集强大的军事力量。除此之外，就维持合作氛围而言，行政方面的这两种做法被证明至关重要：一是要求中部各国的守护住在京都；二是实施了管领决策制度。14 世纪的日本交通困难，在余下的以朝廷为基础的令制国制度中，执法力量缺乏。因此，希望称霸的人依赖与下属进行直接（理想状态下面对面）接触，确保其指令得以顺利执行。

足利义满使用各种方式，将军事力量、政治操控和威胁恫吓结合起来，以便对守护进行控制。历史学家们注意到，他采取军事行动，对付赤松、山名和大内家族。此外，他还采用好斗性质不那么强的方式来展示自己的力量。他假借宗教朝圣之名，在各个令制国中巡行。例如，1389 年，他进入西部各国，参拜安芸国的严岛神社，顺便给大内家族施压。面对势力强大的守护的坚决进攻，私家军队在没有协助的情况，无力进行有效抵抗。但是，它们可供将军随时调遣，其力量足以打破京都地区的力量平衡，让地方武士家族不敢轻举妄动。当然，如遇惩罚拒不服从的守护或镇压地方动乱的情况，将军不得不从守护那里调集部队。将军调集此类杂牌军的能力取决于，他是否能够长期维持关系，使足够更多的将领服从自己的命令。正是为了实现这个目的，管领制度被证明具有很大价值。

在室町幕府建立后的最初几年中，足利尊氏和足利直义曾经将总管家（日语称"执事"）职位作为主要的行政官员。一大批世袭家臣担任这个职务，其中包

---

[1] 参见 Sugiyama, "Muromachi bakufu", 第 58–59 页。

[2] 小川信就守护之间出现的早期竞争，提出了最富于洞见的论述，参见 Ogawa Makoto, *Ashikaga ichimon shugo haiten shi no kenkyu* (Tokyo: Yoshikawa kobunkan, 1980)。

括户师直。1362 年，这个职位升级，被重新命名为"管领"（它相当于副将军）。将军将这个新职位委派给嫡系中一些势力最大的家族，希望借此让中部集团的守护更紧密地团结在自己周围。1367 年，足利义满担任将军之后，细川赖之被任命为副手。足利义满当时年仅 13 岁，细川赖之最初几年所起作用类似于摄政王。但是，与源赖朝世系结束之后镰仓出现的情况不同，管领不能支配足利氏将军们。而且，在 14 世纪末以前，管领职位也不能被一家垄断。更确切地说，当时的做法是，它由三个势力最大的守护家族——斯波、细川和畠山——担任。这三大家族史称"三管"，在足利义满统治时控制了 17 个令制国。他们形成了一个守护组成的内部集团，一起支持足利氏。管领在两个方面发挥作用：作为资深守护的集合体的头目，他让守护有参与幕府事务的感觉；对将军来说，管领能够陈述守护的观点，而且可以提供建议，避免出现他们讨厌的极端行为。[1]

　　在最初几年中，守护关注的重点自然是，在任职的令制国中确立自己的地位。但是，到了足利义满开始统治时，从一定程度看，中部集团的大多数守护已在京都有了永久性府邸。[2] 与德川幕府的"参勤交代"要求不同，对守护是否住在京都，没有条文规定。但是，到了足利义满统治末期，守护必须住在京都。如果哪位守护没有得到将军的批准，擅自离开京都的住宅到其所在的令制国去，那就相当于反叛行为。住在京都的要求最初仅仅针对中部各国的守护；关东集团的守护应该住在镰仓。在日本西部，九州探题仅仅是另外一种形式的守护，并不要求其他守护住在那里。虽然没有硬性要求，但九州的大多数守护都在京都修建了府邸。其目的一是与权力中心保持接触，二是享受京都的文化生活。

　　强制守护住在远离任职国的京都，这一规定意味着，守护自己必须通过属下对令制国进行间接管理。最常见的做法是，守护从最亲近的家臣中确定一个或者一个以上副守护（日语称"守护代"），在守护外出时负责管理当地事务。常常出现的情况是，甚至连副守护也被召到京都，因此有必要任命一位副守护的代表。可以想象，住在京都的守护发现，难以在京都与令制国之间形成可靠的指挥链。无论是扩大和确保守护的地方权威，还是破坏守护的权威，家臣守护代都可以发挥关键作用。如遇守护在自己不熟悉的令制国行使管辖权的情况，这个问题尤其

---

[1]　参见 Sato, with Hall, "The Ashikaga Shogun", in Hall and Toyoda, eds., *Japan in the Muromachi Age,* 第 48–49 页。

[2]　参见 Masaharu Kawai, with Kenneth A. Grossberg, "Shogun and Shugo: The Provincial Aspects of Muromachi Politics", in Hall and Toyoda, eds., *Japan in the Muromachi Age,* 第 68–69 页。

突出。在这类情况下，守护常常被迫依赖当地望族的头目（日语称"国人"）起
到自己的代表的作用。在许多情况下，那些家族最终变心，反对住在京都的上
司，以便在当地获取军事霸权。[1]

开始时，守护与将军之间的联系是直接的，带有个人特征。但是，随着管领
制度的实施，将军与守护的联系通过管领进行，某些决定需要接受资深守护会议
的审查。这样一来，该程序在将军与其家臣守护之间，增添了副守护和资深守护
会议，当然存在着固有的矛盾。如果一位将军意志坚定，例如成人之后的足利义
满或足利义教，将会对那些限制表示不满，觉得它们干涉了自己的指挥自由。管
领—寄合制度对将军的专权起到检查作用，实施良好，贯穿第五任将军足利义量
统治时期。甚至第六任将军——刚愎自用的足利义教，有时也不得不接受管领—
寄合的集体意志。

第三任将军足利义满曾将该职务的地位和权力推向最高点。然而，守护们沉
迷于京都的贵族生活，因此容忍甚至羡慕足利义满华而不实的行为和专权统治。
足利义满的两位继任者摆脱了那种专权姿态，在很大程度上承认管领－寄合制度。
足利义量在成长过程中知道，他的父亲足利义持不愿让他成为继承人，不愿他给
幕府提供个人领导。* 足利义持在去世之前没有提名继任者。这样一来，足利家
族会议决定，通过抽签方式，找出他的继任者。结果，足利义满的第三个儿子足
利义教被选中。足利义教那时 34 岁，已是成熟男人。在早期，他知道自己没有
希望当上将军，已经出家为僧。在他被提名为将军时，他还担任延历寺的大僧
正，比叡山天台座主。他很快显示出领导才能，意欲亲自参与幕府事务。他擅长
210 政治，决心加强足利氏的力量。

足利义教第一个步骤是，重组行政官员团队（日语称"奉行人众"），实行将
军听证会（日语称"御前沙汰"）制度，从而改变幕府的行政程序。[3]按照该程序，
行政官员准备政策问题概要，然后直接呈交将军裁决。这意味着，在大多数情况
下，并不征求管领的意见。例如，奉行人众的命令表达将军的意志，而不是按照
习惯做法，先交给管领连署。这一变化当时被人正确解读：将军朝着更全面的个

---

[1]　参见 Hall, *Government and Local Power*, pp.227–233.

*　足利义量担任过第五任将军，任期仅两年即死去。其父足利义持之后于 1428 年死去。——编者注

[3]　参见 Kuwayama, with Hall, "Bugyonin", in Hall and Toyoda, eds., *Japan in the Muromachi Age*，第 58–61 页。还可
　　参见 1428 年发行的 *Tsuikaho*，第 183、184、189 以及 190 至 197 号。

人统治迈出了一步。[1]

　　事实证明，足利义教的另外一种做法令人更加不安：将军直接干预守护的家庭事务。足利义教利用自己批准守护任命事项及继承者的权力，开始操纵守护家族的继承顺序，以便让京都守护按照他的旨意行事。[2] 特别值得一提的是，他可以采用的一个策略是，招募守护家族的次要成员，组成他的私人卫队。那些人通常是守护家族的第二个或第三个儿子，在正常情况下不会成为家族的领导成员。但是，将军与守护之间存在私人关系，能以受他青睐者之名进行干预，确保他中意的人继承官职。

　　这就是足利义教采取的一系列看似武断的行为的动机。1441 年，那些做法引发一场危机。那年，足利义教看来正在采取步骤，阻止赤松满佑选择的继承人担任播磨和备前的守护。赤松满佑抢先动手，趁着足利义教在京都的赤松府邸做客时将其杀死。这次事变史称"嘉吉之乱"，标志着室町幕府历史的一个转折点。将军在一名重要守护家做客，守护在自己家中杀死将军。这件事情闹得人心惶惶，但是杀人者竟然逍遥法外，返回他在令制国的老巢，没有立刻受到惩罚。这暗示，对于那位赤松家首领的行为，存在着强烈的同情。[3] 但是，赤松满佑后来受到严惩。他在令制国官署严加防范，抵抗将军派来的人马。声讨部队由担任附近几国守护的山名率领。山名对赤松领导的美作、备前和播磨三国垂涎已久，接到幕府命令之后，欣然带兵入侵。山名觉得，打败赤松满佑之后，那三个令制国的官职将会奖赏给自己。

211

　　嘉吉之乱结束了人称"将军专权"的短暂阶段。但是，将军权力的削弱并未让管领—寄合的地位上升。由于足利义教的干涉，斯波家族——担任管领的三个家族之一——的势力被大大削弱。在随后的年代中，那个家族仅仅出任一次管领。嘉吉之乱之后，围绕管领职位的竞争大体局限于细川和畠山两家之间。其次，该职位本身的性质也出现了变化。1441 年以后，管领职位担负的职责大不如前，在支持将军和协调守护方面作为甚小。更确切地说，它被视为对幕府施加个人影响的一种手段。对管领以及管领青睐的守护来说，个人影响可以带来实实在

---

[1]　参见 Imatani Akira, *Sengokuki no Muromachi bakufu no seikaku*, vol. 12 (Tokyo: Kadokawa shoten, 1975)，第 154-6 页。

[2]　参见 Arnesen, *Ouchi Family's Rule*, 第 187 页。

[3]　参见 Sugiyama Hiroshi, "Shugo ryogokusei no tenkai", in *Iwanami koza Nihon rekishi (chusei 3)*(Tokyo: Iwanami shoten, 1963), 第 109-169 页。

在的好处。所以，守护家族往往分成两派，分别支持任职管领的其他家族。这种情况削弱了幕府的权力基础，在第八任将军足利义政统治时期尤其明显。但是，在回到那个时期的历史之前，我先详细论述室町幕府的统治。

室町幕府：行政和执法工具

《建武式目》宣布，足利氏有意沿用上个政权的做法。此举暗示，它拥有北条摄政王时期将军职位积累的全部权力。到1350年为止，足利政府已经相当稳定，它的许多政府机构使用的是镰仓幕府遗留下来的名称。但是，名称一致并不必然意味着功能一致。足利领袖们以相当实用的方式，实施建立自己的幕府的计划。

214

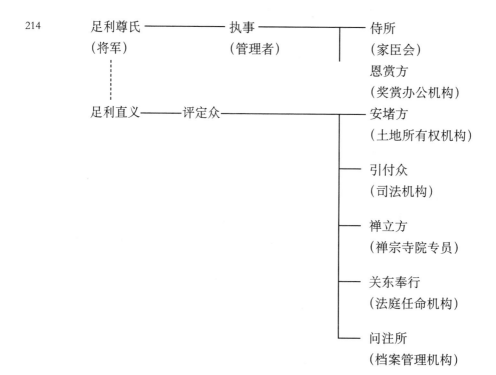

图 4.4　室町幕府的组织结构，1350 年

注：水平实线表示正式权力关系，垂直实线表示大至相同的地位；虚线表示非正式相等权力或权力划分。

至 1350 年为止，足利直义依然与足利尊氏密切合作，室町幕府的组织结构沿采用了图 4.4 概括的形式。[1] 佐藤进一强调说，足利兄弟对责任进行了划分，这样做十分重要。[2] 足利尊氏担任将军和武士阶层的首领，承担为幕府机构确定方向的作用，负责的具体事项包括：第一，任命军事官员；第二，奖赏立功军人；第三，招募追随者作为家臣；第四，管理足利家族的土地。佐藤进一认为，上述权力带有基本的封建特征。对比之下，足利直义负责行政和司法职能。按照佐藤进一的说法，这两点是"官僚"色彩更浓的政府职能。足利直义的具体职责包括：第一，领导审议机构，它由挑选出来的职业官僚组成；第二，领导若干负责土地登记的机构；第三，裁定案件；第四，协调幕府与朝廷及宗教机构之间的关系。

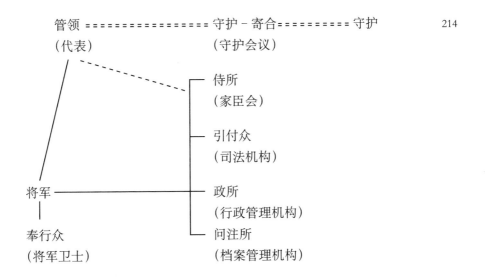

214

图 4.5　足利直义被逐以后幕府结构的变化，1352 年

注：线条示意与图 4.4 相同；双虚线表示非正式权力关系。

1352 年，足利直义被逐出京都，幕府结构出现了重大变化。在镰仓幕府延续下来的机构中，许多要么被撤销，要么功能上出现重大变化。正如图 4.3 所示，其中最重要的变化一是将执事并入管领（副将军），二是新设立了守护会议（守

---

[1]　参见 Imatani, *Sengokuki,* 第 151–181 页。

[2]　参见 Sato, "Kaisoki", 第 472–486 页。

护－寄合）。[1]

室町幕府的顶层有两个特点：一是将军对国家事务有了更多的直接参与；二是在决策过程和幕府管理中，守护家族参与形成的影响力更大。

幕府中具有专门化功能的主要部门是家臣会（侍所）、司法机构（引付众）、行政管理机构（政所）、档案管理机构（问注所）。当然，家臣会在初期最重要，由主要守护家族领导。家臣会负责控制将军的直接家臣，主要职责一是确保京都安全，不受不法之徒的侵扰；二是管理属于五畿的令制国山城。管领成立之后，侍所失去了对将军家臣以及守护家族的大多数控制权。但是，它在京都地区的行政和司法功能持续扩大。例如，它接管了京都警务所（日语称"检非违所"），成为京都重要的警务和司法机构。[2] 1385 年，家臣会长官（日语称"所司"）被赋予更多职责，担任山城国守护。后来的习惯做法是，四个重要守护家族——山名、一色、赤松、京极，其成员轮流担任所司一职。

家臣会的具体日常运作授权给一名副手（日语称"所司代"），由任职所司的私人家臣担任。因此，根据担任所司的人好恶，副手的人选会出现变化。该所的固定行政人员是独立于所司及其副手的团队，从世袭行政官员或职业官僚中挑选。该管理所作为一个官僚实体，在运作方面具有一定程度的稳定性和持续性。相关情况后文将进行表述。

虽然家臣会有许多重要功能，应仁之乱（1467—1477 年）之后，它失去在行政管理会中的核心地位。[3] 开始时，该管理会几乎仅关注将军家及其财政管理。[4] 按照镰仓幕府的设置，它的首席官员为世袭，由二阶堂氏成员担任。1379 年，二阶堂氏被伊势家族取代。后者是世袭家臣，其传统职责之一是担任足利氏将军继承者的监护人。足利义教将军开始利用该管理会，以便绕过管领机构。它应运而生，作为幕府主要行政机构。但是，随着将军衙门的管理范围缩小，该机构几乎可以承担幕府的全部行政功能。此外，将军实现政治主动性的机会逐步减少，在桑川浩然所称的"奉行人制度"之下，幕府管理的常规性日渐增强。[5]

---

[1]　参见 Sato, with Hall, "Muromachi Bakufu Administration", in Hall and Toyoda, eds., *Japan in the Muromachi Age,* 第 47-49 页。

[2]　参见 Haga Norihiko, "Muromachi bakufu samurai dokoro ko", in Ogawa, ed., *Muromachi seiken,* 第 25-55 页。

[3]　参见 Imatani, *Sengokuki,* 第 165 页。

[4]　参见 Haga, "Samurai dokoro", 第 50 页。

[5]　参见 Kuwayama, with Hall, "Bugyonin", in Hall and Toyoda, eds., *Japan in the Muromachi Age,* 第 53-54 页。

　　整个室町幕府时代，可以提供专业行政服务的家族超过五十个。他们之中的许多人曾在朝廷和镰仓幕府供职。鉴于那些家族拥有行政管理技能，足利氏雇用他们为自己效力。经过一定时间以后，他们成为行政人员团队——奉行人众。在任何一个具体时段，可被分配到幕府的财政、司法和行政机构任职的为 15 人至 60 人。[1] 一项研究注意到，室町幕府让行政官员数量上下浮动。这说明，在应仁之乱爆发前的那个时期中，行政人员数量的变化反映这两者之间变化不定的力量平衡：其一是管领－寄合制度；其二是将军增强自己对幕府影响的尝试。因此，在足利义满、足利义胜 * 和足利义持任职时，按照管领制定的原则办事，行政人员的数量最少。[3] 足利义教试图强调将军拥有的特权，于是行政团队的人员立刻增加。人员上升趋势一直持续，直到足利义政去世为止。从那以后，数量减少了，保持在 15 人左右，直至室町幕府的统治结束。行政团队的人员来自以下家族：饭尾、菅原、斋藤、治部、江野、清、中泽、布施、松田、矢野、井田。

　　首先，官员数量下降反映的是，足利氏失去了部分权力，政府的功能发生了变化。或许因为将军的权力减小，那些行政官员逐步变化，成为根深蒂固、试图让自身长期存在的官僚。室町幕府在最后 100 年间经久不衰，其主要因素正在于此。那些人起到代理作用，京都的精英统治阶层成员通过他们，协调相互之间的关系。例如，司法机构官员得到具体的指令，负责处理涉及重要神社以及重要寺庙的事务。前者包括石清水八幡宫或鹤岗八幡宫，后者包括延历寺、东大寺、兴福寺、东寺、天龙寺。换言之，那些世袭行政人员已经开始作为上述机构的代理人，在诉讼案件中对簿公堂，并且通过成为其代言人获得聘任费。[4] 这显然是一种有利可图的安排。为了让这种格局持续下去，对各方有利的做法是，维持将军的声誉，维持幕府司法机构的效力。两个事实揭示了这种状况：其一，足利继续颁布补充法律，一直保持到 16 世纪 70 年代；其二，现存的许多记录显示，在足利政权的最后数十年中，司法机构继续运作。[5]

---

[1]　参见 Haga, "Samurai dokoro", 第 27 页；Kuwayama, with Hall, "Bugyonin", in Hall and Toyoda, eds., *Japan in the Muromachi Age,* 第 56—60 页。

*　原文为足利义胜，疑误，疑为足利义量。——编者注

[3]　参见 Kenneth A. Grossberg, "Bakufu and Bugyonin: The Size of the House Bureaucracy in Muromachi Japan", *Journal of Asian Studies* 35 (August 1976): 第 651—654 页。

[4]　参见 Kuwayama, with Hall, "Bugyonin," in Hall and Toyoda, eds., *Japan in the Muronmachi Age,* 第 62 页。

[5]　参见 Kuwayama Konen, *Muromachi bakufu hikilsuke shiryo shitsei,* vol. 1 (Tokyo: Kondo shuppansha, 1980)。

但是，如果说室町幕府在 16 世纪中叶继续运作，这也就意味着，幕府的能力所及范围已经大大缩小。到最后一任将军在职时，幕府控制的范围几乎仅收缩到京都及其附近区域，控制京都已是重要成就。对足利氏维持政权的能力来说，京都在幕府管理之下这一事实意义重大。

当年，足利氏在京都建立幕府时，这座城市依然在朝廷贵族和宗教贵族的控制之下。足利尊氏获得武士阶层首领的地位，这赋予他权力，在军事、司法、财政和人事任命方面管理武士，而不是朝廷精英阶层。后醍醐天皇当年振兴的朝廷行政机构很快陷入混乱状态。然而，室町幕府并未自动纠正那个局面。在京都，皇室、上层宫廷贵族以及大型宗教机构依然可以自由进行管理，其方式是通过家庭雇员、阶层和其他人员，例如商贩和工匠行会。实际上，那些团体和组织拥有可观的维持力量，可被视为独特的权力结构。现代历史学家使用"权门势家"一词来称呼他们。[1] 那种状态不可或缺的条件是：第一，京都安全得到维持；第二，司法程序正常运作；第三，税款移交机构比较有效。为了实现了这一点，可以采用的主要工具是京都警务所（检非违所）和各种各样的管理制度。设在京都、负责打理朝廷和宗教机构的产权利益的官署（本所）维持了那些制度。为了保护最重要的朝廷产权人和宗教产权人在各个令制国的利益，幕府的早期政策是仅仅协助维持京都的法律和秩序。京都处于根本上属于二元政体的管理之下。[2]

217　　　幕府家臣会与京都警方之间的紧张关系很快加剧，突出地表现在司法管辖方面。朝廷支持的警方没有能力有效行使职权，幕府于是宣布，必须增强幕府在京都城内维护治安上所起的作用。朝廷并不表示赞同。1370 年，朝廷颁布政令，声称收取钱款的宗教分子针对贵族实施暴力，警方无力控制，要求幕府提供协助。一旦幕府开始强制实施朝廷的那项命令，它便开始参与朝廷的经济事务。根据 1393 年颁布的政令，幕府接管了向酿酒者和放贷者收取税费的事务。

幕府依赖几类人员来实现自己的意志。其中已经被人注意的一类是担任行政官员的职业官僚团体。此外，将军还有自己指挥的武装力量，可以确保相关行为符合自己的决定。管领和家臣会首长都依赖自己的武装家臣，在京都城内提供军事支持。住在京都的守护也有几百人组成的骑兵队。另外，将军官署以及不由守

---

[1]　这个概念主要是黑田俊雄提出的，其英文论述参见 Suzanne Gay in "Muromachi Bakufu Rule in Kyoto: Administration and Judicial Aspects" in Mass and Hauser, eds., *Bakufu in Japanese History,* 第 60–65 页。

[2]　参见 Prescott B. Wintersteen, "The Early Muromachi Bakufu in Kyoto", in Hall and Mass, eds., *Medieval Japan,* 第 202 页。

护武士家族掌管的幕府官署如果需要，可以请求将军的私人家臣（日语称"奉公人"）提供支持。[1]

那些私人家臣，我们可称作"警卫"，由足利家族直接管理。他们住在将军的土地（日语称"御领庄"）上，只听将军调遣。除了军事功能之外，他们在政治和经济上也能发挥作用。他们大多数要么来自足利嫡系的次要分支，要么来自与足利氏并不沾亲带故的守护家族。嫡系分支中，细川、畠山、一色和斯波属于此类，但是非直系的守护赤松家却不一样。将军从那些家族中挑出人选，让他们使用与嫡家相同的姓氏。但是，被挑中者不能继承家族的领导职位。另外一个群体是从足利氏的长期世袭家臣中招募的，这一类家族的突出代表是伊势。最后，令制国武士家族的某些成员在地方上崭露头角，这种武士庄园主叫作"国人"，其中最著名的是安芸国的小早川。[2]

那些警卫抵达京都之后，被分为五个小组（日语称"番"），各个小组的头目来自细川、畠山、桃井和大立家族。15 世纪 50 年代早期，在日本中部 45 个令制国中，警卫管理三分之二的土地。那些土地集中在中部，从三河国开始，西至丹后国。[3] 有趣的是，在京都附近五畿各国中，有的事实上几乎没有什么警卫，例如山城、伊贺、大和；有的数量很少，例如播磨、摄津、和泉、河内、纪伊；有的一个也没有，例如，四国。根据时间和情况，警卫数量各不相同。据说，足利尊氏雇用了 30 名；足利义满，290 名；足利义教，180 名。佐藤进一估计，以上数量的警卫可以让将军在任何时候，集合 2000—3000 名骑兵。[4]

所有警卫在服役期间的地位完全取决于是否得到将军的青睐。因此，警卫与行政官员类似，在幕府中所起作用与足利氏的状态和持续存在密切相关。警卫力量有限，并不足以把将军的意志强加在守护头上，即便对单个守护也难以做到。但是，如果双方旗鼓相当，警卫可以打破平衡，使其有利于将军，或者像应仁之乱中出现的情况那样，帮助将军保持中立。

---

[1]　参见 Fukuda Toyohiko, "Muromachi bakufu no hokoshu", *Nihon rekishi* 274 (March 1971)，第 46–65 页。

[2]　对小早川的分析，参见 Arnesen, "Provincial Vassals", in Mass and Hauser, eds., *Bakufu in Japanese History,* 第 106–112 页。

[3]　参见 Fukuda Toyohiko, "Muromachi bakufu hokdshu no kenkyu: sono jin'in to chiikiteki bumpu", in Ogawa, ed., *Muromachi seiken,* 第 231 页。

[4]　参见 Sato Shin'ichi, "Muromachi bakufu ron", in *Iwanami koza Nikon rekishi (chusei 2)* (Tokyo: Iwanami shoten, 1963)，第 22 页。

幕府在财政和人力方面的支持

历史学家们试图从土地和土地收益的角度，解释室町幕府的经济基础。比较棘手的问题是，无法勾画出幕府田产的明晰情况，因此无法解释幕府的财政运行状态。在已知的室町幕府的档案中，有一份文件显示，大约到 1300 年为止，足利家族拥有 30 处田产（御领庄），分散在 12 个令制国中。除此之外，关于随后年代中的情况，几乎没有任何记录。有的学者试图对足利家族的田产情况进行持续分析，但是迄今为止未能如愿。其部分原因在于，历史学家们不够勤奋，而不

220 是绝对缺乏文献记录。例如，正如桑川浩然报告的，在最近几年中，足利家族在14 世纪末可以确定的田产数量从 60 处增加到大约 200 处。[1] 目前的研究显示，足利家族的田产数量在那个时期中仍在上升。但是，那些田产是从哪里来的？它们与该家族以前拥有的土地呈何关系？它们的财政价值如何？这些问题并不清楚。迄今为止，所有相关证据都是根据历史文献推算出来的，而那些文献的最初目的不是直接回答这些问题。

首先，足利氏从北条家族的失败中得益，其田产大概增加了 45 处。它们分散在 20 个令制国，是后醍醐天皇赏赐给足利尊氏和足利直义的。最近的研究显示，一批田产维持到 14 世纪 90 年代，不过其后没有保留多长时间。[2] 一份清单上面罗列了 60 处田产，时间为 15 世纪末前夕，不过与以前的清单并不重合。显然，在室町幕府的土地基础上，出现了大量变动的情况。

最近的研究显示，有人寻找"土地基础"，以便解释足利氏的最终状况，这种做法强调的方向有误。[3] 足利家族与得宗家族类似，并未形成集中管理的大地块，更谈不上用其收入来让京都的幕府获益。更确切地说，当时的一种做法是，将土地分给他人，让其代表幕府管理，而且将其作为一种私人支持的途径。以这种方式，御领庄的大部分被分给了卫队成员。这类赏赐土地往往成为世袭之物。到室町幕府结束为止，将军与在令制国的家臣关系密切；这至少保证，将军从该做法中得到一些回报。

---

[1] 参见 Kuwayama Konen, "Muromachi bakufu keizai no kozo", in *Nihon keizaishi taikei (chusei* 2) (Tokyo: Tokyo daigaku shuppankai, 1965), 第 193–199 页。

[2] 参见 Kuwayama, "Sosoki", 第 18 页。

[3] 参见 Imatani, "Sengokuki", 第 18–22 页；以及 Kuwayama, "Keizai no kozo", 第 219–220 页。

值得庆幸的是，有三套文件记录了将军卫士们的活动，覆盖的时段分别为1444—1449年、1450—1455年、1487—1489年。福田丰彦详细研究了这些文件之后，画出了以下表格（表4.3），以令制国为单位，罗列了警卫们的田产数量。[1]在这份表格中，他根据三套文件，提供了两组数字。第 I 列的数字比第 II 列保守一些，第 III 列是基于足利义辉将军 1565 年去世之前的一份警卫名单。

表4.3 按照令制国列出的警卫田产数量 221

令制国	I	II	III
近江	21	25	8
三河	17	44	1
尾张	16	19	2
美浓	15	30	2
丹后	9	18	2
越中	9	10	3
加贺	9	10	4
和歌	8	9	7
丹波	7	11	5
伊势	7	9	—
因幡	7	9	3
备后	7	7	—
摄津	6	7	2
美作	5	9	3
播磨	5	6	2
和泉	5	5	2
越前	5	5	2
远江	4	6	1
备中	3	4	1

---

[1] 参见 Fukuda, "Hokoshu", 第 231 页。

（续表）

令制国	I	II	III
但马	3	3	—
和泉	3	3	—
纪伊	3	3	—
安芸	2	4	—
能登	2	3	—
山城	2	2	—
石见	1	2	—
周防	1	2	—
飞驒	1	1	—
淡路	1	1	—
伯耆	1	1	—
备前	1	1	—
河内	—	1	—
总计	186	270	50

　　这份警卫田产数量表格比较直观，显示了室町幕府与令制国关系的变化。我们惊讶地发现，在应仁之乱之前和之后，出现了数量如此巨大的土地。然而让人更感愕然的是，其中许多产权长期维持，最晚的持续到了1565年。当然，关于室町幕府从那些土地所得收入的性质和数量，分布状态本身揭示的情况很少。但是，对若干分散个案的研究显示出警卫对御领庄的管理方式。

　　在正常情况下，那些警卫住在京都。他们与守护一样，不得不将地方管理事务委托给自己的代表（日语称"代官"）。一份大约写于1450年的文件提到了越中国的一家庄园，它具有典型特征。[1] 在每年大约780贯的收入中，因为歉收和邻居的非法侵占损失了约340贯，剩余的约430贯作为降低之后的税基。其中的五分之一（约86贯）作为警卫及其代理人的管理费用，另外五分之一用于运输，

222

---

[1]　参见 Morisue Yumiko, "Muromachi bakufu goryosho ni kansuru ichi kosatsu", in Ogawa, ed., *Muromachi seiken,* 第254–255 页。

剩下的五分之三（约 250 贯）交给幕府。我们无法说，他们实施的规矩是五分之一给警卫、五分之三给将军。不过显而易见的是，除了警卫职责，警卫们还承担将可观数量的收入交给幕府的任务。正如上面表格中的第 III 列所示，那些土地逐步集中在京都附近，住在京都的警卫必须具有能力，一是控制它们，二是从中获得将军和自己的收入。

另外一种可以让将军获利的土地来自诸如五山这样受到庇护的寺院的捐赠。将军送给寺院许多土地，表达自己的虔诚之心。那些土地随后被用来支持幕府。在某些地区，禅宗寺院的财务成员管理那些土地，其方式与常见的御领庄不同。[1]

室町幕府的财政基础并非局限于御领庄。将军有权对特定人群和活动征税，其范围涉及京都城内和整个商界。后来，这部分税收在幕府财政收入中的占比越来越大。

幕府财政结构的一个特征是，它的几个机构的财政支持源于直接的土地授权，或称提供具体服务获得收入的权力。例如，行政委员会接管京都的政务之后，随即开始寻求城里的支持资源。在转向这种"内部"收入的过程中，幕府开始利用城市的商业税基。在那之前，它们传统上是朝廷和宗教贵族的独占范围。此类收入的主要来源之一是米酒酿造商（日语称"酒坊"）和仓库所有者（日语称"土仓"）缴纳的税金。多年以来，京都警方对那些机构的收税权得到承认，其基本理念是，在该城维持法律和秩序的人应该得到其保护对象的支持。该做法始于为特殊活动收取的赞助费，例如天皇登基大典，寺院和宫殿重建等等。1371 年开征一项税金，用于后圆融天皇登基大典，每间仓库纳税 30 贯，每缸米酒征收 200 贯税金。幕府控制京都的行政大权以后，1393 年将该税变为固定税种。1393 年，行政管理委员会颁布的命令提到，原来征收的作为供养延历寺僧侣的 6000 贯年税，现在应该交给幕府。[2]

桑川浩然认为，政所与土仓之间的关系甚至更加密切。开始时，后者主要经营仓储业务，而不是贷款业务，提供的防火仓库被贵族用来保存重要物品。后来，随着此项业务的扩展，土仓起到财务经理人的作用，为所贮存的物品发放信贷。土仓看来也被任命为将军的财务部（日语称"公方御藏"）的官员。这样一

223

---

[1]　参见 Imatani, *Sengokuki,* 第 11–60 页。

[2]　参见 Prescott B. Wintersteen, "The Early Muromachi Bakufu in Kyoto", in Hall and Mass, eds., *Medieval Japan,* 第 208–209 页。

来，他们既是税征税对象，又是征税手段。[1] 幕府及时应对，设立若干商业和运输税种。它们来自三个方面的支持：商业行会、在公路上修建的税卡、对外贸易。对室町幕府的政治、文化和经济生活来说，与明朝的贸易十分重要。在其他领域中，对这个课题已有广泛研究。有学者建议说，除了来自外贸的"巨大利润"之外，贸易本身让幕府对输入日本的中国钱币形成垄断性控制，享有类似于中央造币厂的地位。[2] 但是，对于幕府在日明贸易中积累的种种好处，学界目前尚未完全认识到。

　　幕府和将军家的另外一个收入来源比较复杂，涉及将军的贵族和军事地位派生的进项。例如，将军可以在军事和非军事两个方面，得到其守护家臣的支持。就一个具体的军事行动而言，一名或多名守护的职责通常是以将军之名动员私家力量。当然，这意味着，如果该行动取得成功，守护可以获得具体奖赏。上文提到的 1441 年山名对赤松的攻击就是这种情况的一个例子。那场战役取得胜利，赤松家被赶出那两个令制国。山名得到奖励，被任命为两地的守护。

　　在非军事远征领域中，将军有权要求守护为公共项目提供支持，例如修建将军的府邸。1437 年，将军为了修建府邸，征用成千上万贯银两。根据每名守护控制的令制国的大小和数量，分摊那笔开支。其中 22 名任职一个令制国的守护各分担 200 贯，任职三个或以上令制国的，各分担 1000 贯。守护的其他形式贡献还包括一些依习惯所定的做法，例如守护在京都自费修建府邸；守护维持 300 至 500 人的私人武装力量；如果担任幕府官职，例如家臣会的职务，守护自行安排所需要人员。一个广为人知的例子是足利义政修建的东山别墅——其核心结构是银色楼阁（日语称"银阁寺"）。实际筹资从 1481 年开始，距离应仁之乱结束仅仅 4 年时间。然而，幕府频频催促守护，必须完成分内职责，及时上交款项。那时，国家已被战争蹂躏，然而钱款分文不少。河合正治写道，将军本人不乏魅力，在那场为期 10 年的战争中自己曾经亲自披挂上阵。阵痛尚未结束，他依然期望得到经济支持。对一位希望升官发财的令制国守护来说，为京都的天皇或将

[1] 参见 Kuwayama Konen, "Muromachi bakufu keizai kiko no ichi kosatsu, nosen-kata kubo okura no kino to seiritsu", *Shigaku zasshi* 73 (September 1964)，第 9—17 页。

[2] 参见 Takeo Tanaka, with Robert Sakai, "Japan's Relations with Overseas Countries", in Hall and Toyoda, eds., *Japan in the Muromachi Age*, 第 170 页。

军筹款修建或亲自修建宫殿具有政治价值。[1]

　　将军的另外一个收入来自官员任命。在贵族圈子中，当时的常规做法是，某人如果得到将军提拔，担任宫廷高职或寺院高职，必须向将军支付一笔感谢费。今谷明估计，通过这种做法流入幕府钱柜的资金是幕府的主要支持来源，在衰退年代中尤其如此。据估计，仅仅人事任命一项的收入每年高达 3600 贯。[2] 当然，那样的财富仅在精英圈子中循环，而不是单向流动。将军本人也必须送礼，必须为修建宫殿和寺院提供资金，必须赞助各种各样的仪式活动，例如天皇登基大典和葬礼等等。在那种情况下，将军往往利用自己手中掌握的权力，下令全国各地按照幕府要求出资，而不是仅仅从幕府银库中支出。[3] 在令制国内，那样的费用一般以段钱税形式出现。

　　在室町幕府的大多数时期中，段钱构成了幕府的主要收入来源。行政委员会（政所）一直设有负责管理段钱收入的机构。在令制国中，利用奉行众作为收税机构。于是，我们可以想象这样的情景：土地分散在私人手中，所起的主要作用是支持构成"统治集团"的许多家庭和机构。用于政府实际运作的资源来自综合税，例如段钱。收取综合税依赖的条件是：在一个基本从朝廷官僚那里继承下来的结构中，足利氏保持声誉，充当一个具有魅力的实体。

最后百年

　　室町幕府统治的最后百年给历史学家们提出若干阐释难题。在那个时段中，幕府显然已经衰落，将军作为政治力量已经无关紧要。事实上，日本史家对那个时代一般这样分期：战国时代，从 1467 年应仁之乱爆发开始，到织田信长 1568 年进入京都为止。此后，他们的关注焦点从京都和将军转向令制国。在令制国中，希望继任守护的大名们为了领土霸权相互争斗。但是，现在越来越清楚的一点是，不应简单地使用"结局"或"崩溃"这样的术语来描述应仁之乱结束之后日本政府和社会出现的巨大变迁。在最后百年中，幕府与将军个人不同，确实保

225

---

[1]　参见 Kawai Masaharu, *Ashikaga Yoshimasa* (Tokyo: Shimizu shoin, 1972), 第 147–150 页。

[2]　参见 Martin Collcutt, *Five Mountains: The Rinzai Zen Monastic Institution in Medieval Japan* (Cambridge, Mass.: Harvard University Press, 1981), 第 235 页。

[3]　参见 Nagahara, "Zen-kindai", 第 39–40 页。

留了其功能。虽然那个时期动荡不安，但是新的结构和制度应运而生，将会支持一个新的而且在许多方面具有革命性质的中央集权制度。[1]

226　　从政治和社会制度看，室町幕府中期可能与镰仓时代末期大不相同。但是，日本政府依赖的前提基本上保持不变。尽管军人"侵蚀"文官权威，整个政体——所谓"天下"——依旧不变。同样的合法性检验标准得到承认，政府依旧被视为合法权力，是上天赋予的或证明有理的。

　　但是，到了15世纪末，上述秩序面临挑战：一些团体或群体出现，从中央权力那里为地方寻求自主性。在较高的层面上，它采取了"国人领主"（日语称"在地领主"）形式。地方武士家族成为其土地的唯一所有人，设法通过自己的武装力量，或者通过与相邻的国人组成联盟或共同体（日语称"一揆"）的方式，保护自己不受上层权威的侵害。开始时，那些联盟规模较小。但是，在安芸国，部分联盟有能力抵抗幕府和附近守护的干涉。此类联盟的革命意义在于，它们以地域为基础组建，通过签订协议组合起来，到达自卫的目的。到15世纪末，地方军阀从国人阶层中脱颖而出。他们中的许多人是一揆联盟的头目，管理的地域较大，足以让其获得大名地位。正如河合正治证明的，这是形成所谓的"战国大名"的主要动力。[2]

　　守护大名的主要权威来自两个方面，一是行使权力，二是在其指挥范围之内维持对其他国人和农民群体的控制。战国大名与之不同，其合法性来自幕府。当然，他们可能偶尔宣布自己是守护或令制国其他官职的继任人。但是，他们的主要依靠除了自己的军事力量之外，还有这两方面的能力：其一，确保官兵对自己忠心耿耿；其二，让领地中的其他居民相信，他可以或者至少说试图为整个群体的福祉效力。战国大名颁布的大量法典反映了这种格局。在那些法典中，大名领地被视为一个有机的实体，一个"国家"大名对其拥有公共权威（日语称"公议"）。[3]

227　　室町幕府末期，随着庄民阶层经历重大转变，在日本社会较低层面，地方自

[1]　参见 Mitsuru Miyagawa, with Cornelius J. Kiley, "From Shoen to Chigyo: Proprietory Lordship and the Structure of Local Power", in Hall and Toyoda, eds., *Japan in the Muromachi Age,* 第 89–105 页。

[2]　参见 Kawai, with Grossberg, "Shogun and Shugo", 第 80–83 页。

[3]　参见 Shizuo Katsumata, with Martin Collcutt, "The Development of Sengoku Law", in John Whitney Hall, Keiji Nagahara, and Kozo Yamamura, eds., *Japan Before Tokugawa: Political Consolidation and Economic Growth, 1500–1650* (Princeton, N. J.: Princeton University Press, 1981), 第 114–117 页。

治倾向慢慢凸显出来。[1] 其中一个方面的表现是，农村赢得的自由越来越多，可以根据群体的要求安排自己的生活。它反映在两个现象中：其一，出现了乡村会议（日语称"寄合"）；其二，乡村形成了内部调节规范。它的进一步反映是，某些群体从较高权威那里成功赢得用水、内部自治和裁定争端的权力。有的群体甚至还赢得了豁免权：只要按时缴纳双方同意的年税，上层官员不能随意进入村庄。在这些让步之中，许多仅仅通过使用村庄拥有的唯一武器——村庄条约和民众抗议组织，两者都称为"一揆"。正是在地方骚乱的情况中，战国时期崭露头角的大名承认，必须满足农民的要求。他们因此宣布，他们是其所在区域（国家）中所有阶层的保护人。他们公开表明对公共利益的关注。此举旨在表明，他们有权依据自己从被管理者那里获得的支持力量管理所在地区。因此，他们提出了一种新的合法性，它不是源于天皇或者将军，而是来自默认同意的公众意志。这就形成一种新的管理合理性，一种全新的"天下"。[2]

那些变化出现在令制国，其全面影响16世纪中叶才波及京都地区。在那之前的一个世纪中，在京都以及周围令制国——山城、近江、河内、摄津、大和以及其他一些地方的乡村中，足利氏的统治格局维持下来。在那里的经济和社会中，朝廷贵族和中央宗教教团的利益占据主导地位，但是幕府依然有所作为。在最后一个世纪中，幕府可能失去了主导国家事务的能力，但是在机制层面上依然发挥重要作用。通过该机制，贵族豪门、大寺院以及富裕商贩家族可以整合他们的利益。因此，在1579年之前，幕府继续裁决争端，颁布政令。[3]

一个历史事件以极端方式拉开了室町幕府倒台的序幕，它就是"应仁之乱" 228
（1467—1477年），通常简称为"应仁"。那场战争几乎将日本中部的所有守护家族卷入其中。战事在京都街道上展开，因此造成了双重破坏。战争的导火索是，就足利义政将军的继任者人选，细川家族与山名家族发生了冲突。在那场战争中，京都中部和北部边缘被毁，许多公卿和僧侣逃离京都。足利义政将军作壁上观，照常莺歌燕舞，贵族生活品质丝毫不减。

---

[1] 参见 Keiji Nagahara, with Kozo Yamamura, "Village Communities and Daimyo Power," in Hall and Toyoda, eds., *Japan in the Muromachi Age*, 第107–123页。

[2] 同上，第121–123页。

[3] 《建武式目》的补充条款显示，幕府法律逐步将其范围缩小至京都以及周边。参见 *Kemmu Shikimoku and Tsuikaho*, 第145–164页。

如果说足利义满曾以贵族军事首领的英雄典范，在室町幕府的历史上崭露头角，那么，足利义政常被视为带有悲剧色彩的统治者，他行动软弱无能，让那个家族的统治日渐衰落。[1]足利义政是遭到谋杀的足利义教的次子，1443年被任命为将军，时年8岁。他没有成年，于是被安排在管领细川胜元的监护之下。他1490年成年，担任将军。1473年，他离开官职，让儿子足利义尚继任。他一直活到1490年。在足利义政担任将军初期，幕府尚未从1441年将军被杀造成的震惊中恢复过来。那时，经济问题突出，整个国家备受困扰。乡村黑帮频频窜入京都城内，要求减免债务和税收，要挟幕府颁布减税命令（日语称"免债令"）。15世纪50年代，日本出现了大面积饥荒，部分地区饿殍遍野。然而，足利义政与他的公家和武家同事们照常参与政治，修建造价不菲的豪宅。朝廷职位晋升和家族继承问题多多，京城内吵闹不休。1458年，足利义政耗费巨资，重建将军宫殿。

与此同时，守护之间的政治气氛日趋紧张，到了爆发大战的边缘。[2]然而，在1467年开始的战斗中，足利义政为母亲专门修建了一座奢华的宫殿式豪宅。早在1465年，他就在东部山麓动工建造一座隐退后使用的宅邸。京都开战以后，他放弃了那个项目。但是，从1482年开始，他大张旗鼓地修建东山别墅，其中包括他自己的纪念碑——银色楼阁（银阁寺）。1483年，足利义政搬到东山居住，余生中扶持艺术，形成独特风格，在日本文化史上留下经久不衰的标志。

229 　　到应仁之乱结束时，大多数守护已经放弃京都，返回自己任职的令制国，以便巩固实力。对他们来说，京都本身不再是权力之源，权力将在令制国中找到。守护们纷纷将注意力转向其令制国根基，然而却发现为时已晚，自己被时代抛在后面。他们的家臣靠近真正的军事支持来源，多年来担任代表，以远在京都的守护老爷们的名义发号施令，已经显示出犯上作乱的迹象。在这种情况下，只有手持田产的令制国大名可以存活下来。守护家族要么被迫适应环境，要么很快被势力更大的令制国领袖们取代。从那时起，京都的事务受到令制国内权力斗争的影响。

但是，京都及其政府幕府依然保住了某些重要作用[3]。到了最后四五任时，将军手中的权力微乎其微。但是，垄断管领职官的细川家族想方设法让京都地区保

---

[1] 有关这本最完整的现代传记，参见 Kawai, *Ashikaga Yoshimasa*。

[2] 参见 Iikura Kiyotake, "Onin no ran iko ni okeru Muromachi bakufu no seisaku", *Nihcnshi kenkyu* (1974)，第139–151页。

[3] 参见 Iikura Kiyotake, "Onin no ran iko ni okeru Muromachi bakufu no seisaku", *Nihcnshi kenkyu* (1974)，第142–143页。

持基本稳定，至少维持到 16 世纪 30 年代。在应仁之乱期间，奉行人众站在细川家族一边。战斗结束以后，他们保持了与细川家族的合作关系。那些年显示的模式是，令制国的军事领袖扶持一家贵族作为傀儡，以便在全国发挥影响力。这种现象在日本史上并不鲜见。无论是最后一任将军足利义昭，还是正亲町天皇、崛起的军人霸主织田信长，他们的故事都揭示，"傀儡将军"被证明很有用处，但是也可能给其控制者带来麻烦。[1]

到了 16 世纪 60 年代，京都的贵族豪门面临前所未有的危机。最后一任管领细川氏纲已被自己的家臣——三好家族和松长家族——赶出家门。1565 年，三好家族和松长家族形成的集团暗杀将军足利义辉，扶持足利义荣作为傀儡将军。当时，另外一名潜在的将军继任者足利义昭正在兴福寺下面的一个小庙担任住持。他闻讯之后逃到东部，寻找自己的支持力量。织田信长看来不大可能是一个可以依赖的人选。他尚未证明自己担任国家领袖的能力，但是已在战争取得了一连串声名远扬的胜利。其中最著名的是，1560 年打败了骏河国的今川义元率领的一支大军。1565 年，天皇和希望得到将军职位的人面见织田信长，要求他出兵支持自己。1568 年，织田信长作出回应，率军开进京都，声称那样做一是维护天皇的"利益"，二是"支持"足利义昭。

织田信长控制京都之后，正亲町天皇任命足利义昭为将军，并且下达诏书称，足利义昭和织田信长帮助皇室恢复失去的土地。织田信长的地位悬而未定。但是，足利义昭希望任命他为管领。假如织田信长接受任命，那么，他可能成为一股力量，提前一个世纪左右恢复天皇、将军和管领三者之间的权力平衡。但是，织田信长不愿让自己隶属于将军。他拒绝了足利义昭的邀请，试图借助纯粹武力压倒那位将军。从随后数年中发生的事情看，在那个情势之下，那位将军显然并非无能之辈。他依然指望足利御家人、文职官员和警卫们会助他一臂之力。幕府继续作为司法机构运作，确认土地奖赏和继承事项。此外，将军指挥属下，通过操纵令制国大名之间的宗派政治，依然在幕后发挥相当大的影响。

1573 年初，足利义昭致函京都附近反对织田信长的大名和宗教机构，要求采取征讨他的军事行动。当时，织田信长在京都南面的一座要塞中躲避，等待时态

230

---

[1]　以下论述参见 Hisashi Fujiki, with George Elison, "The Political Posture of Oda Nobunaga", in Hall, Nagahara, and Yamamura, eds., *Japan Before Tokugawa,* 第 49—93 页。

的发展。后来，织田信长让将军的行动戛然而止。足利义昭被打败，不过保住了性命，流亡他乡。那位足利氏将军和室町幕府虽然跃跃欲试，但实际上已经名存实亡。

在驱逐足利义昭七天之内，织田信长设法说服天皇，将年号改为天正，作为新政治秩序合法性的一个标志。织田信长的"天下"与足利氏将军们的迥然不同。足利义满或足利义政的"天下"期望是，通过将军在令制国中担任守护的家臣实施的管理，让公家和武家融为一体。但是，到了足利义昭时，足利家族发号施令的范围仅在狭小的个人利益圈子之内，将军的最大希望是保全自己的性命。在这种情况下，织田信长可以提出一种更为宽泛的"天下"观，不仅公家和武家可以生存，普罗大众也可生存。足利义昭证明，他不适合统治那种范围更大的"天下"。

第五章 室町幕府的地方治理：守护和国人

今谷明，横滨市立大学文理科学部

引论

与镰仓幕府不同，室町幕府在 1336 年成立之后，权力迅速扩大，足利氏将军 231
几乎成为专权君主。[1]在66个行政单位或称令制国中，军方行政官（日语称"守护"）
坐镇管理。在九州和关东以东的地区，将军的权力分给地方幕府官署，日语称"关
东公方"和"九州探题"。中间地带，包括中部各国（日语称"京畿"），由将军直
接管理。守护行使了从镰仓时代继承下来的三大主要职责：惩罚杀人犯，平息反叛
活动，提供警卫义务所需官兵。除此之外，守护的权力有所提升，增加了对涉及土
地问题的司法管辖。在令制国内，守护几乎拥有全部军事和行政权力，将地方领
主——他们被称为"国人"——组成家臣队伍。随着守护逐步镇压国人的抵抗，这
个过程（被）称为"家臣化"慢慢推进。为了抑止守护越来越大的权力，幕府使用
了一些控制措施，例如招募守护的同宗旁支成员加入将军的队伍，让其担任将军卫
队队长。但是，从应仁之乱开始，无可否认的是，守护与幕府渐行渐远，地方权利
的解体过程齐头并进。在战国大名中，即 16 世纪控制自己的领地的地方武士头目，
有的是镰仓幕府守护的后裔，有的是守护家臣，即守护代表（守护代）的后裔。

地方行政官员：公方和探题

在南北朝内乱（1336—1392 年）时期，幕府建立了两个地方权力机构，关东 232

---

[1] 参见 Sato Shin'ichi, "Shugo ryogokusei no tenkai", in *Shin Nihonshi taikei* (Tokyo: Asakura shot en,1954)，第 107 页。

公方和九州探题。两个机构对守护拥有的管辖权主要体现在军事方面。关东公方一职很可能始于观应之乱（1350—1352 年）。其时，足利尊氏将军离开京都，前往关东，让儿子足利义诠镇守京都。这样一来，足利尊氏将国家分为东西两大部分，在一定程度上形成了两个政府并立的格局。后来，足利尊氏返回京都，让四子足利基氏——足利义诠的弟弟——接替自己的职位，成为首任关东公方。

仿照在京都的幕府的做法，给公方聘请了一位顾问或大管家（史称镰仓"管领"），赋予他所有管理职责。当两者之间出现严重分歧时，关东地区逐步陷入分裂和战争状态。上杉家族的嫡支——上杉山内——后来继承了关东管领一职，同时担任越前、上野、相模三国的守护。执事下设的另外一个官员负责诉讼事务和日常管理。因此，公方职务是京都的幕府的缩小版。关东公方管辖的八个令制国是相模、武藏、下总、上总、安房、日立、下野、上野。有时候，信浓、甲斐、陆奥、出羽四个令制国也在关东公方管辖的范围之内。[1]

根据日本专家的说法，在镰仓时代，关东的管理权威叫作镰仓府，其行政机构设在相模国的镰仓。[2] 足利家族中担任关东公方的分支保持独立于京都的地位。从第三任将军足利义满任职时开始，京都当局就以谨慎的态度，关注关东的军事活动。

1399 年底，势力强大的西部守护大内义弘进攻幕府，应永之乱从此开始。足233利义满下定决心征服关东。下一任将军足利义持软硬兼施，试图遏制关东的反叛势头。一方面，他安抚上杉宪实；另一方面支持在关东占据支配地位、势力强大的守护和一些国人，称其为"领取京都的定期津贴的人"。这样一来，关东各地的国人和守护一分为二：一派与京都的幕府联盟，以便扩大自己的控制范围；另一派发誓忠于关东公方，与京都决裂。

1428 年，足利义教将军与关东公方足利持氏之间的对抗达到顶峰。最后，在1438 年的永享之乱中，足利持氏大败，被幕府军队杀死。两年以后，足利持氏的后人在结城之乱中几乎被斩尽杀绝。关东公方职位空缺。在那场冲突中，关东管领上杉宪实采取的立场与幕府类似，试图劝说足利持氏不要造反。但是，他无功而返，最后离开主子，从此隐居。

---

[1] 关于关东公方制度，参见 Watanabe Yosuke, *Kanto chushin Ashikaga jidai no kenkyu* (Tokyo: Yuzankaku, 1926)；Ito Kiyoshi, "Muromachi no kokka to Togoku," *Rekishigaku kenkyu,* special issue (October 1979): 第 63~72 页。

[2] 参见 Ito Kiyoshi, "Kamakura bakufu oboegaki," *Rekishi,* no. 42 (April 1972): 第 17~34 页。

在 1441 年的嘉吉之乱以后，足利义政将军决定，让足利持氏的仅存后裔足利成氏担任关东公方，将他派到镰仓。永享之乱以来，足利成氏对上杉宪实和他的儿子上杉宪忠——他后来担任管领——深怀愤恨。1454 年，足利成氏进攻镰仓，杀了上杉宪忠。关东陷入混乱。次年，足利成氏被革去公方一职，被幕府的军队逐出镰仓。

此时，足利成氏成为叛逆分子，前往下总国的古河，建立抵抗中心。他自称古河公方，招募许多当地将领作为家臣。[1] 在不久之后爆发的冲突中，镰仓城被摧毁，关东比日本其他地方早一步开始内战，进入战国时代。当初，幕府为了便于管理，将关东的统治权下放给关东公方；然而事与愿违，此举反而加快了那个地区脱离幕府的进程。

在北部的陆奥和出羽两个令制国中，幕府没有任命守护。在南北朝时代，北畠显家在两个令制国中聚集了大批人马，南朝占据支配地位。首先，石户良房被任命为北部地区探题，后来斯波家兼被任命为将军代表（管领）。[2] 从那时开始，斯波家兼的后裔尾崎家族其实就是那里的守护。在 15 世纪初叶的一个时期中，该地区属于关东公方管辖。后来，公方的家族在陆奥国南部修建著名的笹川宫。16 世纪初，幕府任命战国大名伊达担任北部地区的探题。但是，他实际上有职无权，其官位空有其名。[3]

在南北朝时代，九州是南部武装力量的大据点，重要性超过北部。在镰仓时代，九州设立了幕府的官署，日语称"镇西探题"。后来，镇西探题改为镇西管领，足利家族的一色氏被定为继任人。[4] 一色氏无法将其作为幕府的一个前哨加以控制，无法指挥南朝的军队，后来被迫将其官邸北迁，转移到太宰府和博多。到了 14 世纪中叶，一色氏完全失去了对九州的控制。于是，幕府通过管领细川赖之，任命今川贞世（也称今川了俊）为远江国守护，也就是九州探题。1369 年，他被派往博多。

到 1371 年为止，今川贞世得到了拥护幕府的大名——包括松浦、岛津和大

234

---

[1] 参见 Sato Hironobu, "Sengokuki ni okeru Togoku kokkaron no ichi shiten - Koga kubo Ashikagashi to Go-Hōjoshi o chushin to shite", *Rekishigaku kenkyu,* special issue (October 1979): 72–75 页。

[2] 参见 Endo Iwao, "Oshu kanrei oboegaki", *Rekishi,* no. 38 (March 1969): 第 24–66 页；Ogawa Makoto, *Ashikaga ichimon shugo flatten shi no kenkyu,* (Tokyo: Yoshikawa kobunkan, 1980), 第 525–618 页。

[3] 参见 Fujiki Hisashi, *Sengoku shakaishiron* (Tokyo: Tokyo daigaku shuppankai, 1974), 第 342–359 页。

[4] 分别参见 Kawazoe Shoji, "Chinzei kanrei ko", *Nihon rekishi,* nos. 205 and 206 (June-July 1965): 第 2–14、29–53 页。

内三个家族在内的支持。最后，他打败了菊池家族等南部武士将领，成功地将九州纳入幕府的控制之下。今川贞世沿用了镰仓幕府的做法，在博多设置了探题官职，管理筑前国。他自己被任命为安芸、备后和日向三个令制国的守护。没过多久，探题一职传给了大内义弘。1399年，大内家族在应永之乱中没落，足利家族的一个旁系涩川氏继承了探题职位。从15世纪初开始，九州北部诸国势力强大的守护家族——大内、少式和大友，你争我夺，试图赢得九州北部的霸权。斯波氏控制的探题不起作用，沦为有名无实的职位。与此同时，九州加入应仁之乱，在随后30年里被吞没在冲突之中。九州与关东类似，率先进入战国时代。[1]

在关东、北部各国和九州，确立了室町幕府的地方管理机构，即所谓的"公方"和"探题"。公方和探题较早参加应仁之乱，羽翼尚未丰满便被褫夺权力。这是一个重要的转折点，有助于周边地区的分散化过程，加快了全面战争的爆发。

守护大名

守护的设置

从制度的角度看，室町幕府的守护继承了镰仓幕府的守护制度。[2] 后醍醐天皇的短命建武政府试图重构古代的律令国家，但是追求的政策依然是，在每个令制国中同时任命一名守护和一名行政长官。后者相当于古代律令国的国司。镰仓时代末期，蒙古人入侵，是守护扩权的重要转折点。守护制度根深蒂固，甚至后醍醐天皇的政治权力也是其中一个不能忽视的因素。在某些地区，1336年成立的室町幕府像以前一样，继续为反对南朝军队而战斗。但是，在战事已经结束的地区中，幕府可以任命足利家族将领担任守护。在南朝军力依然较为强大的地区中，特别是京都周围各国，幕府指派"令制国将领"（日语称"国太守"）。该官职与守护不同，基本属于行政官员。某些令制国根本没有守护，只有国太守。[3]

与过去的情况类似，在京都地区的五个至关重要的令制国中，尤其是在具有

---

[1] 参见 Kawazoe Shoji, "Kyushu tandai no suimetsu katei", *Kyushu bunkashi kenkyujo kiyo*, no. 23 (March 1978)：第 81–130 页。

[2] 参见 Sato Shin'ichi, *Zoho Kamakura bakufu shugo seido no kenkyu* (Tokyo: Tokyo daigaku shuppankai, 1971)，第 243–53 页。

[3] 参见 Sato Shin'ichi, *Muromachi bakufu shugo seido no kenkyu — Nambokuchoki shokoku shugo enkakukosho hen*, rev. ed., vol. 1 (Tokyo: Tokyo daigaku shuppankai, 1967)，第 31–32 页。

重要军事战略地位的大和国中，根本没有任命守护。非但如此，那些重要职位由佛教法相宗的实力最强的寺院兴福寺把持。[1] 从历史上看，兴福寺得到势力强大的藤原家族的有力支持，在大和国内占据主导地位，拥有大片土地，每年收入颇丰。为了保护自身利益，该寺供养了一支由僧侣组成的武装力量（日语称"僧兵"）。在战国大名松永久秀 1560 年占领征服大和之前，那个令制国一般能抵制军事控制。这并非说，幕府的权力没有延伸到那个令制国。在军事危机中，临近的伊贺和高知国（后来还有山城）的守护临时担负那里的守护职责。

大和并非唯一没有守护的令制国：幕府承认，飞驒国的贵族姊小路家族履行行政长官职能，京极家族履行守护职能。与之类似，北畠家族——贵族北畠亲房的后裔，凭借国司职位，控制伊势国南半部。[2] 应仁之乱以后，只有他们一家在那里行使守护权力，甚至还获得了幕府的正式守护委任状。

在室町幕府时代，伊势、飞驒和土佐三个令制国的行政长官（应仁之乱之后是一城教房，贵族摄政王家族的成员之一）称为"三国行政长官"（日语称"三国司"）。大和没有守护，三国行政长官当政，这是异常个案，并不是室町幕府制度的一般格局。

山城是幕府所在地，地位特别重要。在镰仓时代，该令制国没有任命守护，由幕府的京都分支——六波罗探题——直接管理。[3] 在室町幕府时代，这种做法延续下来，直到南北朝结束为止。从室町幕府的建立到 1352 年的观应之乱结束，在山城的幕府家臣行使守护的管理职权，充当审查和执法官员。在 14 世纪末，家臣会（日语称"侍所"）在那里行使守护权力。[4] 但是，幕府深知山城在军事上的重要性，1385 年就它分为两个行政区：一个是洛中，包括京都城；一个是以农业为主的郡（日语称"郡府"）。洛中由侍所管理，另外设立一个山城守护官邸，管理那个郡成为守护的部分职责。和泉和丹波守护由山名氏清担任新

237

---

[1]　参见 Nagashima Fukutaro, "Yamato shugoshiki ko", *Rekishi chiri* 68 (October 1936): 第 61–66 页；Nagashima Fukutaro, *Nara bunka nodenryu* (Tokyo: Meguro shoten, 1951), 第 33 和 85 页。

[2]　参见 Okamura Morihiko, *Hida shiko,* medieval vol. (Tokyo: Okamura Morihiko, 1979), 第 56–74 页；Onishi Genichi, *Kitabatakeshi no kenkyu* (Mie: Mieken kyodo shiryo kankokai, 1962), 第 1–100 页；以及 Nishiyama Masaru, "Sengoku daimyo Kitabatakeshi no kenryoku kozo", *Shirin* 62 (March 1979): 第 51–86 页。

[3]　参见 Sato, *Zoho Kamakura bakufu,* 第 1 页。

[4]　参见 Haga Norihiko, "Muromachi bakufu samurai dokoro tonin, tsuketafi: Yamashiro shugo bunin enkaku kosho ko", *Toyo Daigaku Kiyo,* Faculty of Letters vol., no. 16 (July 1962): 第 77–98 页。

职。[1] 从那时开始，家臣会在京都大部分区域行使维护治安职能。1391 年，在山名氏清于明德之乱中被打败之后，习惯的做法是，由足利义满最亲近的家臣填补山城守护职位，其中包括结城光藤和高师直。但是，足利义满死后，侍所再次接管了山城的行政大权。[2] 1412 年，国司北畠光政谋反，遭到镇压之后出现人事变动，管领畠山满家被任命为山城守护。从那时起，山城大多数情况下被视为畠山家族的势力范围。畠山家族招募本地国人和富裕农民充当家臣。

近江国的情况与大和和山城两国类似，庄园主的势力十分强大。由此形成了一种特殊制度，守护的权力受到限制，并不管理延历寺（比叡山最大佛教寺院）的土地。在那些地方，延历寺自己的军事组织"比叡山使者"（日语称"山门使者"）履行守护的职责，甚至幕府也承认这一称号。

守护职权的划分

室町幕府的守护与镰仓幕府的不同[3]，其权力范围大大扩展。那个时期中，守护职位的另外一个变化是，实行了两人管理。根据室町幕府的法典《建武式目》的解释，"守护职位古来有之"。此语表明，室町幕府认为，守护一职继承了律令制度的国司传统。[4] 在每个令制国中，室町幕府的守护逐步被视为政治事务的管理者。守护职位最初划分到郡一级，这样一来，一个令制国中有几名守护。[5] 他们被称为"半令制国守护"（日语称"半国守护"）或者"分区守护"（日语称"分府守护"）。这种做法被视为德川幕府实施的类似范围划分的先例。这样划分的最初显然是出于军事方面的考虑。在南北朝内乱时期，守护这样的军事将领按照需要任命。我们尚不确定将守护官职划分到郡的具体时间。但是我们知道，1342 年，天田和斑鸠两郡从丹波守护仁木赖觉的管辖范围中划分出来，交给丹后守护上杉洼田管理。[6] 由此可见，该制度也许在室町幕府成立之初便开始实施。

238

[1] 参见 Gomi Fumihiko, "Shicho no kosei to bakufu: juni-juyon seiki no rakuchu shihai", *Rekithigaku kenkyu,* no. 392 (January 1973): 第 1-19 页。

[2] 参见 Haga, "Muromachi bakufu samurai dokoro", 第 91-92 页。

[3] Shimosaka Mamoru, "Sanmon shisetsu seido no seiritsu to tenkai: Muromachi bakufu no sanmon seisaku o megutte", *Shirin* 58 (January 1975): 第 67-114 页。

[4] 参见 Sato, *Muromachi bakufu shugo seido,* 第 46 页。

[5] 参见 Imatani Akira, *Muromachi bakufu kailai katei no kenkyu* (Tokyo: Iwanami shoten, 1985), 第 225-259 页。

[6] 参见 Imatani Akira, *Shugo ryogoku shihai kiko no kenkyu* (Tokyo: Hosei daigaku shuppankyoku, 1986), 第 307-345 页。

　　在南北朝时代后半期，守护权力越来越大，幕府试图利用分权制度来遏制某些守护的势头。1383 年，幕府让细川赖之官复原职。1379 年，时任摄津守护的细川赖之在康历之乱中战败。[1] 但是，管领斯波义将担心细川氏的权力扩大，将该国将近一半的土地分给附近的邻国守护。[2] 具体来说，除了西城郡之外，在摄津国的 13 个郡中，播磨国附近的丰能、川边和有马三郡分给赤松家族；和泉国附近的住吉郡分给山名家族；高知国附近的东成郡分给畠山家族。这样一来，细川家族就无法将摄津国作为自己的领地来管理，也不能使用守护职位培养自己的武装力量，不能收回失去的那些地方。应仁之乱以后，通过政治谈判，除了有马郡之外，细川家族重新获得了对上述各郡的管辖权。有马家族——赤松家族的一个旁系——维持对该郡的独家控制，在战国时期结束之前实际上被称为"郡主"。[3]

　　与摄津类似，安芸国也有几个划分的郡。幕府十分重视安芸，将其作为缓冲地带，一边是日本西部著名的武士家族大内，另一边是山名家族。在南北朝时代，安芸国守护是镰仓以东的武士大家族武田氏的成员。但是，南北朝时代结束时，大内和山名两大家族的势力扩展，那个令制国用以下方式从内部划分。

　　首先，广岛湾海角附近的中部三郡——佐藤、阿南和山形——被划分给武田家族。其次，构成阿南郡附近群岛的能美、仓桥、日高、蒲郡四个岛屿，分给了大内家族；剩下的佐生、高宫、高田、丰田分给了被正式指定为守护的山名家族。武田家族被命名为"郡守"。[4] 在实施守护制度的令制国中，这样的划分罕见。与之不同的是，那里存在"半国"守护制度，一个令制国一分为二，分别任命两位守护。实行半国制度的有备后、土佐、和泉、近江、加贺、远江、骏河和日立等八个令制国。除了土佐及和泉两国之外，其他令制国一分为二，分界线有的从南到北，有的从东到西，大致穿过中心。

　　换言之，鉴于守护的划分涉及管辖地域，它仅仅是分郡守护制度的一种变体。[5] 但是，在土佐（仅仅从 1400—1408 年）及和泉两国中，设立了一种特殊制

239

---

[1]　参见 Sato, *Muromachi bakufu shugo seido,* vol. I, 第 30–52 页；Ogawa, *Ashikaga ichimon,* 第 285–289 页。

[2]　参见 Sato, *Muromachi bakufu shugo seido,* vol. I, 第 30–52 页；Imatani, *Shugo ryogoku,* 第 246–294 页。

[3]　参见 Imatani, *Muromachi bakufu kaitai,* 第 225–259 页。

[4]　参见 Kishida Hiroshi and Akiyama Nobutaka, eds., *Hiroshima ken shi,* medieval vol. (Hiroshima: Hiroshima kencho, 1984), 第 301–349 页；Kawamura Shoichi, "Aki Takedashi kankei monjo mokuroku", pt. 1, *Geibi chihoshi kenkyu,* no. 108 (1975): 第 26–31 页。

[5]　参见 Imatani, *Muromachi bakufu kaitai,* 第 225–259 页。

度，让两名守护可以同时监督军务。[1] 我们尚不清楚为什么要设立那样的制度。但是，就和泉的情况而言，以下解释看来是合理的：其一，该国的最北端是贸易重镇坂井。其二，严格的区域划分可能形成两个不平衡的郡，一个是集镇，另一个是农村。其三，在明德之乱（1391 年）和应永之乱（1399 年）期间，势力强大的守护以坂井为基地，起兵反对幕府。因此，在建构该制度时，幕府很可能考虑了这一点。

守护的职责和职权范围

镰仓幕府守护的职权范围正常时主要有两项，一是招募提供警卫的军人，二是处理犯罪问题。后者包括动用治安部队，应对反叛、杀人、夜袭、抢劫、盗窃和海盗。但是，在镰仓幕府后期，蒙古人入侵，"邪恶匪帮"（日语称"恶党"）泛滥，守护权力扩大，守护一职也增加了许多行政职责。例如，守护不得不设立并且维持一个行政机构，负责处理驿站、寺院和神社事务。[2] 在室町幕府时代，守护继续承担此类工作，并且正式获得各种各样的权力，超过了镰仓时代的同行，例如派遣特使处理土地纠纷，执行法律，分派半济，征收税款等等。[3]

执法权，也称土地裁定权，包括：第一，实施涉及现存土地权利的诉讼程序；第二，禁止擅入或夺取争议土地；第三，恢复胜诉方，即幕府承认的土地合法所有人的土地权利。开始时，镰仓幕府往往任命两位武士担任密使，履行这个职责。但是，到了室町幕府末期，或者说 1330 年前，对这类土地拥有管辖的守护常常承担执法职责。[4] 室町幕府也沿袭那些方法，通常要求守护在土地诉讼案件中落实室町幕府的决定。1346 年，室町幕府颁布的一项规定明确，执法权是守护三大职责之外的另外一项职责。[5]

该法律程序本身如下：当一项裁决下达时，幕府通常以将军命令的形式进行公布，这就是说，发布一项官方的司法裁决。管领接到该命令后下达一项执行令，责令该土地所在的令制国守护进行处理，这就是说，强制实施该裁决。在这

---

[1] 参见 Imatani, *Shugo ryogoku,* 第 216–245 页。

[2] 参见 Sato, *ZdhoKamakura bakufu,* 第 250–252 页。

[3] 同上，第 251 页。

[4] 参见 Sato, *Muromachi bakufu shugo seido,* vol. I, 第 7–9 页。

[5] 参见 Sato Shin'ichi and Ikeuchi Yoshisuke, *Chusei hosei shiryoshu,* vol. 2: *Muromachi bakufu ho* (Tokyo: Iwanami shoten, 1957), 第 23–24 页。

种情况下，胜诉方在幕府的诉讼机构中收到将军令和执行令，将其带到守护在京都的府邸，要求将土地归还自己。如果守护同意他的要求，就会向住在该国的副守护下达一条执行令，责成他恢复胜诉方的土地。接着，胜诉方将该文件带回国，面呈副守护，等候指令。副守护发布命令，将土地交给一名助理或郡一级官员，在所在地执行该裁决。土地归还胜诉方以后，副守护的助理将会发布一条收到土地的保证书，即回复文件。该文件通过同样的途经，返回相关的最高官员手中。最后，所有文件都要交给胜诉者。[1]

该过程还涉及官员的另外一个层面。许多守护和副守护住在京都，因此，遇到这样的案子，守护代将另外一项执行令送给住在令制国的下级副守护（日语称"国守护代"）。常见的做法是，守护不在时，住在京都的他的文书给副守护发送一份执行令。[2] 这种情况说明，守护的执法职责原本只是幕府诉讼管理的一个部分，但其实让守护有了相当大的操作空间。许多守护拒绝执行对自己没有好处的裁决。还有许多守护从胜诉方那里收取大笔费用，被称为"进贡"，用于补偿执法开支。

守护的另外一个新职责是分派半济。这个术语的字面意思是"一半税金"。这意味着，庄园和国衙领的年贡的一半，必须交给南北朝内乱中支持己方的武士，用于军事方面的开支。这项政策最初于 1352 年实施，足利尊氏当时在近江、美浓、尾张三国的庄园中强力推行。当初，该政策的实施期限为 1 年，年贡收入由外居庄园主承担。但是，实际情况是，武士得到半济之后，逐渐从那些土地中形成了既得利益，很快开始染指附近的寺院和神社的土地。从那以后，幕府实施半济法，试图根除武士侵害庄园利益的行径。但是，半济法遭到地方武士的强烈抵制。[3]

242

1368 年，管领细川赖之颁布了著名的"应安半济法"。该法令承认，收取一般庄园的半济，免征的只有皇室土地、朝廷的摄政王家族的土地、大寺院和神社的合并田产。该法令旨在永久防止武士的这一做法：不是分割年贡，而是将土地本身一分为二，一部分归庄园主，一部分归地方武士。该法令起到重要作用，决定了室町幕府时代土地关系的基本框架。幕府通过此举，保护并支持贵族阶层拥

---

[1] 参见 Sato, *Muromachi bakufu shugo seido,* vol. I, 第 8-9 页。

[2] 参见 Sato, Shin'ichi, *Komonjogaku nyumon* (Tokyo: Hosei daigaku shuppankyoku, 1971), 第 169-170 页。

[3] 参见 Sato Shin'ichi, *Nambokucho no doran,* in vol. 9 *oiNihon no rekishi* (Tokyo: Chuo koronsha, 1965)，第 328-329 页。

有的部分庄园田产。但是，守护及家臣获得的权益也相当可观。从该法令开始，守护大名巩固了对领地的控制。[1]

借助半济法，守护们可以获得大量半济土地，然后名正言顺地将它们分给自己喜欢的地方武士和家臣。[2] 1363年，足利义诠将军颁布一条命令称：半济土地的管理权，即处置权属于守护。[3] 这让守护可以将大量农民组织起来，形成家臣队伍。

在室町幕府时代，守护的第三项职责是收税。农作物税收由农民交给庄园主。这样一来，守护无法索要该项税收，无法征收其直接控制土地之外的苛捐杂税。但是，存在一个先例[4]：在镰仓时代，守护得到朝廷授权，在令制国范围内为幕府统一收税。[5] 该税针对寺院和神社建筑，称为租谷，取代徭役。另外，还有一项用于朝廷典礼的租谷。这两个税种开征的时期看来是11世纪末到12世纪末。从第一个税种获得的收益用于伊势神宫的岁修，第二项税收所得用于天皇登基大典。

243　室町幕府从禅位天皇那里获得诏书和指令，然后下令守护征收各种税金。[6] 此类税种根据财产征收。一种叫作"段钱"，以土地积累量为根据；另一种叫作"栋别钱"，按照一幢房屋的柱子数量征收。作为段钱基础的地籍登记称为"大田文"，是镰仓时代早期编撰的综合稻田登记。[7] 但是，该登记册没有及时更新，因此并不包括后来开垦的土地。按照要求，守护仅须上交《大田文》登记在册的土地的收入。但是，他们对所有耕地征税，将多余部分据为己有。此外，守护下属各郡官员或征收段钱的官员常常进入庄园，进行现场检查。庄园主对该做法愤愤不满，常常向官员支付巨额费用，以便免于检查。这样一来，守护及其官员的收入与日俱增。[8]

这样一来，守护一方面操纵幕府关于征收段钱的命令，另一方面将新的税负

---

[1] 同上，第396–397页。

[2] 参见 Sato, *Zoho Kamakura bakufu,* 第251页。

[3] 参见 Sato, *Muromachi bakufu shugo seido,* vol. 1, 第38页。

[4] 参见 Ishii Susumu, "Kamakura bakufu to ritsuryo kokka - kokuga to no kankei o chushin ni shite", in Ishimoda Sho and Sato Shin'ichi, eds., *Chusei no ho to kokka* (Tokyo: Tokyo daigaku shuppankai, 1960), 第135–221页。

[5] 参见 Sato, *Muromachi bakufu shugo seido,* 第9–10页。

[6] 参见 Ishii Susumu, *Nihon chusei kokkashi no kenkyu* (Tokyo: Iwanami shoten, 1970), 第118–200页。

[7] 参见 Momose Kesao, "Tansen ko", in Hogetsu Keigo sensei kanreki kinenkai, ed., *Nihon shakai keizaishi kenkyu,* medieval vol. (Tokyo: Yoshikawa kobunkan, 1967), 第1–34页。

[8] 参见 Tanuma Mutsumi, "Kuden tansen to shugo ryogoku", *Shoryobu kiyo,* no. 17 (1965): 第16–33页。

强加在农民头上，以便弥补令制国的行政开支。[1] 日本学者将此称为"守护段钱"。守护征收该税，并不说明其用途。而且，守护还将它变为一种常设税种，按每段土地 100 文收取，该做法始于 15 世纪中叶前后。守护段钱的设立其实是一种新的税收制度，根据地域和守护个人的情况各异。该税类似于地租，标志着守护的权力扩张进入了一个新阶段。此时，它遍及整个令制国，包括庄园土地、国人土地，以及国司衙门的土地。

除了段钱和栋别钱之外，守护收取的另外一个重要税种采取了劳务形式。守护作为令制国军事和治安长官，承担了许多职责。在一般情况下，他可以对所辖范围内的村庄征税，弥补自己的职务开销。这些税种统称"守护役"[2]，其中最重的是徭役。徭役可能源自南北朝时代武士的做法：一是强令农民运输粮草，二是修建防御工事。但是，从 14 世纪末到 15 世纪，根据劳务内容、天数、人数等因素的不同，守护要求村民提供的徭役形式五花八门。1360 年左右，赤松家族的守护下令，东寺在播磨国庄园矢野农庄完成以下任务：运送灰泥、木材和食盐；长期派出人员担任旗手，搬运铠甲（特别是行李），负责京都与令制国之间的日常物流；修建防御工事。

1388 年，守护要求东寺在丹波的庄园小山农庄提供大量徭役，需要 263 人。守护征用此类徭役时，还要求庄园主支付临时费用，购买必需的食物之类的东西。在这种情况下，庄园主将一半费用转嫁给农民。其结果是，农民的负担陡增。[3]

守护役不仅有人力，而且还包括牛马这样的牲畜，以及船只之类的动产。守护必须保持与令制国官员和京都之间的联系，因此常常征用属于农民的马匹。这一做法叫作"传马役"。在通常情况下，征用的马匹几天以后还给农民。但是，如遇战事，此类徭役被用于军事目的，给农民家庭的生产力带来严重损害。[4] 在濑户内海沿岸各国中，守护多次征用渔船承担军事任务。甚至还有例子显示，铁锅这类农民的日常用品也被守护征用。在那样的村庄中，农民无法忍受此类强征暴敛，常常通过庄园主向幕府举报守护的违法乱纪行为。

---

[1]　参见 Fukuda Ikuo, "Shugoyaku ko", in *Nihon shakai keizaishi kenkyu,* medieval vol., 第 147–178 页。

[2]　参见 Sato, *Nambokucho no doran,* 第 370–371 页。

[3]　参见 Imatani, *Shugo ryogoku,* 第 454–471 页。

[4]　参见 Sato, *Muromachi shugo seido,* vol. 1, 第 53、220 页；Ogawa, *Ashikaga ichimon,* 第 1–25 页；以及 Sato, *Nambokucho no doran,* 第 378–380 页。

所有这些因素反映了如下事实：守护的权力扩大；他们对国人和农民的压迫加深；令制国内权力分散的情况加剧。

守护职位变为世袭

245　　南北朝时代上半段，在战斗最激烈的地区，担任守护的人员时常变动。[1] 从室町幕府建立到足利义满担任将军的应永之乱期间（1336—1400 年），一个家族独享守护职位的令制国只有 13 个：在萨摩国是岛津氏；在丰后国是大友氏；土佐国是细川氏；安房和赞岐国是细川家族；周防国是大内氏；美浓国是土岐氏；日高国是京极氏；甲斐国是武田氏；骏河国是今川氏；下总国是千叶氏；日立国是佐竹氏；上野国是上杉氏。

　　守护任职人员频繁调动的原因大概有两个：其一，在南北朝，守护必要时须承担军事职责；其二，幕府备受派系之争的困扰。在南北朝时代，幕府领导层分为两大派系，一派由高师直、足利直义和仁木吉永统领，另一派由畠山国清、细川赖之和斯波义持统领。因此，纠纷和政治动荡长年不断。[2] 前一个派系的力量源于这一事实：他们力量集中在京都周围的京畿中部，那里的守护更换尤其频繁。第二个派系人称"官僚"派，其命运在这一事实中早就确定：在 1350—1352 年的观应之乱期间，他们完全被排除在官职任命之外；细川赖之守护领导的派别在各地大量当官。除了重要兵变之外，势力强大的守护还发起了规模较小的兵变。例如，明德之乱（1391 年）和应永之乱（1399 年）。那些活动遭到镇压，守护被重新任命。应永之乱后，12 个令制国守护按照以下方式轮转任职：在信浓，从斯波家族转到小笠原家族；在尾张，从畠山家族转到斯波家族；在伊势，从仁木家族转到土岐家族；在守护一分为二的远江和骏河两国，从今川贞世转到今川义元；在和泉，从大内家族转到仁木家族；在石见，从京极家族转到山名家族；在周防和长门，从大内义兴转到大内义弘；在纪伊，从大内家族转到畠山家族；在备后，从细川家族的一个旁系转到山名家族；在土佐，从细川家族的惣领家转到同一家族的一个旁系。[3]

　　应永之乱是室町幕府治下最大规模的守护运动。从那以后，几乎没有对守护

---

[1] 参见 Sato, *Muromachi bakufu shugo seido*, vol. I, 第 60–61 页。

[2] 参见 Imatani, *Shugo ryogoku*, 第 216–245 页。

[3] 参见 Sato, *Nambokucho no doran*, 第 378–380 页。

进行大规模的重新任命。如果守护家族的首领去世，一般的惯例是，其嫡系继承 246
人或者某个关系密切的血亲继承职位。这样一来，从 15 世纪初开始，守护官职
成为可以世袭之物。这一做法巩固了守护在一个地区中的地位。[1] 在那之前，守
护每隔几年就会调动，主仆关系必然松散，即便守护可以在任职的令制国内培养
底层武士和家臣，结局也是如此。但是，一旦守护官职一直掌握在一个家族手
中，一个令制国中势力最大的武士便成为守护的终生家臣。这让守护实际上独霸
该国，而不是空有其名。大约在同一时期，守护家臣常常承担庄园的主管职责。
该过程在日语中称"守护请"[2]。此举在地方事务方面形成的格局是，如果没有守
护家臣的直接或间接合作，甚至连庄园主也难以确保对庄园的控制。

　　因此，在 15 世纪之前，"国方"表示令制国国司或国司官署；到了 15 世
纪初，国方逐渐专指守护的权力。15 世纪 20 年代末，足利义持担任将军，室町
幕府的势力达到巅峰状态，守护任职情况如下（其中包括担任三个或三个以上的
双守护令制国）：细川家族的守护控制和泉、摄津、丹波、备中、淡路、赞岐、
安房、土佐等国；山名家族的守护控制但马、因幡、伯耆、石见、备后、安芸等
国；畠山家族的守护控制高知、伊势、越中、纪伊等国；京极家族的守护控制山城，
以及近江、日高、隐歧三国的一半；大内家族的守护控制周防、长门、筑前、丰
前等国；斯波家族的守护控制尾张、远江、越前；赤松家族的守护控制播磨、美作、
备前等国；一色家族的守护控制三河、若樱、丹后等国。

　　幕府让细川、畠山和斯波三个守护家族轮流推举人选，担任管领职务。[3] 侍
所的长官从京极、赤松、山名和一色四大家族中挑选人员担任。[4] 在足利义持担
任将军时，三个管领家族加上山名、赤松和一色家族，构成幕府的统治集团。他
们全是资深政治家，负责答复将军提出的问题，对政府的重要事项发表意见。在
六位大名中，经验最丰富的守护深受将军信任，其权力超过管领。[5] 在室町幕府 247
时代，所谓的"守护大名联合治理"所指的就是幕府统治集团中势力最大的成
员。他们精于权力平衡之术，对政府进行管理。

[1]　同上，第 367-370 页。

[2]　参见 Ogawa, *Ashikaga ichimon,* 第 753-765 页。

[3]　参见 Haga, *Muromachi bakufu samurai dokoro,* 第 77-98 页。

[4]　参见 Imatani, *Muromachi bakufu kaitai,* 第 70-91 页。

[5]　参见 Tanuma Mutsumi, "Muromachi bakufu, shugo, kokujin", in *Iwanami koza Nihon rekiski,* vol. 7 (Tokyo: Iwanami shoten, 1976), 第 1-50 页。

领国的治理结构

南北朝内乱以后，守护的角色从军队指挥官转变为令制国行政管理者。幕府要求在职守护——守护家族的现任首领——住在京都，与将军同在一城。具体说来，势力强大的守护作为管理国家的长老会成员住在京都，以免他们各自的领地中出现大的危机。[1]这样一来，在领地上从事实际管理的是守护的代表，称为"守护代"。如果势力强大的守护家族控制两个或两个以上令制国，甚至副守护也必须住在京都。在这种情况下，在该令制国设立副守护的代理，称为副守护的代表（日语称"国守护代"）。（副守护大概类似于江户时代早期各藩的"家老"，副守护的代表类似于近代初期的"户家老"）。[2]住在京都的许多守护的知识和能力有限，常常聘人担任文书和官员，让其处理实际的行政事务。例如，畠山满家在足利义教将军任职时当过管领，是名声显赫的长老，但是甚至他在自己的日记中也承认，他并不完全理解政府公文。[3]

守护职位如遇地域划分，几乎全部以郡为基础。因此，在那样的令制国内，守护大名的管辖范围大概也是按郡划分。守护是古代律令制度的国司的继承者。从历史上看，国司通过郡长（日语称"郡司"）进行管理。与之类似，守护在领地方面的组织继承了令制国机构（日语称"国衙"）。[4]

但是，对平安时代令制国机构的研究显示，大约从 10 世纪或 11 世纪开始，郡长在令制国行政机构中一度拥有很大权力。后来，令制国政府直接控制郡，郡长失去了权力，仅仅作为令制国官衙的代理人而已。因此，到了镰仓时代，在大多数令制国中，律令制度下的郡守已经沦为过去的影子。在某些令制国中，这个官职完全废除。但是，在九州南部，该职位继续完整地延续下来，郡守们变为镰仓幕府的家臣，加入守护的行政机构，最终成为一分为二的令制国的管理人员。[5]但是，在日本的其他地区，守护拥有独一无二的权威。他们在那些令制国中组建自己的武装力量和行政机构。

---

[1] 参见 Imatani, *Shugo ryogoku,* 第 121–139, 307–345 页。

[2] 参见 Tokyo daigaku shiryo hensanjo, ed., *Dai Nihon kokiroku kennaiki,* vol. 1 (Tokyo: Iwanami shoten, 1963), 第 91 页。

[3] 参见 Yoshie Akio, "Kokuga shihai no tenkai," in *Iwanami koza Nihon rekishi,* vol. 4 (Tokyo: Iwanami shoten, 1976), 第 43–80 页。

[4] 参见 Tanaka Kenji, "Kamakura bakufu no Osumi-no-kuni shihai ni tsuite no ichi kosatsu," *Kyushu shigaku,* nos. 65 and 67 (1977, 1979): 分别为第 1–22 页、1–18 页。

[5] 参见 Imatani, *Muromachi bakufu kaitai,* 第 225–259 页。

学者们认为，守护以郡基础，设立管理机构，这一做法最先在近江国推行。1284 年，六波罗探题颁布一项执法令，首次正式使用"浅井郡副守护"这个头衔。1282 年，一位守护的土地收条也写有"浅井郡守护使节"字样。因此，看来从那时开始，每个郡都派驻了守护使节。[1] 在南北朝时代，在其他几个郡中，守护的执法特使被给予"郡使"头衔，在地方上行使管理权，其作用类似于以前的律令制的郡守。1400 年，山城国出现了郡治安官员。在 15 世纪中叶，同一个官职被称为"介"。几乎在所有令制国中，拥有该官职的守护家臣被赋予重要职责。[2] 通常的做法是，介向地方官员传达幕府的司法机构下达的执法令。郡守的权力在京畿中部各国最大，例如，摄津、河内、山城、丹波、近江和播磨。

249

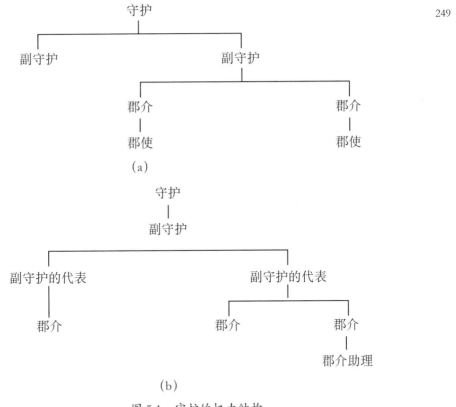

(a)

(b)

图 5.1　守护的权力结构

注：(a) 为山城国，(b) 为河内国，时间大约为 1379 年

---

[1]　参见 Imatani, *Shugo ryogoku,* 第 18–71 页。

[2]　参见 Imatani, *Muromachi bakufu kailai,* 第 225–59 页。

郡守的地位突然上升，背后有几个原因：其一，正是在这一点上，守护真的实现了对令制国的控制；其二，那时，南北朝内乱已经偃旗息鼓，守护可以安排永久性行政官员；其三，幕府和守护已从朝廷手里夺取了征税权力，包括涉及整个令制国的税收和段钱。（据称，最后一点是在 1379 年的康历之乱时实现的。）[1]图 5.1 显示，从制度和结构两个方面看，守护权力在分而治之的令制国中被压缩到最小的地方单位。[2]

随着时间的推移，介的权力逐步增加。他们在可以观察全郡的最佳位置修建要塞，并且在交通要道区域修建坚固堡垒。他们不但接管了地方上涉及土地的幕府执法令，而且还征收段钱和守护役，征用军役（日语称"军役众"）。[3]守护辖区内如果出现地方起义，介在镇压的过程中所起的作用至关重要。换言之，介是直接行使守护的军事权力和行政权力的官员。介控制农民，而且拥有远远高于当地知名人士的军事权力。但是，介通常与乡绅的意见相左。

守护掌握着任命所在令制国官员的大权，例如，副守护、副守护代表和介的任命。除了特殊的情况之外，幕府并不干涉守护的权力。实际上，在人事任命方面，幕府不可能出面限制令制国的行政结构。[4]

在古代律令制度下，郡守的人选来自地方名门望族，而那些人在 7 世纪大化改革之前就已经存在。但是，就室町幕府时代介这一官职而言，情况并非如此。副守护和介是守护的领国成员，长期住在守护家里，听从守护调遣。即便在守护的下属中，他们也构成一个特殊的核心群体。

在地方上，一般的富裕农民叫作"国人"或"外样"，因而地位明显不同。[5]在有些情况下，令制国本地的势力强大的国人获得了对副守护的世袭控制，例如近江国的井场家族。[6]但是，这样的情况并不常见；在大多数情况下，国人常常来自其他令制国。例如，河内国的游佐家族最初来自出羽国；丹波国的小笠原和古在家族分别来自安房国和赞岐国；摄津国的药师寺家族来自武藏国。细川家是

---

[1] 有关山城国的情况，参见 Imatani, *Shugo ryogoku,* 第 18–71 页；有关河内国的情况，参见 Imatani, *Muromachi bakufu kailai,* 第 121–139 页。

[2] 参见 Imatani, *Muromachi bakufu kailai,* 第 225–259 页。

[3] 同上。

[4] 参见 Ogawa, *Ashikaga ichimon,* 第 332–358 页。

[5] 参见 Imatani, *Shugo ryogoku,* 第 372–404 页。

[6] 参见 Ogawa, *Ashikaga ichimon,* 第 332–358 页。

足利家族的一个分支，居住在三河国时使用新姓氏，和足利家族一起迁到日本中部。从南北朝时代开始，他们在那里立下根基，最初集中在安房国和赞岐国，后来繁衍到了四国。那时，细川家族并入来自四国的势力强大的上层家臣圈子。这样一来，到了南北朝时代末期，细川家族在自己世袭的京畿各国——摄津、丹波和和泉——设立行政机构时，来自四国的国人在核心圈子中占据主导地位。[1] 此举的本意是，将地方利益群体排除在令制国的行政机构之外，但是实际上却加深了守护家臣中内部官员（日语称"内领管"）与国人之间的裂痕。

守护的治理机构

在室町幕府鼎盛时期，通常要求守护住在京都，地方事务一般由副守护或副守护助理打理。令制国行政机构办公场所称为"守护所"。在镰仓时代，守护的权力主要体现在军事方面，令制国官署（国衙）实施行政管理。但是，随着守护权力的增加，该行政管理职责逐步转到守护所。在一些令制国中，守护所设在国衙之内或附近。这样一来，从前的国衙改换门脸，变为守护所，称为"府中"。[2] 在许多地方，例如，丰后、武藏和日立国，府中这个名称至今依然存在。但是，守护所常常设在军事要地，与令制国原来的行政中心完全分开。例如，在和泉国，原来的行政中心处于该国中心，而守护所设在最北端，以便控制通往河内和山城的要道。[3] 随着时间的推移，守护的行政功能扩充，令制国作为经济中心的重要性日益增加。守护所常常建在前哨小镇和港口城市，临近具有重要战略地位的交通要道。[4]

在每个令制国中，守护所并非只有一个。正如前文所解释的，如果令制国中有分治之郡，那么每位郡守都有自己的守护所。在设立两名副守护的令制国中，在实施分而治之的令制国中，设立两处守护所。前者的例子有山城国和（战国时代的）河内国，后者的例子是近江和加贺。

律令制还在各国设立分支机构。与之类似，从南北朝时代后半期开始，设立

---

[1] 参见 Matsuyama Hiroshi, *Nikonchuseitoshinokenkyu* (Kyoto: Daigakudoshoten, 1973)，第 65–93 页。

[2] 同上。

[3] 参见 Sato, *Muromachi bakufu shugo seido, vol*, 1, 第 14–29 页。

[4] 参见 Sato, *Zoho Kamakura bakufu*, 第 252–253 页；Matsuyama Hiroshi, *Shugo jokamachi no kenkyu* (Kyoto: Daigakudo shoten, 1982)，第 56–76 页。

地方执法机构。它作为副守护的下属机关，由副守护助理和郡守管理。这样一来，对守护所的权力进行了分割，设立了新的分支机构。[1] 在山城和丹波两国，几乎每郡都有守护所的分支机构。我们尚不清楚它们那时是否叫作郡介官署。但是在和泉国，参照堺城的守护城堡，和泉大津与和泉佐野的官署都称为守护所。由此可见，守护所似乎是守护的重要下属的办公场所。

252

根据我们现在了解的资料，京畿中部各国守护所的名称五花八门，以下按照令制国排列：

山城国：西七条、胜龙寺、用土、牧岛、佐贺
河内国：丹南、古文、若江、高屋、饭森
和泉国：府中、坂井、大津、佐野
摄津国：兵库、茨城、今里、保利、桑骏、小清水、芥川
丹波国：氷所、八木、八神、土师
播磨国：加古川、白幡、木山、坂本、广濑、岩美（石橱）

以上名单显示，守护所均设在具有活力的令制国城市中；实际上，在室町幕府时代，主要港口城市都是围绕着守护所建设起来的，例如坂井、兵库和石橱。[2] 在战国时代，守护所有的建在城下町中，例如八木和八神，有的建在近代早期的藩国政府所在地例如，土师（福山口）、丹南、桑骏、木山（龙野）和广濑（山崎）。

因此，守护所作为令制国政府的核心，具有城市功能。但是，它们在经济方面的功能也是重要的。一个功能是，郡介的行政官署可以集中动员劳工，提供军役（日语称"军役众"）和普通劳役（日语称"劳役"）。而且，驿马先由郡介官署征用齐备，然后再按照需要，送到守护所的主要城堡或附近的令制国。因此，郡介官署可能收集的人员和马匹数量一定非常可观。守护所还起到集中地的作用，经手用各类税收——例如，段钱和粮食附加税——购买的储备粮。在律令制下，令制国和各郡官署都设有官舱；与之类似，在守护所也建有仓库，保管从农

253

---

[1] 参见 Imatani, *Shugo ryogoku,* 第 405–453 页。

[2] 参见 Imatani, *Shugo ryogoku,* 第 405–453 页。

民手里征收的大量物品。在守护所还建立了作坊，工匠和商贩那里生活和劳作。

1388 年以及 1410 两年，担任播磨国守护的赤松家族下令矢野庄园烧制铁匠所用的木炭，送到坂井和石橱的主要守护所城堡。因此，在那个令制国的守护所里，有一座铸造厂或铁匠工房，那里的守护借此可以垄断军事技术。[1] 此外，著名的白发家族在坂本城附近的书写山圆教寺担任工匠，隶属于为守护服务的工匠团体。此外，兴福寺的木工——人称"奈良番匠"，也帮助河内国守护畠山吉成修建主要的守护所官署高屋城。在近代初期，将那些工匠和技师组织起来的不是国人，而是守护。守护沿用室町时代做法，按照他们所在的国和郡进行编组。[2]

守护与国人的关系

国人的概念

在奈良时代的政府文告中，常常出现"族"和"附属"这两个词语。那时，它们的意思是"本地人"[3]。这就是"国人"一词的来源。在中世时代，国人一般表示一个地方的领主，或者土生土长的地头御家人。今天，研究那个时代的专家们根据国人活动的性质，将其分为两类：一类是"地方豪绅"（日语称"土豪"），另一类是普通"国人"。土豪是有权有势的地方领主，控制地方的行政事务。有些学者将他们与国人完全区分开来。

在镰仓时代，那些地方豪绅，或称"地头御家人"，与将军保持封建的主仆关系。他们直接依附于幕府，其地位大大高于一般平民。从法律意义上讲，地头御家人得到幕府的保护。随着现金经济的兴起，惣领制度日渐衰微，土地被分为越来越小的单位。许多地方领主在镰仓时代后期淡出视线[4]，各个阶层之间的界限变得模糊不清。在那样的氛围中，随着职能的划分，无论平民还是僧侣，只要可以获得地头职位，就能享有地方领主的种种特权。

254

---

[1]　同上。

[2]　参见 Takagi Shosaku, "Bakuhan shoki no kuni bugyo ni tsuite", *Rekishigaku kenkyu,* no. 431 (May 1975): 第 15–62 页。

[3]　参见 Murai Yasuhiko, "Kokufu bunka no sozo to fukyu", in *Iwanami koza Nihon rekishi,* vol. 4 (Tokyo: Iwanami shoten, 1976), 第 313–348 页。

[4]　参见 Sato Shin'ichi, "Kamakura bakufu seiji no senseika ni tsuite", in Takeuchi Rizo, ed., *Nihon hokensei seiritsu no kenkyu* (Tokyo: Yoshikawa kobunkan, 1955)，第 125–134 页。

从南北朝时代开始，直接为幕府服务的家臣（御家人）被纳入将军的队伍[1]，地头御家人这个术语逐渐过时。势力强大的地方角色取而代之，他们被称为国人（在山城国，他们被称为"国民"），与镰仓时代的地头大不相同。在日本中部及其周边地区，地方出现的各种变化在性质上也存在很大差别。在日本东部和九州，庄园制度逐渐解体，国人成为地方领主，在地位上占有优势。有些国人家族后来甚至成为战国大名，其中包括陆奥国的伊达家、安芸国的森家。但是在日本中部，庄园制度得到重组和增强。幕府通过重组，试图保护庄园，此举加大了成为势力强大的国人领主的难度。国人被迫与庄园领主共存，在某种程度上与后者达成妥协。通过签订合约等方式，国人开始管理庄园，或者领取定期津贴。

国人联盟的形成

从 14 世纪末到 15 世纪初，守护逐步变为世袭职位，守护领地制度开始切实发展。守护及其注重领地管理的下属面临的主要问题是，如何处理独霸一方的国人。在那些国人中，不乏势力强大的地方豪绅。他们的祖辈在镰仓时代便扎下根基，被授予土地确认状，成为源赖朝的家臣。与平安时代的国司类似，依赖国人管理领地的守护在接下来数十年中备受这一政策的冲击。

在南北朝时代后半段，各个地区的国人组织起来形成联盟（日语称"国人一揆"），以便抵制幕府任命的守护。[2] 这些联盟具有横向联系的特征，有的甚至试图阻止守护进入他们所在的令制国。一揆通常是为了特定的地方事业而组成的农民团体（日语称"土一揆"）。但是，此处的一揆指的是，在军事方面频繁与守护对立的武士团体。这种一揆卓有成效，幕府任命的守护常常被迫放弃对自己领地的控制。信浓国就是一个典型例子。

二宫家族受守护斯波义将的委托，住在信浓国进行管理。1387 年，二宫家族的队伍被当地国人小笠原和村上两个家族击败。从那时开始，该地区就被独立的国人阶层控制。1399 年末，小笠原长秀（另外一个小笠原家族，该家族曾在镰仓时代任安房国守护）取代斯波家族，出任守护。小笠原长秀招募了一支家臣队伍，次年开进那个令制国。以村上家族为首的国人联盟受到一纸条约的束缚，因

---

[1] 参见 Fukuda Toyohiko, "Muromachi bakufu hokoshu no kenkyu - sono jin'in kosei to chiikiteki bumpu", *Hokkaido musashi joshi tanki daigaku kiyo*, no. 3 (March 1971): 第 1–52 页。

[2] 参见 Fukuda Toyohiko, "Kokujin ikki no ichi sokumen", *Shigaku zasshi* 76 (January 1967): 第 62–80 页。

此决定与那位守护对抗。他们在重要的大东战役中取得大胜，守护小笠原长秀的队伍被迫退回京都。[1]

1402 年，幕府采取了一项与国人和解的政策，不再向信浓国派遣守护，将它定为一个由幕府直接管辖的令制国（日语称"国领国"），从而确认了国人的田产。由此可见，国人实质上获得优待，国人问题因此顺利解决，国人再也没有滋事。虽然国人联盟武装对抗守护，不过并非总是反对幕府。更确切地说，他们通常组织起来驱逐守护，然后试图与幕府建立直接联系。实际上，幕府将信浓定为直辖领地，然后将它作为幕府土地，委托国人管理，其原因正在于此。

在京畿中部各国，农民阶层争取独立，取得长足进展。在那些地区，庄园主的势力也相当强大。这样一来，国人被夹在两者之间，想要获得独立地位并非易事。鉴于上述原因，国人在京畿难以形成联盟。守护与庄园主妥协，形成力量平衡，在此基础上对分而治之的令制国进行管理。但是，在应仁之乱期间以及之后，国人骚动风起云涌，守护的权威面临严重威胁。在细川家当权的京畿各国，这种情况尤其突出。

1473 年，和泉国成立了一个国人联盟。它在当地的势力非常强大，甚至到了向地位稳固的庄园征收粮食附加税的地步。遗憾的是，我们不知道时任守护的具体反应。但是，到了 1479 年，细川家守护要求国人归还在应仁之乱期间获得的庄园土地。摄津国的吹田、茨城、池田和伊丹等势力强大的国人家族组成大联盟携手对抗。他们拒绝守护的要求，并且对自己被排除在副守护和郡介的地方管理之外的格局愤愤不平。

简言之，这是副守护阶层与国人之间的冲突。那些国人向曾经起兵反抗幕府的畠山吉成提出增援要求。在这种情况下，细川家的守护率领一支大军，粉碎了那次起义。1482 年，他摧毁了吹田和茨城家族的老家，几乎将他们全部歼灭。[2]与信浓的国人联盟的命运形成鲜明对比的是，在摄津起义中，细川家的军事力量非常强大。他们采用极端残酷的方式，镇压了那次起义。

1485 年，山城国南部爆发著名的起义。起义者试图将畠山家的守护从该国驱逐出去。他们取得成功的消息传到山城国的西邱。西邱是细川家统治的一个地

---

[1]　参见 Inagaki Yasuhiko, "Do-ikki o megutte", *Rekishigaku kenkyu,* no. 305 (October 1965)：第 25-33 页；以及 Fukuda, "Kokujin ikki", 第 62-80 页。

[2]　参见 Imatani, *Muromachi bakufu kaitai,* 第 302-313 页。

区，包括乙训和角野两个郡。该地区的名门望族联合起来，抵制将军的权威，试图建立独立政府。幕府中权力最大的细川政元发现，该联盟没有攻击他的家族，最初对他们的行为持默许态度。1489 年，他的家乡丹波国爆发大规模起义，他的态度随之改变。此次造反的人是"外样国人"。他们曾被排除在细川家的政府制度之外，被视为缺少重要关系的外人。那次起义明显带有反守护特征，所以细川政元毫不犹豫地加以镇压。

后来，国人起义风起云涌，席卷细川家统治的和泉、摄津、山城和丹波等京畿诸国。国人和守护根据各自利益选边站队，战事变成关乎生存的争斗，要么吞噬别人，要么被人吞噬。在那场战斗中，副守护上原元英向当地人发布的一份文件称："必须征求每位郡介的意见，并且让其在镇压暴乱的部队中任职。"因此，郡介成为镇压起义的核心。大批从京都赶来的将士也投入到那场冲突之中。但是，叛乱者拼命抵抗，他们的据点难以轻易攻破。那场对峙持续了 3 年之久。1493 年，周智和荻野的势力强大的国人完败，那场大起义终于结束。[1] 国人起义具有巨大力量，这让细川政元深感震惊。他随即投入精力，惩罚参与山城起义的人员。1493 年 9 月，他一举清除了盘踞在山城国的稻屋城的国人，终于实现了对他统治的京畿各国的专权控制。[2]

总而言之，应仁之乱期间和之后在京畿爆发的反守护起义遭到镇压，孤立无援的国人难以对抗守护。在这种情况下，他们转而采取一种新的对抗方式，这就是一向联盟。

守护领地制度与国人领主制度

守护领地制度的主要贡献是确定了一种政治秩序，让守护大名成为封建领主制度的推动力量，在南北朝时代和室町时代中扮演重要角色。[3] 守护大名招募国人家臣，导致庄园制度的灭亡，帮助建立地方封建权威。永原庆二得出的上述结论对后来的学者影响很大。有的学者可能并不全部赞同这些结论，但是它们确实构成了研究守护领地制度的概念性框架。

---

[1] 同上。

[2] 同上。

[3] 参见 Nagahara Keiji and Sugiyama Hiroshi, "Shugo ryogokusei no tenkai", *Shakai keizaishigaku* 17 (March 1951): 第 103–134 页。

1961 年，黑川直则另辟蹊径，针对永原庆二的结论，提出了"国人领主"的 258
概念。[1] 黑川直则指出，守护使用两个方式来侵占庄园：一是从庄园制度之外获
得资金，比如，通过段钱和徭役这样的税收；二是干涉庄园制度本身，控制年租
的收缴方式。接着，黑川直则分析了国人阶层的活动，然后提出了这一假定：在
守护对国人进行家臣化的过程中，对令制国官署土地的控制权起到重要作用。他
强调说，守护大名只能从外部控制庄园或令制国土地；就那些土地的控制制度而
言，国人起到不可或缺的作用。结果，前者被后者击败。黑川直则因此得出结
论：形成中世后期权力结构的不是守护领地制度，而是国人领主制度。

黑川直则的这篇文章讨论了永原庆二著作的主题，具有重大影响，在一段时
间里是学者们普遍接受的理论。但是，随着对守护控制的许多不同地区的情况的
进一步研究和分析，相关学者发现，黑川直则提出的某些论点并不合理。例如，
他认为，守护大名受到国人的支配。但是，就京畿的大多数令制国（当时日本最
发达的地区）而言，实际情况并非如此。更确切地说，更常见的是截然相反的
趋势。

黑川直则论点的另外一个问题是，他忽略了守护与国人之间在军事力量方面
的控制关系。这种关系的一个特征是，领地中封建关系缺乏凝聚力，或者说过于
松散。甚至在黑川直则提出他的理论之前，许多学者就已经指出了这一点。[2] 新
任守护从将军手中接过委任状之后，两人通常会在守护履新的令制国内举行巡游
仪式。他们一行遍访每家庄园，浏览庄园和所在地区的地方武士名单。这样一
来，新守护就能为自己挑选家臣。与镰仓时代的做法类似，该过程并不向家臣颁
发任命文件，所以对守护来说非常有利。因此，学者们可以达成一致的一点是，
家臣关系松散，封建制度淡化。同时，此举可将更多的武士立刻纳入守护的控制
之下，其效率大大高于镰仓时代招募家臣的做法。

赤松满佑的例子就体现了这种松散的封建关系。赤松满佑任播磨、美作和备 259
前三国的守护，1441 年 6 月曾经起兵反对幕府。他领导的国人开小差，导致他
在短短两个半月之内彻底失败。另外一个例子是山名满幸。山名满幸是丹后国守

---

[1] 参见 Kurokawa Naonori, "Shugo ryogokusei to shoen taisei - kokujin ryoshusei no kakuritsu katei", *Nihonshi kenkyu*, no. 57 (November 1961): 第 1–19 页。

[2] 参见 Sato, *Nambokucho no dor an*. 第 364–368 页。

护，1391 年在明德之乱中被击败，原因也是他手下的国人开小差。[1] 但是，也有截然相反的情况。曾被幕府驱逐的河内国守护畠山吉成以畠山城为要塞，和国人家臣团结一致，从 1460 年 9 月坚守到 1463 年，时间长达两年 8 个月。因此，领主与家臣的关系并非总是容易被人击破的。

近年来，日本学者开始重新评价守护在中世末的整个权力结构之中的权威。具体说来，随着对几乎所有地区的战国大名的全面研究[2]，如何划分守护大名与战国大名的难题再次显露出来。许多战国大名曾经担任守护或副守护，这已是一个越来越难以否认的事实。于是，镰仓时代的守护与战国大名之间的连续性已经凸显出来。学者们认为，从 15 世纪末到 16 世纪初，领地权力的轴心正是守护。因此，守护的权力在 16 世纪初期达到巅峰。鉴于这一点，有的学者甚至使用"战国时代守护"这个术语来表示那个时期的大名权力。[3] 不管怎么说，我们仍需继续努力，以便更好地认识守护与国人之间的关系。然而，我们尚不能宣称，历史证据反驳基于守护领地制度的早期分析。

---

[1] 参见 Nagahara and Sugiyama, "Shugo ryogokusei no tenkai", 第 19 页。

[2] 见 Nagahara Keiji, ed., *Sengoku daimyo ronshu* (Tokyo: Yoshikawa kobunkan, 1986)。该书一共 18 卷，研究按照地区或战国大名展开。

[3] 参见 Imaoka Norikazu, Kawaoka Tsutomu, and Yada Toshifumi, "Sengokuki kenkyu no kadai to tembo", *Nihonshi kenkyu*, no. 278 (October 1985)，第 42–62 页；以及 Arimitsu Yugaku, ed., *Sengokuki kenryoku 10 chiiki shakai* (Tokyo: Yoshikawa kobunkan, 1986), 第 207–232、521–578 页。

第六章　庄园制度的衰落

永原庆二，一桥大学经济学部

在中世时期的日本经济生活中，庄园土地所有权制度是最重要的制度之一，260在 11 世纪末到 12 世纪出现巨大改变。1185 年，源赖朝建立镰仓幕府，设立军方行政官（日语称"守护"）和军方田地管家（日语称"地头"），给庄园制度注入新的土地保有权层次。1221 年承久之乱以后，幕府没收了参与暴乱的贵族和武士的土地，任命忠于自己的御家人担任地头，管理那些土地。[1] 以上事件所起的作用是，在庄园制度的所有权结构之内，确立了领主与家臣的关系。一个长期过程由此开始，武士权威逐步形成，中央庄园主对土地、土地收益和庄民的控制慢慢减弱。

从传统角度看，庄园主拥有那些"私人土地"的全部财务和管理权。镰仓幕府任命地头的意图是，补充（而不是取代）他们的土地权和政治权威。该政策并未完全否认庄园这种土地所有权形式，也不意味着地头获得了对所管土地的全部所有权。实际上，镰仓幕府竭力保留庄园制度，防止地头超越幕府给予他们的权力范围。[2] 按照镰仓幕府的设想，地头的主要职责有两项，一是让庄园主获得源源不断的收入和服务，二是维护地方的和平稳定。但是，地头一旦在那些土地上261站稳脚跟，随即开始扩大自己的权力和控制范围。在通常情况下，受到损害的是中央庄园主任命的庄园管理官员。

---

[1] 1185 年，平氏被打败以后，源赖朝得到天皇的恩准，任命地头管理庄园和国衙领。1221 年之后，地头被派往日本各地。

[2] 在整个镰仓时代，幕府法庭的裁定都涉及地头和庄园主控制权的案件。幕府试图以强力手段扩大其权力，当时的法庭裁决反映了这一事实。参见 Seno Seiichiro, *Kamakura bakufu saikyojo-shii,* vols. 1 and 2 (Tokyo: Yoshikawa kobunkan, 1970)，第 260 页。

13 世纪末至 14 世纪初，日本发生了重要的政治和军事事件：1333 年，镰仓幕府寿终正寝；1335 年至 1392 年出现南北朝内乱。地头趁火打劫，扩大自己对庄园的控制，实际上加快了庄园制度的衰落。到那时为止，无论贵族阶层的文官政府，还是幕府实施的军人统治已经日薄西山，再也没有足够的力量阻止地头的扩张行径。

因此，我以 14 世纪发生的南北朝内乱为切入点，考察庄园制度的衰落过程。那时，庄园制度已被大大削弱，形式上出现了很大改变。但是，即便在 14 世纪中，它也未完全崩溃，而是继续发挥作用，依然是土地管理和控制的基础。这种格局一直延续到 16 世纪。应仁之乱（1467—1469 年）中，社会出现动荡，庄园制度遭到进一步侵蚀。但是，它作为一种土地所有权形式并未被彻底淘汰，直到丰臣秀吉在 16 世纪末期实施地籍测量（日语称"太阁检地"）以后才退出历史舞台。本章的主要议题是，14 世纪发生的事件是如何导致庄园制度衰落的？但是，我对这个问题的考察将会涉及 15 和 16 两个世纪的情况。

庄园衰落的转折点

庄园土地所有权制度的特征

庄园于 11 世纪中叶形成，在历史上被证明是一种非常成功的方式，确保了以下两个方面之间的平衡：一个是统治阶级对收入的要求，另一个是平民稳定生计的需要。庄园起到主要途径的作用，从而让统治阶级获得农村的财富。除此之外，它也为农民和庄园主提供居住空间、劳作场地和生活来源。在庄园制度中，所有权，或称土地保有权，结构复杂，包含多个层面。扩大庄园的最普遍方式，也是对土地保有权关系影响最大的方式是委托。

262 庄园主或领主（日语为"领主"）主要是住在京都的宫廷贵族（或得到宫廷贵族支持的京都和奈良的具有影响的宗教既得利益群体），他们主要通过委托方式获得对庄园收益的支配权。实际开垦土地的地方贵族（日语称"开垦领主"）主要是当地的小庄园主，他们在当地享有权势地位，在令制国或郡一级担任一官半职。他们利用其官职的力量和声誉，扩大自己的土地所有权。在这一过程中，就如何实施对庄民的财政管辖权这一问题上，常常与令制国当局（日语称"国衙"）意见相左。面对令制国的不断威胁，小庄园主们想方设法，保护自己的利益。获得这种保护的最常见的做法是通过委托。小庄园主将自己的土地所有权委托给京都势力强大的人士或机构，以此获得保护所需的政治影响。因此，委托是一种途径，可以绕过中央政府下属的令制国官员的权力。[1] 庄园主是出身贵族的官僚，并不住在自己所控制的庄园内。他们是外居庄园主，大部分时间住在京都。他们利用自己的京都贵族官僚地位，可以取代令制国当局对受托土地的管理权。这样一来，庄园制度的所有权结构便与中央政府的官僚机构形成了不可分割的关系。

那些宫廷贵族和宗教机构控制的庄园并不一定位于一个地区，常常分散在全国各地。例如，近卫家拥有的庄园在 1235 年至少为 154 座，分布很广，从陆奥国到萨摩国都有。[2]

在一般情况下，开垦土地的乡绅将庄园委托给京都的庄园主。在改变土地名义所有权的过程中，他们将领主称号让给了后者，但是在实际收入方面损失不大。习惯的做法是，根据委托协议的条款，小庄园主被任命为庄园管理者，继续 263 以庄官或地头的身份监督地方行政事务。

接受委托的宫廷贵族（或宗教机构）叫作"领家"。领家获得一定数额的庄园收益。作为回报，他起到庄园保护者的作用，利用自己的影响力来维持免税待遇，并且在必要时对政府当局实施干预。为了确保庄园财产不受侵犯，为了从更多的庄园获得利益和美誉，领家常常将自己收入的一部分交给影响力更大的宫廷贵族或宗教机构，例如皇室成员或摄政王家族成员。后者起到监护人作用，日语称"本家"。本家的主要作用是，利用自己的名望来支持庄园提出的要求，一般不参与庄园的具体管理事务。

庄园的权力结构形形色色，其构成因素包括庄园位置、主人声誉等等，大体呈金字塔状：庄民处在最底层；管理庄民的人住在庄园内，叫作"庄官"或"地方领主"，负责土地开垦和土地委托事务；地位高于庄官的是中央庄园主，日语称"领家"；在金字塔尖上的是监护人，日语称"本家"。

---

[1]　土地开垦由乡绅实施。即便土地由私人持有，国司也常常设法没收那些土地，将其定为国衙领。为了避免出现这样的情况，乡绅将开垦出来的土地委托给京都贵族，千方百计将新开垦的土地以及附近的国衙领变为庄园。开垦土地的乡绅常被任命为庄园管理人。12 世纪，在日本全国范围内，地方贵族与京都贵族之间常常发生冲突，导致国衙领遭到分割。

[2]　参见 *Konoe-ke ryo shoryo mokuroku*, 1253, in *Konoe Fumimaro shozo monjo*。关于这种土地所有权形式，参见 Nagahara Keiji, *Nihon chusei shakai kozo no kenkyu* (Tokyo: Iwanami shoten, 1973), 第 57 页。

由此可见，庄园主的权利，包括勘察土地、确定并收取地租、处理司法事务的权利，依照等次，分为各个部分。庄园制度作为从土地获得经济收益的一种方式，不是基于所有者对土地的直接控制，而是基于从土地获得的收益。庄园的总收入包括庄民提供的所有物品和劳役，根据上述等次结构的每一层面的关系进行分割。被分配的份额叫作"司记"，它表示庄园等次结构中每一级应得的具体数量。按照司记权享有者的情况，司记分为本家司记、领家司记、下司司记等等。

在不影响庄园经济运作的前提下，可以通过买卖、继承或捐赠方式改变司记的所有者。但是，司记制度的基础是，上层司记权的持有者给予下层司记权。司记是可以流转、分割的，从庄园获得的收益的分配有可能涉及很大范围。司记制度基于等次结构，但是它既没有官僚特征，也没有封建性质。它是上级权利与下级权利比较灵活的结合，并未从义务和责任两个方面确定主仆关系。[1] 因此，领家任命的住庄管理者（日语称"下司"）享有下司司记，他同时可能是镰仓幕府的御家人。

中央庄园主通常积累了分散在多地的大量司记，难以维持对每家庄园的直接控制。这种产权制度与江户时代的大名的情况截然不同——大名控制的领地互相毗邻，大名的权利得到独立的武装力量的支持。中央庄园主没有私家军队，不得不依赖有权有势的地方官员（庄官）。而且，为了维持司记制度，他们还依赖家族结构、贵族和幕府形成的政府结构、文官政府和军人政府的法律机构。如果地头在庄园之内违法乱纪，庄园主通常的做法是，向朝廷和或幕府申诉，力求化解争端。[2]

庄园衰落的几个阶段

庄园制度的解体与构成该制度特征的土地保有权结构密切相关。随着司记与其最初依附的具体占有功能逐步分离，随着庄园结构的顶端出现变化，下面各个层面也出现改变。

地头和庄官逐步开始在庄园内形成各自的权威，纷纷以领主自居，绕过司记

---

[1] 对司记结构的全面详述，参见 Nagahara Keiji, *Nihon chusei shakai kozo no kenkyu,* 第 28–55 页。

[2] 关于庄园制度的总体介绍，参见 Nagahara Keiji, *Shden* (Tokyo: Hyoronsha,1978)；关于庄园的社会结构的总体介绍，参见 Kuroda Toshio,*Shoen-sei shakai,* vol. 2 of *Taikei Nihon rekishi* (Tokyo: Nihon hyoronsha, 1967)。

结构，损害庄园主的权威。此外，守护也开始篡夺令制国官员的权力，将令制国的土地（日语称"国衙领"）变为自己的私产（日语称"守护领"）。守护还试图将权力范围延伸到所在令制国的庄园之内。以上两大趋势相互联系，形成一种变化，从支离破碎的司记结构转向地域毗邻的大片领地。

就基本层面而言，构成庄园制度基础的经济关系出现了变化。这一点见于庄民活动之中，其中最著名的是涉及庄民的争端，史称"土一揆"。此外，守护和地头从上层庄民中招募人员，作为自己的家臣武士（日语称"被官"）。支撑以上变化的是村庄的经济发展。 265

随着庄园主对庄园的控制日益弱化，随着他们实际收取的年租不断减少，庄园主们开始使用次年的年租作为担保品，从放贷者（日语称"土仓"）手中借贷现金。为了获得已经大大缩水的租谷收入，庄园主不惜招募当地武士或放贷者。于是，史称"请负"的税收制度应运而生，庄园主的权力进一步削弱。他们失去了对庄园本身的控制，租谷收入的数量越来越少，这两个因素起到关键作用，导致庄园制度的彻底瓦解。

庄园制度衰落的形式各地各异。在一般情况下，守护和地头权力范围的扩展损害了庄园主的地位和权威。在京畿地区，庄民权利最大。庄民抗议活动此起彼伏，遏制了守护和地头扩展权力的势头。在日本东部和九州的偏远地区，庄园主的权力被削减的时间较早，地头、庄官和守护成功地控制大片相互毗邻的土地。在北陆、东海道、中国和四国地区，庄园主与守护和地头之间的力量更加平衡。在那些地方，守护常常摇身变为大名，但是庄园制度维持的时间相对较长。[1] 因此，当我们考察庄园衰落的情况时，绝对不能忽视地区差异。

作为领主的地头和庄官的演变

地头对庄园控制的扩大

在庄园和国衙领内，地头司记的确立经历了两个阶段。源平合战（1180—1185 年）以后，崭露头角的幕府从朝廷那里获得了任命地头（日语称"本补地 266

---

[1]　在庄园制度中，地区差异大体与经济发展的先后一致。京畿、日本西部和京都最发达。除了经济发展的程度之外，中央政府在具体地区的力量也是一个决定因素。律令的权威至少渗透到了日本东部。

头"）的授权，让他们管理从跟随平氏的武士手中没收的土地。1221 年的承久之乱以后，幕府再次任命地头，管理没收的土地。这些人史称"新补地头"，意为新近任命的地头。本补地头的权力并未完全按照制度任命，而是从管理庄园的下司那里继承而来的。相比之下，新补地头被给予作为薪俸的土地（日语称"给田"）。给田的数量相当于他所管土地的十一分之一产生的收入。此外，新补地头还有权按照每段稻田 5 升的标准收取军事附加税（日语称"加征米"）。

该权力并不一定实现标准化。虽然地头的权威是以司记权为基础的，但地头并不完全控制自己任职的庄园或国衙领。此外，势力强大的幕府御家人经常被给予分散在各地的地头司记。为了维持那些分散的司记权，御家人常常派出家庭成员担任代表（日语称"代官"），对庄园实施监督。代官可以选择一个特定的庄园作为主要居所，将家眷迁到那里。承久之乱以后的整个镰仓时代，日本东部的武士常常获得西部庄园的地头司记。例如，涩谷家的祖业位于相模国，后来转移到萨摩国的入来院。与之类似，相模国的森家迁到了安芸国的吉田农庄。

地头迁到新庄园时，拥有现存权力结构内司记所标示的权利。但是，如果他们试图增加自己在庄园收入中所占的份额，或者在其他方面取得对庄园的控制权，例如治安管理和司法权，他们常常与庄园主派出的代官发生冲突。

1238 年，在丹波国的陵部农庄，一名地头与庄园官员发生了这样的冲突。陵部农庄是松野神社拥有的土地。于是，那位庄园官员上书六波罗探题，控告那名地头的行为非法。六波罗探题是镰仓幕府在京都东南部的六波罗派驻的代表，其职责是监督日本西南部的政治、军事和司法事务。那位官员在申诉书称：其一，那名地头为了修建新住宅，要求庄民提供不合理的劳役；其二，地头还强征一项税金，让农民陪他到前往京都；其三，强迫庄民在他的私地上无偿干活，甚至连餐食也不提供；其四，他还违反规定，从其地头名中支付 25 石年贡，17 年中涉及的数量高达 300 石以上。[1]

1243 年，在越前国的牛原农庄，地头与庄园官员之间发生了类似冲突。该地头不顾习俗，行使刑事管辖权，侵犯了庄园主的传统权威。[2] 刑事管辖权是庄园主权力的重要组成部分，因此，该地头的行为直接侵害了该领主对庄园的控制。

---

[1] 参见 *Rokuhara saikyojo*, 1238, in *Higashi monjo*。

[2] 参见 *Rokuhara gechijo*, 1243, in *Hoon-in monjo*。

这类事件反复出现，波及整个国家。在许多情况下，庄园官员直接向幕府申诉。幕府一般都会采取行动，制止地头实施的此类超越地头司记范围的行为。此外，这种行为还增加了庄园主与京都城内的贵族的摩擦，后者常常是那类非法行为的目标。于是，幕府制定政策，规范地头的行为。虽然幕府有言在先，地头却我行我素，扩大对庄园的控制。其结果是，庄园主逐渐失去对庄园的控制，常常采取"合与"（这个日语单词的字面意思为"和平的给予"）的解决方案。这样一来，就庄园收益的分配问题，庄园主与地头实现庭外和解。

另外两种形式的和解——"下地中分"和"请所"，给庄园主权力造成的威胁更大。[1] 下地中分是将庄园土地进行分割，让地头对一部分庄园土地拥有全权并且获得收益，中央庄园主控制剩下的部分。1318 年，在备后国的神崎农庄，为了化解地头与庄园主之间的久拖不决的冲突，庄园土地被一分为二，由双方分别控制。[2] 庄园的一半土地交给了地头，剩下的一半也难逃遭到地头染指的命运。这种分割土地的制度可能以不同方式实施，但是一般以对半平分为基础。这样一来，本来只能获得庄园收益的十一分之一的地头占了很大便宜。

"请所"也称"地头请"，常常表示下地中分之后地头控制权的扩大。在这种情况下，地头与庄园主签订合约，承诺每年为庄园主提供固定数额的收益和劳役，不论其收益如何都不得减扣。这样一来，对庄园的实际控制权交给了地头。这种做法让地头更进一步，将会成为独立存在的当地业主。[3] 在备后国的樱桃农庄，地头山内须藤是从关东迁移而来的。在恢复委托土地权利（日语称"下地进止权"）问题上，他长期与庄园主各执一词。1308 年，山内须藤和庄园主签订合约，答应每年支付给对方 45 贯，作为地头请的费用。[4] 地头请的做法始于镰仓时代初期的东部各国。在那些地方，幕府权威最为强大。但是，到了镰仓时代末期，西部各国的庄园也越来越多地实行请所。

地头通过下地中分或请所扩大自己的权力，庄园主则步步退让。这一做法在整个镰仓时代中不断变化。从镰仓时代早期到中期，地头基本在司记结构的框架

---

[1] 有关下地中分的详情，参见 Shimada Jiro, "Zaichi-ryoshusei no tenkai to Kamakura bakufu ho," in Inagaki Yasuhiko and Nagahara Keiji, eds., *Chusei no shakai to keizai* (Tokyo: Tokyo daigaku shuppankai, 1962)；and Yasuda Motohisa, *Jito oyobi jito ryoshusei no kenkyu* (Tokyo: Yamakawa shuppansha, 1961)，第 426–460 页。

[2] 参见 *Ryoke jito wayojo*, 1318, in *Kongo sanmai-in monjo*。

[3] 关于"请所"，参见 Yasuda, *Fitō oyobi jitō ryōshusei*, pp.339–355。

[4] *Rokuhara gechijō* 1308, in *Yamanouchi-Sudo monjo*.

内进行操作。他们想方设法，扩充当初作为司记组成部分给予自己的采邑土地。他们有的改变沟渠走向，以便改善自己私人土地的灌溉条件，有的擅用庄民劳力，使其耕种自己的土地。另一方面，下地中分和请所给予地头手段，让他们获得类似于庄园主的权力，管理庄园和庄民。

庄官的反抗

一门心思扩大对庄园控制权的人并非只有地头。庄官也试图获得更大的权力，强势的下司尤其厉害。伊贺国的黑田农庄是东大寺拥有的土地。12 世纪以来，担任下司的大江家族一直持有那里的下司司记。在镰仓时代末期，时任庄园下司的大江清定招募当地武士，扩充自己的势力。接着，大江清定夺取了庄园的税收大权。东大寺将此行为状告六波罗探题，大江清定遭到逮捕，被流放到和泉国。不过，东大寺对该庄园的控制依赖在当地势力强大的大江家。因此，该寺院后来任命大江康顺担任下司，大江俊定担任下司副手。

两人上任之后，罔顾东大寺的指令，步前任后尘，从事非法活动。东大寺作出回应，要前任下司大江清定的儿子大江安定出任下司一职。大江清定因为该项任命得益，从流放地和泉国返回家乡。父子二人针对东大寺，干了一系列煽动骚乱的事情。此外，庄民们与大江家联手，与东大寺对峙，要求减少租谷和徭役负担，从而损害了东大寺的权威。

面对庄园控制权方面出现的危机，东大寺急切要求该地区的御家人和伊贺国的守护代出面，向大江家施压。但是，请来的救兵也与大江家沆瀣一气。后来，六波罗探题意识到局势的严重性，站在东大寺一边。大江家的成员遭到逮捕，两个领头者被清除——大江清定被流放到备后国，大江康顺被流放到丹后国。不过，两人没有乖乖地待在那里，而是返回了家乡。他们不再向东大寺缴纳每年大约 3000 石的年贡，给该寺院造成很大困难。

大江家后来被人称为"恶党"。在镰仓时代，庄园主使用这个术语称呼目无法纪的团伙。那些人组成队伍，向庄园主强征税谷，抢夺财物。[1]恶党在许多庄园为非作歹，其成员包括庄官、庄民和武士。然而，东大寺强力反击，那批恶党

---

[1] 有关黑田恶党的情况，参见 Ishimoda Sho, *Zoho chuseiteki sekai no keisei* (Tokyo: Tokyo daigaku shuppankai, 1950)，第 181-302 页；以及 Koizumi Yoshiaki, "Iga no kuni Kuroda-no-sho no akuto," in Inagaki and Nagahara, eds., *Chusei no shakai to keizai*。

最后没能如愿控制黑田农庄。但是，在日本的其他地区，恶党像地头一样咄咄逼人，采取种种手段，扩大自己对庄园的控制。

国人领主的崛起

镰仓幕府倒台之后，地头和庄官大大加快了篡夺庄园权力的步伐。室町幕府沿用镰仓幕府的做法，采取镇压地头侵扰的政策。但是，室町幕府缺乏前任的力量，不能强制执行司法判决。地头和庄官公然对抗幕府判决。他们不仅反对幕府没收曾经支持南朝的贵族和宗教机构的田产，而且染指作为幕府盟友的北朝的田产。 270

在那个时期中，局势动荡不安，拥有分散田产的人发现自己难以维持权利。于是，他们开始将力量集中在一个地区。在那个过程中，地头司记持有者往往选择一家庄园，然后以它为中心，形成毗邻成片的田产。此外，地头司记持有者还将目光转向以前与自己没有联系的公地（日语称"公领"）和庄园，设法签订请所合约，以便在当地建立权力基础。

例如，御家人森家的祖业是相模国的森氏农庄。该家族也持有越前国的佐桥农庄、河内国的利田农庄、秋山国的吉田农庄的地头司记。在南北朝时代开始时，森家的嫡系将佐桥农庄的控制权委托给一个旁支，然后举家迁往吉田农庄，在那里建立了新的家族基地。在室町幕府时代，森家凭借吉田农庄所在的高田郡的公领和庄园的请所，在当地创建了权力基础。而且，他们还成为代官。[1]

当森家这样的地头将注意力转向建立区域权力基础时，他们不得不放弃分散在各地的田产。就森家的情况而言，他们放弃了在利田农庄和佐桥农庄的司记。在此我举另外一个例子：武藏国有一名姓安博的御家人持有许多地头司记，它们分散在武藏、信浓、出羽、备中和播磨诸国。但是，在南北朝内乱期间，该家族在备中的地头司记被当地人强行夺走。[2] 在 14 世纪的那场战乱中，庄园的司记结构很快开始解体。受其影响的不仅有贵族和宗教机构持有的上层司记，而且还有分散的地头司记。

在 14 世纪，随着司记结构的弱化，地方权力基础相继建立，一种新的田产 271

---

[1]　参见 *Mori-ke monjo*, in *Takada-gun shi* (Takada-gun shi hensan iinkai, 1972)。

[2]　参见 *Abo Milsuyasu okibumi*, 1340, in *Abo monjo*。

趋势应运而生，在全国范围内出现了田产制度的重组。伴随田产模式的变化，在继承方式和军事组织方面也出现调整。在这种情况下，地头试图从上层庄民中招募家臣，以便建构一种控制方式，管理新近组建的权力上的居民。在镰仓时代，军事力量具有很强家族的色彩，没有血缘关系的家臣相当罕见。在惣领制度下，家族的嫡支强迫旁支成员（日语称"一族"）住在自己控制的村庄内。在和平时期，那些旁支成员管理和发展农业生产；在战争时期，嫡支首领（日语称"惣领"）动员那些旁支成员，领着他们投入战斗。没有血缘关系的成员常常应召入伍，但是不能进入军事核心。[1] 南北朝时代之后，地头一级武士放弃惣领制度，形成了一种新的军事组织制度。

武士家族也放弃了惣领制度下的遗产分割继承，以便防止伴随土地所有权分割常常出现的家族内部对立。在南北朝时代，许多地头家族采纳了新的继承制度，唯一继承人获得上辈的全部土地。这样一来，旁支家庭成员分享遗产，逐渐沦为依附嫡支生存的个人。与此同时，惣领通过以兵役换取减免年贡的方式，在其领地内招募能干的农民领袖（日语称"土豪"）和上层庄民作为家臣。

地头逐渐变为国人领主（成为地方或地区领主的乡绅）。该过程表现出三种趋势：第一，他们不再持有分散司记，而是在一个地方控制毗邻的田产；第二，他们不再沿用遗产分割继承的做法，而是转为单人继承，以便避免由于分割田产而出现财富缩水的状况；第三，他们将自己所在地区的上层庄民武装起来，以便增强军事力量。效仿此法的地方武士（日语称"在地领主"）叫作"国人领主"。"国人"这个术语在那个时期的文件中出现，指的是令制国中根基深厚的武士。[2]

272

国人与庄园主不同，他们凭借自己的实力控制庄园。即便如此，就控制庄民而言，直接行使权力本身被证明是远远足够的。国人发现，至关重要的是说服庄民接受两点：其一，国人的控制是恰到好处的；其二，国人有用公权。这样一来，国人并未完全割断庄民与庄园主之间的关系，而是继续承认庄园主的地位，让庄民向庄园主缴纳年贡。当然，年贡数量已经大打折扣。可耕地被公开勘定和记录（日语称那样的土地为"公田"），国人根据其数量计算庄民需要交给中央庄园主的年贡。但是，其实际面积远远小于国人自己收取租谷使用的数量。此

---

[1] 参见 Haga Norihiko, *Soryosei* (Tokyo: Shibundo, 1966)。

[2] 有关国人领主的情况，参见 Nagahara Keiji, *Nikon kdkensei seiritsu katei no kenkyu* (Tokyo: Iwanami shoten, 1961), 第 346-356 页；以及 Nagahara, *Nikon chusei shakai kozo no kenkyu,* 第 367-393 页。

外，国人掌握着庄园的实际控制权，因此庄园主失去了所有实质性权利，剩下的只有接受国人上交的租谷的权利。

　　森家管理的吉田农庄的持有者是京都的一家神社。在15世纪初，计算年贡的公田数量一般不超过40町步。森家控制的土地数量超过了600町步，征收日语称为"临时杂"之类的税金。[1]

　　在庄园制度的框架之内，国人获得了发展。国人篡夺庄园管理权，包括土地权、年贡收取权和治安管理权（日语称"检断"）。庄园主承认自己失去了权利，只好任命国人担任监管者（代官），按照双方签订的合约，获得固定数量的年贡。那时，庄园主与国人之间的争端很少提交幕府的司法机构。与我们了解的镰仓时代情况类似，那些争端并不涉及各个领主持有的支离破碎的权利。惣领成为一个牵涉庄园主的权威本身的问题。就此而言，国人领主以决定性方式改变了对庄园的控制。

守护领地制度的演变

守护权力的扩张

　　就在地头和庄官转变为国人领主的同时，守护也在发生变化。在镰仓幕府统治下，守护的权力受到《大犯三个条》的制约。实施《大犯三个条》的目的有二：其一，惩罚谋杀和谋反罪；其二，召集皇家卫队。此外，守护还有权在国衙管辖的范围之内，要求编制令制国的土地登记册。[2] 历史证明，那些登记册对守护来说是不可或缺之物，可以帮助他动员物力和人力。其原因在于，登记册上不仅显示地头和下司的身份，而且还标明国衙在各个庄园内持有的公地数量。 ⟨273⟩

　　此外，在蒙古入侵日本期间（1274—1281年），幕府被迫动员非御家人武士参战，将他们交给守护指挥，此举增加了守护的权力。[3] 正常情况之下，幕府实施一项政策，将各个令制国的武士转为幕府直接领导的家臣，从而控制了守护将他们家臣化的进程。但是，到了镰仓幕府末期，守护将令制国武士变为家臣的做

---

[1]　参见 *Mori-ke monjo,* docs. 28, 29, 47。

[2]　参见 *Azuma kagami* 1187/9/13。还可参见 Ishii Susumu, *Nihon chusei kokkashi no kenkyu* (Tokyo: Iwanami shoten, 1970), 第179—194页。

[3]　参见 *Kamakura bakufu tsuika ho,* no. 463。

法已经非常普遍。

1336 年，室町幕府在建武复辟失败之后成立，沿袭了其前任的政策，将守护权力限制在《大犯三个条》的框架之内。[1] 但是，南北朝时代战争不断，幕府别无他法，只能赋予守护一些权力。于是，守护可以将地方上势力强大的国人纳入其家臣结构，增强自己的军事力量。

根据室町幕府 1346 年颁布的一项法令，守护获得超出《大犯三个条》的两项权力：一项日语称为"刈田狼藉"[2]，守护借此获得镇压非法进入庄园收割的令制国武士。根据另一项权力，守护在土地争端中可以强制实施幕府的司法裁决。1346 年的那项法律颁布之前，守护权力主要是军事监督和治安监督。守护获得的两项新权力涉及土地争端的解决方式，增加了守护在政治和经济方面的权力。

1352 年，室町幕府颁布《半济法》，允许守护向庄园收取特别献金，用于弥补军费开支。那时，足利尊氏与弟弟足利直义发生争吵，室町幕府分裂，后果波及各个武士阶层。幕府宣布："在近江、美浓和尾张三国中，本所领（宫廷贵族的土地）一半被定为粮食附加税土地，用于支持战事（兵粮领所）；当年的一季收成交给军队。"[3]"本所领"指的是地头管理的土地，与属于寺院和神社的土地不同。后者不在地头的管辖范围之内。该法律允许守护自行使用从本所领征集的半年租，但是时间仅限 1 年。那部分年租交给守护的部队作为给养，以便对敌作战。《半济法》总共在八个令制国中实施，它们是近江、美浓、尾张、伊势、志摩、伊贺、和泉、河内。[4]

1368 年，《半济法》授权扩大，允许守护在全国范围内长期分割土地。此举与以前颁布的半济法规定的"仅此一年"不同。[5] 那时，守护和国人蚕食庄园，将其作为自己的田产。因此，那项《半济法》限于本所领，不包括寺院和神社土地。这一做法应被视为室町幕府采取的、旨在保护庄园的政策的组成部分。全国范围的《半济法》影响巨大，并不限于征集稻米满足军队需要。它放松了对土地分割的限制，从一年一季变为经常做法。这样一来，庄园主控制庄园的努力遭受

---

[1]　参见 *Muromachi bakufu isuika ho*, no. 2。
[2]　同上，no. 31。
[3]　同上，no. 56。
[4]　同上，no. 57。
[5]　同上，no. 97。

重大挫折。

根据《半济法》，守护分割所在令制国的庄园和公领，将它们交给自己的国人家臣。令制国武士并不是半济法的直接受益者。但是，有权实施该项法律的不是别人，正是守护。这是一条途径，让守护将国人纳入自己的家臣结构。《半济法》意味着，室町幕府已经不再支持庄园制度。非但如此，幕府还从实用的角度出发，对守护和国人提出的土地要求作出回应，迫使庄园主进一步牺牲自己的利益。

守护篡夺国衙的权力

南北朝时代，守护的公权力迅速扩大。这一趋势的突出标志是，守护篡夺国衙的权力和地位。最初，在律令国的集权结构中，国衙占据可以控制地方的最重要的地位。四品以下官员被任命为国司，任期 6 年（后为 4 年）。但是，在 11 世纪和 12 世纪，势力强大的地方家族（日语称"在地领主"）担任在厅官人。在厅官人作为国衙的本地官员，在国衙中势力很大，明显损害国衙的结构。国司与之针锋相对，一是任命自己信任的家臣担任职位更高的官员（日语称"目代"），二是使用自己保留的武士，在组成武装部队的过程中注入自己的力量。因此，虽然律令国在 11 世纪和 12 世纪中出现很大变化，但国衙一直是中央控制地方的基础。

在镰仓时代，国衙职位基本上没有多大变化。司记结构见于庄园和公领，借助国衙的力量得以维持。守护的权力依然以镰仓时代的《大犯三个条》为基础，守护无法直接干预国衙事务。但是，在镰仓时代中期后，守护的权力超过国衙。两个官职在目的和功能方面各异，国衙的办公机构是国衙府，守护的办公机构是守护所，两者常常相隔不远或者甚至互相为邻。在国家的公共权力机构中，两个官职起到连接作用。守护依仗在军事方面的优势，开始逐步侵犯国衙的控制范围，并且与国衙官员们暗中交往。

九州的大隅国守护在 1257 年颁布的一份文件显示，除了守护代之外，守护官署下设诸多官职，例如副国司、军方官员、治安官员、行政和文案助手等等。早在平安时代，这些岗位就附属于国衙官署。这一点显示，国衙的职位和功能已被守护接管。[1] 这些例子显示，镰仓时代中期以后，守护开始逐步篡夺国衙职位。

---

[1]　参见 Tanaka Kenji, "Kamakura bakufu no Osumi no kuni shihai ni tsuite no ichi kosatsu," *Kyushu shigaku,* nos. 65 and 67 (1977, 1979): 1–22 and 1–18。

在镰仓时代，守护蚕食国衙的权力，但却受到幕府刻意实施的政策的限制。对比之下，在室町幕府时代，守护的势力日益强大，幕府再也没有能力对其进行控制。两者之间的力量平衡发生偏移，对守护更加有利。

一个事实显示了守护崛起的格局，即他们获得收取临时税和段钱（对每段稻田征收的现金）的权力。前者用于每隔20年对伊势神宫主要建筑的重修，后者支付天皇加冕和禅位仪式的费用。上述用于特定目的的税金过去由国衙征收，后来进入了守护的权力范围。

国衙曾经承担两项职责，一是负责仲裁，二是执行法庭下达的涉及土地的裁决。国衙的习惯做法是，在令制国选择一名代表，将其派到争端所在地。幕府行使过去由朝廷负责的功能之后，国衙在这个方面的权力被转移到守护手中。守护的代表取代国衙的代表，作为派驻地方的司法官员。[1]

到了15世纪，面对守护的巨大压力，国衙官职失去了大多数实权。虽然我们不可能讨论国衙在各个令制国的具体情况，但无可置疑的是，国衙失去了权力。即便在国衙较长时期内维持权力的播磨国，到了14世纪末，国衙与守护之间的权力平衡也向后者倾斜。例如，令制国国司代表一职以前由国衙委派，此时已被守护接管；出任该职的小川成了该国守护的家臣。[2] 即便在镰仓时代，在中央政府权力相对稳固的播磨国，这一趋势也凸显出来。因此，很可能的情况是，在中央政府权威弱化的其他令制国中，守护夺权的步伐迈得更大。

随着国衙在令制国中失去权力，朝廷也失去了对日本中部的掌控。在此之前，镰仓幕府的军人统治并未严重影响朝廷的独立性；在镰仓时代，朝廷保住了自身作为国家台柱之一的作用。但是，朝廷失去了控制基础，在那些令制国中没有任何权力。朝廷仰仗守护收取段钱的做法就反映了这一格局。到了14世纪末，朝廷的权力大打折扣，甚至京都周边的治安权也被守护的家臣会（日语称"侍所"）接管。

14世纪末，足利义满将军的政治地位已经相当稳固。他为了扶持儿子足利义持，宣布正式下野。那时，足利义满担任太政大臣。该职位象征着，他已经取得

---

[1] 关于守护扩权的情况，参见 Sato Shin'ichi, "Shugo ryogokusei no tenkai", in Toyoda Takeshi, ed., *Shin Nihonshi laikei dai san kan, chusei shakai* (Tokyo:Asakura shoten, 1954), 第 81—127 页。

[2] 参见 Kishida Hiroshi, "Shugo Akamatsu-shi no Harima no kuni shihai no hatten to kokuga", *Shigaku kenkyu,* nos. 104 and 105 (1968)。

高于武士和贵族的地位。此外，足利义满还派使节前往明朝，与中国建立正式外交和贸易关系。在给明朝宫廷的信函上，他自称"日本国王"。

朝廷失去了作为单独国家实体的独立性和权威。朝廷没有权力，有一个事实显示了这个局面：不再有谁请朝廷参与解决涉及庄园的土地争端。无论相关争端的性质如何，涉及哪些人员，朝廷别无他法，只能听任幕府决断。幕府被夹在这两者之间：一是保留庄园制度的愿望，二是抚慰并奖励支持它的武装人员的需要。一方面，幕府的许多政策促成庄园制度的衰落。例如，幕府颁布的半济法扩大了守护的权限。另一方面，幕府又试图抑止守护，采取保护庄园的政策，借此证明自身作为重要国家机构的合法地位。总而言之，在室町幕府统治下，庄园制度虽未完全解体，但是已经大大恶化。

守护领地的扩展

足利义满利用守护，以便巩固自己的政治地位。他允许守护扩权，承认守护将国人家臣化的做法。

在 15 世纪，守护摇身变为大名，成为有权有势的地方领主，拥有对其领地（日语称"领国"）的半自主控制权。领地建设的过程有许多途径。最重要之一是，守护将"公地"（国衙领）纳入自己的田产。庄园制度是整个日本主要的土地所有权形式，但是根据估计，在某些令制国中，国衙领约占可耕土地面积的40%—50%。有人可能错误地认为，在 12 世纪和 13 世纪，整个国家的土地完全变为庄园。庄园的影响遍及全日本，但是国衙领维持了这个比例，并且被重新组合，形成乡、保和别府等行政单位。此外，从国衙领征收的年贡和杂公事为"知行国"提供收入。知行国是令制国的行政长官，由贵族和势力强大的宗教机构派员担任，其唯一目的是从中获得收入。在其他令制国中，国衙领为中央政府提供收入。但是，随着守护蚕食国衙的权力，国衙领渐渐落入守护的手中。

国衙领的转变始于镰仓时代的日本东部和九州各国。在那些地方，镰仓幕府的势力最大。但是，即便在京都贵族的势力相对强大的令制国中，该过程在南北朝时代也很快提速。在 14 世纪的战乱中，守护通过国衙司记控制国衙领。国衙领成为守护个人田产的组成部分。[1]

278

---

[1]　参见 *Uesugi-ke monjo*, vol. I, no. 56。

15 世纪，许多守护还开始征收段钱。我们在前面讨论过，段钱曾是令制国的一种临时从量税。但是，守护以令制国官员（国司）身份起到代替作用时，并未将段钱作为国税。与之相反，守护根据自己在政治方面的权力，肆意征收段钱。再则，段钱本来是一种临时税，后来却成为一种象征权力的永久税。[1]

为了增强在整个国家中的公共权威，守护建立了自己的私家军事力量。守护采用的主要方式是，将令制国的地方力量（国人领主）变为自己的家臣。上文提到的半济是招募国人家臣的最方便方式。守护还有权将没收的战败者的土地赏给国人家臣，以此维持和增强他们的忠诚度。因此，半济和没收的土地提供主要的领地（日语称"知行"）资源，守护借此诱使国人提供军役。[2]

事实证明，半济和没收的土地并不是"知行"的充足来源；因此，守护与国人家臣之间的关系并不牢固。再则，国人原有的田产并不是守护给予的。其结果是，两者之间的主仆关系并非牢不可破，一个令制国中的国人并不全是守护的家臣。有些国人甚至想方设法，不让自己沦为守护家臣。例如，1404 年，安芸国组建了一个国人联盟，以便抵制新任守护山名。[3]

守护没能将所在令制国的全部国人变为自己的家臣。但是，国人的力量通常不敌守护，所以无法阻止主仆关系的形成。与国人的主仆关系是守护控制令制国的军事基础，史称"守护领地制度"（日语为"守护领国制"）。在室町时代，许多守护逐步被称为大领主或大名，甚至幕府也这样称呼他们。

此外，守护还通过征收段钱之类的税金，扩大对所在令制国内庄园的控制权。正如上文所述，只对守护直接控制的土地（本所领）征收半济，宗教机构的田产不是征收对象。但是，在 15 世纪，守护征收用于特定目的的税金，征用被称为"守护役"的徭役。征收对象最初是本所领，后来扩大至寺院和神社的田产。守护还招募庄园官员充当家臣。一旦实现了这一点，守护就会提出"守护请"（字面意思为"守护合约"）。守护请不向中央庄园主支付少量固定额度的租谷，而是让守护对地方实施完全控制。一个例子是备后国的小田农庄。该庄园规

279

---

[1] 参见 Tanuma Mutsumi, "Muromachi bakufu, shugo, kokujin", in Iwanami koza, ed., *Nihon rekishi (chusei 3)* Tokyo: Iwanami shoten, 1976), 第 33–40 页。

[2] 参见 Kasamatsu Hiroshi, *Nihon chusei-ho shiron* (Tokyo: Tokyo daigaku shuppankai, 1979), 第 203–238 页。

[3] 参见 *Aki no kuni kokujin doshinjojo* vol: i: 1404, no. 24, in *Mdri-ke monjo*；还可参见 Nagahara Keiji,*Chusei nairanki no shakai to minshu* (Tokyo: Yoshikawa kobunkan, 1977), 第 129–157 页。

模较大，至少有 600 町稻田，业主是佛教真言宗寺院高野山。1402 年，守护山名时广按照合约，应向高野山支付 1000 石税谷。但是，山名时广没有履行合约。在永享之乱（1429—1441 年）期间，那位守护逾期未付的数量多达 20600 石。[1]

破坏庄园制度并非守护请的明确目的。但是，守护获得对庄园的实际控制权之后，他们获得大名地位的速度也大大提升。守护将国人家臣派往自己持有守护请的庄园，赋予后者管理庄园的权力。即便在没有守护请的情况下，守护家族的成员也常常在庄园担任代官。1393 年的一个例子涉及周防国境内属于东寺的三和农庄。大内家的一名守护家臣名叫平井入道，起到中间人作用，让一个名叫沓谷左卫门重盛的人成为该庄园代官。沓谷左卫门重盛可能是与大内家有关系的地方乡绅。他得到代官司记，为期 10 年，固定薪俸为 40 贯。[2] 从技术角度看，这并非守护请的例子，但是涉及的问题相同。

对守护领地制度，室町幕府持何态度呢？从建立之初，室町幕府便沿用了从镰仓幕府继承而来的政策，试图维持庄园制度，控制守护和地头。守护和地头对这一政策感到恼怒，于是联手行动，要求获得更多权利和土地，最终迫使幕府让步。在 14 世纪中叶发生的观应之乱中，守护和国人的不满日益增强。于是，室町幕府颁布了《半济法》。在南北朝时代，幕府的控制力有所增强，但是依旧无法通过武力遏制守护建立领地制度的势头。其原因在于，在幕府的内部政治格局中，守护的作用非常重要。[3]

农民的抗争和发展

名主加地子的发展

除了守护和国人的行动之外，庄民采取的行动和村庄结构的变化也对庄园制度起到破坏作用。

就此而言，一个重要进展是名主加地子的确立。名主加地子是获得收入的中层权力，与庄园主收取年贡的权力无关。这里仅举一个例子：1385 年，山城国志

---

[1] 参见 *Muromachi shogun-ke migyosho,* vol. 1: 1402, no. 373, in *Koyasan monjo*。

[2] 参见 *Saishoko-in-kaia hikitsuke,* 1393/7/10 and 1393/4/7,111 *Toji hyakugo monjo*。

[3] 参见 Nagahara Keiji, "Muromachi bakufu shugo ryogokusei ka no tochi seido", in *Nihon chusei shakai kozo no kenkyu,* 第 426–487 页。

贸久濑农庄的富士松目出售了 3 段名主司记。根据合约，东寺的年贡为 742 升稻米，外加 400 夊现金。买家获得 1.5 石稻米作为他的名主加地子。[1] 名主加地子始于南北朝时代，它是如何流行起来的？这一点目前尚不明确。随着农业生产率的提高，年贡和维持庄民生计所需稻谷从总产量中扣除，剩余的部分被搁置一旁，作为名主加地子。出现这种情况的原因是，年贡固定不变，剩余的粮食没有吃完。其中一部分被庄园主控制。但是，随着庄园主控制力的弱化，名主加地子可以进行买卖。每个单位的加地子数量常常与年贡标准相同，为每段土地 3—5 斗稻米。

在这种情况下，富裕农民常常购买和积累名主加地子权。处境困难的农民迫于无奈，除了缴纳通常年贡之外，常常还要支付名主加地子。东寺在山城国有一座庄园，名叫神久濑农庄。在该庄园 1407 年的一份文件上，我们看到以下记录：一、平七名，1 段；名主浩林道野；以及（作人）弥五郎。二、越后名，1 段；名主作人六郎吾郎。[2] 在第一项中，持有名主加地子权的是浩林道野，弥五郎是作人。在第二项中，没有名主与作人之间的区分；六郎吾郎负责收取一个作人名主支付的年贡。

名主加地子权不一定仅仅由住在庄园的人持有，附近庄园的富裕农民、宗教机构、米酒酿造商和放贷者也购买加地子权。例如，我们得知 1434 年，一个名叫西京宇目的米酒酿造商获得 2 段名主加地子权，田产属于京都西北的志贸久濑农庄。[3] 这类交易必然削弱庄园主的控制权。虽然它称为名主加地子，但如果庄园之外的人获得这种根据年贡增加的权力，那么，那些局外人在庄园内的权力肯定也会扩大。因此，庄园主想方设法，禁止将加地子权出售给庄园之外的人。早在 14 世纪初，东寺就向山城国菅野农庄的庄园管理人（预所）宣布：第一，"必须严格禁止出售土地，无一例外"；第二，如果出现违反法律的情况，名田将被没收。[4]

庄园主无法仅仅通过此类限制措施，阻止名主加地子权交易。庄园主——其中大多数住在京都或奈良——保持私人行政机构，以便控制庄园，然而却没有自

---

[1] 参见 *Fujimatsume Shimokuze-no-sho nai myoshu-shiki baiken,* 1385, me 11–19, in *Toji hyakugo monjo*。

[2] 参见 *Kamikuze-no-sho kumon chushinjo,* 1407, wo 17 and ge 18, in *Toji hyakugo monjo*。

[3] 参见 *Asahara kannonjijuji keiho moshijo,* 1435, wo 16, in *Toji hyakugo monjo*。

[4] 参见 *Gakushu bugyo hikitsuke, hokyo shinyu shojo, mu,* in *Tdji hyakugd monjo*。

己的武装力量。因此，越来越多的人抛售从稻田获得收入的名主加地子权，庄园主进行干涉的力量却微乎其微。其结果是，虽然农业生产率逐步提高，他们却不能增加年贡，不能进行土地存活勘测，不能控制持有加地子权的庄园外人员。

在京畿地区的庄园中，实施名主加地子并且将其出售给庄园之外人员的做法最普遍。其原因是，那里的庄园拥有更大能力控制地头和国人的发展，但是在它们临近的京都和奈良，却出现了独立的庄民阶层，其数量超过其他地方。正如我在下文中将要描述的，在那个地区中，庄民们对抗庄园主，两者之间争端不断。庄园主面对那样的局面，不得不以更强硬的方式进行应对。两者之间较量的结果往往是，庄民获得以名主加地子形式出现的更多剩余农产品。

在其他地区，名主加地子也出现了变化，京都附近各国尤其突出。在 15 世纪中叶，美浓国的一家寺院购买了 5 段稻田，卖方名叫中西八郎。寺院从作人那里获得 4 贯年贡，使用其中的 2.913 贯，支付所谓的"公方年贡"——付给上层贵族（公方）庄园主的钱款。[1] 在分开的交易中，寺院从 2 段稻田中征收 1 石斗稻米年贡，从中支付 6 斗，作为公方年贡。[2] 虽然支付了那笔公方年贡，但因为寺院持有名主加地子，所以尚有收益。出售加地子权的中西八郎可能是名主。这就是说，富裕农民和宗教机构当时在出售他们积累的加地子权。在 15 世纪中叶，一个名叫皇五郎左卫门的富裕农民做了数笔交易，很快积累了田产。那些田产位于播磨国的大部农庄，本来属于东大寺。购买名主加地子权是那笔新财富的重要来源。[3]

随着时间的推移，在京畿地区及附近各国，征收和交易名主加地子权的做法风靡一时。这提出了两个极为重要的问题：如何保证加地子的征收？如果出现违约情况，采取什么措施应对？加地子是庄园主极其讨厌的东西，所以不可能指望他们使用权力，确保如期支付。持有加地子权的多为富裕农民或宗教机构，他们与国人不同，并不拥有确保支付的武装力量。结果证明，加地子权持有人难以强制征收。因此，为了保证名主加地子的征收，他们在庄园制度之外，成立了一个组织。于是，所谓的"村庄债务"流行起来。该做法基于的理念是：一个村庄的

[1] 参见 *Nakanishi Hachiro denchi baiken,* 1460, no. 50 in *Fun'yoji monjo.*

[2] 同上 , no. 51。

[3] 参见 Konishi Mizue, "Harima no kuni Obe-no-shd no nomin", *Nihonshi kenkyu,* no. 98 (1968) ；and Konishi Mizue, "Kyotoku sannen no Obe-no-shd do-ikki ni tsuite", *Hyogo shigaku,* no. 65 (1976)。

债务是全体村民的责任；除了违约的债务人的财产之外，债权人可以没收其他村民的财产。[1] 这些做法和习俗不在庄园主的控制范围之内，而且让村民有了自己的管理方式，其实起到削弱庄园主控制权的作用。

惣村的形成

随着农业技术改进，例如更多使用肥料，根据不同自然条件培育新的水稻品种，以更精细的方式使用土地，农业生产率提升等，这与年贡一起，对名主加地子的确立起到促进作用。在中世时期，日本人进行了重大尝试，努力改进灌溉用水的贮存方式，从而减少了旱灾。有的庄民想方设法管理和保护自己的耕地，也刺激了农业生产率的提高。当然，庄民的土地也得缴纳名主加地子，其数量与年贡大致相当。

上述进展开始出现在 13 世纪。在那之前，如果遇到洪灾、干旱或灌溉沟渠裂口，土地常常遭到弃耕。[2] 在那种情况下，贫苦农民的境遇非常糟糕。他们向富裕农民借食物和种子，辛苦劳作，勉强为生。如遇大幅度歉收，他们常常被迫背井离乡，有的沦为富裕农民的长工或仆人（下人）。[3]

到了 14 世纪，农业生产率逐步提高。随着情况的改善，积累名主加地子的农民数量有所增加，许多以前朝不保夕的农民逐渐摆脱困境，成为独立的自耕农。自耕农数量增加这一事实在村民的请愿书中显示出来。在庄园制度带来的稳定年代——12 世纪和 13 世纪，要求庄园主减租的请愿书一般由为数不多的名主签名。名主负责收取税谷，征集徭役，起到庄园主的代表的作用。因此，名主理所当然是那些请愿书的签名人。

但是，在 14 世纪和 15 世纪，请愿书签名人逐步变为所有驻庄庄民（日语称"惣百姓"），而不仅仅是名主。请愿书有的要求减少税谷或徭役，有的投诉庄园官员的不法行为，常常以惣百姓请愿书（日语称"申状"）的形式出现。[4] 庄园主要求所有相关人员在神灵面前发誓承诺，请愿书真实可信。这样做一是为了确定

---

[1] 有关详情参见 Katsumata Shizuo, *Sengoku-ho seirilsu shiron* (Tokyo: Tokyo daigaku shuppankai, 1979), 第 37–60 页。

[2] 在 12 世纪的日本，常有休耕土地。关于已耕土地占可耕地总量的讨论，参见 Nagahara Keiji, *Nihon no chusei shakai* (Tokyo: Iwanami shoten, 1968), 第 160 页。

[3] The cultivators of this period were frequently transients and without a permanent residential structure. 在那个时期，庄民时常流动，没有固定居所，参见同上，第 158 页。

[4] 参见 Sato Kazuhiko, *Natnbokucho nairan shiron* (Tokyo: Tokyo daigaku shuppankai, 1979), 第 13–43 页。

它们确实是所有农民的要求，二是强迫他们承担共同责任。尽管庄园主提出这一要求，但 14 世纪和 15 世纪出现的新的请愿形式表明，名主阶层以下的庄民的自给自足能力越来越强。他们是只有少量土地的庄民（日语称"小百姓"），如果生在 13 世纪，是没有机会在递交的请愿书上签名的。

有一份请愿书签署的日期为 1334 年，来自东寺在若狭国的田产小田庄园。该请愿书称：其一，庄园代官向庄民征用额外徭役，用于耕种其私人土地；其二，该代官还强夺村民的名田。遭受侵扰的村民首先详细列出了代官的侵权行为，然后在庄园的神社前聚集。他们"饮下表示团结的神水"，以表自己的真诚之意。59 位惣百姓在请愿书上签名，然后将它寄给东寺。[1] 请愿书首页上写有那些人的姓氏，例如大山定茂；结尾处是没有签署姓氏的 7 个人的图章，例如东次郎；另外还有 50 多人画押。首页上的是名主，结尾处那些人属于小百姓阶层。使用姓氏还是使用印章，两种不同方式清楚地标示了名主与小百姓的不同地位。

1367 年，在东寺位于播磨国的另外一处田产矢野农庄，居民要求庄园官员减租。他们强调说，如果自己的要求得不到满足，他们将让土地撂荒，变成无人耕种的土地。他们的请愿书名叫《关于巨大损失的诉求》，由良典名的名主发起，签名者多达 46 人。[2] 参与的还有小百姓和其他人。那次活动波及整个村庄，被称为"全村造反"（日语称"村庄一揆"）。情急之下，庄园代官向守护求助，从而向请愿者进一步施压。代官还威胁说，将要逮捕涉事的 35 个名主和其他人。但是，请愿者们没有让步，不久便成功让代官丢掉职位。

早在 1298 年，近江国的津田和奥岛两地的村民就签署了一份宣示团结的公约，拉开了村民联合行动的序幕。[3] 该公约涉及琵琶湖的捕鱼权。签署公约的有北津田村的 39 人，奥岛村的 58 人。他们立下公约：其一，将要惩罚违反公约的叛徒；其二，将把勾结敌方的人逐出庄园。签名人来自各个阶层，甚至包括没有姓氏的小百姓，例如平吾郎。那场争端并非直接针对庄园主。但是，它是各个阶层庄民联合行动的一个例子。

我们从上述例子可以清楚地看到，在日本中部的若狭、播磨和近江国，庄民的统一行动发展起来。庄民日益团结，增强他们对抗庄园主的力量。这一新发展

---

[1] 参见 *Ola-no-sho hyakusho moshijo narabi ni kishomon, ha* 116, in *Toji hyakugo monjo*。

[2] 参见 *Yano-no-sho hyakusho moshijo*, 1367, kei 28–37, in *Toji hyakugo monjo*。

[3] 参见 *Okushima okutsushima monjo*, 1298, in *Okushima-no-sho murabito ichimi doshin okibumi*。

反映了村庄社会结构中的变化，伴随那些变化的是小百姓在社会和经济两个方面的成长。惣村纷纷建立，冲破了具有侵蚀作用的庄园制度在政治、经济甚至地域方面对庄民的限制。

惣村的发展表明，村庄结构已经出现了根本改变，甚至刚刚崛起的小百姓也成了乡村社群的一员。[1] 惣村按照惯例召开全体大会和日常会议，确定村民是否愿意采取集体行动，是否愿意制定维护社群和平的规定。那些规定涉及方方面面，例如确定如何使用田地和山林，禁止赌博，维护村庄的和平，禁止外来人住宿等等。制定那些规定的村庄会议常常在当地的神道神社中召开，与神社或神道僧侣——他们也是范围更大的乡村社群的成员——相关的各种行会会出资赞助。范围更大的乡村社群正在形成自治，这肯定与农民的统一行动——例如，向庄园主或地头递交请愿书（日语称"百姓名申状"）——密切相连。以上发展进一步削弱了庄园主对庄园及其居民的控制。

庄民抗议

惣村渐渐崛起，为庄民的行动提供基础，增强了他们对抗庄园主的力量。15世纪，中部各国爆发了形形色色的庄民抗议活动，他们的力量很大，最终导致庄园制度的解体。

神久濑农庄是东寺的一处田产，位于该寺西南 4 公里。那座庄园的庄民多年来反复要求减少年贡，15 世纪时呼声显得更加强烈。1408 年发生旱灾，农作物减产，于是庄园居民要求免交当年年贡。东寺答应减少 8 石，居民们并不满意，提出了一个新要求。1419 年发生风灾，减免了 20 石税谷。1420 年，庄民们涌向东寺请愿，因旱灾而减免税谷 12 石。在 20 年里，神久濑农庄居民要求并获得了数量不等的租谷减免：1423 年，因为风灾和水灾减免 22 石；1425 年，庄民扬言说，如果他们的要求得不到满足就要放弃田地，最后减免了 18 石；1426 年，他们又获得了 18 石减免；1427 年，减免数额为 31 石；1430 年，庄民们每天到寺院请愿，获得水灾减免 70 石；1435 年，庄民们获得 62 石减免；1437 年，来自神久濑农庄的 60 位名主等人与东寺谈判，赢得 60 石减免。[2] 以前庄园缴纳的税谷接近 230 石，

---

[1] 参见 Ishida Yoshito, "Goson-sei no keisei", in *Iwanami koza Nikon rekishi*, vol. 8 (1963)；以及 Nagahara Keiji, "Chusei koki no sonraku kyodotai", in Nagahara, *Chusei nairanki no shakai to minshu*。

[2] 有关神久濑农庄庄民行动的更多讨论，参见 Nagahara Keiji,*Nihon hokensei seiritsu kalei no kenkyii*, 第 422–441；以及 Uejima Tamotsu, *Keiko shoen sonraku no kenkyu* (Tokyo: Hanawa shobo, 1970), 第 318–334 页。

但是，随着以上减免逐渐成为常态，庄园主无法收取得到法律认可的税谷。

那些抗议要求减免租谷，其最重要的特征是，参与者既有上层庄民，也有下层庄民。前者有时候称为"沙汰人"，站在抗议队伍前列；后者称为"小百姓"，用强有力的方式展示自己新近发掘的力量。但是，要求减免税谷的抗议活动并非由贫穷的庄民独立发起，其领头者是庄园中的实力较强的人员。对于他们，庄园主别无他法，只能点头承认。这赋予抗议过程一种政治特性。与此同时，下层庄民直接参与同庄园主的谈判，这一点表明，那些运动包括了从事农业生产的各个社会阶层。15 世纪出现的那些抗议活动包含了两个因素：一是上层庄民获得更多财富的愿望，二是下层庄民保护其刚刚获得的剩余农产品的努力。

1428 年，爆发大规模农民起义（土一揆），影响遍及近江、山城和大和三国全境。[1] 就其本身而言，那次土一揆并不是针对庄园主的庄民抗议活动。起义领袖是赶牲口的，人称"马借"，其工作是在京都与大津之间运送大米和其他许多物资。京都地区的庄民加入他们的行列，涌入京都，捣毁仓库（日语称"土仓"），毁灭借据，取回典当的物品。他们还要求幕府发布免债令，免除自己所欠的债务。

那次一揆的参与者是庄民，所以起义被称为"土一揆"。它的主要诉求是取消债务，所以也称为"免债一揆"。在整个 15 世纪，类似的免债一揆反复爆发。乍一看，免债一揆和庄民针对庄园主的抗议活动似乎没有什么关系，其实并非如此。

由于庄民的要求以及守护和国人对庄园的蚕食，庄园主收到的租谷大量减少，承受了巨大压力。在这种情况下，他们不得不使用次年的租谷作为担保品，向放贷者借钱。为了征收租谷，放贷者自己成为被抵押的庄园的代官。那些代官大力收租，有时将违约租谷视为庄民个人欠下的债务。[2] 其结果是，庄民与放贷者之间关系充满敌意，与通常的债权人与债务人之间的关系迥然不同。因此，免债一揆干扰庄园租谷的征收，具有庄民造反的特点。于是，免债一揆频繁爆发，危及放贷者。而且，它们让庄园主的信用荡然无存，也威胁到庄园主已经岌岌可危的经济地位。所以说，免债一揆虽然表面上针对放贷者，其实代表了庄民反对庄园制度本身的抗议活动。

288

---

[1] 有关正长地区土一揆的情况，参见 Nakamura Kichiji, *Do-ikki kenkyu* (Tokyo: Azekura shobo, 1974)，第 156 页。

[2] 关于请负代官制度和土仓的讨论，参见 Suma Chikai, "Doso ni yoru shoen nengu no ukeoi ni tsuite", *Shigaku zasshi,* nos. 80–86 (1971)；以及 Suma Chikai, "Dosono tochi shuseki to tokusei", *Shigaku zasshi,* nos. 81–83 (1972)。

庄民抗议和土一揆的爆发还起到另外一个作用，就是增强村庄内的上层庄民的地位。随着庄园制度的削弱，上层庄民通过积累名主加地子权，巩固了自己的经济地位。庄民起义带来的结果是，支付给庄园主的租谷减少，更大比例的财富留在庄园，进入富裕庄民的口袋。那些富裕庄民利用增加的财富武装自己，采取更有力的行动对付庄园主。他们经常变为守护或国人的低级家臣，协助武士蚕食庄园。那些上层庄民成为土地武士，人称"地侍"。

289

幕府已经注意到庄民的反抗活动。室町幕府警惕关注神久濑农庄和志贸久濑农庄，将其列为土一揆易发地区。1459 年，幕府对庄民进行调查，以便镇压类似的活动。根据调查，在两家庄园中，11 名庄民被列为武士，神久濑农庄有 89 人被列为庄民，志贸久濑农庄有 56 人被列为庄民。[1] 调查中被列为武士的人很可能是守护的家臣，曾被招募进守护的武装组织。这一趋势还意味着，庄民针对庄园主的抗议活动显示了武装力量。实际上，那个时期的农民抗议逐步与守护的行为联系起来，带有明显的政治意味。

1441 年，来自京都地区的庄民发起一场免债一揆，成功迫使幕府颁布一项免债令。在播磨国守护赤松满佑暗杀足利义教之后，那次一揆爆发。它与两位守护大名之间的角力密切相关，一位来自细川家，另一位来自畠山家。忠于畠山的家臣武士支持那次一揆，利用它与细川家进行战斗。[2]

由此可见，土一揆还涉及地侍的军事和政治行为，将其视为纯粹的农民抗议其实并不恰当。实际上，那些历史事件非常复杂，显示了土一揆和农民抗议活动的基本特征。

庄园主权力的解体

领地的失去与税收的减少

接下来，我们将考察与收税和庄园控制相关的情况，说明那些农民起义如何加快国人和守护对庄园制度的侵扰，从而对收税和庄园起到破坏作用。具体说来，我们将考察东寺拥有的庄园的情况，研究它们在南北朝时代的变迁。东寺

290

---

[1] 参见 *Kamikuze-no-shd*l*Shimokuze-no-sho hyakusho kishomon*, 1459, wo 14-*jo*, in *Toji hyakugo monjo*。

[2] 关于嘉吉免债一揆与两位守护大名细川跟畠山之间的关系，参见 Nagahara Keiji, "Kakitsu tokusei-ikki no seikaku ni tsuite", in Nagahara, *Nikon chusei shakai kozo no kenkyu*, 第 394–425 页。

属于真言宗，是 8 世纪在京都建立的大型寺院。它不仅受到室町幕府的保护，而且还得到朝廷的强力支持。寺院坐落在京都南部，可以控制至关重要的东京南大门。人们对寺院作用心怀尊敬和敬畏。东寺这类宗教机构的田产与贵族持有的田产不同，在一定程度上是隔离开来的，没有遭到国人和守护的蚕食。因此，与贵族的田产相比，东寺对其庄园的控制受损较慢。

南北朝时代之初，东寺至少拥有 71 座庄园。对其中的某些庄园，东寺只有本家司记，没有管理权。最初属于朝廷土地的一处领地上的 20 座庄园[1]，以及另外一处领地上的 12 座庄园就属于此类[2]。对于其中的某些庄园，东寺拥有全面的权力。镰仓幕府被推翻时，后醍醐天皇没收了一些庄园的地头司记，例如若狭国的多良农庄，将其赐予东寺。这样一来，那些庄园没有武士地头。在另外一些庄园中，根据与地头达成的下地中分约定，东寺仅仅拥有领家司记，例如备中国的新见农庄，那里的下地中分早在镰仓时代就已完成。由此可见，东寺对其拥有的庄园持有各种各样的权力。考虑到这一点，东寺的庄园可被划分为三个大类：第一类仅仅在名义上属于东寺；第二类继续向东寺缴纳租谷，但是东寺的权力已经大打折扣；第三类定期向东寺缴纳租谷，东寺维持相关权力。[3]

在东寺领地上的 71 座庄园中，仅仅在名义上属于东寺的有 32 座，对其余大多数，东寺仅仅持有皇室捐赠的本家司记。东寺1371 年向幕府呈交的一份申诉书称："近年来，未向我们的任何庄园支付本家司记。"[4] 除了应该支付本家司记的租税之外，贵族和宗教机构还是领家，拥有管理庄园的权力。本家与领家之间的基本关系是，领家向本家支付一定数量的租谷。当领家难以收取租谷时，本家作为担保人的角色便失去了意义。本家司记名存实亡，司记结构不再根据那些条件运作。正如本章开头解释的，司记制度形成的原因是，庄园和国衙领在地域上分布分散，结构上呈等次划分。这样一来，本家司记——司记结构的顶点——遭到阉割，这象征着庄园制度的崩溃。

我们根据南北朝留下的若干文件可以确定，在某些地方，庄园主的权力岌岌可危，然而那些庄园尚未完全停止缴纳租谷。在镰仓时代，日立国的志田农庄的

---

[1] 该领地由后白河天皇建造，后被赐予许多座庄园。

[2] 该领地由鸟羽天皇建造，后被赐予很多座庄园。

[3] 关于东寺的庄园的详细讨论，参见 Nagahara Keiji, "Shdensei kaitai katei niokeru Nambokucho nairanki no shioki", in Nagahara *Nihon chusei shakai kozo no kenkyu*, 第 284–366 页。

[4] 参见 *Toji moshijo*, 1371, *e* 17–22, in *Toji hyakugo monjo*。

地头夺取租谷，造成严重问题。在伊势国的大国农庄，东寺根据与地头签订的合约（日语称"请所"）收取租谷。随着地头的权力越来越大，寺院收到的租谷越来越少。在越前国的示日农庄和近江国的桧物农庄，战事减少东寺收取的租谷。在那些庄园中，东寺的权力大都基于领家司记。该寺院有权管理庄园，但是地头在那里独霸一方，庄园产生的收入大大减少。东寺向幕府申诉，并且向庄园派遣人员，试图夺回控制权。但是，那些努力结果徒劳无益。该寺院无计可施，难以夺回掌控那些收入的权力。

在南北朝时代，东寺拥有产权的另外一些庄园基本稳定，收入可以大体维持。那些庄园没有继续按照约定缴纳年贡，但是东寺保住了对它们的行政权力。在属于这类的 14 座庄园中，4 座没有派驻武士地头。它们构成寺院附近的主要田产的一部分。镰仓时代，在几座庄园中实施了下地中分，但是每座庄园分割后的

292 剩余部分依然是寺院的重要田产。东寺还持有一些庄园的地头司记和领家司记，它们是若狭国的多良农庄、山城国的神久濑农庄和志贸久濑农庄。东寺设法保住了那些田产的利益，即使在南北朝时代也不例外。其原因在于，对寺院维持其经济基础而言，那些田产起到至关重要的作用。

在那些庄园中，武士无法破坏东寺的权威。但是，寺院也无法从它们那里收取约定的年贡。到了室町时代，战乱结束，幕府建立，然而年贡越来越少的趋势却没有什么改观。正如我们前文讨论的神久濑农庄的例子显示，庄民的抗议活动致使年贡递减。室町时代以后，东寺的小山农庄常常仅支付约定年贡的一部分，有时甚至全部取消。这种情况与守护税（例如守护段钱）增加不无关系。守护税以现金支付，有时替代徭役，有时作为每段稻田应该支付的估定金额。15 世纪前25 年，守护征收的年贡数量超过了东寺。[1] 虽然东寺依然从神久濑农庄和小山农庄收取一些年贡，但两座庄园中的新格局显示，在 15 世纪，东寺对它们的控制权已经面临严重威胁。

正如东寺的庄园所显示的，在南北朝时代，本家司记完全失去意义。即便如此，在作为寺院的主要田产的那些庄园里，寺院依然维持了可行的控制权。当然，就庄园控制权下降比例而言，也存在例外情形。在京都，属于禅宗的宗教机构"五山"（字面意思为"五座山"，那些寺院位于禅宗的官方等次结构的顶

---

[1]　参见 *Oyama son-shi*, hombun hen (Tokyo: Hanawa shobo, 1964)，第 199 页。

端）——南禅寺和相国寺为其中的两座——获得室町幕府的特别供养。幕府捐赠一些庄园，作为寺院领地（日语称"寺领"）。向那些禅宗寺院捐赠田产是幕府制定的计划的一部分，旨在对抗传统上与公卿政府关系密切的比叡山的强大政治影响。在财政危机时期，幕府将手伸向那些寺院，强迫它们从当年捐赠的庄园收入中上供。因此，那些庄园也起到幕府领地（日语称"直辖领"）的作用。[1]这样一来，禅宗寺院通过与幕府的关系，让其庄园得到保护，不受外部侵扰的影响。但是，东寺与幕府没有那样的关系，所以也没有以这种方式得到保护。

293

　　15 世纪，甚至属于将军领地的庄园也没有逃过地方国人和守护的侵扰。在不同地区中，庄园衰落的进程各不相同。例如，在日本东部，地方乡绅（日语称"在地领主"）势力强大，庄园主不可能保留庄园的行政控制，甚至在镰仓时代也是如此。但是，在京都附近各国，庄园继续存活，有的甚至在 15 世纪中依然苟延残喘。临近京都这一因素本身并不确保那些庄园主高枕无忧。庄园控制权依据两个因素：第一，庄园是否属于宗教机构或贵族家庭；第二，庄园是否是庄园主（例如东寺）最重要的田产。一般说来，庄园主处理自己仅部分持有、分散各地的多层次司记权，转向自己持有大多数司记权、田产位置相对集中的庄园。这让他们至少成功保留对田产的一部分权利，继续从中获得收入。

请负代官制度

　　15 世纪，守护和国人的力量壮大，他们对庄园的控制权也随之增强。庄园主发现，自己越来越难以在庄园中行使个人权力，司记结构已经名存实亡。面对日益恶化的情况，庄园主选择"合约管家"（日语称"请负代官"），让其代表自己在庄园中的利益。那些管家不在司记结构之内，任职的原因是他们拥有特殊的才能，例如与守护或国人讨价还价的能力，与因为关照庄园而受益的幕府官员保持关系等等。从基本作用看，请负代官的任务主要是征收年贡，与前面所说的守护和国人有所区别。

　　时常出现的情况是，庄园主往往从禅宗寺院或者比叡山聘请一位僧侣，让其充当请负代官。这种做法在一定程度上显得奇怪。但是，在那个时期，那些宗教

---

[1]　关于幕府与禅宗寺院的经济联系，参见 Imatani Akira, *Sengokuki no Muromachi bakufu,* vol. 12 (Tokyo: Kadokawa shoten, 1975), 第 11-18 页。

机构的许多僧侣擅长处理经济事务。与比叡山有关系的人常常经营仓房。在京都或大津那样的地方，那样的仓房也起到当铺（日语称"土仓"）的作用。其中的一些人从事借贷业务。

294　　　在禅宗寺院中，有的人擅长处理庄园和寺院的财务事项。[1] 除了管理寺院的财务之外，他们自己也大量赚钱，有的常常向贵族放贷，有的在贵族的庄园里担任请负代官。在一张用来记录日常财务账目的信笺背面，记录了一位名叫玄雄的禅宗僧侣向一位公卿贷款的情况。那位公卿名叫万里小路时世，1145 年曾担任内政大臣。那笔贷款的月息高达 8 分。[2]

　　　擅长处理财务的僧侣签订收取年贡的合约。他们担任请负代官之后，可以决定何时将年贡交给庄园主。他们按照惯例，从合约规定的年贡中从抽取 20%，作为自己的利润。合约签署之后，代官前往庄园，与守护和国人谈判，敲定年贡收取事宜。然后，代管现金交易，将年贡出售给当地商贩。庄园主得到自己应得的那一部分。[3] 采用这种收租方式时，庄园主完全依赖代官来收取年贡，自己获得的那个部分以现金支付。确定其份额的主要因素有二：其一，代官是否履行合约；其二，代官是否按时收到年贡。如果合约没有履行，庄园主可做的要么另请代官，要么放弃请负方式，直接管理庄园。但是，后一种选择与请负代官好不了多少。其原因在于，庄园主依然不得不派出人员，与守护或国人讨价还价。

　　　随着庄园失去权力，年贡收入开始下降，贵族和宗教机构转而求助放贷者。在一般情况下，这意味着庄园主抵押庄园，将次年的年贡作为担保品。守护和国人对庄园的蚕食尚未完全停止，收取年贡的重担落在庄园主和放贷者的肩上。即便如此，放贷者并不被动等待，指望庄园主收取年贡，偿还所欠债务。如果遇到不能按时还贷的情况，放贷者自己想方设法前往被抵押的庄园收取年贡。例如，
295　京都颇有影响的加茂神社与一位名叫安井的放贷者长期保持财务关系。临近 15世纪末年，加茂神社将能登国的土田农庄抵押。一个结果是，安井成为该庄园的代官，收取当初与守护谈妥的年贡。[4]

---

[1] 关于幕府与禅宗寺院的经济联系，参见 Imatani Akira, *Sengokuki no Muromachi bakufu,* vol. 12 (Tokyo: Kadokawa shoten, 1975)，第 47–60 页。

[2] 参见 Nitta Hideharu, "Muromachi jidai no kuge-ryo ni okeru daikan ukeoi ni kansuru ichi kosatsu", in Hogetsu Keigo sensei kanreki kinenkai, ed., *Nikon shakai keizaishi kenkyu,* medieval vol. (Tokyo: Yoshikawa kobunkan, 1967)。

[3] 那些庄园主一般住在京都。因此，这种请负常常叫作"京在"，意思是"在京都"或"京都支付"。

[4] 参见 Suma, "Doso ni yoru shoen nengu no ukeoi ni tsuite"；以及 Suma, "Doso no tochi shuseki to tokusei"。

武士也可成为代官。1401 年，一个名叫新见清尚的国人——细川家守护的一名家臣——签订合约，让中央庄园主从新见农庄（东寺的一处田产）的收入中获得 60 贯。[1] 那位领家以前获得的年贡为 370 贯。因此，那位国人大幅度减少了领家的收入，余额作为半济落入守护的腰包。东寺与武士代官之间问题不断，前者常常解除后者的职务。例如，1441—1460 年的近 20 年里，细川家的一个名叫安富时保的家臣担任代官，每年仅仅缴纳少量钱款，与合约规定的 150 贯钱相差很大。相关文件记录显示，根据合约，庄园主在 20 年中应得 3000 贯（150 乘以 20），那位代官实交金额仅为 791 贯。[2] 在这个例子中，那位请负代官是武士，既非僧侣，也非放贷者。

请负代官制度作为收取年贡的一种方式，在 15 世纪取代了逐渐没落的司记结构，是庄园主力图避免必然厄运的最后尝试。僧侣、放贷者和武士担任请负代官，这进一步危及庄园主的权威和收入。

大名领地制度与庄园

应仁之乱（1467—1477 年）持续 11 年，给庄园制度造成更多损害。在足利家族内部，爆发了继位之争导致的战争，斯波和畠山这样的权势管领家族也卷入其中。幕府的力量因此受到破坏，甚至连权倾一时的守护大名也无法控制其领地之内的守护代和国人。为了对抗大动荡，守护大名们离开京都，返回各自的令制国，集中精力增强军事实力。

应仁之乱以后，那个时期的显著特征是，在政治和社会两方面出现了变化。296 守护大名将自己从幕府结构中分离出来，势力强大的独立战国大名崭露头角。一些国人领主躲过了应仁之乱的动荡，成为地方领主，成功地招募许多国人作为自己的家臣，成为战国大名。在加贺国这样的地方，包括国人、地侍和庄民的区域联盟应运而生，这时称为"一向众"。还有人通过一个基本的宗教信念将那些组织联合起来，为他们抵抗守护的斗争提供力量。简言之，他们采取了各种各样的方式，以便实现区域控制的目标。

尽管上述路径各不相同，然而它们都对庄园土地所有制起到破坏作用。在追

---

[1]　参见 *Niimi-no-sho ryoke-kata shomu-shiki buninjo, 1401, yu* 14–21, in *Toji hyakugo monjo*。

[2]　参见 *Niimi-no-sho nengu mishin chumon*, 1461, *kei* 16–24, in *Toji hyakugo monjo*。

求区域控制权的新趋势中，战国大名居于中心位置。他们想方设法，将尽可能多的国人和地侍纳入自己的封建家臣组织。为了确定每个家臣拥有的军人（日语称"军役众"）数量，许多战国大名使用一种方式，以"贯高"来表示家臣的封地（日语称"知行"）大小。[1] 贯高——以贯为单位表示的现金数量，是一种手段，标示向农地征收的年贡数量；家臣应该承担的军事义务也根据这个数字来确定。

在这种情况下，战国大名千方百计地尽量高估家臣土地的贯高数量。家臣加入庄园主的行列，抵制战国大名试图对区域实现全面控制。对国人和宗教机构的土地，战国大名实施地籍测量，以便确立土地控制权等次制度。这样一来，他们可以将其上司的政治权力，置于给予封地的权力这个基础上。在村庄一级，战国大名进行的地籍测量确立新的年贡，将原来的年贡和加地子并入一个税种。如果富裕庄民继续收取加地子的权利得到认可，战国大名便将其作为采邑土地，给予庄民。作为回报，那些庄民被组织起来，形成战国大名的家臣队伍的基础力量，人称"军役众"。[2] 此外，没有开垦的土地也被纳入战国大名的保护之下。开垦土地获得的新地成为战国大名的私人领地（直辖领），即使那些土地位于家臣的封地之内也是如此。新土地转而提供新的土地来源，用作赏赐封地。[3]

297　　地籍测量并未全面展开，大多数战国大名没有足够的力量保护自己的勘测人员，无法将其送入家臣或有权有势的宗教庄园主控制的封地。但是，在一些地区，地籍测量取得了重要进展。在日本东部，庄园制度几乎完全瓦解。那里的战国大名茁壮成长，例如后北条家、武田家、今川家。这些战国大名实施了全面的地籍测量，将控制权延伸到整个领地。但是，在日本西部，有的战国大名（例如安芸国的森家）发现，实施地籍测量困难多多。在森家领地中的国人想方设法，维持了较高程度的独立。而且，庄园主的权力尚未完全取消。[4]

在日本中部各国，庄园制度根深蒂固，庄园继续繁荣，甚至延续到16世纪的内战时期。在许多情况下，武士地头司记尚未在那些庄园中建立，庄园主在整

---

[1] 关于贯高制度，参见 Nagahara Keiji, "Daimyo ryogokuseika no kandakasei", in Nagahara Keiji, John Whitney Hall, and K020 Yamamura, eds., *Sengoku jidai* (Tokyo: Yoshikawa kobunkan, 1978), 第 1–21 页。

[2] 参见 Katsumata Shizuo, "Sengoku daimyo kenchi no shiko gensoku", in Katsumata, *Sengoku-ho seiritsu shiron,* 第 199–232 页。

[3] 参见 Nagahara Keiji, "Daimyo ryogokusei no kozo," in *Iwanamikoza Nihon rekishi,* vol. 8 (Tokyo: Iwanami shoten, 1976), 第 211–260 页。

[4] 参见 Matsuoka Hisato, "Saigoku no sengoku daimyo", in Nagahara, Hall, and Yamamura, eds., *Sengoku jidai,* 第 22–48 页。

个中世时期维持了对庄园的直接控制。即使存在地方乡绅，他们也常常被组织起来，成为武士，为继续在那些令制国中拥有庄园的宗教机构或贵族效力。因此，有的战国大名，例如近江国南部的六角家、大和国的松长家、摄津国的三吉家，试图效仿日本东部同僚的做法，建立大名领地制度。但是，他们没有能力形成具有足够持久性的基础。[1]这样一来，在日本中部，庄园顽强地维持下来。

在其领地中，战国大名掌握全面的政治权力，给庄园制度带来了沉重打击。同时出现了与所在地区庄园状态相关的重要地区差异。16世纪，大名领地制度崛起，但是庄园以某种形式继续存在。

战国大名掌权不仅冲击庄园制度的土地所有权，而且还破坏它的社会和经济基础。其表现形式一是工匠组织出现，二是它们对市场的控制。[2]一方面，在庄园制度下，市场管理受到宗教机构或在地领主的牢固控制。14世纪和15世纪，出现了一场声势浩大的运动，市场控制权落入各地国人或寺院手中。另一方面，战国大名在自己直接控制的地方建立市场，例如主要的城堡或卫星城堡。他们邀请商贩入驻自己的领地，并且向其保证，市场活动不受各种规定的限制。这样一来，战国大名破坏了国人和宗教机构对本地市场的控制。更进一步，那些大名还实施免税政策，以便吸引其他地区的商贩。于是，商贩们逐步进入战国大名的控制之下。

工匠也遇到类似情况。在庄园制度下，庄园主给予工匠采邑土地，将它作为保护和控制工匠的手段。但是，在14世纪和15世纪，随着庄园制度的衰落，这种采邑土地制度逐渐取消，工匠获得了独立地位。对比之下，战国大名将封地给予各类工匠的头目，让他们成为家臣，控制领地内的其他工匠。战国大名与其免除工匠们的年贡，还不如要求工匠们缴纳一定数量的特色产品。与他们控制土地的情况类似，战国大名超越了庄园主和国人的权力，通过管理工匠在领地中的活动，实现了对工匠的直接控制。这样一来，原来由国人控制的自给自足的庄园或土地被大名领地取代，成为小而全的独立经济单位。这意味着，在大名领地制度下，庄园在各个方面都失去了的存活能力，包括庄园支配权、土地占有权、市场控制权。

298

---

[1] 有关近江国战国大名六角的讨论，参见 Katsumata Shizuo, "Rokkaku-shi shikimoku no shomu rippo", in Katsumata, *Sengoku-ho seiritsu shiron*, 第153–174页。

[2] 参见 Fujiki Hisashi, *Sengoku shakai shiron* (Tokyo: Tokyo daigaku shuppanki, 1974)；以及 Nagahara, "Daimyo ryogokusei no kozo"。

结语：庄园的消失

299   14 世纪到 16 世纪，庄园制度的没落经历了几个阶段。第一阶段出现在南北朝时代，庄园制度开始走下坡路。镰仓幕府垮台以后，冲突爆发，文官政府在政治上失去了可行性，没有能力继续保证庄园的分散等次结构的司记权。于是，本家司记——该结构的顶层权利——变得岌岌可危。与此同时，地方势力将权力集中在毗邻的单块土地，并且在那个过程中变为国人领主，拥有对所在区域的独立权。守护扩大了司法权和土地控制权，将国人和地侍纳入自己的家臣队伍。守护形成了以封建主仆权力结构为基础的令制国制度——守护领地制度（领国制）。

    第二阶段始于 14 世纪末，到应仁之乱结束。在足利义满的统治下，庄园巩固了自身的政治地位。在那个阶段中，室町幕府采取了保护庄园的政策，庄园得到了些许休养生息的机会。尽管如此，庄园制度的维系一是依赖请负代官制度，二是依赖守护、国人和土仓的庇护。庄园主不再有能力独立支配庄园。其次，那个阶段突出的一点是，惣村形成，小百姓在社会和经济方面得到发展，支持频频出现的农民抗议活动，进一步促进了庄园制度的衰落。

    庄园制度衰落的第三个阶段是 16 世纪的内战时期。战国大名领地制度是国人领主和守护领国制的发展顶点，明确地封杀了庄园制度。贯高制度由战国大名确立，其前提条件是，战国大名在整个领地中获得了至高无上的政治权力。战国大名利用该制度，实施统一的年贡征收措施，将知行与家臣提供的兵役联系起来。这样一来，战国大名成功地将领地内的国人和地侍组织起来，形成封建的主仆结构。

    庄园制度经历了三个阶段，但是正如前文已经提到的，在不同区域中，庄园制度衰落的速度各不相同。在京畿地区及附近各国，贵族和宗教权威根深蒂固，庄园甚至维持到 16 世纪。在那些地区中，庄园虽然有所衰微，但是抑止了战国

300 时代的大名领地制度的兴起。丰臣秀吉实施了地籍测量（太阁检地），敲响了最后幸存下来的那些庄园的丧钟。

    丰臣秀吉主导的地籍测量为战国时代的动荡不安降下了大幕。1582—1598 年间，丰臣秀吉在整个日本实施了地籍测量。测量结果按照"石高"（一个以稻米计算的年贡基准）的统一标准，计算年贡和知行。庄民阶层完全拒绝了收取加地

子的做法，地籍测量结果淘汰了作为土地产权单位的庄园。[1] 甚至在山城和大和两国，幸存下来的贵族和宗教机构的庄园也被清除。作为交换，新田产根据固定的石高进行评估，租谷数量略低于以前。

根据太阁检地，村庄成为全国范围内最低层面的控制场所。村庄曾在庄园制度下广泛存在，但不是独立的单位，同时使用的还有"名"和"乡"等单位。丰臣秀吉的地籍测量完全排斥其他单位，一律用村庄取而代之。村庄不仅作为控制权的组成部分，而且是农村社群的功能性社会单位。其结果是，庄园作为控制因素遭到摒弃。以若狭国的多良农庄为例，单独的村庄已在庄园的地界上存在，那座庄园常被叫作多良庄。在某些地区，根据从前的庄园名称命名村庄的做法延续下来，甚至进入江户时代也是如此。但是，严格说来，这是一种流行的非官方做法。

丰臣秀吉的地籍测量与这一做法密切联系：将武士与庄民分开（日语称"兵农分离"）。"兵农分离"从社会地位上明确区分武士与农民（百姓），要求所有获得武士地位的人在大名的城堡所在的集镇集中。这一政策终结了作为中世社会标志的在地领主制度。凡是家臣，包括原来拥有百姓地位的家臣必须作出选择，要么作为百姓名留在村庄，要么离开村庄，迁往大名的城堡所在的集镇，成为武士。实施武士与庄民分离之后，一是可以在城堡驻扎常备部队，二是将统治阶级基于集中起来的权力的基础之上。于是，天皇、贵族和宗教机构失去了权力；与此同时，他们的经济基础和社会基础——庄园，也被彻底根除。

---

[1]　有关太阁检地的讨论，参见 Araki Moriaki, *Taiko kenchi to kokudakasei* (Tokyo: Nihon hoso shuppan kyokai, 1969)；以及 Miyagawa Mitsuru, *Taiko kenchi ton* (Tokyo: Ochanomizu shobo, vol. 1,1959；vol. 2, 1957；vol. 3, 1963)。

第七章　中世时期的农民

永原庆二，一桥大学经济学部

历史学家分期时的通常做法是，日本历史的中世时期始于 12 世纪末。那时，
镰仓幕府建立，标志着武士政府开始支配贵族统治。但是，就农民史而言，11 世纪后半期或 12 世纪初是更合适的分水岭，将古代与中世时期区分开来。大约在那个阶段，庄园土地制度已经遍及整个日本，为农民带来全新环境，让他们真的有了"中世"性质。庄园制度的引入和发展给日本农民的生活状态带来很大影响，超过了几乎 100 年之后建立的镰仓幕府。因此，庄园制度具有更加重大的意义，是界定中世时期的核心特征。[1]

研究庄园制度给农民带来的巨大变化，必须理解与 8 世纪的律令制土地相关的更早一些的状况。在律令制度下，中央政府声称拥有全部土地所有权，公平地分给自耕农稻田；根据具体物品的种类征税，例如，谷物、劳务和丝绸等等。但是，到了 10 世纪，状况开始迅速变化；11 世纪末和 12 世纪初，庄园制度传遍整个日本，那些状况已经不复存在。在庄园制度之下，农民显示出的特征不同于早期的律令制度。鉴于这一点，我在本章中描述的农民可被直截了当地视为庄园农民。

日本中世时期何时开始？对于这个问题，学者们的意见莫衷一是；与之类似，
关于该时期何时结束这个问题，至今依然争论不休。政治史家认为，近代早期始于 1573 年：那年，织田信长打败足利义昭将军，摧毁了室町幕府。到那时为止，战国大名已将日本分割为单个领地。织田信长战胜足利义昭之后，开始了统一过

---

[1]　关于庄园制度的全面讨论，参见 Amino Yoshihiko, "Shōen kōryōsei no keisei to kōzō," in Takeuchi Rizō, ed., *Tochi seidoshi,* vol. i (Tokyo: Yoshikawa kōbunkan, 1973)，第 173–274 页；Nagahara Keiji, *Shōen* (Tokyo: Hyōronsha, 1978)；以及 Kudo Keiichi, "Shōensei no tenkai," in *Iwanami kōza Nihon rekishi,* vol. 5 (Tokyo: Iwanami shoten, 1975)，第 251–98、301 页。

程。但是，对农民来说更重要的是，织田信长的继任者丰臣秀吉致力统一国家。1582年，丰臣秀吉下令全国进行地籍测量，史称"太阁检地"。[1]那次土地登记非常全面，给日本的土地管理和土地保有权带来了革命性变化，将以前所有的田产制度一扫而光。我认为，对日本农民来说，那次事件以及它带来的变化标志着中世时期的结束，是近代早期的开始。

尽管大多数研究农民史的学者都认为，中世时期始于庄园制度在整个日本实行，终于太阁检地。但是，如果说中世时期从12世纪初开始，至1582年结束，那么，仅从庄园制度及其对农民生活的影响的角度，界定那个时期，似有过于简单化之嫌。到镰仓幕府1333年垮台为止，在将近5个世纪的时间里，庄园制度相当稳定。但是，在南北朝时代（1336—1392年），庄园制度开始解体。在其后的室町时代和战国时代，独立的地方领主（日语为"领主"）阶级在各自土地上确立统治地位。那些领主最初其实是庄园内的地头（军方田地管家）和庄园官员。与此同时，令制国军方行政官（日语称"守护"）巩固自己的控制权，以军方和文职当局的身份，管理那些地方领主。守护大名在15世纪出现，战国时代在其后的一个世纪出现，这两者标志着领地控制方面的发展达到了顶峰。因此，在中世时期后半部分，即14世纪到16世纪，地方领主建立的领地权力制度对农民的影响更大，超过了庄园制度。在中世时期的后半部分，农业生产率大幅度提高，给领地统治提供了经济基础。由于这个原因，除了庄园制度及其对农民的影响之外，研究中世时期的农民还必须考察后一种土地控制制度。该制度有了更成熟的形式，成为战国时代的大名领国制度。

早在中世初期，地方领主便已经存在。但是，他们与地头或庄园官员类似，和庄园制度密切相连。因此，虽然中世早期与晚期的权利制度存在明显区别，两者之间在这一点上也存在连续性：在整个中世时期，如果说发展程度差别很大，地方领主制度一直存在。中世时期在权力制度方面的连续性和变化确定了农民的生活状况。

形成中世农民生活的多样性的不仅有那些变化，而且还有地域因素。京畿中部地区的农业生产率明显高于其附近地区和九州。这意味着，那个地区的农民生

---

[1] 对太阁检地的更全面的描述，参见 Araki Moriaki, *Taiko kenchi to kokudakasei* (Tokyo: Nihon hōsō shuppan kyōkai, 1969)。

活水平高于其他地区。临近城市，特别是临近京都和奈良，这一点也起到了一定作用。就经济和文化两个方面而言，住在那些城市附近的农民的生活更加丰富。因此，京畿地区农民的生活与日本东部或九州的迥然不同。

考虑到上述多样性，我将主要考察京畿中部地区庄园制度下的中世时期农民。那个地区的庄园制度稳定发展，因而是考察农民活动最合适的场景。此外，除了中世时期初的变化之外，我还将考虑农民阶层内部的地区差异。

庄园制度中农民之间的地位差异

作为生活场所的庄园

最早的庄园于 8 世纪中叶出现，其主要形式是贵族家庭和宗教机构在国家帮助下新开垦的土地。对那些土地征收的稻谷税必须上交中央政府。但是，拥有土地本身被视为一种私有权力。对比之下，在 11 世纪和 12 世纪日本出现的庄园——所谓的委托庄园——由地方豪门开垦，然后委托给贵族和宗教机构。当时常见的做法是，新开垦的土地委托他人，而且被分割成块，纳入令制国官员在附近的大片田产，那些土地仍旧缴纳公共税收。这样一来，耕作的水田、坡地以及农民的定居地块，都在委托出去的庄园之内，形成了一种小而全的封闭日常生活环境。若狭国的多良农庄是东寺名下的一座著名庄园，位于山地地区，包括 32 町耕地、坡地和相当封闭的社群。[1] 小田庄园是高野山在备后国的一处田产，包括世罗郡的东部，共有 600 町稻田、10 以上社群以及大量坡地。[2] 早期庄园就是私有耕地，到了 11 世纪和 12 世纪，委托庄园构成中世农民生活的全部场景。

几乎在所有情况下，庄园主有的是京都或奈良的上层贵族，有的是权势寺院和神社的代表。那些庄园主持有分散在日本各地的许多庄园的产权，以收取租金为生。租金的形式有大米（日语称"年贡"）以及五花八门的租费。后者是除大米之外的农产品和劳务（日语称"杂公事"）。庄园的日常管理交给了本地的庄园

---

[1] 关于多良农庄的更多信息，参见 Amino Yoshihiko, *Chūsei shōen no yōsō* (Tokyo: Tachibana shobō, 1966)；and Kozo Yamamura, "Tara in Transition: A Study of a Kamakura *Shoen*," *Journal of Japanese Studies* 7 (Summer 1981): 第 349–391 页。

[2] 关于小田庄园的更多信息，参见 Kawane Yoshihira, "Heian makki no zaichi ryoshusei ni tsuite," in *Chūsei hōkensei seiritsu shiron* (Tokyo: Tokyo daigaku shuppankai,1971, 第 121–152 页。

官员。大多数庄园官员出身名门望族，拥有自己的土地。在庄园建立之前，他们常常在当地令制国衙门中担任层级低于郡介的官职。那些地方官员常常将自己个人持有的土地，委托给贵族或宗教机构。但是，他们也将自己任职地方的土地变为庄园。他们自己摇身一变，成为庄园管理者，打理相关事务，巩固自己在当地的权力。于是，庄园确立了自身在地方权力结构中的地位，并且通过上层贵族或宗教机构的庇护，逃避令制国的税收。

305　　典型的庄园呈同心圆结构，其核心布局如图7.1所示。A区包括住房及附近土地（通常为两三町），属于庄园官员。那些土地既有旱地，也有水田，其四周是深沟或泥土护坡。

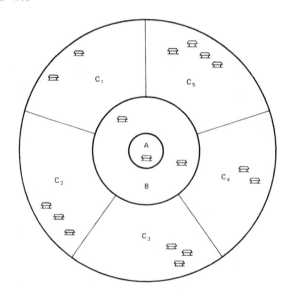

图 7.1　典型庄园示意图

那些土地免交租费，由下层阶级的人（日语称"下人"）耕种。庄园官员还持有分给自己的土地。那些土地由农民耕种，不用缴纳租费。依据持有者的实际权力，那些地块的面积相互差别很大，不过大多数都比住房附近的地块更大。

B区包括分给庄园官员的"名田"和各种各样的免税土地。这两类田地只交年贡，不交杂公事。根据庄园官员的权力大小，这个部分的面积也千差万别，大的多达数千町，而且并不一定集中在一处。那些免交租费的土地是私人开垦的田产，是庄园的基础。住在这部分土地上的农民称为"杂免百姓"（免交租费的庄民）和"免家"（免交租费的家庭），其地位与其他庄民不同。那些庄民必须向庄园官员缴纳实物租费，另外还要提供劳役。

C 区构成庄园的核心部分。庄园建立之前，那些土地本来是令制国官职的公地，后来由庄园主直接控制。这个部分通常为 1—5 个社群（图 7.1 中的 C1—C5）。住在那些土地上的农民必须向庄园主缴纳年贡和杂公事。他们个人并不隶属于地方官员，而是直接接受庄园主安排。但是，地方官员有权监督 C 区的土地和农民。

庄园不仅是地方官员和农民的家园，而且也是以商品作为租费的工匠和商贩的家园。专门留出一些土地，供那些人使用。每个地块根据功能命名；例如，陶器、分类制品、木工、铁器和船运等等。那些土地供养的手艺人并不一定住在庄园内，可能住在其他地方。他们生产庄园所用的物品，换取那些土地产出的收入。市场是庄园中交换物品的场所，大型庄园每月在规定的日子里都有集市。庄园利用那些留给工匠的土地，获得自身无法生产的商品。有两点是显而易见：其一，庄园并非完全自给自足；其二，劳动分工尚欠发达。[1]

农民阶层内部的地位划分

根据一种复杂的社会地位制度，生活在庄园内的农民分为若干次级群体，他们的日语名称分别为名主、小百姓、杂免百姓、间人、下人。每个名称表示该群体的相对自由程度或隶属关系。这些地位层次显示：其一，农民阶层内部存在较大的经济差异；其二，农民的权利各不相同；其三，农民对庄园主和地方官员负有不同义务。

"名主"是权力较大的农民，在庄园 C 区中占有较多的耕地。庄园主将这部分土地分为"名田"（名田也称"百姓名"，是计算租费的基本土地单位），面积 1 町、2 町，有的甚至更大。而且名主按照每一名田缴纳租费。例如，东寺在若狭国的多良农庄有 6 处名田，耕地面积总共 32 町；东寺在山城国的神久濑农庄有 13 处名田，耕种土地面积大约 60 町。大多数名田是名主持有的土地，有的由其他农民持有。但是，为了方便收税，庄园主将农民持有的分散土地归为一块名田，任命重要的农民作为名主。从这个意义上说，在庄园管理结构中，名主的作

---

[1]　关于庄园周围的市场和手艺人的情况，参见 Sasaki Ginya, *Shōen no shōgyō* (Tokyo: Yoshikawa kōbunkan, 1964)。

用类似于低层官员。但是，名主主要为管理自己的土地并有一定实力的农民。而且，他们将自己的部分土地交给其他农民耕种。

"小百姓"是拥有少量土地的小自耕农，住在庄园的 C 区。除了名田之外，庄园的可耕地被分为"一色田"——一色田只交年贡，不过数额稍高一些。水田不交杂公事，所以由庄园主直接控制。一色田大多交给小百姓。小百姓还耕种部分名田。与名主相比，此类庄民没有多少经济能力。他们对一色田的所有权没有得到保证，其经济状况很不稳定。这类小自耕农的数量通常比名主多，京都西南的神久濑农庄的情况就是如此。那座庄园被分为 13 个名；但是，在 14 世纪中叶共有 52 户人家。在 14 世纪中叶，多良农庄共有 50 户人家，其中名主家庭为 6 户，剩余的属于小自耕农。就土地权力或农业管理方面而言，小百姓的实力比不过名主。但是，他们和名主一样，也属于百姓，是直接归庄园主管理的农民。[1]

"杂免百姓"住在分给庄园官员的 B 区，耕种免收租费的土地。他们也叫"免家下人"，即免交租费家庭的下层阶级的人。他们必须向庄园官员缴纳杂公事，并且直接由庄园官员——而不是庄园主——管理。杂免百姓的数量没有名主或小自耕农那么多，每座庄园最多几家。在 12 世纪末，在备后国的高野山的小田庄园，一名庄园官员使用不可靠的方式，增加庄园主直接管辖的杂免百姓数量，结果遭受到庄园主的严厉斥责。那名官员声称，那些人是"下层阶级的人"，属于"免交租费的家庭"，可以自由使用，为他增加杂免百姓的做法辩解。换言之，那位官员可以随心所欲地向那些人收取物品，征集劳务，将他们视为自己的属下。一般情况下，庄园官员如果得到庄园主的许可，可以征用免税家庭的农民，将其作为自己的属下。因此，"下人"——而不是百姓——恰如其分地表示那类农民的地位。

在日本东部和九州的附近地区，农民的隶属性质特别明显。在那些偏远地区，有些能力的农民并不成为名主。当地的地位较高的庄园官员划出一个名，实施控制，自己成为名主。于是，那个名——名主控制的土地单位——必须交税(年贡)，但是免交杂公事。住在名中的农民缴纳的杂公事由那名庄园官员截留下来。换言之，对名主来说，那个名是完全免税的。就这一点而言，住在名中的农民完全属于名主。这一类名与百姓名或者庄主名区别开来。在庄主名中，杂公事

308

---

[1] 在某些庄园，这种百姓被称为"平民百姓"。

属于庄园主。在附近地区，农民隶属于地方庄园官员的情况普遍存在。无法直接监督庄园事务的庄园主别无他法，只好承认这一事实。[1]

就行政控制和隶属关系两个方面而言，名主、小百姓、杂免百姓和免家下人之间差别不小，但是这四类人显然都是定居农民。对比之下，第四个层次的农民史称"间人"，是流动工，与统治阶级的关系当时没有明确界定。间人并不一定待在一座庄园；在一座庄园内长期逗留属于异常情况。在涉及多良农庄的文件中，有一处提到"昨天或今天到达的一个间人"。这意味着，他从别处而来，在该处也没有居住多长时间。[2]那个间人可能在一家庄园待上一段时间，住在简陋的棚子里，开垦一点荒地，通过为富裕农民打工的方式维持生计。例如，在多良农庄，一名间人收留一个进入庄园的乞丐。后来，乞丐偷盗庄民的财物。于是，那名间人被地头传讯。[3]我们因此可以猜测，间人类似于乞丐，也是被鄙视的对象。

如遇饥荒或自然灾害，即便可以下地，耕种也十分艰难，通常会出现流动 309
工。许多农民眼看前景暗淡，被迫转向别处，在某个角落安顿下来，求助于各种关系，期望得到同情。无论"间人"一词是否在整个日本通用，显而易见的是，农村地区的临时居民在当时相当普遍，既非流浪人员，亦非定居农民。

在农民阶层中，"下人"在最底层，自己没有任何土地。这些农民为庄园官员和名主打工。庄园官员的家庭遗赠显示，下人作为田产的一部分，也是可以继承的。下人无论男女，常常被人买卖，儿时便离开自己的父母，有时被丢给母亲。身为下人的丈夫或妻子生下的孩子，通常也不允许和家人一起居住。下人只有为主人干活多年之后，才有与孩子同住的可能。在那种情况下，他们除了为主人干活之外，常常租用少量土地耕种，以便维持生活。

下人的生活形形色色。但是，他们基本上是主人家庭中的体力劳动者。他们被主人随意购买、出售和继承，是事实上的奴隶。他们常常逃跑。他们可能被当作动产，但是并未被大量积累起来，被迫在残酷的条件下干活。更确切地说，在家长式专制统治下，他们被作为家族的一个部分。我们尚不清楚，为什么中世时期的大多

---

[1] 关于偏远地区的名的更多信息，参见 see Nagahara Keiji, *Nihon hōkensei seiritsu katei no kenkyū* (Tokyo: Iwanami shoten, 1961)，第 243–262 页。

[2] 参见 Amino, *Chusei shoen noyoso,* 第 76–79 页。

[3] 在中世时期的日本，乞丐是受人鄙视的群体。参见 Nagahara Keiji, "Fuyu nakojiki," in *Nihon chūsei shakai kōzō no kenkyū* (Tokyo: Iwanami shoten, 1973)，第 280–283 页。

数庄园官员和名主拥有下人。但是，下人一般用于大规模农业生产和土地开垦。

在中世时期，农民阶层的社会地位主要划分为以上五类。此外，还有秽多、非人和散所，这三种人都备受社会歧视。[1]"秽多"的主要生计是捕鸟、处理动物尸体、制作皮具，干一般人视为"邋遢"的活路。"非人"是因为犯罪而被逐出社群的人员。这两类人不能包括在农民阶层之内。"散所"主要干的是送水，清扫寺院、神社和贵族宅邸。严格说来，他们也不是农民。但是，这些人构成村庄周围的社群，常常与村庄农民的生活联系密切。

土地开垦和农业生产

土地开垦的形式

在中世时期，日本大部分地区依然进行土地开垦，只有京畿中部除外。在古代，令制国和郡级官署组织大规模开垦项目，使用作为租费形式的农民劳力，在附近的平地上开垦稻田。政府声称，那是公地（日语称"公田"）由国家组织的劳力（日语称"公工"）开垦，使用公共沟渠（日语称"公水"）灌溉，所以属于国家。农民分得部分稻田，但是作为回报，可能被迫参与国家的土地开垦活动。有能力的农民常常放弃公有稻田，在偏远的山区乡村自己开垦土地。维持那些土地的私有权并不困难。这样一来，那些农民可以比较容易地逃避国家强征的劳动。丘陵地区隐藏的小片谷地容易利用泉水和溪流灌溉，因此适于此类个人开垦。那种稻田叫作"谷地田"，如今在整个日本也能见到。

大户农家选择山谷中水源附近的土地进行开垦。山谷里不刮大风，而且没有洪灾之虞。有能力的农民首先获得对水源的控制权，然后开垦稻田。开垦从山谷深处水源附近开始，然后延伸到谷口的平地。他们还保持临近山谷的丘陵地位的旱地，以便提高荞麦和水稻之外的其他谷物的产量，补充日常的食物。即便在庄园发展初期，那类山谷稻田也在庄园主的视野之内，常被划入名田。大农户通常被授予名主地位。

地方庄园官员拥有更多资金，可以雇用更多劳力，也组织类似于名田开垦的

---

[1] 关于中世时期的社会歧视，参见 see Buraku mondai kenkyūjo, ed., *Burakushi no kenkyū*, premodern vol. (Tokyo: Buraku mondai Kenkyūjo, 1978)；以及 Keiji Nagahara, "The Medieval Origins of the Eta-Hinin," *Journal of Japanese Studies* 5 (Summer 1979)，第 385–403 页。

活动。他们利用农民的劳力，开垦大片适于耕种的土地。然后，他们将那些土地
分给住在该地区的亲戚。那些农民利用族人联合起来的力量，获得杂免百姓的地
位。在高野山位于备后国的小田农庄，庄园官员的免税土地一般位于沿河两岸的
湿润区域。相比之下，几乎所有普通农民的名田都是分散在山谷里面的谷地田。
庄园官员很可能开垦低处的湿润土地。那些土地早在古代就被开垦，后来渐渐荒
芜。他们将那些地块定为私人开垦、拥有免税权的土地。[1]

　　谷地田——山谷里的稻田——与低洼地带的稻田各有其利弊。谷地田依赖当
地水源，常常受旱。相比之下，低洼土地在河流涨水时常常遭遇洪灾。因此，虽
然年年下种，在某些时候却颗粒无收，如遇特别差的年份，甚至无法插秧。那个
时期留下的文件包含表示耕种条件的种种说法。[2]

　　因此，对于中世时期的农民而言，开垦出来的田地是否可靠非常重要。在京
畿中部大和和山城国的平原地区，许多水库和灌溉沟渠都是在律令国或庄园主的
指导之下修建的。因此，那些地区的农业生产条件十分稳定。在其他地区，进行
土地开垦的农民想方设法，以便获得可靠水源。他们集中人力物力，在地势较高
的水源附近修建池塘蓄水，以便缓解山谷口滩地的缺水状况。在东寺位于丹波国
的小田庄园，解决这个问题的办法是，修建一座灌溉水塘，以便在山谷中心储
水。即便今天，在那里也可以看到一座用于灌溉的池塘。那座池塘由农民在 13
世纪末修建，其目的是缓解山谷下半段的缺水问题。[3]

　　早在 12 世纪，日本东部的人就开始认真地开垦土地。在那里，地方武士领
主阶级与令制国官署关系紧密，起到了带头作用。关东平原上森林覆盖，规模不
大的农民社群通常无法将林木清除干净。地方领主采取了两种方式。他们在平原
的冲积河谷中开垦稻田，并且砍倒树木，建立农民定居点。大多数农民归当地领
主管理。他们作为定居点成员，被给予新开垦土地的耕种权。那些武士后来成为
镰仓幕府的家臣武士，几乎全是那些垦殖社群的核心人物。[4] 隶属于那些地方垦

311

312

[1]　关于可耕地耕种率较低问题的详细讨论，参见 Nagahara Keiji, *Nihon no chūsei shakai* (Tokyo: Iwanami shoten,
　　 1968)，第 160-161 页。

[2]　关于这个问题的更多论述，参见 Toda Yoshimi, *Nihon ryōshusei seiritsushi no kenkyū* (Tokyo: Iwanami shoten,
　　 1967)，第 168-191 页。

[3]　参见 Ōyama Kyōhei, *Nihon chūsei nōsonshi no kenkyū* (Tokyo: Iwanami shoten, 1978)，第 231-287 页。

[4]　三浦家成为镰仓幕府的势力强大的家臣武士（御家人），将相模国的三浦半岛分给家族成员。他们控制整个半
　　 岛上最好的河谷土地，继续土地开垦活动。他们常常使用的姓氏包括芦田、大和田、和田、永井、野边等等。

殖者的农民无法作为名主来确定自己的独立地位。

在中世时期的土地开垦中，实际劳务一半由小型社群的农民提供，但是地方武士领主和大户农民起到了核心作用。中世时期的垦殖社群与早期的农民社会不同，后者的特点是规模较大，由一个人担任领导。中世时期的那些"社群"几乎名不副实，通常由几个分散的自耕农组成，一个有实力的农民或者地方领主担任头领。庄园是许多小型社群的混合体。就其本身而言，那样的社群没有组织形式。名主处于每个小型社群的中心，与庄园官员合作，惩罚庄园里的非法行为。但是大多数情况下，日常功能在单个社群内部运行。[1] 那些小型社群的农民的独立性逐步增强，人数也越来越多。因此，社群关系变得更加紧密。在 14 世纪，形成了人称"惣村"的村庄社群，即便小自耕农也有成员资格。

农业生产和技术

地方领主和大户农民拥有劳动力资源，能够灌溉便利的肥沃稻田。因此，他们的农业生产活动与小自耕农不同，一般情况下收成稳定，经营繁荣。农民的第一责任是向地方领主和名主提供劳动力。作为回报，他们可以借来食物和种子，如遇歉收年景，还要借大米。

313

对大户农民来说，水田在农业生产中的作用非常重要。他们家境殷实，春耕使用耕牛。但是，对实力较弱的贫穷农民来说，水田没有多大用处，旱田和旱地是最常见的耕地。[2] 他们使用青草和树木幼苗和嫩枝，让牛马踩踏之后制成肥料。水田施用肥料之后变得肥沃。在中世后半期，农民们还发现，施用草木灰之后，可以增加收成。我们现在无法准确估计每段稻田的平均产量，但是坡地的收成一般为 1 石 2 斗至 1 石 3 斗。旱田通常栽种大麦，旱地栽种小米和荞麦，产量较高的肥沃稻田种植水稻。

大约从 13 世纪后半期开始，各种各样的生产技术提高了农业产量。经过改良的水稻新品种开发出来。如果气候适宜，一年可以收获三季。在山谷地带和湿润低地，开挖了自流沟渠。收割水稻之后，田里的水被放干，播下大麦作为第二

---

[1] 关于小型社群的状况，参见 Nagahara Keiji, "Shoensei shihai to chusei sonraku," in *Nihon chūsei shakai kōzō no kenkyū*, 第 169–254 页。

[2] 关于旱地的介绍，参见 Kuroda Hideo, "Chūsei no kaihatsu to shizen," in *Seikatsu, bunka, shisō*, vol. 4 of *Ikki* (Tokyo: Tōkyō daigaku shuppankai, 1981), 第 91–130 页。

季。不用说，那种使用土地的方式增加了水稻产量。[1]

旱地里播种各种各样的农作物，例如，大麦、大豆、麻、紫苏，以及用于养蚕的桑树。在 16 世纪大规模棉纺出现之前，制作织物使用范围最多的是麻。[2] 养蚕，包括抽丝和丝棉制作，是农民从事的另外一个产业。当然，它纯属制作奢侈品的行当。丝棉那时叫作"干品布"，在许多地区列入年贡。养蚕并不容易，在有些年份里，蚕蛹全部生病死亡。[3] 14 世纪，灯油在城镇中的需求增加，它作为商品的产量也越来越高。[4]

土壤表面的林木被烧毁，以便在旱地里种植。接着，播下小米、荞麦和大豆。一块土地耕种两三年，然后转向另外一块。接着，放火烧掉第一块土地上的草木，准备再次耕种。那些土地不由庄园主控制，不用缴纳租费。在中世时期，这类做法大概相当普遍，但是在庄园文件中很少提及。小自耕农和被边缘化的庄民（小百姓和下人）需要养家糊口，依赖那些土地，将其作为一种重要的食物来源。

中世农业使用多种土地，包括水田、旱田和旱地。鉴于中世时期可耕地的上述特征，干旱和洪涝造成的破坏不可避免。除此之外，昆虫和动物也是危害农作物的常见因素。当大量蝗虫吃掉秧苗时，农民遭受最糟糕——而且是无法防治——的虫害损失。麻雀吃掉谷粒，野猪和野鹿也会对农作物造成损害。农民使用响板和围栏之类的装置来应对这个问题。但是，这些方法没有完全避免动物造成的农作物损失。[5]

灾害无法预测，常常让小自耕农和杂兔百姓倾家荡产。在高野山位于纪伊国的阿弓川农庄，1246 年的一份文件显示，在整个庄园的农户中，只有六分之一（三户到四户）生活富足。无人耕种的荒芜名在上村中为十三处，在下村中为八

314

---

[1] 到平安时代末为止，一些地区已经开始种植两季节农作物。但是，在镰仓时代末，出现了一个问题：是否应该对稻田里种植的大麦征收年贡？

[2] 在室町时代，越后国生产的麻线十分著名。但是，麻布生产并不仅仅局限于越后，其实遍布整个日本。

[3] 律令国政府要求，在果园里种植桑树和漆树，用蚕茧抽丝纺线。但是，在中世时期，桑叶大多在野地里采集。在江户时代，重新开始在果园里种植桑树。

[4] 大约从 14 世纪，开始从紫苏籽中提取和生产油料。那时，这种油料成为京畿中部几个地区的特产，包括山城国的大山崎、大和国的八木、摄津国的安孙子。

[5] 蝗虫、小鸟和叶蝉——一种水稻害虫——给作物造成很大损害。在山区田地里，野猪和野鹿造成的损害巨大。农民用竹子和树枝做成围栏，保护田地。

处。[1] 那座农庄地处土地贫瘠的丘陵，而且还遇到了一个滥用权力从事非法勾当的地头。不过，它提供了一个例子，说明那时的农业生产条件多么不稳定。遭遇

315　歉收的农民常常被迫出卖自己和家人，成为地方领主或者权势名主的下人。有的成为流动工，住进"非人"的棚屋。在中世时期，农业生产条件无法预测，还形成身份等同农民的"浪人"或"无主武士"。

农民、领主统治与税收

年贡、杂公事和徭役

中世时期的农民必须向庄园主缴纳两种税：杂公事和年贡。一方面，根据通常的理解，"杂公事"包括徭役（日语为"劳役"），还有对稻谷之外的各种产品征收的杂税。为了避免混淆，我们在此将狭义的杂公事定为额外征税的产品，与徭役区分开来。另一方面，年贡是名主付给庄园主的名田租费。名田是当地人持有的稻田，占庄园的耕地的大部分。通常的税率是每段稻田 3—5 斗稻米。[2] 这种形式的税收与律令国的大不相同。在后一种税收制度中，按照物品种类向农民征税，每段土地征收粮食税，上限为总产量的 3%。

国家赖以生存的有两个税种：一个是向个人征缴的各种产品的税金，另外还有叫作"杂徭"的劳务税，每名成年男子每年大约 60 天。但是，随着律令制的衰落，家庭登记制度弱化，再也不可能根据人头评估和征税。经过一定时间以后，逐步按照可耕地面积，计算劳务税和产品税。此外，到了 10 世纪，令制国只能重新开始征收实物税，重点为稻米。因此，税基发生变化，从根据种类估计的税种，变为向官员缴纳的各种劳务的稻谷。在大多数情况下，后者大约为每段土地 3 斗。劳务税后来包括各种物品和服务。庄园税收制度，包括年贡、杂公事和劳役，是令制国官署沿用的从平安时代传下来的制度。这种发展理所当然，其

316　原因在于，大多数庄园建立时，令制国的土地被分割，从国司对令制国的控制权，演化出领主对庄园的控制权。

年贡的税率为每段土地 3—5 斗大米，大概平均约为评估总产量的三分之一

---

[1]　参见 *Koyasan monjo, vol. 6, Yuzoku hokanshu*, no. 1433 (1276) in Shiryo hensanjo, *ed.,DaiNihon komonjo, iewake*, vol. 1, pt. 6 (Tokyo: Tokyo teikoku daigaku, 1906), 第 501—502 页。

[2]　中世时期的 1 段等于 360 步。在丰臣秀吉主导的地籍测量中，1 段被重新定为 300 步；1 斗大约为 15 千克。

至二分之一。鉴于产量常常受到自然灾害和其他情况的影响，这个税率已经很高了。另外，征收年贡的土地不可能悉数耕种。在土地登记中，庄园主根据地籍测量，正式上报可耕地面积。但是，在庄园的文件中，常常出现"没有评估年贡的土地"字样。这意味着，存在"被隐瞒的土地"，其全部产量直接留给农民。此外，旱田并不全面征税。律令政府认为，旱田是宅基地的直接延伸部分，因此属于私人所有，不能直接征税。有了这一先例，对于这类土地，庄园主不可能过于严格征税。在这种情况下，尽管年贡税率很高，属于名主阶层的农民依然可以维持收支平衡。但是，小自耕农的日子就艰难了。大多数情况下，他们耕种仅收年贡的土地。其税率略高于名田，通常为每段土地 7—8 斗。许多小自耕农还耕种一些名田，因此无法逃避劳务税。此外，还要求他们为名主提供私人劳务。

在大多数情况下，年贡征收的是大米，不过也可能是其他产品。例如，在日本东部的庄园，年贡常常为蚕丝或棉花。其原因在于，那里的土地贫瘠，运输路线并不发达。水路特别糟糕，运送大米之类较重的货物十分困难。在濑户内海地区，来自庄园的年贡常为食盐、海货、木材。年贡的形式常常取决于两个因素，一是具体地区的物产，二是运输路线的状况。

庄园主也从杂公事中获得收入。在镰仓时代，东寺在丹波国的小山农庄的杂公事形式五花八门，到了令人惊讶的程度，包括蔬菜、栗子、木桶和油料。杂公事与年贡之间的差别在于，对乡村的任何东西都可征税，既有农产品，也有手工产品，例如，棉线、织物，甚至糕点。因此，杂公事包括庄园主从各类庄园榨取的重要日常消费品。例如，从皇室领地上的一座庄园，征收蔬菜、水果、食盐、用作燃料的花卉、松明火把、竹帘，用于新年庆祝仪式。[1] 征收的产品种类取决于多种因素，其中包括庄园所在地区的特产、从庄园到京都的距离、运输系统的状态。从单个庄园征收的产品事实上完全满足庄园主的需要。庄园主采用各种手段，将这一负担分摊到农民头上。一个常见的方式——日语称"名别公事"——很麻烦，即从每处名田征收杂公事。

庄园主一般是城市贵族，住在京都，几乎从不在庄园长期居住，也不需要将大量劳力用于直接管理的庄园。有一种情况例外：那一类土地人称"佃"，见于

---

[1]　该领地有一座私人殿堂，由禅位的后白河天皇在其府邸中修建。许多庄园都依附于它。皇室的大多数庄园属于此类。

京都附近的庄园内。庄园主并不亲自管理佃，但是对其实施直接控制。他强迫农民耕种那些土地，缴纳较高的年贡，每段土地为 1—2 石。在正常情况下，庄园主并不要求农民提供劳务，但是常常让农民将杂公事送到京都城内的自家府邸，或者要求农民轮流担任警卫任务。根据一个名叫山阶的庄园主的日记记载，即便在庄园主权威降到最低的 15 世纪初，京都附近地区——例如，摄津和美浓——的庄民也轮流前往京都，到山阶的府邸中做工。[1]

农民还必须按照惯例，提供其他劳务。农民常常陪伴庄园官员，在京都长时间逗留。此外，庄园主的代表到访庄园时，农民还得提供三天服务，满足其各项需求。但是，与庄园官员和地头强求的劳务相比，那种负担不算太重。

除了年贡、杂公事和庄园主要求的劳务之外，庄园官员和地头还提出别的苛刻要求。正如前文解释的，庄园官员分得的名田只交年贡，分得的稻田不交年贡和杂公事。庄园官员还有权以庄园为单位，获得定额收入。这包括年贡之外的一种税，日语称"加征米"，大约为年贡的十分之一，约为每段土地 3—5 升大米。相比之下，还要求农民提供大量劳务。正如前面所述，庄园官员可以任意榨取杂免百姓，要求名主和直接隶属于庄园主的农民提供一定数量的劳务。例如，纪伊国和佐农庄的一名地方官员要求庄民为自己干农活，从春种到秋收，包括犁地、除草、割草和打谷。[2] 那样的劳务，他可"按需"要求庄民提供。

镰仓幕府建立以后，地头的权力遭到限制，必须逐一审批。通常根据代表庄园主的管理人员确定的限制，决定地头提出的要求。实际上，地头是武士，可以提出强制性劳务要求。根据 1238 年的文件记载，在松野神社位于丹波国的陵部农庄，地头以各种方式要求农民提供服务。他强迫农民耕种他的土地，既不提供食物，也不给予回报；他每天要求九个农民伺候自己；他强迫农民为他修建住宅；他征用农民，护送他长途跋涉到京都。[3] 诸如此类的要求加剧了地头与农民之间的紧张关系。1262 年，镰仓幕府规定，地头使用农民耕种土地的做法可以按照习俗继续存在。但是，在夏季的三个月（农历四至六月）中，地头不得私自要求农

318

---

[1] 参见 *Yamashina keraiki,* edited and annotated by Toyoda Takeshi and Iikura Harutake, 5 vols. (Tokyo: Zokugunsho ruiju kanseikai, 1967–1973)。

[2] 这是和佐农庄 1327 年的一份收入报告，参见 *Kangiji monjo*。

[3] 根据 1238 年的一份文件记录，松野神社的陵部农庄官员（杂掌）与地头发生争执，参见 *Higashi monjo,* vol. 1。

民干活。[1] 此外，庄园官员和地头还常常征收各种商品，它们类似于庄园主的杂公事。由此可见，庄园主直接控制的小自耕农和名主缴纳两类税金，一类由庄园主征收，另一类由庄园官员和地头征收。

庄园的治理

庄园主对农民的统治方式可以分为三大类别：征税、土地管辖、刑事司法。第一类本章已经描述。税收最初由庄园官员负责。设置地头以后，征税通常由地头负责。[2] 征税权让庄园官员和地头对农民进行人身控制。如果农民不交税，庄园主就会采用各种手段施压，人称"惩戒"。如果这一招不奏效，庄园主就会限制违约农民的人身自由，叫作"捆绑"。在某些情况下，地头往往将违约庄民变为其下人。在征税过程中，地头对名主和小自耕农实施人身限制，剥夺其行动自由。农民本来就没有什么行动自由。但是，如果税收过于严苛，官员控制过于凶狠，他们常常一逃了之。在这种情况下，地头设法禁止此类行为，将农民束缚在土地上，以暴力手段征收租费和徭役。这是地头与农民之间冲突的主要原因，镰仓幕府的法典《御成败式目》规定，一旦农民支付了年贡，就应给予其行动自由。[3]

庄园主统治的第二大类为土地管辖，指的是管理庄园内土地的权力。庄园主有权勘察庄园土地，其目的一是测量征收年贡的土地面积，二是整和农民持有的当地土地，三是重新分配已经逃离的农民的土地。

土地管辖权是庄园主控制权的重要组成部分。一旦地头上任，庄园主与地头之间涉及这一权力的严重冲突就会出现。镰仓幕府 1247 年的一项政令称：

> 地头在发生的诸多冲突中强调，从庄园官员和农民的土地收取的年贡，必须交给庄园主，但是土地管辖权属于地头。但是，庄园官员坚称，地头分得的土地属于他的管辖之下，然而地方所有的土地（名田）归庄园主管辖。

319

320

---

[1] 镰仓幕府补充法律第 424 条，参见 Satō Shin'ichi and Ikeuchi Yoshisuke, eds.,*Chūsei hōsei shiryōshū,* vol. 1（以下引用用 *CHS* 表示）(Tokyo: Iwanami shoten, 1955—1957；reprinted 1978), 第 222 页。

[2] 关于限制地头控制庄园的各种措施，参见 Asuda Motohisa, *Jito oyobi jito ryoshusei no kenkyu* (Tokyo: Yamakawa shuppansha, 1961)。

[3] 参见 *Goseibai shikimoku,* art. 42, in *CHS,* 第 24–26 页。

但是，"最初任命的地头"（承久之乱以前任命的地头）必须遵守长期以来的权力限制，"新近任命的地头"的权限是，每 11 町土地只能分得 1 町。[1]

根据这条政令，镰仓幕府试图限制地头在土地管辖方面不断扩大的权力。

庄园官员与地头之间反复出现冲突，不仅涉及土地管辖权，而且还涉及刑事案件的管辖权，因而在控制农民方面产生了决定性影响。例如，对于如何处置逃走农民放弃的土地，存在各种各样的方式。这一类土地可以分给其他农民，也可以纳入地头的田产，还可以作为名田，分给所谓的"浪人"。浪人并不是庄园的常住居民。此类土地的处置权基于对土地的管辖权，拥有管辖权者实际上享有相当大的权力。1185 年，源赖朝首次将设立地头的做法禀告天皇，希望自己可以拥有赋予地头管辖土地的权力。结果，此举引起贵族和宗教机构大怒。[2] 在整个镰仓时代，也没有就如何体现地头权威的问题达成一致。由此可见，对土地的管辖权事关重大，不可小觑。

庄园主统治的第三大类是刑事案件的管辖权，包括治安和司法两个方面，可以针对违反法律的庄民，采取惩罚措施。此外，该权力还允许庄园主强制执行刑事判决，获得被没收的土地和财产。根据当时的法律，在某些情况下，可将有罪方逐出庄园，没收其土地，摧毁其住处。当时的法律规定，被没收的土地和财产的所有权属于行使刑事司法权的人。因此，对于刑事司法权，庄园官员与地头之间竞争激烈。

镰仓幕府 1223 年的法律规定，刑事案件中没收之物应该在庄园主和地头之间进行分配，前者得 2/3，后者得 1/3。[3] 地头使用武力或强迫手段，接管全部刑事司法权。如遇农民不交租费并且逃走的情况，农民留下的妻儿将被划为下人。即便在非常小的偷窃案件中，也常常实施重处。因此出现了许多严苛程度前所未有的处罚。1300 年，在萨摩国的谷山郡的山田和别府这两个村庄里，地头与郡介就农民控制权发生冲突。在 41 起涉及农民的单独的小事件——例如，偷窃土豆、诽谤他人、杀死小狗、偷盗马匹——中，地头援引刑事司法权。他抓住了被告及

321

---

[1]　参见 Kamakura bakufu supplementary law no. 259, in *CHS*, 第 162 页。

[2]　对这个问题，摄政王家族的贵族九条兼实（藤原兼实）在其日记中表示惊讶："他们不仅强征军用租谷，而且还获得对土地的全面控制！"

[3]　参见 Kamakura bakufu supplementary law no. 14, in *CHS*, 第 66 页。

其妻儿，强求过于严厉的惩罚。[1] 对于地头以极端手段使用刑事司法权的那些做法，农民和庄园官员加以谴责，称其为"新的非法之举"，是前所未见的非法行径。地头通过施加此类高压，试图获得对那些农民的直接个人控制。

在以上讨论的三大类别——征收租费、土地管辖和刑事案件的管辖权——中，地头和庄园官员互相竞争，以便控制农民。一方面，地头试图大权独揽，控制庄园土地和农民；另一方面，庄园官员想方设法，防止地头对农民进行个人控制。农民被夹在两者之间。

农民的抵制

在庄园制度中，庄园主、本地庄园官员和地头分享对农民的控制权。庄园主能够征收所有租费；庄园官员和地头行使土地和刑事案件的管辖权。14世纪，农民开始要求减少年贡，有的甚至要求免除年贡。在京都附近的庄园，地方庄园官员在许多情况下甚至与农民一起，向庄园主提出要求。但是，庄园官员此时和守护联手，领导了针对庄园主的运动，庄园制度本身已经开始衰落。农民提出减税和免税要求的主要原因不是没有能力支付，而是希望否定庄园主征收租费的权力。

相比之下，在12世纪和13世纪，实际上没有出现要求庄园主减免租费的农民运动。更确切地说，农民的不满和抵制针对的是庄园官员和地头的专断统治。在中世之初，农民开展抵制地头统治的活动，1275年在阿弓川农庄出现的农民起诉（日语称"诉状"）中，我们见到了最典型的方式。该诉状直接针对庄园主——京都的雀罗古寺。[2] 该庄园位于纪伊国有田河上游的山区。那个令制国的豪门汤浅家逐步控制地头职位，其权力随之扩大。汤浅家采取残酷手段控制农民，农民奋起反抗，向庄园主递交包含13项条款的抗议书。抗议书以农民的歪歪扭扭的手书写成，陈述了以下问题。

地头发现，农民隐瞒了一些土地，于是开征交给自己的年贡。在此之前，征收年贡是庄园主独享的特权。此外，地头还强征罚款，每段土地每年200匁，以铜钱支付。有一次，地头从自己家里派出20余人，到农民那里征收火麻秆和棉花。他还动员农民砍伐和运送树木，强迫他们辛苦劳动许多个小时。更严重的做

322

---

[1] 关于镰仓幕府九州官署1300年的司法令，参见 *Yamada monjo*。

[2] 1275年10月，阿弓川农庄的农民呈交诉状。相关情况参见 *Koyasan monjo*, vol.6 *yuzoku hokanshu*, no. 1423，第486-490页。

法是，他追捕逃跑的农民，强迫他们返回庄园，要求他们在放弃的土地上播种大麦以示惩罚。他还威胁说，如果农民不服从，他就抢走他们的女儿，割掉耳朵和鼻子，剃光头发，捆绑起来，游乡示众。他强迫农民每天早晚照料自己的马匹，要求农民缴纳价值1斗3升米的牧草作为饲料。他将自己从前与农民打交道的先例置之脑后，全然不顾他们的死活，一门心思自己捞钱。他没完没了地要求农民为自己干活，肆意辱骂虐待。农民直接反抗地头的记录不多。但是，我们从现存文件可以推知，13世纪左右，农民不再逆来顺受，不再出走逃避。他们开始抵制地头的严酷统治，公开提出控告。

323   1334年，在多良农庄发生了类似的情况。该农庄是东寺在若狭国的田产。那里的农民抗议庄园官员胁袋彦太郎的非法行径。[1]那份申诉文件要求解除胁袋的职务。文件由所有庄民共同签名，59人中既有名主，也有小自耕农。根据他们的投诉，胁袋彦太郎犯下诸多暴行：他每年召集600人在其直接管理的土地（面积超过3町）上干活；他每天派农民到庄园附近一个名叫胁袋的地方——他的私宅——干活；他每次到京都，都要带上20个农民，要他们伺候和陪伴自己；他没收农民的田产，然后将其并入自己的官地。此外，他还没有按照规定缴纳名田的租费；他使用农民的劳务，修建了一座要塞；他还毁坏农民的住处，从事无数其他非法活动。

在以上两个例子中，农民再也不愿忍受地头和庄园官员的过火行为，直接向庄园主投诉。但是，在中世早期，这样的做法并不普遍。在一般情况下，如果地头超越了其职位的法律界限，庄园官员往往会向镰仓幕府投诉。在这样的情况下，农民的愤怒被庄园官员的投诉掩盖，不能直接表现出来。

另外一点在此也值得注意。一方面，地头和庄园官员有的住在庄园内，有的住在庄园附近，但是庄园主远在京都。因此，庄园主不会以折磨者的面目出现。这样一来，农民们坚持认为，地头是坏蛋，庄园主可能带来好处。14世纪和15世纪，庄园制度开始衰落，农民斗争风起云涌。甚至那时，农民通常反对也通过控制税收来支配庄园的地方武士。另一方面，农民支持庄园主直接治理。这并不意味着庄园主的统治特别开明，原因仅仅在于庄园主的控制手段较弱，待人比较宽

[1] 1334年8月，多良农庄的农民递请愿书和罢免请求，相关情况参见 Shiryo hensanjo, ed., *Toji hyakugo monjo*, vol.i, *ha*, no. 116, *Dai Nihon komonjo, iewake*, vol. io, pt. I (Tokyo: Tokyo teikoku daigaku, 1925), 第709-713页。

松。因此，农民觉得，它比武士统治稍好一些。庄园制度存在的时间超过了历史条件的预期，其中一个主要原因是，农民抵制武士的蚕食，支持庄园主的治理。

农民的经济生活

衣、食、住

就中世时期的农民生活而言，对某些方面的研究现在依然不足，其中包括衣、食、住。我在此将简要总结迄今为止研究的情况。

衣：中世农民普遍用来纺织织物的是火麻或苎麻。火麻是一种多年生植物，日本任何地方均可栽种。使用火麻制作麻线的过程不难，因此火麻是农民服装的材料。但是，制作麻布需要几个步骤。首先，必须将麻秆仔细破开，合成一股，制成麻线。其次，将麻线放在木凳上，用木槌击打，使其变软。此项工作通常在冬季夜晚完成。在中世末期，越后国成为麻布生产中心，那里成立了一个行会（日语称"座"），垄断了蓝麻（青麻）生产。那个行会的保证人是贵族三条西家。那个座还生产一种高品质蓝麻产品越后绉绸，供应集镇市场。

制作衣物所用布料还包括用家养蚕或野生蚕丝纺织的织物。但是，养蚕的技术要求相当高；与使用火麻织布相比，制作丝线、纺织丝绸的过程耗费的时间更多。于是，农民们一般不用丝绸。不过，将蚕茧用水煮，很容易制成丝绵。丝绵摊放晾干之后，可以用作保温夹层，常用于制作冬衣。我们知道，在室町时代，在农村市场上，丝绵是商贩们常备的货品。[1]尤其是在日本东部，发明了制作"䌷"的方法：不是纺成丝线，而是用手将丝搓成粗丝线，再用原始的织机织成丝绸。这种丝绸厚实，是极好的保暖材料。在所有丝织品中，农民使用这种方式制成产品的可能性最大。

棉花可以提供最佳隔热效果，手感非常舒适，15世纪在朝鲜生产，后来出口到日本。直到16世纪，棉花才开始在日本种植，用来纺线和织布。因此，中世时期的日本农民没有棉织品。同理，日本当时也不养羊，所以没有羊毛。

显然，可能还有现存文献没有记载的其他织物。如果那时的日本农民要制作

---

[1] 例如，我们知道，为了在地方市场上销售，近江国今堀村的商贩囤积来自伊势国的织物。参见 Nakamura Ken, ed., *Imahori Hie jinja monjo* (Tokyo: Yuzankaku, 1981)。

衣服，可以选择的面料非常有限。例如，可将香蒲种子去皮，填入作为保暖的棉絮中。对山区的民间研究显示，农民普遍使用紫藤编制的织物来制作衣服。这种自然纤维在冬季采集，也可能是中世时期制作衣服的常用材料。不管怎么说，在中世时期，大量生产的面料屈指可数。

食：自从定居农业在日本开始之后，食物生产主要是水稻种植。其原因有几个：与其他谷物相比，大米的营养价值很高；稻田的准备和维持相对容易；稻谷种植并不需要大量肥料；稻谷通常可以连年种植；收获相当稳定。鉴于以上特征，我们不难理解，为什么古代律令国认为，在其控制耕地政策中，水稻生产起到核心作用。后来，庄园主也将大多数精力用于维持自己对稻田的控制权，旱田的重要性仅居次席。

但是，尽管强调稻谷生产，在农民的膳食中，大米却不是主角。国家以及后来的庄园主控制稻田，这意味着，农民不一定吃得上大米。首先，小自耕农无法获得足够的稻田，所以来自大米的收入很不稳定。这样一来，享有特权的名主阶级才能在缴纳租费之后，确保一年中吃上足够的大米。此外，大多数小自耕农不得不向庄园主，向自己的直接监工——地方名主——提供劳务，所以没有时间打理自己的稻田。年复一年，他们还得高利举债，获得食物和种子。因此，在一年之中，农民吃米饭的日子为数不多，显得弥足珍贵。大多数时候，他们吃的是小米之类的劣质粮食和野草。在中世时期缴纳的杂公事清单上，山萆薢一词时常出现。山萆薢是一种野生植物，类似山药，茎和根煮熟后去掉苦味可以食用。显然，这种植物有时是庄园主的食物。在农民的食物中，山萆薢的地位可能更加重要。在中世晚期的甲斐国，有一座山寺。那里的僧侣留下的一本日志记载，农民种植稻谷、大麦、小麦和小米，但是到春天时通常已将上年收获吃光。于是，他们依靠蕨类和其他植物的块根果腹，以便挨到收获大麦的夏季。[1] 如果运气好，他们还以鱼、鸟和其他动物为食。但是，从外面来的食物有限，他们一年之中只能吃到几回咸鱼。[2]

住：庄园官员和地头的宅基地面积大约100平方米，四周围着土堤，外部斜坡上有一条深沟或排水沟。中世建筑结构的考古发掘和武士家留下的画卷（例

[1] *Zatsu no bu* in *Zoku gunshō ruijū.*
[2] 此处说的是腌制，这种方法一般用于鲑鱼和黄尾金枪鱼。

如，镰仓晚期的《法然绍宁乐园》）显示，除了主要建筑之外，还有仆人居住和饲养动物的附属建筑。对比之下，一般小自耕农的房屋只有两个房间，中间没有隔断，外面一间是泥土地面，用于做饭和存放农具。在13世纪和14世纪的画作中，描绘了那样的农舍。[1] 农舍没有使用基石，支柱直接埋进地面挖好的洞中。只有富裕农民才铺木地板；穷人家的地面上直接铺草席或干草。房顶使用劈开的短木板，而不是瓦片。房子外墙有的使用泥土夯实，有的用圆木加泥灰筑成。木板难以制作。到了室町时期，才出现了专门制作木板的工匠。他们使用大锯，将圆木顺着剖开。在那以前，农舍并不使用木板。庄园里很难看到木匠的踪影。村庄的社群组织成员聚集起来，修建必要的住处。从那个时期开始，历史文献时常提到，有的农民从事非法活动，结果遭到驱逐，其房舍被庄园官员和地头拆除。那样做的原因是，在中世时期，木材是价格不菲的商品，拆下的木板需要再次利用。

327

农民与市场

前文描绘了中世农民几乎自给自足的经济状况。但是，贸易也十分重要，借此可以得到食盐、耕作所需的铁器、贮存和浇水所用的陶器等必需品。此类的物品必须从专门制作它们的匠人那里购买。按照约定，每月赶集3次，例如，在逢3或6的日子，可以购买所需的东西。[2] 在15世纪，一个月赶集的日子增加，变为6次。在有些地方，市场就在庄园内，但是，集市也设立在偏远地区。在一般情况下，市场位于交通方便的地方，在地头或庄园官员的住宅附近，或者在寺院旁边。[3]

集市最初的功能是，庄园官员和地头出售他们得到的部分年贡，然后购买从京都运来的奢侈品，例如，面料和佩剑。在14世纪初之前，年贡通常为实物，需要运到京都去。其中的一部分事前在集市中交换，以便获得支付当地费用的现金。后来，全部年贡都在当地市场出售，所得货款送到中央庄园主手中。[4] 农民

---

[1]　关于那些画卷的复制品，参见 *Nihon emakimono zenshū,* 32 vols. (Tokyo: Kadokawa shoten, 1977–1981)；and *Nihon emaki laisei,* 29 vols. (Tokyo: Chud koronsha, 1977–1981)。

[2]　每月3次的集市叫作"三际一"，每月六次的叫作"六斋市"。

[3]　在新潟县中城町的档案中，发现了镰仓时代末留下的一份越后国的奥山农庄的示意图。市场就位于地头的住宅附近。

[4]　参见 Sasaki Ginya, "Shoen ni okeru daisennosei no seiritsu to tenkai," in *Chūsei shōhin tyūtsūshi no kenkyū* (Tokyo: Hōsei daigaku shuppankyoku, 1972), 第250–362页。

赶集，出售大米、大麦、火麻和其他东西，购买生活的必需品。

在 14 世纪，从大和国和山城国开始，日本中部村庄中的农民制作物品，然后销售到奈良、京都、堺城和大津等地。那些产品包括小麦粉制作的面条，大米的衍生产品食醋，紫苏籽榨取的灯油、竹帘。[1] 制作那些产品的农民常常组成"座"，将自己置于有权有势的宗教机构的庇护之下。座缴纳营业税，换取自己产品的垄断经营权。最后，某些座的成员打入京都这样的城市，销售产品。在中世末期，这类商品的生产和销售并不仅仅限于日本中部，遍及与港口城市或大名城堡相连的所有地区。

农民参与市场活动，他们使用的钱币数量也随之增加。古代律令国曾经借用了中国唐朝的货币制度，铸造钱币，鼓励其流通。但是，钱币流通的实际区域非常有限，经过一段时间以后几乎绝迹。到了 12 世纪末，一般都是以货易货交易。甚至贵族与僧侣之间的土地交易也以大米计算。[2]

13 世纪，从中国进口的钱币逐步通用。到了那个世纪末，钱币的使用扩展到乡村地区。来自京都的商贩使用钱币，在村庄采购产品。14 世纪，常见的做法是用年贡换取钱币，然后将钱币送到庄园主手中。但是，单个农民将自己生产的大米和其他产品卖给商贩，并不以钱币形式缴纳年贡。更确切地说，庄园主或者与庄园主签约的代理人将年贡大米送到市场，通过销售获利，然后以较低的兑换率，将钱币交给庄园主。当地官员从有利可图的兑换安排中获益，所以欢迎商贩到其控制的市场中交易。因此，农民不由自主地面对市场，最后得到可以用来购买商品的钱币。农民可以生产木制品和木炭，出售收集的柴火，获得钱币。这种情况不仅见于经济发达的日本中部村庄，也出现在比较贫穷的村庄。[3] 15 世纪，甚至在经济发展较慢的日本东部村庄，也有寺院收取庄民地租时使用现金的例子。

作为财产的土地

在中世之初，农民并不拥有真正意义上作为私人财产的土地。在土地登记时，庄园主正式将名田和一色田记在自己名下。土地是缴纳年贡和杂公事的基

---

[1] 参见 Wakita Haruko, *Nihon chūsei shōgyō hattatsushi no kenkyū* (Tokyo: Ochanomizu shobō, 1969), 第 419–522 页。

[2] 有研究者粗略浏览了 12 世纪耕地销售单据，发现除了一两份之外，全部交易均以大米、蚕丝和火麻支付。参见 Nagahara Keiji, "Heian makki kohi baiken no bunseki," in *Nihon chūsei shakai kōzō no kenkyū*, 第 159–168 页。

[3] 参见 Ōyama Kyōhei, *Nikon chūsei nōsonshi no kenkyū* (Tokyo: Iwanami shoten, 1978), 第 288–319 页。

础，农民没有得到许可，严禁买卖土地。不过，这并非此类土地不属于私有财产的唯一原因。从农民的角度看，可耕地并不总是价值很高的"财产"。农民投入大量劳力开垦土地。即使农民最初得到补偿，一旦庄园主开始收税和征用徭役，此类土地的财产价值确实很低。土地的税负太重，农民对耕种权需求并不是很大，遇到饥荒或自然灾害时尤其如此。

在奈良和京都附近的村庄中，农民很早就开始出售可耕田产权。其方式包括：直接出售土地，使用土地作为借贷担保品。在许多情况下，因为债务违约，农民成为耕种该土地的佃户。但是，在大多数地区，即使农民因为土地提供的收入不足而离开土地，也不会出现后来常见的土地产权变更。实际情况是，在中世初期，有的农民举家离乡，四处漂泊，有的成为下人。因此，放弃土地和撂荒的现象比比皆是。庄园官员的职责是，确保撂荒的土地不会长期荒芜。为了实现这个目的，必须尽快找到流动农民来耕种这类土地。在这种情况下，此类土地不大可能维持多少财产价值。

到了中世中晚期，在日本中部及附近的经济发达地区，土地的感知价值出现了很大变化。在大德寺收集的文件中，有一张标注日期为 1381 年的卖契显示，摄津国的一个农民出售位于宫家郡武久名的一块土地，面积 2 段，价格 5 贯。[1]后来，卖家每年向买家支付 1 石大米，作为耕种费（日语称"加地子"）。该合约还约定，卖家还直接向大德寺缴纳年贡。换言之，卖家将土地出售给买家，然后每年向买家支付 1 石大米，以便继续耕种那块土地。卖家虽然承担年贡和耕种费，但是从那项交易中获得一定利益。支付 1 石大米作为 2 段土地的耕种费；年贡可能也是 1 石左右。虽然租费负担不轻，但如果卖家确实知道那块土地的产量，它具有真实的可以出售的财产价值。对买家来说，这桩买卖也有好处。正是因为该土地产量很高，他购买的目的是获得加地子产生的收入。换言之，对身为地主的他来说，购买了对自己有价值的财产。在这种情况下，买家和卖家分别享有具有明确财产价值的土地产权。它与中世早期的情况形成鲜明对比：那时不稳定的农业状况和经济状况共同作用，可能让农民倾家荡产。

因此，随着土地生产率的提高，对农民来说，土地作为财产的价值相应增

330

---

[1] 参见 *Daitokuji monjo*, vol. 3, in Tokyo daigaku shiryohensanjo, ed., *Dai Nihon komonjo iewake*, vol. 17 (Tokyo: Tokyo daigaku shuppankai, 1954), 第 328–329 页。

加。土地出售时，在这两者之间确立了一种经济关系：一方是支付耕种费的地位低下的农民，另一方是收取该费用的名主地主。在中世初期，名主利用旁支家族成员和下人，扩大自己的农业生产规模。后来，名主逐步减少自己直接管理的土地数量，大都变为从农民那里收取费用的地主。在名主的许多以前的亲戚或下人中，过去从未获得独立的人此时成为自耕农，从而在一定程度上有了稳定收入。到 15 世纪为止，作为财产的土地的真实价值出现变化。这意味着，庄园官员不再当心土地荒芜。

农民群体的区域联合

乡村与农民自治

中世时期，发生了巨大的经济变革和社会变革，在至关重要的 14 世纪更是风起云涌，促使农民大规模放弃土地的状态得到缓解。于是，村庄可能保留一定比例的财富。随着上述进程的出现，在农民阶级内部，上层与下层之间的附加税
331 关系应运而生。实力较弱的小农依附名主阶层的大户农民。实际上，他们只要让自己处于这样的从属地位，就可能有机会生存下去。对贫穷农民来说，这种格局并非没有好处；它逐步稳定了贫穷农民的生计，增强了贫穷农民与土地的联系。这种趋势波及日本全国，在中部特别突出。在前面提到的 1334 年的那个例子中，名主和小自耕农呈交请愿书，抗议庄园官员胁袋的非法行径。这显示，在反对领主的活动中，即便小自耕农也是重要的独立参与者。

1346 年，在近江国琵琶湖北岸的菅原农庄，12 个人就当地土地的处置问题发表联合声明："关于平川和诸川的旱田，可以进行买卖，期限为一年至两年；但是，禁止永久出售。违反者将不再享有村庄组织（日语称'惣'）的成员资格。"[1] 那时，就平川和诸川的管辖权，菅原农庄与附近的大浦农庄激烈争吵。菅原农庄的居民发表了上述声明。他们很可能属于名主阶层，是庄园的"主要居民"（日语称"本在家"）。该声明的目的是，阻止将那些地块卖给大浦农庄。根据其他资料，此类本在家一般都有两三家下属农民，充当他们的"附属居民"（日语称

---

[1] 关于菅原农庄 1346 年乡村"置文"（财产遗嘱）的情况，参见 Shiga daigaku Nihon keizai bunka kenkyūjo shiryōkan, ed., *Sugaura monjo* (Tokyo: Yuhikaku, 1960),vol. 1, no. 180, 第 67 页。

"胁在家")。但是，声明适用于他们所说的"地方"（日语称"所"）的所有居民，并且扬言要将违反者逐出当地的乡村组织（惣）。

应该注意这里使用的"所"和"惣"两个日语单词。"所"的意思是"地方"，但也表示"那块土地"，相当于关西地区频繁使用的一个古老词语"在所"。那个地方的人使用"所"这个词语来表示与土地的密切关系，与地方政治没有什么联系。"所"表示这个意义的用法仅仅出现在中世晚期。日语中的"所自治"表示相同的引申意义，也是在中世末期开始广泛使用的。

"所自治"与"乡自治"几乎同义，表示这样的情况：面对违约的债务人，债权人可以采取报复手段，夺取与债务人住在相同区域的一个人的财产。[1] 在中世时期，即使一个人不是书面债务约定的署名担保人，只要他住在相同区域，就可能被要求偿还债务。这一做法显然假定地方单位具有社群性质。当时普遍接受的是，同一地方群体的人为其邻居的债务承担共同责任。对于中世晚期的这种社群关系，一个更正面的概括方式是，它表示了地方社群之间基于土地的密切关系。"惣"也是住在一个地区的人们的社会团结性的群体表达。在菅原农庄的那份声明中，"（惣）的成员资格"一语显然表示社会组织。这里所用的"惣"一词还有更具体的意义吗？这一点并不清楚。但是，它很可能表示一种区域性社群组织，该区域的所有人都可以参加。（"惣"这个字也可以表示"所有人"。）

惣的日常功能之一是，解决共同关心的问题。1367 年，在东寺位于播磨国的矢野农庄，46 位农民一起面向神灵宣誓：当年的收成不好，因此要求庄园主勘察损失，减少或免除年贡。1377 年晚些时候，庄园的名主和小自耕农举行全庄园起义，谴责庄园官员。关于那次起义，一位名主抱怨说："整个庄园有大约十个名主表达自己的不满，并且联合签名，'表达共同意愿'，我怎么可能单独提出异议呢？我如果抵制起义，肯定会遭到攻击。"[2] 我们从这个例子可以看到，一旦惣以群体共识的方式做出决定，对成员具有约束力。如果有人反对"表达共同意愿"的决定，不会被人容忍，很可能招来杀身之祸。

除了抗议庄园主之外，村落共同体也处理内部事务。例如，在南北朝时代，

332

---

[1]　参见 Katsumata Shizuo, "Kunijichi gojichi ni tsuite no kosatsu," in *Sengoku-hō seiritsu shiron* (Tokyo: Tōkyō daigaku shuppankai, 1979)，第 37–60 页。

[2]　参见 Sato Kazuhiko, "Sosho ikki no tenkai," in *Nambokuchō nairan shiron* (Tokyo: Tōkyō daigaku shuppankai, 1979)，第 73–124 页。

近江国今堀郡的农民建立乡村宗教组织，人称"神社行会"（日语称"宫座"），以便在村庄神社中举行宗教仪式。1383 年，那个团体制定规则，决定各司其职，每年一月的第四天举行仪式。1403 年，该团体规定，没有支付用于神社运作开支的会费者，将会失去成员资格。1448 年，该团体又下达了包含 6 项条款的规定。除了纯粹的宗教事务之外，该团体还处理乡村生活的一般问题。例如，那些条款规定："不要留宿旅行者"；"村民不得给外来的孩子举行成人礼，不得试图让其成为村中居民"。1489 年，颁布了共有 20 项条款的更详细规定，涉及当地日常生活的许多问题，例如："如果没有担保人，外来者不能进入村庄"；"禁止养狗"；"认养的 7 岁以上的孩子不能进入行会"。该规定的许多条款涉及如何使用该惣的共有山林。总的说来，这些规定覆盖范围很广，涉及今堀郡的村落事务和日常生活的方方面面，提供了乡村法规的全面情况。[1]

该惣制定了诸如此类的规定，因此，作为村落共同体，它还获得了司法权，可以处理越轨行为。菅原惣提供了相关的例子。它的南面是琵琶湖，北面是山，只留下东西两个方向进入该村。幸存至今的大门设置在东西两个入口，明确地标出村庄边界。任何人只要不服从惣的共同规定，出现违法行为，都将被逐出大门之外，与村庄有效隔离开来。在庄园制度下，官员时常驱逐犯法的居民。但是，在这个例子中，实施惩罚的是惣，而不是庄园官员。1483 年，菅原惣制定的地方法规包括这样一条规定：如果一个人犯法之后被处死或者驱逐，可以让其之女继承财产。我们从这一点可以推测，惣不仅驱逐违法犯罪人员，甚至可以将其处死。

惣有能力惩罚犯罪人员，这一点明确说明：庄园主的刑事管辖权已经衰微；惣实质上已经取得了这项权力。1568 年，菅原惣公布一条命令，弹劾四个惣员。该命令写道："地头不得进入菅原，我们自己拥有刑事案件的全面管辖权。这四个人以地头之名，对惣大为不敬。"[2] 菅原农庄拒绝守护进入，借此在刑事案件中行使自我管辖。该惣从庄园主手中夺取了这一项重要权力，对庄园主实施严格限制。这种提升权力的做法以引人注目的方式，扩大了惣的自治范围。

---

[1] 参见 Nakamura, ed., *Imahori Hiejinja monjo*。

[2] 关于 1568 年张贴在菅原村的那项规定，参见 *Sugaura monjo,* vol.2, no. 925，第 126 页。

惣联盟的形成

惣自治是保护社群力量的一种方式，始于获得刑事案件的自我管辖权的过程。随着时间的推移，惣控制的事务越来越多，包括一些经济方面的问题，例如，免除债务、宣布勾销地方欠债，等等。[1] 在琵琶湖东岸的奥岛庄园和北津田庄园，1441 年 8 月宣布了那样的债务免除决定。颁布了包含 6 项条款的命令要求：第一，哪怕仅仅偿还了十分之一的借款，典当品也必须归还债务人；第二，所借的全部大米和现金必须一笔勾销。[2] 同月，在京都地区的许多村庄，爆发了要求取消债务的造反行动。幕府被卷入争议之中，次月颁布一项命令，取消整个京都地区的债务。不久以后，幕府颁布了具有历史意义的嘉吉免债令，范围涉及全国，覆盖内容更多。[3]

以下两个局势之间很可能存在联系：一是奥岛庄园和北津田庄园爆发的起义；二是导致嘉吉免债令的起义。但是，我们不应过度强调这一联系，首先，不管怎么说，早在幕府决定颁布嘉吉免债令之前 1 个月，奥岛庄园和北津田庄园就宣布了免除债务的规定。其次，签署规定的是北津田庄园和奥岛庄园当地势力强大的农民领袖。他们率先起义，然后公布了地方免债令。与村落共同体决定的内部问题不同，免除债务的命令涉及债权人经营业务的整个地区。不管怎样说，在要求免除债务的地区中，各个群体之间肯定进行过某些交流。在奥岛庄园和北津田庄园的惣领导人共同签署文件的过程中，肯定出现了这样的情况。两个庄园的地方代表达成协议，实施适用于两个庄园的免债规定。这说明了惣自治的范围、它的扩大方式、冲击庄园主传统权力范围的程度。随着这种情况出现频率的增加，形成组织——惣联盟——的需要应运而生。新的组织可以超越单个庄园的界线，覆盖较大的区域，更好地处理农民的社会问题和政治问题。

1494 年，在伊势国的大和郡，46 位农民签署一份公约。其大意为："如果我们内部发生争端，我们将在省视问题的各个方面之后，一起做出决定。"这份文件交给了真源寺一位名叫新生的僧侣。真源寺是该郡的主要寺院，地处中心位

335

---

[1] 参见 Seta Katsuya, "Chusei makki no zaichi tokusei", *Shigaku zasshi* 77 (September 1968)，第 1–52 页。

[2] 关于这项取消债务的规定，参见 the archives of Oshima Okutsushima *jinja*。

[3] 参见 Nagahara Keiji, "Kakitsu tokusei ikki no seikaku ni tsuite," in *Nihon chusei shakai kozo no kenkyu,* 第 394–425 页。

置。[1] 在江户时代，大和郡包括 12 个村级行政单位。因此，那份协议代表了几个惣组织的决定。那 46 位代表是大和郡中几个惣的领袖，他们组成的合作组织达成一致，作为一个团体解决问题，避免相互对抗。

与此同时，另外一份公约由来自全郡的 50 位农民签名，包括五项与村庄生活相关的禁令。例如："不得伪造稻田、旱地、山坡和森林的界线"；"不得剥夺他人的耕种权"；"不得偷盗庄稼"。大和郡的惣联盟鼓励合作，以便解决共同关心的问题。很可能的情况是，签署第一份公约的该郡领袖们已向那个地区的所有农民宣布了一条规定。为了确保农民们遵守，所以才签署后一份包含五项条款的公约。换言之，在全郡确立自治的过程中，在拟定那些条款的过程中，并非所有居民都以平等身份直接参与。更确切地说，一批领袖们共同控制全体农民。在大和郡，16 世纪中叶颁布了当地的免债令，当地的一批长老做出了那个决定。可能的情况是，签署第一份公约的那 46 人也在长老之列。

惣联盟的作用超过单个的村落共同体组织。随着区域联盟的崛起，他们面对的问题也逐步扩大。其结果是，联盟领袖们负责主要运作。我们从大和郡的例子中可以清楚地看到，这将领导层与其他农民区分开来。近江国的古河郡惣就是如此。该惣由三个村庄组成——山中村、美浓村、番村。地方武士和村庄小领主住在属于柏木神社的庄园附近。首先，每个家族都有自己的组织，其成员姓氏相同。其次，三个村庄形成联盟，组建所谓的"柏木三方惣"。最后，通过与类似的地方惣组织联合，成立一个管辖全郡的惣。[2] 古河郡惣负责管理当地灌溉湿地的沟渠，而且还有军事功能，负责保卫那个地区，维持那里的治安。

关于惣组织扩大、覆盖整个令制国的情况，还有别的例子。在大和国，一个全国性惣的农民呈交了一份请愿书，因为遭受大面积旱灾，要求延期偿还债务。那份文件没有标注具体的时间，不过很可能是 15 世纪末或 16 世纪初的某一天。[3] 债主是奈良的大型宗教机构兴福寺。那时，该寺控制大和国守护一职。如果不答应该要求，农民们扬言停止耕种。请愿书的落款是，"大和全国惣农民敬呈"。但

336

---

[1] 参见 Seta, "Chusei makki no zaichi tokusei"。

[2] 参见 Ishida Yoshito, "Sōteki ketsugō no shoruikei," *Rekishi kyōiku* 8 (August 1960)；Murata Shūzō, "Chiiki masu to chiiki kenryoku," in *Shirin* 55 (January 1972)；以及 Murata Shūzō, "Yōsui shihai to shōryōshu rengō," *Nara joshidaigaku bungakubu kenkyū nempō*, no. 16 (1973)。

[3] 参见 *Horyuji monjo*。

是，那份文件书法漂亮，根本不可能出自普通农民之手。很可能的情况是，当地领主阶层的一名成员组织了那场运动，以整个令制国的农民的名义，亲笔书写了请愿书。在山城和伊贺，也发现了覆盖整个令制国的惣。村庄惣扩展为联盟，覆盖整郡或整国。国和郡是古代地方行政单位；因此惣逐渐控制了所在地区的公共事务。

　　惣从最初的村庄基本单位，后来渐渐扩大为联盟。从 15 世纪到整个 16 世纪，在中部各国的势力尤其强大。那些组织由村庄的小领主（日语称"地侍"）牵头，包含了新的等级关系的萌芽。[1] 但是，它们具有强烈的平民和民主特色，那是在幕府、守护或战国大名的统治中无法见到的。惣常常使用的话语就是组织共同运作的象征，例如，"民众讨论"和"团体诺言"。形象地说，惣是日本独创、颇有 337 特色的民主制度。[2]

农民的娱乐活动

　　村落共同体的发展赋予农民文化生机，各种节日庆典和公共娱乐活动层出不穷。《狂言》之类的文学文献提供了资料，让我们一睹室町时代的农民生活。村民们常常聚会，品尝品种繁多的茶叶，吟唱诗歌（日语称"连歌"）。乡村文化娱乐活动十分流行，成为室町时代的一个特征。有意思的是，那些全是群体活动。实际上，我们不能忽视其集体特征。

　　乡村娱乐活动的一个主要形式是大和"猿乐"。这是一种戏剧，到了南北朝时代已经发展到炉火纯青的境界。猿乐最初是春日大社和兴福寺宗教节日的一项活动，后来成为一种农民娱乐形式，在大和的乡村中表演。它逐渐流行起来，获得广泛赞誉。经过一定时间以后，猿乐确立四大派——观世、宝生、金刚、金春。在足利义满将军的供养下，出现了观阿弥和世阿弥这样的大师。

　　乡村里的舞蹈（日语称"神乐"）团和其他广受赞誉的艺人组成行会（日语称"宫座"），受到乡村神社的保护，在神社组织的节日活动中表演。到战国时代为止，和泉国的日根农庄是五大摄政王家族之一九条家的主要田产。在日根神

---

[1] 小领主住在村里，只有农民（百姓）地位。但是，他们凭借其经济和社会力量，控制着村落共同体。笔者在研究中发现，他们构成农民阶级的上层，但是具有领主的特征。

[2] 参见 Nagahara Keiji, "Gekokujo to shuchu dango," in *Chūsei nairanki no shakai to minshū* (Tokyo: Yoshikawa kōbunkan, 1977), 第 158–188 页。

社，当地一名领主九条正基看到神乐表演，对其品质深感兴趣，于是评论道："乡下人的这种娱乐不应遭到嘲笑。"[1] 日根农庄所在地区农业发达，那里每个村庄的惣委员会享有自治管辖权。一个村庄的惣地位很高，也是农民文化的中心，这种情况并不令人感到意外。

那个时期，乡村妇女也参与群体活动。对乡村妇女的生活，官方文件的记录寥寥无几。但是，当时制作的画卷显示，妇女几乎包揽了全部农活，春种秋收，春米打场。在京都地区，乡村妇女负责出售蔬菜、木柴和其他农产品。

几部狂言中出现了农民夫妻角色：丈夫全是废物，整天无所事事，只知寻欢作乐；妻子忠实可靠，勤勤恳恳。日本中部的文件显示，地位低下的农民担心无时不在的倾家荡产的可能性，开始改善生活，寻求稳定。妇女也越来越活跃，共同实现这一理想。例如，在近江国的今堀惣，妻子们组成单独行会，与只有男性参加的神社行会并存。[2] 相关文件没有显示其具体功能，但是它的一部分功能很可能是组织娱乐活动。女性成员们准备用于宗教仪式的食物，在神社聊天解闷。那些群体可能显得微不足道，然而表示了一点：中世农村妇女已经获得一定独立性，但在具有强烈父权色彩的武士阶层中，这样的情况难觅踪迹。[3]

一揆与宗教

一向一揆是惣联盟得以存在的基础，代表了农民们的团结。一向一揆从15世纪末开始，贯穿整个16世纪，主要出现在日本中部和日本海沿岸，是农民和地方武士集中起来的力量。他们都笃信佛教的净土真言宗，团结起来对抗守护和战国大名。在日本历史上，那场宗教和社会运动构成了规模最大的有组织的农民斗争。[4] 历史学家们面对的一个问题是，如何确定中世初期农民宗教信仰的性质？就13世纪兴起的佛教新形式而言，我们可以肯定的是，有两位大师的传教活动充满活力，在农民中影响很大。这两位大师一位是净土真言宗的亲鸾，另一位是临济宗——净土宗化缘派——的一遍上人。

[1] 参见 Kunaichō Shoryōbu, ed., *Kujō Masamotokō tabi hikizuke* (Tokyo: Yōtokusha, 1961)。
[2] 参见 *Imahori Hie jinja monjo*。
[3] 参见 Nagahara Keiji, "Joseishi ni okeru Nambokucho Muramachi ki," in *Nihon joseishi,* medieval vol. (Tokyo: Tokyo daigaku shuppankai, 1982), 第137-171。
[4] 代表性著作，参见 Kasahara Kazuo, *Ikko ikki no kenkyū* (Tokyo: Yamakawa shuppansha, 1962)；以及 Inoue Toshio, *Ikko ikki no kenkyū* (Tokyo: Yoshikawa kōbunkan, 1968)。

14 世纪中叶左右，应仁之乱前夕，上述宗教在农民中扎根。信徒们组建一揆，开始反对统治阶级的斗争。净土真言宗大师莲如在比叡山遭天台宗僧侣迫害。于是，他前往附近的近江国，开始在那里传教。1471 年，莲如再次搬迁，从近江到了濒临日本海的越前国的吉崎。在那里，他以更积极的方式，大力推行改宗事业。莲如取得成功的关键在于，他接管了近江国乡村的惣组织。净土真言宗的信众组织叫作"讲"，与已经存在的惣组织紧密配合。在村庄大户的家里，建立称作"道场"的集会场所。信众们每月在那里见面，除了讨论宗教问题，还要倾诉对庄园主的不满。莲如本人在那时说过，他的宗派要存活下去，最重要的事情是让村里的长老们担任核心成员。为了实现这个目的，在无伤大雅的前提下，他尽可能多地将惣成员纳入讲。同理，在大户农民家建立道场，而不是修建传统的寺庙，这也是让其宗教受人欢迎的一个很好方式。

净土真言宗的农民信众数量大增，在濒临日本海的越前和加贺两国迅速发展。在那些宗教团体中，大多数领袖都属于地方领主阶层。他们将信众武装起来，形成真正的农民运动。让统治当局觉得威胁更大的是这一事实：农民加入宗教组织之后笃信，通过给该宗的主要寺院本愿寺捐款，自己将会得到解脱。这让他们减少了向庄园主或武士领主缴纳租费的意愿。因此，在加贺国，守护与一向一揆之间的冲突特别厉害。1488 年，一向一揆不断施压，甚至迫使那里的地头自杀。这一事件给予统治当局重大打击，震撼了室町幕府和护领地制度。在很大程度上，一向一揆农民组织是通过宗教信仰将农民凝聚起来的。但是，它还在政治方面取得了令人瞩目的进展。在加贺国，一揆颠覆了守护的权威，夺取政权，创建了覆盖整个令制国的大惣。

到了 16 世纪，一向一揆不再局限于日本海沿岸，扩展到名古屋附近的飞驒、三河和其他各国。这场运动继续快速发展，波及日本整个中部，影响了尾张、伊势、近江、摄津和河内等国。后来，三河国出了一个重要人物，他就是后来建立德川幕府的德川家康。德川家康的父亲松平广忠遭到三河国一向一揆的重大打击。在尾张和伊势两国的边境，就连最早统一全国的织田信长也受到长岛的一向一揆的骚扰，织田信长的弟弟在一次对垒中丧生。曾任近江国守护、后任战国大名的六角的一番叹息，表达了惶惶不安的统治阶级的心态："一向一揆根本不愿支付租费。如果让他们这样做，每个郡、每个村的人都会扬言放弃耕种。这简直是

339

340

无法无天的行径！"[1]对织田信长和德川家康那样的战国大名和当权者来说，一向一揆已经成为最令人害怕的力量。

一向一揆崛起的一个原因是，武士阶层的许多中层人员——国人和地侍——成为净土真言宗的信徒，在组织农民的过程中起到了重要作用。然而，一个更重要的原因是，在一揆中，宗教信仰和社群自治（惣联盟）融为一体，大大增强了农民的力量。此外，一揆的兴起恰逢乡产业和商业的开展。这样一来，一揆可以利用这些经济力量，以可以维持的长期方式与守护和大名对峙。

净土真言宗中的改宗活动争取的对象不仅是农民，而且有掌握社会权力的人士。在有些情况下，甚至还有受人鄙视的商贩和手艺人。其原因在于，一向一揆的主要的力量堡垒全都位于大河河口，商贩和手艺人往往在那里聚集，例如，伊势国的长岛、纪伊国的西京以及本愿寺所在的石山（大坂湾）。此外，在日本中部，在大型净土真言宗寺院的门前区域，逐步形成了集镇（室内町），那里的商贩往往希望皈依净土真言宗。[2]那些寺院集镇源于每月特定日子里开放的集市。那些集镇与周围的村庄形成密切的经济联系，是农民信徒与商贩信徒之间的桥梁。因此，宗教一揆与商界和惣联盟一起，增强了所在地区的经济和社会团结。

在日本的农民史上，15世纪和16世纪是值得大书特书的时期。村庄、区域341 自治和一向一揆的发展，让农民可以成功地反对统治阶级。一向一揆的集体力量起到了巨大作用。

战国大名与农民

一向一揆的力量日益壮大，战国大名感受到很大威胁。一揆造反在日本各地零星出现，本愿寺其实起到指挥中心的作用，一是让地方一揆互相之间保持接触，二是协调它们的活动。由于摄津和近江两国爆发一揆，就连进入京都之后的织田信长事实上也陷入困境。其结果是，战国大名在与一向一揆打交道时非常谨慎。对于净土真言宗改宗传教，安芸国大名森元成采取了宽容政策。实际上，在

---

[1] 关于战国大名六角控制领地的基本资料，参见 *CHS*, vol. 3, 第259–276页。

[2] 参见 Wakita Osamu, "Jinaimachi no kozo to tenkai," *Shirin* 41 (January 1958): 第1–24页。

反对织田信长的过程中，他将自己的保护措施扩展到净土真言宗。接壤的越后国的上杉谦信率军进入越中和能登两国，与当地的一向一揆发生冲突，后来一直受到痛苦和折磨。甲斐国的武田信玄——上杉谦信的对手——与越中和能登的一向一揆接触，试图推翻上杉谦信。在关东地区，北条氏康采取极端手段，镇压其领地中净土真言宗的传教活动。

以上例子显示，战国大名采取了各种各样的手段，试图对付一向一揆。但是，他们都明白，一揆的力量不可小觑。我们可以将一向一揆视为一种宗教团体，它其实是农民与村落共同体之间的根深蒂固的联盟。大名心里明白，有效组织的农民阶层形成了造反威胁。

为了消灭一揆，大名不仅必须在军事上进行镇压，而且还要形成另外一种新制度来统治农民。战国大名的农民政策包括三个主要部分：第一，实施地籍测量，以便重新确定对土地的控制。建立新的大名收入制度，包括年贡、徭役和段钱（对大名直接控制的土地和家臣分得的土地征收的租费）。许多农民讨厌大名提高租费的做法，有的逃往城市，有的逃往其他领地。大名千方百计阻止，一是为了避免少收农民租费带来的损失，二是为了强化压迫农民的社会地位制度。在那个过程中，大名将农民束缚在土地上，限制农民的行动自由。即使在庄园主或者武士领主的统治下，那样的做法也没有出现过。

第二，大名试图招募担任地侍的上层人员，来补充自己的家臣队伍，试图以此破坏农民运动领袖人物的来源。正如我们已经看到的，富裕农民有的变成地主，有的成了小领主，已经获得了收取加地子的权力。而且，他们在村落共同体——并且常常还包括一揆——中担任领导角色。大名通过地籍测量和农民呈交的报告，细致研究了农民阶层内部的加地子关系。大名没有让加地子制度继续下去，转而将其作为一种给予富裕农民的奖励。他们要求得奖者公开提供军役作为回报。换言之，战国大名篡夺了对这种加地子的控制权。此前，该权力仅仅涉及富裕农民和贫穷农民，庄园主或大名没有插手。战国大名控制了加地子以后，将其变为一种强制性支付项目，他们对土地的控制几乎无所不在。上层农民成为大名的下层家臣，常常应征当兵。他们平时仅仅提供农业劳务，但是如果遇到战事，大名就会将他们动员起来，补充武士队伍。

第三，大名的政策还使用农民劳役来修建堤岸和灌溉沟渠，开垦稻田，以便增加农业产量。过去的庄园主是住在京城的贵族，对促进农业生产没有多大兴

342

趣。对比之下，战国大名试图努力稳定和提高自己领地之内的农业产量，所以鼓励农业生产，积极调解涉及用水问题的争端。这样的做法相当于战国大名对农民的生计实施了普遍控制。对农民来说，战国大名不仅是"拥有特权的劫匪"，而且是农业发展中提供宝贵支持的统治者。战国大名自己时常将其统治称为"公议"，意思是领地范围内最高的公共权威。他们控制农民劳动，鼓励农业生产，这反过来又强化了其权威。

战国大名的农民政策通过实施这三个主要部分，将农民置于等级划分的权力结构中，从而强化了大名的控制。与此同时，该政策还将上层农民变为大名的低级家臣，对惣联盟起到破坏作用。通过鼓励农耕，大名让自身对农民的统治有了某种公共色彩。由此可见，大名借助各种各样的策略，逐步消除了农民一揆带来的威胁。在大名的控制下，农民变为纯粹的农业生产者。在织田信长和丰臣秀吉两人的统治下，这一趋势起到主导作用。1582年，丰臣秀吉实施地籍测量，人称"太阁检地"，中世农民史随之结束。

343

第八章　中世时期日本的商业发展

山村耕造，华盛顿大学亨利·M.杰克逊国际研究学院

12 世纪，平氏乐享权力给家族带来最后几十年时光；15 世纪，足利家族的　344
第十任将军足利义才被迫长期流亡，以不光彩的结局收场。在这两个时间节点之
间，日本社会在许多重要方面都发生了变化。最重要的变化之一是，商业快速发
展，以难以计数的方式影响人们的日常生活和历史进程。

本章描述并分析市场活动出现和成长的方式，研究它们如何让商业、技艺、
运输和其他行业实现专业分工，从而提高了生产和销售的效率。本章将特别关注
几个重要经济制度和做法的兴起和发展情况，例如，市场和行会的运作；作为中
世商业中心的京都的崛起；城市、港口市镇以及其他城市中心的出现，它们在数
量方面的增加以及规模的扩大；市场活动和货币化带来的结果以及这两个因素在
货币接受者与支付者、放贷人与借款人之间形成的政治冲突和经济冲突。[1]

最初的状况

这一部分将要讨论以下几个方面：第一，在平安末期和镰仓初期农业社群中，
市场活动具有的规模和性质；第二，在"主要贸易地区"——例如，京都、奈良
以及几个较小的卫星城市和港口市镇——的市场活动；第三，11 世纪和 12 世纪
中被称为"座"的准行会机构出现的背景；第四，城市和港口集镇的发展，重点　345
是商业发展需要的规模和制度化能力；第五，12 世纪结束之前，中国钱币大量输

---

[1] 本章讨论的课题涉及范围很广，现存的相关日语文献汗牛充栋，因此，笔者不可能一一充分论及，某些重
要发展仅仅一笔带过。如果读者希望进一步探索特定论题，分析具体的进展过程，笔者建议参考下面列出的
注释。还请读者注意：笔者撰写本章时假定，读者熟悉这一阶段的历史。

入和使用，预示货币化将给日本中世的经济带来重大影响。

乡村社会

即便到了 13 世纪的最初几十年，大多数庄民的生活来源主要有两个，一是自己栽种的庄稼，二是从附近的山上、树林和水里获得的食物。但是，与前一个世纪相比，庄民们此时获得更多的非农业物品，例如，陶器、铁制农具和家用物品（例如锄头、炖锅、炒锅等等），一些木制品（例如桶、碗和盆）。这些东西的生产需要技艺。庄民们用大米、麻布和地方特产，甚至还有自己的劳务换取它们。钱币并非难见之物，但是在乡村社会的日常生活中，钱币的使用仍然罕见，涉及数量微乎其微。[1]

什么人向庄民们提供那些非农业产品呢？从政府官员以及收取庄园租费的贵族留下的文件推断，这个问题的答案是：三个主要的工匠和商贩群体。他们为公地（日语称"国衙领"）和庄园的乡村社群，提供非农产品和服务。

在以上三个群体中，最重要的也许是工匠。他们生产专业化产品，然后从国衙领的令制国国司那里换取作为薪俸的稻田。例如，我们知道，直到 1255 年，伊予国国司依然向工匠提供薪俸稻田，那些人包括几名纺织工，一名泥水匠，一名染工，一名唱歌的木偶艺人，几名木匠以及十来个制作皮革、纸张、鞍具、雨伞、陶器和铜器的工匠。按照当时的标准，给予那些匠人的薪俸稻田面积很大。对许多庄民来说，如果自己能耕种半町土地，就算运气不错。那些纺织工获得的稻田面积多达 25 町；木匠及其助手获得 5 町；其他工匠获得的薪俸稻田为 3 段至 4.5 町不等，大多数为 1—2 町。总而言之，那位国司向那些工匠提供了总面积为 52 町的稻田，以换取他们的专业化产品。

345

---

[1] 关于中世日本的商业发展或者经济，没有西方学者撰写的专著。但是，关于那个时期的政治和制度，有几本英语教材和十几本专著。它们就商业发展的各个方面，提供了富于启迪的描述和讨论。对本章讨论感兴趣的读者来说，最有用的包括 John Whitney Hall, *Japan from Prehistory to Modern Times* (New York: Dell, 1970)；Edwin O.Reischauer and Albert M. Craig, *Japan: Tradition and Transformation* (New York: Houghton Mifflin, 1973)；以及 George Sansom, *A History of Japan, 1334-1615* (Stanford, Calif.: Stanford University Press, 1961)。对本书讨论的课题，以下著作中的几篇文章提供了宝贵的背景资料，包括 John Whitney Hall and Takeshi Toyoda, eds., *Japan in the Muromachi Age* (Berkeley and Los Angeles: University of California Press, 1977)。关于研究性专著，读者可参阅本书的导论。关于中世时期商业发展的几个重要方面，有许多重要或有用的日语学术著作和文章，其中最重要的在本章注释中都有提及。关于日本中世时期的商业和经济发展，希望获得更全面文献的读者，可以参阅本书第 317 页脚注 [2]、第 320 页脚注 [2]、第 323 页脚注 [4] 以及第 348 页脚注 [4] 中引用的文章。那些文章提供的引文全面，涉及的日语著作将近有 200 本。

　　这一证据以及在和歌山和丹后国发现的类似文件显示，他们分别向所在令制国的工匠们提供了大约 40 町稻田，略略高于 34 町这个数字。据此，佐佐木银弥推测，大多数国司肯定也将稻田分给了所在国的工匠，其数量大致与每个令制国的土地面积成正比。我们没法确定，那些稻田是何时开始提供的，那些工匠们是否在耕种自己的稻田。我们知道，工匠在整个令制国中游走，有时甚至到其他令制国去，提供自己的服务和产品。因此，很可能的情况是，他们的稻田由当地的庄民耕种。[1]

　　工匠们并不固定在一个地方，这一事实意味着，在 12 世纪中（如果说不是更早的时期）工匠生产的专业化产品超过了令制国国司要求的数量。这就是说，工匠可以用部分产品换取庄民的农产品、住所或劳务。

　　此外，有的工匠和其他人从庄园官员（日语称"庄官"）和地头那里，分到薪俸稻田。他们是专业化产品和服务的第二个来源。关于第二种情况，我们拥有的相关文件屈指可数。那些文件记录的全是属于寺院的庄园。但是，根据东大寺位于备中国的新见农庄的文件记载，1271 年，一名管理半个庄园的地头给工匠们提供了薪俸稻田，面积 1—8 段，远远低于国司给予的数量。获得那些稻田的人包括一名铁匠、一名铸造工、几名木匠、几名造船工，另外还有"从早到晚干杂活的"人。那些文件显示，工匠们的稻田仅占每家庄园耕种面积的 3.6%—26.5%。其他庄园相关的记录也提供了类似证据。在每家庄园中，得到薪俸稻田的工匠类型略有不同。在几家庄园中，有陶工、染工和别的工匠，但是没有造船工或铸造工。[2]

　　显然，那些工匠主要是庄民。他们以非全职方式，提供专业化产品和专业化服务。受益的只有地头、庄官和庄园主，所以工匠们得到的稻田数量不多。关于这一点，我们也可以假设，庄民用自己的物品和劳务，换取工匠们的产品和服务。

　　最后一类是长途旅行的工匠兼商贩。毫无疑问，他们中的一些人依然获得或曾经获得国司提供的薪俸稻田。但是，许多人显然并非如此。那些工匠获得稻田以及／或者受到朝廷、贵族或者寺院的保护，个个都有手艺，其独立性后来逐步

347

---

[1]　参见 Sasaki Ginya, *Chusei shohin ryutsushi no kenkyu* (Tokyo: Hosei daigaku shuppankyoku, 1972), 第 146–158 页。

[2]　同上，第 155–156 页。还可参见 Sasaki Ginya, "Sangyō no bunka to chūsei shōgyō," in Nagahara Keiji, ed., *Chūsei: Nihon keizaishi taikei,* vol. 2 (Tokyo: Tōkyō daigaku shuppankai, 1965), 第 145–150 页。

增强。这意味着：其一，那些技艺熟练的铁匠、制剑匠以及其他工匠拥有自由，需要出售其产品；其二，与当地工匠提供的产品相比，他们的产品质量可能更好一些。[1]

在那些流动小贩中，有的叫卖陶器、炒锅、针、锄头、梨头、刀具、芝麻油，以及木匠和陶工制作的各种家庭用品，改变了庄民的生活。他们中的许多人来自京城地区，是熟练的工匠兼商贩。在12世纪，他们的足迹遍及许多偏远的令制国。[2]毫无疑问，他们中的许多人曾经受到朝廷、贵族和寺院的保护。我们没有直接证据说明，然而可以推测，在12世纪和13世纪初，那些商贩活跃在京城和周边地区，采用现金进行交易。

348　　　关于13世纪后半段的情况，现有更多的历史资料涉及乡村社群中的商业活动。但是，就那以前的情况而言，我们掌握的信息很少，难以准确了解庄民获得专业化产品的具体方式。关于他们自己的日常生活，庄民、工匠和商贩们留下的记录很少。

京城贸易区

在平安时代，在京城内以及周边地区，出现了一些物品和服务交易。已知的文献显示，贸易在12世纪稳步增加。即便在这个地区中，关于商业活动的许多知识也局限于宫廷成员、上层贵族以及大寺院的僧侣。其原因在于，大多数中世文献出自他们之手。从那些文献中，我们可以了解关于某些工匠和商贩团体的各类重要事实，但是就市场活动的性质和规模而言，我们知之不多。关于武士和该地区其他居民的生活，文献简直少得可怜。从这些文件和支离破碎的证据中，我们了解到平安时代晚期和镰仓时代早期的一些情况。具体内容大致如下。

社会精英——宫廷成员、贵族和僧侣——住在京城及其周边区域，其食品和其他生活必需品有三个来源：一是庄园支付的实物地租；二是受其保护的工匠、渔民和其他人提供的物品；三是市场供应的日益丰富的商品。随着时间的推移，来自市场的生活必需品的比例肯定慢慢加大。但是，几乎没有疑问的是，精英阶层的许多需求是由庄园满足的。

---

[1] 参见 Toyoda Takeshi and Kodama Kōta, *Ryūtsūshi* (Tokyo: Yamakawa shuppansha, 1969), 第 46–54 页。

[2] 同上，第 47–54 页；以及 Ishii Susumu, *Kamakura bakufu,* vol. 7 of *Nihon no rekishi* (Tokyo: Chūō kōronsha, 1971), 第 459–472 页。

　　例如，我们从奈良的主要寺院东大寺留下的记录中了解到，直到 1250 年，该寺依旧从丹波国的小山农庄——该寺拥有的诸多田产之一——获得许多物品。那些租费包括：142.4 石大米；10 石大麦；数量不等的几种纸张、麻布、干果、水果和蔬菜；明确数量的炒大麦、米饼、干柿子、蘑菇、芝麻油、火麻秆、日本漆、干蕨菜、山药、牛蒡、火麻黄、木桶、勺子、草席、木柴、棉线；还有几样别的东西。[1] 东大寺的其他庄园没有留下如此详细的记录。我们可以肯定的是，该寺要求所有庄园缴纳各种各样的物品，并且根据各个庄园的气候、与奈良的距离和其他条件，分别调整租费。现存文件显示，距离该寺院较远的庄园所交的大部分租费是便于运输、不易变质的东西，例如，大米和麻布。濑户内海沿岸的一家庄园的所有租费都用食盐支付。[2]

349

　　醍醐寺是奈良的另外一家大型寺院。它不仅根据每个庄园的气候条件和到奈良的距离确定不同的租费品种，而且它还按照每个年月循环变动的方式缴纳租费。例如，在距离奈良较近的庄园中，有的供应蔬菜和其他容易变质的产品，有的为各种仪式提供劳务。庄园缴纳给该寺院的产品分散到京城四周，最北边到了北陆地区。那些产品包括食盐、紫菜、土陶器皿、草席、木炭、木材、稻草、牧草和其他东西。[3]

　　关于天皇和贵族持有的庄园，大多数记录没有那么详细。但是，长讲堂——禅位的后白河天皇修建的寺院——拥有 76 处庄园。一份文件异常详细地记录了其中一些情况：该寺收取的租费除了蔬菜、大米和上面例子中罗列的其他许多物品之外，还包括牛、丝和棉絮。在这个例子中，寺院也根据各个庄园的距离和生产能力，收取不同的物品作为租费。[4]

　　许多例子显示，甚至在 13 世纪中叶，精英阶层需要的大多数日常物品依然依靠他们的庄园供应。但是，这并不是说，市场的重要地位有所减弱。实际上，有证据表明，在 11 世纪的某个阶段，市场逐步发展，以满足住在首都地区的地位较低的贵族、武士和各色平民的需求。

---

[1]　参见 Ōyama Kyōhei, *Kamakura bakufu*, vol. 9 of *Nihon no rekishi* (Tokyo: Shōgakkan, 1974)，第 214–216 页。

[2]　参见 Nagahara Keiji, "Shōen ryōshu keizai no kōzō," in Nagahara Keiji, ed., *Chūsei*, 第 57–70 页。

[3]　同上，第 75–80 页；还可参见 Sasaki Gin ya, "Sangyō no bunka to chūsei shōgyō" in Nagahara Keiji, ed., *Chūsei*, 第 151–152 页。

[4]　参见 Nagahara Keiji, "Shōen ryōshu keizai no kōzō," in Nagahara Keiji, ed., *Chūsei*, 第 60–63 页。

有一批生产者兼商贩日语称"公御人"，开始在市场出售产品。他们还给宫廷提供日常必需品，例如鱼虾、蔬菜、水果、木炭、草席等等，从而获得免除税金和徭役的待遇。在平安时代晚期的某个阶段，他们开始在小市场出售某些产品以后，依然为宫廷提供产品。[1]

另外一批利用市场的生产者兼商贩是以前的乡村短工。他们过去向首都地区的精英阶层提供某些物品，以求减少庄园的租费和徭役。这批生产者兼商贩只要继续为精英阶层供货，就可在市场上出售自己的产品。这些人在市场上出售的产品越来越多，后来逐步变为全职生产者兼商贩。当然，那样做的前提是，他们向寺院和贵族提供自己的产品，以此替代他们不再缴纳的租费（常为大米）和提供的徭役。

在首都地区出售物品的还有另外一批人。他们是该地区的渔民和庄民。他们的主业仍是打鱼和种地，有时前往京都、奈良和其他卫星市镇，出售自己的产品。13世纪中叶以后，在该地区的商业活动中，那些非全职商贩开始起到越来越重要的作用。我们知道在那之前的情况是，他们已经加入了首都地区的生产者兼商贩的行列。[2]

总而言之，甚至在13世纪中叶，住在首都地区的精英阶层依靠首都及周围的庄园，获得大多数日常生活必需品。但是，精英阶层消费的物品来源很多，并非仅仅依靠庄园租费，依靠公御人和其他人提供的东西。随着公御人和其他人，包括附近的渔民和庄民，开始在市场上出售物品，精英阶层可以更容易地获得商品，并且将其作为对庄园、公御人和其他人提供的物品的补充。

关于首都地区的武士和平民获得生活必需品的方式，我们知之甚少。但是，我们可以根据刚才提及的情况推测：其一，为了满足首都居民日益增长的需求，市场供应越来越丰富；其二，在他们的生活必需品中，从市场所购商品的比例越来越大，作用越来越重要。但是，与精英阶层类似，住在首都地区的武士数量增加，他们肯定也从庄园获得许多东西。其原因在于，他们身为守护或地头，有权获得庄园的部分产出。此外，某些武士可能在首都以及周围地区居住或逗留较短时间，他们肯定也从自己在首都以外的田产，获得实物形式的租费。来自远处田

350

351

---

[1] 参见 Wakita Haruko, *Nihon chūsei shōgyō hattatsushi no kenkyū* (Tokyo: Ochanomizu shobō, 1969)，第112–22页；and Toyoda and Kodama, *Ryūtsūshi,* 第78–79页。

[2] 参见 Wakita, *Nihon chūsei shōgyō,* 第116–120页。

产的租费肯定包括大米、麻布和其他产品。它们可被容易地运到京都，在市场上交换武士们日常消费的许多商品。我们有理由相信，与他们 12 世纪末的前辈相比，首都地区的武士——以及精英阶层——在 13 世纪初更频繁地使用现金。[1]

受到精英阶层保护的工匠们从精英阶层那里，获得以实物支付的薪金，满足自己需要。其方式一是相互之间以货易货，二是与地区的庄民进行交易。从 13 世纪初开始，他们可以通过市场交易，从精英阶层和其他人那里获得某些现金。而且，他们可以使用现金，购买他们消费的商品。

与发展缓慢的市场活动相比，专业化产品的交易在整个 12 世纪的发展引人注目。到了 13 世纪最初几十年，首都地区的精英阶层可以从工匠和商贩那里获得许多专业化产品。其原因在于，市场活动在 12 世纪稳步增加，为精英阶层提供其产品的工匠和其他人开始出售更多产品和服务。那些市场活动先是在首都地区，后来扩展到周围各个令制国。越来越多的平民开始——以缓慢增长的方式——消费那些产品和服务。

座的兴起

提供专业化产品的生产者兼商贩最先在首都地区出现，过了很久之后才出现在乡村地区。他们也是最早组成座的人。座类似于欧洲中世纪的行会，在中世日本的商业发展中所起的作用越来越重要。[2]

首都地区的生产者兼商贩起源很早，可以追溯到 11 世纪的工匠和其他人。那些人开始时受到有权有势的精英阶层的"保护"。保护工匠的原因是，中央政府那时权力遭到削弱，已经无力向精英阶层提供他们想要的物品和服务。提供保护的另外一个原因可能是，中央政府日薄西山，精英阶层的政治权力和经济权力与日俱增。后者有能力保护工匠和其他人，或者免除他们的政府租金，给他们提供食物、住所，甚至还给予他们现金。精英阶层在政府中占据高位，有能力给予某些工匠"特权"。这样一来，客户和工匠以政府利益为代价，在交易中相互受益。

352

---

[1] 参见 Takenaka Yasukazu and Kawakami Tadashi, *Nihon shōgyōshi* (Tokyo: Minerva shobō, 1965), 第 42–43 页；以及 Ōyama, *Kamakura bakufu,* 第 378 页。

[2] 日本专家对座进行了长期研究，这个方面的著作颇丰，参见 Kozo Yamamura, "The Development of *Za* in Medieval Japan," *Business History Review* 47 (Winter 1973), 第 438–465 页；还可参见本章引用的著作。

权势精英阶层采取的此类行动的典型例子见于著名的"摄关家"：官阶最高的贵族的几个旁支。11世纪的某个阶段，他们分别为各自的旁支设立作坊和官署，监督以前向政府提供专业化服务的工匠们的活动。那些作坊生产铁器，铸造用具，制作家具，纺纱织布，制作菩萨塑像，生产宗教仪式用品，绘制画卷，生产纸张，制作染料，加工印染织品，等等。设立官署，以便监督挑夫、垃圾搬运工、厨子、马夫、园丁、食品采购员、清洁工等等。[1] 关于其他富裕的贵族上层，现存的记录不多，然而我们知道，他们也设立类似的作坊和官署，以满足自己的需求，不过其数量和规模均不及摄关家。

到了12世纪，精英阶层发现，不必过多地依赖受其"保护"的工匠。一个原因是，许多受到保护的工匠提高产量，除了向保护者提供产品之外，开始进入市场售卖。日本学者最近的研究成果显示，许多从事造纸、纺织、绘画、打铁、铸造等行当的熟练技工曾受政府和上层贵族的保护；到了11世纪中叶，那些工匠开始"私下"生产东西，然后拿到市场去出售。[2] 另外一个原因是，在首都及其周边，越来越多的工匠开始生产供给市场的产品。那些工匠的起源至今依然不够明确，许多制作产品的目的可能是，换取寺院和庄园管理人员分给的薪俸稻田。

工匠开始在市场出售产品之后，座随即被置于朝廷、上层贵族和寺院的保护之下。其原因在于，此类保护有利于庇护者和生产者兼商贩。保护的主要内容是：庇护者利用自己的政治或宗教权力，降低每个座可能面对的竞争，让加入座的商贩参与该地区——甚至附近令制国——的市场活动，将阻碍因素（例如，政府、国司或其他贵族和寺院以实物或现金形式收取的苛捐杂税）降低到最低程度。这意味着，座让商贩能够在首都以及周边地区享有很大的卖方垄断权或买方独家垄断权，从而增加收入，有能力更自由地参与市场活动。庇护者得到的好处是，他们可以分享座的经济收益，继续获得他们要求座提供的产品。随着座的利润提高，庇护者还可要求更多东西。[3]

历史证据并未显示座首次出现的日期，不过可以确定的是，它们始于11世

---

[1] 关于座的起源的精彩描述，参见 Wakita, *Nihon chūsei shōgyō*, 第199-234页。

[2] 同上，第204-205页。

[3] 研究该座的日本专家们认为，该座所售产品的收益可能没有实现。但是，应该指出的重要问题是，该座其实没有获得垄断地位，不能（像面对一种完全刚需那样）任意给自己的产品定价。在大多数情况下，该座会增加产量，让价格回落。因此，消费者可以获得经济学家所称的"消费者剩余"；这就是说，消费者能够以低于其愿意支付的价格获得产品。

纪最后几十年到 12 世纪末。它们最先在京城及附近地区发展，然后传到其他地方。对座的最早描述见于一份请愿书中。该请愿书要求减少木雕制品的税费，时间是 1092 年。[1] 根据这份以及后来的资料，属于青莲寺的樵夫们自愿组成一个团体，获准在京城出售木柴，条件是为寺院清运垃圾。组建该团体的目的看来是通过在京都售卖木柴来增加成员的收入。此外，这样做大概是寺院给予的一种特权。这样一来，除了樵夫提供的正常劳务（砍柴供应寺院，以此替代庄园租费）以外，寺院还获得清运垃圾的服务。

354

毫无疑问，到那时为止，已经存在几个座，其起源和功能与上文描述的这个座类似。1095 年以前，白河天皇院恩准成立两个座，一个出售木炭，一个出售缝衣针。关于东大寺的一个座的最早记录日期为 1097 年；该座是寺院樵夫们组建的。文件还提到两个出售灯油的座，一个在京都，一个在九州。但是，相关记录简略，我们无法确定它们的运作情况。11 世纪中叶的文件显示，某些"散所"居民"停止缴纳庄园租费"，转而"受到权势者的保护"。散所在整个平安时代数量增加，反映了庄园壮大的情况。"散所"这个日语词语的字面意思为"分散的场所"；而"本所"表示"主要的场所"，是庄园官员居住的地方。散所指的是庄园打工者的住所。那些人常常为非全职，提供各种各样的非农产品和专业服务。因为他们在散所的活动，散所通常位于交通节点。座的数量逐步增加，先是京城及其周边，后来扩展到京畿和其他地方。我们无法确定，座是否真的由保护散所居民的"有权势的人物"创立。但是，那种保护看来颇像首都地区的生产者兼商贩遇到的情况。[2]

不过，对本章来说最重要的事实是，座的数量在 12 世纪有所增加。一份 1127 年写就的文件显示，两个出售灯油的行会真正起到了座的作用，一个属于京都的醍醐寺，一个得到属于九州八幡宫的一家神社的保护。该证据说明，在 12 世纪，宫座（向神社提供服务的人成立的座）和散所的一些人组建了座。

在整个 12 世纪，寺院和宫廷贵族势力强大，给更多的座提供保护。例如，祇园社是一处大神社，到 1185 年为止组建了四个座，出售棉絮、布料、木材和橘子。在 12 世纪末，座的总数究竟有多少？我们无法得到准确的数字，但是合

---

[1]　与该座相关的原始文件，参见 Yamamura, "The Development of Za," 第 441 页。
[2]　日本专家也常将散所的居民称为散所。

理的估计应该是数十个。不管怎样，到了 12 世纪末，座已经获得了长足发展。当时的一位宫廷贵族在日记中提到，大和国的一个草席座要求，应该对竞争者加以限制。此外，1195 年，伊势国的水银商贩组成的一个座要求，对"众多"外来竞争者加以限制。[1]

355

为了理解座在那些世纪中诞生和发展的历史条件，我们应该指出的是，从 11 世纪中叶到 12 世纪末，在政治和经济方面出现了两个密切联系、具有重大历史意义的变化。政治变化包括几点：其一，武士贵族逐渐崛起，在 1185 年获得足够势力，建立镰仓幕府。其二，中央政府、宫廷贵族和寺院的政治权力源于天皇的合法权威，武士的崛起削弱了这三者的力量。促成经济变化的因素是，名田（在庄园内以庄民长老——或称"名主"——的名义登记的稻田）数量增加，提升了庄民对某些田块的权力，农业生产率缓慢但稳定地提高。[2] 名主可以分享一部分增加的产量，因此积极提高生产率。他们开始加快良种培育、灌溉条件和农业管理方面的工作。在镰仓时代初期，开始一年栽种两季庄稼。由于许多武士也是名主或名主出身的武士，以上因素有助于增强武士阶层的经济力量。许多武士兼任庄园官员，可以分享增加的农作物产量，让中央庄园主叫苦不迭。因此，促使武士联手建立镰仓幕府的因素有二，一是经济能力的增加，二是让新增经济力量合法化的愿望。

在那些变化出现的最初阶段，这就是说，在 11 世纪后半期和 12 世纪大多数时段，大多数属于宫廷贵族和寺院的庄园基本维持稳定。地方武装势力已经开始向庄园主提出挑战，但是尚未严重危及庄园的存在或庄园主的经济地位。农业生产率缓慢提高，可以出售的剩余产品刚刚开始出现。

但是，政治和经济两个方面出现变化，宫廷贵族和寺院发现一个刚刚出现的趋势：他们的政治力量衰微，租金收入随之减少。与此同时，在经济最发达的首都地区，一些生产者开始意识到，如果他们专门生产某些产品，限制竞争对手的势力，他们就可以获得更多收入。于是，作为一种制度手段的座应运而生。座既可提高生产者的收入，又可弥补保护者收入的不足。

356

---

[1]　关于这里提到的日记，参见 Yamamura, "The Development of Za", 第 442 页。

[2]　关于 12 世纪和 13 世纪农业生产率的提高，关于起到促进因素的名田的重要制度性发展的讨论，参见 Kozo Yamamura, "Tara in Transition: A Study of a Kamakura Shoen," *Journal of Japanese Studies* 7 (Summer 1981)，第 349-391 页。

城市、港口和市场

为了鼓励首都贸易区的市场活动，京都的市场数量上升，周围卫星集镇和港口的各种经济活动增加。在京都，平安时代的东市——位于城市东部（日语称"左京"）——成为主要市场。这就是说，大量工匠和商贩进入左京交易。三条、七条和八条是东西走向的大道，通达其他街区，距离武士聚居的南部不远，所以经贸活动特别繁忙。而且，左京位置靠近城市东部边缘，方便出入几个经济活跃的重要寺院。在这个地区，小市场历史悠久，人称"门前町"（这个日语词语的字面意思是，"寺院门前的市场"）。[1]

对于奈良——寺院之城——的经济活动，我们了解的情况有限。其原因在于，那个城市主要由两大寺院——东大寺和兴福寺——的门前町组成。[2] 有关港口集镇的中世文献很少，不过我们知道，在 11 世纪和 12 世纪首都贸易区的经济活动中，许多港口集镇发挥了重要作用。例如，首都附近的胜浦和鸟羽，淀川河边的淀川，琵琶湖畔的今津、大津和坂本，濑户内海沿岸的兵库。这些港口集镇一是交通中心，便于将政府的税收和庄园租金运到首都，二是某些市场活动的中心。

大多数港口集镇的重要性还在于，精英阶层都有自己的"问"，负责水运，有的甚至以他们的名义进行交易，换取薪俸稻田或者实物薪俸。[3] 这些"问"是"问丸"（他们以运输为主业，也参与其他营生）的前身，其详情将在本章下文中进行讨论。虽然相关支撑证据很少，但是几乎没有什么疑问的是，在平安时代晚期和镰仓时代初期，在首都贸易区外围的城市中，市场和其他经济活动稳步增加。在那些城市中，镰仓最重要，成为幕府所在地以后发展迅猛。在镰仓，源赖朝及其家臣接收周围九个令制国缴纳的大部分稻田租金。而且，镰仓还有优良港口，商业随着人口的增加必然快速扩张，以便满足武士们的需求。虽然我们没有详细的资料，但是可以确定的是，13 世纪初，幕府批准建立了七家（有的资料

357

---

[1] 有关中世城镇的精彩讨论，可参见 Wakita Haruko, *Nihon chūsei toshi ron* (Tokyo: Tōkyō daigaku shuppankai, 1981)。

[2] 参见 Takenaka and Kawakami, *Nihon shōgyōshi,* 第 25 页；以及 Endō Motoo, *Nihon chūsei toshi ron* (Tokyo: Hakuyōsha, 1940), 第 108-109 页。

[3] 关于问丸的最精彩的讨论，请参见 Toyoda Takeshi, *Chūsei Nihon shōgyōshi no kenkyū* (Tokyo: Iwanami shoten, 1952), 第 194-263 页。

说是九家）"市场"，以便促进市场活动。那时，已经出现了几个座，不过关于它们的起源和活动情况，现存资料很少。[1] 在镰仓的商贩和武士之间的商业交易中，钱币作为交易媒介，使用肯定越来越普遍。

在 13 世纪的最初几十年中，镰仓的商业活动已经形成了较大规模，对此我们不应低估。在 1252 年，幕府临时禁止在那座城市中销售食盐，不得不下令摧毁盐罐，数量多达 32274 个。我们还知道，镰仓的人口已经大幅增加。从 1240 年开始，镰仓不得不像京都那样，将城市分为保。史料记载，1293 年发生了一场地震，23024 名居民死于非命。[2]

在整个 12 世纪和 13 世纪的最初几十年中，首都地区之外的所有其他重要城市也有港口，可以从事水运业务。有的城市成为水运中心，令制国的税收和庄园租税通过它们送到首都地区。当时，水路是主要的运输方式，对农产品尤其重要。因此，许多城市既是重要港口，又是商业中心，其中包括博多、箱崎、浦户，九州和赤间关（下关）的其他几个城市，山崎、尾道、若狭、直江津，本州西部和北部的十几个城市。肯定还有其他较小的交通节点，包括各个令制国首府。那些地方的商业活动获得蓬勃发展。但是，对此我们没有掌握可靠的资料。[3]

最后，我们知道，镰仓幕府建立之后，在东海道围绕各个客栈，形成了将近 30 个的小镇，日语称"宿场"。从京都到镰仓需要两个星期，那些宿场串联起来，形成一条主要通道。随着东海道的交通量增加，山阳道（连接京都与博多的通道）上的人流减少了。但是，后一条通道沿途也有 15—20 个宿场。[4]

宋朝钱币与对华贸易

在平安时代末和镰仓时代初，与亚洲大陆——北宋和南宋——的贸易继续进行。就本章研究的问题而言，对华贸易带来的两个结果特别重要。其一，给精英阶层提供了许多在日本无法得到的产品；其二，带来了大量的宋代钱币。后一点的意义大大超过前一点，其原因在于，它让日本经济实现货币化，对镰仓和室町两个时代的政治史、经济史和社会史，产生了深远影响。

---

[1] 参见 Ishii, *Kamakura bakufu,* 第 472–286 页。

[2] 同上，第 474 页。

[3] 参见 Toyoda, *Chūsei Nihon shōgyōshi no kenkyū,* 第 226–238 页。

[4] 参见 Ishii, *Kamakura bakufu,* 第 459 页。

到平安时代末为止，太宰府控制对华贸易的权力减弱，这反映了中央政权的日渐衰微。因此，对华贸易——主要通过九州北部的港口——由精英阶层私下操作，其目的是获得他们自己的经济收益。镰仓幕府建立以后，源赖朝决定不限制私人贸易，因此它得以继续存在。从那个阶段开始，到镰仓时代的后半期为止，日本出口黄金、珍珠、水银、硫黄、画卷、屏风、扇子以及其他手工产品，进口几种奢侈面料，各种熏香和香料，书写用品（笔、墨、砚），各种艺术品，各种佛教著作，大量宋代钱币还有用象牙、黄金、白银和宝石装饰的家具。[1]

359

关于私人贸易进口的钱币数量，我们没有可靠数据。但是，那个数量肯定十分巨大，甚至让宋朝1199年颁布一项后来没有得到顺利实施的政令：禁止向日本输出钱币。我们还知道，1242年，一位名叫西园寺公经的上层贵族进口了10万贯宋朝钱币。在那个时代，这个数量相当于修建十几座大型佛教寺院所需的费用。[2]

宋朝钱币持续大量流入日本，在12世纪中影响巨大，在13世纪初甚至愈演愈烈。也许，这现象通过以下事实可以得到最好说明：1179、1187、1189、1192这四年中，朝廷多次颁布政令，禁止使用宋朝钱币。结果，这些政令显然无功而返：虽然头两条政令都禁止使用输入的钱币，第二条的适用范围仅为京城之内的市场。[3] 再则，朝廷宣布的政令理由也前后矛盾，例如：输入的钱币和私人铸造的钱币一样，没有合法地位；使用钱币导致不受欢迎的价格波动。但是，真正的原因肯定是，钱币大量流入造成的两个后果：其一，通货膨胀，然而精英阶层需要在市场上购买的商品和服务越来越多，多掏腰包让他们觉得心里不痛快；其二，钱币的相对价值降低，但是庄园以实物形式支付的租税，精英阶层出售它们之后获得的是钱币，朝廷和精英阶层的实际收入因此降低。[4]

但是，到了13世纪初，上述官方反应开始出现变化。随着中国钱币继续流入，货币的使用快速蔓延，那时的人管它叫"钱病"。贵族——以及后来的幕

---

[1] 关于日本与宋朝贸易以及大量宋朝钱币流入中国的描述，参见 Oyama, *Kamakura bakufu,* 第 370–381 页。

[2] 同上，第 379–380 页。

[3] 同上，第 379 页。

[4] 当然，如果要确定文本提出的说法，需要从经验方面加以证实。但是，鉴于流入日本的宋朝钱币数量巨大，当时肯定出现了通货膨胀。参见 Kozo Yamamura and Tetsuo Kamiki, "Silver Mines and Sung Coins: A Monetary History of Medieval and Modern Japan in International Perspective," in J. F. Richards, ed., *Precious Metals in the Later Medieval and Early Modem Worlds* (Durham, N.C.: Carolina Academic Press, 1983), 第 329–362 页。

府——别无选择，只得接受这个事实：钱币十分方便，大大超过以货易货交易，大大超过使用棉布或大米作为交易媒介的做法。于是，朝廷于 1226 年宣布，在使用棉布作为媒介的场合，鼓励使用钱币。到了 1240 年，幕府只禁止在奥羽地方最北部使用钱币，在全国的其他地方，均可使用钱币。[1] 简而言之，随着贸易——商业活动——增加，钱币这种媒介变为必须使用的东西。

幕府预见到，经济持续货币化后，各种困难将会出现。1239 年，幕府被迫发布一项政令，禁止僧侣、商贩和放贷者担任副地头（日语称"地头代"）。在那以前，武士阶层中的一些当权者已经开始任命这三类人员，让他们直接从庄园收缴租税。一些放贷人持有作为抵押物的武士土地，这样一来可以得到还款。为了防止此类现象，幕府于 1240 年告诫住在京都的家臣应该量入为出，切勿沉迷于奢华生活。[2] 但是，那些情况仅仅是一种预兆，显示货币化将会导致更为严重的后果。

商业和货币化的加速

从 13 世纪中叶开始，商业活动加快步伐，首先在大城市，然后扩展到各个令制国。在京城以及周围的几个大城市——包括镰仓——出售专业化产品和日常必需品的店铺数量激增。从附近小镇和乡村，从偏远的令制国，越来越多的商贩和工匠来到城市，出售专业化产品。座的数量稳步增加。在港口和集镇，在全国大多数地区的其他交通节点，市场如雨后春笋般出现。这样一来，庄民也可参与商业活动。在镰仓时代后半期，庄民的参与有限；毫无疑问的是，他们更加频繁地现身市场，从事更多的交易活动，其经济生活发生了根本改变。陆路和水路运输能力大大改善，马帮、挑夫和其他专门从事运输的人员数量增加，从而促进了大城市与令制国之间日益增长的贸易。

伴随着这些商业活动，出现了另外一个重要的显著改变：经济活动继续货币化，从城市扩展到乡村，产生了深刻效果。钱币的使用提高了交易效率：钱币作为交易媒介使用，可以更容易地确定商品的相对价值。与以货易货交易相比，人们可以更容易地获得自己希望消费的各种东西。简言之，经济学家所称的"交易

---

[1] 参见 Oyama, *Kamakura bakufu,* 第 379 页；以及 Takenaka and Kawakami, *Nikon shōgyōshi,* 第 42 页。

[2] 参见 Takenaka and Kawakami, *Nikon shōgyōshi,* 第 42–43 页。

成本"大幅度降低。另外一个效应是，计算快速普及（这意味着使用现金支付租税），让庄民们以更有效的方式，种植谷物、蔬菜和其他经济作物。他们不再被迫种植支付租税所需的特定作物，可以更好地使用资源。所有货币化经济共有的另外一个效应是，出现了借款者和发放者。这迫使幕府采取帮助借款者——他们中许多人为武士——的政策。

京都的商业和座

在镰仓时代后半期，商业发展在京都最明显。城内的大多数店铺在商业区，即左京的三条与八条之间的地段。但是，在整个京城内，小店铺比比皆是，各种各样的日常生活必需品应有尽有，例如，大米和鲜鱼等等。许多商贩以前是公御人和工匠，专门为宫廷和贵族提供商品。但是，在镰仓时代，他们逐渐成为独立经营的商贩。宫廷和精英阶层没有理由阻挠他们获得独立的努力。那些公御人和工匠作为独立供货商，并不需要经济方面的协助。随着他们生产的商品数量的增加，他们的生产效率和技能也同步提高。此外，还有附加的经济动力，让保护者允许——如果说不是鼓励——那样的独立性：在许多情况下，刚刚获得独立的产生者们组成自己的座，以实物和劳务形式，支付更多钱款，以便换取保护。[1]

工匠、渔夫和庄民从周边地区和偏远令制国进入京城，出售物品，提供服务，也让京城居民从中受益。到了镰仓时代中期，越来越多的商贩在京城里出现。他们专门从事贸易，而不是出售自己生产的东西；而在 13 世纪之前，这种现象很少出现。

京都的商业发展，13 世纪中座的数量增加可以证实这一点。我们可以根据 13 世纪 20 年代留下的文件确认，那时至少组建了十几个座，其中包括出售灯油、木材、草席和几种面料的。许多座得到了兴福寺、东大寺、八幡宫以及其他寺院和神社的支持，有的座得到了宫廷贵族的支持。13 世纪中叶，除了木匠、漆匠和铁匠这类熟练手艺人组建的座之外，还成立了出售木柴、鲜鱼、干鱼、瓦和各种"金属制品"的座。13 世纪最后几十年，另外一些座成立，出售染料、镰刀、丝绸、"小鸟"（佛教徒使用的委婉说法，意思是小猎物）和别的产品。我们无法准确判断镰仓末期京都城内座的数量，其总数肯定不下数十。我们还知道，到了 13

---

[1] 参见 Endo, *Nihon chūsei toshi ron,* 第 99–103 页；以及 Wakita, *Nihon chūsei toshi ron,* 第 77–84 页。

世纪末，在部分城市中心，也开始出现了一些座。[1]

正如前文所说，加入那些座的人发现，竞争者如果受到阻碍，就无法侵犯他们的卖家和买方独家垄断权。于是，座的数量继续增加。在山城国，组建了大山崎座，在八幡宫神社的保护下销售灯油。这是座在当时取得成功的典型例子。

最初，那个座得到授权，允许一批向神社提供服务的人在京城出售灯油，然后以实物形式支付相关费用。但是，那些人后来发现，他们成为全职商贩后可以获得更多收益，于是开始扩张，从京都进入淀川河流域，最后到了兵库。那样的扩张得以实现的原因是，神社通过各个分社和庄园田产，将其政治权力延伸到了许多地区。该神社免除那个座的成员的税费（在那个时期，宫廷贵族和寺院开始收取税费），以便得到以灯油形式支付的更高会费。这个事实也有助于让潜在的竞争者望而却步。[2]

363　　在那个时期，座以类似的方式出现并发展壮大。但是，从13世纪中叶开始，促成座持续发展的环境变得更加明朗。武士的权力越来越大，许多庄园主——寺院和贵族——的租金收入持续减少。与此同时，由于采用了精耕细作，农业生产率提高，可以销售的剩余产品稳步增加。这就是说，当时的庄园主们觉得必须从座获得更多收入时，销售产品的生产者和商贩可以在有利可图的前提下，满足他们的要求。这种情况下，座让相关各方受益，肯定获得蓬勃发展。

我们可能会感到疑惑，为什么武士们允许宫廷贵族和寺院分得座赚取的收入大头呢？这个难题的答案很容易找到。源赖朝希望自己被正式任命为京都政府的官员；我们借此可以看到，幕府不得不留在帝国政府的合法框架之内，以便维持京都与镰仓之间的微妙平衡。这意味着，镰仓幕府依然不得不尊重宫廷贵族和寺院的利益。后者的政治力量反映，皇室已显颓势，但是实力依然不可小觑。换言之，武士们必须允许宫廷贵族和寺院从座中得益，从而支持维持微妙平衡的宫廷权威。当然，还有一点也是正确的：一些寺院拥有足够的武装力量，几乎可以击退武士企图夺走座赚得的利益的重大尝试。总之，在13世纪中，处于上升阶段的武士阶层尚未获得足够的力量，无法独吞座在扩张中赢得的收益。

最后，我们还应注意到，座虽然可以独家垄断卖方或者买方，但实际上也为

---

[1]　参见 Toyoda and Kodama, *Ryūtsūshi,* 第 80–87 页；以及 Wakita, *Nihon chūsei shōgyō hattatsushi,* 第 235–274 页。

[2]　参见 Takenaka and Kawakami, *Nihon shōgyōshi,* 第 39–40 页。

镰仓时代的商业发展作出了贡献。那时的需求依旧有限，自由进入市场参与竞争有可能减慢专门化的进程。专门化形成的大多数益处——提高生产和销售效率——肯定由座的成员及其支持者分享，但是消费者也肯定获得了某些好处。

提出这一推测的一个理由是，座的支持者从座收取固定数量的收益，将专门化带来的好处留下来，让座的成员和消费者分享。另外一个理由是，座的垄断并未牢固确定，如果价格提高，消费者可以行使自己的特权，减少购买座出售的东西。这样一来，消费者享有座提高效率带来的某些好处。即便归于座成员的经济收益也并非完全属于个人，其原因在于那样的收益有助于提高生产和销售的技能和效率，从而最终回馈整个社会。

市场、集镇和运输的发展

毫无疑问，在镰仓时代后半期，整个国家的市场——其中大多数每月只有 3 个交易日——数量持续增加。我们计算历史文献中提到的市场数量时发现，从 1200 到 1250 年，只有 6 家市场；从 1250 年到 1300 年，增加到 19 家；从 1300 年到 1331 年，增加到 21 家。[1] 这些数据虽然有限，但却是有用的指标，显示地方市场的增量。那些市场的位置有的在交通节点——港口和重要的交叉路口——及其附近，有的在令制国首府和较大的地方寺院附近。

港口集镇继续增加，反映出它们在海运和商务方面所起的重要作用。其中最重要的是濑户内海和琵琶湖沿岸的港口集镇。它们发展成为转口港，将货品输送到京城地区。例如，近江国的大津和坂本的重要作用增加，成为许多货物的转运中心，例如，从东海道等地购买的大米、木材、食盐、纸张和鲜鱼等等。淀川河沿岸的兵库、坂井和淀川是繁忙港口，许多商品从京都和濑户内海运往首都地区。来自山阴和北陆的大多数产品通过若狭国，运到琵琶湖沿岸的港口，然后再到首都地区。到镰仓时代末为止，首都地区、地方市场和上述港口集镇构成了一个商业网。[2]

上文显示，运输——特别是水运——不可或缺，专门从事水陆运输的人员有助于改善这方面的能力。值得我们关注的专业人员是"问"。他们在镰仓时代常被称为"问丸"，专司运输管理（包括监督船长、船员和装卸工），并且还参与货

---

[1]　参见 Sasaki, *Chūsei shōhin ryūisūshi*, 第 74~97 页；以及 Toyoda, *Chūsei Nihon shōgyōshi no kenkyū*, 第 112~118 页；以及 Takenaka Yasukazu and Sakudo Yotaro, *Nihon keizaishi* (Tokyo: Gakubunsha, 1972), 第 29~30 页。

[2]　Takenaka and Sakudō, *Nihon keizaishi*, 第 26~28 页；and Toyoda, *Chūsei Nihon shōgyōshi no kenkyū*, 第 254~257 页。

物（包括作为租税的大米和其他产品）的仓储和运送。[1]

在问丸中，大多数为有进取心的大名主、低级家臣或者地头和庄官的亲属。那些地头和庄官有权获得庄园或国衙领内特定稻田的大米和其他作物，作为担任职务的薪俸。[2]问丸还负责监督挑夫（他们之中的许多人是完成徭役的庄民）和专门从事陆路运输的其他人员。

从13世纪中叶开始，"回船"——这个日语词语的字面意思为"往返的船只"——的数量逐步增加，也为运输能力作出了贡献。那些船只有的被人包下，代客运货，有的为船主自己运货。它们常见于濑户内海，但是在镰仓时代后半期，许多往返于遥远的北部港口与琵琶湖附近的日本海沿岸港口之间。到了镰仓时代末期，有的船只由普通渔民掌舵，例如，琵琶湖上的某些船只。但是，许多由专职船运人员操作。在13世纪和14世纪，回船在商业中的作用日益凸显，这一点在常常提及它们的同时代文献中得到证实。[3]

也许，因为大多数散货通过水路运输，在镰仓时代留下的历史记录中，很少提到陆路运输的专业人员。但是，这并不意味着不存在那样的专业人员。我们知道，由于庄民并不提供所有必要的陆路运输，到13世纪中叶为止，庄园官员和庄园主开始参与"车力"（这个日语词语的意思是"使用运货马车的马夫"）和其他服务。但是，对此类专业人员的需求增长非常缓慢。即使到了镰仓时代末期，他们的经营规模依然很小。大多数商贩和工匠依然不用他们的帮助运送自己的货物。直到室町时代，陆路运输的专业人员数量才出现快速增长。

货币化与交通

输入和使用中国钱币的做法在13世纪初开始增加，到了中叶加速推进。日本进口的宋朝钱币数量很大。以致收购钱币的日本商贩抵达中国台州一天之后，市场上钱币被搜刮一通，已所剩无几了。为了阻止钱币外流，宋朝朝廷颁布了禁止出口钱币的政令，而且1254年规定：停靠中国港口的日本船只每年不得超过5艘。但是，那些措施并未取得预期效果："每年约有40至50艘日本船只到来，用

---

[1] 目前关于问丸的最佳资料之一，参见 Toyoda, *Chūsei Nihon shōgyōshi no kenkyū,* 第196-354 页。相关的精彩描述，还可参见 Kodama and Toyoda, *Ryuisushi,* 第 57-62 页。

[2] 参见 Toyoda, *Chūsei Nihon shōgyōshi no kenkyū,* 第196-206 页。

[3] 同上，第 221-225 页；以及 Kodama and Toyoda, *Ryūisushi,* 第103-111 页。

木材、硫黄和其他物品换取钱币。投机商贩助纣为虐，收取贿赂，有的将钱币藏于船底……有的在关口检查之后再将钱币装船"[1]。

1279 年，南宋灭亡，日中贸易大幅度下降。蒙古人试图入侵日本之后，中国钱币的进口继续进行，不过水平大大降低。未经授权的日本商船继续与中国的沿海城市做生意，将钱币运回日本。这种做法甚至持续到 14 世纪。[2] 在南宋灭亡之前的一个世纪左右，钱币进口的数量达到巅峰。根据对日本发现的大批（无重叠）中国钱币的一项研究，其中大约 85% 为北宋和南宋钱币。[3]

毫无疑问，13 世纪中叶，京城和其他大城市居民在日常生活中使用钱币，将其作为主要的交易媒介。在镰仓时代后半期，钱币在村镇中的用量增加。以京都为中心，钱币的使用从京畿扩展到偏远的令制国，从贵族和寺院扩展到普通庄民。历史记录显示，早在 13 世纪 40 年代，北方偏远的奥羽地方已经使用钱币。[4] 367
在日本的各个令制国，经济的货币化反映并且促进了市场化的进程。

历史文献证实了 13 世纪中叶的货币化程度：贵族和寺院使用现金支付大多数工资、薪俸、服装津贴、仪式费用、运输费用等等。例如，东大寺 1261—1279 年的文件证实，到那时为止，该寺发放给僧侣的大多数津贴均以现金支付，只有很小部分是实物。[5]

对京畿地区土地销售的著名研究显示，在整个镰仓时代，钱币作为交易媒介发挥了重要作用。这项研究发现，1186—1212 年，在一份涉及 187 宗土地交易的样本中，139 宗使用大米作为媒介，7 宗使用棉布，剩下的 40 宗使用现金。1220—1283 年，在一份涉及 331 宗土地交易的样本中，使用现金的为 143 宗，使用大米的为 181 宗，使用棉布为 7 宗。最后一份样本记录了 1284—1333 年的情况。该样本涉及土地交易 189 宗，其中 124 宗使用现金，64 宗使用大米，仅有 1 宗使用棉布。简言之，在那 30 年间，现金交易的比例先从 21% 上升到 43%，然后是 66%。[6]

---

[1] 参见 Kobata Atsushi, *Nihon kahei ryūtsūshi* (Tokyo: Tōkō shoin, 1969)，第 48 页。

[2] 参见 Takenaka and Kawakami, *Nihon shōgyōshi*，第 48-49 页。

[3] 对这些研究的讨论和分析，参见 Yamamura and Kamiki, "Silver Mines and Sung Coins,"第 336-338 页。

[4] 参见 Takenaka and Kawakami, *Nihon shōgyōshi*，第 42 页。

[5] 参见 Sasaki, *Chūsei shōhin ryūtsūshi*，第 262 页。

[6] 关于这项研究的讨论和描述，参见 Tamaizumi Tairyo, Kobata, *Nihon kahei ryūtsūshi,* 第 40-46 页。还可参见 Toyoda, *Chūsei Nihon shōgyōshi no kenkyū,* 第 101-108 页；以及 and Nagahara Keiji, "Shōen ryōshu keizai no kōzō," in Nagahara, ed., *Nihon keizaishi taikei,*vol. 2, 第 80-85 页。

对大城市居民——甚至其他城市——居民来说，货币的重要性还表现在另外一个方面：汇票和放贷者应运而生。13世纪后半期的某个时期，人们开始使用汇票，此举减少了许多方面的成本和风险：长途运输现金、现金支付租税、庭审期间诉讼当事人被迫待在镰仓时支付的费用。

幸存下来最早的汇票上的标注日期为1279年，其名称并不统一，例如"为替"等等。纪伊国（现在和歌山县）的一个汇票持有者可以在镰仓获得现金（他在纪伊国是权势人物，开垦了大量土地，拥有政治和军事权力）。现存的大多数文件显示，那些汇票的使用者为诉讼当事人、地头和将租税寄往京城的庄园官员。但是，还有一部分文件——特别是镰仓时代随后几十年的文件——显示，专业化产品的卖家（生产者和商贩）和买家（贵族和寺院）在交易中也使用汇票。[1]

货币化的迅速发展的另外一个结果甚至更加重要。幕府1255年颁布的一份文件显示，从13世纪中叶开始，放贷者的数量明显增加。放贷者日语称"借上"，通常接受典当品。那样的人包括"山僧"、较大港口集镇的一些问丸、其他寺院的部分僧侣和一些富裕商贩。"山僧"（这个日语词语的字面意思为"山里的僧侣"）是京都比叡山势力强大的延历寺的僧侣，他们成为放贷者的原因是：其一，他们可以支配源源不断的大量庄园租金；其二，他们可以收集朝拜者捐赠的现金；其三，他们可以提醒借款人，欠债不还将会惹怒神灵。问丸开始放贷，将其作为自己的理所当然的副业。他们之中的大户拥有较多的现金收入和储存典当品的仓库。那些仓库位于港口集镇的重要位置，那里的人有较大的贷款需求。[2]借贷行业的兴旺说明，经济货币化已经达到了相当高的程度。

然而，货币化带来的另外一个重要结果是，以现金而不是实物形式支付款项，史称"以币代物"。在镰仓时代后半期，普遍实施了那个做法。以下数据十分有用，以定量方式，显示以币代物的流行程度。

佐佐木银弥收集了170份历史记录，按照日期分类，时间覆盖1230—1350年，至少包括部分以币代物的数据。他发现，在那些记录中，只有6份属于1230—1250年阶段，有38份属于1251—1300年阶段，有126份属于1301—1350年阶段。我们不应假设，这些记录准确地反映了以币代物增加的速度。但是，这项研

---

[1] 关于许多原始文件的精彩描述，参见 Toyoda, *Chūsei Nihon shōgyōshi no kenkyū*, 第264-300页；说明具体的"为替"如何使用的有用例子，参见 Takenaka and Sakudo, *Nihon keizaishi*, 第30-31页。

[2] 参见 Toyoda, *Chūsei Nihon shōgyōshi no kenkyū*；and Kodama and Toyoda, *Ryūtsūshi*。

究提供的宝贵证据显示，在镰仓时代最后几十年中，以币代物获得了快速发展。[1]　369
我仔细考察了佐佐木银弥所用的原始资料，发现以币代物开始的时间很早，使用
频率最高的地方包括尾张国、东海道周围各国、播磨国和山阳道附近各国，以及
九州北部各国。进入 14 世纪，在那些令制国中，使用以币代物的庄园数量继续
增加。

　　以币代物始于何时？采用该做法的人为何在 13 世纪大大增加？日本专家们
依然莫衷一是。老一辈专家的普遍解释是，随着地方市场的发展，支付款项的人
可以获得现金，在京城中收取款项的人要求以币代物。它带来的必然结果是，以
币代物的现象增加。作为支撑这一观点的证据是，在通往京城的主要道路沿途，
在九州北部各国，设在庄园里的地方市场较早获得发展。那些专家之一的丰田武
还提及，如果以实物散货形式缴纳租税，那么，运输货物的难度更大、成本更
高。在这种情况下，以币代物逐渐普及。[2]

　　但是，在最近的研究中，一些日本历史学家开始提出异议说，上述解释不能
令人满意，留下几个尚未回答的问题：第一，如果说租税接受者提出的现金要求
是以币代物的原因，为什么最近对十几家庄园的考察显示，以币代物是由地头或
庄园主们最先提出来的？第二，如果说运送实物散货难度更大、成本更高是鼓励
使用以币代物的一个因素，那么，鉴于地方商贩购买的大部分产品需要运到京城
和其他消费中心，同一个因素是否起到抑制作用，限制地方商贩从租税支付者那
里购买产品的能力呢？这就是说，最近研究报告的作者们强调，如果运送实物散
货难度更大、成本更高，那么，这一因素也可能减少那些令制国中的市场活动，
转而增加庄民们获得支付租税所需现金的难度。第三，老一辈历史学家们认为，
大米——庄民为获得现金出售的最重要的产品——被运到京都销售。但是，在京
城内，许多庄园主依然接受附近各国自家庄园送来的大米，京城之内对大米的需
要是否足够大呢？最后，如果全国各地的地方市场那时获得了蓬勃发展，对比较　370
偏远的庄园来说，与长途运输散货相比，支付现金更方便，成本更低，但是，那

---

[1]　关于佐佐木银弥最早提出并分析的数据，参见 Sasaki Ginya, "Shoen ni okeru daisennō-sei no seiritsu to tenkai," in Inagaki Yasuhiko and Nagahara Keiji, eds., *Chūsei no shakai to keizai* (Tokyo: Tōkyō daigaku shuppankai, 1962)。佐佐木银弥后来扩充了这篇文章的内容，收录进其著作 *Chūsei shōhin ryūtsūshi*。

[2]　关于那场争论的最佳资料，参见 Kodama and Toyoda, *Ryutsushi*, 第 71–74 页；以及 Sasaki, *Chūsei shōhin ryūtsūshi*, 第 250–362 页。

些庄园为什么不用现金支付租税呢？[1]

年轻一辈历史学家质疑学界长期接受的观点，但是他们也承认，自己提供的解答完全不令人满意。其主要原因在于，他们可以进行研究的个案屈指可数（部分原因在于，相关历史记录十分缺乏）。但是，他们进行的个案研究和分析的结果值得注意。

针对上述第一个问题，佐佐木银弥研究了六座庄园的情况。那些庄园在地头的要求下，采用部分以币代物的做法。他对该个案的分析具有重要意义。那些庄园位于东部和中部各国，属于东大寺和一些上层贵族（包括藤原家族）。佐佐木银弥确定，以币代物与那些庄园主的意愿相左，是在1240—1331年间采用的。当时，地头要求允许现金支付租税，幕府作出支持地头的裁定。为什么地头要选择以币代物呢？佐佐木银弥假定，地头要求以币代物的原因要么是庄园主自己要求支付现金，要么是地头作为中间人，可以从以币代物中获利。支付租税的人要求以币代物的原因可能有两个：第一，庄园主要求支付的实物租金品种多样，其中有的东西庄民们自己并不生产（因此，庄园主会强迫庄民承受负担，或是出售其产品的成本，或是购买庄园主要求的产品的成本）。第二，地头可能确定，不同产品之间的折算率以实物支付，其现金价值对庄民有利（在当地市场中，大米、棉布以及其他实物租金的价格高于折算率中使用的价格）。因此，支付现金好处多一些。[2]

佐佐木银弥必须回答的第一个问题是，为什么地头（除非他们作为中介人要求以币代物的显然理由是增加自己的收入）要与庄园主作对，以至于幕府不得不借庄民之名出面进行干预呢？佐佐木银弥的解释是，地头的经济状况依赖庄民更好地满足其需要，有时甚至牺牲庄园主的利益。即使采用以币代物没有让地头在经济上获得好处，但如果庄民觉得，地头以他们的名义采取行动，因此心存感激，那么地头在政治方面也没有什么麻烦。佐佐木银弥意识到，仅仅基于几项研究，他无法反驳人们已经长期接受的说法：以币代物是庄园主最早开始的。在这种情况下，佐佐木银弥建议，现在需要做的是，重新审视那些老观点，而不是一

371

---

[1]　相关分析和讨论，参见 Kodama and Toyoda, *Ryūtsūshi*；Sasaki, *Chūsei shōhin ryūtsūshi*；and Kamiki Tetsuo, "Chūsei shōen ni okeru kahei," *Kokumin keizai zasshi* 120 (1963)，第50-65页。

[2]　参见 Sasaki, "Shoen," in Nagahara and Inagaki, eds., *Chūsei no shakai to keizai*；以及 Kodama and Toyoda, *Ryūtsūshi;* and Sasaki, *Chūsei shōhin ryūtsūshi*。

味加以反驳。[1]

第二个问题涉及运输货物或现金的相对成本和难度。现存的经验性证据有限，并不足以让人做出结论。若干具体的历史证据提到了老一辈学者强调的这个因素：运输货物成本较高。但是，佐佐木银弥仔细研究十几份文献后认为：那些文件提到了运输货物和现金的成本，但是也不可能得出结论说，运输现金的成本低于运输各种货物的成本的结论。因此，佐佐木银弥愿意根据以上分析的理由论证，运输的相对成本不必而且不应被视为以币代物现象增加的原因。[2]

但是，关于这一点，持老观点的学者们并未保持沉默。最近，就佐佐木银弥提出的批评，丰田武回应说，从事长途贸易的商贩和专业运输商经验丰富，可以克服陆路和海路货运的重重困难，知道如何贿赂海盗和土匪，如何保护自己的货物。再则，他们在船只和人力使用方面组织有序，降低了成本和危险。这是庄园主雇用的非专业人员无法做到的。丰田武的批驳是以他的主张为依据的，所以关于这一点的争吵依然没有定论，需要更多的个案研究和定量证据分析。[3]

以币代物的普及，大量大米运到京都，京都有能力消费吗？对于涉及此点的第三个问题，也无法明确回答。甚至最近的研究也承认，一方面，大米作为支付给中央庄园主的总租金的一部分，其数量不断减少；另一方面，京都的人口却在增加。因此，问题的答案取决于每位史家对这一点的合理评估：从各地市场运到京都的大米总量是否供过于求？[4]

实施以币代物的庄园的地域分布也涉及运输货物的相对成本和风险；最后这个问题也没有定论。再则，目前的个案研究数量有限，并不足以确定学界最近批判老观点时提出的这一看法：即偏远地区的市场已经足够发达，支付租金的人通过出售产品，可以获得必要的现金。

债务免除

加速使用现金，采纳以币代物，商业活动随之持续发展，给庄民带来可以预测的类似效应。在市场上交易让他们有机会增加收入。他们可以更多地生产自己

---

[1] 参见 Sasaki, *Chūsei shōhin ryūtsūshi,* 第 350–352 页。

[2] 同上，第 329–330 页。

[3] 参见 Kodama and Toyoda, *Ryūtsūshi,* 第 72 页。

[4] Sasaki, *Chūsei shōhin ryūtsūshi,* 第 328–330 页。

拥有相对优势的产品，并且根据各种产品的价格变化，有效地利用劳力、土地和其他资源。根据被采纳的不同程度，以币代物将庄民们解放出来，他们不再生产预先决定——常常没有优势——的东西。

但是，一方面，参与现金经济也将庄民们置于价格波动的控制之下。不可避免的是，价格有时回落，迫使一些庄民求助高利贷——年息常常在 12% 以上——来支付租税。另一方面，以市场为导向的经济往往有利于大名主，有利于耕种大量土地的农民。他们对价格（和产量）波动的风险有更强的抗压力，有的甚至可以从中获利。他们还可以在村里发放贷款，增加自己的经济资源。其中最成功者开始积累现金，以便得到更多"加地子司记"（获得稻田地租的权力）。

但是，市场活动、货币化和以币代物对庄民生活的影响不大，即便到了镰仓时代后半期也是如此。集市日不多，以币代物远远没有普及，许多庄民依然以实物方式支付全部或者部分租税，大多数庄民的稻田产量不大，没有可以出售的剩余产品。决定大多数庄民的生活的不是现金交易关系荡起的涟漪，而是季节变更的节律。

到了 13 世纪的最初几十年，越来越多的武士使用现金购买商品和服务。对他们来说，情况大不一样，现金变为不可或缺之物。许多担任地头的武士率先采用以币代物。拥有一处以上田产（日语称"所领"）的武士开始任命僧侣（山僧）、商贩和其他"擅用现金"的平民担任庄园官员（日语称"代官"），让他们以现金方式，为自己收取土地租金。[1]

没过多久，有些武士便入不敷出了。到了 13 世纪的头几十年，他们开始以自己土地为抵押物借钱，以便在市场上购买商品和服务。但是，幕府不能让这种情况继续下去。幕府发现越来越多的御家人——将军的直接家臣——开始背上大量债务，认为必须出面干预。因此，幕府于 1239 年颁布一项政令，禁止地头——他们中的许多人为御家人——为了收取租金，任命放贷者担任代官或地头代。幕府颁布此令的原因在于，那些放贷者自己截留了收取的一部分，有时甚至全部租税，因此偿还他们之前借给地头的贷款。次年，幕府希望从源头消除这个问题，于是颁布了另外一项政令：其一，禁止御家人将土地抵押或出售给非御家人或任

---

[1] 参见 Amino Yoshihiko, *Mōkō shurai,* vol. 10 *of Nihon rekishi* (Tokyo: Shōgakkan, 1974), 第 112–116 页。

何平民；其二，禁止御家人沉迷于奢侈享受，例如，乘坐牛拉车。[1]

显而易见，上述告诫和禁令收效甚微，许多御家人依旧我行我素，售卖自己的土地。因此，幕府1267年颁布了另外一项政令，试图消除已经造成的损害。该政令规定，已经失去抵押土地的御家人有权以现金或实物形式偿还贷款，收回自己的土地。这就是说，该政令迫使已从御家人手中获得土地的放贷者接受逾期还款。此外，该政令重申了不准御家人出售土地的禁令，并且补充了新的禁令：其一，不准御家人的前妻或寡妇将其获得的土地转到新丈夫的名下；其二，除了御家人的妻子和女儿之外，任何女人不得拥有御家人的土地。1267年，幕府撤销了负责处理涉及已售或抵押土地上诉案件的机构。[2]

令人并不感到意外的是，该政令引起大量混乱，带来许多麻烦。甚至为数不多的幸存记录也显示，由此造成的问题十分严重，影响很大。例如，东大寺不遗余力地抗议一名御家人的想要通过偿还逾期债务以重新获得土地的要求。有的御家人没有偿还债务，却夺回了失去的土地所有权。该政令以强制方式改变了土地所有权，那么，谁该收获那些土地上的庄稼呢？就此引起的争端不断出现。[3]很快变得明朗的情况是，幕府的政令严重破坏了作为经济交易基础的合约的神圣性。但是，幕府为了保持其政治结构，必须"挽救"在该结构中占据核心地位的御家人，不让他们受到加速发展的货币化带来的影响，哪怕面对任何后果也在所不惜。

1274年和1281年蒙古人入侵之后，局势更是雪上加霜。两次入侵本身以及将来入侵的威胁形成的效应叠加起来，迫使御家人承受极端沉重的经济负担。首先是与蒙古人作战，然后是在接近20年中时刻备战，恐惧不安，担心任何时候可能发生的另外一次入侵。御家人的经济负担让幕府面对一场严重危机。其原因在于，当时的局势与内战的情况不同，幕府不可能没收战败者的土地，没有什么东西可以奖励给御家人。加上新出现的债务问题，幕府感到压力备增。于是，幕府再度出面帮助御家人：1284年颁布一项限制令；1297年颁布另外一项范围更大的限制令。

颁布1284年政令的唯一目的是，让九州北部——入侵在那里造成的后果特别严重——的御家人受益。它规定，凡是从御家人那里获得的"名主司记"（收

374

---

[1]　参见 Takeuchi Rizō, ed., *Tochi seidoshi,* vol. 1 (Tokyo: Yoshikawa kōbunkan, 1973), 第286–301页。

[2]　参见 Amino, *Mōkō shurai,* 第136–160页。

[3]　同上，第141–142页。

取名田租金的权力），必须无条件立刻退还。在那个世纪剩下的时间里，越来越多的御家人背上债务，失去了他们的土地。其原因在于：第一，维持针对蒙古人入侵的防务，对他们来说开支不菲；第二，他们的生活方式令其入不敷出，不得不借债购买自己希望的商品和服务。因此，到了13世纪末，幕府意识到，只有颁布政令，才能阻止御家人经济状况急剧恶化的势头。[1]

于是，幕府颁布了1297年《德政令》。该政令幸存下来的三项条款作出了下述规定：第一，不再接受涉及土地权属的上诉案件（1267年颁布的禁止上诉的相同禁令1294年刚刚取消，上诉案件便大量涌入幕府）。贵族和寺院可以提交一件上诉案，已经进入司法程序的上诉案可以继续审理。第二，严禁御家人出售或典当自己的土地。御家人失去的土地，无论是已经出售还是没有赎回的典当土地，必须归还给御家人，即便当事人无法偿还贷款也不例外。这项条款有两个例外：一是御家人失去涉案土地的时间已经超过20年的；二是涉案土地是根据幕府的明确书面许可进行交易的。第三，幕府法庭从此以后不再接受任何涉及未付贷款的案件，但是放贷人持有典当品的情况除外。[2]

这项政令显然在政治上对贵族、寺院和放贷者（贵族和寺院对放贷者的经济状况很感兴趣）的利益有所让步，但是以毫不掩饰的方式使用幕府的权力保护御家人。此外，这一事实也非常重要：该政令的第三条——不再接受任何涉及未付贷款的案件——与以前的所有政令不同，适用于每一个人，武士和平民概莫能外。其原因在于，幕府试图证明它保护御家人的做法不乏道理，所以将此项政令称为普惠全民的"德政"，因而觉得它必须将"所有贫穷者"置于该条款的保护之下。

再次出现的反应在预料之中：混乱随之出现，幕府被迫颁布详细的指令，规范许多做法，例如，出售庄稼、使用本票、借用或保管物品等等。但是，更糟糕的是，该政令允许御家人不用偿还贷款就可收回土地所有权。在这种情况下，贵族、寺院、放贷者和许多平民赶到京都，上诉朝廷，迫使幕府就具体的案子进行协调，区别对待。

1298年2月，在该政令生效仅仅11个月之后，幕府被迫将其取消。但是，御家人在那11个月中收回的土地权依然有效。这样一来，有能力利用该政令的

---

[1] 参见 Amino, *Moko shurai*, 第325-334页。

[2] 同上，第329-334页。关于这些重大德政令的讨论，参见 Hall, *Japan*；Reischauer and Craig, *Japan*；以及 Sansom, *A History of Japan*。

御家人从中获利。[1] 在镰仓时代余下时间里，再也没有颁布其他德政令。其原因是，不是需要减少了，而是幕府到了 13 世纪末已经失去权势，再也无法对抗货币化经济的巨大力量。在镰仓幕府掌权的最后几十年中，货币化如同疾病，让每况愈下的幕府备受痛苦。这场疾病加剧了蒙古人入侵造成的灾难，武士对市场的依赖也变得更大，成为名副其实的切肤之痛。在其统治的最后几十年里，此病让幕府奄奄一息，甚至无法使用称为德政令这样的止痛剂。

南北朝和室町时代的商业和城市

借着镰仓时代后半期产生的势头，更重要的是借着农业生产率的稳步提高，在南北朝和室町两个时代经济继续发展，而且势头十分强劲，延续到 14 世纪和 15 世纪。镰仓幕府灭亡，出现了长期的政治和军事动乱，室町幕府应运而生，这几乎没有减缓经济发展的步伐。在那些年代，市场化有增无减，专业化进一步推进。生产和销售的效率更高，形成的经济收益被各个阶层——当然，他们之间并非没有矛盾——分享。

在那些时代，农业生产力的发展提供基础，商业因此蓬勃发展。在产品方面，专业化程度越来越高，每个农民和地区都有各自的优势。灌溉条件得到改善，肥料使用增加，稻谷和其他作物采用新的品种。室町时代，印度支那的一个水稻新品种，叫作占城稻，从中国引进日本，对提高产量起到了重要作用。与当时的其他品种相比，该品种更耐旱，抗病虫害能力更强。它让日本西部的农民可以一年种植两季甚至三季。[2] 市场力量对庄民的影响越来越大，迫使并激励他们提高效率。

377

京都的商业和座的发展

从好景不长的建武复辟到室町幕府的倒台，京都保持了权力基础的地位。这

---

[1] 参见 Amino, *Mōkō shūrai*, 第 332–333 页；关于那些德政令的政治背景的精彩讨论，还可参见 Nitta Hideharu, "Kamakura koki no seiji katei", vol. 6 *(chūsei 2)* of *Iwanami kōza Nihon rekishi* (Tokyo: Iwanami shoten, 1975)，第 1–40 页。

[2] 参见 Kuroda Hideo, "Chūsei nōgyō gijutsu no yōsō," in Nagahara Keiji and Yamaguchi Keiji, eds., *Nōgyō to nōsan kakō*, vol. 1 of *Nihon gijuisu no shakaishi* (Tokyo: Nihon hyōronsha, 1983)，第 67–76 页。

意味着，14 世纪和 15 世纪，京都的人口和财富持续增长，商业扩展的速度更是令人瞩目。但是，南北朝时代发生内战，15 世纪后半期出现应仁之乱，京都成为战场，商业发展受阻，有时甚至停滞不前。此外，饥荒和疫病也让人口和商业受挫，15 世纪 40 年代尤其厉害。

虽然出现了内战、饥荒和疫病，但到了应仁之乱爆发时，京都的人口估计仍然超过了 20 万。如这个数字是正确的，这意味着，从 15 世纪中叶至末期，京都是世界上极大的城市之一。例如，那时的伦敦人口没有突破 5 万。由于人口众多，商业发达，京城逐步发生了改变。在左京，从北部的三条到南部的五条和七条，商贩和工匠云集，越来越多的座——大多数商贩和工匠是其成员——也随之组建。在南北朝时代，在南北向和东西向主要道路的交叉处，出现了行政单位"町"。町享有一定程度的自治权。在整个 15 世纪中，町的数量持续增长。规模最大、名声最好的町是三条、六角、西小路、五条、七条和九条—大宫。[1]

那时，大多数商贩和工匠经营规模很小，店铺陈设简陋。但是，到了 14 世纪和 15 世纪，有的商贩变得非常富裕，于是室町幕府开始依靠他们的财富来满足其财政需求。[2] 我们知道，幕府从 1393 年开始，从京都及其附近的土仓和酒坊，每年征收 6000 贯的年税。那时，许多庄园的租税总额折合现金不到 100 贯，6000 贯是一个相当大的数额。[3]

当然，如果没有这些财富，那个时期就不能享有那么丰富的文化生活。在商贩中，最富裕的是从事典当和借贷业务的土仓。此外，有的土仓还经营仓储和其他生意。酒坊出售米酒，然后将赚得的收入用于放贷。有的商人积累大量财富，其方式一是通过从亚洲大陆进口奢侈品，二是控制有利可图的座。最成功的商人掌控大约 370 家酒坊和 300—400 土仓，后来被称为"有德人"（这个日语词语的字面意思是"有道德的人"）。在那个商业发达的时期，高雅的名称赢得尊敬，"道德"是财富的恰当同义词，带有赞美之意。

---

[1] 参见 Wakita, *Nihon chūsei toshi ton*, 第 280–317 页；Endo, *Nihon chūsei toshi ron*, 第 99–108 页。关于京都从平安时代到 18 世纪的发展，参见 Akiyama Kunizo and Nakamura Ken, *Kyōto "machi" no kenkyū* (Tokyo: Hōsei daigaku shuppankyoku, 1975)。

[2] 所有教科书都讨论了这个众所周知的事实。还可参见 Wakita Haruko, "Muromachi-ki no keizai hatten", vol. 7 (*chusei 3*) of *Iwanami kōza Nihon rekishi* (Tokyo: Iwanami shoten, 1976), 第 88–93 页；以及 Sasaki Ginya, "Muromachi bakufu", vol. 13 of *Nihon rekishi* (Tokyo: Shogakkan, 1976), 第 129–38 页。

[3] 参见 Inoue Mitsusada et at., eds., *Nihon rekishi taikei*, vol. 2 (*chūsei*) (Tokyo: Yamakawa shuppansha, 1985), 第 622 页。对那个时期的"有德人"的精彩总体描述，同上第 621–626 页。

　　大部分商贩、工匠和其他专业人员地位卑微。在南北朝和室町时代，他们提供的服务和产品大量增加。到了 15 世纪，他们从事的行当名目繁多，不胜枚举。丰田武查阅了各种各样的记录文件，考察了京都一个地区的人口构成，写了下面这段文字：

> 　　小商贩和工匠数量巨大，令人不禁感到惊讶。1460 年……一条南北走向的主要街道两侧，许多人从事经营活动，满足寺院和神社的需求。他们的行当五花八门，那些工匠制作家具、木桶、铁器、榻榻米、佛像等等。商贩们出售大米、扫帚、梳子、针线、米饼、染料、菜油和米酒。[1]

　　丰田武的这一评述适用于整个京都。我们从相关文献中了解到，在南北朝和室町时代的京都，座的数量成倍增加。增加的座叫作"新"座，有别于之前一个世纪存在的"老"座，在南北朝时代的发展特别引人注目。我们不可能确定座在这两个时代中的准确增量，不过其数量肯定不小。

　　一个例子可以显示座日益增多的情况：13 世纪，在负责皇家卫队的贵族的保护之下，京都的垃圾搬运工组建了一些座。到了南北朝时代末，他们在京都及其周围组建的座多达 20 个以上。根据日本学者的描述，在一帮上层贵族、八幡宫、祇园社、东大寺以及其他寺院的保护下，座在室町时代也有增加，不过数量稍小一些。那些新座和旧座的生意兴隆，经营范围包括食盐、生丝、棉絮、面料、鲜鱼、干鱼、咸鱼、染料、糖果、皮货、镰刀、灯油、木材、竹子、面条，以及几种衣服、各种蔬菜和十余种其他产品。那样的座"迅速增加"一词是现存显示当时情况的最好证据：在室町时代，京都商业为全国之冠，超过以前的任何时期。[2]

379

城市、集镇和市场

　　在整个 14 世纪和 15 世纪，城市和集镇在规模和数量双双增加。许多新增城市和集镇位于京城及其附近，但是沿海和乡村的增量甚至更大。可以毫不夸张地

---

[1]　参见 Toyoda, *Chūsei Nihon shōgyōshi no kenkyū*, 第 363–364 页。

[2]　参见 Yamamura, "The Development of Za," 第 447–454 页，以及本章所引用的日语资料。

说，在室町时代的日本，大多数庄民赶集可以一天之内往返。[1]

城市和集镇发展的主要动力是商业增长，许多城镇中心要么是港镇，要么是寺院的门前町。在那几个世纪中，发展最快的港镇是淀川和山崎。它们坐落在京都南面的淀川河沿岸，位置极佳，环境很好。此外，还有琵琶湖沿岸的大津、船木以及其他几个集镇；濑户内海的兵库、坂井和尼崎；日本海沿岸的小滨、敦贺和三国港；太平洋沿岸的桑名、大矶、大凑、沼津、品川和松浦；九州北部海岸的博多。[2] 此外，还新建了一些港口城镇，不过其确切日期难以确定。但是，我们可以假设，其中至少有十余个是在 14 世纪某些时期建立同上。许多城镇是较大城镇中心的卫星集镇，有的沿着主要水路，有的在主要水路附近。

在地区之间，农业和手工业专业化程度提高。跨地区贸易的兴起，让许多新老集镇受益。有的港口集镇的主业是与亚洲大陆的贸易。在所有这些港口集镇中，除了商贩、工匠、船长、船员和装卸工之外，还有问丸。问丸的功能一是管理货物集散，二是提供仓储和其他必须的服务。港口设施——例如，码头——也比过去有所改善。[3]

扩大数量和规模的还有围绕寺院建立的城镇。其主要原因在于，庄民、商贩和工匠的收入提高，有了必须的财力和闲暇，去寺院和神社朝拜。在中世时期，这是人们最喜欢的消遣方式之一。到了室町时代末，除了奈良之外，围绕寺院建立的城镇还有京城地区的坂本和宇治山田，信浓国的善光寺和诹访。或许，室内町是寺院地界内的集镇，可被视为这类城镇的一个变体。大多数室内町都在京城及其附近，其中最著名的在大阪—石山有六座，在大町、今井和富田林也有几处。[4]

在京都、奈良和镰仓之外，座也开始出现。那些座的最早记录见于南北朝时代，称为"里座"或"田舍座"，是村庄和乡下的座。其中大多数最初出现在京城附近，15 世纪发展到集镇，最后遍及全国。有些座的记录从 15 世纪开始，见于近江、备前、筑前和加贺等国。到了 15 世纪中叶，其他十几个令制国的较大

---

[1] 参见 Toyoda, *Chūsei Nihon shōgyōshi,* 第 364–386 页；Sasaki, "Muromachi bakufu", 第 260–271 页；以及 Nakamura Kichiji, *ed.,Shakaishi,* vol. 1 (Tokyo: Yamakawa shuppansha, 1974)，第 328–344 页。

[2] 参见 Toyoda, *Chiisei Nikon shogyoshi,* 第 364–386 页；Sasaki, *Muromachi bakufu,* 260–271 页；以及 Nakamura Kichiji, *ed.,Shakaishi,* vol. 1 (Tokyo: Yamakawa shuppansha, 1974)，第 328–344 页。

[3] 参见 Toyoda, *Chusei Nihon shogyoshi no kenkyu,* 第 238–342 页；and Sasaki, *Muromachi bakufu,* 第 172–173 页。

[4] 参见 Wakita, *Nihon chusei toshi ron*；Endo, *Nihon chusei toshi ron*；Akiyama and Nakamura, *Kyoto "machi" no kenkyu*；Toyoda, *Chusei Nihon shogyoshi no kenkyu*；Sasaki, *Muromachi bakufu*；以及 Nakamura, *Shakaishi,* vol. I。

集镇中建立了若干座。[1]

座出现和发展的显示，在大多数交通节点、主要道路、地方政府所在地及其附近的条件较好的集镇中，市场活动方兴未艾。越来越多的村民赶集次数增加。为了满足这一需求，到了 15 世纪中叶，许多市场的集市日从原来的每月三次提高到六次，从而形成了"六斋市"。关于那些集镇，我们查到的两份文献的标注日期均为 1469 年，一份是美浓国的大矢田市场，一份是大和国的宇治六花堂集市。但是，一位专家根据间接证据推测，最早的六天市场很可能始于 14 世纪中叶，地点是日立国的首府。[2] 简言之，我们无法确定六天集市最早出现的时间，无法确定它们开始在整个日本铺开的时间。但毫无疑问的是，到 15 世纪末为止，它们已在全国许多地方实施。

六天集市增加，这一种做法显示，随着市场活动的发展，各地的集镇数量也在增加。人口不到 1000 人的集镇的数字增长最快，多于 1000 人的也在增加。虽然没有可靠的准确数字，我们可以使用那时的各种描述，就以下城市在 15 世纪后半期的人口，提出合理的"猜测性估计"：奈良，10000—15000 人；河内国的天王寺，35000 人；堺城，至少 20000 人；近江国的坂本，15000 人；伊势国的桑名和大凑，分别为 15000 人和 5000 人；京都附近的淀川，5000 人；九州北部的博多，30000—50000 人。如果我们使用 16 世纪初记录的资料，人口超过 10000 的城市和集镇，我们可以轻易地增加十几个；人口至少为 5000 人的城镇中心，数字甚至更多。[3]

交通网的形成

在 14 世纪，随着商业的发展，陆路和海上交通网状逐步成形，组织更加有序。该交通网由专业人员经营，其中包括问丸、船长、船员、马帮、二轮运货车等等。

交通网中心将京都与日本各地连接起来。从日本西部，大米、纸张、食盐、木材、鱼、芝麻、土漆和其他许多商品经兵库、尼崎和堺城，通过连接那些港口的主要水道淀川河，运往京都。鱼、丝、紫菜、木材、棉布以及东北地区和山阴

[1]　参见 Yamamura, "The Development of Za," 第 447–451 页。

[2]　参见 Sasaki, *Chūsei shōhin tyūtsūshi*, 第 10–26 页。

[3]　参见 Toyoda, *Chūsei Nihon shōgyōshi no kenkyū*; Sasaki, "Muromachi bakufu"; 以及 Nakamura, *Shakaishi*, vol. 1。

地区的其他货物，从东部出发，通过小滨、敦贺和其他港口运到京城。那些货品然后经过陆路，运到琵琶湖沿岸的今津和海津，再船运到距离京都不远的坂本和大津。从附近商业发达的美浓和尾张，价格昂贵的货品——纸张、瓷器、木材和各种面料——通过陆路运到京都。[1]

在可能的情况下，大多数需要长途运输的货物都走水路。正是因为这个原因，那些年代开通的海上主要航线多达九条。我们仔细考察那些航线，可以清楚地看到，它们不仅将京都与日本的所有港口连接起来，甚至遥远的九州和北陆等地也有方便的航路通往京城地区、关东盆地和濑户内海沿岸其他商贸活跃的各个令制国。[2]

那样的交通网需要更多问丸在水路运输中发挥更大作用。在这种情况下，从事水运的业主不仅忙碌在上面提到的港镇中，而且还出现在下面这些地方：淀川河畔的桂川、鸟羽、木津、宇治；淀川河畔的摄津；濑户内海沿岸的纪伊滩和尾道；琵琶湖沿岸的长浜、八幡、船木以及琵琶湖沿岸的其他几个港镇；三国、敦贺、出云、大山港以及几个面向日本海的港口；三河、大凑湾、桑名、品川以及几个太平洋沿岸港口。[3]

室町时代，随着海洋运输的发展，日本的陆路运输能力也有所改善。陆路运输的主角一是使用运货马车的货运人员（日语称"车力"），二是利用马匹驮货的运输人员（日语称"马借"）。他们除了实施以上作业之外，还构成了强大的经济和政治力量。例如，运输队成员可以煽动民众起义，要求取消债务或废除强加在座头上的贸易限制。他们还可以通过中断运输或者影响进出京城的货物数量，操控京都的米价和其他重要物资的价格。

正如我们可以预料的，那些运输队常常出没于京城地区的港口和卫星集镇。
383 现有记录还证明，全国的每个港口都有若干运输队，其规模与港口的大小匹配。有的学者相信，这些运输队的前身很可能是散所、赤贫的"河原者"（这个日语词语的字面意思是"住河床的人"），以及其他因为种种原因背井离乡的人。那些

---

[1] 参见 Sasaki, "Muromachi bakufu", 第 171-177 页；还可参见 Tokuda Ken'ichi, *Chusei ni okeru suiun no hattatsu* (Tokyo: Gannandō shoten, 1966)。

[2] 同上。

[3] 参见 Wakita, *Nihon chūsei toshi ron*；Endo, *Nihon chūsei toshi ron*；Akiyama and Nakamura, *Kyōto "machi" no kenkyū*；Toyoda, *Chūsei Nihon shōgyōshi*; Sasaki, "Muromachi bakufu"；以及 Nakamura, *Shakaishi,* vol. 1。

人没有别的生计，只能靠搬运谋生。[1]有的下层庄民住在运输干道经过的乡村里，在农闲时出卖苦力，运输货物。

部分陆路运输由商贩们自己负责。许多长途运输的商贩组成大篷车队，以便提高旅途的安全性。在那些车队中，知名度最高的是近江国商贩的车队。他们从近江国出发，到京都以及其他更遥远的地方。大篷车队一般有数十辆车，有时候多达数百辆。流动小贩背负货物叫卖，旅行的距离近一些。那一类小贩日语称"连尺"，意思是他们背上的装货筐子，或者"高荷"，意思是在背上堆叠的许多货物。[2]他们有的结伴而行，一是可以互相帮助，不受盗贼侵扰；二是便于与地方领主讨价还价，少交一点市场税费。

商业浪潮汹涌而来，甚至沿途设立的收费关卡（日语称"关所"）也不能阻止它的势头。关卡的数量从14世纪初开始增加，大都由贵族、寺院和神社设立。那时，问丸和其他人代表地方势力——包括守护和地头——收费，让他们的庄园收入大大缩水。到了15世纪，关卡数量继续增加。在有些地方，"关所"收取很高的费用，商贩们和其他人不可能如数支付。在这种情况下，幕府开始出面干预。例如，幕府1471年迫使一家寺院放弃所有收费关卡，因为那些关卡收费很高，坂本的马借怨声载道。关卡收费也让近江国的商贩负担越来越重，他们于1512年放火烧毁了近江国北部的新关卡。[3]

货币化与以币代物

15世纪30年代，一位朝鲜特使意外发现，室町时代的日本大量使用钱币。他写道，各地都接受钱币，客栈、驿站，甚至过桥关卡——他们"根据桥的长度收取5匁或10匁"——也不例外。所以，即便你从国家的一端到另一端，你也无须携带任何旅途用品。让他感到特别惊讶的是，甚至去公共浴室沐浴，人们也支付现金。[4]

随着货币化的高度发展，以币代物甚至更加普遍。所有日本专家一致认为，

384

---

[1]　关于室町时代陆路运输专业人员的描述，参见 Sasaki, "Muromachi bakufu", 第164-171页；以及 Kodama and Toyoda, *Ryūtsūshi*, 第107-109页。

[2]　参见 Kodama and Toyoda, *Ryūtsūshi*, 第107-108页。

[3]　参见 Toyoda, *Chūsei Nihon shōgyōshi no kenkyū*, 第403页。

[4]　参见 Kodama and Toyoda, *Ryūtsūshi*, 第74页。

到14世纪中叶，以币代物——无论是支付部分还是全部费用——事实上在全国各地实施。但是，在涉及采用以币代物原因的辩论中，就室町时代中以币代物的情况而言，更重要的问题依然没有回答。对相关原因的解释类似于其他正在进行的辩论。一是个案研究数量很少，二是分析方法局限于探讨这个问题：在胁迫庄民缴纳租税的那些人——庄园主、庄官、地方权势人物、幕府——中，以币代物究竟让谁受益最大？[1] 因此，以币代物流行的原因是什么？对于这个问题，专家们依然莫衷一是。在不同地区，在不同时期，就以币代物的具体方式而言，为什么还存在如此大的差异？

为了回答上述问题，我们需要的是经济分析的视角。这就是说，如果要理解以币代物在室町时代流行的原因，我们必须提出的问题是：第一，谁将实物租税转换成现金（是庄民、名主还是庄官）？第二，以币代物的比例是如何确定的（以市场价格，还是按固定的现金数额）？第三，地方市场如何决定价格（采取自由方式，还是在地方权势人物或庄园官员的某种程度的操作或控制之下）？第四，在京都或其他地方（租税接受者居住的地方）与地方市场（支付租税的庄民生产的相同商品的出售地）之间，商品价格存在什么差异？第五，相对于两地之间的价差，实物租税的运输成本（取决于距离和是否采用海路运输）多大？第六，在那个阶段，价格变化的趋势——现金与实物之间的交换率——是什么？一个困难的任务是，如何衡量上述问题中每个变量的重要性，并且评估它们之间的关系。

我们了解到，1438年，京都的米价几乎是庄园所在地市场的两倍，京都的东寺要求，它在京城及其附近的庄园用大米支付租税。[2] 在这种情况下，上述问题的重要性就凸显出来。有了那样的动机，该寺愿意逆以币代物的潮流而动，承担销售和运输大米的费用。但是，我们必须记住：其一，从14世纪初到15世纪末，大米和其他主要商品的价格持续回落；其二，在长期通货紧缩的年代里，任何享有政治权力的人都会要求用现金支付租税。[3]

---

[1] 与对代钱纳制度已被确立的分析形成对比，胁田晴子1978年提出的观点强调租税接受者实施的胁迫和"剥削"。她强调说，学界的流行观点是错误的。其原因在于，它没有看到，代钱纳制度"始于对地方权势人物和庄民提出的要求反应"。参见Wakita, "Muromachi-ki no keizai hatten," 第53页。她还清楚地表示，她明白，在讨论与该制度相关的问题时，需要提出经济分析问题（参见第53-61页）。

[2] 同上，第53-54页。

[3] 由于对从中国进口钱币进行了限制（即对"勘合"贸易的限制），（经济和货币化的发展）对现金的需求日益增加。所以，15世纪出现钱币长期短缺的情况（通货紧缩）。参见Yamamura and Kamiki, "Silver Mines and Sung Coins," 第339-342页。

虽然经济和政治环境方面的差异形成了许多例外，但是室町时代初期已经普遍采用以币代物的做法。甚至在通货紧缩的趋势下，租税支付人大都选择以币代物。其原因在于，他们可以通过种植利润最高的作物来提高收入。但是，如果庄园官员或地方权势人物（他们在 15 世纪的政治权力越来越大）以货币数量来固定租税，从而忽略通货紧缩或操控造成的市场价格变动，那么，庄民们当然会失去这样做的动机。参与那场辩论的学者研究的许多例子涉及这样的情况。[1]

笔者简要讨论室町时代以币代物的原因有两个：第一，描述日本专家们目前的研究状况；第二，说明需要做出很大努力，以便了解以币代物在经济和政治两个方面的真正意义。就租税支付者和收取者双方的生活而言，该做法都带来了很大影响。

笔者在此简要小结了货币化以及它在 14 世纪和 15 世纪带来的效应；即便如此，还需提出一个更重要的问题：日本既有原料，又有技术能力铸造钱币。尤其当那种需要显而易见时，为什么幕府依然没有顺势而为呢？日本专家迄今为止提供了两个答案：其一，在中世时期，日本在国际社会中尚不是一个完全成熟的民族国家，仅仅是中国支配之下的东亚政经圈子的一员。因此，日本应该使用中国钱币作为交易媒介。其二，根据最近提出的观点，9 世纪之后，没有哪个政府拥有全面的政治权力，即便处于巅峰时期的室町幕府也不例外。因此，政府没有"在整个国家的基础上指导商业活动的实力"。如果要让钱币在全国范围内使用并被人接受，这一点是不可或缺的。[2]

不可否认，以上两个答案都有一定的合理性。室町时代，东亚政治秩序由势力很强的中国维持，日本仅是它的一个组成部分。也许，幕府没有足够的政治力量，无法让自己铸造的钱币在全国范围内被人接受。室町时代以后的历史进程似乎也支持以上两个答案。在这种情况下，需要德川幕府展现强大的统一力量，实现室町幕府无法完成的大业。但是，以上两个答案也并不完全令人满意。幕府没有"足够"或"不可或缺"的政治力量，这一解释无法躲过说它同义反复的微词。此外，欧洲存在许多例子：那里的一些城市——小的"城邦国家"——与幕

---

[1]　这里指的是后面将要讨论的"撰钱令"。

[2]　佐藤进一最早表达了前一种观点，参见 Satō Shin'ichi in his "Muromachi bakufu ron," vol. 7 (*chūsei* 3) of *Iwanami koza Nihon rekishi* (Tokyo: Iwanami shoten, 1963)。后一种观点参见 Wakita, "Muromachi-ki no keizai hatten," 第 91 页。

府类似，也没有多大政治力量，同样与势力超强的国家为邻。但是，它们发行了自己的货币，使其不仅在自己的疆界之内，而且在周围的城市和国家中流通。

显然，要充分回答这些问题，需要进一步解释。因此，应该做的不是取代而是补充日本专家们提供的解释。请允许笔者提出以下假设：鉴于大量中国钱币已在流通，并且在两个世纪中已被人们接受，室町幕府以及支持其政体的人士——守护和其他地方权势人物（他们之中的许多人也是庄园官员）——发现，使用各种钱币在经济方面对他们的好处：使用不同质量的中国钱币，使用非法（私铸）的日本钱币，这让租税征收者和接受者可以通过强制规定，或者操控可以接受的钱币种类，维持或增加自己的收入。租税接受者在效益递增的个案式基础上，要求对方支付各种可以接受的钱币（包括较大比例的高品质钱币）。此举不仅有利可图，而且通常比较容易实施。再则，与向庄民强征更高的租税相比，这样做需要的政治实力更小一些。

387　　更具体来说，以明确（正式）或以个案式方式改变可以接受的钱币种类，从而改变租金的实际负担。与根据水稻产量提高租税率相比，该做法有以下好处：第一，无须像通常那样，在确定新租税之前实施地籍测量，政治成本和经济成本较低。第二，在以小幅增加的方式改变实际租税负担的过程中，改变钱币种类可以提供灵活性，以便应对经济状况的变化（如果地方经济状况不同，对室町时代末期的守护和其他地方权势人物来说，这一优势特别重要）。第三，改变钱币种类可以起到准收入税的作用，因为能够对可以接受的钱币种类进行调整，以便分享租税支付者从日益增加的商业活动中获得的收益（其原因在于，各个地区的市场活动各异，这一优势让第二个好处的优势更加凸显）。最后，租税支付者难以准确评估这两个因素：其一，随着时间的推移，自己的真实租税负担究竟加重了多少？其二，与住在临近土地上、向其他守护或地方权势人物缴纳租税的人相比，自己是否支付更多？庄民难以获得准确信息进行比较，这让守护或地方权势人物更容易如愿征收租税，而且使租税支付者产生不平衡心理的风险更小。

总之，首先，如果幕府推行统一质量的钱币，就会剥夺租税接受者的机会，使其无法通过强制规定或操控可以用于支付的钱币种类，增加自己的收入。其次，增加钱币供应量——幕府铸造更多钱币，中国钱币慢慢退出流通——有可能改变那几百年通货紧缩的趋势。使用钱币支付租税时，不会引起经济膨胀，这对租税接受者有利。[1]

正如笔者已经指出的，以上讨论仅是一种假设。我们应从政治和经济两个方面，对其结果进行考察。应该考虑幕府、地区和地方在室町时代晚期落实撰钱令的情况，确定支付租税的可以接受的不同价值的"良"币和"劣"币种类，确定　　388
租税征收者为了实现相同目标采取的非正式做法。[2] 可是，与研究以币代物的情况类似，由于同样的原因，完成这一切颇有难度。这就是说，需要从经验和分析两个方面，深入考察两点：一是日本学者迄今为止对撰钱令的研究，二是确定可以接受的钱币种类的其他方法。[3]

商业与政局变迁

从动荡不安的南北朝时代，到很快将日本卷入内战的应仁之乱，政治冲突旷日持久，幕府从崛起到逐渐衰微，政局变迁必然影响历史进程。在下文中，笔者将简要讨论幕府颁布的德政令，概略考察座与其庇护者之间的关系，说明那个时期的政治现实与商业发展的相互作用。[4]

与镰仓时代的情况类似，幕府 15 世纪颁布"德政令"（免除债务的政令），其目的旨在缓解平民和武士的债务负担。可是，对那些政令的要求反映了货币化已经达到的程度，反映了幕府权力的没落。从 15 世纪头几十年开始，那种要求越来越频繁，呼声越来越紧迫，参与的平民越来越多。常见的情况是，那种要求以"土一揆"（庄民和其他平民的起义）的形式出现，响应者数以千计。为了说明这些土一揆的情况，我将描述 1428 年出现的那一次。它是规模极大的起义之

---

[1] 在日本和中国，铜钱价值之间存在很大差异，这一点可能促使日本持续大量进口中国钱币。进一步的讨论和证据，参见 Yamamura and Kamiki, "Silver Mines and Sung Coins," 第 352-358 页。对中世时期货币化及其效应感兴趣的读者来说，这篇文章包含了全部相关的英语和日语参考文献。还可参见 Kenneth A. Grossberg, *Japan's Renaissance: The Politics of the Muromachi Bakufu* (Cambridge, Mass.: Harvard University Press, 1981), 第 82-83 页。这是近年来出版的唯一相关的英语资料。它探讨了室町幕府没有铸造钱币的原因，提出的推测性解答与笔者在本章提出的观点类似。

[2] 淹沢武雄解释了"撰钱令"的意思，总结了日本专家们迄今为止分析撰钱令涉及的问题。与战国时代的撰钱令相比，室町时代的撰钱令涉及的问题引起日本专家的关注较少，佐佐木银弥在《室町幕府》一书中甚至没有提及这个话题。参见 Takizawa Takeo, "Erizeni," in Nagahara Keiji et al., eds., *Chuseishi Handobuhku* (Tokyo:Kondō shuppansha, 1973), 第 67-69 页。

[3] 胁田晴子最早建议，需要从政治、制度和经济分析角度，对撰钱令进行研究。但是，这类研究尚未开始。参见 Wakita, "Muromachi-ki no keizai hatten," 第 91 页。

[4] 所有英语教科书都描述了德政令和一揆（起义）。对这两个话题的特别精彩的富于洞察力的讨论，参见 Katsumata Shizuo, *Ikki* (Tokyo: Iwanami shoten, 1982)。

一，目的是要求颁布德政令。

那次起义是由近江国的运输从业者发起的。那些人生活贫困，极易受到他们
运送到京都的货物的价值的影响。[1] 来自近江及其附近各国的数千庄民很快群起
响应。没有历史文献告诉我们那次起义爆发和迅速传播的确切原因。毫无疑问，
主要原因是前一年农业收成不好，致使疾病蔓延，加重了运输从业者和庄民的债
务负担。那些参与起义的庄民"掘出债务记录烧掉"，接着"以德政 [有道德的
统治] 之名，攻击酒坊、土仓和寺院，抢夺值钱之物"。幕府闻讯后深感震动，
紧急要求几个大名派出武士，实施强力镇压。[2]

在日本历史上，这次一揆规模很大，可以与之相比的寥寥无几。[3] 不过，
1428 年至 15 世纪末，还爆发了 26 次大规模一揆，参与者每次至少数以千计。在
后来爆发的十余次起义中，参与的武士越来越多。这说明，货币化和商业发展影
响了他们的经济境遇，加剧了幕府的衰落。一方面，随着商业的发展，货币在所
有人的日常生活中的作用更加重要；另一方面，中央政治权力逐步弱化，权威渐
渐衰微。15 世纪的德政令也许是两者结合的产物。

北野米酒－麦芽座的情况显示，那个时期的变动不居的政治现状影响了整个
商业，座受到的冲击最严重。[4] 在 14 世纪中叶之前，在隶属于势力强大的延历寺
的北野天满宫的庇护下，该座积极参与麦芽交易。14 世纪 90 年代留下的文件显
示，该座享有独家权力，向京都大多数地区的 350 家米酒酿造商供应麦芽。后来，
它的此项权力不再受到北野天满宫的单独"保护"。1388 年，幕府开始向该座收
税，并且以此作为条件，支持该座继续享有垄断权。显然，即便有延历寺作为后
台，神社那时已经无法阻止幕府分享该座获得的利润。

但是，在 15 世纪的头几十年里，该座发现，许多酒坊自供麦芽，而不是从
它那里购买。出现这种情况的原因显然是：其一，米酒的需求上升，与从该座购
买麦芽相比，每家酒坊自制麦芽有利可图；其二，米酒酿造商显然判断，延历寺
的权势已经大打折扣，因此可以无所顾忌地向该座的垄断权提出挑战。

不过，那些酿酒商打错了算盘；其实，幕府那时不愿与延历寺发生公开冲突。

---

[1] 这就是所谓的"清张土一揆"。对那次土一揆的精彩描述，可参见 Sasaki, "Muromachi bakufu", 第 178–181 页。

[2] 这就是所谓的"清张土一揆"。对那次土一揆的精彩描述，可参见 Sasaki, "Muromachi bakufu", 第 179 页。

[3] 1441 年爆发的另一次重大一揆史称"嘉吉之乱"。相关的简要精彩小结，参见同上，第 181–183 页。

[4] 关于该座的描述，参见 Yamamura, "The Development of Za," 第 454–463 页，以及它引用的日本专家的著作。

1419 年，幕府确认对该座的支持，并且允许它摧毁酿酒商建造的将近 50 处麦芽作坊。在 15 世纪的头几十年中，幕府显示出越来越大的力量和稳定性。尽管如此，那些酿酒商受到获得更大利润的可能性的驱使，依旧建造麦芽作坊。那时，幕府与大型寺院之间，存在微妙的政治权力平衡；酿酒商的举动似乎要测试那种平衡的限度。1420 年至 15 世纪 40 年代中叶，幕府依旧表示，该座可以摧毁酿酒商擅自建立的麦芽作坊。这一点显示，幕府——至少在表面上——依然维持其政治立场，不去挑战延历寺对该座的控制。

酿酒商们认为，幕府的行动显示：它并非全心全意支持该座，迟早将会选择支持他们。他们明白，对幕府来说，他们是更诱人的税收来源，超过了主要向延历寺进贡的该座。在那期间，麦芽作坊不断修建，不断遭到摧毁。

这就是 1444—1445 年间著名的麦芽事件的背景。1444 年秋，酿酒商们公然漠视该座的垄断权，停止向其购买麦芽。该座成员很快向幕府请愿，要求强制实施垄断权。他们将自己反锁在北野天满宫中，等待幕府做出对自己有利的决定。占领神圣寺院是极端之举，可是幕府动摇了。放弃那个座是更加有利可图的选择；不过，幕府并不确定，它是否愿意承担寺院联合造反的风险。如果出现那种局面，幕府付出的代价可能更大。幕府犹豫了 60 天，最后决定支持该座。但是，幕府延迟决定的做法已经清楚表明，如果游说得力，幕府可能做出不利于该座的决定。于是，京都东部的酿酒商们针锋相对，也呈交了一份请愿书，要求获准自建麦芽作坊。该座的成员听到这个消息，再度将自己反锁在寺院里。他们发誓，除非幕府再次确认对该座有利的决定，否则他们决不离开。 391

这一次，做出误判的是那个米酒－麦芽座：一是它高估了延历寺的残余力量；二是它低估了幕府不愿受到胁迫的决心。幕府对该座的行为深感愤怒，命令其主要支持者之一畠山氏出兵，将该座成员逐出寺院。座成员与畠山氏的手下发生冲突，但是没能得到延历寺的著名僧兵的支持。那场冲突留下 40 具尸体，幸存的座成员逃离寺院。在逃命途中，他们放火点燃了京都西部的大型建筑。顿时烈焰冲天，京都西部的许多房屋化为灰烬。该座遭到废除。直到应仁之乱结束之后，它的部分成员才获准返回京都。这个插曲告诉我们：一股政治势力如果足够强大，就能从增加的产品销量和增加的商务活动中获得利润。当一个座显然损害商业发展时，该政治势力就会放弃垄断利润中的份额，转向更加有利可图的做法。

诚然，京都的许多座通过向幕府支付更多费用的方式，得以继续运作。许多座幸存下来的原因在于，不存在可以向幕府承诺更大收益的竞争对手。在许多地区，那个过渡世纪是一个采用个案式安排的时期。那些安排有的依赖地区性武士阶层的力量，有的依赖幕府权威被人承认的程度，有的依赖宫廷贵族和寺院的残余势力。在许多情况下，座向幕府或地区权势人物支付更多钱款，作为自身存活的代价。在有的情况下，寺院和宫廷贵族被迫放弃来自某些地区的租税，继续从其他地区获得收入。可是，这个趋势十分清楚：寺院和宫廷贵族从座获得的钱款数量快速减少。导致这种情况的原因很简单：在15世纪，随着时间的推移，座的垄断常常面对挑战，原来的庇护者已经无能为力，每个座不得不谋求幕府或地区势力的支持。

最后，随着商业的发展，在地区之中甚至之间，市场出现更多整合。政治力量和市场参与者逐步意识到，当时使用的重量、长度和体积单位五花八门，给市场交易造成了严重影响。特别麻烦的是，没有统一的体积度量标准。

392　　当时，大概使用了十余种重量单位和长度单位（用于测量土地和涉及广大范围的商品，例如生丝、棉布和生铁）。这个问题可以采用一个方式来克服：让所有计量单位可以转换，使其具有可比性。在大多数情况下，那些计量单位最早是在律令时期使用的，其中一些是专用于量度棉布和生铁等，使用者只有为数不多的专业人员。

但是，体积量度单位的情况有所不同。在那个时期，支付和收取税金和地租时，人们普遍使用体积量度单位量度稻谷。体积量度单位还用于其他交易活动中。简而言之，随着时间的推移，稻谷量度单位"枡"（一种木制容器）已经发生了变化。这就是说，在中世时期，一枡的实际容量增加了大约2.5倍。例如，就德川幕府时代使用的度量单位而言，在10世纪1枡的体积大约等于15世纪的0.4枡。从10世纪到16世纪初叶，枡的容量逐步增加，容积各地各异，甚至各个庄园之间也有所不同。某些大寺院还根据不同目的，使用大小不一的枡。

我们不难推测出现那种情况的原因。稻谷是支付租税的主要方式，因此，扩大用于度量租税的枡的容量，对每个接受租税者有利。毫无疑问，枡的体积的快速增加反映了每个接受租税者在政治和军事两个方面的力量。

为了解释个中原因，有用的做法是回想笔者在前面提到的假设：拥有政治权力的各个阶层使用撰钱令，以最小的政治成本，增加下层民众的实际租税负担。随着时间的推移，加大枡的容量。也有异曲同工的做法：以最小的政治成本，增加下层民众的实际租税负担。该假设也可解释以下两个史实：第一个，1072年，后三条天皇试图将枡的大小标准化，使用所谓的"法定枡"（宣旨枡），结果收效甚微。第二个，各种政治力量都进行过类似尝试，无论是幕府，还是反对标准化的大名们概莫能外。

支付租税的人肯定发现，度量其租税的枡的大小发生了变化。他们接受这一点的原因很多，例如，收取租税的一方有权有势，支付租税的一方宁可接受增加租税的方式，而不是明确规定——而且可能更沉重——的方式，例如，提高租税标准，或重新勘定可耕地面积。也许，以上两点兼而有之。不应排斥第二个原因的理由是，从13世纪中叶开始，农业生产逐步提高，租税支付者财力增强，可以接受扩大枡容积实际增加的租税。现存的历史记录显示，尽管枡扩容增加了租税，然而没有出现对此表示不满的起义或请愿活动。

但是，到了15世纪末和16世纪之初，越来越多的守护大名开始对计量进行标准化，后来的战国大名也加入他们的行列。这样做的动机是鼓励商业发展，其典型例子是采用了"乐市乐座"（促进商业发展，限制座的权力）。他们实施的那项政策始于16世纪中叶。众所周知，德川幕府时代，在全国范围内，对重量单位和长度单位实施了标准化；在那之前，守护大名和战国大名在各自领地内，积极推进标准化计量。

再次出现的情况是，最难标准化的依旧是体积量度单位。我们掌握的历史证据有限，难以就此提出明确的评论。当时，京都不仅是室町幕府所在地，而且是全国商业中心。有迹象显示，从15世纪中叶开始，地方大员纷纷鼓励使用"京枡"（京都枡），织田信长的作用尤其突出。京枡的大小略有不同（最大差异大约5%），但是1京枡大约为德川衡器的1升（后来，在京枡的基础守护，确定了德川体积量度标准）。

此外，那个时期的体积量度单位问题多多；我们实际上不可能确定所收稻谷租税的准确数量。如果要估计一段时期中枡的容积，就必须考虑到，在中世的大多数时段，枡的大小以不同速度出现变化。甚至在一座庄园范围内，这样做也有相当难度，更别说进行跨地区和跨时代的比较了。[1]

---

[1] 关于中世度量衡的最有用的资料，参见 Hashimoto Mampei, *Keisoku no bunkashi* (Tokyo: Asahi Shimbunsha, 1982)，第 269–334 页。对这个问题的具有重大影响的研究，参见 Hōgetsu Keigo sensei kanreki kinenkai, ed., *Chūsei ryōseishi no kenkyū* (Tokyo: Yoshikawa kōbunkan, 1961)。后一部著作还包括对与中世度量衡相关的所有重要历史证据的分析。

结语

394 　　本章考察了日本中世时期商业的发展，分析了由此形成的许多变化如何改变了日本经济。最初，京城地区出现有限的市场活动。后来在全国范围内，六天开市的市场数量越来越多。

　　伴随该变化，出现了许多显而易见的结果：例如，城市中心的规模和数量均有增加；座以及问丸的兴起和发展，形成了重要的制度性变化；货币化从京城扩展到全日本的乡村；商人和工匠的专业化水平越来越高，生产的商品越来越多；运输网形成，将全国各地联系起来，从事水陆运输的人员数量越来越多。

　　对于以上变化，一个不那么明显然而起到至关重要作用的因素是，从 13 世纪后半期开始，农业生产率稳步——有时快速——提高。其促成因素主要在于，对稻田精耕细作，推广了双季稻。有的地区甚至实现了三季收成。灌溉和用水控制得到改良，洪灾和旱灾造成的稻田数量逐步减少。此外，日本经济整体上产出更多，效率更高。人们更加认识到：价格变化对其生活产生影响；在市场上，他们可以购买别人生产的许多商品，其效率超过他们自己可能达到的水平；他们可以采用许多方式增加自己的收入，例如，销售产品、提供服务、发放贷款等等。

　　诚然，商业化和货币化虽有诸多好处，但是在利益方面也造成了许多冲突，例如，座与其竞争者之间，放贷人与借款人之间，租税收取者与支付者之间等等。座试图得到保护，排除可能出现的竞争，座的庇护者试图从中获得更多的利益。通过颁布德政令，幕府试图保护身负债务的武士。租税支付者和其他人觉得，自己是经济变化受害者，于是通过一揆表达自己的不满和要求。在那三个半世纪中，以上政治现实占据上风，起到了至关重要的作用，决定了那些征候的具体表现形式，决定了其代价对该政体的未来走向的影响程度。

395 　　战国时代的日本继承了高度商业化和货币化的经济。但是，当时的经济依然需要面对政治和经济两个方面的快速变化，承受该变化带来的影响和代价。在 16 世纪的日本史中，令人最感兴趣的是，深受商业发展之益的战国大名是如何进行应对的。[1]

---

[1] 关于战国时代的撰钱令和政治经济的其他发展，参见 Kozo Yamamura, "Returns on Unification: Economic Growth in Japan, 1550–1650," in John Whitney Hall, Nagahara Keiji, and Kozo Yamamura, eds., *Japan Before Tokugawa* (Princeton, N.J.: Princeton University Press, 1981), 第 327–372 页。

第九章 日本与东亚

川添朝二，九州大学文学部

在本章中，我将描述和分析镰仓和室町两个时代日本与东亚各国及政府的关 396
系，包括中国的宋、元、明三个朝代，朝鲜的高丽王朝和李氏王朝，以及琉球群
岛。本章描述和分析的重点是日本的国际政治关系，特别是与亚洲邻国的关系，
以及它们对日本国内的政治发展的影响。反过来，我还将讨论日本国内政治对日
本对外关系的影响。[1] 笔者的研究兴趣主要是镰仓时代，所以本章将深入讨论那
个时代出现的各项发展，而不是其后的室町时代。

日本与东亚各国的关系

12 世纪左右，东亚的原动力从中国的汉人转向北方的游牧部落，即史书上常
称的征服王朝。在 13 和 14 两个世纪中，东亚历史的重点是蒙古帝国的兴衰。辽
国和金国连续入侵，中国的疆土缩小，南宋（1127—1279 年）建立。军费开支巨
大，导致了一场经济危机。南宋的资源和生产力水平低于中国北方。南宋继承了
北宋（960—1127 年）统治时期在各个行业形成的发展，并且大力提倡对外贸易， 397
以期化解它面对的财务危机。

日本与南宋或高丽王朝（918—1391 年）没有正式外交关系。但是，通过与

---

[1] 若干著作讨论了研究东亚关系的方法，涉及 13 世纪至 16 世纪末的著作包括 Nakamura Hidetaka, "Jūsan-yonseki no Tōa jōsei to Mongoru no shūrai," in *Iwanami kōza Nihon no rekishi,* vol. 6 (*chūsei* 2) (Tokyo: Iwanami shoten, 1963), 第 4–9 页；*Nissen kankeishi no kenkyū,* vol. 1 (Tokyo: Yoshikawa kobunkan, 1965), 第 2–7 页（前一著作的再版）；Tōma Seita, *Higashi Ajia sekai no keisei* (Tokyo: Shunjūsha, 1966)；Tanaka Takeo, *Chūsei taigai kankeishi* (Tokyo: Tōkyō daigaku shuppankai, 1975), 第 10–20 页；以及 Sasaki Ginya. "Higashi Ajia bōekiken no keisei to kokusai ninshiki," in *Iwanami kōza Nihon rekishi,* vol. 7 (*chūsei* 3) (Tokyo: Iwanami shoten, 1976), 第 100–110 页。

中国沿海的海上商业活动，它实际上在文化和经济两个方面与中国和朝鲜保持着密切联系，构建了与东亚贸易圈的一条纽带。蒙古人征服南宋以后，在东亚取得支配地位，创造了新的国家秩序。他们首先试图诱惑日本加入该新秩序，然后试图令其臣服，其原因正在于此。由此可见，蒙古人入侵的目的是，迫使日本进入国际政治的圈子。

蒙古人入侵期间，镰仓幕府取得了外交大权。幕府回应蒙古官方在镰仓时代末期强化贸易政策的举措，与中国元朝（1206—1368 年）开展官方贸易。此举预示，随后的室町幕府将从中国明朝（1368—1644 年）获得授权，被纳入中国主导的国际秩序中。蒙古人入侵带来了两个结果：一是增强了北条家族——该家族掌握镰仓幕府的实权——的专权倾向；二是给北条家族提出若干无法解决的行政问题，最终导致幕府于 1333 年倒台。

建武政权摧毁了镰仓幕府，但是其统治仅仅维持了两年时间，并且让日本陷入长期内战。在南北朝时代（1333—1392 年），出现了南朝与北朝相互对峙的局面。在那 60 年期间，足利尊氏建立了室町幕府。在 14 世纪，南北两朝之间的战争实际上起到了巩固室町幕府力量的作用。1350 年，日本海盗（日语称"倭寇"）开始频频发起攻击，其势力从朝鲜半岛一路向南，波及中国海岸。[1] 倭寇的活动长达 400 年左右，可以分为两个阶段。

在最初阶段，始于 13 世纪的倭寇活动延续到 14 世纪后半期。那期间大致是 398 日本的南北朝和室町幕府初期，朝鲜的李氏王朝（1392—1910 年）初期，中国的元末和明初。倭寇主要出没于朝鲜半岛水域，但是其活动波及中国沿海各地。在倭寇活动的这个阶段中，中国人推翻了元朝，建立了明朝。在朝鲜半岛，李氏王朝在高丽王朝之后崛起。在中国和朝鲜，倭寇问题起到了推动作用，有助于明朝和李氏王朝的建立。显然，日本、朝鲜和中国的关系确立是倭寇问题导致的一个结果。14 世纪和 15 世纪，东南亚建立了几个小王国，出现了一个史无前例的革命和混乱时代。

在围绕中国明朝的统一国际秩序中，上述亚洲国家出现了不同阶段的政治、

---

[1] 研究倭寇的著作数不胜数，若干讨论高丽、朝鲜和明朝对日关系的著作涉及倭寇，其中最重要的参见 Tanaka Takeo, *Chūsei kaigai kōshōshi no kenkyū* (Tokyo: Tōkyō daigaku shuppankai, 1959); *Wakō to kangō bōeki* (Tokyo:Shibundō, 1961)；Kobata Atsushi, "Kangō bōeki to wakō," in *Iwanami kōza Nihon rekishi,*vol. 7 (*chūsei* 3) (Tokyo: Iwanami shoten, 1963)；以及 Ishihara Michihiro, *Wakō* (Tokyo: Yoshikawa kobunkan, 1964)。

经济和文化发展。该秩序史称朝贡制度——"野蛮"国家缴纳贡品，中国给予适当赏赐。作为该制度的组成部分，明朝的政策禁止中国居民前往他国。但是，此举反而起到刺激作用，促进新成立的琉球王国（现在的冲绳）与其南边的华侨社区之间的往来蓬勃发展。在东南亚、日本和朝鲜贸易活动中，起到中介人作用的琉球群岛获得了前所未有的繁荣发展。明朝的海禁政策以失败告终。在 16 世纪的嘉靖年间（1522—1566 年），中国东南沿海倭寇活动猖獗。但是，随着欧洲船只的抵达，东亚的国际关系发生了剧烈变化。

镰仓幕府建立时的对外关系

九州一直是平氏的政治根据地。但是，在源平合战（1180—1185 年）中，源赖朝的弟弟源范赖挫败了九州的平氏军队。1185 年 11 月，源范赖离开九州，返回镰仓，带着许多从大陆输入九州的礼物，献给禅位的后白河天皇和平赖纲，从而向他们两人重新证实了九州在对外贸易中所起的重要作用。[1] 镰仓幕府最初仅仅称雄东部，后来控制了掌管九州内部政治和对外关系的太宰府，力图将九州确定为外贸基地。但是，幕府的控制在短期内没能实现。

同年早些时候（1185 年 7 月），幕府派出中原尚经和近藤国原两人为特使，携带后白河天皇的御旨抵达九州，试图改变那里的武士的不良行径。[2] 此外，天野远景前往九州，出任镇西奉行，为幕府治理该地。[3] 天野远景受命统领太宰府中颇具影响力的官员，但是其权威并未触及那里的全部行政管理。

那段时间的编年史并不完全清楚。天野远景抵达九州之后不久，很快参与了外交事务。太宰府以前所未有的方式，没收了在岛津农庄——那是属于藤原家族嫡支近卫家的一处田产——靠岸的一艘中国船只的货物。[4] 岛津农庄的官员向近卫家投诉，近卫家转而要求平赖纲进行干预。平赖纲下令，天野远景必须将那批

399

---

[1] 那些礼物包括中国锦缎、花缎、丝绸、宋朝银币、茶叶、墨、厨房用具和席子。在福冈，保存着一份出售土地的契约。它属于僧侣容西，日期标注为 1226 年 3 月 5 日，也提到了南宋朝廷。参见 Fukuokashi kyoiku iinkai, *Iimori jinja kankei shiryōshu* (Fukuoka: Fukuokashi kyōiku iinkai,1981)。

[2] 参见 *Azutna kagami*, 7/12/1185, 8/13/1185, in *Shinleizoho kokushi laikei*, vol. 32 (Tokyo: Yoshikawa kobunkan, 1932), 第 162、164 页。以下引用时为 *AK*。

[3] 参见 *AK*, 12/15/1186, 11/5/1187, 1/15/1191. 第 249、281 和 432 页。

[4] 参见 *Shimazu-ke monjo*, vol. I, no. 298, 5/14. "Minamoto no Yoritomo kahan Taira no Moritoki hoshoan," in *Dai Nihon komonjo, Iewake* 16, vol. 1 (Tokyo: Tōkyō daigaku shiryo hensanjo, 1942), 第 257 页。

货物如数归还近卫家。岛津农庄规模很大，土地涉及日向、大隅和萨摩三国。坊津坐落在岛津农庄内，位于萨摩半岛的西南海岸，是日本主要的通商港口之一。

在该庄园的经济中，以坊津为中心的对外贸易具有重要作用。[1] 天野远景试图从掌控岛津农庄的中央庄园主手中，夺走对贸易的控制权。但是，平赖纲否决了天野远景的做法，决定承认并且保护中央庄园主控制贸易的权力。那时，镰仓幕府建立不久，尚未对外关系和对外贸易方面正式行使权力。因此，它无法剥夺宫廷贵族的贸易权力。在这个例子中，由于幕府尚未控制太宰府，所以无法干涉岛津农庄的官员进行的贸易活动。

1182 年 6 月，平赖纲取消了 37 个令制国的地头任命决定。但是，他在九州采取了特别措施，命令太宰府的令制国国司藤原（吉田）经房统辖该地区，平定反叛，纠正不当行为。[2] 因此，我们应该从他与藤原经房的密切关系的角度，看待平赖纲采取的行动：他的决定一是限制了天野远景的权力，二是重新确认了朝廷以前对太宰府的控制权。这样一来，太宰府便置于京都贵族和镰仓武士的双重控制之下。[3]

1190 年 1 月，藤原教良担任国司的资深辅佐。[4] 他任职之后的 1191 年，发生了以下事件[5]：太宰府呈递朝廷的报告称，两名来自宋朝的商人——杨永和陈志泰——曾在南宋犯案。宋朝颁布的命令称，到中国的日本人必将遭到逮捕。对日本来说，那个局面令人忧心忡忡。于是，太宰府建议，必须严惩相关人员，并且将惩处情况报告宋朝朝廷。但是，杨氏等人的国籍给幕府出了一道难题。杨氏在日本出生，显然应在日本受到惩处。但是，陈氏是在中国出生的，因此日本朝廷觉得，在日本惩罚他可能不太合适。他们所犯罪行确凿，日本朝廷下达了判决。然而，我们并不知道他们受到了什么惩处。但是，这一点是清楚的：就日中两国

---

[1] 根据藤原赖长 1147 年 10 月 11 日在日记中记载，摄政王藤原忠通献给前天皇鸟羽孔雀和鹦鹉各一只。参见 *Zoho shiryo taisei*, vol. 23 (Kyoto: Rinsen shoten, 1975), 第 232 页。

[2] 其实，我们至少可以确定，从 1186 年至 1190 年，太宰府采取了六项行动。这就是说，藤原经房采取的行动并不涉及天野远景。参见 Takeuchi Rizō, "Chinzei bugyō ni tsuite no ichi, ni no kōsatsu," in *Uozumi-sensei koki kinen kokushigak ronsō* (Osaka: Kansai daigaku, 1959), 第 423 页。

[3] 参见 Seno Seiichiro, *Chinzei gokenin no kenkyū* (Tokyo: Yoshikawa kōbunkan, 1975), 第 38 页；以及 Fujita Toshio, "Kamakura shoki no Dazaifu kikō ni tsuite," *Kumamoto shigaku* 55 (May 1981)。

[4] 关于镰仓幕府建立期间的太宰府，有用的资料包括 Takeuchi Rizō, ed., *Dazaifu, Dazaifu temmangū shiryō*, vol. 7 (Fukuoka-ken: Daizaifu temmangū, 1971)。

[5] 参见 *Gyokuyo*, vol. 3, 2/15/1191, 2/19/1192, 6/12/1192 (Tokyo: Kokusho kankokai, 1907), 第 660–61 页和 710 页。

之间的贸易而言，出生在日本——很可能在博多——的宋朝商人起到重要作用。那时提出的相关问题涉及国际法律秩序，包括属地管辖权和贸易。在东亚历史的进程中，当时日本的国力已经大大超过以前。

解决此类问题涉及外交政策，而外交决策权掌握在镰仓幕府——而不是朝廷——手中。太宰府直接处理日本的对外关系，分别向朝廷和幕府负责。但是，就处理外交政策问题而言，天野远景看来没有起到决定作用。[1] 早在 1179 年 7 月，朝廷曾经讨论过关于商品价格问题，明令禁止进口宋朝钱币，认为它们相当于私自铸造的钱币。[2] 1193 年 7 月，朝廷进而禁止宋朝钱币流通，以期稳定物价。[3] 从非常宽泛的角度看，那是一次处理外交关系的尝试。朝廷分别召开会议，讨论了 1227 年 2 月的情况 [4] 和高丽王国 1240 年 4 月送来的官报。[5]

涉及杨氏和其他宋朝商人的事件是如何发生的？为了更好地了解该事件，我们需要看看旅居日本的宋朝国民的情况。那时，一些来自宋朝的中国人通过经商积累财富，以外来劳工和神社供养者的身份，与日本的大寺院和神社形成千丝万缕的联系。筥崎宫——它坐落在现在的福冈市——就是一个很好的例子。[6] 根据 1219 年留下的一份文件，那些宋朝人拥有 26 町稻田，而且他们全都享有免税待遇。[7] 我们了解到，那些宋朝人向筥崎宫提供了许多中国产品，例如，鞍具和丝绸。此外，他们还向该神社支付各种税金。筥崎宫与住在博多的外贸商人建立关系，获得他们赚得的一部分利润。而且，他们的贸易活动还与大神社石清水八幡宫相关。

1218 年，那座大神社的一位名叫行边的外居官员和儿子光典一起，杀害了外来劳工的张光安。张光安与太宰府的关系不错，而且是大善寺的供养者。同时受害的还有一名翻译和一名船长。父子两人的杀人动机不明，但是我们可以推断，

---

[1] 参见 Kawazoe Shōji, ed., *Umi kara yomigaeru wakō* (Fukuoka: Asahi shimbum seibu honsha kikakubu, 1981), 第 39 页。

[2] 参见 *Gyokuyo*, vol. 2, 7/25/1179, 7/27/1179, 第 290–291 页。

[3] 参见 "Hoso shiyosho," suiko, in *Gunsho ruiju*, vol. 4 (Tokyo: Keizai zasshisha, 1898), 第 873 页。Takeuchi Rizō, ed., *Kamakura ibun*, vol. 2 (Tokyo: Tōkyōdō, 1972), 第 78 页。以下为 KI。

[4] 参见 Kokusho kankōkai, comp., *Meigetsuki*, vol. 3, 2/18/1227 (Tokyo: Kokusho kankōkai, 1939), 第 14 页。

[5] 参见 *Hyankurensho, 1240/4/3*, vol. 11, 见 *Shituei zoho kokushi taikei* (Tokyo: Yoshikawa kobunkan,1939), 第 187 页；*Heidoki*, 1240/4/12–14, 17, vol. 32, in *Zoho shiryo taisei* (Kyoto: Rinsen shoten,1975), 第 48–49 页、第 52–53 页。

[6] 参见 Mori Katsumi, *Shiniei Nisso boeki no kenkyu* (Tokyo: Kokusho kankōkai, 1975), 第 245–251 页；Kawazoe Shōji, *Chūsei Kyūshū no seiji to bunka* (Tokyo: Bunken shuppan, 1981), 第 62–66 页。

[7] 该文件保存于石清水八幡宫，时间为 1219 年 6 月，相关信息写在文件的反面，参见 *KI*, vol. 4, 第 339–340 页。

402　可能与贸易利润引起的争端有关。行边是石清水八幡宫驻该令制国的神官总清的
代表。延历寺——大善寺的主寺——的僧侣利用日枝神社、北野天满宫和八坂神
社的神轿，向朝廷发出威胁：一是要求将总清交给延历寺处置；二是要将博多和
箱崎两地的港口划归延历寺所有。在石清水八幡宫内部，总清与游清两人之间也
发生了冲突。后来，一些下层僧侣被关进监狱，那次事件总算告一段落。但是，
后续没有任何跟进措施。那是延历寺作出的一次大胆尝试，其目的一是遏制石清
水八幡宫的势力，二是将筥崎宫置于自己的控制之下，三是从对外贸易中分得一
杯羹。

　　还是在 1218 年，一个名叫休安的人攻击了筥崎宫的副神官和太宰府的一名
特使。休安是船长，而且兼任翻译。那次事件与 1219 年 11 月发生的另外一件事
情有关：神崎农庄的官员要求，将张光安去世之处博多以及附近的田产划归神崎
农庄。看来，张光安曾从神崎农庄获得某些利润。他在博多拥有田产，在权利问
题上与筥崎宫发生了冲突。从那以后，大善寺的主寺延历寺与筥崎宫的主社石清
水八幡宫开始了明争暗斗。[1]

　　另外一个人的例子可以说明宋朝人在日本的生活情况：他就是修建了博多承
天寺的谢国明。[2] 承天寺建于 13 世纪末，与容西在博多修建的胜福寺相邻，开
山祖师为圣一国师圆尔辨圆（1202—1280 年）。在日本，圆尔辨圆是首位被授予
国家导师（日语叫"国师"）称号的僧侣。该寺有两个主要财源，一个是商人谢
国明，一个是武藤家成员，据说是武藤佐赖。后者在太宰府担任辅佐太宰大式的
次官。两人与日本和宋朝的贸易相关，承天寺在修建过程中得到两人的鼎力支
持。圆尔辨圆生于骏河国，在东大寺被授任神职。他在上野国的长乐寺修行之
后，于 1233 年到了博多，筹备中国之行。他在博多逗留两年。也许就在那段时

403　期，他结识了谢国明，与武藤家建立了关系。1235 年，他前往中国，在浙江杭州
临安府北部的径山，拜无准师范为师。1241 年，他携带许多中文经卷返回日本，
为日本的宗教和艺术作出了重要贡献。圆尔辨圆在博多住了大约 3 年，后来结识
了藤原道家。在藤原道家的资助下，他主持了东福寺的修建，为禅宗在京都的兴

---

[1]　参见 Takeuchi, ed., *Dazaifu, Dazaifu Temmangu shiryō*, vol. 7, 第 344 页以及之后的页面。

[2]　参见 Hirowatari Masatoshi, *Hakaia jōienjishi* (Tokyo: Bunka shuppan, 1977) 以及 *Hakata jōtenjishi* (Fukuoka: Fukuoka-ken bunka kaikan, 1981)。

起奠定了基础。

圆尔辨圆离开博多，之后到了首都。但是，他很快返回中国，见到了与他保持密切联系的无准大师。在中国与日本之间的文化交流中，圆尔辨圆发挥了重大作用。例如，在谢国明等人的请求之下，他恢复了受到灾害损毁的径山。1248年，承天寺遭遇火灾，他很快返回博多，在谢氏的帮助下重建了该寺。

武藤家是关东的御家人，其根基在武藏，享有幕府授予的特权，治理九州。该家族担任太宰府的少式，后来被称为少式家。家族成员同时担任筑前、丰前、肥前、对马和壹岐等令制国守护。据说，武藤家是承天寺的庇护者，将一些土地交给该寺管理。不过，现存文献并不证实这一说法。当时，太宰府官员直接管理对外关系，武藤家很可能资助了圆尔辨圆的中国之行，参与了谢国明从事的宋朝与日本之间的贸易活动。因此，武藤家与谢氏联袂修建承天寺的说法很可能是正确的。

谢国明绰号很多，人称"贸易头领""船长""日本贸易特使"。他以博多为基地，积极从事宋朝与日本之间的贸易活动。他可能得到了其他商人的帮助，但是建造承天寺和修复径山耗资不菲，证明了他拥有的巨额财富。我们知道，在属于宗像大社（福冈县宗像郡）的小吕农庄中，谢氏拥有一些田产的地头司记，这显示了他作为商人的部分经济实力。承天寺完工之后，谢氏买下筥崎宫在筑前国的土地，然后捐给承天寺。这说明。谢氏不仅拥有巨额财富，而且与筥崎宫有供养关系。他与宗像大社和筥崎宫关系密切，而这两座神社在对外贸易中占据了重要地位。据说，承天寺毁于大火之后，谢氏于1242年出资恢复，一天中重修了18间房屋。无准大师还给谢氏写了一封信函，对他捐赠木材用以重修径山的善举表示谢意。承天寺由希望振兴祖国的信仰的中国商人修建。对作为对外贸易中心的博多来说，它是一座与其地位非常相称的禅宗寺院。

就日本与中国之间的文化交流而言，承天寺的修建具有重要意义。胜福寺——据说是容西主持修建的——标志着，宋朝风格的禅宗伽蓝在博多首次出现，为那座城市的景观变化迈出了第一步。但是，后来修建的承天寺引入了宋朝的天台禅宗风格，加快了博多建筑推行中国化的步伐。与太宰府的崇福寺和肥前国的万寿寺一起，承天寺构成了九州北部的临济宗的发展中心。寺院和神社代表了中世时期的博多文化，那些机构多数都是对外贸易的中心。这样一来，博多文化正是从这个方面发展开来的。在中国与日本的文化交流过程中，圆尔辨圆和谢

404

国明发挥了杰出作用。这一点显示，在日本接受外国文化的历史中，承天寺的修建具有十分重要的意义。

北条摄政时期的对外关系

1196 年 3 月之后，武藤资赖来到九州，为幕府治理这片区域。他接替了天野远景的职位，管理太宰府中势力强大的当地官员，并且设立了太宰府守护所，管辖筑前、丰前和肥前这三个令制国。1226 年 10 月，武藤资赖担任太宰少式（太宰府次官），成为太宰府中获得官位的当地官员。[1]

早在此项任命之前，武藤资赖已在太宰府机构中逐步积累力量。因此，少式（在太宰府中，该职位掌管对外联系的最高权力）委任状与当时的这一局势有关：承久之乱以后，北条泰时领导的幕府需要巩固权力。北条泰时 [2] 接替父亲的摄政王位置以后，转而实施一种集体治理模式。首先，他任命他极信任的亲属之一北条时房充当联署人；接着，他在 1225 年还任命 11 人组成一个评议会。10 个月以后，幕府御家人武藤资赖担任太宰少式。在那以前，幕府与朝廷谈妥了武藤资赖的任命事项。对武藤资赖的任命与镰仓幕府巩固政治基础的需要相关，但是对外交政策方面的考量让朝廷不得不对此表示赞同。[3]

在《高丽史》第二十二卷中，1223 年 5 月的一项记载称："日本（海盗）前来侵扰。"这是历史文献中首次提到倭寇。1225 年 4 月的一条记载还提到，高丽派遣军队，捕获了两条侵扰庆尚北道沿岸的倭寇船。相关记载比较详细，说明高丽越来越关注海盗问题。1226 年 1 月，倭寇再次袭击庆尚北道海岸。与 14 世纪 50 年代开始的袭击相比，那些骚扰规模较小，应被视为后来的海盗攻击的序曲。[4] 但是，它们造成的影响不可小觑[5]。1226 年 6 月的侵袭引起的麻烦尤其多，参与行动的海盗大多为对马岛人。1227 年 2 月，高丽向太宰府表示强烈不满。藤原定家担心高丽会派兵进攻日本。[6] 正是倭寇问题让人担心出现外交危机，朝廷才同意

---

[1] 参见 Takeuchi, ed., *Dazaifu, Dazaifu temmangu shiryō,* vol. 7, 第 390 页。

[2] 参见 Uwayokote Masataka, *Hōjō Yasutoki* (Tokyo: Yoshikawa kōbunkan, 1958)。

[3] 关于《高丽史》，参见 Tōkyō, *Kokusho kankokai,* 1908 ed。

[4] 参见 Tanaka, *Wakō to kangō bōeki,* 第 3 页。

[5] 参见 *AK,* 1227/5/14, vol. 33, 第 56 页。

[6] 参见 *Meigetsuki,* vol. 2, 1226/10/16–17, 第 544–545 页。

任命武藤资赖担任少式。其原因在于：其一，武藤资赖拥有特权，可为幕府控制九州；其二，他还担任筑前、筑后、丰前和肥前这四个令制国的守护。

　　武藤资赖担任少式时面临混乱局势；但是，对他处理太宰府外交问题的方式，史料的记载比较清晰。1226 年 10 月 17 日，藤原定家在日记《明月记》中写道，一个名叫松浦斗的海盗团伙来自九州，乘坐几艘战船进攻高丽。高丽召集一支队伍报复，烧毁了若干日本用于中国贸易的船只。那次袭击发生在 1226 年 6 月，据称是对马岛居民所为。1227 年 2 月，高丽向太宰府送达一份递交官报，表示强烈不满。作为对策，武藤资赖公布了那份官报，并且当着高丽特使的面，将 90 名海盗斩首示众。后来，他还秘密发送了自己的复函。[1] 在《高丽史》第二十二卷中，1227 年 5 月 17 日的一条记录写道："日本送来一份信函，对海盗船入侵之罪行表示歉意，希望改善两国关系。"在朝廷的会议上，对海盗问题进行了全面研究。有的官员认为：其一，武藤资赖采取的行动"让我们难堪"；其二，高丽的那份官报违背了外交礼节。武藤资赖试图通过几次严惩，控制海盗侵扰，恢复与高丽的良好关系。但是，高丽的贵族们十分看重面子，严词抨击武藤资赖。

　　11 世纪中叶以前，日本与高丽之间的关系有所改善，从送回对方遇险的船只，发展到全面贸易。但是，在 12 世纪，两国之间根本没有外交关系。高丽出口日本的货物基本为原材料，日本出口高丽的货品是需要精细工艺的成品。日本与高丽贸易达到高峰后迅速下滑。其原因可能在于，两国之间的生产力水平相差太大。我们在两国的年度贸易使团协议上看到，进入 13 世纪以后，高丽与日本的关系恶化，交流十分有限。其主要原因一是高丽生产力低下，二是高丽商业不够发达。[2] 再则，在 13 世纪，倭寇问题阻碍了日本与高丽的文化交流。高丽通过太宰府和武藤资赖，就外交政策进行的谈判，一是希望控制对马岛和海盗松浦斗；二是要求那位少式限制贸易；三是本国生产力尚不发达，希望稳定经济。

　　1226 年 6 月那次袭击之后，日本海盗对高丽的侵扰有所减少，但是没有完全停止。次年 5 月，就在武藤资赖当着高丽特使的面，将罪犯斩首的那个月里，高丽的熊津郡遭到海盗袭击。[3] 1232 年，肥前国的一些居民入侵高丽，偷走了许多

[1]　参见 Takeuchi, ed., *Dazaifu, Dazaifu lemmangu shiryō,* vol. 7, 第 399–400 页。

[2]　参见 Aoyama Koryo, *Nichirai kōshōshi no kenkyū* (Tokyo: Meiji daigaku bungakubu bungaku kenkyūsho, 1955)，第 25 页；以及 Tamura Hiroyuki, *Chūsei Nitchō bōeki no kenkyū* (Kyoto: Sanwa shobō, 1967)，第 13 页。

[3]　关于日本与高丽关系的资料，参见 Shiryō shūsei hensankai, *Chūgoku-Chōsen no skiseki in okeru Nihon shiryō shusei, Sankoku, Kōrai no bu* (Tokyo: Kokusho kankōkai, 1978)。

稀世珍宝。当地官员抱怨说，守护干涉自己管辖的事务。但是，镰仓幕府下令，由肥前国守护（武藤资赖之子武藤资能）对那些罪犯进行调查，摸清其船只和走私情况。[1] 1243 年 9 月，日本给高丽送去货物，并且退还了一些遇难的高丽船只。此举很可能是武藤家一手促成的。而且，1245 或 1246 年，武藤家下达的攻击对马海盗的命令，其目的或许也是控制他们的活动。

高丽国王高宗王皞在位的后半期，高丽向日本频频施压，并且增强了国家防卫，日本海盗对高丽的骚扰有所减少。但是，1231 年，高丽遭到蒙古人入侵之后，海盗侵扰的次数才明显降低。1251 年 11 月，高丽在沿海地区修建城堡，防御海盗攻击。[2] 1259 年 7 月，高丽向蒙古人投降，随即派遣一名使节到日本，要求镇压海盗。[3]《高丽史》1260 年 2 月的条目记载，宋朝商人和"岛民"（来自对马的日本人）继续到访高丽。于是，高丽派遣一名防卫长官，以备不测。1263 年，一些僧侣和教徒抵达中国，寻找佛教典籍。他们后来到了高丽港口。从中国返回日本的商船也在高丽停泊。高丽将那些人送走，并且加强其防卫力量。[4]

1263 年 2 月，日本倭寇再次现身熊津郡，抢夺各个行政中心运送贡品船上的棉布和大米。高丽派出一名使节携带官报前往日本，表示强烈抗议，并且要求严惩那些海盗。高丽使节强调：根据高丽和日本签订的协议，每年抵达高丽港口的日本船只为两艘，日本海盗的活动公然违背了该协议。[5] 于是，日本谈判人员（他们很可能来自武藤家）迫于压力，再次确认限制贸易和禁止海盗的政策。太宰府对海盗袭击进行了调查，毫无疑问地确定袭击是对马岛民所为。于是，高丽使节返回朝鲜之前，没收了大批大米、马匹饲料和皮革。《青方文书》中有一份残缺不全的文件，记录了相关情况。这显示，松浦斗是那些海盗的核心成员。[6]

蒙古人在高丽实施了长达 30 年的统治。忽必烈即位之后，政局不稳，对高丽实施的高压手段有所收敛。但是，1265 年 7 月，就在高丽与蒙古人之间的朝贡关系开始 1 年以后，日本进攻高丽北部沿海。高丽部署其战斗力最强的部队，抗

408

---

[1] 参见 *AK*, vol. 33, 1232/9/17, 第 121 页。

[2] 参见 Shiryo shūsei hensankai, *Nihon shiryō shūsei*, 第 266 页。

[3] 同上，第 69 页。

[4] 同上，第 70 页。

[5] 同上，第 70 页。

[6] 参见 Seno Seiichirō, ed., *Aokata monjo*, vol. 1 (Tokyo: Zoku gunsho ruijū kanseikai, 1975), 第 68 页。

击日本的侵略。[1] 围绕倭寇的这些问题与蒙古人入侵相关，我将在本章后面的篇幅中进行讨论。

　　从平安时代末到镰仓时代初，朝廷不准使用金属货币，禁止"新币"[2]——即宋朝钱币——流通，以便控制物价。1199 年 7 月，源赖朝去世，南宋也禁止日本和高丽商人出口宋朝钱币到日本。[3] 那时，在贸易中并不将铜币作为货币使用，但是铜币可以用来交换等值商品。对宋朝钱币流出的情况，南宋的知识阶层扼腕叹息，提出了许多计划和建议。南宋时期铜币的大量外流导致中国银根紧缩，史称"钱荒"。在日本，以前使用棉布计算价格。但是，镰仓幕府 1226 年废除了布等价，下令使用铜币。[4] 自从奈良时代的 12 种皇家钱币以来，日本一直没有铸造钱币。而且，从平安时代晚期开始，宋朝钱币在市面上流通，没有进行立法限制。但是，随着各种生产力的发展和商业的扩展，对流通货币的需求逐步增加。在这种情况下，朝廷被迫承认宋朝钱币的重要性，直到镰仓时代初期才决定禁止其流通。

　　据说，那时往返中国与日本的船只每年超过 50 艘，日本人特别青睐北宋钱币。1242 年，一艘属于西园寺公经的商船从中国返回日本，货物除了鹦鹉和水牛之外，还有价值 10 万贯的钱币。那时，10 万贯宋钱相当于南宋一年铸造的钱币总量。因此，进口那些钱币对中日两国的经济影响巨大。

　　大量宋钱输入日本，输入亚洲其他地区，加剧了南宋时期的经济危机，促使南宋政府采取严格的管控措施，削减流入日本的钱币数量。为了获得宋钱，日本必须大量出口货物，这也扰乱了日本经济。例如，根据相关史料记载[5]，在日本西部各令制国输出的大米中，大多数为京都贵族喜欢的九州米。日本长期遭受自然灾害，饥荒频频发生。因此，管控宋钱流入的措施很可能出于这一担心：出口中国的大米超过了日本的产能，可能降低来自庄园和公领的收入。

　　一方面，13 世纪中叶以前的日本对外关系史围绕这些问题展开；另一方面，

409

---

[1]　参见 Shiryō shūsei hensankai, *Nihon shiryō shusei*, 第 71 页。

[2]　参见 *Gyokuyo,* vol. 3, 1187/6/13, 第 375 页。

[3]　以下关于宋朝钱币流入日本的讨论，参见 Mori Katsumi, *Shintei Nissō bōeki no kenkyū* (Tokyo: Kokusho kankōkai, 1975)；以及 Sogabe Shizuo, *Nissō kinkahei kōryushi* (Tokyo: Hōbunkan, 1949)。

[4]　参见 *AK,* 1226/8/1, vol. 33, 第 45 页。

[5]　参见 *Shinlei zoho kokushi taikei* (Tokyo: Yoshikawa kobunkan, 1932), 第 409 页。

镰仓幕府的权力结构得到巩固，北条家的摄政制度得到保障，幕府对西部令制国——外交关系的基础——的控制得到强化。运送亚洲大陆货物的路线从博多开始，沿着濑户内海延伸到京都，最后到了武士要塞镰仓。镰仓作为那条路线的终点，通过两条途径获得大量物资：一条从京都，另一条从博多经过濑户内海。从镰仓时代中期到晚期，在那个世纪，货物运输、经济流通和地方文化得到了发展。

根据 1223 年留下的文献记载，在镰仓的由比滨修建了许多房屋，停泊了数百艘船。10 年之后的 1232 年，在北条泰时担任摄政王期间，僧侣弘阿弥陀佛化缘，为了便利船舶停靠，建造了一个小岛——和贺江岛。该岛成为内外贸易的一个重要基地。这样一来，从大陆进入镰仓的货物进一步增加。随着水路通道的改善，镰仓的武士政府得益于通商积累的财富的支持，变得更加兴旺。当我们从日本与东亚关系的角度考虑镰仓时代的城市发展时，必须特别注意濑户内海沿岸港口城市的繁荣情况，例如，博多、镰仓以及草户千轩等。[1] 那些城市与京都形成鲜明对比，在对外贸易中起到了转口港的作用。

濑户内海连接博多与镰仓，航行外来船只过于活跃，幕府颁布对其限制的法令。1254 年 4 月，幕府给二阶堂行藤和太田康连发去一份公文，禁止任何人拥有五艘以上中国船只，超过此数者一律摧毁。[2] 根据相关文献记载，太田康连是政务会议（日语称"评定众"）成员，并且统领调查委员会（日语称"问注所"）。二阶堂行藤领导第五届引付众，统领行政团队（日语称"政所"）。有人认为，"镰仓的平民诉讼由政所负责，各令制国的诉讼由问注所负责"。如果我们接受这一说法，那么，该法律的目的肯定是，限制镰仓和各个令制国商人之间的私下贸易。[3] 这样一来，我们需要重新审视学界以前的这一说法：该法令是针对太宰府的。如果我们考虑到递送该法律的方式，考虑到日本与亚洲大陆之间的交通状况，那么，该法律涉及的范围肯定更广，甚至包括太宰府和博多。

该法令究竟包括什么内容呢？高丽和中国备受倭寇侵扰之苦，而且钱币大量外流。日本遇到几个问题：其一，旅居日本的外国人较多，政府必须遵守国际法律秩序[4]；其二，大米大量出口，超过了本国的生产能力，破坏了庄园和公领的

---

[1] 参见 Murakami Masana, *Maboroshi no Kusado Sengenckō* (Tokyo: Kokusho kankōkai, 1980)。

[2] 参见 *AK*, 1254/4/29, vol. 33, 第 561 页。

[3] 关于 1245 年实施的管控措施的各种说法，参见 Osa Setsuko, "Kenchō rokunen 'tosen' seigenryō ni kansuru shomondai," in *Chūkyō tanki daigaku ronsō* 1 (March 1966)。

[4] 此外，我们还必须考虑到，宁波居住了大量日本侨民。参见 Sogabe, *Nissō kinkahei kōryushi,* 第 166–167 页。

收入结构，引起饥荒；其三，进入镰仓的中国商品快速增加；其四，日本的内部政治逐渐转向北条的专权统治。当局在制定该法令时，可能考虑到上述问题。 411

可是，我们必须认识到，该法律是幕府（北条家）的一次尝试，目的一是保护官方商船，二是强化对贸易的控制，从总体上限制与中国的贸易。此外，我们还应考虑到，幕府在镰仓晚期（蒙古人入侵之后），对公共商船实施了垄断。对镰仓幕府的对外关系史而言，该限制令肯定意义重大。但是，这并不意味着，该限制令立刻生效，并且长期执行。从后来的状况判断，它似乎没有限制私人贸易。但是，在 1264 年 4 月，幕府确实命令太宰府阻止官方商船。[1] 颁布该限制令的背景很可能是，蒙古人即将征服南宋。[2]

蒙古人入侵

1206 年，统一蒙古的成吉思汗（1162—1227 年）调动无可匹敌的强大骑兵，打响暴风雨式的宏大战役。到了 13 世纪中叶，战事失去了动力，但是已在战争中创造出新的政治局面。一个庞大的新帝国崛起，其疆域辽阔，横跨北部平原的牧场、伊斯兰文化圈、东亚大片地区，甚至还有欧洲的部分区域。到了第四位大汗蒙哥（1208—1259 年）的时代，蒙古帝国的控制权从窝阔台家族转向拖雷家族，皇族内部的分裂趋势加剧。忽必烈（1215—1294 年）接替兄长蒙哥的位置，成为大汗，形势危急。忽必烈曾经接受蒙哥的任命，统治中国北方。在所有蒙古人领袖中，忽必烈对中国最友好。蒙哥去世之后，忽必烈与弟弟阿里不哥（？—1266 年）争夺大汗位。后者侧重的是家乡蒙古的事务。忽必烈召集会议，宣布自己继位。因此，至少在名义上，忽必烈成为蒙古人的领袖。但是，他实际上不得 412 不树立自己的权威，创建以中国农业地区为基础的元朝的秩序。[3]

元朝两次进攻日本，第一次是在 1274 年，第二次是在 1281 年。那些入侵者被称为元朝海盗（日语称"元寇"）。在本章中，我将借用日本人当时的说法，将

---

[1]　参见 Satō Shin'ichi and Ikeuchi Yoshisuke, eds., *Chūsei hōsei shiryōshū* (Tokyo: Iwanami shoten, 1955)，第 222 页。

[2]　关于镰仓时代的文化交流，参见 Kawazoe Shōji, "Kamakura jidai no taigai kankei to bunbutsu no inyū," in *Iwanami kōza Nihon rekishi,* vol. 6 (*chūsei* 2) (Tokyo: Iwanami shoten, 1975)。

[3]　参见 Murakami Masatsugu, "Mongoru teikoku no seiritsu to bunretsu," in *Iwanami kōza sekai rekishi,* vol. 9 (*chūsei* 3) (Tokyo: Iwanami shoten, 1970)。

那些战事称为"蒙古人入侵"。根据时代名称，那两场大战本身分别叫作"文永之役"和"弘安之役"。我们可以从两个方面考察蒙古人入侵的意义。第一，将它们放在东亚历史的大背景中，使用蒙古人入侵到镰仓时代结束为时间框架。在那段时期，幕府担心出现另外一次入侵，因此保持了完整的防御结构。换言之，这是一种横剖面式分析。但是，这样的研究方法带来两个问题：如何从日本与元朝、高丽和南宋关系的立场，看待蒙古人入侵？如何从政治、经济、社会、思想和文化的角度，分析日本的国内局势？第二，从日本人对外国人的看法——即从民族意识形成——的角度，揭示那次前所未有的外部入侵所起的作用。这是一种纵向分析。[1] 笔者无法在此同时使用两种方法，所以首先描述导致蒙古人入侵的国家局势，然后解释其背后的原因。[2]

日本与蒙古之间的谈判是高丽倡议的，因此必须初步梳理蒙古与高丽之间的关系。[3] 两国之间的关系始于蒙古人进攻讲通古斯语的金国（1115—1234 年）时。契丹人以前隶属金国，曾经揭竿而起，蹂躏朝鲜北部。因此，1219 年，高丽加入了蒙古人的队伍，出兵征服契丹人。但是，蒙古使节后来定期访问高丽，要求高413 丽缴纳大量贡品。1225 年，窝阔台（1168—1241 年）继承了成吉思汗的王位之后，押送高丽贡品的蒙古大使遭到攻击，后来死于非命。1231 年，窝阔台以惩罚谋杀者为由，命令手下大将率兵开向高丽。蒙古人入侵高丽的战事由此开始，前后持续 30 年之久。高丽迁都江华岛，继续英勇抵抗，但是，在蒙古骑兵的铁蹄下，高丽的土地和人民惨遭蹂躏。蒙古人所到之处，财物全被洗劫一空。

在蒙古第四位统治者蒙哥治下，高丽朝廷离开江华岛，向蒙古人俯首称臣。高丽太子倎前去拜见蒙哥。后来，蒙哥领兵围攻位于中国现在的四川省内的钓鱼城，但是在战地大营中突然去世。太子于是转道向北，想去拜见忽必烈。忽必烈为了打败弟弟阿里不哥，认为必须夺取高丽。于是，他改变以前连续进攻高丽的策略，一方面采取了怀柔政策，另一方面希望袭击取得成功。

---

[1] 研究蒙古人入侵的著述数量很多，关于那些研究结果出版的历史，参见 Kawazoe Shōji, *Mōko shūrai kenkyū shiron* (Tokyo: Yuzankaku, 1977)。

[2] 以下讨论主要参考了 Kawazoe, *Chūsei Kyūshū no seiji to bunka,* 第 103-133 页。因此，笔者在此没有列出每份文件。关于蒙古人入侵的两部代表性著作为 Ikeuchi Hiroshi, *Genkō no shinkenkyū* (Tokyo: Tōyō bunko, 1931)；以及 Aida Nirō, *Mōko shūrai no kenkyū* (Tokyo: Yoshikawa kōbunkan, 1971)。关于进一步详情，参见 Kawazoe, *Mōko shūrai kenkyū shiron*。

[3] 以下对日本与高丽关系的讨论，借鉴了池内宏的著作《元寇新研究》的前两章，参见 Ikeuchi, *Genkō no shin-kenkyū*。

　　高丽高宗王皞听说蒙古人摧毁了江华岛上的要塞，一气之下命绝。太子倎继位，为元宗，在蒙古人的支持下，巩固了自己的地位。高丽似乎恢复了以前的和平。但是，忽必烈击败阿里不哥之后，巩固了自己在蒙古的统治地位。他改变了怀柔政策，要求高丽人严格履行他强加的沉重的进贡责任。蒙古人还要求，高丽负责与日本谈判。高丽被迫充当入侵日本的基地，艰难时期再次开始。

　　就在忽必烈和阿里不哥打得难分难解时，在中国山东省，一个名叫李谭的男人执掌大权。1262 年，南宋劝说他起兵，反抗蒙古人的统治。但是，仅仅半年之后，他的队伍便被镇压。南宋指望那些人削弱蒙古力量，其如意算盘以落空告终。在那以前，就在他登基一个月之后，忽必烈曾经派遣使节前往南宋，要求开始和平谈判。但是，南宋将那些使节投入大牢。他们借此协助李谭的反叛，向蒙古人的统治提出了挑战。

　　忽必烈开始调兵遣将，准备入侵南宋。1268 年，他进攻湖北襄阳，苦战 5 年，最后迫使该城军民投降。接着，蒙古大军拿下湖北武昌，1275 年占领南宋首都临安（现在的杭州）。南宋尝试多次，试图重振雄风。但是，1279 年，"弘安之役"前两年，在崖山海战中，年轻的南宋皇帝赵昺投海自尽。忽必烈终于打败南宋，将整个中国置于自己的统治之下。因此，我的结论是，蒙古人征服南宋之后，才能腾出手来，威胁和侵略日本。

414

　　高丽的庆尚南道距离日本不远，那里有一个人受到忽必烈的青睐。他将自己打听到的关于日本的消息报告给蒙古人。他声称日本拥有很好的法律和政府，建议忽必烈与汉唐以来便和中国交往的日本谈判。于是，忽必烈向日本派遣密使，要求建立外交关系。1265 年，日本开始与蒙古人谈判。

　　早在崖山海战前十几年，蒙古人给日本送去了一份信函（日期标注为 1266 年 8 月，于 1268 年 1 月送达日本）。信函先描述了蒙古人的强大力量，然后讲述了蒙古人是如何让高丽实现和平的。该信函解释说，蒙古与高丽建立了主仆或者父子般关系：高丽是蒙古的"东部臣国"。信函继续写道，日本毗邻高丽，建立以来便与中国相互往来，然而一直尚未与中国和平相处。信函称，也许"贵国"并不清楚当时的情况，接着表达了蒙古要与日本建立友好关系的希望。信函措辞彬彬有礼，没有要求日本俯首称臣。信函的结尾说，如果其他方式行不通，蒙古人将会诉诸武力。这封信函让人想起汉朝皇帝当年颁发的诏书[1]，沿用了中国传统的外交政策形式，将蒙古人的优越感与中国的道德观融为一体。自古以来，中国收到毗邻王国的贡品之后，回赠物品的价值高于作为贡品的"礼物"，以此保持以中国为中心的外交政策格局。忽必烈深谙中国律令，自然加以效仿。就对日关系而言，忽必烈最初寻求的很可能就是这种"你上供我送礼"的交换。[2]那样的关系结合了政治、外交和经济学三个方面的因素。

415

为什么忽必烈要在1266年寻求与日本实现和平？因为蒙古人当时正在准备进攻南宋。忽必烈认为宋朝强大，小心翼翼地制订进攻计划。根据那些计划，在某些方面需要强化对高丽的控制。在他的信函中，忽必烈将高丽称为蒙古人的"东部臣国"。在忽必烈的支持下，高丽国王元宗镇压了以前控制全国政治的军官，提高了自己作为一国之君的权威。因此，在忽必烈看来，高丽确实是一个新建立的附庸国。忽必烈将对日谈判作为工具，可以强化对高丽的控制。再则，在准备进攻南宋的过程中，忽必烈逐步意识到，日本虽然是中国东面的一个并不值得占领的小国，然而也不能让其独立存在。日本与南宋通商，起到不断增强宋朝经济实力的作用。从这一点看，必须将日本与宋朝分割开来，并入忽必烈统治的帝国。如果利用高丽作为中间人，这一点就可能实现。如果日本不积极回应，忽必烈便有了很好的借口出手惩罚高丽。我们无法确知，忽必烈是否真的这样考虑。但是，我们有理由假设，他打着这样的算盘。

有一种观点认为，忽必烈派遣外交使节到日本的原因在于，他希望建立友好关系，两国之间通商。[3]但是，我们即便承认这一动机，进攻南宋的问题依然存在。因此，进行贸易不可能是其主要原因。迫于当时的局势，蒙古人将前面提到的信函送到日本。此举体现了蒙古希望和解的外交政策。不管怎么说，忽必烈与日本谈判的尝试一是与侵略南宋的计划相关，二是涉及他的高丽政策。因此，他最初并未确定要入侵日本。日本与蒙古的谈判持续近8年之久，入侵计划就是在这个过程中敲定的。

1268年，一个高丽使团抵达太宰府，充当蒙古人的使节。蒙古和高丽的官

---

[1] 参见 Ishihara Michihiro, "Gendai Nihonkan no ichisokumen," in Wada hakase kanreki kinenkai, ed., *Tōyōski ronsō* (Tokyo: Wada hakase kanreki kinenkai, 1951)。

[2] 参见 Tanaka, *Chūsei taigai kankeishi,* 第19页。

[3] 参见 Kayahara Shōzō, "Mōko shūrai no ichihihan," *Rekishi to chiri* 10 (August-October 1922)。

报交给了令制国国司武藤资赖，然后送到了镰仓幕府，最后呈交京都的朝廷。当时，处理对外关系的权力掌握在朝廷手中。但是，是否回复两国的官报实际上由幕府决定。镰仓幕府决定不予理睬。于是，高丽使团两手空空返回。蒙古人派出更多使节，但是日本毫不退让，拒不改变原来的立场。日本的态度最后导致蒙古人的入侵。幕府坚持拒绝，其原因何在呢？这个问题的答案也许可以解释蒙古人入侵日本的原因。

镰仓幕府在收到蒙古人的官报之后，觉得它是宣战之举，于是增强了日本的防卫。日莲在其名著《立正安国论》中，对那封信函提出了同样的解释，[1] 并且强调说，将那份官报解释为战书的并非只有幕府官员。为了理解幕府提出这种解释并且采取坚定立场的原因，我们需要考虑的因素有两个：其一，日本是如何得到关于蒙古人的信息的？其二，该信息的具体内容是什么？

关于国际关系的信息，日本主要是通过南宋来了解的。日本僧侣前往宋朝，宋朝僧侣来到日本，两国商人频繁往来。但是，宋朝常常处于蒙古人的高压之下，对蒙古人的仇恨十分强烈。对宋朝来说，蒙古人就是侵略者和征服者。在日本，负责制定对蒙政策的是北条时宗。他受到宋朝僧侣的爱国主义和民族主义的宗教思潮的影响，他制定的对外政策基于那些僧侣提供的信息。从北条时政的父亲北条时赖开始，北条家族嫡支的专权控制有所增强。回绝蒙古人官报的决定就是以北条时宗为首的小团体作出的。我们必须记住，幕府代表武士的利益，拥有决定日本政治和军事事务的实权。因此，蒙古人入侵是这两个方面相互作用的产物，一方是带有强烈征服倾向的民族，另一方是武士们统治的社会。

于是，日本贵族们绞尽脑汁，思考如何回应蒙古人；但是，他们生活在墨守古代做法的在封闭社会中。当时，日本与亚洲大陆的联系已经中断很久，那些贵族了解的信息有限，无法就日本在国际关系中的地位作出正确判断。因此，他们辩论的大多数问题限于对蒙古官报的解释。此外，朝廷的实权人物是禅位的后嵯峨天皇。他在承久之乱之后由北条家族扶持上台，因此朝廷的审议结果直接反映幕府的意愿。和蒙古官报一起送来的还有高丽官报。蒙古人只需要日本承认其道德影响，因此高丽人希望日本接受蒙古提出的要求。但是，就日本的决定而言，

---

[1]　参见 Kawazoe Shōji, *Nichiren-sono shisō, kōdō to Mōko shūrai* (Tokyo: Shimizu shoin, 1971)，第 55 页。

这一点并未起到多大作用。我们不应忽视这一事实：就亚洲大陆关系而言，日本一贯亲近南宋，疏远北宋。再则，日本的传统立场是，将中国视为同等或较高地位的国家。北条时政采取毫不退让的态度，其主要原因正在于此。

镰仓幕府采取自己的对外征服计划，任命武藤资赖和大友赖安为大将，指挥进攻高丽——蒙古人入侵日本的基地——的战役。此外，幕府还沿着博多湾海岸修建了一道石墙，作为抗击蒙古人的防线。日本人决定，1276年3月发动进攻。按照最初的计划，主要在九州集结部队，准备战船。但是，镰仓最后放弃了那个想法，转而集中力量，强化防御措施。在蒙古人第二次入侵之后，幕府很快制订了第二份入侵高丽的计划，攻击部队由山城和大和这两个令制国的不法之徒组成。但是，该计划后来也被放弃。

以上两项计划试图利用一个外交政策议题，解决日本内部的政治问题。1274年9月，镰仓幕府宣称，坊间传言蒙古人入侵在即，因此命令：第一，关东武士小代滋利的后人在该家族位于肥后国的田产集结；第二，萨摩国喜多方的地头二阶堂忍性也前往上述地点。幕府还下令，命他们镇压该地的不法之徒（日语称"恶党"）。[1] 就在该命令下达之前，日莲及其信众强化了对幕府的抨击。他们借着蒙古问题的契机，加快传教步伐，鼓吹《妙法莲华经》至高无上的教义。当时的人认为，日莲在幕府将领的眼皮底下从事非法活动，因此深受迫害。镰仓幕府——其实就是北条时宗代表的北条嫡支——认为，当局的政治任务是，解决正在侵蚀现存社会结构的各种矛盾。正如那些不法之徒的做法所示，蒙古人的入侵迫在眉睫，社会矛盾更加突出。显然，幕府利用蒙古人造成的威胁，旨在解决日本国内的政治问题，其中以恶党为最。[2] 正是由于当时的局势，幕府采取了毫不退让的立场，体现了北条时宗对蒙古人的"坚决"态度。

大陆和日本的所有这些问题加在一起，最终导致蒙古人入侵。第一次入侵于1274年10月开始，史称"文永之役"。蒙古和高丽联军大约2.8万人，船只900艘，穿过对马和壹岐，在博多登陆。他们发现，继续战斗毫无作用，于是很快撤退。所谓的神灵之风（日语称"神风"）给他们造成巨大损失，迫使他们打道回府。第二次入侵于1281年5月开始，史称"弘安之役"，持续3个月时间。蒙

---

[1] 关于抗击蒙古人入侵的"对外防御"（日语称"异国警固"）的情况，参见 Kawazoe Shoji, *Chukai, Genko borui hennen shiryo — ikoku keigo banyaku shiryo no kenkyu* (Fukuoka:Fukuokashi kyoiku iinkai, 1971)。

[2] 参见 Abe Yukihiro, *Moko shurai* (Tokyo: Kyoikusha, 1980)，第20–21页。

古人兵分两股：东线军 4 万人；江南军 1 万人（主要为投降的南宋部队），船只 3500 艘。但是，蒙古人这次再次遭到神风的毁灭性打击，大部分力量葬身海底。

与"文永之役"相比，"弘安之役"在起源和发展两个方面，出现诸多不同。元朝认为，第一次入侵只是没有取得成功，而非遭到失败；第二次入侵旨在纠正前一次的错误。第二次入侵涉及若干重要考量。在第一次入侵时，元朝相当重视其高丽政策，因为它与征服南宋的任务密切相关。但是，在第二次入侵过程中，蒙古人身负重压，希望解决打败宋朝之后出现的问题，例如，怎样处置大量被俘的宋朝雇佣兵。蒙古人采取的行动还包括：将已被征服的民族引向需要征服的新地区。因此，他们招募许多战败的宋朝职业军人——其雇佣兵制度的基础力量——进攻日本。[1]

高丽问题也很重要。在第一次入侵的全过程中，高丽采取了被动战术，试图 419 避开以征服日本为主要目的的蒙古人的控制。[2] 在第二次入侵时，高丽王王昛改变策略，支持蒙古人的军事行动。他希望，征服日本之后，元朝将会减轻对高丽的强征暴敛。有的学者提出，这一改变实际上是为了对付日本倭寇。[3] 我并不赞同这一说法。正如我在前文中说明的，高丽与倭寇的问题相当严重；不过我认为，高丽希望依赖蒙古人的力量，解决倭寇问题。

许多学者都认为，蒙古人入侵日本的目的是掠夺。他们深信这个看法：蒙古人希望征服的日本像《马可·波罗游记》所说的那样，拥有大量黄金。日本向宋朝出口金沙这一事实支持这个说法。南宋灭亡之后，元朝夺取了江南各地的繁荣港口城市，不再关注日本与南宋之间的海上贸易。那些港口与日本的商业往来很多；理所当然的结果是，日本盛产黄金的说法流传盛广。众所周知，日本出产珍珠和其他价值不菲的物品，然而黄金让蒙古人垂涎三尺。征服日本以便获得财富，这是蒙古人第二次入侵的更明显动机。[4]

在向其领军入侵将领们宣读的告示中，忽必烈清楚说明了元朝第二次入侵日本的意图。根据忽必烈在告示中的说法，入侵的首要原因是，日本扣留了元朝使

[1] 参见 Atago Matsuo, *Ajia no seifuku ōchō*, vol. 11 of *Sekai no rekishi* (Tokyo: Kawade shobō 1969)。

[2] Nakamura Hidetaks, *Nissen kankeishi on kenkyū*, vol. 1, p.78; Tamura, *Chūsei Nitchō bōeki no kenkyū*, 第 24 页。

[3] Aoyama, *Nichirai kōshōshi no kenkyū*, 第 32 页；Ikeuchi, *Genkō no shin kenkyū*, 第 200 页。

[4] Atago, *Ajia no seifuku ōchō*, 第 314 页。

节。日本处决了蒙古使节，在较长时间内阻止了蒙古人入侵。但是，从日本与元朝在对外政策方面的差异的角度看，该行为带来灾难性后果。因此，忽必烈针锋相对，下令入侵，夺取日本土地，征服日本国民。[1]

蒙古人不可能第三次实施入侵日本的行动。当时的元朝备受困扰：一是蒙古帝国内部特有的宗派斗争；二是被征服的各个国家持续不断的抵抗战斗。在蒙古人的控制之下，人民负担沉重，其中包括入侵日本、占婆（今天的越南南部）和安南（今天的越南北部）的军费。此外，元朝出现剧烈的通货膨胀，经济深受损害。[2]

在王昛在位时期，蒙古人计划第三次入侵日本，向高丽提出种种要求，使其备受痛苦。根据《高丽史》中零星记载，在王昛及其继承者王璋在位期间，高丽与日本基本和平相处。但是，蒙古人入侵期间，日本计划进攻高丽，日本出现贬低高丽的好战观点。于是，神功皇后"征讨三韩"的传奇死灰复燃，甚至得到强化。

蒙古人入侵增强了北条家族对九州的控制。可是，幕府控制九州的主要支持者武藤家的势力大减，他们失去了遏制倭寇活动的能力。在镰仓末期，社会矛盾重重，十分严重。高丽本身的国力也被削弱。在那种情势下，倭寇活动猖獗。1323年7月，出现了大规模的海盗劫掠活动。100名倭寇在全罗南道遭到斩首。在南北朝时代，倭寇的劫掠发展成为全面侵扰。[3]

"弘安之役"以后，虽然日本与元朝继续交恶，贸易船只却在两国之间公开往来，经济和文化交流生气勃勃。1282年，就在"弘安之役"结束之后次年，元朝开始砍伐木材，建造入侵日本所需船只，并且数次颁布造船令。他们计划1283年8月开始进攻。但是，多年以来，元朝政府在江苏和安徽的征兵、造船，已经让人民已经吃尽了苦头。两百多个地方的民众揭竿而起，迫使当局放弃计划。尽管如此，战备事项仍然继续推进，只不过规模略小一些而已。在福建、广东和其他地区，人们也纷纷造反。1284年，负责协调进攻日本的官署关门。但是，战

---

[1] 旗田巍认为，蒙古对日攻势受挫的主要原因是，蒙古统治的亚洲各国人民的抵抗活动。参见 Hatada Takashi, *Genkō - Mōko teikoku no naibu jijō* (Tokyo: Chūō kōronsha, 1965)。

[2] 参见 Iwamura Shinobu, "Gen jidai ni okeru shihei infurēshon," in *Tōyō gakuhō*, vol. 34 (March 1964)。

[3] 参见 Ikeuchi, *Genkō no shin kenkyū*, 第 12 章。

备工作却没有停止，该官署于 1285 年重新开门办公。蒙古人计划，1286 年 8 月从高丽发动进攻。可是，元朝多年来向占婆和安南派兵，兵力已经严重不足，最后不得不放弃该计划。据说，从中国征募的士兵听到这个消息之后，顿时欢声雷动。虽然中国北方和东部的起义继续出现，但忽必烈没有放弃征服日本的想法，依然紧锣密鼓地备战。1294 年 1 月，忽必烈去世，元朝已经不可能征服日本了。

忽必烈去世之前一方面进行远征准备，另一方面通过外交手段，促使日本俯首称臣。元朝一直朝着这个目标努力，甚至在忽必烈去世之后也没有停止。"弘安之役"以后，蒙古人派遣四名使节，携带元朝诏书前往日本。前两位使节没有抵达日本，第三位使节遭到拘留之后死去。第四位使节在镰仓说服了北条贞时，在京都说服了后宇多天皇。他利用自己的广博学识，为日本文化的发展作出了贡献。但是，蒙古人派出那些使节的初衷一直没有实现。

一方面，元朝两次试图入侵日本未果之后，继续寻求军事解决办法；另一方面，他们建立起一种垄断性贸易制度，允许日本商船到中国做生意。1293 年 10 月，一艘日本商船抵达现在的浙江省宁波市，藏匿在船上的武器被人发现。在这种情况下，元朝立刻加强了海岸防御力量，并且任命了一位军事总管，对日态度随即变得更加警觉。不久以后，忽必烈去世。

1298 年的诏书没有动摇日本的立场，日本将要报复蒙古人的说法在坊间盛传。蒙古人对日本更加担心，朝廷官员开始对日本商船持坚决禁止的态度。面对元朝的态度和元朝官员非法迫害日本商人的做法，日本人发现，必须实施武装自卫。某种强迫交易随之出现。此外，日本海盗继续袭扰中国沿海。在这种情况下，元朝禁止私下贸易，反复派出商务官员进行管控。

一方面，元朝准备第三次入侵日本的行动，或者说试图诱使日本归顺元朝；另一方面，日本没有拆除用于防御蒙古人入侵的工事。从制度的角度看，其典型例证是，在博多设立西部防御指挥部（日语称"镇西探题"）[1]，负责审理九州的诉讼案件（主要为民事案件）。在九州，武士被迫将全部精力用于对外防御。北条家族成员相继担任该官职。在那以前，九州的行政中心是太宰府，这时太宰府迁往博多。镇西探题组建于 1300 年 7 月前后，就在第四位元朝使节抵达日本 1 年

---

[1] 关于镇西探题的情况，参见 Satō Shin'ichi, *Kamakura jidai soshō seido no kenkyū* (Tokyo: Unebi shobō, 1943)，第 5 章；以及 Seno, *Chinzei gokenin no kenkyū*。

之后。镇西探题是镰仓幕府设立的控制九州的机构，主要职责为对外防御。他得到的主要授权是处理对外关系。此外，镇西探题在九州还起到联系作用，以便北条家族控制整个国家。这意味着，在北条家族内部，对外关系的控制权直接从镰仓延伸到了博多。但是，后来出现的情况显示，镇西探题仅仅是北条家族专权统治的一个地方机构，逐渐失去了九州武士的支持，最后遭遇了与幕府相同的命运。

有迹象显示，蒙古入侵在即。镰仓幕府 1264 年 4 月下令，削减前往中国的官方船只数量。但是，在 1290 年 4 月，幕府分派"没收中国船只所得钱款"，在筑前国修建光明禅寺。因此，蒙古人入侵 9 年之后，日本商船征得镰仓幕府的正式批准，重新驶往中国。根据《青方文书》第七十至七十三卷记载，1298 年 4 月，一艘中国商船在肥前国失事。很大一部分货物被送到北条家族手中。这在一定程度上显示，镰仓为什么对进口中国货物兴奋不已。

于是，从镰仓时代末期到南北朝时代，经过镰仓幕府批准，商船被派往中国，运输修建寺院和神社所用物料。在那些船只中，有一艘（1325 年起航，次年返回日本）运输修建建长寺所用物料，还有一艘运输 1329 年建造镰仓大佛所用物料。镰仓时代的最后几年中，在幕府的保护之下，一艘船运来物料，修建摄津的住吉神社。众所周知，室町幕府在南北朝时代派出船只，运输修建天龙寺所需物料。[1] 大规模建造寺院和神社需要大量财富，因此日本依赖可以轻松获得巨大利润的对外贸易。而且，我们不应忘记，北条家族控制着濑户内海和九州沿岸，这让幕府能够派出那些商船。

由此可见，就蒙古人入侵之后的日本—蒙古关系而言，蒙古人一方面准备第三次入侵（一种军事解决方案），另一方面试图诱使日本投降（一种外交解决方案）。即便如此，两国之间依然存在文化交流，贸易也是生气勃勃。[2] 幕府公开批准那些商船出海，以免它们遭到倭寇误击。那些商船开启了日本与中国的勘合贸易之先河。除此之外，倭寇贸易有所增加。所以，我们在蒙古人入侵之后的日

---

[1]　参见 Miura Hiroyuki, "Tenryūji-bune ni kansuru shinkenkyū," in *Shigaku zasshi* 25 (January 1914), 再版见 *Nihonshi no kenkyū*, vol. 1 (Tokyo: Iwanami shoten, 1930)。

[2]　研究那个时代中日文化交流的最全面的著作，参见 Kimiya Yasuhiko, *Nikka bunka kōryūshi* (Tokyo: Fuzambō, 1955)。关于两国从古代到近代初期的文化交流情况，参见 Tsuji Zennosuke, *Nisshi bunka no kōryū* (Osaka: Sōgensha, 1938)。

本与元朝关系中看到，两个趋势正在形成，成为即将到来的时代的贸易结构的雏形：一是授权贸易，二是海盗贸易。[1]

室町时代初期的对外关系

1366 年，高丽使节抵达日本，以元朝的名义，要求镇压 1350 年以后变本加厉的倭寇。这给室町幕府出了第一道外交难题。针对倭寇的袭击，高丽定期派遣使节到日本表示不满。室町幕府认为不能怠慢高丽使团，其原因有两个：其一，镰仓幕府倒台之后，这是高丽首次派出使团，明确要求镇压倭寇。室町幕府私下派出自己的使团，与高丽建立了和平关系，从而朝着夺取对外关系大权迈出了第一步。其二，对高丽建立外交关系的愿望，室町幕府表示认同；然而，室町幕府并不是日本的官方代表。当时，九州作为日本外交政策的地方执行机构，处于南朝的支配之下。九州探题控制室町幕府在该岛的力量，但是无法行使职权，因此难以按照高丽的要求，对海盗进行镇压。这种格局迫使室町幕府认真考虑如何征服九州的问题。

此外，明朝建立之后，中国使节抵达日本，又给幕府出了一道难题。那些使节最初并未与幕府接触，而是与南朝负责西征的将领（日语称"征西将军"）怀良亲王谈判。[2]

1368 年 1 月，朱元璋（1328—1398 年）领兵推翻元朝，在应天府（现在的南京）登基。他将新王朝称为大明（伟大的明朝），年号洪武（巨大的武力）。太祖伟大前辈朱元璋以儒教为基础治理国家，将明朝作为世界中心。他希望建立一种新的国际秩序，周边的野蛮国家将向中央王国明朝进贡。同年 11 月，太祖分别派遣使节前往安南、占婆、高丽和日本，宣布明朝已经建立。[3] 他的目的是，在交流（送礼或贸易，明朝允许那样的做法，作为对外国朝贡的回馈）的基础之

424

---

[1] 参见 Mori, *Shintei Nisso boeki no kenkyu,* 第 525 页。

[2] 关于这个问题的讨论，参见 Aoyama, *Nichirai koshoshi no kenkyu,* 第 91–97 页；and Nakamura, *Nissen kankeishi no kenkyū,* vol 1, 第 203–226 页。

[3] 《明实录》中关于对日关系的记载，参见 Nihon shiryō shūsei hensankai, ed., *Chūgoku-Chōsen no shiseki ni okeru Nihon shiryō shūsei* (Tokyo: Kokusho kankōkai, 1975), 第 1–3 卷（以下简称 *Min jitsuroku*)。《明史》（以下简称 *Minshi)* 收录于 *Rekishi no bu,* vol. 1. Ishihara Michihiro, *Yakuchu Chugoku seishi Nihonden* (Tokyo: Kokusho kankokai, 1975)。这部著作包括《明史》中与日本相关的内容，从中国官方史书的角度，就中日关系提供了宝贵概述。

上，恢复一种中国式世界秩序。[1]那种交流代表一种礼节形式，显示国家之间友好的政治关系。与此同时，它涉及货物交换，因此具有经济方面的意义。[2]于是，明朝任命官员，派往宁波等通商口岸，以便监督对外交流事务。

425

太祖派往日本的首位使节在路上遭到海盗杀害。1396年2月，太祖派遣另外一名使节，以威胁方式，要求南朝将领怀良亲王上贡并且镇压海盗。[3]但是，怀良亲王下令处死明朝使节，拒绝了明朝提出的要求。明朝决定与南朝的前哨交涉的一个原因是，它位于九州的筑前国，那里距离中国最近。但是，他们还认为，它接替了太宰府——日本传统上负责对外关系的地方机构——的地位。[4]1370年3月，明朝派出第三名使节赴日。怀良亲王交给该使节一份外交政策文件，请他呈送中国皇帝。在那份函件中，怀良亲王自称"臣民"。1371年，他派遣他的家臣空井一行，携带贡品前往中国，同时遣送日本在中国名州和台州抓走的70余名中国男女。[5]怀良亲王借此完全改变了原来的态度，接受了明朝推行的国际秩序，与明朝形成一种从属关系。

来自九州的幕府武士代表前往京都，恳求幕府制订计划，以便重振九州武士日渐衰落的力量。在此之前，室町幕府没有采取行动，征讨南朝最后要塞征西府及其其统治者，其中一个原因是，外国政府没有承认幕府的日本统治者地位。因此，幕府将领们精心制订平定九州的计划。该计划的核心人物是细川赖之，他当时辅佐年轻的足利义满将军。而且，幕府还需任命足利家族的今川了俊为九州探题。今川了俊拥有军事和行政两个方面的能力。他经过充分准备之后，于1371年动身，前往九州履新。室町幕府当时集中力量，旨在推翻九州的南朝，因此必须对太宰府的征西府要塞发起攻击。在那种局势下，怀良亲王改变对明朝的态度完全在情理之中。

---

[1] 关于研究明朝初期中日关系的著作，可参见 Ikeuchi Hiroshi,"Minsho ni okeru Nihon to Shina to no kōshō," *Rekishi to chiri 6* (May-August 1904)；Sakuma Shigeo, "Minsho no Nitchū kankei o meguru ni, san no mondai," in *Hokkaidō daigaku jimbun kagaku ronshū,* no. 4 (February 1966)；以及 Imaeda Aishin and Murai Shōsuke, "Nichimin kōshōshi no jomaku," in *Tōkyō daigaku shiryō hensanjo hō,* no 11 (March 1977)。关于日本与明朝关系的研究，也可参见 Akiyama Kenzo,"Nichimin kankei," in *Iwanami kōza Nihon rekishi,* vol 1 (1933)；Kobata Atsushi, *Chūsei Nisshi tsūkō bōekishi* (Tokyo: Tōkō shoin, 1941)；and Tanaka, *Chūsei taigai kankeishi*。

[2] 参见 Sakuma, "Minsho ni okeru Nihon to Shina to no kōshō," 第8页。

[3] 参见 *Minjitsuroku no bu,* vol. 1, 第1-2页。

[4] 参见 Tanaka, *Chusei laigai kankeishi,* 第55页。

[5] 参见 *Minjitsuroku no bu,* vol. 1, 第8页；以及 *Ming shih,* 第284页。

怀良亲王派出的使节抵达明朝京城，太祖将其作为日本的官方大使接待，将怀良亲王视为"日本的真正统治者"。在太祖统治时期，日本向中国派出了大约十位使节。其中，足利义满分别于 1374 年 6 月和 1380 年 9 月派出的使节吃了闭门羹，原因是他们携带的文件有问题。1374 年 6 月，岛津氏久同样吃了闭门羹。明朝官员认为，他只是家臣，不能代表统治者。前两个使团性质不明，其余的六个相继在 1371 年 10 月和 1378 年 4 月抵达中国，都由"日本国王怀良"派出。另外，在 1379 年 5 月、1380 年 5 月、1381 年 7 月以及 1386 年 11 月还派出了使团。[1] 前三个使团转交了怀良亲王签署的表文，贡品有马匹、佩剑、硫黄等等。但是，第四个使团遭到了拒绝，理由是缺乏诚意。第五个使团的贡品被拒绝，第六个使团的文书和贡品均被拒绝。在第三个使团之前，明朝认为，怀良亲王自称的"日本国王"并不可信。在那以后，日本使团虽然屡遭明朝拒绝，日本人依然以怀良亲王之名，试图与明朝进行外交接触。负责外交事务的日本官员实际上相信，如果使用怀良亲王之名，明朝可能接受日本试图建立关系的善意。历史文献显示，怀良亲王 1374 年 4 月辞去征西将军一职，1384 年去世。因此，肯定由他派出使团只有 1371 年那个。其他使团可能由怀良亲王的继任者"后征西将军"派出。鉴于明朝承认怀良亲王为"日本国王"——这一点我们不能确认——所以其继任者使用了他的名字。到这时为止，南朝在九州的影响已经逐步下降，那些人可能是海盗派往中国的冒牌使者。[2]

1372 年 5 月，明朝派去会见怀良亲王的使节抵达博多的太宰府。此时恰逢今川了俊围攻太宰府的征西府，几位使节被扣留在博多，无法将明朝皇历和其他象征明朝臣民地位的物件交给那位亲王。明朝使节看到局势发生了变化，于是前往京都，开始与北朝交涉。1373 年 8 月，足利义满将他们送回中国。后来，他派出自己的大使，携带复函前往中国，并且遣返了大约 150 名中国和高丽俘虏。但是，鉴于该使团缺乏相应的文件，明太祖拒绝接受朝贡关系。到那时为止，室町幕府与明朝的最初谈判以失败告终。[3] 在那个过程中，足利氏将军领导的室町幕府强烈意识到，幕府没有得到明朝承认，不能代表日本在以中国为中心的东亚国际

---

[1] 参见 Kawazoe Shōji, *Imagawa Ryōshun* (Tokyo: Yoshikawa kōbunkan, 1964)。

[2] 参见 Kawazoe Shōji, "Kaneyoshi Shinnō o meguru Kyūshū no Nambokuchō," in *Rekishi kōron* 5 (September 1979)，第 92–99 页。

[3] 参见 Imaeda and Murai, "Nichimin kōshōshi no jomaku"；以及 Murai Shōsuke, "Muromachi bakufu no saisho no kenminshi ni tsuite," in Imaeda Aishin, ed., *Zenshū no shomondai* (Tokyo: Yūzankaku, 1979)。

秩序中占有一席之地。为了改变这种现状，幕府不得不完成两项任务：一是打败被明朝视为"日本的真正统治者"的怀良亲王；二是对倭寇实施镇压。于是，平定九州一事变得更加急迫。只有解决南北两朝的政治对立，北朝取得有利地位之后，足利义满才能成为"日本国王"。

1375 年 2 月，高丽国王王禑派遣使节前往日本，要求镇压频频袭扰的倭寇。于是，日本派出一名使节，给高丽送去染色布匹、彩绘屏风、长铗、酒器等物品。有一次，天龙寺僧侣得宗修左送去以下信函，表达幕府的意图："九州遭到反叛臣民分割，没有奉献贡品。西海岸的顽民已经沦为海盗。侵袭并非幕府所为。吾等拟派遣一位将领，平定该地，确保镇压海盗。"[1] 这显示，室町幕府当时依靠今川了俊在九州的军事行动，希望利用他的成功，与高丽进行交涉。

1372 年 8 月，今川了俊迫使太宰府投降，并且在肥后国的菊池，俘虏了怀良亲王及其主要的军事支持者菊池家成员。1375 年 8 月，今川了俊在肥后国杀死了少式东助。少式家从镰仓时代以来一直担任守护，继承太宰少式职位。那是太宰府机构中最高的地方官职。今川了俊获得了幕府在九州军队中的最高权力，其方式是先从太宰府转向征西府，然后打败少式东助——在太宰府中拥有最高地方权力的武士。岛津氏久领着少式东助去见今川了俊，发现自己不得不听从今川了俊的命令。但是，他不仅控制了少式的家乡领地、统治九州的基地筑后国，而且夺取了少式的外交事务领导权。今川了俊作为太宰府的真正继承者，掌控了日本的外交政策。

428　　　九州归顺之后，足利义满才确保了他的将军权威。1372 年，今川了俊接待了明朝使节；除此之外，没有任何文献提到他与明朝交往的情况。今川了俊只是一名家臣，明朝与他没有进行任何官方谈判，这也在情理之中。但是不言而喻，就明朝与坐镇九州的南朝关系而言，潜在问题总是会冒出头来。

在这种情况下，今川了俊的公开外交活动仅仅限于朝鲜半岛上的两个朝代——高丽王朝和李氏王朝。1377 年 9 月，高丽使节郑梦周抵达日本，要求镇压倭寇。在今川了俊与高丽交涉的过程中，那是一次具有划时代意义的事件。[2] 郑梦周系知名学者，政府中的亲明派高级官员，被誉为当时最伟大的政治家。今川了俊热情款待郑梦周，遣返了倭寇俘虏的数百名高丽人，并且出兵镇压对马、壹

---

[1]　参见 *Koryosa, kwan* 133, *Yolchon* 46, *Shin* U。

[2]　参见 Shiryō shūsei hensankai, *Chūgoku-Chōsen no shiseki ni okeru Nihon shiryō shusei, Sangoku, Kōrai no bu,* 第 238 页。

岐和松浦的海盗。从那时开始，如遇需要镇压海盗时，高丽直接与九州的那位实权人物——"九州防御指挥官今川了俊"——打交道。今川了俊利用自己扮演的角色，不用请示幕府，直接与高丽交涉。此时，室町幕府发现，为了摧毁盘踞九州的南朝，必须直接控制外交事务。对幕府来说幸运的是，今川了俊的支持者细川赖之是幕府政治圈子中的实权派。今川了俊遣返俘虏之举"类似于履行合约的商业行为，是为了获得补偿"。[1] 从这个意义上说，他与高丽的往来是一桩"交易"，适合倭寇泛滥时期的情况。

尽管如此，足利义满当时希望自己成为"日本国王"，他不可能允许那种格局继续下去。1379 年，今川了俊的保护者细川赖之在康历政变中下台，其余震波及今川了俊的九州探题职位。足利义满紧锣密鼓，实施控制外交政策的计划。1381 年 6 月 8 日，幕府向大隅国守护今川了俊下达命令，禁止那里的恶党（不法之徒）跨海袭击高丽，实施暴行。这就是说，该命令禁止海盗活动。[2] 这是室町幕府下达的唯一一项与镇压倭寇相关的命令。这份文件清楚地表达了足利义满的意图：形成从幕府（将军）到九州探题（守护）的指挥体系，安排镇压倭寇事宜。

在今川了俊主导日本外交政策的最后阶段中，发生了两件大事：一是高丽王朝终结，朝鲜王朝上台；二是日本的南北两朝实现统一。1392 年 7 月，在朝鲜半岛，曾在清剿倭寇时取得胜利的李成桂（1334—1408 年）接受恭让王王瑶禅位，"在大臣们的力谏之下"称王（1392—1398 年？）。他是李氏王朝的奠基人，死后庙号太祖。在日本，同年闰 10 月，南朝与北朝之间为时 15 年的冲突结束，北朝取得胜利。

从创立之初开始，李氏王朝便采取了对日和解的政策。太祖继承了前朝征服倭寇的任务，但是致力于与外部世界保持友好关系。他重建国家的军事制度，增强防卫力量。[3] 太祖登基之年，新建立的王朝派遣一名使节到日本，要求"征夷大将军的政府"（室町幕府）镇压倭寇。[4] 幕府作出回应，声称将要命令九州探题，以幕府的名义清剿倭寇。今川了俊以九州探题的身份与高丽打交道，一是按照朝

---

[1] 参见 Tanaka, *Chūsei taigai kankeishi,* 第 99 页。

[2] 参见 Kawazoe Shoji, ed., *Nejime monjo,* vol. 3 (Fukuoka: Kyūshū daigaku bungakubu, Kyūshū shiryō kankōkai, 1955), 第 56 页。

[3] 参见 Nakamura, *Nissen kankeishi no kenkyū,* vol. 1, 第 149 页。从古代至整个德川幕府时代的日朝关系的精彩概述，参见 Nakamura Hidecaka, *Nihon to Chōsen* (Tokyo: Shibundō, 1966)。

[4] 参见 Zuikei Shūhō, *Zenrin kokuhōki* (Tokyo: Kokusho kankōkai, 1975), 第 91-92 页。该书写于 1466 年，是研究室町时代对外关系的珍贵资料。

鲜人提出的控制海盗的要求，遣返被俘人员；二是对获得佛教大藏经表示出了兴趣。遣返的被俘人员数量大幅度增加。但是，日本的南北两朝统一之后，打败在九州的南朝与镇压海盗之间的偶然联系不复存在。幕府将军强化对九州探题的限制，将其作为室町幕府下属的地方官员。九州探题以遣返朝鲜俘虏之名，从贸易中获得巨额财富，其行为超越了幕府地方官员应有的权限，引起了幕府将军的忌妒。因此，1395年，幕府撤销了今川了俊的九州探题职务。

430　　　南北朝时代，在日本与高丽王朝、朝鲜王朝和中国明朝的关系中，贯穿着两条主线，一是清剿倭寇问题，二是明朝建立之后出现的朝贡制度的发展。在考察以明朝为中心的东亚国际秩序时，我们必须关注明朝的禁止出国的政策。该政策与朝贡制度密不可分。[1]一方面，该政策作为国内政策，禁止所有中国人出国；另一方面，朝贡制度是外交政策。两项政策对东亚国际关系产生了重大影响。驱使明太祖洪武皇帝颁布海禁诏书的是他的担心：国内的政治分歧可能与外部力量发生联系，可能导致国内政治危机。他的担心与日本倭寇问题直接相关。具体来说，它是由两件事情形成的。我将在下文中一一讨论。

　　　元朝晚期，方国珍和张士诚起兵造反，控制了江苏和浙江的部分地区。两人被击败之后，其残部在沿海岛屿上建立基地。他们试图东山再起，一是与大陆的人联手，二是与倭寇联系。[2]这样一来，对明朝来说，倭寇并非只是外患，而且还与内乱相关。明朝坚决要求日本控制倭寇，原因正在于此。

　　　第二个事件涉及胡惟庸和林贤，让日本与明朝关系出现彻底破裂。[3]胡惟庸是建立明朝的有功之臣，政治才华横溢，曾经担任左丞相，位居百官之首。但是，成为左丞相之后，胡惟庸独断专行，密谋篡夺皇位。胡惟庸与明州卫指挥林贤联系，试图招引倭寇，让他们助一臂之力。后来，胡惟庸弄虚作假，声称林贤有罪，将其流放日本。在日本，林贤与倭寇首领取得联系。后来，胡惟庸宣布让林贤官复原职，并且派出一名信使，将林贤接回中国。他还秘密给"日本国王"

431　送信，寻求日方支持。"日本国王"派遣400名士兵，由僧侣如瑶带领，表面上仅仅携带大量作为贡品的蜡烛。他将火药和利剑藏在贡品之中。可是，他们一行

---

[1]　Sakuma Shigeo, "Minchō no kaikin seisaku," in *Tōhōgaku*, no.6 (1953).

[2]　这一事件录于《明史》卷91《兵三》，志第67（海防部分）。

[3]　这一事件载于《明史》卷322，《列传第二百十·外国三·日本》。也见 Sakuma, "Minsho no Nitchū kankei o meguru ni, san no mondai"。

抵达中国之后发现，由于一名知情者泄密，胡惟庸及其同党已于 1380 年 1 月遭到处决。1421 年，事发 6 年之后真相大白，如瑶和"日本国王"牵涉此案。林贤及其家族被悉数诛灭。太祖大怒，下令与日本断绝关系。他重申海禁政策，并且强化中国沿海的防御措施。

对于相关细节，存在某些疑问，但是真正的问题在于，如何确定与胡惟庸和林贤共谋的"日本国王"的身份？一个观点是，此人或许是一名倭寇首领。[1] 根据《明太祖实录》第十三卷 1381 年 7 月的一条记载，日本国王（怀良亲王）派遣僧侣如瑶一行前往明朝，贡品包括战马十匹等。可是，明朝皇帝没有接受他们的进贡品。于是，如瑶以怀良亲王的信使的身份露面。不过，怀良亲王那时已将征西将军一职交了出去，不再是九州的南朝领袖。正如本章前面所述，此案仅仅是使用了怀良亲王的名字而已。如瑶很可能与九州的南朝有联系，但是他也可能与倭寇有染。因此，在胡惟庸事件发生时，"日本国王"可能是在坐镇九州的南朝首领（征西将军），可能是与倭寇有染的南朝将领，也可能是使用坐镇九州的南朝之名的倭寇。

明朝认为，"日本国王"是海盗，染指中国内部的密谋。这显然是一个严重问题。首先，该事件紧接在前一事件之后出现，所以洪武皇帝对日本更不信任。他断绝了两国之间的外交关系，严禁中国人出海。元代末期曾经实施海禁，但是明朝建国之后将其定为长期政策，持续时间长达 200 年左右。其次，胡惟庸的密谋给明朝皇帝一个天赐良机，帮助他完成专权统治结构。在此，我们可以看到一个模式：倭寇或类似倭寇的武装力量有助于确定明朝的内部政治。

朝贡制度和海禁代表了一种统一的内外关系。两者加在一起，对东亚的国际关系产生了巨大影响。各个异邦给明朝送去贡品，明朝回赠丰厚礼品。[2] 更确切地说，这应叫作"朝贡贸易"。事实上，贡品要么是供中国上层享用的奢侈之物，要么是军需用品。明朝政府垄断那些资源的进口权和采购权，仅仅允许一般商人在政府监督之下交易一小部分货品。禁止中国人出国，这项正式命令从明朝初期便已生效。通过朝贡制度和海禁，明朝政府一是保护自身不受海盗侵扰，二是垄断对外贸易。这两项政策与明朝的政治和经济目的完全一致。一方面，海禁沉重

432

---

[1]　参见 Tsuji Zennosuke, *Nisshi bunka no kōryū*, 第 123 页。

[2]　参见 Momose Hiromu, *Minshin shakai keizaishi kenkyū* (Tokyo: Kenkyū shuppan, 1980), 第 6 页；以及 Tanaka, *Chūsei taigai kankeishi,* 第 86 页。

打击了明朝的外贸商人；另一方面，它扩大了中国华侨的活动范围，使其向南发展，而且有利于来自新近崛起的琉球王国的商人。

朝贡制度与日本

1374 年和 1380 年，足利义满分别派遣使节前往中国，以便建立关系。但是，他的主动之举遭到回绝。后来，足利义满统一两朝，升任文官最高职位太政大臣。他解除了曾经平定九州的今川了俊的职务，将那个岛屿——日本对外关系基地——置于自己的控制之下。此外，足利义满还领兵降服了大内义弘。后者曾是几任守护，在外交事务中拥有较大权力，其力量堪与将军抗衡。通过上述行动，足利义满控制了日本政治。但是，他后来退出公职，出家为僧，成为自由人士。因此，他不能代表日本开启与明朝的正式外交关系。1401 年，足利义满派遣使团前往中国。使团以僧侣祖阿为首，九州的一名商人为辅。祖阿是足利义满的艺术家和美学家小团体（日语称"同朋众"）的成员。将军任命同朋众和商人担任使节，这一做法实属破例，之后再也没有出现过。

足利义满给大明朝廷送去一份国书，签署时间为 1401 年 5 月 13 日，署名为"日本国准三后源道义"。[1] 在那份国书中，足利义满寻求建立符合过去习惯做法的两国关系，并且列出了他送去的贡品清单。此外，他还遣送了被倭寇抓获的一批明朝臣民。1402 年 8 月，祖阿一行返回日本，随行的一名明朝使节受到足利义满的热情款待。他们带回了明朝第二位皇帝建文帝的诏书。该诏书称足利义满"日本国王，源道义"，授权他统治日本，命令他接受明朝皇历。换言之，该诏书宣布，日本应为明朝的藩属国。可是，就在 3 年之前，建文帝与其叔叔燕王朱棣（后来的明成祖永乐帝）打响了"靖难之役"，应天府（今南京）陷落，建文帝葬身火海。两个月后，建文帝派出的使节才抵达日本。永乐帝是中国历史上武功最高的皇帝。他推翻了自己的侄子，夺取了皇位。

1403 年 3 月，一个日本使团和回国的明朝使节一起前往中国。日本呈交明

---

[1] 该文件参见 Zuikei Shūhō, *Zenrin kokuhōki*, 第 97 页，其草稿可参见 *Zōho Shiryō taisei,* vol. 37 (Kyoto: Rinsen shoten, 1975), 第 3 页。关于日本对外关系文件的概述，Kawazoe Shōji, "Kodai-Chūsei no gaikō monjo," in Kagamiyama Takeshi sensei koki kinenkai, ed., *Kobunka ronko* (Fukuoka: Kagiyama Takeshi sensei koki kinen ronbunshu kankōkai, 1980)。

朝的文件以官文形式写成。该文件的开头是，"日本国王，臣源氏"，首先祝贺明成祖登基，然后列出了礼品。文件还提到许多军用品：20 匹战马、1000 枚长矛、100 把长铗、1 万斤硫黄。据说，在该使团的 300 名成员中，有的还携带了准备出售的武器。他们觉得，中国需要的军用品将会增加，这些东西很可能是用来赚钱的。[1] 明成祖当时正准备派遣使节赴日，宣布自己登基，于是欣然接受了贡品。他让使节携带自己的复函返回日本。与太祖的做法不同，明成祖对外部世界持正面态度。明朝后来积极开拓对外关系，其原因正在于此。

足利义满在致中国皇帝的信函中，已经自称"日本国王，臣源氏"。作为回报，明朝皇帝赐予他金印一枚，授权他为日本国王。日本的传统政策一是将中国作为对等国家，二是接受明朝的朝贡制度。足利义满的做法与其大相径庭：日本被纳入了以明朝皇帝为中心的东亚国际秩序中。正是在那次访问期间，明朝使节带去了 100 枚勘合符，开始了所谓的勘合贸易。

足利义满与中国的关系

明太祖在位期间（那是日本的南北朝时代），足利义满曾经试图与明朝建立联系，结果却遭到回绝。非但如此，明朝与掌管征西府——它也可被称为太宰府的后继机构——的怀良亲王联手。永乐帝明成祖在位时期，明朝与日本的关系变得活跃起来。永乐帝积极开拓对外关系。太祖集中精力，致力于国内的制度建设；相比之下，明成祖的计划是，通过积极参与外交活动，维持国内制度的稳定。[2] 就日本的情况而言，倭寇问题与中国的内部安全直接相关。因此，如何将日本置于藩属国的地位是一个比较迫切的任务。明成祖在位 22 年，前半期正好是足利义满与明朝交涉的阶段：按照中国模式，两国关系实现了正常化，友好关系得以维护。对足利义满清剿倭寇的努力，明成祖一直赞赏有加。

在开启对明朝关系的过程中，足利义满希望发展正常贸易。这项政策反映了九州西北部——尤其是博多——商人的愿望。而且，它与日本西海岸的领主阶层，与对马、壹岐和松浦的农民的意趣相投。足利义满建立了内部控制体系之后，政治局势大体稳定。足利义满先是解除了今川了俊的职务，继而将大内义弘

---

[1] 参见 Sakuma Shigeo, "Eirakutei no taigai seisaku to Nihon," in *Hoppō bunka kenkyū*, no. 2 (1967)，第 121 页。
[2] 同上，第 118、136 页。

435　赶下了台，夺过两人掌握的外交事务实权，攥在自己手中，巩固了他与明朝和朝鲜建立正式外交关系的基础。然而，岛津氏久的例子清楚显示，明朝不允许藩属国与中国进行直接贸易。只有国王才享受那样的殊荣。足利义满以"日本国王"的身份，向明朝进贡，其原因正在于此。

日本统治阶级的传统外交政策理念是，日本与中国平起平坐。足利义满获得"日本国王"称号，这意味着对那些理念的否定，遭到其同时代人的抨击。《善邻国宝记》中，瑞溪周凤宣称，足利义满自称日本国王，使用"臣"一词，并且写了中国朝代名称，统统是错误之举。当时，大多数礼仪专家赞同瑞溪周凤的批评之词。近代有些学者认为，足利义满的行为有失体面；有的将其视为"国家耻辱"。他们根据对天皇的最高忠诚的理想，对他大加抨击。[1] 对比之下，贵族成员和足利义满身边的朝臣认为，无论文件形式方面出现任何改变，都不可能破坏日本的传统外交做法，影响日本与明朝之间的平等感。但是，他们的批评之词并未考虑到足利义满对天皇的忠诚。恰恰相反，他们担心：足利义满的政策可能导致日本臣服于明朝的格局。日本国王这个称号存在问题的原因是，它标志着，足利义满已经改弦易辙，从主张霸权的武士转向封建国家的统治者。

足利义满改变日本外交政策的传统走向，倡导与中国建立关系，其动机何在呢？对于这个问题，也进行了辩论。一种说法提出，他的动机旨在获得贸易利润。菅沼太府的《大日本商业史》（1892年首次出版）完全从贸易的角度，解释了足利义满与明朝的关系。从那以后，许多人提出，促使足利义满开启对明关系的动机是，可以从朝贡贸易中获得收入。[2] 北山别墅那样的建设项目需要巨额经费，据说高达10万贯，频频举行的佛教仪式也花费不菲。明朝使节带来的礼物包括铜币、生丝、锦缎等等，悉数交给了幕府。从经济方面考虑，它们肯定很有
436　吸引力。这种以贡品换取礼物的交换实际上是简单的贸易行为，足利义满主导的日中关系显示，他个人在这方面享有垄断地位。

足利义满的动机是获得贸易利润，这一说法大体来说没错。但是，将军和幕府的财政收入包括御领庄（幕府直接控制的田产），还有京城及其附近地区的当铺和酒商缴纳的税金。对明贸易究竟在幕府的财政方面起到什么实际作用？这一

---

[1]　参见 Tsuji, *Nisshi bunka no koryu* 第 140 页。

[2]　参见 Usui Nobuyoshi, *Ashikaga Yoshimitsu* (Tokyo: Yoshikawa kobunkan, 1960), 第 187 页；Kobata, "Kango boeki to wako," 第 52 页；以及 Tanaka, *Wako to kango boeki,* 第 55 页。

点尚不明确。此外，即便明朝的"礼物"——这就是说，从中国进口的货物——可能满足足利义满及其随从的欲望，目前尚不清楚的是，它们对幕府的财政收入有何影响？不管怎样，如果将足利义满开启日中贸易的动机仅仅局限于利润，这个思路未免过于狭隘。

有的学者从政治角度解释足利义满的做法。佐藤进一认为，其一，足利义满当初对明朝自称"日本国王，臣源道义"，从而将九州的各色领主置于自己的控制之下；其二，利用那些领主，让中央政坛获得稳定性；其三，迫使参与对明贸易的各个宗派承认他自己拥有的国王地位。换言之，足利义满的国王地位是通过明朝皇帝得到保证的。[1] 这就是明朝朝贡制度理论。以前的学者们仅仅关注进口铜币在经济方面的影响；佐藤进一从政治功能的角度，考察了进口铜币的重要性。佐藤进一还认为，足利义满通过那种勘合制度控制贸易，旨在增加他自己的力量。以前的学者强调，足利义满主导对明关系，以便获得利益；佐藤进一的研究是一种突破，从政治历史的角度阐释该政策。我们还应注意三浦圭一提出的理论：朝鲜国王通过勘合制度，从商人手中获得图书，并且保证给予商人适当职务。明朝的勘合制度起到了某种海外司记（权利）制度的作用，是对日本内部的司记制度的补充。三浦圭一认为，足利义满利用它来维持日本内部的统治结构。[2]

不过，问题依然存在：足利义满已经逐步行使绝对权力，为什么会觉得有必要寻求更高——而且是外国——的保证呢？[3] 控制私人贸易的说法遭到批评，被认为过度强调了政治因素，忽视了幕府以其他经济形式获得的收入。[4] 另外，佐佐木银弥提出了一个难以回答的问题：14 世纪末到 15 世纪初，国际局势动荡不安，足利义满及其统治阶级真的能以协调一致的政治和国际方式，把握国家贸易与其执政力量之间的关系吗？[5]

佐佐木银弥对日中关系背后动机的看法是，日本希望消除担心中国入侵导致的不安因素。为了实现这一点，已经落后一步的日本不得不尽快加入明朝朝贡制

[1]　参见 Satō Shin'ichi, "Muromachi bakufu ron," in *Iwanami kōza Nihon rekishi*, vol. 7 (*chūsei* 3)(Tokyo: Iwanami shoten, 1963)。

[2]　参见 Miura Keiichi, "Chūsei kōki no shōhin ryūtsū to ryōshu kaikyū," in *Nihonshi kenkyū*, no. 65(March 1963)。

[3]　参见 Haga Norihiko, "Muromachi bakufuron," in Nihon rekishigaku kenkyūkai, ed., *Nihonshi no mondaiten* (Tokyo: Yoshikawa kōbunkan, 1965)。

[4]　参见 Tanaka, *Chūsei taigai kankeishi*, 第 78–79 页。

[5]　参见 Sasaki, "Higashi Ajia," 第 113 页。

度，从而不再以东亚"孤儿"的面目示人。[1] 数百年来，日本人担惊受怕，唯恐遭到新罗人攻击。那时，明朝试图利用蒙古人入侵，与日本讨价还价。佐佐木银弥认为，足利义满采用日本国王称号的做法不仅源于他个人"伺候伟人"的偏好，而且诚实表达了几乎堪称传统的不确定性，表达了对"大唐"或"大明"的恐惧。他身为日本的封建君主和统治者，其职责和地位让他身不由己，难以摆脱那种担心。在广义上说，佐佐木银弥的观点从政治动机的角度进行了解释。但是他认为，当时的日本尚无法理解明朝的外交政策。那样做尽管带有不确定因素，仍旧不失为一种政治对策。

大多数研究足利义满的动机的著作均从整个日明关系史的最终产物出发，然后追问其起源；它们试图根据现存文献猜测当时的实际情况。正如佐佐木银弥所说，我们难以证明，足利义满是从明确的政治和国家角度，应对当时形势的。足利义满对中国政策的认识模糊不清。这一点可从一个事实看到：在靖难之役（1399—1402 年）期间，他曾派出一名使节前往中国。在考虑足利义满的动机时，我们必须承认他 1401 年首次派出使团的重要性。我已经解释了两点：其一，日本西部的商人当时强烈要求，希望与中国进行正常贸易；其二，在对此做出回应的过程中，足利义满本人迫切希望从中获利。在呈交明朝皇帝的国书中，足利义满强调说，他已经确立对整个国家的控制，并且宣称自己有资格与中国建立关系。除了明朝要求的贡品之外，足利义满还将倭寇俘获的明朝囚徒遣送回国。佐久间重男认为，此举堪称某种原始奴隶贸易。[2]

以上说法莫衷一是，从不同角度阐释了在 15 世纪之交的政治和经济条件下，足利义满与明朝建立关系的动机。我们不能简单地挑选其中之一，认为它是正确判断；与之相反，我们必须采取全面的综合观点。诚然，大量贸易利润遭到滥用，花在了足利义满及其小团体的奢华的生活方式上。但是，同样正确的说法是，它们稳定了幕府的财政状况。因此，我们可以看到，这些贸易利润确实对三浦周行所称的"国家"——即室町幕府的统治结构——有利。[3] 再则，日明关系是以足利义满的名义建立的；在控制九州的过程中，这对室町幕府显然有所帮助。从日本朝廷的角度看，日本国王的称号意义不明；但是它确实明确表明，拥有该称

---

[1] 同上，第114页。

[2] 参见 Sakuma, "Eirakutei no taigai seisaku to Nihon," 第124页。

[3] 参见 Miura Hiroyuki, *Nihonshi no kenhyū*, vol 2 (Tokyo: Iwanami shoten, 1930), 第973页。

号的人是日本的封建统治者，是对明关系的主要代理人。通过足利义满的这一做法，日本加入了以中国为中心的东亚朝贡制度，对日本的国家安全起到了保证作用。对明朝而言，倭寇问题在该关系中其实起到媒介作用。

勘合贸易制度

勘合符是一种证实使节或使团真实性的证书[1]。早在元代，已在外贸中实施了勘合制度，史称"半印勘合文簿"，该制度也用于国内贸易。1383年，明朝向外国商船发放勘合符，将两种制度合二为一。1404年，该制度开始用于日明外贸。根据明朝勘合制度，每个国家收集并且保管大约两百个勘合符，四卷文件。就日方而言，勘合符分为两套，分别标记为"日"和"本"。在明朝首都北京的礼部，保存一百张"日"字勘合符，以及一卷"日"和"本"勘合记录。一百张"本"字勘合符和一卷"日"字勘合记录送往日本。在浙江省（负责民事和财政事务的）行政长官官署里，也保存一卷"本"字勘合记录。

当船只从日本抵达中国时，必须持有相应的"本"字勘合符。对照浙江和北京保存的记录簿，一一核验日本船只的勘合符。查验完成之后，勘合符被收回。反过来说，明朝船只携带"日"字勘合符驶往日本的情况其实没有出现过。那些勘合符如今荡然无存，但是根据相关史料中的草图，在勘合符上盖有"本字一号"字样的印章。背面上有各种信息，例如，贡品数量、使节和使团成员的备用礼品、货物种类、船只数量、"官商"（勘合符记录的商人）雇用的水手等等。写在背面的文字叫作"批文"或"批复"。

从足利义满统治时至1547年，历时超过一个半世纪，共有十九个朝贡使团前往明朝。[2]足利家族的第四任将军足利义持切断了与中国的关系。在永乐帝在

---

[1] 关于勘合贸易早期的全面研究，可参见 Kayahara Shōzō, "Nichimin kangō bōeki no soshiki to shikō," in *Shigaku zasshi* 31 (April, May, August, and September 1920)。

[2] 我在此沿用了田中健夫的观点，参见 Tanaka, *Chūsei taigai kankeishi,* 第159-160 页。关于足利义满时期之后日明关系的研究很多，可参见 Kayahara Shōzō, "Nichimin kangō bōeki ni okeru Hosokawa Ōuchi nishi no kōsō," *Shigaku zasshi* 25 and 26 (September-October 1914, February-March 1915)；Akiyama Kenzō, *Nisshi kōshō shiwa* (Tokyo: Naigai shoseki kabushiki kaisha, 1935)；Fujita Motoharu, *Nisshi kdlsu no kenkyu, chu-kinsei hen* (Tokyo: Fuzambo, 1938)；Akiyama Kenzō, *Nisshi kōshōshi kenkyū* (Tokyo: Iwanami shoten, 1939)；Makita Tairyo, *Sakugen Nyūminki no kenkyū* (Kyoto: Hōzōkan, 1959)；Sakuma Shigeo, "Mindai chūki no taigai seisaku to Nitchū kankei," *Hokkaidō daigaku jimbun kagaku ronshū,* no. 8 (1971)；以及 Kobata Atsushi, *Kingin bōekishi no kenkyū* (Tokyo: Hōsei daigaku shuppankyoku, 1976)。酒井忠夫撰写了简略但有用的指南，参见 "Mindai bunka no Nihon bunka ni ataeta eikyō," *Rekishi kyōiku* 11 (October 1963)。

位的后半期，倭寇侵袭严重。足利家族的第六任将军足利义教恢复了日本与明朝的朝贡关系。到 1401 年派遣第八次朝贡使团为止，室町幕府垄断了对明朝的贸易。但是，从 1433 年的第九次朝贡使团开始，寺院、神社和大名加入其中。第十一次朝贡使团在第八任将军足利义政任期内出发，在日明关系发展过程中规模最大。那时，明朝完成《宣德条约》，规定从当年起，每十年朝贡一次，每次三艘船三百人。

　　关于对明贸易，以坂井为基地的细川家，与以博多为基地大内家发生对峙。在 1511 年和 1523 年两次朝贡过程中，双方之间的冲突加剧，后一次达到顶峰，
440　在宁波导致骚乱。1540 年和 1549 年分别进行了第十八次和第十九次朝贡。当时，大内家垄断了对外贸易。后来，随着大内家失败，对明贸易被废除。由此可见，向中国派遣商船是一个极好的温度计，以此可以看到室町幕府权力的兴衰。

东亚国际关系的变化

　　今川了俊被解除职务之后，九州探题由涩川满赖担任。但是，日本与朝鲜关系的真正焦点是大内义兴，人称"日本六国之首"。大内义兴试图以将军或幕府之名清剿倭寇，夺得佛教大藏经之类物品。足利义满身为"日本国王"，避开大内家，与朝鲜单独发展关系。[1] 我们知道，那位幕府将军与朝鲜的关系持续到了 16 世纪中叶。那时，足利义昭派出了朝贡使团。首先，在朝鲜看来，日本和朝鲜平起平坐，进入了以明朝为中心的东亚国际关系圈子。但是，日本的武士政府认为，与朝鲜政府相比，自己高人一等。其次，与日本对明关系的情况类似，日本对朝交往并非仅仅在中央政权之间进行。除了室町幕府之外，日本西部的若干地方领主也与李氏政府——朝鲜方面的唯一兴趣点——保持联系。幕府只是参与贸易的商人之一，对整个贸易并无指导作用。日明关系是单向的，基于日本的从属地位；日朝关系却不一样。再则，明朝不承认与日本国王的藩属国之间的任何关系。另一方面，在朝贡制度之内，日本和朝鲜地位相当。李氏王朝理解日本的政治局势，并不认为幕府将军是控制倭寇的唯一力量。它还知道，就生产能力

---

[1] 对《李朝实录》中日朝关系的论述，参见 Nihon shiryō shūsei hensankai, ed., *Chūgoku-Chōsen no shiseki ni okeru Nihon shiryō shūsei*, vols. 1–5 (Tokyo: Kokusho kankōkai, 1976–1981)。

而言，日本不同地区（特别是西部）和阶层之间差异很大，这一点限制了幕府的作为。

李氏政府倡议了许多政策，以便控制倭寇，并且一度取得很大成功。其中一个做法是，对倭寇采取和解政策。对于缴械投降的倭寇，李氏政府给予官职、稻田和其他财产。但是，此举带来的结果是，反水的倭寇数量激增，李氏政府不得不将贸易区域限制在釜山浦和荠浦这两个港口。1426 年，限制措施放宽，增加了一个港口盐浦。住在这三个港口的日本人被称为"永久居住的日本人"。1407 年，李氏政府规定，各类日本大名派遣的商船（人称"赚钱船"）必须携带证明其来源的通关文书。而且，李氏政府还制定规定，管理船上人员。[1] 发放那些文件的权力被对马的宗氏垄断。从那以后，宗氏开始在日朝贸易中享有特殊地位，一直持续到 19 世纪中叶。该家族后来能够完全控制对马，这是其中主要原因之一。

李氏王朝还采取军事行动，1419 年进攻对马，一举歼灭倭寇。在日本，那次战役被称为"应永外寇"。[2] 但是，力主开战的太上王李芳远去世之后，他的继任者世宗推动日朝关系正常化。在大约一个世纪中，两国维持了相对和平，互为贸易伙伴。[3] 然而，日本的各个阶层都希望多方面扩大对朝贸易。李氏王朝继续留心，防止倭寇再度骚扰，并且通过不断增加限制措施来加强控制。该政策在世宗在位头几年中出现，实际上在文宗时期完成。李氏王朝的一名负责外交事务的资深官员编写了《海东诸国记》（意思是"东面国家的记录"），收录了当时所有的关于联系和贸易的协议。[4] 该书不仅包括那些国家与朝鲜关系的历史，而且还有日本和琉球群岛的内部状况。

朝鲜采取政策，既善待日本旅行者，又考虑到限制性立法。主要限制包括：通过颁发官方勘合符、官方命令、通关文书、年度船只数量，推行通行证制度，对人员实施控制。[5] 在日本，最早使用的标有接受人姓名的铜印叫作勘合符（勘

441

442

---

[1] 关于李氏王朝的限制措施，参见 Nakamura, *Nissen kankeishi no kenkyū,* vol.1。

[2] 关于应永时期的海盗，可参见 Miura, *Nihonshi no kenkyū,* vol. 2, 第 1086–1121 页；Takagi Shintarō, *Ōei gaikō no zengo* (Tokyo: Yagi shoten, 1942)；以及 Nakamura, *Nissen kankeishi no kenkyū,* vol. 1. 第 227–310 页。

[3] 关于日本与朝鲜的贸易，可参见 *Nissen kankeishi no kenkyū*; Tanaka, *Chūsei taigai kankeishi*；以及 Tamura, *Chūsei Nitchō bōeki no kenkyū*。关于日本与高丽王朝和李氏王朝的关系，田村洋幸还编撰了三本有用的资料性著作，参见 Tamura Hiroyuki, *Nichirai kankei hennen shiryō* (Kyoto: Mine shobō, 1967)；*Taisō-Teisō-Taisō jitsuroku Nitchō kankei hennen shiryō* (Kyoto: Sanwa shobō, n.d.)；以及 *Sesō jtsuroku Nitchō keizai shiryō* (Tokyo: Koseikaku, n.d.)。

[4] 参见 Shin Shuku Shū, *Kaitō shokokki* (Tokyo: Kokusho kankōkai, 1975)。

[5] 参见 Nakamura, *Nissen kankeishi no kenkyū,* vol. 1. 第 112–114 页。

合印）。该制度应日本的要求启动，最早的记录见于 1418 年的文件中。官方命令为第二项措施，是盖有印鉴的证明文件。该措施的实施依靠两个方面的地位和影响，一是九州探题，二是对马的宗氏领主。它最初始于 1419 年，直接原因是，朝鲜向九州探题涩川满赖提出了要求。从那以后，不再允许一般商船在日本与朝鲜之间航行。两国之间的贸易作为官方船只的一项副业，以大使之名进行。实施通关文书制度之后，没有对马的宗氏领主颁发的通关文书者，均被视为海盗。该制度在宗氏的要求下实施，于 1426 年首次推行。1435 年后形成制度，1436 年最后确定。

还有限制每年可以到访的官船数量。该制度始于 1424 年。时任九州探题的涩川满直建议，每年限量为两艘。[1] 1443 年签订的条约规定，宗氏有权每年派遣50 艘船，必要时还可派遣实施特别任务的船只。朝鲜的控制政策因此达到顶点。该条约确立了宗氏在对朝贸易中的垄断地位，代表了对整个对日贸易实施的非常严格的控制。

日本商人从事外贸，需要得到"日本国王"（足利氏将军或大内家族长）这443 样的重要人物的许可。第五项控制措施是，使用通关印，防止伪造许可文书。除了以上提到的限制之外，朝鲜还实行了以上提到的港口限制，规定通往首都的路线，颁布关于使节接待事务的办法。

在《海东诸国记》涉及使节的条款中，列出了参与贸易活动的四类日本旅行人员：一、日本国王（足利氏将军）的使节；二、各类大名——称为"大首领"——的使节；三、九州探题或对马领主的使节；四、对马居民。第二类人——各类大名——的使节实际上是商人。日朝贸易采取三种形式：其一，通过仪式交换的货物和礼品；其二，李氏政府以官方货物进行的交换；其三，得到李氏政府批准的私人贸易。除了以上三种合法形式之外，还有严管之下依然无法根除的非法贸易。私人贸易被宣布为非法之后更加兴旺，其数量超过从前。

《李朝实录》以比较详细的方式，记录了日朝之间的贸易关系。在 15 世纪前

---

[1] 关于九州探题在日朝关系中的作用，参见 Akiyama Kenzo, "Muromachi shoki ni okeru wakō no chōryō to Kyūshū tandai," *Rekishi chiri* 57 (April 1931), "Muromachi shoki ni okeru Kyūshū tandai no Chosen to no kotso," *Shigaku zasshi* 42 (April 1931), and "Muromachi shoki ni okeru wakō no chōryō to Ōei gaikō jijō," *Shigaku zasshi* 42 (September 1931)；Kawazoe Shōji, "Kyūshū tandai to Nitcho kosho," in *Seinan chiikishi kenkyū*, vol. 1 (Tokyo: Bunken shuppan, 1977), 以及 "Kyūshū tandai no suimetsu katei," *Kyūshū bunkashi kenkyūsho kiyō*, no. 23 (March 1978)，第 81–130 页。

半期，每年的贸易使团数量平均为 22 个。但是，在那个世纪的后半期，其数量增加了 3 倍多，达到了 67 个。[1] 每艘船的货物数量不多，且价格低于日中贸易。可是，船只和使团数量——即贸易总量——大大超过日中贸易。

在 15 世纪的日本对外关系中，日朝贸易具有重要地位。朝鲜从日本进口的主要物品包括朱砂和东南亚国家的染料、药品、硫黄、香料；铜、金、锡、铅等金属；以及军事用品和文化用品，例如佩剑和屏风等等。大量东南亚货物直接经过琉球群岛或博多，出口到朝鲜。[2] 来自琉球群岛和东南亚的商船常常在博多停泊；来自朝鲜和中国的许多商人光顾，让那个国际港城繁荣起来。在东亚贸易圈中，日朝贸易显然起到重要的连接作用。

444

日本从朝鲜进口各种货物，其中包括虎皮、熊皮、织花席垫、人参和蜂蜜。最初，两国贸易主要为苎麻和麻布，后来棉布所占的比重越来越大。日本当时尚未生产棉布，对棉布的需求与朝鲜的生产一拍即合，因此棉布成为日朝贸易中的主要货品。除了那些货物之外，还进口相当多的佛经和佛教用品，用户主要是那些被称为"大首领"（守护大名）的人。

如果我们按照田中健夫提出的想法，分阶段考察日朝贸易关系，其顺序如下 [3]：第一阶段（1392—1419 年）从太上王李芳远，到世宗首年的应永袭击。那时，倭寇侵袭的高峰已过，日本与朝鲜的贸易终于开始，日本各地的商人可以自由跨海到朝鲜。足利义满已经开启了日朝关系，正在紧锣密鼓地展开对外贸易。

第二阶段（1419—1450 年）与世宗统治时期一致。那时，室町幕府淡化了对朝贸易的重要作用；在应永袭击之后，对马的宗氏恢复了友好关系，提升了自己的地位。世宗采取以和平关系为基础的平等政策，创立了一批贸易控制机制，让对马与朝鲜的关系步入正轨。

第三阶段（1450—1510 年）从睿宗登基开始，到成宗登基和三港之乱结束。前一个阶段的做法延续下来，对贸易的控制得以增强。但是，日本与朝鲜之间经济发展存在的巨大差异影响了贸易，后来便一蹶不振。三港之乱爆发，许多永久居住的日本人涉及其中。后来证明，那是日朝两国贸易关系的一个转折点。

---

[1] 参见 Tanaka, *Chūsei taigai kankeishi,* 第 167 页。

[2] 相关细节参见 Arimitsu Yūgaku, "Chūsei kōki ni okeru bōeki shōnin no dōko," *Shizuoka daigaku jimbun gakubu jimbun ronshū,* no. 21 (January 1971)。

[3] 参见 Tanaka, *Chūsei taigai kankeishi,* 第 166 页。

第四阶段（1510—1592年）从三港之乱开始，到文禄庆长之役（丰臣秀吉
445 入侵朝鲜）结束。在这个阶段初期，在宗氏的努力之下，日朝关系有所改善。但
是，由于日本对朝鲜的兴趣下降，两国接触减少。丰臣秀吉入侵朝鲜之后，两国
关系完全断绝。在东亚历史的这个阶段中，明朝海禁政策失败，欧洲船只到来，
倭寇侵扰不止，这给日朝关系带来强烈影响。

在东亚贸易圈中，琉球群岛（今天的冲绳）也起到了连接作用。[1] 1429年，
尚巴志统一了琉球群岛的三个王国——北山、中山、南山。实现统一依赖于向明
朝进贡。从1372年开始，琉球群岛每年向中国派遣朝贡使团。最初，他们的贡
品是香料和胡椒这样的南方物产，另外还有日本的利剑和扇子。后来，他们的贡
品只有琉球群岛出产的马匹和硫黄。冲绳从明朝获得陶器、生铁、纺织品和钱
币。冲绳还派出学生到中国学习，并且接受了来自福建的36个家庭的移民。因
此，中国文化对那些岛屿的影响非常明显。

最晚从14世纪后半期开始，琉球群岛与东南亚开始了贸易关系。从那以后
到16世纪结束，他们的足迹到达了许多地方，例如，暹罗（今天的泰国）、爪哇
岛、马六甲、苏门答腊、印度尼西亚的帕塔尼、越南和巽他群岛。日本与暹罗的
贸易活动特别活跃，且由日本单方面积极推动，是该王国直接控制和管理的主要
官方贸易。大约150年之后，日本才将触角伸向南方。对来自南边的明朝和朝鲜
的货物，日本的需求扩大。而且，在贸易活动中，日本主要得益于琉球群岛与东
南亚各国的关系。

1389年，琉球群岛将倭寇俘获的一批高丽人遣返回国，并且送去了硫黄、胡
椒和木材等物，开始了与朝鲜的交往。[2] 即便在太祖李成桂建立李氏王朝之后，
琉球群岛仍继续派遣使节到朝鲜，出售东南亚和中国的货物。但是，那是琉球群
岛积极开展的单边贸易，朝鲜方面的积极性依旧不高。琉球群岛派遣的使节乘坐
商船，从博多、对马以及九州的其他港口出发，前往朝鲜。有时候，九州商人自
己充当琉球群岛的使节。但是，到了1609年萨摩入侵琉球群岛之后，那种贸易

---

[1] 对琉球群岛对外贸易的研究，可参见 Akiyama, *Nisshi kōshō shiwa*；Higaonna Kanjun, *Reimeiki no kaigai kōtsūshi* (Tokyo: Teikoku kyōikukai shuppanbu, 1941)；Miyata Toshihiko, "Nichimin, Ryumin kokkō no kaishi,' *Nihon rekishi,* nos. 201–203 (February-April 1965)；Kobata Atsushi, *Chūsei nantō tsūkō bōekishi no kenkyū* (Tokyo: Tōkō shoin, 1968)；以及 Miyagi Eisho, *Okinawa no rekishi* (Tokyo: Nihon hōsō shuppan kyōkai, 1968)。

[2] 参见 Kobata Atsushi, *Nihon keizaishi no kenkyū* (Kyoto: Shibunkaku shuppan, 1978)，第559–579页。

结束了。

　　日本和琉球群岛以向明朝进贡为媒介，开展了互相之间的贸易。对琉球群岛来说，日本和朝鲜是它转销从中国进口的货物的地方。后来，两国成为琉球群岛的贸易伙伴，冲绳可以将从东南亚采购的货物出口到日本和朝鲜。这是中转贸易的一个经典案例。这样一来，琉球群岛的船只停靠的港口包括九州的博多、近畿地方的兵库和堺城、日本东部武藏国的松浦等等。室町幕府任命一名管理和控制琉球群岛贸易的官员。足利氏将军和琉球群岛国王互换用日文假名写成的文件。两人同文同宗，保持一种从属关系。[1] 应仁之乱之后，琉球群岛的船只不再停靠兵库，寻求贸易机会的堺城商人开始冒险前往琉球群岛。但是，大内家支持的博多商人出面，反对得到细川家的室町幕府副将军支持的堺城商人，千方百计限制其活动。一方面，他们在日本本岛划定一个地方，将琉球群岛与九州的贸易限制其内；另一方面，坊津和博多成为重要中心。

　　中国商人受到明朝海禁政策的制约，所以琉球群岛可以开展广泛的贸易活动。但是，该政策失效之后，非法国家贸易开始出现，以中国东南沿海为主要目的地。从事非法贸易的外贸商人数量大增，倭寇大量侵袭的嘉靖（1522—1566年）时期随之出现。后来，欧洲商船开始抵达，琉球群岛以扩大贸易为基础的繁荣时期告一段落。

446

---

[1]　参见 Tanaka Takeo, "Muromachi bakufu to Ryūkyū to no kankei no ichi kōsatsu," *Nantō shigaku*, no. 16 (November 1980)。

第十章　日本中世时期的文化生活

H. 保罗·瓦利，哥伦比亚大学东亚语言和文化系

镰仓幕府和佛法终结

一一五六年七月初二，禅位的鸟羽天皇去世，日本出现战争和冲突，国　447
家进入武士时代。[1]

以上文字言简意赅，出自佛教僧侣慈圆（1155—1225 年）笔下。慈圆创作了
《愚管抄》，记录了 13 世纪初期的日本历史。慈圆是处于上升时期的藤原氏北支
的成员，撰写《愚管抄》旨在证明，他的家族作为平安朝廷的摄政王，在历史上
取得了很大成功。但是，让慈圆名垂青史的很可能在于这一点：在日本历史上，
他最早从明确因果关系的角度考察过去，将其视为一种分阶段的演进过程。他以
前的文人并未完全忘记历史的因果性，但是没有谁像慈圆那样，尝试在一个全面
的阐释性框架之内，分析日本的历史。

慈圆对历史进程的强调并非异常之举，更确切地说，那是来自对他本人见证
的巨大历史变迁的经过升华的感悟。正如《愚管抄》记载的，日本在 12 世纪晚
期发生了很大变化，从朝廷治下的相对平静、安宁的国家，转变为一个吵闹波
动、充满冲突的"武士时代"。这些变迁让慈圆以及朝廷贵族的其他成员经历了
痛苦。然而，慈圆认为，这些变迁具有必然性，因而以宿命论的态度加以接受。
他确信，末法——或称"教法的终结"——时代早在一百年之前已经开始。这种

---

[1]　参见 Okami Masao and Akamatsu Toshihide, eds., *Gukanshō*, vol. 85 of *Nihon koten bungaku taikei* (Tokyo: Iwanami shoten, 1967), 第 206、447 页。

悲观主义的理念为他的中世观定下了主导性基调：日本已经进入历史上最后的灾
难性阶段，人们不再信奉教法，社会动乱取代秩序，人生陷入黑暗和苦难之中。
在那种情况下，武士崛起，甚至使用蛮力，重新赋予那片土地某种秩序的假象，
这不是什么令人惊讶的事情。

末法的历史衰落观在中世初期大行其道，源于日本人传统上对这一点的敏锐
感知：万事万物变动不居，转瞬即逝。在传统的日本社会，理想之美总是一种容
易消亡之美，最典型的例子是四季更替在自然中形成的景物变化。佛教相信，世
界处于不断变化之中。这一点深化和强化了对变化这种与生俱来的感觉。于是，
有人写了以下这个段落：

> 逝川潺潺长流，河水绝不相同。池塘水泡漂荡，时而消失，时而浮现，
> 从不久存：世上之人和居所亦然。在京城中，大小房舍鳞次栉比，代代相
> 传，没有变化。然而，究其真伪，原封不动者寥寥无几……城市亦然，人头
> 攒动，熙熙攘攘。然而，余曾相识者，尚存十不足一。其死于晨曦，生于暮
> 色，恰如水泡。[1]

上文意象富于诗意，展现了人和景物稍纵即逝的本质，给人印象至深。

这一段文字孤立出现，没有就其创作时代提供任何线索。它表达的感受是，
日本人总是擅长表达。其实，它是鸭长明的《方丈记》的开头。《方丈记》是一
本简短的随笔集，写于 1212 年，开启了这种中世叙事的先河：描述今生的苦难，
沉思死后在阿弥陀佛的净土天堂中如何获得解脱。

鸭长明（1153—1216 年）是低等宫廷贵族，其家族在京都的贺茂神社担任神
道祭师。他极富诗人才华，然而在宫廷文学圈子中却没有立锥之地。究其原因，
很可能是他社会地位较低之故。他中年时削发为僧，避开京城生活，到了京都城
外的日野山，住进"10 平方尺"的简陋茅舍，过起了隐居生活。

《方丈记》的前半部分描述了人世生活的悲痛和艰辛，讲述了一系列灾难，
其中包括 12 世纪 70 年代末和 12 世纪 80 年代初京都发生的地震、大火和饥荒。
那是具有划时代意义的岁月，平氏和源氏争夺军事霸主地位，镰仓建立了一个

---

[1] 参见 Donald Keene, ed., *Anthology of Japanese Literature* (New York: Grove Press, 1955), 第 197 页。

武士政府（幕府）。可是，对于那些事件，甚至对于他个人的遭遇，作为诗人的鸭长明几乎只字未提。在一定程度上说，至少其中一个灾难——1181 年的大饥荒——的原因是，堪称京都"粮仓"的近江国出现战乱，无法向京都运送食品。

在《方丈记》的后半部中，鸭长明以灾难和痛苦为背景，诉说了他从宗教中寻求解脱的心路历程。他试图摆脱与尘世的联系，在社会和物质两个层面上均是如此。最后，他躲进了自己的方丈茅舍。然而，让人感到可怜的是，他被迫承认，即便身居小小茅舍也可能阻碍自己的解脱之路，难以在阿弥陀佛的净土中获得重生。

也许，《方丈记》最突出的特点是，诗人揭示了自己内心的冲突：他抨击世俗苟且，渴望在阿弥陀佛的净土中获得重生。然而，他却发现，美在生活中几乎无处不在，甚至见于他的简陋茅舍之中。那间茅舍本应代表他对物质价值的摒弃态度，然而却成为诗人鸭长明的审美感性的焦点。在后来的中世时期，"茅舍"成为许多诗人和艺术家的一种重要的理想之美。但是，就这一点而言，很少有人可以与鸭长明比肩：内心始终挣扎，希望放弃世间之美，以便获得宗教解脱。

《平家物语》及其他战争故事

《方丈记》以非常精美的文学言语，表达了诗人对伴随中世出现的变迁的强烈感悟。可是，它并未关注当时的历史进程，没有关注日本以不可避免的方式陷入末法时代的情况。这就是《愚管抄》的主题。不过，《愚管抄》是相当枯燥无味的历史记录，没有反映那个时代的普罗大众的想象力。那时，平安宫廷的高度发展的文明渐渐衰退，国家进入一个武士时代。《平家物语》是伟大的战争故事，正是它讲述了最丰富多彩的传奇，展现了中世精神最生动的形象。

就中世的叙事传统而言，战争故事（日语称"军记物语"）这一文学体裁十分重要；但是，对它进行定义绝非易事。在题材方面，它们处理的是武士和战斗；根据这一标准，最早的战争故事是《将门记》，讲述了935—940 年间关东的平将门造反的事情。《陆奥话记》记录了所谓的"前九年之役"，战事时间为 11 世纪中叶，地点是陆奥和出羽地区。这两部作品富于民间传说，体现了正在崛起的武士阶层的气质。它们用中文写就，其语言与中世的战争故事迥然不同。对比之下，中世战争故事使用的是日文（以汉字和假名记录），并且混合大量借用的汉

450

字，其中包括许多表达佛教理念的文字，起到锦上添花之效。

　　大多数战争故事的作者和创作日期要么不为人知，要么存在争议。例如，就镰仓时代的三大故事——《保元物语》《平治物语》和《平家物语》——而言，我们甚至不知道作者姓什名谁，也不知道其创作或编撰的先后次序。也许，并不存在什么"次序"。前两个故事比较简短，聚焦的事件有限（分别为 1156 年的保元之乱和 1159—1160 年的平治之乱），可能由某位作者在具体时段中写成。《平家物语》篇幅很长，以史诗方式记录平氏的兴衰，时间跨度在一个世纪以上（从12 世纪后期到 13 世纪后期），来源既有书面文献，也有口头资料。

　　学者们假设，《平家物语》的最初版本写于 13 世纪早期，作者是一位公卿，名叫行长。他得到时任比睿山延历寺住持僧侣兼史家慈圆的支持。这意味着：其一，《愚管抄》和《平家物语》（其最初形式）大约在同一时期编撰；其二，行长受到了慈圆的宿命论观念和末法哲学的强烈影响。

　　如果说存在着"最初的"《平家物语》，那么，其篇幅很可能较短，按照构成该书叙事主线的时间顺序，讲述事件的来龙去脉：首先，平氏在平清盛（1118—1181 年）领导下崛起，12 世纪 70 年代晚期在平安宫廷中占据主导地位；后来，该家族在源平合战（1180—1185 年）中失去荣耀和权力。但是，我们现在看到的《平家物语》是鸿篇巨制，包括许多轶事和传奇，来源多种多样。最重要的是，盲人游云和尚游走乡村，在琵琶的伴奏下讲述故事，对《平家物语》进行了大幅451　改编和重构。《方丈记》的开头以哀怨的笔触，评述变迁的悲哀和时光的流逝。《平家物语》的引言给人的感觉是，基调十分严峻，带有不祥之兆：

> 　　祇园钟声响起，回荡万物无常。柚树花色惨淡，昭示盛者将衰。骄者难续其势，仿佛春宵一梦。猛者终将消亡，恰如风中之尘。[1]

我们看到，平氏命中注定垮台。文本带有一种无可奈何的悲剧意味，一直保持到结束。在日本文化史上，平氏的倒台是重要的主题之一。正如《平家物语》所示，其原因和方式告诉我们，武士们作为那个时代的统治者，对公卿们在历史上遭到取代的命运，持迥然不同的态度。

---

[1]　参见 Donald Keene, ed., *Anthology of Japanese Literature* (New York: Grove Press, 1955), 第 78 页。

　　《平家物语》原作者（让我们假设他就是行长）表达的是以公卿为中心的旧制度的观点。平氏首领平清盛是十分卑鄙之徒，不仅异常骄横，而且反复违反"王法"中没有写明的神圣信条，向天皇及皇室其他成员的职位和个人名声提出挑战。从某种意义上说，《平家物语》中刻画的平清盛不仅对整个武士阶层满腹牢骚，而且试图篡夺天皇和朝廷的权力。当然，从历史角度看，我们不能认为此说准确。但是，可以从完全不同的角度，阐释（《平家物语》前半部分结尾处）对整个平氏的刻画，特别是对平清盛1181年去世之后局势的描述。在这部著作后半部的某些段落中，平氏被迫逃离京都，遭到源氏军队的持续追击，最后于1185年在坛之浦战役中灭亡。他们以微妙的方式，成为公卿阶层的代理人。他们的可怜命运显示，公卿作为中世时期的统治者必然灭亡。

　　将平氏描写为公卿，这一做法可见于《平敦盛之死》那个著名桥段中：源氏的家臣熊谷直实在一之谷海滩上，抓获了年轻的将领平敦盛。熊谷直实被迫将他斩首，以免他遭受其他源氏党徒更加残酷的蹂躏。熊谷直实发现，平敦盛的腰带上系着一支竹笛，不禁痛苦地感叹：源氏千军万马，没有哪个人想到将此等物品带入战场！但是，将平氏变为公卿代理人的，并非仅仅是对他们对音乐、诗歌之类的雅兴。在这部作品中，一些重要段落以独特的笔调和文学特性，讲述了源平合战中平氏主要将领遭受的羞辱、痛苦和死亡。一方面，《平家物语》的大部分内容使用了新战争故事题材的充满活力的风格；另一方面，以上段落使人想起平安时代的虚构故事的氛围和感受。

452

　　可以说，平氏兼有武士和公卿的双重特征。但是，在《平家物语》中，源氏显然被描写为充满活力的新时代将领，只有少数角色属于例外。悲剧氛围弥漫整个作品，甚至在刻画胜利者时也是如此。例如，作品以生动的语言，叙述了源平合战中源氏首位大将源义仲（1154—1184年）阵亡的场景，预示了第二位将领源义经（1159—1189年）的厄运。与之相反，源氏代表着未来。实际上，作品以夸张的手法，将他们之中的一些人及其门徒刻画成拥有非凡能力和勇气的人。他们将成为中世战争故事的脸谱化角色。

新古今集时代

我们在《愚管抄》和《平家物语》（在《方丈记》里也有，不过较为含蓄）

中看到，字里行间对公卿阶层的过去时光有一种怀念之情。那种怀旧并非只是对无法重获之物的稍纵即逝、毫无用处的渴望，而是慢慢增强、弥漫于整个中世时期的情绪的组成部分。公卿阶层熬过了转向武士时代的过渡阶段，因此这种情绪在一定程度上得以维持下来。公卿们最终被剥夺了所有政治权力，而且失去了大部分物质财富。然而他们却保留了贵族的独特社会地位，维护着其先辈创造的、依然备受羡慕的古典文化。

古典文化的核心是和歌。公卿们不吝其爱，在它抑扬顿挫的节律中，表达至高无上的美感。在平安时代早期到中期，和歌传统包括的诗意表现、优美辞藻和社会情趣基本定型。在 905 年左右，《古今集》（古代和现代诗歌集）编撰问世，成为首部经过朝廷授权的和歌总汇。后来，宫廷诗人深深崇拜《古今集》，将它以及 10 世纪和 11 世纪初期的其他作品，特别是《伊势物语》和《源氏物语》，作为宫廷审美和文化价值的模式。在早期，所谓"古典过去"本质上属于中国文化；此时，越来越多的日本人回首自己历史上的平安时代中期，将其作为艺术指引和灵感之源。[1]

12 世纪和 13 世纪初期，朝廷作为政府机构已是日薄西山。也许具有讽刺意味的是，那时的文人对日本的过去产生了强烈意识。和歌繁盛的主要特征由此形成。那个阶段可被称作"新古今集时期"，其最高成就是 1205 年编撰的第八部宫廷诗集，所谓的"新古今集"。《新古今和歌集》的诗人包括藤原俊成（1114—1204 年）、西行法师（1118—1190 年）以及藤原俊成之子藤原定家（1162—1241 年）。他们倡导"使用老词语，表达新感受"，试图在作品中达到共鸣效果，其方式一是借用以前诗歌的典故，二是使用暗示而非明说。藤原定家的一首诗歌展现了其中的某些技巧：

环顾四周，

不见樱花

红叶。

湾畔茅舍

---

[1] 参见 Kenneth Dean Butler, "The *Heike Monogatari* and the Japanese Warrior Ethic," *Harvard Journal of Asiatic Studies* 29 (1969): 93–108。在这篇文章中，布特勒分析了口头故事歌者如何采用艺术方式，创造《平家物语》中脸谱化的著名的武士"理想英雄"。

秋光暮色。[1]

藤原定家在此使用了两个传统典故，一是春天的樱花，二是秋天色彩变化的枫叶。但是，他没有直接赞美樱花和秋叶，而是描写了一个两者显然不存在的深秋或初冬景象：海湾里，一间简陋的渔人茅舍。这个景象恰似一幅水墨画，本身是非传统的，暗示中世出现的某些新的鉴赏情趣。它借助一贯为诗人赞美的樱花和红叶，给人似曾相识的感觉。读者知道，这个曾经富于色彩的画面将会重现生机，凄凉的景象于是得到升华。

两种审美价值引领新古今和歌时期的诗人，确定了中世艺术的许多基调。它们就是"幽玄"（神秘和深奥）和"寂"（孤寂）。在描述室町时代的能剧时，我将进一步讨论这个话题。在此，让我先谈谈"寂"所引申的一些鉴赏情趣。

平安时代诗人有两个主要关注点：一是新颖和时尚；二是人们眼里的传统自　454
然美，例如，春花和秋叶。到了新古今和歌集时代，一种新的审美情趣发展起来，欣赏饱经风雨的枯萎孤寂之美，日语为"寂"。究其原因，也许是末法悲观论的忧郁情绪之故，诗人越来越意识到，伟大的时代即将谢幕。藤原定家笔下，晚秋暮色中，海湾之畔浮现一间茅舍。这就是寂的一个很好的例子。西行法师下面这首著名作品更加典型：

纵然放弃
尘世情感
深知人生悲悯。
鹬起泽畔；
秋光暮色。[2]

藤原定家和西行法师的这两首诗歌最后一行相同，因此表现的季节和时间一样。藤原定家的这首作品几乎纯粹是描写，西行法师则带着强烈的个人色彩，表现了人生的荒芜和孤寂。

---

[1]　参见 *Shinkokinshū*, vol. 4, no. 363。
[2]　参见 *Shinkokinshū*, vol. 4, no. 362。

藤原定家和他的诗友们不仅创作诗歌，而且还研究学问。对其诗歌的"典故深度"而言，他们从事的学术研究不可或缺，本身就是十分重要的怀旧作品之一，在中世时期获得不断发展。这种学问通常叫作日本学术或"和学"（这个术语将它与"汉学"或者说中国学术区分开来），主要由两个大的研究领域构成。一个是以和歌为主的古典宫廷文学资料，特别是平安时代中期的杰作：《古今集》《伊势物语》和《源氏物语》。另一个是"宫廷仪典和实务"，即积累而成的宫廷仪式、习俗和琐事。在 14 世纪末和 15 世纪的室町时代中期，和学的发展达到顶峰。13 世纪初编撰的《新古今和歌集》便是它在艺术方面的重大成就之一，其作者大都属于公卿阶层。该书的主要编撰者是年事已高的禅位天皇后鸟羽（1180—1239 年），这也是顺理成章的事情。后来，后鸟羽天皇计划推翻镰仓幕府，承久之乱 1221 年开始。那场战争持续时间不长，导致镰仓幕府大规模扩张武力统治。从文化史的角度看，最重要的结果或许是，镰仓幕府确立了对京都的控制。

神道的振兴与镰仓时代晚期

455　　1221 年以后，朝廷控制力减弱，甚至连最重要的朝廷事务也落入幕府之手。各种重大决定要么由幕府直接炮制，要么通过其代表六波罗探题进行操作。在那种情况下，京都上空笼罩着一种无可奈何的气氛。在镰仓时代剩下的时间里，艺术创作不再繁荣，根本无法与中世时期头 30 年相提并论。与此同时，镰仓遭到北条将军摄政王（日语称"执权"）的严管。摄政王对其新近获得的统治地位信心满满，希望通过提升文化生活的质量，改善权力所在地的地位。实现这一点的主要手段是支持禅宗。北条家邀请中国禅宗僧侣到镰仓，帮助他们建立主要禅宗中心，例如，建长寺和圆觉寺。

在镰仓时代，大量智力投入到佛教，最好的学术著作出于佛教新宗派奠基人之手，其中包括法然、亲鸾、容西、道元和日莲。在镰仓时代，神道也得以振兴。这一发展没有形成多少传世之作，但是却在很大程度上影响了社会上层的态度。13 世纪末至 14 世纪初，日本两次遭受蒙古人入侵（1274 年和 1281 年），镰仓幕府逐步衰败，最终遭到推翻。在建武复辟期间（1333—1336 年），后醍醐天皇（1288—1339 年）试图"恢复"朝廷统治。

神道振兴形成的一个表现是，唤起了人们对日本起源的兴趣。在《愚管抄》

中，慈圆记录的日本史第一世俗天皇是神武天皇，所谓"人的时代"由此开始。但是，有的人开始研究长期被人忽略的"神的时代"的历史，从而为后来的发展铺平道路。例如，在蒙古人入侵期间，有人提出了"神灵之风"（日语称"神风"）概念：在日本面临巨大危险时，神灵之风就会刮起。在那之前的数百年中，佛教被视为至高无上的"国家护佑者"；"神风"这个概念强调说，神道高于佛教，拥有首要地位。[1]

　　神道振兴的另外一个表现是，开始对日本历史进行新的研究。该研究恰逢皇室出现继位之争——禅位的后嵯峨天皇去世之后，他的后人之间出现纷争。该研究最重要的成果是《神皇正统纪》（意思是"神灵和君主的嫡系后人的编年史"）。这部日本史于 1339 年完成，执笔者为北畠亲房（1293—1354 年）。要理解《神皇正统纪》写作的历史背景，我们必须首先考察两大因素，一是建武复辟失败，二是室町幕府（1336—1573 年）建立。

　　从本质上看，建武复辟是一次逆历史潮流而动的无用尝试，其目的是恢复大约 500 多年之前的状态——据说，天皇那时亲自统治全国。结果，在京都的复辟政府惨遭失败。其原因很可能是，它没有能力满足协力推翻镰仓幕府的武士提出的奖赏要求。此外，从复辟政府建立一开始，作为其依赖的主要力量的首领们针锋相对，激烈竞争。最后，政府四分五裂。1335 年，那些首领之一足利尊氏（1305—1358 年）——源氏的一个主要分支的头目——起兵。他的部队占领京都，迫使后醍醐天皇及其支持者逃之夭夭，退到京城南面山区中的吉野。于是，两个朝廷之间的战争（1336—1392 年）开始了。在日本历史上，这是一个前所未有的时期，同时存在两位相互竞争的朝廷：一个是后醍醐天皇统领、设在吉野的"南朝"；一个是皇室另外一个分支的皇帝领导、设在京都的"北朝"。足利尊氏将室町幕府设在皇宫附近，北朝不过是室町幕府的一枚棋子而已。

　　1339 年，后醍醐天皇去世，其追随者北畠亲房成为南朝的实际领导人。学界长期以来推测，北畠亲房撰写《神皇正统纪》的初衷是，教导后醍醐天皇之子、年轻的继承人后村上天皇（1328—1368 年）。但是，最近有的学者提出，北畠亲房撰写该书的主要目的是，将其作为一种手段，以便为南朝招募支持者。[2] 无论

[1] 参见 *Chingo kokka*。

[2] 笔者曾经讨论了这一新的阐释，参见 H. Paul Varley, trans., *Jinno Shotoki: A Chronicle of Gods and Sovereigns* (New York: Columbia University Press, 1980)，第 30–31 页。

北畠亲房的目的是什么，学界的基本观点是，《神皇正统纪》这本史书的作者在
南北朝时代提出，南朝的统治具有合法性，北朝的皇位继承人无法与之比肩。然
而，更重要的是，北畠亲房强调了天皇继位的连续性，并且认为这一点让日本
具有优越性，其他国家无法比拟。如果说慈圆的《愚管抄》记录了首位世俗君
主——神武天皇——的统治，那么，北畠亲房从神的时代开始，追溯了一个连续
不断的统治世系。[1]

　　《愚管抄》的一个主题是，日本历史上朝廷法律（日语称"王法"）与佛法
（日语为"佛法"）之间的关系。慈圆认为，朝廷法律正在走向毁灭，数百年来实
际上得到舶来的佛法的支撑。对比之下，北畠亲房认为，"王法"的引申意义是
朝廷的衰落和毁灭，因此他避开这个术语。[2]他在《神皇正统纪》中大量讨论佛
教，然而却并不承认佛教对朝廷制度产生了影响。北畠亲房的思想源于镰仓晚期
的神道复兴，因此他也排斥"末法"这个概念。一方面他承认，在他那个时代，
国家陷入内战的堕落状态；另一方面，他坚持认为，通过恢复适当（即历史悠久
并且正统）的法制原则，国家可以复兴，朝廷制度将会遵照天照大神之令，千秋
万代，永远存在。[3]

　　在其同代人中，北畠亲房的思想知名度较低；然而，在其后数百年的神道思
想家和民族主义者中，它的影响十分巨大。北畠亲房呼吁恢复"适当原则"，他
在当时已是一个不合时代的角色。我们回过头去看，建武复辟失败之后，复兴朝
廷统治的机会其实微乎其微，天皇或大臣已经不可能重掌政治权力。[4]从 12 世纪
晚期开始，武士取代公卿，成为统治精英，那个过程到 14 世纪为止已经完成。

室町幕府初期

　　室町幕府建立，从室町时代（1336—1573 年）开始，带来的一个重要结果
是，京都作为国家毋庸置疑的行政和文化中心重整旗鼓。室町幕府设在京都，而

---

[1] 《神皇正统纪》卷首强调，这种持续不断的统治从神的时代开始："大日本者，天国也。天主肇其基，日神传
　　其统。唯我国有此事，他国无以类比，故神国。"

[2] 北畠亲房强调的不是朝廷法律（王法），而是帝位传承。

[3] 在《神皇正统纪》中，天照大神将三神器交给琼琼杵尊，派他下凡统治日本。天照大神的命令说："去那里
　　统治。去吧，你的家系将永远繁盛，恰如天地。"

[4] 北朝天皇和大臣被室町幕府左右，其实不可能重整旗鼓，统治整个国家。

不是镰仓。公卿和武士开始交往，互动程度大大高于从前，共同承担支持艺术的重任。此外，京都取代镰仓，成为禅宗的中心。在京都，禅宗寺院获得新的地位，在鼓励艺术和学术方面，引领中部各个令制国的宗教机构。

在那个时代，京都崛起，成为商业中心。新的富裕商人阶层崭露头角，越来越多地参与该城的文化生活。在平安时代末期，文化和艺术曾被公卿垄断；在中世初期，出现了充满活力的社会变迁；室町时代开始以后，在文化发展过程中，逐步发挥重要作用的不仅是武士和商人，还有各个令制国中社会地位较低的成员。那时，真正意义上的民族文化首次在日本出现。它源于精英和大众两个方面，逐步得到所有阶层的认同和喜欢。

就战争故事而言，《太平记》（意为"和平编年史"）是最佳的资料，描述了建武复辟和室町幕府头 30 年左右出现的变化，内容涉及政治、社会和文化等方面。[1] 这部编年史篇幅很长，覆盖的时段从后醍醐天皇 1318 年即位开始，到 1368 年左右结束。那年，足利义满担任足利氏的第三任将军。就中世战争故事而言，《太平记》与《平家物语》齐名，为最重要的两部著作。但是，从文学角度看，《太平记》比不上《平家物语》。《太平记》前三分之一篇幅结构合理，叙事精彩，记载了后醍醐天皇如何密谋反对镰仓幕府。但是，其后的部分结构松散，充斥着离开主线的长篇话题、无关紧要的趣闻逸事，且战争场景重复，落入固定模式的俗套。《太平记》缺乏统领全篇的伟大主题。《平家物语》自始至终基调严肃，叙事以悲剧方式，预示了平氏的衰落和灭亡；《太平记》却接近于简单的平铺直叙。

数百年来，日本批评家将《太平记》归为南朝的宣传文本。如果说有区别的话，这部著作的特点在于，学界对它的批评之声逐渐增加：对参与 14 世纪那场王朝战争的各方，它的作者或作者们全持针锋相对的态度。[2] 尽管如此，将《太平记》视为南朝宫廷作品的看法还是有一定的合理性；后来的说书人经常从中抽取一些桥段。它们一是与丰功伟绩有关，二是与后醍醐天皇和南朝追随者的忠诚言行有关。新田义贞（1301—1338 年）和护良亲王（1308—1335 年）等人为了失败的南朝战斗，其中尤以楠木正成（死于 1336 年）最为突出。到了近代，在日本民间传统中，那些人被大加美化，奉为忠诚英雄的最佳典范。在《平家物语》

459

---

[1]　一个说法是，"伟大和平"表达了终结《太平记》记载的那些冲突的希望。

[2]　关于笔者对这一点的讨论，参见 H. Paul Varley, *Imperial Restoration in Medieval Japan* (New York: Columbia University Press, 1971), 第 5 章。

和《太平记》这两部著作中，读者最喜欢的角色是伊凡·莫立斯所称的"失败英雄"：为了高尚但注定失败的事业，他们或是自我毁灭，或是坚定不移地走向终点。[1]

《太平记》让读者看到了形形色色的角色和社会类型。除了南朝的忠诚英雄之外，最著名的算是足利家族麾下的那些将领。他们站在北朝一边，后来成为京都新的统治精英。这些人后来与公卿和佛教高级僧侣（特别是临济宗僧侣）一起，在室町时代初期支持艺术和文化。他们之中的许多人来自中部和西部各个令制国，家世与支持镰仓幕府的那些首领们大不相同。其时，地方势力强大，中央集中控制国家的做法难度很大。于是，他们崭露头角。与镰仓时代的武士相比，他们具有两个特点，一是独立性很强，二是往往倾向于质疑传统权威。新的将领们在京都安家，成为社交生活中的著名人物。当时的一些编年史家抨击京都的社交圈子，称其自我炫示，奢靡无度。大约在建武复辟期间，有一个叫"婆娑罗"的词语流行起来，表示的就是自我炫示、奢靡无度。沉迷于那种生活的首领叫作"婆娑罗大名"。[2]

460　　在《太平记》中，最引人注目的婆娑罗大名人称佐佐木道誉，一个来自近江国的守护。在佐佐木道誉官邸举行的宴席上，座席装饰极尽奢华，不仅有豹皮、虎皮、花缎、金丝锦缎，还附庸风雅地陈设了艺术品。客人们一边欣赏音乐和歌舞，一边狂吃豪饮。那些聚会（据称绽放光芒，类似于"千佛之光"）的娱乐活动还有豪赌，其形式是让参赛者判断茶叶的产地，日语称"斗茶"。[3]

茶叶早在平安时代初期就从中国引进日本。但是，直到12世纪末，禅宗僧侣容西重新推出这种舶来品之后，日本人才接受了饮茶。到了室町时代，日本的各个阶层都要饮茶。斗茶是一种比赛，参与者在赌注的刺激下，品尝装在没有标记的杯子里的茶水，竞相判定茶叶的产地：它是来自当时最负盛名的茶叶产地京都西北的栂尾山，还是来自其他地方。[4]正如我们将要看到的，斗茶是室町时代的古典饮茶仪式（日语称"茶の汤"）的先驱。

---

[1]　参见 Ivan Morris, *The Nobility of Failure* (New York: Holt, Rinehart and Winston, 1975)。

[2]　婆娑罗也表示"破坏性的"或"潜在毁灭性的"。

[3]　这类比赛是"事物比较"的一种形式，至少从平安时代开始流行。那时，公卿们进行各种各样的比赛，比较或者判断的物品包括花卉、熏香、根茎、贝壳，另外还有诗歌和绘画之类的艺术作品。

[4]　到14世纪末为止，宇治取代栂尾山，成为日本主要的茶叶产区。

　　婆娑罗的另一个引申意义是"异国情调"，在那个时代的具体表现方式是，渴望获得来自中国的艺术品和工艺品（日语称"唐物"）。13 世纪晚期，蒙古人入侵之后，日本与亚洲大陆之间的关系暂时中断。但是，从室町幕府的奠基人足利尊氏开始，足利氏逐步重启与中国的贸易。在第三任将军足利义满（1358—1408年）统治时，日中贸易正式得到官方认可。从文化的角度看，当时的贸易具有重要意义。其中的许多史话见于本书关于五山十刹的那一章（第 13 章）。其原因在于，直到 15 世纪末之前，那些寺院的禅宗僧侣在幕府的支持下，管理大多数贸易事务。除了贸易之外，五山十刹的禅宗僧侣还迫切希望了解中国艺术、文学和学术。不过，就我们的讨论而言，在新一轮对华贸易活动中，最重要的是唐物，其中包括绘画、书法卷轴、陶土器皿、精美的瓷器和漆器。从 14 世纪中叶开始，那些东西大量输入日本。

　　佐佐木道誉那样的人竞相收藏唐物，以便在聚会和其他社交场合展示。14 世纪晚期的画卷显示，当时的聚会上摆放着大量的唐物供人观赏。[1] 但是，几乎没有资料可以显示，那些物品的主人拥有足够判断其宝贝价值的品位，无论在画卷表现的场景里，还是在当时的著作中均看不出来。日本人逐渐有了鉴赏唐物的能力，形成了鉴赏情趣，展示唐物以及本土艺术品和工艺品（日语称"和物"）。这个过程是 15 世纪文化史的一个重要主题，与打造茶道表演的最早场地密切相关。

　　佐佐木道誉是一个喜欢浮华的男人，在那时变化无常的政治舞台上左右逢源。此外，他还具有较为广博的学识和艺术鉴赏能力。例如，他是朝廷授权编撰的第一本连歌集《菟玖波集》的主要供稿者，而且是熏香鉴赏权威。据说，他还撰写了一本研究插花的著作。[2] 佐佐木道誉可能还最早发现了观阿弥（1338—1384 年）和世阿弥（1363—1444 年）的才能。在足利义满将军的大力支持下，观阿弥和世阿弥创造了古典能剧。

　　在足利义满任职时期，室町幕府的影响达到巅峰。1368 年，年仅 10 岁的足利义满接受了将军职位。大约 10 年之后，他从有名无实的将军，变为执掌大印的实权人物。足利义满统治时期（从 1368 年到 1408 年他去世）史称"北山时代"。北山位于京都北面，他后来在那里修建了用于自己静修的别墅。在当时的文化发

461

[1] 例如，15 世纪的一幅叙事画卷显示，主宾在一个房间里等候上茶。两面靠墙的博古架上，摆放着唐物花瓶和香炉。

[2] 参见 *Rikka kuden daiji*。

展中，他起到举足轻重的作用。在日本历史上，他那样的统治者屈指可数。除了足利义满的个人癖好之外，其主要原因在于，他雄心勃勃，集最高军权（日语称"武"）、文官权或文化权（日语称"文"）于一身，以便确立自己幕府之"王"的地位。足利义满追求"文"权，一是扩大对艺术的总体支持，二是采纳了对"文"拥有者公卿既拉拢又打压的政策。就其支持艺术做法的性质而言，足利义满与公卿之间的关系影响很大，所以我在此先进行讨论。

462　　足利义满试图让自己养成公卿，而且鼓励其主要家臣模仿公卿的鉴赏情趣和宫廷生活方式。就足利义满的个人变化而言，也许最突出的一点是，他竭力在朝廷中取得更高的等级和职位。1380 年，他年满 22 岁，已经达到公卿制度的最高级别（日语称"从一位"）。1 年之后，他担任内大臣府的长官（日语称"内大臣"）。1394 年，担任日本律令制度下的最高官位（日语称"太政大臣"）。除了平清盛之外，以前没有武士担任过该职。此外，足利义满的妻子来自贵族日野家。[1] 足利义满招纳知名公卿，扩充他的随员队伍，修建一座华丽的花园宫殿（日语称"花之御所"），以国王之礼仪上朝听政。

我们最感兴趣的是，足利义满是如何养成自己的公卿欣赏情趣的：就此而言，对他产生主要影响的人是二条良基（1320—1388 年）。二条良基来自名门藤原家，曾经担任朝廷的摄政王，其最大成就可能是编撰了连歌集《菟玖波集》。二条良基亲自培养那位年幼的将军，给他讲习宫廷习惯、礼节和艺术，常常不离左右，并且帮助他处理涉及文化的事务。

能剧

在文化史上，单个事件体现重大意义的情况十分罕见，但是足利义满的情况却是一个例外：1374 年，他前往京都的新熊野神社，出席他的首次猿乐（能剧的早期形式）表演。在新熊野神社，他见到观阿弥及其儿子（后来的世阿弥），不禁如痴如醉。他很快表示，要为二人提供支持。此举让观阿弥父子俩成为北山时代的领衔戏剧艺人，能剧的主要奠基人。[2] 我们从世阿弥后来的事业推断，这是

---

[1] 日野家与藤原家的北方分支有关系。

[2] 可能是经过另外一位演员兼剧作者南阿弥的安排，足利义满去了新熊野神社。

足利义满在支持艺术方面迈出的最早且最重要的举措，而且很可能是足利义满的宫廷情趣对一种主要艺术产生影响的最佳例子。当时，世阿弥也想方设法，满足其豪门主顾的愿望。

　　中世早期戏剧有两大类，日语称"猿乐"和"田乐"（意为"田野之乐"），其艺人组成剧团或行会（日语称"座"）。他们获得大型宗教机构的支持，例如东大寺、兴福寺和春日大社等等。关于那些猿乐和田乐艺人的表演，我们知之甚少。据说，他们的演出包括音乐、舞蹈和其他种类的娱乐节目，例如，杂技和杂耍。那些剧团在各个令制国巡回表演，从一个城镇到下一个城镇，场地是各类寺院和神社。他们的演出主要满足大众口味。但是，田乐至少得到某些上层社会成员的欣赏，其中不乏镰仓幕府和室町幕府的将领们。例如，根据《太平记》记载，据说北条家的最后一位摄政王北条高时（1303—1333 年）沉迷于斗狗和田乐，结果玩物丧志，不仅自己倾家荡产，而且加快了镰仓武士政权的倒台。[1]

　　到了足利义满时期，猿乐和田乐已经十分类似了。吸引足利义满注意猿乐的主要原因在于，观阿弥名气很大，既是剧作家，又是演员。关于观阿弥的情况，足利义满最初可能是从佐佐木道誉那里听说的。于是，足利义满开始资助观阿弥和 12 岁的世阿弥，支持两人领衔的大和国演出剧团"观世座"。此举是最突出的例子，从那以后，猿乐和田乐的资助人结构出现变化，从以宗教机构为主，转向以武士将领为主。

　　一位公卿在其日记中表达了自己的愤慨：足利义满不仅给猿乐艺人提供物质支持，而且竟然与他们结交！他以不屑的口吻写道，那些家伙地位低下，"几乎与乞丐无异"。那位公卿愤愤不满的原因是，足利义满在出席祇园节日时，与世阿弥同座一席，并且从同一盘中取食。[2] 足利义满与年轻的世阿弥关系密切，可以与之相比的大概只有一人——二条良基。在最近发现的一封值得注意的信件中，二条良基谈到此事时，所用词句就像出自一个热情的恋人之口。对二条良基来说，世阿弥恰如梦中人物，仿佛刚从《源氏物语》中走出来。世阿弥言谈举止无比优雅，不仅是才华横溢的艺人，而且蹴鞠技巧娴熟，会写和歌和连歌。[3]

---

[1] 参见 Helen Craig McCullough, trans., *The Taikeiki: A Chronicle of Medieval Japan* (New York: Columbia University Press, 1959), 第 131–133 页。

[2] 引自三条西实隆的日记。

[3] 参见 Toita Michizō, *Kan'ami to Zeami* (Tokyo: Iwanami shoten, 1969), 第 152–153 页。

就世阿弥与足利义满和二条良基的私人关系而言，至少有两个重要之点值得指出：第一，在中世时期，世阿弥那样的艺人出身卑微，但是可能依靠自己的才华和职业成就，接触武士和公卿精英阶层成员。（其他平民艺人——例如，连歌大师们——也有那样的机会，结识精英人士，获得较低阶层人员无法企及的活动和行动自由。）第二，他们接触公卿和武士将领的机会有助于我们解释，观阿弥、世阿弥和其他剧作者如何获得必不可少的教育，确实变得博学多才，创作出流传至今的杰作。二条良基在信中谈到，世阿弥和他见面时，已是博学多才的艺人。但是，二条良基本人肯定起到重要作用，让那位早熟少年了解宫廷的传统文学和艺术。

在北山时代，能剧从大和国猿乐发展起来，其主要元素包括：其一，模仿事物的表演，日语称"物真似"；其二，人称"曲舞"的舞蹈；其三，"幽玄"的审美特性。从我们确定的观阿弥及其同时代人的作品来看，它们围绕物真似这个主要手段，以戏剧叙事的形式，讲述经久不衰的通俗历史人物的生活，讲述小野小町、曾我氏兄弟、源义经及其爱妾静御前的传奇故事。[1] 那些作品有神仙、恶魔和其他超自然的角色，但是本质上属于现实戏剧，主要角色通常是有血有肉的凡人。

观阿弥的主要贡献是，加入了曲舞、幽玄审美这两种元素，将大和猿乐改造为能剧。在那之前，这两种元素见于近江国的猿乐，而不是观阿弥的大和猿乐。[2] 观阿弥坚持自己的信念，认为猿乐可供社会各个阶层观赏，甚至在得到足利义满资助后依然坚持这个观点。他继续在各个令制国巡回演出，直至 1384 年在偏远的骏河国去世为止。世阿弥接受了京都精英社交圈子的熏陶，在足利义满和二条良基的支持和影响下，让能剧成为我们现在知道的非常精美的宫廷艺术。

两类戏是最佳例子，说明世阿弥是如何对能剧进行改造的：一是"武士剧"（日语称"修罗物"）；二是"妇女剧"（日语称"鬘物"）。[3] 武士戏是后来归纳的种类，在世阿弥之前没有武士戏这个说法。在某种程度上，肯定是为了戏迎合并恭维足利义满和其他武士，世阿弥才创作了修罗物。修罗物的主角（日语称"仕手"）为

---

[1] 小野小町是诗人，而且是 9 世纪后期的著名美女，与她相关的传奇脍炙人口。曾我氏兄弟是 12 世纪后期的武士，两人上演著名的仇杀码码，追剿杀父仇人。《曾我物语》讲述了这个故事。源义经和静御前的传奇见于室町时代的作品《义经记》（意为"源义经纪事"）。

[2] 大和有四个猿乐团体：宝生、金春、金刚和观世。

[3] 五个种类是：神仙剧、武士剧、妇女剧、杂剧、鬼剧。

武士阶层的历史人物。在世阿弥的作品中，似乎所有修罗物的来源都是《平家物语》。但是，他根据那部伟大的战争故事，创造出了著名的武士英雄，强调的是他们的公卿品质，而不是军事才能。利用这一手法，他让人想起过去的公卿世界。

在作品中，世阿弥使用日语称作"梦幻"的精妙技巧，以便将时间倒回过去的公卿世界。首先，仕手以卑微的角色——例如，船夫、割稻人或村姑之类——的幽灵或幽灵梦幻出现。在第一幕中，仕手再以著名人物的幽灵现身，作为作品的主人公。在此类能剧中，世阿弥使用梦幻的一个极好例子是《平敦盛》。该剧的情节（根据《平家物语》的记载）源于著名的一之谷之战：年轻将领平敦盛落入熊谷直实手中，最后惨死。戏剧开幕，熊谷直实出家为僧，取名练成，以便为平敦盛的灵魂祈祷。熊谷直实宣布，他将探访一之谷之战战场。在能剧表演程式[1]的帮助下，他很快到了那里——濑户内海沿岸的须磨。那个地方在《源氏物语》中常常提及。时间为黄昏。[2]练成遇见一个年轻的割稻人，听见他吹奏竹笛，再现了一之谷之战前夜平敦盛的经历。练成询问之后得知，那个割稻人是平氏的亲属。在第二幕中，练成为平敦盛诵经完毕，准备在那里过夜。此时，割稻人作为那位阵亡将领的幽灵，在梦幻般的场景中出现。平敦盛宣称，他死后与人世之间的联系依然存在。他回忆了平氏的兴亡过程，讲述了自己在练成（熊谷直实）手中惨遭毁灭的情景。在表演了作为大多数能剧高潮的曲舞之后，借以前的敌人——练成——的祈愿，平敦盛获得解脱。[3]

《野宫神社》（意为"田野中的神社"）是世阿弥表演的一部女人剧，其结构与《平敦盛》类似。此剧开幕时，也出现了那位无处不在的游僧；不过，这部作品始终没有提及他的姓名。他参拜了京都郊外的一座神社——在《源氏物语》中，光源氏亲王曾在那座神社，见到了醋意大发的恋人六条御息所。[4]在剧中，游僧见到一个村姑。后来，村姑以六条的幽灵现身。游僧虔诚诵经，帮助幽灵克服对源氏依旧旺盛的激情，从尘世存在的幻觉中解脱出来。

在这些剧作中，游僧扮演了次要角色（日语称"胁"）[5]，代表观众——实际

466

---

[1]　演员走几步就可表示，他完成遥远旅途。

[2]　源氏亲王被流放到须磨，后来凯旋。

[3]　在《平家物语》中，熊谷直实说，在战斗开始的黎明，他听到了吹奏竹笛的声音。

[4]　据说，光源氏发妻葵姬之死可能让六条御息所心生忌妒。

[5]　能剧通常以唯一主角"仕手"为中心。

上，他代表世上所有的人。正是通过这个角色，我们被带入了一个神秘世界，目睹死亡、梦境和遥远的过去。首先，它是一个贵族世界，大多数主角取自平安历史或平安文学，精彩部分所用的是和歌语言。其次，该剧服装华丽，角色动作优雅，有的还戴着面具，从视觉方面再创了公卿的辉煌时期。

具体说来，在世阿弥的妇女剧中，没有多少传统戏剧意义上的情节，角色之间实际上根本没有冲突。它们被视为反映世阿弥的幽玄理想的主要作品，其题材以仕手的情感为主。世阿弥获得了幽玄的意境，所有手法一是借助《新古今和歌集》时代培养的诗意共鸣，二是通过幽灵之梦，使人产生联想到公卿的辉煌过去。诗意共鸣带来深度和幽灵梦境，给人很强的神秘感。然而这并不是说，世阿弥剧作的幽玄仅仅体现在诗意共鸣之中。我的意思其实是，它们是非常重要的方法，让他创造这种审美特性。

在世阿弥和其他能剧作者表达的幽玄中，一个未被批评家足够重视的方面是，幽玄与寂的关系。我们注意到一些例子：在《新古今和歌集》中，西行法师的一首作品表达了寂的孤独之美。学界认为，寂与中世游僧——例如，西行法师——的联系尤其紧密。游僧们行走到荒芜、偏远的地区，对人生的虚无和内在悲怆特别敏感。由此可见，在《平敦盛》和《野宫神社》这类剧作中，"胁"行在路上，游览各地，然而总是单独无伴。他们从一开始便确定了强烈的寂氛围。在《野宫神社》中，随着那个村姑首次出现，荒芜和孤寂之感快速增强。村姑吟唱：

秋意尽，
寒风起，
斑斓色彩褪。
何物令人忆过去？

村姑急切回忆的过去是充满"色彩和芬芳"的日子；但是，《野宫神社》表现在，在剧作中反复被描述为孤独和荒芜，是一个"草枯叶落"地方。[1] 正如一位论者提到的，随着中世时期的到来，随着《新古今和歌集》的问世，《古今集》

---

[1]　参见 "The Shrine in the Fields," in Donald Keene, ed., *Twenty Plays of the No Theatre* (New York: Columbia University Press, 1970)。

中春天与秋天之间的平衡出现变化，秋天占据上风。[1] 到了世阿弥创作能剧的岁月，诗人们开始青睐秋天。大量能剧作品，特别是关于武士和妇女的作品，都以秋天为场景。

能剧的寂，不管是否被视为幽玄的一个元素，常常以明显的宗教语言呈现出来。因此，我们应该指出，在这种剧作中，美学和宗教其实是不可分割的。在波动不定的中世时期，死亡总是如影随形。因此，对死亡王国，对人们在获得解脱之前可能被迫忍受的痛苦，梦幻剧表现出几乎病态的兴趣。

在北山时代的艺术天空中，世阿弥是最明亮的星星，但是他的脱颖而出在很大程度上仰仗足利义满的个人支持。1408 年，足利义满突然去世，世阿弥随即失宠。一个原因是，足利义满偏爱儿子足利义嗣，其长子足利义持（1386—1428年）继任将军之后，憎恨父亲以及所有与之有关系的人。足利义持真心喜欢的看来是田乐，而不是猿乐。他的鉴赏情趣显然标示着，更多人继续喜爱田乐和猿乐中叙事性更强、以物语为中心的剧作，而不是世阿弥创作的经过高度审美但是没有情节的作品。

在世阿弥的余生中，足利义满去世之后他遭遇的不幸如影随形。1434 年，他遭到流放，落入人生最低谷。由于我们尚不清楚的原因，他被足利义持的继任者，残酷暴君足利义教（1394—1441 年）流放到佐渡岛。与此同时，著名的观世猿乐能剧团历尽磨难。1432 年，世阿弥的儿子——选定继承人——观世元雅去世之后，剧团几乎陷于群龙无首的窘态。可是，世阿弥从未停止艺术探索。正是在那些艰难岁月中，他关于能剧的大多数批评著作，为后人研究中世时期的艺术，留下了最精美的遗产。

与能剧同时诞生的一种戏剧形式是"狂言"（意为"狂放之言"）。有一种狂言或穿插在能剧幕间，或作为单独的一场（日语称"爱狂言"）出现。它一般作为手法，以"附近的人"的身份出现，为"胁"提供必要的背景信息，以便理解故事的主角。此外，还衍变出另外一种狂言。它是独立的小品，带有闹剧特征，常常与能剧同台演出。狂言角色行为离奇或反常，这类小品很可能从随意模仿演变而来，通过能剧艺人的表演，起到讽刺作用。不管怎样，广义的闹剧式讽刺

---

[1]　参见 Umehara Takeshi, "Yugen to shi," in Hayashiya Tatsusaburd and Okada Yuzuru, eds., *Ami to machishu* vol. 8 of *Nihon bunka no rekishi* (Tokyo: Gakkyu, 1969)，第 190 页。

变为这种狂言的主要节目。其典型桥段是，机智的仆人作弄他们的身为大名的主人。在中世中期，有些人反对此类小品，认为它们鼓励不守规矩的行为。但是，武士当局热情赞助狂言，显然认为它无伤大雅。

艺术新室内场景的演化

在镰仓时代，人们的普遍做法是，给自己取带有"阿弥"（阿弥陀佛的简称）两字的职业名字，例如，观阿弥和世阿弥。在艺人和艺术家中，这种做法尤其流行。最早使用这种职业名字的是净土宗的成员。在南北朝时代，他们之中的一些人随军出征，照顾伤员，收集遗体，举行葬礼，而且还在战斗间歇中为武士提供娱乐节目。到了北山时代，在艺术等行当，使用带有"阿弥"名字的做法已成惯例。艺名中"阿弥"未必意味着与净土宗或佛教的其他宗派有任何正式联系。[1]

足利义满将军及其继任者组成一个群体，人称"同朋众"（意为"同伴"）。关于同朋众在室町时代中所起的作用，至今仍有许多尚未解答的问题。他们开始时看起来仅是一些仆人，为将军跑腿，办理一些杂务。后来，他们负责安排和监督幕府的社交和仪式活动，在文化史上起到重要作用。

当时，足利义满试图对将军官职进行改造，使其变为我所称的封建国王。他采取的一个方式是，仿照朝廷的年度活动（日语称"年中行事"），让武士的正式活动日历制度化。也许，在那些活动中，最引人注目的是新年和其他时候举行的将军游行。那时，足利义满的主要家臣按照要求，几乎全年住在京城。游行队伍浩浩荡荡，前往他们的府邸。此外，在特殊场合，还要举行重要活动，例如，1381 年，后圆融天皇（1358—1393 年）到花之御所住了 6 天，1408 年，后小松天皇到足利义满的北山别墅住了 20 天。

那些日子里，安排的宴会和庆祝仪典极尽奢华，类似于早年婆娑罗大名举行的社交活动。音乐、舞蹈、田乐和猿乐（能剧）表演、和歌和连歌创作、茶道表演，应有尽有。这些活动一是促进了艺术发展，二是有助于创造一种新的室内场景，以供武士和公卿精英进行社交活动。在当时的文献中，将它称为"会所"

---

[1] 参见 H. Paul Varley, "Ashikaga Yoshimitsu and the World of Kitayama: Social Change and Shogunal Patronage in Early Muromachi Japan," in John Whitney Hall and Takeshi Toyoda, eds., *Japan in the Muromachi Age* (Berkeley and Los Angeles: University of California Press, 1977)，第 188–189 页。

（意为"宴会厅"）。在 14 世纪末至 15 世纪初，这种新的场景发生明显变化，历史学家现在常常从"会所文化"的角度，讨论那个时期的情况。其原因在于，室町艺术和文化的几种重要形式——例如，连歌和茶道——均以私密的社交活动为基础。就此而言，"会所"——以及从 15 世纪末开始的"书院"——充当了场景。[1] 此外，随着会所和书院房间以及相应装饰的演变，其他艺术也获得了长足发展，例如，立轴水墨画（日语称"墨绘"）和插花等等。

在会所和书院的发展过程中，那位将军的同朋众发挥了主要作用。许多同朋众自己就是艺术家，例如，著名的"三阿弥"（能阿弥，1397—1471 年；艺阿弥，1431—1485 年；其孙相阿弥，1525 年去世）。[2] 他们结为团体的主要作用是，确定鉴赏和展示唐物的标准。关于那些标准和同朋众所做的工作，最佳信息来源是《君台观左右帐记》（别名《御饰记》）。这本著作由能阿弥开始撰写，相阿弥完成，包括三个部分：第一，对 150 位中国艺术家及其作品的评鉴；第二，展示绘画和其他唐物的图说；第三，对应向客人展示的中国艺术品和工艺品种类的讨论。

在其生命的最后岁月里，足利义满花费许多时间，修建他的北山别墅。1397 年之后，他以禅位天皇的身份住在那里。在当年别墅的许多建筑中，只有金阁寺（意为"金色楼阁"）保留到近代。它如今依然是一个引人注目的象征，体现了文化史上北山时代的辉煌。[3] 从考古学的角度看，金阁寺融合了多种风格，包括古代公卿建筑风格（日语称"寝殿造"），以及后来出现的中世禅宗寺院的风格。金阁寺天花板不高，房顶缓缓倾斜，给人最强烈的印象是，早期日本建筑强调更多的私密感。与同一时期建造的会所相比，这样的私密感看来完全符合新的社交习惯和艺术鉴赏标准。

东山时代的社会理想和审美价值

对室町中期文化史的研究通常聚焦于两个巅峰：一个是足利义满的北山时代，另一个是 15 世纪后期——第八任将军足利义政统治——的东山时代。如果仅仅关注这两个文化辉煌时期，由此形成的显而易见的危险是这一暗示：在两者之间

---

[1]　本章后文中将要论及。

[2]　例如，艺阿弥和相阿弥均为重要画家。

[3]　金阁寺 1950 年被一名精神错乱的僧侣烧毁，几年之后重建。

471 的 30 年中，没有出现什么有价值的东西。幕府将军对北山时代和东山时代的支持非常重要，我们因此可能会想，其间的两位将军——足利持氏和足利义教——支持艺术的热情不高。实际情况并非如此。足利持氏和足利义教两人的艺术鉴赏能力很强，并且积极延续了足利义满开始的文化政策。[1] 例如，足利持氏和足利义教扩大了武士日历的年度活动内容，除了别的以外，还增加了和歌和连歌采风活动。在足利义教的敦促下，1439 年顺利完成第二十一部——即最后一部——敕撰和歌集《新续古今和歌集》。此外，在足利义教统治幕府期间，能阿弥加盟同朋众，与那位将军一道，在第一种主要饮茶仪式——贵族茶道——发展过程中，发挥了主导作用。

如果将时段简单地分为 14 世纪与 15 世纪，我们就有了一种断代方式，意义超过了仅仅聚焦北山时代和东山时代。首先，其原因在于，新的世纪带来重要发展，形成了东山文化繁荣。那些发展包括：确立了评鉴和欣赏唐物的标准；书院室内装饰衍变成形；饮茶仪式定性；怀旧风气深化；俳句在社会各个阶层中流行，几乎达到令人废寝忘食的地步。

其次，我们还可看到，15 世纪初的日本人强调源自过去时代的某些社会理想和审美价值，那些因素综合起来，赋予了东山时代特殊的色彩。当时的主要社会理想要素包括：其一，"隐者"（或称"遁世者"，意为遁入空门、置身于官方阶层等级之外的人）；[2] 其二，云游僧侣；其三，居住茅舍（日语称"草庵"的生活）。主要审美价值包括"寂"、"侘"（朴素和无常之物）、"冷干"（寒冷和干枯）。

在中世初期和中期，日本人出家的意图形形色色，其中最重要的区别是：有的人皈依特定宗派或寺院，虔诚献身于真正的宗教生活；有的人出家要么是为了
472 摆脱几乎完全基于出身的阶级制度强加的约束，要么规避社会的正常义务和责任。第二类僧侣在日语中通常叫作"隐者"或者"遁世者"，包括（在本章中已经提到的）西行法师、鸭长明、观阿弥、世阿弥以及幕府的同朋众成员。有的隐者，例如西行法师，通过在全国经常云游而获得口碑。在日本的文学传统中，"云游"至少蕴含两个重要的意义：第一，它表示有机会探访著名历史和文学胜

---

[1] 世阿弥没有理由喜欢足利义持。他曾经说，他的鉴赏情趣超过了足利义满。

[2] "隐者"的字面意思是，"隐藏的人"；遁世者表示"逃离现世的人"。在英语中，与这两个术语意义最接近的词语是 eremite（遁世修行的人）。

地，进行实地观察，通常以诗歌形式表达自己的感受。第二，它象征着摆脱对普通的社会和物质条件的依附，接受佛教所说的人生不断变化的真实状态——稍纵即逝，虚无缥缈。

隐者还与另外一点相关：离开市井，隐居茅舍，放弃物质享受。在日本文学中，最著名"草庵"是鸭长明笔下的"十尺"茅舍。鸭长明在《方丈记》中情深意长地表示，他的愿望是，抛弃尘世中的一切，返璞归真，住在简陋小屋中，让自己做好准备，以便在佛国净土中获得重生。但是，大多数隐者并不赞同这一做法。恰恰相反，我们在讨论连歌和茶道时将会看到，草庵更多的是一种审美观念，而不是宗教理想：在隐者眼里，它并非简陋小屋，而是一个小宇宙的审美场景，其基础是寂、侘和其他类似的审美情趣。

"寂"和"侘"或许是 15 世纪的两个关键美学术语。我希望暂时搁置对侘的进一步分析，先讨论东山时代的村田珠光（死于 1502 年）开创的侘茶道形式。但是，在此应该指出的是，"寂"和"侘"这两个术语常常放在一起使用，表示室町时代一系列鉴赏情趣，其中包括对朴素、古老、陈旧、无常、瑕疵和孤独等理念的崇尚。总体来说，我们不妨这样说，"寂"和"侘"代表了室町时代的单色侧面，与平安时代宫廷文化的色彩斑斓的特性形成鲜明对比。

对室町文化的寂侘王国的最早描绘见于《徒然草》（意为"慵懒录"），14 世纪 30 年代初写就。作者吉田兼好（1283—1350 年）当过下层公卿，诗人，后来成为隐者。《徒然草》系随笔杂文（日语为"随笔"），沿袭了平安时代中期清少纳言的《枕草子》（意为"枕头书"）的传统。它具有随笔体的特征，作者表达自己的印象，而非追求语言的逻辑思维。毫无疑问，在《徒然草》中，吉田兼好并不表达逻辑一致或全面的哲学理念。数百年来，评论家们评价各异，认为它涉及的话题包括道德说教、美学观念，甚至还有社会批判。[1] 然而，我们可能注意到，《徒然草》显然保持了某些一致性。吉田兼好总是怀念过去的时光，宣称"渴望昔日的万事万物"。他内心中有一种冲动，甚至希望保留古代的做法和习俗（日语称"有职故实"）中最微不足道的部分[2] 此外，吉田兼好严厉抨击炫示之风，反复提倡简朴和适度的鉴赏情趣。

[1]　在德川幕府时代，人们一般将《徒然草》视为道德说教之作。在明治时代，人们强调它的美学内容。近年来，学者们大量讨论吉田兼好作品中的社会批判内容。

[2]　参见 Donald Keene, trans., *Essays in Idleness* (New York: Columbia University Press, 1967), 第 29 页。

也许，关于吉田兼好最重要的一点是，他拥有观察事物的敏锐"目光"。从这个意义上说，他的这本著作是中世美学的一座珍品宝库。下面这个段落是吉田兼好的寂侘感性的典型代表：

> 幽居或欠时尚，装饰也失精美，而其天生之美，兴趣盎然：古木参天，园草丛生，天然野趣，别具魅力；回廊木栏令人回味；日常器物随意搁置，不乏古朴之趣。

> 人曰："薄绢易损，不宜装裱画卷。"顿阿答道："装裱两端破损，卷轴贝壳脱落，画卷方现其美。"此乃卓见，品味非凡。人常曰："套书数册，装帧各异，令人见之不快。"弘融僧都曰："凡物必求整齐成套，乃愚人所事。参差残缺更妙。"凡万事万物，求整齐划一者，实不可取。残缺令人生趣，生机顿现。[1]

连句诗

在中世时期，最有特点——实际上引起最强烈的关注——的艺术是连句诗（日语称"连歌"）。最伟大的连歌大师首推宗祇（1421—1502年），他的整个人生几乎是在15世纪度过的。所以，在此讨论连句诗是合适的。

474　　　和歌的结构为长短两句，共五行，各行音节分别为五、七、五、七、七。这一技巧可以追溯到日本现存最早的图书《古事记》[2]。但是，在平安时代以前，就连句诗的使用而言，没有出现什么新的尝试。真正的连歌的创作方法是：几位诗人聚在一起，轮流创作连句诗，然后将其排列起来，长度可以成百上千行。13世纪初，禅位的后鸟羽天皇下令编撰《新古今和歌集》，连歌逐步形成。

在镰仓随后的时期，连歌在宫廷诗人中流行。与此同时，连句诗创作在较低的社会阶层中传播，有时叫作"花下"连歌。每逢春天，人们在寺院中聚会，在盛开的樱花树下创作诗歌。

随着平民连歌传统的发展，在全国各地，连歌的创作方法、目的和总体水平

---

[1] 参见 Donald Keene, trans., *Essays in Idleness* (New York: Columbia University Press, 1967)，第10、70页。

[2] 参见 Donald L. Philippi, trans., *Kojiki* (Princeton, N.J.: Princeton University Press, 1969)，第242-3页。这种所谓的最古老的连歌包括菟玖波这个地名，连句诗后来叫作"菟玖波之道"。

存在较大差异。例如，1334 年建武复辟期间，就是镰仓幕府被推翻 1 年之后，京都张贴的一首讽刺传单称：其一，在京城，粗俗的镰仓风格和优雅的京都风格连歌被随意混合，历史悠久的连歌流派与新组建的连歌流派之间的区别遭到忽视。其二，在诗歌比赛中，许多人自认为可以充当裁判，煞有介事地品头论足。[1]《建武式目》——1336 年室町幕府颁布的一份道德规范纲要——的制定者强调说：那时的人"沉迷于浪荡女色之乐，赌博成性……他们假借茶会和连歌比赛之名大赌，到了入不敷出的地步"。[2] 我们由此可以推断，在室町幕府时代，赛歌与斗茶一样，已经成为婆娑罗大名和其他人趋之若鹜的娱乐活动。

然而，当时已经出现新的动态，将贵族流派和平民流派融合起来，使连歌成为一种得到认可的严肃艺术。连歌在那个阶段中取得了成功，有两个人贡献最大：一个是二条良基（1320—1388 年），时任朝廷摄政王，后来是深受足利义满信任的谋士；一个是隐者诗人宗祇。1356 年，两人联袂编撰的《菟玖波集》问世，奠定了连歌的诗歌地位。在那以前，日本的诗歌只有和歌。连歌虽然没有和歌的古老传统，从此也被视为一种具有很高艺术目的的高尚追求。 475

二条良基还撰写了几篇研究连歌历史和艺术的文章，郑重表达了他的信念：他本人、宗祇和其他人努力的目的是，让连歌变得成熟起来，为将来所有的连句诗提供一种范例。此外，二条良基还将连歌传统（或者说欠缺悠久传统）与和歌传统区分开来："和歌之道是口头秘密相传；连歌不受古代赋诗固定规矩的限制，意在让人愉悦，激发一起作诗者的情感。"[3] 二条良基还用下面的文字，解释了连歌的精髓：

> 作连歌者，不求连接各个瞬间之念。世事转瞬即逝，此消彼长，悲欢轮变。甫反思昨日，然今天已逝；方在思念春天，转眼已是秋日。赞赏新花之景，已到红叶之时。此言可否证明：万物无恒，恰如残花落叶？古时，和歌诗人醉心其作：有人愿以命相搏，希冀获得灵感，写出惊人之作；有人闻批评其诗作之言，竟然一命呜呼。连歌创作绝无此事。连歌旨在给予聚会作诗

[1] 关于二条良基的讽刺诗文，参见 *Kemmu nenkan ki* in Hanawa Hokinoichi, ed., *Gunsho ruiju* (Tokyo: Zoku gunsho ruiju kanseikai, 1933), vol. 25, 第 503—504 页。

[2] 参见 *Gunsho ruiju,* vol. 22, 第 33—34 页。

[3] 参见 *Tsukuba tnondo,* in Kido Saizo, ed., *Renga ronshu* (Tokyo: Iwamini shoten, 1961), 第 80 页。

者愉悦，仅此而已，别无它哉。连歌诗人心无旁骛，岂生恶念？[1]

最重要的是，连歌被视为一种途径，可以表达永不停息、变动不居的生命之流。正如我们已经看到的，万物无恒是一种宗教和哲学理念，几乎支撑中世的所有思想。它让人强烈感受到，自然之美的转瞬即逝，感叹人生的根本痛苦。然而，对连歌诗人来说，自然之美并非完全转瞬即逝，人的生存也并非完全痛苦。纠结于这些假定的真理就是扭曲现实。在连歌中，最高的价值被置于动态和渐进上，形成了严格的规则，以便确保诗人从一个主题稳定地转向另外一个主题。有的学者认为，连歌与现代爵士音乐有异曲同工之妙。爵士音乐人即兴创作，奏出和声；与之类似，中世的连歌诗人试图将其诗句与其他人的融为一体，有时甚至不惜牺牲自己的创造性。

有些著名的连歌被收录进组诗中，许多连歌集——例如《菟玖波集》——中的诗句成对排列。一般说来，每组的第一句是匿名的，第二句标明创作者的名字。这样一来，连歌诗人有机会回应其他人的诗句。下面就是一行匿名诗，以及二条良基的回应：

麻雀飞蹿
叫山岭。
晨曦中
月亮沉下
树梢。[2]

在这首诗歌中，二条良基使用了一个回应行动诗或声音诗的手法。他既没有去解释麻雀为何鸣叫，也没有解释其叫声表示何意，而是直截了当地提供了诗歌的意境。树梢浮现曙光，月亮渐渐下沉，这个意象创造出一种使人毛骨悚然的印象，增强了我们对麻雀叫声的感受。

14 世纪晚期，二条良基和其他诗人提高了连歌的文学地位。通过连歌与京都的北野天满宫的联系，一个重要的制度性基础也在那时建立起来。该神社的主祭

---

[1] 参见 *Tsukuba tnondo,* in Kido Saizo, ed., *Renga ronshu* (Tokyo: Iwanami shoten, 1961), 第 82–83 页。

[2] 参见 *Tsukubashu,* no. 384。

神是平安时代的学者兼政治家菅原道真（845—903 年）。足利家族与它的关系密切。该神社成为吟诵诗歌的场所，人称北野"祭神连歌"会。在室町时代，那是连歌创作的正式重要聚会。

北野"祭神连歌"会大约从 1391 年开始。时年，足利义满将军支持并出席那次活动，像国王一样，率领通常陪伴他的公卿、大名、僧侣等随员莅临。那次庆祝会盛况空前，不仅确定了每年在北野举行连歌会的先例，而且还鼓励大名在该神社举行类似的活动。这样一来，北野天满宫成为无可争辩的连歌中心。每月 25 日，那里通常举行连歌会，纪念已被尊奉为连歌之神的藤原道家。为了处理此类人群聚集的连歌活动，幕府设立专门机构，人称"北野会所治安官员"（日语称"北野会所奉行"），并且指定连歌大师。这样一来，该机构任职者相当于日本的连歌桂冠诗人。

连歌运气很好，得到二条良基那样的著名公卿的倡导。连歌被人接受，被视为重要艺术，二条良基个人功不可没。有趣的是，在二条良基那个时代，宗祇代表的平民连歌流派也对连歌产生了重要影响。后来的许多连句诗大师出身卑微，然而常常成为古典韵味更浓的贵族诗歌的主要倡导者。换言之，他们想方设法，让连歌进入精英文化的殿堂，其方式堪比当年世阿弥提升猿乐所做的努力。

东山时代的连歌诗人认为，连歌新的繁荣时期始于足利义教治下的永享时期（1429—1440 年），在他们自己的时代达到顶峰。连歌在那时繁荣的一个原因是，它得到了足利义教的积极支持。更根本的原因是，大约那时，在学术（和学）和文化界，复古之风强劲，连歌繁荣赶上了好机遇。和学文人们（其中的一些名家也是连歌大师，例如，宗祇）研究平安时代的文学古籍。他们致力于重新阐释古典的公卿审美观，对那个时代的审美鉴赏产生了很大影响。在这个方面，我们应该记住世阿弥。他的大部分理论著作研究了大约相同时期的美学和能剧艺术。

和歌是公卿审美观最丰富的宝库，它与连歌之间存在历史悠久的纽带，这一点可以用祖穗（死于 1455 年）以及他与和歌大师正彻（1380—1458 年）之间的关系加以说明。祖穗是永享时期的连歌的领军人物之一。据说，"祖穗邂逅著名大师正彻，研究《源氏物语》，深谙诗歌创作之道。他根据自己逐步掌握的广博知识，选择连歌典范，崇尚古代的雅致－幽玄风格"[1]。

---

[1]　这番话出自宗祇，参见 *Azuma mondo* in Kido, ed., *Renga ronshu*，第 208-209 页。

478   正彻还有另外一个弟子，他就是创作了日本历史上极精美连歌的诗人之一新慧（1406—1475 年）。新慧强调说，其一，和歌与连歌两者密不可分；其二，创作诗歌的灵感相当于佛教的觉悟。在室町时代，许多人认为，佛教、神道和儒教可以融合一致。还有人声称，通过赋予诗歌神灵色彩的方式，可以提升自己的艺术方式，诗歌、插花或熏香概莫能外。因此，以上说法完全符合当时的融合诸家的思维。

      新慧关于连歌的批评性著作，包括《耳边絮语》，析了中世的鉴赏情趣，其品质仅次于世阿弥关于能剧的论述。新慧师研究和歌，深谙幽玄审美要旨，认为幽玄的最高层次在冰冷、枯萎和孤寂的氛围之中：

> 有人问古诗大师，应该如何创作诗歌？大师答道："枯原上草／晨曦中月。"
>
> 大师借此说明，应选无法言喻之物，深谙冰冷孤寂之境。凡诗艺炉火纯青者，其作必循冰冷孤独之风。回应"枯原上草／晨曦中月"之类诗句，应有"晨曦中月"之意境。
>
> 古人讲授诗歌，推崇以下［源信明］诗作，将其作为风格典范：
>
> 月光
> 淡淡映
> 晨曦。
> 泠洌山风
> 落红叶。[1]

      新慧早年出家，但是他与典型的艺术家兼僧侣不同，毕生奉献于佛事。与大多数诗人相比，他参加连歌聚会的时间不多，这是原因之一。另一个原因看来是，新慧更喜欢创作基本的表述加回应类型的连歌（日语称"短连歌"），而不是

---

[1]   参见 Shinkei, *Sasamegoto*, in Kido, *ed., Renga ronshu,* 第 175 页。

多行长连歌。他青睐带着超常张力的纯粹诗句，显然不喜欢这种做法：为了获得多名歌者之间的总体情感平衡，不得不消除这种感受方面的张力。

新慧与京都艺术和文化圈中许多人一样，在应仁之乱（1467—1477 年）爆发时离开京都。结果，那场冲突几乎将京都化为灰烬。新慧渴望前往京都，于是跋山涉水，穿过东部和北部多个令制国，最后于 1475 年在相模国去世。实际上，那是一段流亡的日子。对一位从冰冷和孤寂审美价值中获得灵感的诗人来说，那样的结局如果说令人痛苦，其实也不算太差。

在日本东部和北部云游期间，新慧与宗祇频繁接触，或许还给予对方指导。无论作为常人还是诗人，宗祇与新慧之间的差别较大。宗祇在著作中没有提及他的出身和早年生活，这一事实说明，他出生卑微。所以，我们对相关情况几乎一无所知。但是，有迹象显示，宗祇年轻时在京都的五山十刹之一的相国寺皈依禅宗。

与新慧不同，宗祇利用其隐者地位，主要目的是进入他曾经遭到阻碍的社交圈子。这样一来，我们看到，他见到京都的社会名流，与他们一起研究艺术和宗教生活，其中包括和歌诗人飞鸟井正亲（1417—1490 年）、和学研究者一条兼良（1402—1481 年），神道学家浦边兼见（1435—1511 年）。

与西行法师一样，宗祇也是日本历史上伟大的云游诗人之一。他遍访许多重要大名的领地，例如，美浓的斋藤明胜、武藏的太田道灌（1432—1486 年）、山口的大内雅博。但是，在那些令制国中，与宗祇关系最密切的是偏远的越后国的上杉家族。15 世纪 70 年代到 1500 年，他九次到那里探访。令制国首领们十分看重宗祇那样的访客。那些访客精通艺术和文化，肯定会回报主人的盛情。从这个意义上说，宗祇的云游带来很大收益。但是，那些旅行也以非常特殊的方式，滋养了他的艺术创作。西行法师、宗祇和芭蕉（1644—1694 年）这样的诗人探访那些地方的目的，并非仅仅希望以随意的方式，从那里的自然美景中获得激情灵感。更确切地说，他们试图效仿古代的伟大诗人，以古典文化的目光观察自然。

宗祇在和学研究方面名气很大，并不亚于他作为连歌大师的盛誉。正如我们在讨论一条兼良将要看到的，在应仁之乱期间，战争造成的破坏令人震惊，前所未有的怀古之风应运而生，人们尤其喜爱和学。宗祇给公卿和武士讲授《源氏物语》和《伊势物语》。除了别的著述以外，他还撰写了一篇研究《源氏物语》的

479

480

论文。就整体结构和内容两个方面而言，那篇文章被视为研究和学的开山之作。[1]

如果说新慧以创作短连歌的才华闻名，那么，宗祇作为诗人的伟大品质在于这一事实：他将连歌当作名副其实的连句诗对待。在 15 世纪幸存下来的主要连歌片断中，几乎全部与宗祇相关，要么由他独立创作，要么是他共同参与。宗祇贡献毕生精力，致力于发扬连句诗精神。在任何连歌聚会上，他都是当仁不让的主角。他很少让个人情绪主导创作，努力在作品中展现他十分珍视的古典审美观，同时保持了作为连歌精髓的诗歌韵律。

在所有连歌片段中，最著名是《皆濑三诗人》（日语为"皆濑三人"）。1488年，在后鸟羽天皇曾经居住的摄津皆濑村的一座宫殿里，宗祇和他的弟子肖柏（1443—1527 年）和曾长（1448—1532 年）联袂创作了这首作品。该诗长达 100行，开头几行展示了中世连歌的最佳品质：

> 宗祇：雪挂斜坡
> 　　　云雾山
> 　　　暮色淡。
> 肖柏：远水流过
> 　　　李香村。
> 曾长：河畔清风
> 　　　荡柳条
> 　　　春日现。
> 宗祇：篙声划破
> 　　　晨曦净。
> 肖柏：月影徘徊
> 　　　薄雾罩
> 　　　寒夜。
> 曾长：霜盖原
> 　　　秋意尽。

---

[1] 参见 Konishi Jin'ichi, *Sogi* (Tokyo: Chikuma shobo, 1971), 第 34-35 页。以前的和学研究局限于对词语用法等问题的分析。

宗祇：鸣虫
　　　空叹
　　　百草枯。[1]

在京都，宗祇住在室町的一处竹林掩映的草庵中。无论宗祇的宗教从属关系　481
如何淡薄，建造草庵的做法符合其禅宗僧侣和隐者诗人的身份。对于草庵的情
况，我们几乎一无所知。但是我们可以想象，它虽然人称茅舍，无论面积大小，
其实是一幢质量很好的住所。而且，相关记录文献显示，它足够舒适，可以作为
定点会所，接待京都的上层精英人士。1500 年，草庵毁于一场大火。就是在那一
年，宗祇启程，开始最后一次云游。1502 年，宗祇在东部的箱根去世。据说，临
死前夜，他梦见了藤原定家。

到此为止，我仅仅讨论了连歌作为一种优雅艺术形式的早期发展。到了宗祇
的那个时期，连歌肯定占据了主导地位。但是，我们应该注意到，与引人注目的
雅致连歌一起衍化的，还有不那么优雅的滑稽连句诗。后者铺平了道路，让"俳
谐"和"俳句"在随后数百年中发展起来。在滑稽连句诗的衍变过程中，领军人
物是曾长，就是 1488 年在皆濑陪伴宗祇的诗人之一。

东山时代与怀旧研究

就中世文化而言，足利义满将军促成了北山时代；与之类似，足利义政将军
与东山时代密切相关。在那两个时代，幕府在风格和特征方面的变化反映了两人
之间的性格差异。足利义满刚愎自用，在政务中占据主导地位，在各个方面行使
权力，让足利家族的其他将军难以望其项背。对比之下，足利义政不顾政务，无
心职守，很容易被他人左右。然而，即便比其更强势的统治者，也可能无所建
树。其原因在于，足利家族的霸权基于将军与守护之间的力量平衡，到了足利义
政掌权时，进入了快速衰落的轨道。足利义政的命运是，他管理的幕府日薄西
山，将要面对应仁之乱的灾难。

从宽泛的意义划分，东山时代大约是 15 世纪后半期；从狭义上界定，是应仁

---

[1]　参见 Ichiji Tetsuo, ed., *Renga shu* (Tokyo: Iwanami shoten, 1960)。

之乱结束后的 15 年。那时，足利义政放下将军重担，追求优雅而闲适的生活。在京都东山的静修之地，他成为艺术和文化的最大支持者。在应仁之乱中，作为日本文化生活心脏的京都实际上遭到毁灭。应仁之乱的狭义界定强调了战争造成的令人恐怖的后果，或许更为可取。当时，各个令制国陷入战争（战国时代，1478—1568 年），整个日本肯定像一个"冰冷和孤寂"的地方。一个宗派将要带着怀旧之情，憧憬平安时代中期宫廷生活的黄金时代，这种情况至少出现在那时日本社会的精英圈子中。几乎在那时的所有艺术作品中，我们都可以感受到那种怀旧基调。当时，越来越多的人关注在整个中世中一直发展的和学。正是这样的关注让一条兼良脱颖而出，成为伟大的和学家之一，达到了东山时代文化生活的顶峰。

482

一条兼良是二条良基的孙子，三次担任朝廷的摄政王。他是 15 世纪 20 年代和 30 年代的知名学者，在公卿习俗和公卿典仪（有职故实）方面深有造诣。1438 年，他获得殊荣，被后花园天皇选中，为最后一部敕撰和歌集《新古今和歌集》撰写中文和日文序言。

作为学者，一条兼良的最多产的时期是应仁之乱。那十年，他住在奈良。当时，他与宗教、艺术和文化方面的许多著名人士一样，逃离了京都，投身于那场文化运动。那场运动从京城开始，向外扩展到日本各地。1477 年，应仁之乱结束，但是该运动继续发展，延续多年。[1] 与此同时，在各个令制国中，一批新的独立武士首领们先后执掌大权，让那些地方产生了很大吸引力。他们明白，必须创造一种文化合法性的氛围，支撑其实际的军事地位。而且，他们真诚地希望提高自己的知识水平和艺术鉴赏能力。于是，他们邀请一条兼良、宗祇和画家雪舟（1420—1560 年）这样的文化名人到其领地，参与文化活动。而且，他们还利用其权威，促进文化活动。诸如此类的邀请提供了动力，一是有助于在全国范围内传播学识和艺术，二是向世人显示，他们敏锐地认识到，治理国家必须将文武两个方面结合起来。

在奈良逗留的十年中，一条兼良完成了对《源氏物语》和《日本书纪》的主要研究。他还邀请其他人参与研究，例如伊势国的北畠家族，美浓国多喜家族大名的治安次官斋藤明珍。应仁之乱结束之后，一条兼良多次接到请求，恳请他返

483

---

[1] 在应仁之乱期间，离开京都的文化名人还有连歌大师新慧、禅宗僧侣一休宗纯（1394—1481 年）、能剧大师金春禅竹（1405—1468 年）、画家雪舟（1420—1506 年）等等。

回京都。足利义政及其夫人日野富子（1140—1196 年）的邀请特别恳切。1477 年
12 月，一条兼良终于踏上了返回京都的旅程。在京都，他经常接到朝廷和幕府的
邀请，讲授关于和学的热门话题。他于 1481 年去世，享年 79 岁。有人在日记中
写道，在日本 500 年的历史中，一条兼良是不可多得的最优秀的学者。

一条兼良去世之后，朝廷中研究和学的领军重担落在三条西实隆（1455—
1537 年）肩上。三条西实隆是中上层公卿，在历史上颇有名气。其原因不在于他
的高深的学术研究，而是他留下的关于应仁之乱的内容翔实的日记：时间从 1474
年开始，到 1536 年他去世前一年为止。《实隆公纪》（意为"实隆的传记"）留下
了饶有兴趣的资料。后人从中不仅可以一瞥三条西实隆的日常生活，而且还可了
解，在京都历史上那段最黑暗的动荡岁月中，人们是如何熬过半个多世纪的艰辛
日子的。我们没有理由假设，所有公卿对那个阶段的看法与三条西实隆的完全一
致。不过，他的著作记载了一位处于文化生活中心的人士的看法，比较公正地描
述了那场战事前半期中公卿阶层对世界的看法。

《实隆公纪》以令人生畏的笔触，记录了那个时期京都居民遭受的苦难。各
个令制国军队血战不休，劫匪常常蓄意纵火，武装人员肆意掠夺。例如，1500 年
7 月，大火横扫整个京都，两万余间房屋化为灰烬，三条西实隆的住所也未能幸
免。1531 年 5 月，劫匪甚至冲进了皇宫。

三条西实隆常常与其他公卿和武士精英们聚会。他们表演能剧，吟诵诗歌，
举办各类娱乐活动，以期逃避严酷的生活现实。但是，对公卿们来说，即便沉迷
于娱乐，仍旧无法忘却自己的堕落境地：1478 年 3 月，足利义政的妻子日野富子
在将军府邸举行了一场豪华宴席，天皇莅临。三条西实隆没有适当的服装，不得
不待在另外一个房间。1491 年 8 月，足利义材将军（1466—1523 年）离开京都，
率军进攻近江国。有的公卿没有合适的服装，甚至无法前去拜访。对比之下，根
据《实隆公纪》的记载，足利义材和他的将领们却锦衣绣服，令人眩目。

对三条西实隆和他那个圈子的人来说，那时一个特别令人恐惧的危险是，书
籍和手稿可能毁于一旦。应仁之乱初期，一条兼良的私人藏书悉数丧失。三条西
实隆在日记中还记载说，其他人在战争期间也有类似遭遇。人们越来越强烈地感
到，必须采取措施，确保过去的文化遗产得到保护。一个结果是，有识之士不断
呼吁，应该誊抄《源氏物语》、《伊势物语》、和歌集、连歌集等古代典籍。三条
西实隆既是大学者，又是书法家，上至天皇、将军，下至社会达人，纷纷请他留

484

下墨宝。有的著作——例如，《伊势物语》——篇幅不长，誊抄所费时间较短。三条西实隆在日记中写道，《伊势物语》他誊抄多次。相比之下，誊抄《源氏物语》费时费力，常常需要一大批人。我们从文献中了解到，三条西实隆常常率先垂范，组织人员，誊抄这本令人肃然起敬的宫廷著作。

三条西实隆在其日记中记载的轶事之一是，他结识连歌大师宗祇的情况。宗祇比三条西实隆年长 34 岁，曾与一条兼良一起，共同研究和学典籍。晚年，他向三条西实隆传授这些经典之作。这证明：在中世时期的艺术和学术领域中，社会流动性较小；但是我们发现，像宗祇那样出身卑微的人竟然在学术方面指导三条西实隆那样的著名公卿。[1]

三条西实隆与宗祇交往，获得的一个重大裨益是，从一位长者那里，得到了《古今集传授》（日语为"古今传授"）。《古今集》是中世初期的著作，由藤原定家的后裔保留下来。书中有许多生僻词语、短句和名字，只有少数人知道。《古今集传授》收录了对那些文字的解释。[2] 在中世时期，此类带有神秘意味的解释性著作数不胜数，当时名气最大的就是《古今集传授》。据信，拥有该书的人被赋予几乎神奇的力量，可以获得对诗歌的睿智洞见。1501 年，就是宗祇去世前一年，三条西实隆获得该书一册。他在日记中带着几乎秘而不宣的敬畏之情，写下这一段文字："今日，高僧宗祇的《古今集传授》，包括他自己的注释……装于密封盒子中送达，完整无缺……相关事务尽皆秘密处置。"[3]

从宗祇和其他人那里，三条西实隆获得了急需的补充资金。他们携带三条西实隆誊抄的典籍和其他著作，卖给各个令制国的大名、大名家人和一些有权有势的家臣。在《实隆公纪》1509 年 2 月 4 日的日记中，三条西实隆称，已将后柏原天皇（1464—1526 年）誊抄的《源氏物语》段落，寄给了骏河国的今川家大名的妻子，以及越前国的朝仓家大名的妻子。没过多久，骏河国和越前国的"感谢费"送到，然后可能由三条西实隆经手，经过秘密渠道，转给了后柏原天皇。[4]

与一条兼良的做法不同，三条西实隆自己从未冒险进入令制国。然而，他的

485

---

[1]　参见 *Jurin-in naifu ki,* 1481/4/2。引用参见 Tokyō teikoku daigaku, ed., *Dai Nihon shiryō* (Tokyo: Shiryō hensan gakari, 1927), ser. 8, vol. 13, 第 171 页。

[2]　《古今集传授》由藤原定家的二条家的诗人传下来，后来到了与二条联姻的关东藤氏手中。藤经赖（1401—1494 年）将该书赠予宗祇。

[3]　参见 *Sanetaka Ko ki,* 1501/9/15。

[4]　参见 Haga Kōshirō, *Sanjōnishi Sanetaka,* vol. 43 of *Jimbutsu sōsho* (Tokyo: Yoshikawa Kōbunkan, 1960), 第 159 页。

名气从日本的一端传到另外一端。除了其他因素之外，主要原因是，在那些黑暗日子中，人们渴望了解古代公卿传统的文化和价值。

风景画和庭园

用连歌大师新慧的话来说，中世美学的一个重大主题是，人们崇尚水墨画，崇尚"超越色彩的"王国。促成这一趋势的巨大动力是，从中国输入了宋代发展起来的一种水墨画。

在整个中世时期，日本一直进口宋朝风格的水墨画（日语称"墨绘"）。在北山时代，水墨画是极为珍视的唐物之一。那些画作描绘丰富多彩的中国传统题材：人物、花鸟、风景。但是，对中世时期的日本影响最大的当数风景画。

当然，日本那时已经形成了高度发达的风景观，其表现在诗歌中最为明显。但是，在许多宋代风景画中，群山高耸入云，乱石嶙峋，层层叠嶂，遁入遥远天际。在日本的诗歌或者其他本土艺术中，这种令人敬畏的广阔场景从未有人见过。日本的风景画没有那么壮观。15世纪初期，日本开始模仿宋代风景画，完全按照中国模式处理题材，根据他们想象的中国风光，复制大型场景。

在15世纪，日本有三位著名的风景画家，他们均是京都的禅宗寺院相国寺的僧侣。第一位名叫如拙，是一个难以捉摸的人物。他的主要作品为《瓢鲇图》，应足利义满将军要求定制。这幅作品的灵感源于一个禅宗谜题：如何使用葫芦这样一个不大可能奏效的工具，昏滑溜溜的鲇鱼。但是，《瓢鲇图》具有历史意义，主要兴趣不是其前景——一个衣着褴褛的人手拿葫芦瓢，接近小溪中的一条游鱼——而是远处薄雾弥漫的山峦。画面传递一种空间深度感。在以前的日本艺术家的水墨画中，从来没有见过这种手法。

如拙的弟子和继承人包括相国寺的僧侣画师周文。周文在15世纪20年代至40年代最为活跃，史上其余时间与如拙一样，几乎默默无闻。许多现存画作据信出自周文，但是没有一件经过确实验证。基于这个原因，更稳妥的做法是，在讨论这些画作时，使用"周文派"这个术语，而不是将它们视为周文的作品。周文派画风是印象式的，着重表达想象的中国风景的氛围：山峦似乎悬在空中，悬崖突兀，雾霭弥漫，使人无法判断画作中的各个元素实际上是如何融为一体的。使用周文画风的画家们并不试图表达现实，而是致力于捕捉理想化的中国景色的精

486

髓。15 世纪的第三位伟大的相国寺画家雪舟（1420—1506 年）在题材和感觉两个方面另辟蹊径，日本的水墨画艺术至此终于成形。

1467 年，应仁之乱开始，雪舟前往本州西部的山口。在大内家大名的支持下，他甚至渡海到中国，朝拜墨绘的发源地。返回日本之后，雪舟再也没有到京都常住，余生中要么待在山口地区，要么在别的地方云游。他可能与西行法师、宗祇和中世时期的其他画师有联系。他遍访名胜，长期体验令制国的生活，艺术意识大大提升。对雪舟来说，那些经历显得尤为重要，激励他摆脱周文派对中国的想象式领悟，从日本的独特角度描绘风景。

雪舟不是像宋朝初期的画家那样，展现风景的全貌，而是对宋朝晚期艺术家——例如马远、夏珪——情有独钟，将重点摆在较小的非对称景物上。此外，雪舟往往将风景表面平面化，从而减弱纵深感，甚至在描绘远景时也采用这个手法。日本人总是以融洽的方式对待大自然；我们可以推测，与周文派的广阔风景相比，雪舟淡化纵深的做法本身更符合日本人的鉴赏情趣，所以更容易被人理解。

水墨画还对室町时代的另外一种重要艺术产生了影响，这就是"枯山水"庭园。平安时代出了一本庭园著作，名叫《作庭记》。它告诉我们，公卿时代建造庭园主要关注的是如何处理水：既有以小溪形式出现的流水，也有聚集而成的池水。室町时代修建了几座精致的庭园，包括西芳寺、足利义满的金阁寺、足利义政的银阁寺。这三座庭园都突出了溪流和池塘。但是，从室町时代中期开始，庭园的主要关注点出现了变化，从水这个元素转向了岩石。与此同时，越来越多的人使用沙子来表现水。那样做的部分原因在于，京都地区的泉水和山水来源十分有限。在室町时代晚期，"枯山水"庭园主要利用沙子和岩石。在有些个案中，甚至完全使用沙子和岩石。

室町时代留下来的全部枯山水庭园都在禅宗寺院之内，其中大多数分布在京都及其郊区。知名度极高的有两座，一是大德寺的大仙院，一是龙安寺。在大仙院庭园中，形状奇特、富于质感的岩石组合起来，描绘山峦、岛屿和一座下面沙子（代表水）流动的大桥。庭园呈 L 形，面积很小，从任何方向仅仅延伸数米，给人很强的高度感和深度感，可以与一幅周文派画作媲美。相比之下，龙安寺庭园十分抽象，仅有十五块岩石，似乎并不经意地摆放在耙平的沙子表面。或许，我们可以将它比作一幅纵深经过微缩的雪舟画作。

茶文化

在中世时期，日本的艺术和文化高度多样化，新近崛起的阶层——包括武士、商人甚至还有农民——参与丰富多彩的新活动。当然，同样重要的还有这一事实：在那些多样化的活动中，存在着程度很高的审美统一性。那些阶层带着怀旧之情，继续欣赏并且渴望公卿阶层当道的过去。中世时期的重要审美术语——幽玄、寂、侘——植根于平安时代以及之前的历史。在 14、15 和 16 世纪，这些术语引导人们强调单一色调，强调"冰冷、枯萎和孤寂"，似乎从外在方面装置，排斥平安时代对颜色的爱好。但是，这些审美概念的丰富内涵派生于这个事实：它们以十分强烈的方式，反映了古典的公卿鉴赏情趣具有的色彩和温度。

这种审美统一性的典型体现一是茶文化，二是作为其核心的古典饮茶仪式（"茶の汤"）。正如我们在前面谈到的，早在中世初期，茶作为一种饮料已被日本各个阶层接受。14 世纪晚期，在婆娑罗大名的社交聚会上，茶是鉴赏比赛（"斗茶"）中的主角。15 世纪，饮茶脱离了游戏领域，慢慢变成一种严肃追求。

茶道的衍变与会所和书院的创立密不可分。其原因在于，当时的人们认为，茶道这种活动必须在精心安排和布置的场所中进行。在茶道的会所形式——它最早见于足利义教担任将军时期的历史文献——中，茶水在另外一个房间或走廊里准备，然后端进会所，摆在主人和客人面前。茶道使用的器皿以及用来装饰会所的艺术品是"中国之物"（日语称"唐物"）。就挑选和使用茶道器皿和饰品的方式而言，当时沿用了 15 世纪同朋众和其他人的做法，反映了对唐物的十分严谨、别具一格的品味。

现存的历史记录匮乏，我们不可能准确判定会所饮茶仪式变为"侘茶"的具体时间和方式。[1] 不过，人们传统上将其归功于村田珠光（死于 1502 年）。村田珠光是奈良的一个商人，颇具传奇色彩。侘茶的场所是书院。这种房间在东山时代开始流行，其主要特征包括：榻榻米席子、障子滑门、壁龛、书桌、非对称博古架（日语称"违い棚"）。直至今日，它依然是日本住宅的原型。

村田珠光喜欢的书院房间铺有四张半草垫（面积大约为 9 平方英尺）。在如此狭小的空间内，他创造出一个小宇宙式世界。主人置身于一个布置得井井有条

489

---

[1]　据我所知，英语没有哪个词可以准确地传达"侘"的意思，或许"austerity"（朴素）与之相近。

的审美场景中，制备茶汤，献给宾客享用。从村田珠光那个时代以后，随着程序的衍化，献茶成为一种具有象征意义的行为：放弃物质之念，崇尚生命的精神价值。这些精神价值具有宗教和审美起源，常常体现在中世晚期日本禅宗和"侘"的审美观中。

在日本中世文化研究中，难度最大的问题是，如何评价禅宗对它的影响。产生这个问题的主要原因在于，中世结束之后的数百年来，许多论者往往高估了禅宗对中世鉴赏品味和情趣的影响。如果说在考察中世日本文化中哪个因素最突出，它就是，那个时期的美学直接从之前的时代发展而来。就艺术标准——简素、暗示、无常——而言，禅宗与日本人固有的感受不谋而合，与日本人的鉴赏情趣异曲同工。因此，禅宗12世纪末和13世纪从中国传入日本，在文化意义上找到了一个十分适宜的发展土壤。但是，到了16世纪，禅宗才能对艺术——尤其是对茶文化——产生重大影响。例如，那时一个广为流行的说法是"茶和禅具有相同的意味"（日语称"茶禅一味"），我们从中可以看到这一点。[1]

日语中的名词"侘"派生于动词"わぶ"，其最初意义为"落入悲惨无助的状态"。わぶ作为审美术语的早期使用见于观阿弥创作（世阿弥导演的）的能剧
490 《松风》中。一位云游僧侣（他是次要角色，日语称"胁"）到访须磨，见到妹妹松风和松雨。流放到那个荒凉海岸的一名公卿曾向她们表白。她们两人对公卿心生渴望，在剧中以幽灵的面目生活。僧侣要求她们让他过夜。她们开始时表示拒绝，因为她们的茅舍"松树为枕，竹子为栏"，不适合接待客人。但是，僧侣劝说姐妹俩让他进去，声称自己已经习惯贫穷。后来，他发现，在这样的简陋环境中，任何敏感的人都可以从"简单、孤独"的生活中获得乐趣。在《松风》的段落中，使用的是わぶ的副词形式わびて，其意思模糊不清，很容易翻译为其他字眼，而不是"简单、孤独"。但是，它表达"侘"审美观的许多意味，后来成为茶文化的核心内容。

村田珠光在给一个弟子的信中写道：

> 在追求此道 [茶道] 时，需关注如何融合日本情趣与中国情趣。如今，有的人没有经验，贪求自我满足之物，例如，备前和信乐的器皿，声称它们

---

[1] 参见 "Matzukaze," in Keene, ed., *Twenty Plays of the No Theatre,* 第 26–27 页。

拥有"冰冷和枯萎"的品质。真是荒谬之极。[1]

我们从以上说法可以推断，村田珠光基于对唐物的鉴赏，反对直接排斥会所饮茶仪式的审美价值，并不赞成以过于冲动的方式，接受"侘"的各种鉴赏情趣。许多论者阐释了这段话语，认为它表示，村田珠光已经创造了"侘茶"，但是并未完全摆脱以前唐物的影响。

　　完善古典饮茶仪式的历史重任，落在堺城的两个商人——武野绍鸥（1502—1555 年）和千利休（1522—1591 年）——的肩上。千利休是日本历史上最著名的茶道大师。他喜欢的侘茶茶室仅仅两张草垫大小，最多只能容纳三人。他用传统的茶架，将茶具——包括黑色"乐烧"茶碗、竹帚、竹勺——直接摆放在地板上。千利休还信奉一套茶哲学。后来，那种哲学被视为侘茶的精髓。根据一名弟子的记录，千利休的观点如下：

　　　　在朴素的茅舍中表演茶道，实为清心寡欲的修炼。依据佛法，茶道意在获得精神超脱。倘若过于在意茶室和茶点味道，就是强调世俗之物。茶室不漏雨，食品可充饥，足矣。此点符合菩萨教导，乃茶道之精髓。首先取水，拾柴。然后煮水，备茶。先供奉菩萨，再献给宾客。最后自己品尝。[2]

491

　　在侘茶的衍变过程中，武野绍鸥和千利休成就斐然。这一点显示，就中世晚期艺术和文化而言，京都、奈良和堺城的富商阶层成员起到重要作用。武野绍鸥家财万贯，可以和 16 世纪初期的和学大师三条西实隆一起，潜心研究文学。千利休是堺城的几位茶道大师之一，后来受聘于 16 世纪后半期统一日本的织田信长和丰臣秀吉。

　　在为丰臣秀吉效力时，千利休的名气达到了巅峰。他不仅担任与茶文化相关问题的评判大师，而且还以霸权者亲信的身份，行使很大实权。千利休的权力来自日本统一时期的种种做法，它们可被统称为"茶政治"。利用茶道大师进行政治交涉，参与统治者仪典，诸如此类做法应运而生。

---

[1]　参见 "The Furuichi Letter," in Hayashiya Tatsusaburo, ed., *Kodai-chūsei geijutsu ron* (Tokyo: Iwanami shoten, 1973), 第 448 页。

[2]　参见 *Nambosokei, Namboroku*, in Sen Sōshitsu, ed., *Sadō koten zenshū*, vol. 4 (Kyoto: Tankōsha, 1956), 第 3 页。

安土桃山时代

如果必须确定一个标志中世时期结束的年份，最佳选择或许是 1568 年。其原因在于，织田信长那年进入京都，开始统一全国的过程。该过程于 1590 年由织田信长的继任者丰臣秀吉最终完成。在织田信长和丰臣秀吉的领导下，那个时期英雄辈出，日本人自信大增，志气高涨。军阀们修建庞大城堡，在上面绘制图案，大门镶板色彩耀眼。欧洲商人和传教士纷至沓来，扩展了日本观察外部世界的视野。如果在全国范围之内建立秩序，就可以给人们的生活带来欢乐，一扫中世时期的黑暗忧郁，摆脱追求来世的社会氛围。

在琵琶湖畔的安土，织田信长修建了一座大城堡；在京都南面的桃山，有丰臣秀吉的大要塞之一。因此，文化史家将那个新时期称为"安土桃山时代"是顺理成章的做法。[1] 城堡看得见、摸得着，是那些激动人心的岁月留下的重要象征之一，代表着那些为统一铺路的首领们的辉煌业绩。

安土桃山时代的城堡气势宏伟，然而修建它们的目的并非只是防御。大名们希望要塞附近的城镇商业繁荣，选址时常常考虑的主要是经济因素，而不是军事用途。当然，在典型的安土桃山时代大名眼里，城堡首先是一种手段，可以向世人展示其威严和力量。因此，那个时代的城堡有若干值得注意的因素：护城河既宽又深，石头垒成的护墙规模巨大，最突出的特征是建有多层主楼或堡垒。它们在军事方面用处不大，然而具有很好的装饰和炫示效果。那些堡垒的设计旨在让人感到眩目，呈现"达到天堂"的外观。所以，外部墙体常常要么涂抹闪闪发光的白色，要么画成斑斓耀眼的彩色。织田信长的安土城就是后者的例子。有一位耶稣会传教士，名叫路易斯·弗洛伊斯，在日本生活了多年，用下面的语言描绘了安土城主楼的外貌：

> 按照日本人决定的用途，有些楼层刷上了白色，窗户涂抹成黑色。它们显得非常漂亮。其他楼层有的为红色，有的为蓝色，最高的一层完全是金色。这种"天守"（意为"主楼"）和其他房屋铺着浅蓝色瓷砖。那些瓷砖比

---

[1] 学者们常用两个年份来表示安土桃山时代：一个是 1568 年，织田信长开始统一进程；另一个是 1615 年，丰臣秀吉的继承人在大阪城之战中被德川家康打败。

我们欧洲人使用的更结实，更好看。山墙角为圆形，表面镀金，房顶装饰精美，设计巧妙。总之，整个建筑非常漂亮，堪称出类拔萃，壮丽辉煌。[1]

那些主楼的外面也进行了装饰，光彩夺目。实际上，就安土桃山时代的视觉艺术而言，那座主楼大厅以及其他城堡建筑的大厅均在重要场所之列。在那些厅堂中，在屏风和滑门的布局构图中，我们可以发现当时主要艺术家的作品。

装饰屏风和隔间纸门绘画

正如前面提到的，中世时期的主要画种是中国宋元两代发展起来的单色水墨（墨绘）风景画。日本绘画大师们——例如周文和雪舟——经过佛教的耳濡目染，493 认为万事无恒，宗教情感根深蒂固。画家、诗人和其他艺术家希望发现某种终极的人生真理，超越今生昙花一现的存在。某些画作揭示了大自然和气候的暴烈侧面，然而就大多数情况而言，中世的风景画描绘了安宁、寂静的场景。

在安土桃山时代，装饰性屏风和门扉绘画发展起来。从几个重要方面看，它与以前的主流中世艺术家的风格截然不同：第一，它的主要题材是花鸟，花鸟与风景和人一样，是传统中国艺术的范畴；第二，它以色调明快的彩绘为主，包括用作背景的眩目金箔；第三，它几乎没有显示任何中世绘画的宗教虔诚；第四，这些艺术作品充满巨大活力，动物姿势各异，大树直立高耸，与中世风景画中的静止状态迥然不同；第五，它的装饰性很强，物体位置经过刻意处理，以便获得设计平衡（或者有意而为的不平衡）；第六，艺术家们常常在面积很大的表面——例如，构成房间整个墙面的门板——上作画，使之成为大型艺术品。[2]

艺术品重新使用彩色，作用引人注目，超过其他任何因素，此举将中世时期与安土桃山时代之间的审美差异凸显出来。然而，即便在单色水墨风景画繁荣时期，彩色也未从日本绘画中完全消失。例如，在整个中世时期，古代大和绘画派的艺术家，继续创作彩绘，其突出代表是土佐派艺术家。他们还撰写了许多研究著作，讨论的主题包括古典的平安宫廷文学、伟大的宗教领袖、佛教寺院和神道

---

[1] 参见 Michael Cooper, ed., *They Came to Japan* (Berkeley and Los Angeles: University of California Press, 1965), 第 134 页。

[2] 15 世纪晚期，狩野正信（1434—1530 年）获得室町幕府任命，成为中国画风的官方画师。狩野派从此发端。

神社的历史等等。从风格方面看，安土桃山时代的装饰屏风和隔间纸门绘画艺术将两种风格融合起来：一是单色的中国宋元画派，见于大量的中世风景画（不过，这个画派的艺术家也画花鸟和人物）；二是崇尚浓彩的大和绘传统。

494 两种风格的融合主要是由狩野派实现的，其集大成者首推狩野永德（1543—1590 年）。在安土桃山时代前半期，狩野永德是该画派的领军人物。在狩野永德的职业生涯中，最重要的事件肯定是他得到织田信长的赏识，负责安土城主楼大厅的障壁装饰。令人遗憾的是，在 1582 年织田信长遭到暗杀之后不久，安土城毁于一旦，狩野永德及其助手们绘制的屏风和隔间纸门绘画无一幸存。但是，我们确实有一份相当详细的目录，上面一一罗列了那些作品。我们可以推测，它们类似于狩野永德和狩野派的其他作品。[1] 在安土城的绘画中，数量最多的是花鸟画，其次是一些人物画。后者主要包括中国历史和传奇中的著名隐士、哲人和神灵。有趣的是，在安土城的所有绘画中，纯粹的风景画看来仅有一件。

在安土桃山时代，从事新装饰画作的艺术家们偏爱花鸟，其中一个原因是，这个题材尤其适合用来处理大面积空间。在《桧图屏风》那样的著名画作中，狩野永德就有效地展示了这一点。那件屏风一共有八扇，描绘了一棵大树下部，大树主干和树枝弯曲，从画作右下方伸出，几乎延伸到左边。在狩野永德笔下，柏树矗立，背景是耀眼金箔组成的云彩景，地面是一条深蓝色溪流，岩石嶙峋。这件作品细节丰富，体现了安土桃山时代大障屏画的特征。

狩野永德的伟大地位在于这个事实：他的作品有力传地递了日本统一的时代精神。正是他采取重大创新步骤，摆脱了中世绘画的清规戒律和沉闷氛围，创作了大幅屏风和隔间纸门绘画，展现了色彩斑斓、活力四射的崭新领域。狩野永德死于 1590 年，丰臣秀吉正是在那年完成了统一日本的大业。在天下太平（1600 年建立的德川幕府确保了这一点）的新国家中，狩野永德的继承者们利用前辈画风的原始活力，形成了一种新的绘画。那种绘画色彩柔和，构图更加精美。在那个阶段，政治和社会稳定。装饰屏风和隔间纸门绘画的新标准也许反映了那种时代感。

---

[1] 这份目录收录在《信长公记》（意为"织田信长年表"）。关于其内容的小结，可参见 Tsugiyoshi Doi, *Momoyama Decorative Painting* (New York: Weatherhill-Heibonsha, 1977), 第 69–79 页。

风俗画与安土桃山人文主义

在安土桃山时代，还有一个重要绘画形式发展起来。它就是风俗画，或称描 495
绘人们日常工作和生活的绘画。风俗画可在更早一些的日本绘画中看到，特别是
在大和绘传统中的叙事画卷中。但是，到了 16 世纪，这类场景才成为一种主要
的绘画题材。

最早的风俗画之一是"洛中洛外图"，意为"京都内外景致"[1]。那些景致最
初是远处的全貌，后来逐步发展为那座城市的近距离景象，不仅有建筑，也有居
民们的忙碌活动。在装饰性作品中，狩野永德使用了相同风格和色调。在一对六
扇屏风上，他制作了特别精美的洛中洛外图。这件作品上面大约有 1500 个人物。
他们表情不同，形态各异，构成一幅复杂的拼图。那些景致是构思巧妙的艺术杰
作，狩野永德借此成为那个时代的大障屏画和风俗画的先行者。

有一种说法称，最早的"京都内外景致"绘画是由富商们定制的，其目的是
赞美他们在应仁之乱后重建京都过程中所起的重要作用。还有一种说法是，那些
风俗画强调商业和工艺活动，看来城里的赞助人和艺术家起到了重要作用。然
而，在半个世纪以上的时间里，军事贵族资助了狩野派艺术家。在安土桃山时代
幸存下来的风俗画中，半数画作要么由狩野派艺术家签名，要么被认为出自他们
的笔下。对社会各个阶层的活动，那些"贵族"艺术家以及资助他们的武士深感
兴趣。这个事实证明，新的人文主义在那时已经存在，从文化上将安土桃山时代
与已经过去的中世时期区分开来。

那种人文主义始于 16 世纪晚期，持续到德川幕府时代（1600—1867 年），其
基础不是个性主义。个性主义在文艺复兴的欧洲大量涌现，其理念是个人的内
在价值。因此，我们绝不能将日本的人文主义与西方传统中通常谈到的人文主
义混为一谈。第一，日本人文主义是一种世俗运动，它排斥在中世时期主导数
百年、强调来世的佛教。第二，它以一种快乐的方式，重新点燃了对世人——所 496
有人——的生活和活动的兴趣。因此，安土桃山时代的风俗画打破坚冰，以迷人
的方式，最早记录了近代初期日本人生活的广阔画面。在德川幕府中期和晚期的
"浮动世界的画面"（日语称"浮世绘"）中，这种艺术达到了顶峰。

---

[1]　最古老的洛中洛外图可以追溯到 1525 年前后。

从文化史的角度看，在种类繁多的风俗画中，令人感兴趣的是表现休闲和娱乐活动的作品。例如，节日、野餐、赏花、赛马、舞蹈、演戏、沐浴、摔跤、女性在娱乐场所散步等等。那些画作证明，人们的闲暇时间大幅增加，在大城市中尤其如此。这起到推波助澜的作用，促进了德川幕府时代的资产阶级文化的繁荣。

就题材而言，有一种风俗画独一无二，它就是"南蛮"，意为"南方的野蛮人"。那种障壁画描绘的是，16世纪40年代最早登陆日本的葡萄牙商人和耶稣会传教士。那些画作完全是日本风格（它们类似于那时的其他风俗画和装饰画），包括两个种类：单场景画和分场景画。单场景绘画描绘的是：葡萄牙大帆船抵达长崎港，旅客们走进城里，受到日本人和传教士的欢迎。在分场景作品的一面上，葡萄牙人在一个海外港口，可能是印度的果阿或中国的澳门。他们有的在某种风俗画场景中，例如，观察驯马；有的乘坐大船启程前往日本。在另外一个画面（例如，右侧屏风）上，大船抵达长崎。

南蛮屏风展示了那些欧洲人在日本的活动细节，以生动的方式说明，在安土桃山时代，日本人对外国人和异国方式深感兴趣。在那个时期，日本对外交流和贸易蓬勃发展。除了欧洲人之外，交往对象还有亚洲的其他民族。在跨入近代之前的历史上，日本的国际化达到了史无前例的程度。（在此应该指出，在所谓"国际化"的过程中，日本分别于1592年和1597年入侵朝鲜。）关于16世纪末至17世纪初欧洲人和其他外国人在日本的其他情况，关于日本入侵朝鲜的情况，《日本史》的下一卷将要进行讨论。我们在此仅仅指出，安土桃山时代看来增强了日本人的好奇心。而且，对于外来者的侵扰，对于新的陌生理念，他们的态度也许比以前更开放一些。

497

茶的世界

在统一时代的文化史上，一个特别难以评价的论题是茶道。其原因在于，茶道内涵丰富，并非只是仪式而已。它是一种哲学，一门艺术，一个独特的社交风格。正是在安土桃山时代，茶道达到了至高境界。

正如我们已经看到的，茶道作为一种哲学那时已与禅宗齐名。就这个方面而言，茶道是真正的中世特征，为侘茶的概念和实践奠定了基础。具有讽刺意味的是，直到中世时期结束之后，侘茶才在安土桃山时代达到炉火纯青的境界。然而，这一点的实现得益于茶道大师千利休的努力。他所起的作用是，强调一直作为茶道特征的双重性。一方面，茶道中存在一种炫示冲动：在 15 世纪初期，茶道曾被用作展示唐物的场合。另一方面，至少从 15 世纪晚期开始，一种观点逐步形成，将茶道引向禅宗，引向侘的审美情趣。

我们在前面提到，村田珠光看来站在一个转折点上：一边是茶道的"炫示"阶段，另一边是朝向侘茶的衍变。在 16 世纪，侘茶的形成和完善成为茶道的发展主线。但是，"炫示冲动"从未失去，并且在安土桃山时代再度爆发。它与整个时代的"炫耀"特征保持一致，军阀们的做法尤其突出。

茶道的这个倾向与收藏涉及茶道的物品的做法密切相关。那些物品除了茶道所用器皿之外，还有画作和书法作品。这样一来，唐物一直深受人们喜爱，在整个中世时期都是抢手之物。但是，许多唐物丰富多彩，吸人眼球，因此与侘寂的鉴赏情趣格格不入。侘茶依赖的哲学理念排斥物质主义，因此我们也许觉得，青睐侘茶的人蔑视对涉茶物品的迷恋。但是，他们与喜欢茶道的其他人一样，对那些东西垂涎不已。侘茶"名器"与唐物珍品一样，逐步被视为实际上的民族珍宝，其价值不断飙升，达到了天文数字。 498

1568 年，织田信长领兵开进京都，采取了统一大业的第一个重大步骤。随后不久，他的行动反映了全国人对涉茶物品的狂热：他开始"搜寻著名涉茶物品"（日语称"名物狩り"），有的时候掏钱购买，必要时宣布没收，将许多珍品收入囊中。在宴会和其他特殊场合上，织田信长得意扬扬地展示那些东西，有时候还拿出一两件，赏给有功的部下。例如，织田信长 1577 年给了丰臣秀吉一把名气很大的水壶，褒奖他进攻并摧毁了一座城堡。[1]

安土桃山时代热捧茶道用品，松永久秀（1510—1577 年）的经历也许最好地说明了这一点。松永久秀是京都附近的中部地区的一名首领，1568 年送给织田信长一个价值不菲的茶盒，两人于是和平相处。11 年之后，松永久秀参与了针对织田信长的密谋。松永久秀知道自己将被处决，于是想方设法，将一把茶壶打碎，以免它落入织田信长之手。

---

[1]　织田信长还规定，部下可以举办正式茶会；不过，那种特权必须经过他本人批准。1578 年，丰臣秀吉获得了那一特权。

丰臣秀吉成为霸主之后，也贪婪地收集茶道用品，狂热地展示它们，与织田信长相比，简直有过之而无不及。丰臣秀吉很可能十分希望大张旗鼓地炫示他的茶道用品，所以才想到了这个主意：1587 年，在京都的北野天满宫，举办大型茶道聚会。那次聚会场面盛大。他广邀宾客，并且承诺展示自己的全部茶道宝贝，"一件也不保留"。[1] 丰臣秀吉确实是显摆冠军，这方面的本性在北野天满宫茶会上几乎暴露无遗。更有甚者，他还建造了一个完全用纯金装饰的茶室。它可以移动，供他在打仗和外出旅行时享用。

茶道作为一种社交方式，在安土桃山时代形成茶政治。当然，茶道肯定被派上了政治用途：茶道用品被送给盟友，作为投桃报李之物（或者反之，被送给敌人，作为诱惑或安抚之物）；茶道用品或者茶道本身以同样方式大加炫示，所起的作用类似于城堡、装饰性屏风以及其他东西。其目的一是显示军阀的力量，二是宣传其美誉。但是，茶政治的本质特征有两点：其一，利用茶道的特殊社会功能；其二，军阀们刻意利用茶师，令其充当中人，进行谈判，甚至办理外交事务。例如，茶师今井宗久（1520—1593 年）从中斡旋，在织田信长 1568 年开始掌权之路时，安排堺城和平归顺织田信长。织田信长和丰臣秀吉两人都利用茶师，实现自己在文化和政治方面的各种目的。千利休就是其中之一。我们知道，千利休在丰臣秀吉统治时影响很大，任何人希望见到那位霸主，必须首先得到他的批准。

千利休是安土桃山时代最有意思的角色，无人可以与之比肩。其原因在于，在日薄西山的中世时期与近代初期之交，文化史上出现了冲突和较量。一方面，他将侘茶带入了炉火纯青的境界；另一方面，在暴发户丰臣秀吉庸俗炫示的过程中，他也助了一臂之力。但是，千利休后来与反复无常的暴君丰臣秀吉发生冲突。1591 年，千利休被迫自杀。[2] 随着千利休去世，中世文化耗尽了最后的力气，再也没有任何力量能够阻止安土桃山文化的"现代"因素向前迈进的步伐。

---

[1] 那场聚会的时间原定为 10 天，宾客必须携带一些器皿以及供自己使用的草垫。实际上，仅仅一天之后，聚会便中止了。

[2] 历史学家们无法确定，他究竟为何遭到那么严厉的惩罚。可能的原因包括：千利休本人冒犯了丰臣秀吉的虚荣心；千利休被当作一件牺牲品，以便让丰臣秀吉安抚反对自己的政治派别。

第十一章　中世日本文化的另一面[*]

芭芭拉·鲁赫，哥伦比亚大学东亚语言和文化系

史料编撰问题

历史学家将实际生活转变为叙事生活。从这个意义上说，他们和小说作者相 500
差无几。尽管意图各异，历史或小说并非仅仅记录人生经历。更确切地说，历史
或小说选择，关注并且重述历史，从而不可避免地对其进行重构。即便删减也会
增加某种新的东西。我们在历史著作和小说作品中寻找"真实"，但是从内在角
度看，两者都倾向于造假。

史家通过选择和删减，阐释迄今为止的日本文化史，尤其镰仓时代和室町时
代（大约从 12 世纪到 16 世纪末）。史家着重关注的内容包括：其一，"高雅"文
化；其二，当时的政治、宗教和思想领袖们的活动；其三，与他们关系密切的亲
友、知名艺术家、建筑师、作家和表演艺人取得的成就。即便对普通人生活感兴
趣的史家，观察时也往往以社会上层为参照框架。因此，他们与其意识形态相左
的史家一样，难以跳出"高压与低俗"两极分化思维定式。因此，具有讽刺意
味的是，一位精英崇拜者埋头研读中世史，视而不见那时大多数男女的日常生
活的特征和轮廓，让不符合自己喜欢的历史定义的日本文化创造者们淹没在黑暗
之中。

这并不意味着，不能在历史层面上，追溯那些人的生活。恰恰相反，在整个
中世时期，普罗大众的日常生活常常是值得关注的问题，甚至在精英阶层的日记

---

[*]　本章内容首先见于欧洲和美国的学术论坛，所用的标题是《历史的另外一面：寻找中世日本的共用文化》。

和历史记录中也不时提到。因此，可能与人们想象的不同，让那些材料重见天日并不十分困难。此外，我们十分幸运，拥有一个丰富的传统，可以考察中世时期的绘画、塑像、虚构作品、歌谣，从中看到对那个时期的真实描绘。通过这些作品，我们可以考察中世日本的共同文化，将其视为社会各个阶层男女实际体验的东西。

因此，本章旨在进行重新审视。它将考察中世时期的日本人关注的重要因素，实际上，考察日本文化的重要创造者们。迄今为止，那些因素和人员被人忽略，甚至遭到蔑视。在此，我不愿将平民文化与公卿文化对立起来，也不愿将"大众"与"精英"进行对比。我相信，主要的历史资料不允许这种简单化的二分法。如果我使用"大众"一词，我将考虑的是大多数居民重视的民族文化的一些方面，它们超越所有的阶层、性别和代际划分。我追求的"共同文化"是大多数人知道和尊重的态度和活动，没有高雅和低俗之分。共同文化没有高雅、低俗之分，超越社会中任何性别、群体或小团体的专属范围，已经成为所有人的共同财产。

我们必须承认，历史建构是围绕一套观念词汇形成的，而该套词汇被阶级、性别和社会地位等排除因素冻结。其结果是，日本文化中的某些话题受到青睐，不符合主导范式的其他特征则遭到否认。历史与宫廷诗歌类似，是根据一份预先选择、被经典化的清单撰写的，普通人生活的大多数侧面被排除在外。

日本中世时期不仅包括精英文化和大众文化，而且还有各种各样的其他文化，例如，武士、渔民、公卿、城镇平民、宗教人士文化。在每种文化内部，还存在青年、中年、老年等年龄段的文化。这样一来，问题就更加复杂了。但是，如果说中世时期存在一个突出特征，它就是：首次明显出现的融合感，整个民族的一体感。从歌谣、舞蹈、哑剧和叙事等表达艺术中，散发出自我感知、社群感知、关于社会契约的揭示、打破被宽容行为的界限的痛苦挣扎。它们可以帮助我们更好地认识相关因素。

某些批评者认为，在撰写历史过程中，使用绘画、歌谣和叙事这样的"虚构之物"会引起无限制的怀疑论。然而，历史学家们接受的历史记录受到的污染更厉害，例如，"在《愚管抄》中，不可能将历史与教条区分开来"[1]。一方面，在

---

[1] 参见 Toshio Kuroda, "Gukansho and Jinno Shotoki: Observations on Medieval Historiography," in John A. Harrison, ed., *New Light on Early and Medieval Japanese Historiography* (Gainesville: University of Florida Monographs, Social Sciences no. 4, Fall 1959), 第 39 页。

日本历史上，编造家族系谱——甚至购买族谱图——的现象司空见惯，持续了数百年。[1] 另一方面，为了被中世时期的日本人接受，虚构作品、绘画和歌谣必须显得真实。支撑那些叙事的，是关于社会体验的性质的某些共同默认的东西。因此，对历史学家来说，那些叙事是十分有用的资料。它们组合的资料一是被人视为重要，二是代表日常社会知识。这种知识的真实性与统计材料中的符号性表征不相上下。文学和艺术实质上是集体经验的展现。它们代表的"真实"忠实于社会期待，所以其真实性也许甚至超过事实。

每个民族的史话记录独特的历史事件和反复出现的事件，反映一个民族的习惯。

对中世时期的日本来说，此类反复出现的模式包括：削发为僧（剃光头发，接受宗教誓言）、卖儿鬻女、朝圣、欣赏舞蹈、与亡者的灵魂交谈、念咒驱邪。中世歌谣或吟游诗人的叙事堪与现在的叙事媲美，其巨大力量完全在于这种体裁的性质，在于它讲述的故事的可信程度。它们令人感动的原因是，人们知道这就是事物真实存在的方式。

无外如大个案

1976年，西川杏太郎出版了一本研究"顶相"的著作。[2] 这种样式的雕塑——我将使用"代表塑像"一词来表示——以真实的三维方式，再现历史上的禅宗僧侣，以便向其弟子传达高僧死后的精髓。那些僧侣的木质塑像大同小异，均为光头，身着袈裟。但是，尽管呈现方式统一，由于某种未知的原因，有一件看来与众不同。令人感到震惊的是，它就是 13 世纪的女性禅宗大师的塑像。在她的身上，已经看不到女子气质的任何残余：她头部剃光，身披袈裟，几乎与男性同事完全一样。可是，她的面部和肩膀无疑显示了妇女特征；它实际上是一位妇女的肖像（见图 11.1）。

---

[1] 参见 Toyoda Takeshi, "Tenkaki no shakai," in *Otogizōshi*, vol. 13 of *Zusetsu Nihon no koten* (Tokyo: Shūeisha, 1980), 第 196 页。

[2] 参见 Nishikawa Kyōtarō, "Chinsō chōkoku," in *Nikon no bijutsu*, no. 123 (Tokyo: Shibundo, 1976)。

503

图 11.1　中世尼师无外如大的木制雕像

　　这位中世尼师的法号为无外如大，[1] 1223 年生，1298 年去世。一位无名艺术家用木雕的形式，捕捉到这位 70 多岁女性的特征：面容沧桑，神态尊严，安静沉思，两眼清澈，炯炯有神，观察人世变迁。作品给人不可思议之感：她仿佛依然活着，正要回答某个重要问题。无外如大的面部令人见后难以忘怀。制作塑像的大师肯定十分了解无外如大。这尊雕像与许多顶相佳作一样，不仅栩栩如生，而且散发出那位禅宗大师本人的强大生命精神。它完全实现了艺术家的意图。在她去世之后，肯定真正地起到代表作用。

　　在过去 10 年中，这尊塑像成为研究和分析的对象。但是，学界既没有分析和研究它描绘的那位女性，也没有着手探讨她代表的重要宗教群体——禅宗尼姑庵。

　　在现已写就的日本中世史上，很难见到女性的踪影。如果出现，其身份是母504　亲、妻子、情人或某个重要男性的女儿。在那些罕见的女性中，几乎全都创作了杰出的文学著作，而且它们由于某种未知的原因幸存下来。但是，无外如大是一个具有挑战性的个案。这位女性在佛教世界中成就卓越，但是看来没人确知，她的父亲或丈夫可能是哪位"重要人物"。在这位女性的生活中，究竟发生了什么重大事件？她执掌的那个机构的性质是什么？从这个角度看，她的人生不仅具有

[1]　看来也叫无弱。

超越历史事实的重要意义，而且具有普遍意义。

　　与在男性文化中的情况类似，削发出家在女性文化中普遍存在。也许，人数可能更多一些。其原因在于，即便在那个时代，如果妇女顺利度过怀孕生育关，她们往往比丈夫生存的时间更长。有时候，如遇战争职业危险大幅度减少男性人口的情况，她们可能比其丈夫多活很多年。剃度为尼的方式多种多样，有的尼姑过着完全禁欲的精神生活，有的加入为受虐或贫困妇女创立的福利制度，有的以尼姑为伪装，干着妓女的勾当。那么，在中世社会中当尼姑究竟是什么样的？尼姑庵是什么样的机构？没人知道这些问题的答案。即使关于知名度很大的尼师，也难以找到可靠资料。

　　关于日本历史和佛教的标准参考资料显示，目前对日本女性僧侣的研究少得可怜。每个权威人士给无外如大指定了不同的父亲和丈夫，他们均与北条家族沾亲带故。笔者进一步探究发现，所谓的丈夫一个比她小 25 岁，另一个比她小 35 岁。两个人如此大的年龄差距，在那个时代结合是不可思议的。那些所谓的父亲人选也让人啼笑皆非，其中一个竟然比她小 8 岁，另一个出生时她已经 25 岁！[1]

　　探究出现此类疏忽错误的原因，并非是她没有资格成为传统历史研究的对象。无外如大是一位值得重视的女性：她生在安达家族，先辈是人脉很广的武士。她年轻时名叫安达千代野，嫁入北条家族的一个分支。她精通日文和中文，才华非凡，是一位不可忽视的女性。由于至今尚不清楚的原因，她中年时师从中国僧侣无学祖元（亦称佛光国师，1226—1286 年）。1279 年，无学祖元应北条时宗邀请赴日，担任镰仓建长寺住持。1282 年，无学祖元成为圆觉寺开山祖师，为临济宗在日本的传播打下基础。无外如大皈依之后，追随无学祖元。无学祖元 1286 年圆寂之前，将她作为自己学说的继承者，将自己法号中的一个汉字"无"加在她的名字中。于是，无外如大成为日本首位女性禅宗僧侣（日语称"禅师"）。

505

　　离开无学祖元之后，无外如大成为景爱寺开山祖师，后来担任该寺及其京都北部下属寺院的住持。在整个室町时代，禅宗尼姑庵发展壮大，人称"尼寺（尼

---

[1]　参见 *Nihon rekishi daijiien* (Tokyo: Kawade shobo shinsha, 1956)；以及 *Sanshu meiseki shi* 21 and *Fuso keika shi* 2, in *Shinshu Kyoto sosho,* vols. 2 and 9 (Kyoto: Kosaisha, 1967)；*Koji ruien,* vol. 44 (Tokyo: Yoshikawa kobunkan, 1969)；以及 *Dai Nihon jiin soran* (Tokyo: Meiji shuppansha, 1917)。至撰写本文时为止，没有出版任何关于无外如大的可靠著述。即便最近面世的出版物也漏洞百出，错误连篇。许多问题留待解决。

姑庵）五山"。该机构与男性僧侣的五山十刹齐名。[1] 在那个时代，日本尼寺超过15座，无外如大的景爱寺位居尼寺五山其首。在她去世之后的那一代人时间里，五山尼寺扩容，包括景爱寺、通元寺、檀林寺、广能寺、惠林寺，以及它们在京都的尼寺。另外，还有镰仓的太平寺、东庆寺、觉园寺、五宝寺、善明寺。据说，景爱寺在15世纪中期的应仁之乱中被烧毁。那时，无外如大的顶相和其他遗物，已被完全转移到景爱寺在京都的一座寺院中。那座寺院名叫宝慈院（也叫千代野寺）[2]，那些物品至今依然保存在该寺中。

在日本历史上，无外如大生活的那个时代非常短暂。但是，人们那时认可女性参与正式宗教机构的做法。佛教与基督教类似，也经历过歧视女性的可悲历史。根据教义，妇女天生就有缺陷，既遭人玷污，又玷污他人。重要的佛教讲经和朝拜圣地，例如比睿山和高野山，当时甚至禁止妇女入内。而且，佛教教义认为，妇女不能成佛。在无外如大那个时期，重大逆转突然出现。新的改良宗派成立，信众越来越多。它们（包括净土宗、日莲宗和禅宗）都主张：其一，原来的宗派犯下大错；其二，菩萨的慈悲普度所有生灵。

506 　　禅宗僧侣道元（1200—1253年）的说法特别令人震撼。实际上，斯坦利·威斯坦因对佛教改良的卓越研究成果显示，在所有那些宗派领袖中，"道元发生了最坚决的呼吁，要求男女完全平等"。[3] 在专著《正法眼藏》中，道元描绘了无外如大有幸见证的那个新世界：

　　　　每每我们谈及邪恶之辈，其中定有男子。每每谈及高尚之人，其中定有女子。学习佛法，摆脱虚幻，此事不分男女。[4]

　　　　尼师如果修成正果，就应得到向她学习佛法的罗汉、辟支佛和菩萨的敬意。关于男子的地位，有何神圣之处？……无论男女，构成身体之四素完全相同……尔等不应浪费光阴，虚论男女谁该为上之事。[5]

---

[1] 参见 Martin Collcutt, *Five Mountains: The Rinzai Zen Monastic Institution in Medieval Japan* (Cambridge, Mass.: Harvard East Asian Monographs no. 85, 1981)。关于禅宗的尼寺五山制度，目前尚未见到任何语言出版的著述。

[2] 据称，这个名字来自她儿时的名字千代野。

[3] 参见 Stanley Weinstein, "The Concept of Reformation in Japanese Buddhism," in Saburo Ota, ed., *Studies in Japanese Culture,* vol. 2 (Tokyo: P.E.N. Club, 1973)，第 82 页。

[4] 参见 Weinstein, "Concept of Reformation," 第 82 页，trans. from *Shobogenzo,* Iwanami bunko ed. (Tokyo: Iwanami shoten, 1939), vol. 1, 第 128 页。

[5] 参见 Weinstein, "Concept," 第 82 页，trans. from *Shobogenzo,* vol. 1, 第 124 页。

那时，禅宗实际上是佛教在日本的一个新宗派。禅宗早就为日本人所知，但是其后数百年中没有留下持久影响，也没有进入日本人的宗教生活。1191 年，容西（1141—1215 年）传播临济宗学说。1227 年，无外如大刚刚出生 4 年之后，容西的弟子道元传播曹洞宗。新的社会思潮从根本上改变了无外如大。她选择的道路影响了成千上万女性的生活，激励她们到五山尼寺削发出家。

在无外如大生活的时代，现代日本社会和文化的基础正在成形，社会各个阶层的女性和男性参与了那个过程。因此，研究无外如大的生平事迹，可以让我们以前所未有的全新角度，展示那个时期。

就在无外如大出生那年，道元前往中国。在无外如大还是婴儿时，亲鸾（1193—1262 年）已经开始积极活动，宣传净土真言宗。无外如大 4 岁时，道元从中国返回日本。无外如大 10 岁时，道元撰写《正法眼藏》。在她的整个少年时期，伟大的宫廷诗人藤原定家（1162—1241 年）依然在世。在她长大成人的过程中，许多著名的和歌集相继问世。在她的青年时期，《宇治拾遗物语》和《吾妻镜》与读者见面。琵琶僧侣们云游日本各地，讲述半个世纪之前源平合战的浩劫。在无外如大中年时期，一遍上人（1239—1289 年）努力传播早期的时宗教义，日莲（1222—1281 年）正在撰写《立正安国论》。《伴大纳言绘词》和著名的《北野天神缘起》的第一卷正在绘制。蒙古人入侵日本两次。三十三间堂寺院和镰仓大佛完工。曾我兄弟的焦灼幽灵在箱根的神社中得到抚慰。无外如大去世时，吉田兼好（1283—1350 年）仅仅是 15 岁的男童。

除了她生活的特殊细节之外，无外如大还让我们有幸一瞥精英文化的悄无声息的一面。如果不了解她对中世禅宗的贡献，我们就无法全面理解中世禅宗及其价值观和实践。尼姑庵以及尼姑生活本身涉及大量复杂的社会和宗教因素。该文化现象在历史上少有具体记载，无论精英历史，还是其他历史概莫能外。无外如大是那些人的典型代表。她不仅是历史上的开山尼师，而且代表所有这样的女性：她们曾经剃度为尼，却没有遁入空门，而是进入了商业和艺术界。在日本民族文化成形的过程中，她们的创造发挥了十分重要的作用。

如果说，在中世生活中，存在一个占据主导地位的单一范式，那么，对研究者而言，削发出家是一个可以接受的选择项。在中世日本的共同文化中，在所有人——无论男女——的生活中，削发出家是一个普遍存在的动力。削发出家从宗教和非宗教层面，将人从社会的责任（以及压力）中分离出来，被证明是日本历

507

史上最大的创造力之一。在江户时代，社会出现变化，削发出家的做法最终遭到新儒学思想的质疑。今天，就社会的创造因素而言，它实际上已经不复存在。但是，我们可以假定，在中世时期，它是日本人实现艺术、思想甚至实业自由和独创性的重要条件之一。

在中世时期的日本，削发为僧的男性（"隐者"和"遁世者"）代表范围很广的宗教特性。在社会活动的每个领域中，他们看来起到明显的重要作用，从最上层的皇室出家者，到底层被遗弃的化缘者概莫能外。尽管如此，至今尚未出版相关的历史著作。实际上，他们扮演的角色无处不在，构成了那个时代的一个主要特征。不仅在宗教领域，而且在政治、艺术、表演艺术、商业、文学，甚至军事方面，都能看到他们的身影。可是，从社会学角度看，削发出家这一选择的背景尚未被人探索，涉及男性或者女性均是如此。

508　　　　不可思议的是，在成功吸引史家注意的为数不多的中世著名尼师中，大多数生活在无外如大那个时期。尼师慧信（1182—1270 年）是日本僧侣的第一位正式妻子。她积极支持丈夫亲鸾的活动，为净土真言宗的传播四处奔走。后深草院二条（1258—1306 年？）创作了《自语》，阿佛尼（1233？—1283 年？）撰写了《十六夜记》和《打瞌睡》。这两位女性生活在无外如大那个时期，足迹遍及日本各地。两人之前曾经削发为僧，其目的与无外如大或慧信的大不相同。此外，两人在自传中专注自我，而且怀着不同程度的文学抱负。[1] 她们的作品具有历史意义，其主要原因在于文学价值；那些作品表达的宗教意识停留在入门水平。后深草院二条的心路历程看起来颇像中世的传统观光之旅；阿佛尼在青少年末期出家。阿佛尼的做法几乎不是宗教决定，而是无可奈何的绝望举动，类似于失恋之后的自杀行为。她迷上了一位对她态度冷淡的男子，在尼寺待的时间不长。尽管如此，假如她没有剃度为尼，没有采取那种解放自己的行动，她就会受到时代的局限，不大可能取得那么大的成就。

有人研究了这两位贵族女性的生活，我们还是必须考察她们当尼姑时的情

---

[1] 这些著作的英译本，参见 Karen Brazell, trans., *The Confessions of Lady Nijo* (New York: Anchor Books, 1973)；and Edwin O. Reischauer, trans., "*The Izayoi Nikki,*" in Edwin O. Reischauer and Joseph K. Yamagiwa, eds., *Translations from Early Japanese Literature* (Cambridge, Mass.: Harvard University Press, 1951)，第 3-135 页。唐纳德·科恩描述了阿佛尼大约 7 岁时写的日记。参见 Donald Keene, "Diaries of the Kamakura Period," *Japanese Quarterly* 32 (July-September 1985)，第 186-189 页。

况，以便探究那一举动在中世社会语境中的意义。这一点依旧引起争议。不管怎么说，当尼姑并不是精英人士想干的事情。后深草院二条遇到几个以前靠出卖皮肉为生的尼姑，其中一个曾是妓院老板。如果我们相信中世时期的虚构作品、日记、诗歌、歌谣、绘画和戏剧提供的绝大多数证据，那么，当尼姑在那时可能是普遍存在的现象，见于社会各个阶层，是中世日本大众文化中一个可以接受的选项。

女性幼年为尼的情况罕见，但是在全国各地所有阶层中，中年晚期削发出家的情况比较普遍。实际上，中年女性丧夫之后，社会期待她那样做。用爱米尔·杜尔凯姆的话来说，有的寡妇显然"默从"剃度为尼的做法。[1]在中世家庭中，寡妇剃度为尼在社会、政治甚至经济方面，都有重要作用：实质上，它是一种处理丧偶妇女的制度。

可是，还有其他种类的尼姑。中世时期的虚构作品提供了大量出家女性的形象。她们剃度为尼的动机形形色色，包括对抗、屈从、宗教狂热、喜欢诗歌和旅行、逃避罪犯，甚至还有对亡故的爱人的依恋——她们希望念诵经文，将注意力集中于那些亡灵。中世时期的绘画作品显示，当尼姑还有商业方面的考量：尼姑的身影出现在城市的街道、乡村、市场之中，她们的角色多种多样，小贩、工匠、掮客、歌者、说客，不一而足。

与男性因为各种情况削发为僧（出家遁世）的情况类似，女性剃度为尼也可能是一个机会，借此逃避生活的负面压力。这样做可以让有的人获得独立，有的人离开原来的生存环境，有的人追求富于吸引力的兴趣爱好。当然，前提是当事人拥有实现这一点的手段。就对日本社会的分析而言，依存与独立是深受学者们喜欢的主题。但是，我们仔细考察剃度为尼的情况后将会发现，在日本社会制度中起作用的，还有常常被人忽视但是同样重要的不同的独立状态。

在《七人比丘尼》中，一位尼师的活动不乏启迪性：

> ［她］……剃了头发，从如花似玉的女儿，变身为尼。她身穿长袍，手握化缘袋。她脸上的粉黛褪去，露出自然的容颜，衣着褴褛。她徘徊各国……到各个寺院，拜访博学高僧，聆听他们讲经说法……几年之中，她与

<hr />

[1] 参见 Emile Durkheim, *The Rules of Sociological Method* (Glencoe, N.Y.: Free Press, 1950), 第 104 页。

其他云游僧侣和无家可归者为伍。后来，她决定去善光寺。善光寺边旁有一塔头，住持深谙佛法，备受人们尊敬。她觉得，这就是她长期向往之处。她在那里住了两年。有时候，她独自住在山谷之中，有时候和其他僧侣一起化缘。她心里牢记彻底觉悟者（日语称"大隐"）或者部分觉悟者（日语称"小隐"）应做的事情。[1]

510　　　这位女性博览佛教经典，很好地领悟了宗教学说。在故事末尾，她告别其他尼姑，留给她们的临别赠言充满同情之心，即便现代读者看来也是如此："本尼不愿与小人为伍，不愿待在人满为患的房舍里。吾抓起一顶草帽，提上化缘袋，一走了之。"[2]

　　在另外一个中世故事《秋道》中，有一个女子名叫北向。她丈夫设局，要她去勾引那个谋杀了他父亲的盗贼，以便报仇雪恨。她听后怒不可遏，表示强烈抗议：丈夫竟然愿意以这种方式利用她！但是，她最终别无他法，只能屈从他的心愿。那个盗贼虽然小心谨慎，但是结果很快上钩。她和他相处一年，并且为他生下一个儿子之后，他才放松了警惕。最后，她领着丈夫，赶到盗贼的藏身之处，报了杀父之仇。丈夫满心欢喜，甜言蜜语示爱。她奋起反抗。丈夫要求她出卖肉体。盗贼使人反感，但毕竟是她孩子的父亲。她的行为却置他于死地。带着悔恨和反抗的情绪，北向离开丈夫，出家为尼。[3]

　　在中世时期，日本人认为，削发为尼是一种可以接受的方式，女性借此可以摆脱正常情况下贤妻良母的角色。这是放纵的分离之举，令人痛惜，但是不会受到惩罚。削发为尼将当事人从世人期望的角色中解放出来。在一个没有多少选择的社会中，它给女性一份自由。在整个中世时期，削发为尼是女性拥有的为数不多的选择之一，她借此可以决定自己的生活。自杀是另外一个选择，出走为娼是第三种。例如，在《源氏物语》中，明石夫人的丈夫说："我对女儿寄予厚望，从

[1] 参见 Margaret Helen Childs, "Religious Awakening Stories in Late Medieval Japan: The Dynamics of Didacticism" (Ph. D. diss., University of Pennsylvania, 1983), 第 283 页。原文参见 F *Shichinin bikuni,* in vol. 1 *oiKindai Nikon bungaku taikei* (Tokyo: Kokumin tosho, 1928), 第 171–226 页。这部著作曾被认为写于 17 世纪。大多数学者认为，它创作于室町时代。

[2] 参见 Childs, "Religious Awakening Stories," 第 277 页。

[3] 这个故事的英译本，参见 Childs, "Religious Awakening Stories," 第 191–212 页。故事原文参见 *Akimichi* in *Otogizoshi,* vol. 38 of *Nihon koien bungaku taikei* (Tokyo: Iwanami shoten, 1965), 第 394–410 页。

她生下之后就是如此。我决心让她嫁给城里的高尚绅士……我告诉她……如果我在世时没有实现这个愿望，她应该投海自尽。"[1]

他父亲从来没有想到：其一，实际上，他女儿可能并不愿意去死。其二，她身体健康，貌美如花，才华横溢，也许希望走自己的路，甚至削发为尼也行。那是 11 世纪的情况。但是，到了后深草院二条和无外如大的那个时代，当时的历史事实和虚构作品显示，对剃度为尼的女性而言，脱离红尘、云游天下的宗教生活具有正面价值。当时战乱不断，大量妇女和孤儿失去了可以养家糊口的男人。尼姑庵肯定是不错的去处，可以为她们提供庇护和体面的营生。而且，尼姑庵也是学习的地方，尤其适合无外如大这样的女性。我们无法确定，她"默从"为尼究竟是因为当了寡妇，还是因为她内心深处的精神或理智追求？我们不知道，究竟是什么环境让她成为一代学识渊博的禅宗大师？不管怎么说，从政治和经济两个方面看，她建立的那些寺院和她领导的机构都产生了重大影响。1973 年，日本国立文化财产研究所将她的塑像定为"重要文化财产"。时至今日，它继续端坐那里，向我们提出一个重要的文化挑战。它提醒我们：性别的另外一面长期被人忽视，没有得到应有的研究。

511

辛苦谋生

> 我叫猿源氏，
> 家住阿漕湾。
> 买沙丁鱼吧！
> 买沙丁鱼吧！[2]

在《猿源氏手稿》中，室町时代的一名勇敢的商贩这样高声叫喊。

在中世中期和晚期的文学和绘画作品中，令人最愉快的方面是，我们有幸一瞥日本中世时期街道和市场里人头攒动的场景。它有管中窥豹之效，让我们了解不得不辛苦谋生的那些普通（当然还有非凡）男女的生活。

---

[1]　参见 Edward G. Seidensticker, trans., *The Tale of Genji* (New York: Knopf, 1978)，第 257 页。

[2]　参见 *Saru Genji soshi, in Otogizoshi,* vol. 38 of *Nihon koten bungaku taikei* (Tokyo: Iwanami shoten,1965)，第 180 页。

如果说京都是贵族掌握宗教和政治权力的中心，那它也是一座商业城市。当时的日本社会尽管以农业为基础，商业也获得了长足发展，贸易和服务网在全国逐渐铺开。形形色色的实业者忙忙碌碌，将京城与各个令制国首府，将生产场所与交易场所连接起来。在朝圣路上，小贩的叫卖之声不绝于耳；在诗人云游的路上，旅游者穿梭不停；在传道者化缘的路上，商贸活动兴旺。

从早期开始，日本的精英阶层便对普通百姓的活动深感兴趣。在四天王寺收藏的一幅平安时代的扇面绘画上，我们可以看到中世时期的日常生活场景：商铺正在售卖鲜鱼和包子，头顶货物的搬运工四处奔忙。在 12 世纪之初创作的手轴绘画中，一些叙事作品——例如，《信贵山缘起》和《伴大纳言绘词》——表现了普通人忙于生计的情况。它们有的作为故事主线的背景，有的是主要活动本身的组成部分。在所有日本艺术形式中，这类叙事手轴绘画——日语称"绘卷"——属于最保守之列：它们的设计目的不是起到装饰作用，而是保留文学、宗教、军事和仪典方面的遗产。

这种保留的愿望让我们看到了中世社会的生动画面。妇女洗涤衣物，男人搬运木材，儿童设计游戏，城市住房漂亮，乡村农舍简朴。这样的全景画一一展现出来，详细地描绘了各个阶层日本人的生活方式，包括穿着、发式、家居陈设、烹饪、吃喝、娱乐等等。他们有的奔跑，有的跌倒，有的舞蹈，有的推车，有的叫卖，有的乞讨。各种活动吸引了来自各地、不同文化的男女老少。然而，我们在此看到，日本艺术家在主题方面创造了丰富多彩的样式。在 13 世纪的画卷中，既有描述历史和著名宗教圣迹的《当麻曼荼罗缘起》，也有记载著名僧侣生活的《一遍上人绘传》。它们以精湛的笔法，不仅展现了宗教活动，而且记录了城市、地区市场和乡村的市井生活。[1] 其他风俗画也非常珍贵：插图虚构作品、年度仪典记录、战争史话，甚至还有反映圣地的作品，例如，香客如云的那智大社。中世绘画的形式有手轴、立轴和屏风。它们常为精英阶层的爱好之物或投资品，而且在最深远的意义上是公众艺术、民族艺术。在那些作品中，全国已知的社会阶层被详细地表现出来，上到神灵，下至乞丐，神圣的，世俗的，令人叹为观止。实际上，甚至在这类对立分类略显牵强时，作品也有引人入胜的魅力。

13 世纪末，出现了一种新的风俗画，劳动者成为主角。这类画卷通常以两

---

[1]　关于这些绘画的复制品，参见 *Nihon emakimono zenshū*, 24 vols (Tokyo: Kodokawa shoten, 1958–1969)。

个类似职业为一组，描绘他们之间的诗歌竞赛，日语称"职人歌合绘"。在每一方人物旁边，题写了一两首按照事前确定的主题创作的诗歌，对获胜诗歌的评价也被记录下来。在这类风俗画中，最早的作品可能创作于 13 世纪晚期，名叫《东北职人歌合绘》。从那以后，类似的赛诗会画卷表现的职业越来越多，其佳作包括《鹤岗北条职人歌合绘》，以及室町幕府时代的《三十一番职人歌合》。《七十一番职人歌合绘》最详细，描绘的职业多达 142 种。[1] 其中大多数呈现了京都及周边的行当和工艺，同时也包括来自其他地区的一些商人。

毫无疑问，这类作品的构思、绘制和题写都是受过良好教育的社会上层完成的，其目的是自娱自乐。但是，这些作品包含的宗教和诗歌方面的细微差别朦胧不清，留待人们继续进行研究。我相信两点：其一，此类职业绘画的配对规则相当复杂，超过学界现在的描述；其二，它们可能是一种"连画绘"，以类似于连句诗（日语称"连歌"）的方式，互相联系起来。那些艺术家兴致勃勃，描绘社会中的劳动阶层，将"类似"职业种类配对，尽量将每个职业的工具纳入画面。而且，他们还通常用富于诗意的方式，戏说画中人的姓名和作用。正是因为他们的努力，我们今天才能看到中世劳动阶层的珍贵肖像。[2]

我们只需看一看这些作品刻画的人物的姓名，中世时期京都市井生活的鲜活场景就会浮现眼前。每天一大早，街道上就会回响小贩的吆喝声，鲜鱼、香草、熏香、药物、木柴、木炭、扫帚、鞋袜、食盐、菜油、蔬菜，应有尽有。那座城市不断扩展，某些地方总会传来锯木和敲打的声音——木匠、瓦匠、石匠、粉刷匠正在辛勤劳作。在街道拐角处，路人兴致勃勃，观看耍猴人、口技艺人、木偶艺人的精彩表演。在家里，在作坊里，也可看到许多工匠忙碌的身影：做铠甲、染布、制假发、磨刀箭、漆帽子、制作梳子、磨针、织布、刺绣、编绳、加工念珠、制作金银、锻打铁件、塑神像，各行各业，不胜枚举。假如你冒险进入市场，你会发现有人正在兜售大米、豆类、豆腐、酵母、食盐、木枕、口红和胭脂等等。大型鱼市在六角街上。你可以看到有人推着小车进城，在五条和室町卸

---

[1]　关于这里提到的职人歌合绘的复制品，最方便、最富于启迪的著作可参见 Ishida Hisatoyo, "Shokunin zukushie," *Nihon no bijutsu*, no. 132 (May 1977)，还有专刊 "Shokunin uta awase no sekai," *Kobijutsu*, no. 74 (April 1985)。

[2]　关于中世社会"职人"的意义的一项重要的详尽研究，可参见 Amino Yoshihiko, "Nihon chūsei no heimin to shokunin," *Shisō*, pt. 1, no. 680 (April 1980): 1–25；pt. 2, no. 681 (May 1980)，第 73–92 页。到 14 世纪中叶为止，"职人"一词表示形形色色的非农业劳动阶层，包括渔民、猎人、工匠、商人、算命者、表演艺人。这个词语后来才仅表示工匠。参见 Amino, "Nihon chūsei no heimin," pt. 2，第 73 页。

货。他们就住在附近的客栈中，正在那里饲养牲畜。[1] 您如果走累了，可以在沿街的小贩那里挑选一杯香茶，配上几个米饼或包子。东洞院有高档娱乐场所，但是您漫步到地狱巷或谋生巷，无论白天黑夜，无论任何时候，都会看到许多揽客的女子。她们有的站在街角，有的站在僻静地方，满足迷恋淫欲之徒的需要。假如您遇到麻烦，公共场所有医生、女巫、算命先生和风水先生提供服务。您肯定还会遇到形形色色的神男圣女，他们有的募捐，有的吟诵佛经。您还会遇到云游的苦行僧和所谓的高野圣人。有的人在此祈愿，口中念念有词，有的敲击瓷碗或葫芦，有的甚至拍打自己赤裸的胸膛。

诸如此类的非农业劳动阶层表明，在中世时期的城市中，存在很强的创业意味。与17世纪日本等级森严的情况不同，除了经济方面的成功或失败之外，在工匠、商贩以及提供服务的人群之中，那时尚未出现十分明显的分化现象。

到了16世纪晚期，出现了一种新的风俗画，描绘京都及周边的障壁画，日语称"洛中洛外图"。它们从另外一个维度，表现普通人的日常生活。这些作品的画家们从俯瞰的角度，展示了从战争中完全恢复过来的繁荣的京都。我们看到极其精细的笔法，山峦、寺院、河流、运河、街巷尽收眼底。而且，我们还可以极目远眺。我们走进店铺，看到出售扇子、毛笔的买家，甚至还可以进入公共澡堂，看到有人享受搓背的乐趣。街道上生气勃勃：有的人在购买麻雀烤串当小吃，有的在观看斗鸡；妓女伸出手来，拉着犹豫不决的客人；在街道旁，一位母亲搂着一个光屁股小孩，准备跨过街边阳沟。朋友们对此熟视无睹，在附近悠闲自得地溜达。[2]

515 在那时的虚构作品和通俗歌谣中，出现了劳动阶层的形象，使中世日本人的肖像更加丰满。室町时代的虚构作品是消遣故事，日语通常称为"御伽草子"。它们讲述普通人的生活方式和场景，与当时的绘画、日记和编年史描绘的那些活动和关切相比，有异曲同工之妙。事实与虚构密切相连；对历史学家来说，它们包含的信息冗余是可以信赖的东西。在描绘劳动阶层及其环境的作品中，没有异

---

[1]　参　见 Toyoda Takeshi, "Otogi ni arawareta minshū," in *Otogizōshi,* vol. 13 of *Zusetsu Nihon no koten* (Tokyo: Shūseisha, 1980)，第132页。

[2]　这幅六面障壁画人称《洛中洛外屏风：上杉本》，出自狩野永德（1543—1590年）笔下。1574年，织田信长将它送给了越后国大名上杉谦信（1530—1578年）。从政治角度看，将这份礼物送给一个远离京城的官员的动机值得研究。关于上杉屏风局部的复制品，参见 Okami Masao and Satake Akihiro, eds., *Rakuchū rakugai byōbu: Uesugibon* (Tokyo: Iwanami shoten, 1983)。

想天开的成分。作者有可能夸大繁荣，以便追求审美或者甚至政治方面的目的。但是，那些作品的目标是表现真实角色和事物，而不是杜撰异想天开的东西。同理，在中世时期，日本的虚构作品读者并不喜欢缺乏真实性的故事。即便突发奇想的桥段也从另外一个方面，可以让读者了解作者逃避的实际环境。

当然，与数百年前的情况类似，我们也发现关于软弱无能的公主及其婚前问题的故事。但是，和它们一起进入中世故事的，还有在性生活方面备受煎熬的僧侣的痛苦恋情，脾气火爆的武士动辄强暴姑娘的恶劣桥段。这与散文家对世事深感不满的悲叹基本一致。但是总的说来，御伽草子中展现的普通人的世界是幸福的：惹人欢笑，给人希望，让人放心。这些故事在文学品质方面并不尽如人意——这并不是我们在此关注的问题。但是，它们与当时的喜剧（日语称"狂言"）和通俗歌谣（日语称"小呗"）一样，展现了一个讲求实际的民族：他们面对艰辛时不愿消沉，富于创业精神，想象力丰富，勤勉工作，勇于战斗，雄心勃勃，自力更生，坚忍不拔，有时甚至缺乏羞耻之心。

也许，在本节开头叫卖沙丁鱼的猿源氏觉得，不会让那份地位低下的职业挡道：他曾经在街道上与一个女子一见钟情，希望娶她为妻。她名叫桂华，系京都名妓之一，只伺候社会名流。结果，他不得不假装大名，先放出自己将要进城的谣传。然后，他给自己找了一帮随员，进了她的雅致房门，沉着镇定，即兴应对。他机警聪敏，擅长吟诵暧昧诗句。可是，他在睡梦中可能像其他小商贩一样，发出白天叫卖的声音："买沙丁鱼吧！"几乎让全部计划泡汤。但是，这个故事的结尾皆大欢喜。桂华是一个睿智的女人。我们不知道她是如何打拼，获得了那个地位。但是，她十分聪明，肯定发现他做事勤奋，脑袋灵活，可以干出一番事业。于是，她抛弃了京都上流社会的生活，和猿源氏一起到了他的渔村安家。他们卖鱼致富，让后人继承他们的万贯家财。

显然，并非每个人都能发家致富。有一名老尼姑以捐客为生，经营二手货品，介绍零工，看来刚刚脱贫。尽管如此，她的营生清楚地显示了她的智慧和勇敢，堪与沙丁鱼商故事中得到高度评价的品质媲美。有一天，她在路上见到一位老和尚。她让他相信：他需要一个姑娘照顾自己；她就认识一个这样的女子。脚步蹒跚的老人满怀期待，激动不已，加之喝了一点米酒，更是烂醉如泥。那天晚上，新伴侣裹着长袍，羞涩而至。老人热情欢迎。天亮之后，老人发现，新伴侣就是那个老尼姑本人。有什么不可以呢？她说：我俩天设地造；我俩已经风烛残年，

516

这样就可以互相照应了。两人一起过日子，省下一个人的开销。后来，两人互相承诺，故事在幸福的氛围中结束。

可是，在狂言《今封》中，一对夫妻试图做点小生意，结果运气不佳，全都以亏本告终。他们听说，宇治出现了一位新的神灵，于是决定从头再来，在那个圣地附近开一间茶铺。但是，他们的炉子太小，无法保持茶水的热度；况且他们只有一个茶杯。另外，他们还得解决如何清洗茶碗的问题。妻子没有什么姿色，难以吸引顾客。最后，夫妻俩的小生意又失败了。

中世时期的虚构作品刻画了形形色色的暴发户。有时候，创业者以文化英雄的角色出现。也许，《文正宗司》中那位从事食盐制售的文正知名度最高。主人公最初是日立国的鹿岛神宫祭主的仆人。有一天，他路过一名制盐老板的家门，获得了一份生计，帮忙打理干燥炉。他十分勤奋，一人能抵六人。东家奖赏他两个干燥炉。于是，他开始自己生产和销售食盐。他的产品不仅味道鲜美，而且还有很好的疗效。他的产量达到了竞争对手的30倍之多。他雄心勃勃，不辞辛劳，不仅产品上乘，而且效率较高，很快变为腰缠万贯的富翁。故事讲到这里，情节转向两个问题：一是后代，二是将两个女儿送进皇宫为妾。最后，文正自己也当上了朝廷高官。[1]

学界常常将这类故事视为一种标志，说明商业阶层开始有了自我意识，产生了提升社会地位的冲动，一是为了控制商业活动，二是为了获得政治权力。然而，我们其实应该注意到，在这个故事中，文正取得的成功不是被归为他的自我意识，甚至不是他的勤勉，而是归为鹿岛神宫神灵的护佑。

从以上提到的几个故事中，我们可以清楚地看到：其一，在中世虚构作品中，提升社会地位并不是人物的目标；他们希望的是经济保障。其二，没有谁追求权力；每个人都想发财。如果说一个人最后升了官，或者与贵族联姻，这只是有钱之后自然而然的结果。发财是神灵赐予的好运。文正和他的两个女儿对政治不闻不问。他们仅仅希望发家致富，钱财越多越好。他们确实如愿以偿。这个故事完全符合当时日本人的梦想，显示了神灵保佑的意味。在江户时代，商人的习惯做法是，新年时在家里朗读这个故事，将其作为一年伊始的"第一诵读"。实际上，

---

[1] 这个故事的英译本，参见 James T. Araki, "Bunsho soshi: The Tale of Bunsho, the Saltmaker," *Monumenia Nipponica* 38 (Autumn 1983)，第 221-249 页。

它是一种祈愿行为，旨在让财富和好运进入家中。

在许多中世虚构作品的结尾，往往出现表示好运的词句。在许多狂言和能剧中，往往出现欢笑和／或表达善意的和解场景。其实，从社会语言学的角度看，吉祥字眼一直是日本生活的主流，至今在家庭和工作心理方面，继续发挥基本动力的作用。

在整个中世时期，有人依靠表演祝福活动为生，例如，流动的"门前表演者"（日语称"唱门师"）。据说，那些吉祥话、舞蹈和仪式一可避邪，二可表达感激，具有祝福性质。它们反映民众的美好愿望：将善良力量和好运招进家门和工作场所。在现代，日本人继承了中世时期的这个传统，依然会在家里和工作场所表示吉祥，祈求并保持好运。

选择神灵

在中世时期，在辛苦谋生的重压之下，人们持这一观念：决定人生成败的不　518
仅有自己的努力和天赋，而且还要仰仗神灵。神灵要么为好运的到来铺平道路，要么通过不满的方式进行干预。神道的神灵总是关注人们的今生。佛教也并不是完全关注拯救或来时的重生。习惯做法是强调佛教的这些方面：一是"来世"导向，二是对"无常"——或者短暂现世——概念的强调，三是"末法"——或者佛法在现代的堕落——教义。但是反过来说，在中世时期，佛教神灵逐步扮演了更明显的慈善角色，参与普罗大众的日常"现世"活动。那种作用超越了神学或正统教义。例如：地藏菩萨不惜弄脏双脚，帮助信众栽种水稻；观音挡住刺向信徒的利剑，自己鲜血直流。

由此可见，在宗教教义史的另外一面，存在着这些问题：这些日常观念和做法以什么方式，与中世日本人信奉的精神和神圣力量联系起来？在日常生活中，社会各个阶层中不信教的人如何看待此类超自然力量？在与现世相关的事务中，他们通常向哪些神灵求助？佛教有那么多佛陀和菩萨，神道有那么多神灵，我们应该问，哪些神灵信众较少？哪些神灵被日本人选中，作为日常主动信仰的中心？哪些神灵成为整个民族的国民神灵？

随着人口流动的增加，香客和商贾的路线延伸，重商主义的活在当下的需求形成影响，一些神灵在人们的信仰中浮现出来。这些神灵可以满足现世——而不是来世——的需要，超越地方监护神的作用，成为全民之神。

虚构作品、歌谣和戏剧表现了这样一些神灵：他们为大家认可，被大家所依赖。在某些地方，五花八门的佛教和神道神灵是具有吸引力的中心，而且也是虚构作品的主要特征。但是，在室町时代的日常生活中，与其他神灵相比而言，观音、地藏和七福神——特别是大黑天、惠比寿、毗沙门天——在全国范围内拥有很大吸引力。[1]

519　　在中世文学中，观音在众多神灵中出现的频率最高。清水寺中，观音主施美好婚姻和健康孩子，几乎无处不在。该寺前面有一条摆放观音塑像的通道，香客在那里可以朝拜观音的三十三种身相。但是，真正吸引人的是该寺本身供奉的观音。数百年来，前来请愿的人流一直连绵不断。在文学中，或许只有长谷寺的观音可以与清水寺的比肩，可以满足人们祈求婚姻美满、子女健康的现世需要。

毗沙门天是保护神，拥有天然的吸引力。另一方面，大黑天体态圆润，就像一位富裕的中国商人。在中世时期，商人们看来喜欢自己定制的神灵。大黑天站在胀鼓鼓的大米口袋上，手持可以吐出钱币的魔槌，浑身洋溢着生意兴隆的吉祥之气。即便他的名字也具有力量，在中世时期被商铺广为采用。诗歌和舞蹈种类——例如，大黑天连歌和大黑天舞——也表明，这位神灵十分受人欢迎。那些人朝拜大黑天，关心的主要是现世的金钱，而不是对来世优裕生活的许诺。另外一位神灵直接来自中世日本，他就是惠比寿。惠比寿的模样是活脱脱的富裕日本实业家，不温不火，待人和气，手持一根打发闲暇的鱼竿。惠比寿主施财富、良好经营和美满生活。[2]

对辛苦劳作谋生的人来说，财富梦想至关重要。在狂言剧作中，这一点通过频频现身的大黑天、惠比寿和毗沙门天反映出来。在京都的寺院地界内，矗立着许多神社，里面供奉的离不开七福神。在东寺，每天来供奉大黑天的祈愿者络绎不绝。毗沙门天节那天，成千上万人参拜与他相关的神社。在15世纪80年代，出

520　现了一件臭名昭著的案子：一帮盗贼装扮成七福神的模样，溜进一幢房屋。住在屋

---

[1] 参见 Toyoda Takeshi, "Otogi ni arawareta minshū," 第 129 页。

[2] 随着时间的推移，大黑天和惠比寿的形象和扮相逐步变化，其原因也许是为了适应不同职业群体的需求。从早期开始，大黑天是丰收和厨房的守护神，惠比寿在渔民和工匠中受到特别尊重。关于这些神灵的英语文章，参见 Ichiro Hori, "Mysterious Visitors from the Harvest to the New Year," 第 76–103 页；以及 Katsunori Sakurada, "The Ebisu-gami in Fishing Villages," 第 122–132 页。这两篇文章见于 Richard M. Dorson, ed., *Studies in Japanese Folklore* (Bloomington:Indiana University Folklore Series, no. 17, Indiana University Press, 1963)。

里的人欣喜若狂，热情欢迎，奉上珠宝。他们相信，自己时来运转，得到了神灵眷顾。[1]

在中世时期，还有一些神灵与人们的生活关系密切。人们向那些神灵报告日常劳作中遇到的麻烦，仰仗神灵的保佑，给自己带来福祉。在日本各地，刻画这些神灵的作品如今依然贴在店铺门口，笑迎每位光顾的客人。

在整个中世时期，出售护身符的生意是神社和佛教机构的主要收入来源之一。此类护身驱邪物包括印有佛教神像的小木牌（日语称"印佛"）、佛塔造型的微型木雕、写有宗教语句的木牌、表示收到供奉的木条或纸条（日语称"劝进符"）。为了得到护身符，人们必须捐出现金、大米或其他日常用品。富裕阶层的人捐赠土地。

参拜宗教场所的活动内容通常包括两点：一是祈求神灵，二是表达某种夙愿。与现在的做法大同小异，当时的人常常将祈愿写在木牌或纸片上，然后将它们留在寺院里。这种做法在中世画卷中也有描绘。对宗教机构来说，那些木牌或纸片没有货币价值，占用很大空间，通常被定期烧毁，幸存下来的屈指可数。但是，在元兴寺发现的中世劝进符提供了生动画面，让我们了解到普通人祈愿的情况。他们祈求的通常包括今生和来世的益处。[2]

中世文学反复提到，在日本全国数千寺院中，只有少数能够吸引大量朝拜者和好奇者。如果我们相信，在虚构作品、戏剧和游吟诗人讲述的故事中，它们无所不在，那么，其中名气最大的包括：高野山（现在的和歌山县），全国许多死者的遗骨被送到那里火化；四天王寺，与日本佛教的创始施主圣德太子密切相关；所谓的奈良三大寺——东大寺、长谷寺和当麻寺；京都最受青睐的两座寺院——清水寺和青莲寺；大长野的善光寺，极富传奇色彩，与剃度为尼的女性的活动密切相关；立山寺，它远离京城，位于日本东北部（现在的山形县）；熊野神山的神社，以及伊势神宫。它们注定后来将会吸引皇室的关注，也常常出现在虚构作品、歌谣和戏剧中，证明了它们在中世社会中的吸引力。

在中世时期，还诞生了日本的共同神灵。它们超越地区分界、社会分界、朝圣者类型，将各个地方的人聚集起来，组成一种全国性信众网。拥有共同神灵是

521

[1] 参见 Toyoda, "Otogi ni arawareta," 第 130 页。

[2] 参见 Gorai Shigeru, *Gangoji-Gokurakubō chūsei shomin shinkō shiryō no kenkyū-chijō hakkenbutsu hen* (Kyoto: Hōzōkan, 1964)。

一种强大的社会统一力量。在中世时期，日本人首次开始成为备受喜爱的民族神灵的信徒。

无人注意的声音，被人鄙视的生活

萨满

与大多数时代和国家的情况类似，中世日本的流行歌谣（日语称"今样"，意思是"现代风格"，后来称为"小呗"，意思是"小曲"）是一个充满陈词滥调的艺术体裁。尽管如此，从幸存下来的数百首歌谣来看，有的触及很深层次的人性关切，见证了那段历史。它们让我们惊讶不已，促使我们探寻其真实性。以下是曲目第 364 号，选自《梁尘秘抄》（约 1170 年）：

孩子现今
十余岁。
听说成为算命人，
风餐露宿，浪迹天涯。
有人说，
她在多胡湾附近。
那里的渔民是否聚集
听她算命？
他们是否说，"人太年轻"
然后一笑了之？
他们是否围着嘲笑她？
哦，我可爱的孩子！ [1]

数百年以来，我们听到一位年轻母亲的伤心声音。命运和贫困让她与孩子永久分离，她备受焦虑的折磨，孤单寂寞。这是一首令人刮目相看的作品。800

---

[1] 参见 Usuda Jingorō and Shimma Shin'ichi, eds., *Kagura uta, saibara, Ryōjin hishō, Kanginshū,* vol. 25 of *Nihon koten bungaku zenshū* (Tokyo: Shōgakkan, 1985), 第 295 页。

年——或许是 1000 年，谁知道呢——以后，我们可以确定，这是一首"名副其实的"歌曲。

这首歌曲证实了其他资料来源，帮助我们重构一个重要而且神秘的古代职业——云游女巫，日语为"步き－巫女"，意思是"行走的女巫"。她们与活动范围相对固定的萨满不同，四处流浪谋生。

萨满种类繁多，[1] 有的显然依附神社，有的是独立单干的城市居民。此外，还有流动萨满，但是我们并不清楚其流动路线。在日语中，与萨满类似的词语包括巫女、上ヶ户巫女、あずさ巫女、巫子、市子、步き巫女、御巫、侍者。其实，我们并不确定，应该如何准确区分这些称呼。然而，许多名称并不一定表示根本不同的种类。我们可以想象，从语言学意义上说，日本当时依旧是一个分裂的国家，不同地域尽管融为一体，人们依旧沿用自己喜欢的名称，称呼同一种熟悉的人。

萨满大多由女性担任，常常出现在中世文学和绘画作品中，有的是自己独立开业、举止优雅的城市妇女，有的是沿街乞讨的贫穷乞丐。后者时刻面临挨饿的危险，有时甚至沦为娼妓。有的萨满以侍者身份出现，或许男扮女装——在韩国萨满中，这样的现象依然存在。[2]

在室町幕府时代的故事《花鸟风月》中，有两个姐妹，一个叫花鸟，一个叫风月，是知名萨满。在一场富人举行的扇面画竞赛聚会上，参与者们无法确定，一件扇面上描绘的人物究竟是《伊势物语》的主角诗人在原业平，还是紫式部的小说《源氏物语》的主角光源氏。于是，他们找到姐妹俩咨询。在天理大学图书馆收藏的一件手绘版本上，相关描绘非常简洁、自然。但是，姐妹俩看上去容貌姣好，穿着时尚。她们头戴的金冠前部呈半月形，让人想起朝鲜早期的贵族装饰。[3] 她们应邀祈求神灵，以便确定两幅肖像上人物的真实身份。花鸟呼唤早已死去的在原业平的幽灵。在原业平通过她发声，表明自己与画作没有关系。接着，她们使用一面大镜子，呼唤画中人物的幽灵。突然，镜子中出现了光源氏和

[1] 卡曼·布莱克研究了日本当代萨满的行为。她从史前萨满教入手，然后跳到了 20 世纪萨满教的实践。她提供了关于这个课题的最佳文献精选目录，既有英文的，也有日文的。参见 The Catalpa Bow (London: Allen's Unwin, 1975)。另外一本重要著作是堀一郎的《日本萨满教研究》，参见 Hori Ichirō, *Nihon no shamanizumu* (Tokyo: Kōdansha, 1971)。这些著作几乎全部使用了宗教现象学研究方法。关于现代之前涉及萨满的社会惯例或萨满从业人员的情况，实际上没有进行任何研究。

[2] 1913 年，柳田国男匿名发表了研究萨满教的经典文章《巫女考》，讨论了萨满教的表现形式。关于重印的该文，参见 Yanagita Kunio, "Miko kō," in *Teihon Yanagita Kunio shū* (Tokyo: Chikuma shobō, 1982), vol. 9, 第 223–301 页。

[3] 参见 Plate 39, p.38 of Ichiko Teiji, ed., *Otogizōshi,* vol. 13 of *Zusetsu Nihon no koten* (Tokyo: Shūeisha, 1980)。

《源氏物语》中的人物末摘花的身影。他们开始对话。小说中不温不火的末摘花面对光源氏，埋在心中的怒火冒了出来，厉声谴责他拈花惹草的行为。通过萨满与幽灵之间的这种交流，扇面画中那个人的身份得到证实，他就是光源氏。

在这个故事中，两位萨满知名度很高，是成功的专业人士，在京城里提供服务。在这样一种母系职业领域中，认养女儿的做法非常普遍。在年长女性与认养的女儿之间，那些技巧口口相传。因此，将花鸟和风月视为"姐妹"的做法顺理成章，反映了当时社会的实际情况。

前面引用的"算命者"歌谣虽然没有提供多少细节，实际上却说明了大量问题。在歌谣表达的懊悔、痛苦和爱意背后，我们看到一个被迫与孩子分离的母亲形象。然而，与能剧《隅田川》中的情节类似，那个女孩既没走失，也没有遭到劫持，而是在年幼时被送给了别人。丧失女儿的母亲多年来打听她的消息，一直关注孩子下落的传言。她听说，女儿这时被一些萨满收养。那些萨满就在多胡湾一带活动。她女儿快满10岁了，她很想知道，萨满们是否要求女儿尝试刚刚学会的技能。如果母亲知道被绑架的女儿下落的迹象，一般都会立刻动身寻找。但是，这位母亲当年被生活所迫，放弃了年幼的女儿。这位母亲现在能做的是，希望以某种方式了解女儿的行踪，所以满怀渴望，遥望小女儿活动的山岭。她祈求神灵保护女儿，让女儿获得与幽灵沟通的技巧，希望人们（特别是男人）善待她的女儿。

萨满教在古代和中世时期的重要作用被人低估。而且从根本上说，在当代的历史话语中，它处于被人忽视的状态。萨满以女性为主，常常单独活动，与以男性为主、基于机构的佛教形成鲜明对照。可是，萨满教是各个阶层的日本人的日常生活的一部分。例如，政治人物藤原兼家（929—990年）每逢大事，必然先到京都的贺茂神社，请教处于精神恍惚状态的萨满。[1] 11世纪的小说往往包括向萨满求教的内容。在12世纪和13世纪的歌谣和绘画作品中，常常可以看到萨满的身影。

对14世纪和15世纪的表演艺术，萨满教影响巨大。在剧作家世阿弥元清

---

[1] 胁田晴子的《中世的性别角色划分与女性观》是一篇具有重大影响力的文章，这篇文章从新的角度研究了对中世职业女性——包括艺人和萨满——的态度。参见 Wakita Haruko, "Chūsei ni okeru seibetsu yakuwari buntan to joseikan," in vol. 2 of *Nihon josei shi - chūsei* (Tokyo: Tōkyō daigaku shuppankai, 1983), 第65-102页。胁田晴子呼吁人们关注《今昔物语》第31卷中的第26个故事。在那个故事中，我们可以看到藤原兼家的评述。故事原文参见 Yamada Yoshio et al., eds., *Konjaku monogatari*, vol. 26 of *Nihon koten bungaku taikei* (Tokyo: Iwanami shoten, 1963), 第293页。

（1363—1443 年）的世界中，与幽灵对话是基础。世阿弥的"梦幻能剧"依赖萨满教的原则。世阿弥剧作的结构和演员（例如，借用的当地人物、以死者的真实声音说话的幽灵）几乎全部源自萨满教仪式。

但是，对依此为生的普通萨满来说，提供那种服务并不是轻松的职业。让我们看一看选自《梁尘秘抄》（约 1170 年）的作品第 324 号：

> 你看女巫师东太
> 那样摇铃！
> 铃铛必须
> 高举眼前：
> 叮当，叮当，叮当，
> 高举铃铛。
> 如将铃铛
> 放在眼下，
> 幽灵将会斥责，"这是偷懒！"
> 它们疯狂时
> 多么可怕！[1]

萨满清心寡欲，保持童身，与幽灵结合。这样的萨满有的在神社里工作，有的是拥有精神力量的神圣妇女。她们云游各地，有时充当精神巫师和算命者，有时独自提供萨满术服务。但是，在中世——如果说不是之前的话——时期，萨满其实与化缘和尚、云游尼姑类似，分为几个大类。无法依靠实施萨满术为生的萨满摇铃表演，成为某种流动艺人，其最终选择是成为"游荡者"。"游荡者"是妓女的委婉说法。

例如，在几幅 13 世纪初期的职人诗歌比赛画卷中，有一位手持弓箭——"梓巫女"常用的乞灵工具——的老妇。我们确定，她的身份是巫女或者萨满。但是，她的诗歌表达性爱，表现的是娼妓世界。她既是萨满，又是歌女，兼有中世生活中流行的两种技能。

525

---

[1] 参见 Usuda and Shimma, eds., *Kagura uta,* vol. 25, 第 283 页。

与其他所有职业类似，在妇女实际上起到核心作用的萨满职业的低层，徘徊着奴隶贸易阴影。奴隶贸易提供来源，出得起钱的人购买年轻姑娘，然后迫使她们从事那些女性职业（萨满、艺人、妓女）。让我们看一看《闲人诗》（约 14 世纪）的歌谣第 131 号：

> 一艘奴隶贸易船
> 在海上划行。
> "反正我要被卖掉，
> 被人抛来抛去，
> 现在轻轻地划吧，
> 船老大，求您了。" [1]

一个年轻姑娘身陷困境，面对即将降临的苦难，发出了令人心碎的呼喊。这声音飘过岁月，向我们迎面扑来。我们对她的内心世界的了解超过了她的同胞。后者社会地位更高，记录了自己的名字、官位和日子，让后人撰写那一段历史。在中世时期的男女心中，这首歌谣激起了强烈的反响。后来，不同诗歌体裁和戏剧题材的作者以各种各样的方式，引用和借用这些词句。直到德川幕府时代，在娱乐区吉原的妓院里，妇女们仍然以各种形式，吟唱这首歌谣。[2] 歌谣中的那个姑娘最后成了萨满，艺人还是妓女？有谁知道呢？

女艺人

正如我们已经看到的，从中世资料中发掘出来的劳动者，可以归为三大类：第一，生产、出售或修理产品的人；第二，拥有精神力量或从事宗教活动的人；第三，从事表演艺术的人。正是从最后一类人中，涌现出日本历史上非常有影响力的艺术家之一：日本艺妓或称女伴，包括歌女、舞女，以及天皇、大臣、将军

---

[1] 参见 Usuda and Shimma, eds., *Kagura uta,* vol. 25, 第 424 页。这部著作的另外一个全译本，参见 Frank Hoff, *Song, Dance, Storytelling: Aspects of the Performing Arts in Japan* (Ithaca, N.Y.: Cornell University East Asian Papers, no. 15, Cornell China-Japan Program, 1978), 第 36 页。

[2] 参见 Kitagawa Tadahiko, ed., *Kanginshū, Sōan koutashū,* vol. 53 of *Shinchō Nihon koten shūsei* (Tokyo: Shinchōsha, 1982), 第 76 页, 第 131 号。

和僧侣的情妇。

　　然而，舞女、歌女和萨满均属母系相传的职业，母亲传给女儿，女性专业人 526
员传给领养的女儿兼信徒；故事和歌谣的传唱者表演的剧目相对固定，包括某些
神圣题材；萨满仪式通常包括舞蹈；以上三类人没有丈夫，经济独立，不受管束，
组成小群体旅行。所以，相关研究者长期以来往往难以区分她们。妓院的人员结
构也与之类似：女性管理者扮演被认养的姑娘的母亲的角色。因此，在一般民众
的眼里，萨满、艺人和妓女常常难以区分。撰写这个时期历史的现代学者们也不
例外，迄今为止认为，她们之间只有程度上的差别。

　　应该指出的是，宫廷维持的职业乐手和舞者（日语称"雅乐"和"舞乐"艺
人）团体是男性，寺院雇用的乐手或仪式舞者也是男性。只有神道教神社支持女
性仪式舞者，而那些舞者根本不是提供娱乐的艺人。因此，在现代之前的日本生
活中，每一位女性表演艺人实际上处于制度化的结构之外。到了室町幕府后期，
妓院被纳入制度化的轨道，开始上缴税金。在那些地方从事表演的熟练歌者和舞
者才得到支持，接受管理。

　　中世初期，卓越的歌者和舞者实际上开启了日本世俗歌舞的伟大传统。但
是，史书对她们的记载往往失之偏颇。她们的名字通常被打入另册，笼统地称为
"低俗艺人"或"妓女"。精英主顾们连她们的名字也记不清楚。在日本人的意识
中，那些女性根本没有姓名。

　　现有的学术研究尚未提供足够成果，无法区分那些女性艺人的种类。然而，
正是她们给中世生活带去快乐，成为中世公共舞台和私人宅第的明星。她们类型
很多，职业水准参差不齐，有的才华出众，有的滥竽充数。但是，其中最重要并
且艺术影响最大的种类看来是日语所称的"傀儡"。人们传统上认为，那些女性
与木偶表演团体有联系，其具体作用是创作和歌唱通俗歌谣。在平安时代和镰
仓时代，那种通俗歌谣被称为"当下风格"，日语叫"今样"。"白拍子"据说源
自"傀儡"阶层。一位艺人以白色造型亮相，伴随强烈的节奏舞蹈，引起轰动。[1]
最后一种是"游女"，本意是"女艺人"，但是大多译为"名妓"或"妓女"。在 527
更高的层次上，游女是打扮高雅的歌女。她们敲击手鼓，吟唱中世时期的通俗
"短歌"。

---

[1]　参见 Wakita, "Chusei ni okeru seibetsu yakuwari," 第 94 页。

日本古代和中世时期的游女类似于 4 世纪希腊的职业女艺人。她们可以与许多著名古希腊女性媲美，例如，雅典人穆萨蕾诜（绰号"菲尔恩"）。她是普拉克西特列斯的情人，艺术家阿佩勒斯的模特。在中世时期，一位游女名叫大前，后白河天皇曾经拜她为师，研究并收集流行歌谣。另外一位游女名叫龟祈久，是白拍子舞女，后来成为后鸟羽天皇的情妇，在他流亡时也不离不弃。还有一位是来自五条的游女高桥殿，后来成为足利义满将军的著名小妾。有才气的艺人生活时尚，有的独居，有的同居。她们有的本来是奴隶，有的是自由的职业女性。她们大多得到富人的支持，应邀在公众场合或家庭聚会上表演，并且向政府缴纳税金。由此可见，古希腊科林斯和雅典的女艺人与日本室町时代的艺妓有许多共同特征。

"傀儡"的起源至今依然是个谜。[1] 平安时代的一位观察者大江匡房（1041—1111 年）描述了所谓的傀儡妇女。她们击打手鼓，载歌载舞，吟诵赋予好运的祈愿，崇拜"百神"。这样的描述也适合某些萨满。[2] 在学界，关于傀儡问题的辩论如今依然进行。一些人认为，傀儡是外国人或流浪者，出售梳子，从事卖淫活动；[3] 一些人认为，她们最初操控玩偶，是吟唱乞灵歌谣的萨满，是死者声音的载体；[4] 另一些人认为，她们是类似于萨满的流动歌女，才华横溢，受人尊敬，有的很早就成为皇室成员，生下了公主。[5] 显然，在 13 世纪，她们受人尊敬，势力强大：在镰仓的一个案子中，一个傀儡团体击败了一名身居高位的武士。[6]

大户前

大户前（1085—1169 年），吟唱今样歌谣的傀儡歌女，曾经担任后白河天皇（1127—1192 年）的声乐老师。《梁尘秘抄》收录了前几百年中脍炙人口的歌谣，

---

[1] 传统认为，傀儡表演木偶，以提供娱乐为主。但是，妇女在傀儡剧团中的活动一直是争论焦点。

[2] 胁田晴子根据后来歌谣集里可以利用的证据，分析了大江匡房的说法。她得出结论称，步き巫女、游女和傀儡是组织结构类似的社会群体，从事类似的宗教活动。参见 Wakita, "Chusei ni okeru seibetsu yakuwari," 第 69–70 页。

[3] 参见 Amino, "Nihon chūsei no heimin," pt. 2, 第 81–84 页。

[4] 参见 Gorai Shigeru, "Chūsei josei no shūkyōsei to seikatsu," in *Nihon joseishi* (Tokyo: Tōkyō daigaku shuppankai, 1983), vol. 2, 第 103–8 页。

[5] 参见 Wakita, "Chusei ni okeru seibetsu yakuwari," 第 94 页。

[6] 这里涉及的傀儡团体人员身着海青，用的是各自的法号。她们的团体已经运作了数代人时间，所以她们很可能是富有的艺妓。关于该案件的讨论，参见 Wakita, "Chusei ni okeru seibetsu yakuwari," 第 95 页；以及 Amino, "Nihon chūsei no heimin," pt. 2, 第 83 页。

据说就是后白河天皇编撰的。[1] 后白河天皇痴迷于这些情歌，于是进行研究、收集，然后将它们一一记录下来。但是，更准确的说法是，它们基本上是大户前创作的歌谣。大户前是职业歌女，一生从事歌谣的研习、表演，很可能还参与创作，后来教授那些歌谣。后白河天皇是她的门生和抄写员。

大户前 70 岁出头时淡出歌女生涯，人称五条尼师。那时，后白河天皇刚刚满30 岁。1157 年，后白河天皇将她招进宫里，向她学习歌谣。大户前在京城中享有今样大师的美誉。大户前的家系可以追溯到四代人之前，她们全是女性大师：她的老师梅是师山的弟子，师山的师父是今样大师奈比姬，奈比姬师从宫姬。[2]

后白河天皇从孩提时期便十分喜欢音乐，热心于音乐事务，自己潜心研究了各种声乐和器乐，其中包括佛教的"声明"礼拜仪式乐音和琵琶。但是，他的最爱是通俗的今样歌谣。就艺术形式而言，今样在他那个时代几乎已经成为经典。[3]

后白河天皇第一次邀请大户前进宫时，大户前谢绝了，一是认为自己年事已高，二是觉得，他拜她为师的愿望不适合。但是，后白河天皇坚持不懈，后来证明自己是态度认真、决心很大的学生。他成了她的拥趸。大约 10 年之后，她在 529
80 多岁时病倒，后白河天皇坐在她的床前，表演了与药师佛相关的一首今样歌谣（《梁尘秘抄》的第 32 首）。[4] 据说，那首作品有助于祈求神灵，治愈严重疾病。她的学生（而且是她的天皇）如此努力，如此虔诚，这让大户前深深感动。

大户前的许多今样作品都有宗教主题。但是，随着时代的变迁，非宗教歌谣占据上风。从 1518 年的歌集中，我们可以一瞥室町时代的流行歌曲情况。集子收录了 311 首深受人们喜欢的歌谣，覆盖的时间段为 350 年，从大户前去世的1169 年左右开始。那年，后白河天皇完成了《梁尘秘抄》的编撰工作。那些作品借鉴了中世时期流传的大量声乐体裁，包括短歌、较长的叙事歌谣、民歌、舞台剧选取、职业艺人的歌曲、舞曲等等。那些作品的旋律已经不复存在，音步也无

---

[1]　在这部著作第一卷的末尾，编撰者解释了使用《梁尘秘抄》这个奇特书名的原因。据说，在古代中国，有两个歌者的表演美妙绝伦，甚至让头顶上方的椽子也舞动起来，直到他们离开三天之后才停止。参见 Usuda and Shimma, eds., *Kagura uta*, vol. 25，第 202 页。在这个歌集的作品中，目前幸存 566 首。

[2]　同上，第 172-173 页。在这些关系中，如遇无法维持实际的母系血缘时，采取了母亲认养女儿的做法。这类似于猿乐能剧艺人维持父系传承的做法。

[3]　同上，第 170 页以下页面。

[4]　关于歌谣的文本，参见同上，第 206 页。

法重构，所以我们不知道如何演唱它们。但是，我们确实知道，大多数作品表演时要么敲打手鼓，要么用闭合起来的扇子轻击手掌。

白拍子舞者与曲舞舞者

与傀儡相比，白拍子舞者在历史上记载较多，有许多著名的代表人物：静御前、佛御前、祇王、矶禅师、石、龟祈久等等。然而，对于她们的舞蹈艺术，我们知之甚少，无法进行重构。在13世纪，她们红极一时，衍生出许多形式，不仅包括独舞，而且还有歌队舞蹈。

出人意料的大胆，略带一点色情意味，令人痛苦的感受，女性的这些品质由女扮男装的舞者体现出来。在服装属于她的恋人时，这些品质特别具有感染力。我认为，正是这些因素给予世阿弥灵感，让他在原有程式的基础上，增添了死亡和精神错乱的激情这两个新的内容。其结果是，一种引人入胜的舞剧应运而生。在以其姓氏命名的能剧《松风》中，松风的恋人行平死了。她孤单寂寞，于是穿上他让她保管的长袍，戴上亮漆官帽。长袍上残留着他的气味，这让她精神错乱，迷失在舞蹈之中。在能剧《井筒》中，一个年轻女子穿上她失去的恋人在原业平的长袍，在孤寂和痛苦中舞蹈；她看见井水中自己的身影，产生一阵精神错乱的欣喜，相信在原业平本人返回了人世。实际上，她的舞蹈让观众相信，她以类似于萨满的方式，被他的幽灵控制。

虽然观众习惯上持这种看法，但世阿弥的女戏应被视为白拍子艺术的一种自然衍变。在观阿弥的剧作（例如，《吉野静香》）和世阿弥的剧作（《二人静》《二人祇王》《佛原》等等）中，白拍子舞者自己以女主角的身份出现。实际上，世阿弥的父亲观阿弥（1333—1384年）成名的原因在于，他的表演塑造了舞者静香的形象。在1423年发表的《三要素》中，世阿弥认为，白拍子舞者祇王、义城、静御前等人艺术成就斐然，可与平安时代的女诗人伊势女士和小野小町等人比肩。[1]

从白拍子舞者的艺术，逐步形成了曲舞舞蹈，从此出现了一种舞蹈和歌谣融为一体的形式。观阿弥改编曲舞的音乐风格，用于他的猿乐能剧表演，对其加以彻底改造，从而为世阿弥后来创作的能剧奠定了基础。在《百万》中，世阿弥让

---

[1] 参见 *Nosakusho*, in Hisamatsu Sen'ichi and Nishio Minoru, eds., *Karonshū, Nogakuronshū*, vol. 65 of *Nihon koten bungaku taikei* (Tokyo: Iwanami shoten, 1961), 第470—471 页。关于整个作品的英译本，参见 J. Thomas Rimer and Masakazu Yamazaki, trans., *On the Art of the No Drama: The Major Treatises of Zeami* (Princeton, N.J.: Princeton University Press, 1984)。

著名曲舞舞者百万成为主角。

可是，在以上讨论的所有这些中世女性艺术家的生活中，悬挂着"妓女"这个标签。对比之下，虽然世阿弥这样的男性艺术家与其主顾保持性关系，其生活却迥然不同。例如，在源平合战时期，静御前是她那一代白拍子舞者的杰出代表；然而，在现代人的心里，她的主要身份不是艺术家，而是源义经的情人。[1] 我们可能注意到，从 12 世纪开始，每一种重要的声乐和舞蹈体裁无一例外，全都携带着女性艺人的明显特征（例如，今样、小呗、白拍子、曲舞、宴曲、平曲、能剧、瞽女歌、川柳、文乐木偶戏、歌舞伎和日本三弦曲等等）。

在日本文化中，"茶、男人和诗歌"的寓意与"酒、女人和歌谣"迥然不同。按照现在普遍的说法，前三个词语构成室町时代日本历史的主要成分。然而，假如没有放开酒禁，没有饮酒仪式，没有女性艺术的迷人之处，没有歌谣形成的社会联系，那么，中世生活史和文学史——实际上我们今天知道的日本文化史——根本是不能想象的。

明石觉一

吾国小岛
恰如粟粒
散落天边
纷扰连连。
容吾携汝
天国至福。[2]

在讨论尼姑、萨满、歌女、舞女时，我们看到了历史上歧视女性的案例。其

---

[1] 在中世时期，艺人、萨满、商人和改宗宣传者，只要是女的，在某个阶段都被贴上妓女的标签。她们没有谁逃过历史的评判：她们的真正营生是性交易，如果说不是公开，那么是幕后的。其中有叫卖鲜鱼和木炭的小贩，有靠表演化缘的尼姑，也有敲击手鼓吟唱故事的盲人。

[2] 这是平清盛的遗孀告诉年仅 8 岁的孙子即后来的安德天皇的一段话。原文参见 Takagi Ichinosuke et al., eds., *Heike monogatari*, vol. 33 of *Nihon koten bungaku taikei* (Tokyo: Iwanami shoten, 1960)，第 438 页。我改动了北村宽和保罗·T. 土田的译文。参见 Kitamura, Hiroshi, and Tsuchida, Paul T. trans. *The Tale of the Heike* (Tokyo: University of Tokyo Press, 1975)，第 777 页。

实，如果将它们与日本中世最伟大的叙事《平家物语》的作者遭受的忽视相比，它们就显得微不足道了。1371 年 6 月 29 日，历史上伟大的作曲家和表演家之一去世。时至今日，知道他名字的人依然屈指可数。在那之前 3 个月，明石觉一已经双目失明，肯定觉得人生快要走到尽头。他叫来自己最爱的弟子天一，口授这部杰作的唱词。在其创作成熟期，他用了数十年时间，精打细磨篇幅巨大的唱词。[1] 就对后世文学体裁、戏剧和音乐的影响而言，实际上对日本人自己的历史观而言，明石觉一的《平家物语》影响巨大，没有哪件作品可以与之相提并论。令人遗憾的是，它尚未得到应有的重视。在他去世之后 600 多年时间里，对作品词句的改动很小，这与今天指挥家和独唱者对待作曲家的作品的做法大同小异。其实，在明石觉一手里，《平家物语》已经达到了完美境界。他作为日本民族的吟游诗人，取得了伟大成就。但是，这一点被大大贬低，仅在相关论述的脚注中提及。我这里所说的不是文化消失，而是历史忽略。明石觉一的《平家物语》作为乐音艺术，非常受人欢迎。这意味着，在中世时期，它处于精英学者的通常范围之外。那些人关注的是专供阅读和诗歌研究的书面经典。在江户时代，《平家物语》作为供人阅读的书面历史出版，开始被人视为适当的学术研究对象。此外，在 12 世纪之前，它被当作文学作品对待。在日本古典文学杰作中，只有它在如此长的时间里遭到学术界的忽视，只有它在如此晚的时刻才被给予杰作地位。

　　明石觉一的《平家物语》是一部演唱作品，由大约 182 首声乐套曲组成。它们可供琵琶伴奏的低音独唱，每一首演唱时间为 30 至 40 分钟。作品的题材涉及源氏与平家两大家族之间源平合战前后的情况。它讲述了平氏——人称"平家"——兴衰以及没落的史话，歌颂了平家领袖平清盛（1118—1181 年）的政治策略，讲述了他随后取得的成功。作品还抨击了他的傲慢和健忘，再现了他的家族与其粗野的东部劲敌源家——人称"源氏"——之间的血腥战斗。此外，它展现并见证了身陷那场浩劫的男女的生活。它说明那场灭顶之灾的起因是，权势者

---

[1] 分别参见 Takagi Ichinosuke et al., eds., *Heike monogatari*, vols. 32 and 33 of *Nihon koten bungaku* (Tokyo: Iwanami shoten, 1959–1960)，第 51 页和第 443 页。数据的依据是 15 世纪无名氏作品的信息以及明石觉一文本的批注。关于明石觉一的生平资料，可参见 Takagi et al., eds., *Heike monogatari*, vol. 32，第 5-51 页；以及 Tomikura Tokujiro, "Akashi no Kakuichi o megutte," *Kokugo kokubun* 21 (1952)，第 37–46 页。《平家物语》的最佳英文著作由肯尼思·迪安·布特勒撰写，具体文献可参见 Butler，Kenneth Dean，"The Texual Evolution of the *Heike monogatari*," *Harvard Journal of Asiatic Studies* 26 (1966)，第 5–51 页；以及 "The *Heike monogatari* and the Japanese Warrior Ethic," *Harvard Journal of Asiatic Studies* 29 (1969)，第 93–108 页。此外，研究《平家物语》的杰出学者还有高渥美和山下宏明。（海伦·麦卡洛的译文参见本章后的版面校样。）

骄横傲慢，好大喜功，雄心勃勃。

没有谁逃过那些战争的影响。源平合战冲击了贵族，分裂了社会结构，打乱了正常的农业和商业生活，撕裂了社会各个阶层的家庭，让女人丧夫，儿童丧父。整个国家四分五裂，元气大伤，失去了经济支持和正常营生。平家的垮台是人人皆知的故事。但是，经过几代人之后，假如没有出现两个事件，它可能仅仅成为尘封的历史：第一，14世纪30年代的战争将朝廷的统治一分为二，让源平合战胜利者成立的幕府倒台。于是，平家垮台的史话有了某种新鲜感，重新获得相关意义。第二，明石觉一发挥杰出天才，将史话变为艺术。明石觉一的《平家物语》以催人泪下的方式讲述源平合战，让它成为比较之后所有战争的基础。它不仅得到现代人承认，而且为他们提供审视战争的视角。

学界传统上将《平家物语》归为战争故事这一体裁。但是，从构思、规模和品质这三个方面看，这部作品远远超越其他同类。我们最好将它视为一部独一无二的作品。我们不应像学界常做的那样，将它视为武士阶层的代表作，或者将它归到武士阶层的名下。明石觉一抓住了他所表现的那个令人恐怖的历史事件，揭示了它的特性、共性以及为所有日本人表达的隐喻意义。然而他也知道，这个故事拥有内在力量，可以让人恢复创伤，甚至获得荣福。他的《平家物语》不仅是叙事，而且是礼拜仪式，需要时可在听众面前吟唱。那些咒语超越时间。它的富于仪式感的复述将听众团结起来，让他们置身过去，"铭记"从未直接体验的东西。可以公正地说，明石觉一的这部伟大作品具有很大力量：它没有保留过去，而是以一种重新构思的集体记忆取代过去。

学者们普遍认为，《平家物语》的第一个版本于1219至1222年间写就，作者是中山幸长（大约生于1164年）。中山幸长是中山（叶室）幸隆之子，曾任宫廷低等贵族，1218年削发为僧。不幸的是，那个版本的《平家物语》已经失传，只有其后的几个文本幸存下来。

明石觉一的伟大建树之一是，做了正本清源的工作。他审读最初的几个版本，删除了为祖先辩护的一家之言，删除了起到压制作用的说教之辞。在他的版本中，佛教主题和作品母题相得益彰，形成抚慰人心的品质，一种从容感，一种普遍性。明石觉一没有试图进行美化或丑化；这部伟大的作品表现倒下和死去者的悲欢离合。

在明石觉一的《平家物语》中，登台亮相的人物超过一千。有的匆匆而过，但是有的直至今日依然影响日本社会，影响日本的表演艺术。这些角色的名字至今依旧让所有民众激动不已：祇王、熊谷、实森、友卫、平敦盛、那须与一、源义经、武藏坊弁庆、源静香、平维盛、平德子。他们受人钟爱，是日本民族历史上的男女英雄。其原因不是日本的历史著作记载了他们（他们中的大多数确实是历史人物），而是在于明石觉一的《平家物语》将他们置身于神话主流之中，并以某种方式赋予他们神圣品质。

534　　　　而且，明石觉一的《平家物语》还具有包容性。它作为描述男人沉浮的故事，被贴上了战争故事的标签；然而，从本质上看，它是关于女性的故事。明石觉一采用神话虚构的手法，让那些历史人物变得生动起来，从而对历史进行了补充。**但是，他**同时实现了某种超常的目的。他将他们的故事串联起来，仿佛形成**念珠，以女性成功获得**解脱的方式，从整体上构建《平家物语》。作品开头是篇**幅最长的篇章，讲述**了平清盛的艺妓——职业白拍子舞女祇王——的悲剧，形成基本的旋律。通过她的沉沦，明石觉一第一次表达了在序曲开卷中宣布的重大主题：生命无恒。

　　　　祇王这个篇章讲述了祇王、她母亲、妹妹和竞争对手佛御前剃度为尼的故事，首次触及"解脱"这个母题。《平家物语》提供了关于这个主题的复杂变体。在《平家物语》尾声，平德子剃度为尼，到了寂光院静修；禅位天皇到访那里；她讲述自己的身世，深表忏悔。最后，通过这位无辜无罪但是饱受困扰的女性的眼睛，明石觉一讲述了平家垮台的情况，实际上涉及所有人物的兴衰沉浮。正是平德子的声音代表了她那个时代。平家——实际上所有人——没落的整个过程仿佛被纳入她的痛苦之中：

> 所有一切
> 亲眼看见
> 别无它哉。
> 永恒轮回
> 完全翻转
> 痛苦六道。[1]

---

[1]　参见 Takagi et al., *Heike monogatari,* vol. 33, 第 439 页。

最后，"国母"和她的两名陪伴获得解脱。这三个女性的形象丰满，使人联想起阿弥陀佛和他的随从。最后五个乐章构成了尾声，形成强大的感染力。大师向弟子讲授这一篇章之前，习惯上先要点燃香火。[1]

尽管明石觉一与约翰·塞巴斯蒂安·巴赫（1685—1750 年）的传统不同，尽管前者比后者几乎要早 4 个世纪，在日本文化中，明石觉一所起的作用类似于西方传统中的巴赫。两位大师都生活在圣乐环境中。他们开始时都沿袭传统，但是后来都选择创新，超越传统。而且，在他们住处不远的地方，他们接触了几个世俗音乐和民间音乐传统。两位都是职业音乐人，受人雇用，以作曲和表演为生。时间间隔提供的视角让我们现在可以确定，他们才华横溢，为自己的乐音传统奠定了基础。然而，在他们那个时代，两人受到追捧的原因主要是其杰出的表演才能：明石觉一作为技艺精湛的琵琶演奏者，巴赫作为才华横溢的风琴演奏者。两位大师恰逢其时，可以让自己的天赋开花结果。两位都拥有极强的创作才华。他们有能力考察并组合以前的主要乐音风格、地方表现形式和声乐文本，将其融为一体，确定了各自民族传统的将来发展方向。

535

琵琶僧侣

明石觉一双目失明之后，成为弹奏琵琶的叙事歌者，并且以此谋生，从而促成了《平家物语》文本的衍变。因此，我们在此扼要介绍一下这个职业。琵琶僧侣（日语为"琵琶法师"）从事的仪式表演行业发源于历史早期，具体年代不详。[2] 他们最初看来表演一些仪式，其目的是安抚躁动不安的家庭幽灵或村庄幽灵。在那些仪式上，他们弹奏的琵琶——一种声音尖利、类似鲁特琴的乐器——起到重要作用。那时的人们觉得，琵琶的声音可以传到幽灵的世界，驱赶恶毒的力量（与萨满乞灵时拨动的弓弦声音有异曲同工之妙）。

许多中世画卷上，都有琵琶僧侣的形象。他们在画面上出现的方式十分漫不经心。这肯定表示，在中世日本人的生活中，到处都可以见到他们的身影。那些描绘意味着，琵琶法师居无定所，在贫困边缘上艰难生存。琵琶僧侣是清一色的

---

[1]　参 见 Kindaichi Haruhiko, "Heikyoku-sono rekishi to ongaku," in *Heike monogatari,* vol. 9 of *Zusetsu Nikon no koten* (Tokyo: Shūseisha, 1980), 第 11 页。

[2]　参见 Barbara Ruch, "Medieval Jongleurs and the Making of a National Literature," in John W. Hall and Takeshi Toyoda, eds., *Japan in the Muromachi Age* (Berkeley and Los Angeles: University of California Press, 1977), 第 279–309 页。

盲人。在那些年代，这种不幸被归为前世的因果报应。失明肯定令人痛惜，然而也被视为一种幸运的早期警示：人在现世应该立刻开始做有益之事，以便根据教义指点，改善业力，在天国中获得解脱和重生。琵琶僧侣表演驱除邪魔仪式，一方面肯定是为自己积德，另一方面也为普遍相信"怨灵"——意为"死者的怨恨幽灵"——的世人提供精神方面的服务。

琵琶僧侣曾是纯粹的驱魔巫师。他们口念咒语，手弹琵琶。我们不知道，他们是什么时候，以何种方式开始故事演唱的？他们最初在本地驱除邪魔，最后在战场上为死者念诵咒语。这两种行为提供了一种适当背景，让他们先是讲述死者的临终情景，最后讲述关于战争本身的长篇故事。至少到10世纪为止，吟唱故事的琵琶僧侣是常见的街头艺人。不过，我们并不知道他们吟唱的具体内容。

到了11世纪，琵琶僧侣至少发展出两大类型。一类在九州和日本东部最活跃，他们跟随军队，吟唱战歌。另一类隶属于寺院，大多数在京都周边活动，给规模不大的观众演唱佛教歌曲。

源平合战之后，许多演唱战歌的艺人在书写山聚集。书写山在京城西面的播磨国，是一处佛教寺院中心，由天台宗的几座寺院组成。书写山是一块飞地，演唱叙事的创作繁荣兴旺。在当示意图书馆里，收藏了与历史和宗教论述相关的大量资料。书写山是一个名副其实的大熔炉，给不同的吟唱流派和乐器流派，给源于东西南北不同战地的故事，提供了交流机会。在《平家物语》的早期版本衍变过程中，书写山发挥了至关重要的作用。而且，在那里的一座寺院中，明石觉一本人潜心研究音乐，双目失明之后修炼成为琵琶僧侣。

在《平家物语》发展史的相同阶段中，京都寺院的僧侣已经有了新的做法，将坊间流传的《平家物语》的其他版本，添加进自己的吟唱中。他们利用历史故事中的鲜活例子，将佛教力量用作对付历史灾难的灵丹妙药。

明石觉一就是诞生在这样的环境中。他从上千无名曲作者兼表演者群体中脱颖而出，成为整个民族的吟游诗人。但是，他的生平基本是个谜。他于1371年去世，当时已经70多岁。我们因此可以假设，他在无外如大去世之后不久出生，时间在1300年前后。我们不知道他的世俗姓名。相关记录显示，有人称他为"明石人"。[1] 他年轻时到了距离明石不远的书写山，在那里削发为僧。我们也

---

[1]　引文参见 Tomikura Tokujiro,Heike monogatari kenkyū (Tokyo: Kadokawa shoten, 1967), 第283页。

不知道他当时所用的法号。书写山当时人称"西部比睿山"，吸引了日本各地的云游僧侣。我们从明石觉一后来展现的文学和音乐才华判断，他在书写山获得了很好的佛教仪式和音乐方面的训练。除了经文研究之外，他大概还学习了天台宗"声明"的书写山风格。"声明"是佛教的一种仪典声乐，用以吟诵经文典籍。而且，他还学习了一种节奏很快的朗读佛经的方式。那种方式是书写山僧侣诵经的特征。他肯定熟悉佛教的某些节日曲调的旋律风格。它们在日语中叫作"宴曲"，是一种有节奏的白话歌曲。在重要宗教仪式结束时的宴席上，僧侣们喜欢吟唱那样的曲调。由于某种未知的原因，他还学习了人称"今样"——就是大户前常常表演的那种——歌曲，并且将它们融入《平家物语》中。

那些作品丰富多彩，种类繁多，我们无法重构其旋律或节奏，也无法再现其选定的音色。其原因有二：第一，那时仅仅使用符号记录它们，以便标示作品的相对长度和基本旋律；第二，那种音乐是通过口头模仿的方式传授的。我们唯一的希望是，宗教音乐性质保守，我们有可能在天台宗声明的现代形式中，在受到早期佛教乐音影响的表演艺术——例如，能剧——的声乐演唱中，听到来自过去的回声。

明石觉一在书写山研习数年之后，相当年轻——大约刚刚 30 岁出头——时便双目失明。已经发现的史料有限，我们无法重构他当时所处的环境。[1] 他身处学术中心，诵读经文是每天的日常活动，失明对他的打击肯定很大。尽管如此，书写山也是琵琶僧侣的聚集之地。因此，明石觉一可以改变人生方向。而且，书写山还有许多吟诵经文的音乐人，他可以拜他们为师。可以说，以上诸种因素在书写山汇合起来，形成了日本文化史上的一个转折点。

在书写山逗留期间，明石觉一学习了表演《平家物语》一个早期版本的方法。那个版本现在叫作镰仓本《平家物语》，很可能是在他幼年时由一些琵琶僧侣创作的。实质上，它是一种书写山版《平家物语》。明石觉一学习了这种表演方法之后，大概在 14 世纪 30 年代离开书写山，前往京都。政治时局动荡不安，不过京都依然是琵琶僧侣谋生的一个好去处。那里的表演者人才济济，他们总是可以找到喜欢《平家物语》的听众。

明石觉一的东京之行，可能是听了曾在书写山待过的琵琶僧侣穰一的劝说。

---

[1]　引文参见 Tomikura, "Akashi no Kakuichi," 第 39 页。

两人可能在那里有过一面之交。那时，穰一已经成为京都名气最大的吟诵人，其作品是现在所称的八城《平家物语》。那是现存较早的吟诵版本之一。穰一肯定也是很有才华的创新者，他和其他艺人一起，在1340年前创作了一个新的吟诵版本。

明石觉一计划表演他的书写山版本《平家物语》，以便在东京安身立命，但是后来却拜穰一为师。这意味着，他很快将会熟悉他师父表演的两个版本的《平家物语》。他们两人才华横溢，都对创新和表演技巧感兴趣；这种师徒关系肯定起到相得益彰的作用。正是在那个阶段，穰一和明石觉一与另外一两个艺人一起，在名字中采用了汉字"一"（第一）。此举说明，在他们之间存在着一种重要纽带。

明石觉一的才华得到充分发挥。没过多久，有人在日记中提到新的"觉一体"，看来他开始成为京都家喻户晓的人物。1340年，中原师守在日记中记载，他欣赏了明石觉一的《平家物语》演出，称它为"别开生面"的形式。[1]中原师守肯定很喜欢他的表演。从那时开始，直到1362年结束，他多次欣赏了明石觉一吟诵的新版本。明石觉一在京都城内各个地方演出，主要是各个大的寺院和神社，例如，六条御堂、北野天满宫等等。

到那时为止，明石觉一已经开始招收学徒。编年史《太平记》——该书撰写时，明石觉一年事已高——写道，明石觉一和另外一位名叫"真一"的琵琶僧侣表演了《平家物语》，其中一个篇章涉及人称"鵺"的神秘怪物。它们让天皇生病，后来遭到射杀。于是，天皇不再被幽灵所困，恢复了健康。武藏守高师直（1351年去世）看了表演之后，心中不快，深受刺激。于是，明石觉一及其同伴被叫到他的卧榻前。

两位琵琶僧侣在高师直卧榻前的表演叫作"连平家物语"。它看来是一种复杂的二人表演，年老的明石觉一唱男低音，年轻的真一唱男高音。"连"很可能显示一种轮唱，而不是和声。两人那时都是地位很高的琵琶僧侣，这肯定是一种技艺精湛的表演。

明石觉一在京都逗留多年。在那期间，或者说至少到1340年为止，琵琶僧侣组成了行会，确定了四个等级。最高的为"检校"，最低的为"座头"。座头后

---

[1] 引自中原师守的日记《师守记》，参见 Shishuki, by Takagi et al., eds., *Heike monogatari,* vol. 32, 第50页，以及 Tomikura, *Heike,* 第284页。

来泛指光头盲人表演者或服务业者。从 1363 年开始，明石觉一担任"检校"，之后不久很可能成为"总检校"，即全行会大师。他长期担任那个职位，一直到去世为止。[1]

明石觉一至少有五名弟子，他们是确立《平家物语》表演流派——日语为"一型"——的主要力量。他的弟子艺名都有"一"字，全是明石觉一《平家物语》演唱者。明石觉一去世一百年之后，明石觉一《平家物语》是主要《平家物语》版本，代表了整个国家共同文化的砥柱之一。与之竞争的风格叫作"八坂派"。该派使用的是穰一曾用的八城《平家物语》版本，实力比明石觉一逊色许多。它维持了几代人时间，在室町时代末期实际上销声匿迹。大约在同一时段，八城版本和明石觉一一度使用的镰仓版本的歌词失传，直到 20 世纪才重见天日。

到明石觉一的时代为止，其他战争故事——例如，《保元物语》和《平治物语》——也是某些琵琶僧侣的固定曲目的组成部分。但是，到 14 世纪末，《保元物语》和《平治物语》不再流行，明石觉一的《平家物语》占据主导地位。

在 15 世纪的应仁之乱前后，明石觉一的弟子及其后人茁壮成长。常常进行公开表演，以便为神社和寺院募集资金。知名度最高的琵琶僧侣为皇室和幕府将军献艺，流动艺人在全国各地演出。根据估计，1462 年活跃在京都的琵琶僧侣大约为 500—600 名。[2] 他们是否都能表演明石觉一的复杂巨制呢？学界对此尚存疑虑。更确切地说，根据当时留下的记录，那些琵琶僧侣的剧目除了吟唱受人欢迎的小曲——日语为"小呗"——之外，还有其他讲述故事的节目。尽管如此，与明石觉一相关的艺人和弟子数量大增，这反映了他的作品大受欢迎的程度。

但是，明石觉一去世之后，新的体裁应运而生。那就是舞蹈叙事，例如，在题材方面借鉴明石觉一的歌唱叙事的能剧和"幸若舞"。实际上，明石觉一给世阿弥提供了男女角色。他们表演能力很强，并且具有审美潜质。世阿弥本人曾经显示了他拿到明石觉一的杰作时的敬畏感："在武士剧中，但凡涉及对著名的源氏和平家武士的刻画，我们撰写脚本时，必然本着对《平家物语》绝对忠实的态度。"[3] 确实，离开了明石觉一及其弟子的艺术成就，根本不可能出现《太平记》《曾我物语》和《义经记》这样的叙事作品。

540

---

[1]　参见 Tomikura, *Heike,* 第 282–283 页、第 287 页。

[2]　参见 Naramoto Tatsuya and Hayashiya Tatsusaburō, eds., *Kyōto no rekishi* (Tokyo: Gakugei shorin, 1968), vol. 3, 第 666 页。

[3]　参见 *Nosakusho,* in Hisamatsu and Nishio, eds., *Karonshū, Nogakuronshū,* 第 475 页。

明石觉一创造了民族神话。然而，面对来自具有舞美视觉效果的叙事形式的竞争，表演《平家物语》的僧侣们踌躇不前。他们在桃山时代名噪一时，然而那种表演具有一种文物意义（那时，明石觉一的《平家物语》被视为古老的民族经典）。他们后来再也没有返回核心舞台。《平家物语》艺人们尝试创新，例如，1598 年，几位杰出的琵琶僧侣联袂"合唱"，表演《平家物语》。[1] 但是，他们无法与那时流行的、具有视觉冲击力的表演艺术抗衡。江户时代，印刷业在总体上获得繁荣发展，明石觉一的《平家物语》经过桃山时代的修订，成为阅读文本，在社会上广泛传播。正是在那个阶段，日语中开始使用"平曲"这个术语，以便将声乐版本与新出现的阅读版本区分开来。

1871 年，大祸临头，以颇具讽刺意义的方式，标志了明石觉一逝世 500 周年纪念日：在"现代化"和"西化"的大潮中，政府不再支持和保护盲人琵琶演奏者行会，一个民族传统从此终结。艺人们陷入贫困，无法吸引以表演为生的新人。大多数艺人纷纷转向盲人可以谋生的少数职业。[2]

《平家物语》以最细腻的手法，首次讲述了日本最早的真正涉及全国的灾难。明石觉一以直觉方式，从宗教、审美、伦理和心理角度，再现了人们对那场灾难的反应。除了描述战事之外，他还增添了完全虚构的英雄行为细节，从而将民族伦理融合起来，创造了一个民族神话。[3] 在他之前，没有谁在作品中刻画范围如此广大的人物。《平家物语》从一个世纪的末期开始，到另外一个世纪结束，经过兼有宗教和世俗特征的游吟诗人的演绎，吸引了各个地方、各个阶层的男男女女。实际上，在早期版本的基础上，明石觉一的另外一个重要贡献是，描述了奈良和高野山的伟大寺院，描述了严岛、竹生岛和熊野的圣地。这些圣地借此超越宗派史的局限，成为民族的文化丰碑。

明石觉一取得了成功，将西方的中世纪史诗——例如，《贝奥武夫》《熙德之歌》和《罗兰之歌》——的作者们抛在了身后。他创造的事件和人物给后世的许

---

[1] 参见 Tomikura Tokujirō, *Shintei Heike monogatari*, vol. 1 of *Nikon koten zenshū* (Tokyo: Asahi shimbunsha, 1984)，第 75 页。

[2] 目前还有为数不多的保护者幸存下来，主要分布在仙台市和名古屋市。他们保留了明石觉一的现场表演《平家物语》，并且将部分内容录制下来。例如，日本哥伦比亚公司的磁带 CAY-9040（《平家物语琵琶乐》）和唱片 AL-5046（《平家物语》琵琶乐）。菲利普（日本唱片公司）的 PH-7511-2（《平治物语》琵琶乐）。

[3] 在整个中世时期，甚至在 20 世纪，《平治物语》提供了战争中的个人行为模式。布特勒讨论了明石觉一的《平家物语》结合忠诚、牺牲和荣誉等伦理概念的方式，参见 Butler, "The *Heike monogatari* and the Japanese Warrior Ethic"。

541

多文学作品提供了灵感。那些作品涉及各种题材，其中包括能剧、幸若舞、《古净瑠璃》、《御伽手稿》、明治小说、大正小说、召和小说、现代电影。它们作为民族的核心神话，依然在今天的日本社会中显示着活力。

结语

"下克上"——意为"下层推翻上层"——是深受日本历史学家青睐的一个术语。[1] 在 20 世纪，学者们常常将中世晚期，特别是应仁之乱之后的年代，称为 542 "下克上时代"。然而，首先，不能从简单的阶层兴衰或没落的角度，解释 14 世纪或 15 世纪普通人升官发财的现象。其次，在撰写文化史的过程中，我们必须牢记，文化并非无害。文化易被情欲支配。而且，文化是非理性的，基于深层次的选择。共同的民族喜好超越个人的怪异之举和阶层，源自共同的社会仪式。对中世时期的日本人来说，核心仪式超越社会阶层。削发为僧、朝圣、云游、美酒、歌谣、典礼等等一可激活良善，二可消除邪恶。与死者幽灵的交流，举行各个仪式，既可确保死者在天国的美好生活，又可超越现世的痛苦。

"幽玄"和"寂"之类的概念据称表现了室町时代艺术和文学的特征；然而，在我们讨论的常见艺术——例如，绘画、雕塑、歌谣、舞蹈和乐音史诗——中，没有起到多大作用。那些审美价值属于非常有限的世界。属于人数屈指可数的孤立的社会群体。但是，有些因素随处可见，在封闭的精英圈子内和外部社会中，都能见到它们的影子，其中包括前面讨论的流行歌谣和叙事体现的态度、价值和观点。此类生活态度在中世时期出现并结合起来。它们在全国范围内传播，从未离开日本社会，直至今日依然存在。

这份清单很长，很容易继续开列下去：例如，谛め（断念带来的安全感）、"修行"的必要性（相信苦难是正常的，必要的，人必须到达痛苦的境地，好的东西才会出现）、"旅行"冲动（痴迷旅行，还有与之相伴的必然的不愉快感，这类似于"修行"；但是，同时从内心深处认可它具有的释放品质）、诚实（佩服真诚行为，即便带来非理性结果也是如此）、牺牲（根深蒂固的自我价值感，有时

---

[1] 这个概念源自中国的《易经》。该书描述了相生相克的五行（金、木、水、火、土）。在人际关系中，自然也确定了类似的控制力量，诸如主子控制家臣、丈夫控制妻子。任何颠倒之举都是危险的异常行为。

在强烈的自我压抑中甚至产生快感，深信幸福或解脱可以来自升华的存在之中）、死（相信死亡有时是现成的、必要的并且被社会接受的备选项）。这仅仅是日本中世时代的几个主要价值观和态度，适用于各个阶层，通过歌谣、舞蹈、节日和口头神话的社会仪式，被全民族接受。

那些男人和女人，历史没人注意的另外一面的这些因素——性别、劳作、信仰和民族意象——共同作用，让我们看到了中世社会充满激情、讲求实际、坚忍不拔的侧面。它们与精英理想描述的屈从他人、沉默寡言的雅致大相径庭。这份共同的民族遗产肯定包括公卿阶层的历史。在普罗大众看来，源氏时代展现了日本民族的艺术成就；然而，它被高度理想化，无法完全复原，所以更显得弥足珍贵。

在结束本章讨论时，如果我们将无外如大归类为女人或尼师，将猿源氏归为渔民或商人，将明石觉一归类为双目失明的僧侣和民族吟游诗人，那么，我们仅仅用类型代替了意义。萨满之类男人和女人虽然是社会结构的正常组成人员，然而在官方的传统历史文献中却难见踪迹。他们被视为存在于权力过程之外的角色。由此形成的看法是，在日本民族的过去中，他们不可能具有重要地位。

可是，日本拥有的不是一种过去，而是多种过去。对公共文化整体而言，它们都是不可或缺的，都对日本的社会和文化做出了贡献。我们在此强调，应该恢复曾经失去的遭到忽视群体的历史，而不应将学术研究进一步分割。更确切地说，如果失去本章谈到的另外一半，对文化史上更大融合模式的研究将会以失败告终。当历史研究成熟时，它将考虑所有群体在形成日本文化过程之中的相互关系。这成为我们最佳的分析目标。

第十二章　镰仓时代的佛教

大隅和雄，东京女子大学文学部

引言

佛教在日本历史悠久，成果斐然，正是在镰仓时代达到鼎盛。那时，出现了 544
净土宗、禅宗和日莲宗。佛教在整个日本社会中传播主要得益于它们的活动。该
运动取得成功的关键在于，让佛教的理念和目标适应普罗大众的关注。因此，镰
仓佛教——该宗教运动的总名称——给日本历史留下一个不可磨灭的标志，使佛
教成为日本文化长久流传、无所不在的组成部分。

佛教起源于印度，在历史人物释迦牟尼（大约公元前 5 世纪—前 4 世纪）时
代约 4 个世纪之后传到中国。公元 6 世纪中叶左右，佛教经过朝鲜半岛，从中国
传到日本。[1] 那时，存在着相当大的文化鸿沟：鸿沟的一边是日本，另一边是中
国。日本的统治阶级接受了佛教，将其作为先进的优越文明的化身。为了获得对
佛教带入日本的概念和技术的控制权，精英阶层提供了一批寺院，以便让佛教扎
下根来。每处寺院的僧侣们得到政府和贵族的支持。僧侣们从事各个方面的活
动：他们学习从梵文翻译而来的中文佛教经典；他们成为工程、建筑和医药——
那些知识集中在寺院之内——方面的专家；他们举行各种佛教仪典，按照朝廷和
贵族的要求，诵经祈祷，以便求得精神和物质方面的福祉。寺院的结构优化，获 545
得了对大片田地（庄园）的控制权，运作变得更加复杂，内部的权力之争更加
普遍。

---

[1]　参见 *Nikon shoki*, in *Nihon koten bungaku taikei*, vol. 68 (Tokyo: Iwanami shoten, 1957–1967)，第 100 页。*Nihon koten bungaku taikei*（《日本文学古典大系》）以下为 *NKBT*。

日本吸收佛教，将其作为来自外部世界的全面的先进文化媒介，但开始时并未从实质上重视佛教的宗教关怀本身。但是，佛教传入日本三个世纪之后，在奈良时代这期，人们开始意识到佛教的实际学说。僧侣们越来越多地参与具体宗教活动。有的僧侣离开寺院，到山区隐居修行，并且引导普通民众皈依佛门。[1]

形形色色的信念和做法带着土生土长的日本文化元素，在民众中传播开来。离开寺院的那些僧侣逐渐找到自己的信仰知音。与本土传统相比，他们引入那些人群的佛教包含更复杂的教义，更高雅的仪式。于是，佛教被利用起来，赋予日本的质朴民间信仰和实践更好的形式和表达渠道。僧侣们借用佛教教义，解释"神"或本土神灵。本土的宗教实践通过与佛教的接触，提高了自身的仪式化程度。

从10世纪末开始，日本的贵族圈子对外封闭，变得死气沉沉。重要的政府职位被少数家族垄断，许多贵族和文人无法找到展示才华的职位，即便他们能力出众、学识广博也无济于事。受到挫折的个人开始对佛教表现出更大兴趣。佛教学说涉及现世相对局限的本质，宣扬其目标旨在超越现世，对他们很有吸引力。他们研究佛教的复杂教义。到那时为止，佛教教义成为学僧潜心追求的目标。贵族和文人邀请僧侣讲经说法，活跃于寺院之外的僧侣尤其受人欢迎。那些活动铺平了道路，佛教史上镰仓新运动由此崛起。

在那个时期，一些寺院通过为贵族群体举行宗教仪式，与贵族建立了密切关系。其中最突出的是比睿山上的延历寺和奈良的东大寺和兴福寺。它们都是研习佛教的重要中心。奈良的寺院保留了华严宗和法相宗的正统教义，比睿山保留了天台宗的正统教义。而且，比睿山还起到核心作用，形成了在整个日本普及的佛教新教义。与京都贵族和文人们建立联系的僧侣要么住在比睿山，要么住在其附近地区。在他们当中，出现了一个新的倾向：不是以学者方式阐释佛教教义，而是使用主观的宗教术语。随着佛教信仰和实践在贵族中逐步传开，舞台搭建就绪，镰仓的革命性佛教运动即将登场。

从12世纪末开始，一直到13世纪中叶，也就是镰仓时代的前半期，日本最重要的宗教人物一个接着一个快速亮相。如今宣称他们是其祖师的那些佛教宗派

---

[1] 《续日本记》中描述的僧人行木就是一个例子，参见 *Kokushi taikei,* vol. 2 (Tokyo: Yosikawa kōbunkan, 1929–1964), 第68–69页。*Kokushi taikei*（《国史大系》）以下为 *KT*。其他例子参见 *Nihon ryoiki, NKBT,* vol. 70。

当时在日本已有较大影响。从在镰仓时代的发端开始，那些宗派作为单独的宗教运动现身，独立于之前的八大宗派。那些新宗派后来逐渐统称"镰仓佛教"。在日本历史上，镰仓佛教的确立是一个核心事件，佛教借此适应了日本方式，成为普通民众可以理解的宗教。

镰仓佛教的祖师

法然和亲鸾

镰仓佛教抨击那个时代的佛教传统教团的形式主义，转而强调信仰和专修。[1] 站在那场新运动前列的人物名叫法然（1133—1212年）。[2] 法然出生在美作国（现在的冈山县）。法然幼年时，其父在当地一场政治纠纷中丧生。此事让法然大受震动，决定出家学佛。数年之后，他前往比睿山，接受系统的宗教训诫。在法然那个时代，来自令制国的人进入日本精英知识阶层的途径很少，其中之一是成为僧侣。这正是法然选择的道路。他上了比睿山，首先接受了天台宗训诫。后来，他拜西谷功德院皇圆（死于1179年）为师。那时，西谷功德院皇圆已经脱离比睿宗教组织的主流。法然效仿西谷功德院皇圆，脱离比睿山的政治纠葛，隐居山上的一个僻静去处，在那里潜心研习。在西谷功德院皇圆的引导下，法然研究了佛教典籍和教义专著。在一段时间里，他重点钻研戒律，领会佛教僧侣的行为规范，反思身为僧侣的意义。他还研读了源信（942—1017年）撰写的《往生要集》，领会被天台宗纳入其宗教系统的净土宗教义。[3] 此外，法然还到了奈良，接受法相宗教义和奈良佛教的其他哲学的熏陶。总之，法然接受了传统教团教义的经典教育。

547

1175年，在比睿山上修行30年之后，法然偶然接触到《观经四帖疏》，那

---

[1] 明治时代以来，学者们常将镰仓新佛教与欧洲的宗教改革进行比较。相关文献可参见 Hara Katsurō, "Tozai no shukyo kaikaku," in *Nihon chūseishi no kenkyū* (Tokyo: Dōbunkan, 1929)，第304–321页；以及 Matsumoto Hikojirō, *Nikon bunka shiron* (Tokyo: Kawade shobō, 1942)。

[2] 关于法然的生平，参见 Tamura Enchō, *Hōnen* (Tokyo: Yoshikawa kōbunkan, 1959)；以及 Bukkyō daigaku, ed., *Hōnen Shōnin kenkyū* (Kyoto: Heirakuji shoten, 1961)。

[3] 《往生要集》，见源信，*Nihon Shisō taikei*, vol.6 (Tokyo: Iwanami Shoten, 1970–1982)，第9–322页，是平安时代净土宗信念和实践最具有代表性的著作。它作于985年，由天台大师源信在比睿山完成。文后，*Nihon Shisō taikei* 被缩写为 NST。

是中国的善导大师（613—681 年）撰写的关于《观无量寿经疏》的注释。[1] 而且，法然还亲历善导大师显现。于是，他开始阐述"独尊念佛"（日语为"专重念佛"）学说。善导大师于 7 世纪在中国形成其学说，提倡专称佛名，全仗佛力，吟诵"顺彼佛愿故"。在日本，这种专修叫作"念佛"。法然强调说，仅仅靠它就可在阿弥陀佛的西方极乐净土中大彻大悟。

《无量寿经》是描述阿弥陀佛和极乐净土的基本典籍。根据这部经书，阿弥陀佛在成佛之前作为苦行僧法藏时，曾经发下四十八个大愿。他发愿的方式确定，实现那些愿望是他自己大彻大悟成佛的条件。[2] 他在第十八个大愿——人称主愿（日语为"本愿"）——中说，每个祈求他的名字的人来世将会生在极乐净土。[3] 根据《无量寿经》，法藏比丘其实已是阿弥陀佛，他创造的极乐净土已经存在。因此，法然相信，任何吟诵阿弥陀佛名字的人去世之后，肯定将在极乐净土中重生。[4] 阿弥陀佛不偏不倚，欢迎人们进入他的极乐净土。由此可见，将信众与阿弥陀佛结合起来的肯定是任何人都可以做到的事情。法然认为，那件事情就是"念佛"。这就是说，念出阿弥陀佛的名字。[5]

法然相信，在佛教的众多宗教仪式中，可以将念佛单列为最简单、最有效的专修。[6] 因此，念佛是最基本的佛教仪式，它完全符合佛教的精髓。在日本，这是划时代的学说，其原因在于，佛教的解脱之路首次面向普罗大众——没有接受过专门宗教训诫或宗规的信众。法然离开比睿山之后，开始在京都宣讲这一新教义。他吸引了许多人，但是也引起佛教传统教团的抨击。法然努力为自己辩护，在他的杰作《选择集》中，对自己的教义进行系统阐述。[7] 这部著作是为接受他的理念的贵族撰写的，论述了接受净土教义的至关重要的理由：通过那些教义，人就会笃信阿弥陀佛的主愿，众生将会进入极乐净土。人是自己的怜悯之心

---

[1] 《观经四帖疏》，见 *Taishō shinshū daizōkyō*, vol.37 (Tokyo: Taishō shinshū daizōkyō kankōkai, 1942–1932)，第 245–278 页。文后 *Taishō shinshū daizōkyō* 简写为 TD。关于《观无量寿经疏》，见 Kan muryōjukyō, TD, vol.12，第 340–346 页。善导大师是中国唐代最著名的净土宗祖师，并且积极弘扬净土宗思想。

[2] *Muryōjukyō*, TD vol. 12，第 267–269 页。

[3] 同上，第 268 页。

[4] 参见 *Muryōjukyōshaku*, in *Honen Ippen, NST*, vol. 10，第 50 页。

[5] 参见 *Senjaku hongan nembuisushu*, in *Honen Ippen, NST*, vol. 10，第 94–100 页。

[6] 同上，第 101–109 页；以及 *Ichimai kishomon*, in *Kana hogoshu*, *NKBT*, vol. 83，第 53 页。

[7] 这部著作的全称为《选择本愿念佛集》。其标准版本参见 *Honen Ippen, NST*, vol. 10，第 87–162 页；以及 *TD*, vol. 83，第 1–20 页。法然是在 1199 年完成这部著作的。

的受益者，所以会不由自主地念诵阿弥陀佛的名字。法然坚持认为，如果理解这些要点，那么，再学佛教的其他教义就没有什么必要了。[1]

法然的断言基于这个悲观主义的假设：在他那个时代，人们已经陷入愚昧和错误行为的困境之中。他相信，人们在很久以前就可以通过自己的努力成佛；然而，释迦牟尼的时代已经过去很久，所以人们不再可能自己实现那一点了。[2] 这种悲观论基于对人类状况的严肃反思，大约在平安时代中期出现。越来越多的贵族和文人往往从实际状态，而不是从人们应该努力实现的理想状态，看待人的生存。平安时代的各种文学作品重复那些情趣，其中包括日本诗歌（日语为"和歌"）、日记（日语为"日记"）、叙事（日语为"物语"）。[3] 法然将对人们状况的反思向前推进一步，从人的愚蠢和错误行为，转向阿弥陀佛的完美和无所不在的怜悯。法然看到了两者之间的巨大鸿沟，于是得出结论说，完全依赖阿弥陀佛是当时人们获得解脱的唯一希望。

亲鸾（1173—1262 年）继承了法然的学说，并且将其进一步发展。[4][5] 亲鸾是低等贵族成员，很可能出生在京都。亲鸾与法然一样，年轻时便削发为僧。他在比睿山度过了 20 年左右，但是发现那里信奉的佛教不能令人满意。1201 年，亲鸾在京都一座名叫六角堂的寺院隐居修持。在隐居期间，他夜里得到神启，形成新的宗教观。这件事情标志着亲鸾的人生转折点：他从此一心一意献身法然的教义。尽管如此，两人之间的师徒关系并未延续多久。1207 年，在朝廷的支持下，新的净土运动遭到镇压，亲鸾与法然分开。亲鸾没有返回京都，被流放到越后国（今天的茨城县）。在那里，他积极宣传净土宗教义。从他遭到流放时开始，亲鸾声称自己非僧非俗。[6] 他公开娶妻，此举显然违反他当初剃度作为天台宗僧侣时立下的独身誓言。亲鸾在自己的人生中，看到了法然在传道中谈到的凡人生存形

549

550

[1] 参见 *Senjaku hongan nembutsushu*, in *Honen Ippen*, NST, vol. 10, 第 103-105 页。

[2] 在日语中，这种末世论思维方式通常称为"末法思想"，意思是"法宝衰微"思想。一部平安时代的著作代表了这种思维方式，参见 *Mappo lomyoki*, in *Shinshu zenshu*, vol. 58 (Tokyo: Kokusho kankokai, 1915 and 1975), 第 495-502 页。

[3] 例如，《蜻蛉日记》《紫式部日记》《更级日记》。《源氏物语》属于另外一种模式。

[4] 关于亲鸾的生平，参见 Akamatsu Toshihide, *Shinran* (Tokyo: Yoshikawa kōbunkan, 1961)；以及 Matsuno Junkō, *Shinran: sono shōgai to shisō no tenkai katei* (Tokyo: Sanseidō, 1959)。

[5] 镇压的情况见于《叹异抄》附录，参见 *Tannisho*, in *Shinran-shu Nichiren-shu*, NKBT, vol. 82 第 265 页，注释 175。

[6] 参见 *Kyogyoshinsho*, in *Shinran*, NST, vol. 11, 第 258 页。

象：身陷愚蠢和错误行为之困境。正是以这种谦卑和谦让的心态，亲鸾在关东地区的普通农民社群中，确立了自己作为宗教追求者和净土宗导师的地位。

在当时的日本贵族圈子中，社会流动性减退，法然和亲鸾的反思正是那种状态的间接产物。那时，关东农民们从小到大受到迷信的熏染，信仰方面欠缺反思，要在他们当中宣传上述观点绝非易事。于是，亲鸾利用法然鼓吹的"现世"和"来世"二元论概念，试图让净土宗理念适应社会较低阶层的关注。法然当初将"念佛"作为宗教行为，信徒必须这样做才能来世成佛。[1] 亲鸾以稍微不同的方式强调相同的理念，说明信徒生在现世时也被赐福。这种赐福以这一保证形式出现：信徒进入来世时肯定成佛。[2]

一方面，信徒来世得到成佛的回报；另一方面，信徒在现世得到个人保证和内心宁静。亲鸾告诉人们，凡获得这一信仰者，只要开始念佛便保证可以获得解脱。此后，念佛不是重复这个保证，而是对已经确保的解脱表达感激之意。[3] 在其晚年，亲鸾进一步发展这个理念，形成了这个教义：一个拥有正确信仰的人位同佛陀和菩萨。[4] 换言之，信仰给予人在现世可能获得的至高地位，即便尚未达到大彻大悟的境界也是如此。这样一来，亲鸾传递的理念是，净土之道可以让信徒立刻受益，而不是给予农民通常在宗教中寻求的那种机械、魔幻、迷信的回报。但是，亲鸾的教义核心是，信仰让人在来世大彻大悟。

551　　　亲鸾是通过深刻反思人的状况，获得自己的信念的。亲鸾还俗之后，与妻子和孩子一起，住在关东的乡下。在此期间，亲鸾集中思考了人的本性和能力。法然曾经强调说，一切有感知的生灵均是阿弥陀佛拯救的对象；但是，亲鸾继续探求生灵的内在本质。最后，他发现，人天生犯错。他断然否认人有能力自救这个说法，从而赋予信仰理念另外一个维度。这就是说，信仰不是通过人自身努力获得的解脱之路。解脱之路取决于"其他力量"，这就是说，完全仰仗阿弥陀佛的法力。

亲鸾 60 岁左右时，离开关东，返回京都，在那里度过人生最后 30 年。他撰

---

[1]　参见 *Shosokumon*, in *Honen Ippen, NST*, vol. 10, 第 175 页。

[2]　参见 *Kyogyoshinsho*, in *Shinran, NST*, vol. 11, 第 97–100 页；以及 *Maiidsho*, in *Shinran-shu Nichirenshu, NKBT*, vol. 82, 第 115 页。

[3]　参见 *Shinran Shonin goshdsokushu*, in *Shinran-shu Nichiren-shu, NKBT*, vol. 82, 第 167 页。

[4]　参见 *Sanjo wasan* and *Mattosho*, in *Shinran-shu Nichiren-shu, NKBT*, vol. 82, 第 62 页。（*wasan* no. 94），第 120–1 页。

写一些宗教著作，其中最著名的是《教行信证》。[1] 亲鸾通过书信，继续与关东弟子保持联系，在宗教问题方面给予他们引导。但是，他显然避开其追随者们常常给予他个人的恭维和崇拜。亲鸾相信，在阿弥陀佛面前人人平等。因此，他拒绝接受别人让他担任的宗教大师角色。他的自我牺牲之举表明，亲鸾无意创立自己的宗派。实际上，只有在他去世之后，他的精神的继承者和嫡传后裔才创建新的宗派。

容西和道元

亲鸾和法然集中思考人的内在本性，形成了他们的新宗教理念。在传教活动中，两人与主要寺院保持距离，越来越关注京都和令制国的普罗大众。但是，禅宗沿着迥然不同的方向发展。在平安时代晚期，日本贵族的一些贵族开始研究中华思想的正宗传统，将其作为振兴社会的一个方式。中国学术长期以来被视为文明基础，特别受到那些贵族的青睐。但是，在平安时代中期，对中国的兴趣衰减，或者可以说名存实亡。但是，到了平安时代末，在某些圈子中，对中国的兴趣重新出现。僧侣们开始前往中国，访问那里的重要寺院和佛教圣地。[2] 在镰仓时代初期，前往中国的僧侣包括容西（1141—1215 年）、重源（故于 1195 年）、俊定（1166—1227 年）等。他们各自的宗教观不同，但是全都受到中国思想和文化的吸引。他们希望通过引入中国学识，将其与自己的宗教传统结合起来，实现振兴日本佛教的愿望。正是在这个背景之下，禅宗从中国引入日本。[3]

在引进禅宗的过程中，容西是起到重要作用的第一人。容西 1141 年生于备中国（现在的冈山县）的一个神道神官名门。他年轻时没有传承家庭事业，而是进入一家寺院，后来受戒，成为佛教僧侣。在出家初期，他研读天台宗和密宗——日语为"密教"——典籍。与法然不同，他既未退出比睿山，也未隐居修行。恰恰相反，他雄心勃勃，立志在传统天台宗教团中创出一片天地。在比睿山研修期间，容西开始梦想恢复天台宗的昔日辉煌，重获宗教创造的活力。那个志

552

---

[1] 这部著作的正式名称为《显净土真实教行文类》。亲鸾于 1224 年完成初稿。关于该文本的标准版本，参见 *Shinran, NST,* vol.11, 第 7–260 页；以及 *TD,* vol. 83, 第 589–643 页。

[2] 参见 Mori Katsumi, *Mori Katsumi chosaku senshū,* vol. 4: *Nissō bunka kōryū no shomondai* (Tokyo: Kokusho kankōkai, 1975), 第 167–202 页。

[3] 关于容西的生平，参见 Taga Munehaya, *Eisai* (Tokyo: Yoshikawa kōbunkan, 1965)。

向激励他两度踏上艰难旅程，前往中国寻求正宗佛教教义。在第一次访问过程中，容西发现禅宗在中国佛教界占据支配地位。第二次访问时，他实际上研习了禅宗。他的师父是临济宗黄龙派的虚庵怀敞禅师。[1]

最澄（767—822 年）创天台宗时，禅宗对日本天台宗有一定影响。通常认为，禅宗混合了佛教的四大传统：天台宗教义、禅宗坐禅、戒律和密教仪式。容西相信，在这四个传统中，禅宗和戒律已经被废弃，比睿山已经陷入停滞。[2] 他最先试图从中国引入日本的就是禅宗。比睿山的掌权者并不知道，禅宗在中国如日中天，不仅拒绝承认容西力推的新教义，而且甚至试图进行压制。面对他们的反对之声，容西撰写他最早的禅书《兴禅护国论》。他在书中为禅宗辩护，认为禅宗学说将会维护和支持国家，而不是起到破坏作用。[3] 比睿山的传统教团不顾他提出的主张，不允许他在那里讲授禅宗。不过值得庆幸的是，刚刚组建的镰仓幕府——军人政府——的领袖们表现出了对禅宗的兴趣，大力支持容西，提供必要的支持。在这种情况下，禅宗成为日本的一个宗教传统。幕府意识到中国的力量和影响，希望利用容西掌握的中国思想和文化知识，增加自身的统治声誉和权威。

禅宗发源于中国唐朝中期。作为佛教的宗派之一，它带有很强的中国文化印迹。在奈良时代，中国和日本关系密切，禅宗那时首次传入日本。但是，禅宗具有神秘性质，需要高度发达的心理训练，日本人难以理解。平安时代曾经几度引入禅宗，但是禅宗一直未能作为独立宗派站稳脚跟。平安时代晚期，比睿山的宗教权威遭到撼动，镰仓的宗教革命成形，接受禅宗的氛围终于形成。

容西和日本的其他早期禅宗僧人继承了基本的禅宗原则：如要得道，必须通过内心的直接直觉体验，而不是通过书面文字的帮助。但是，他们往往在密教——或称密宗——的语境中，表达禅宗的神秘因素。两者的类似之处在于：其一，都通过师徒私下相传方式传播教义；其二，都通过仪式和宗规的象征性行为表达绝对体验。因此，禅宗从中国抵达日本之后，对在整个平安时代繁荣兴盛的

---

[1] 参见 *Kozen gokokuron, in Chusei Zenka no shiso, NST*, vol. 16, 第 53-54 页；以及 *Genko shakusho, KT,* vol. 31, 第 43-46 页。临济宗由临济义玄（亡于 867 年）创立，在宋朝是中国势力最大的禅宗门派。

[2] 参见 *Kozen gokokuron, in Chūsei Zenka no shiso, NST*, vol. 16, 第 16-48 页。

[3] 这是容西撰写的最重要的专著，而且是日本首部关于禅宗的著作。该文本的标准版本，参见 *Kozen gokokuron, in Chūsei Zenka no shiso, NST*, vol. 16, 第 7-97 页；以及 *TD*, vol. 80, 第 1-17 页。

佛教密宗思想，起到了重塑和支撑作用。但是，随着道元的出现，禅宗采取了创新性更强的伪装，开始以镰仓佛教的一个流派的身份传播。

　　道元（1200—1253 年）生在宫廷贵族和政治人物家庭，父亲名叫土御门通亲。[1] 道元儿时身边不乏位高权重的贵族和知名文学大师。因此，他获得的教育 　554
质量上乘，范围很广。他年轻时父母双亡。因此，道元决定到比睿山出家为僧。道元钟情于宗教探求，致力于发现佛教精髓。但是他发现，就他提出的问题，比睿山上的佛教不能提供令人满意的答案。

　　道元在比睿山的经历与镰仓佛教的其他祖师迥然不同：首先，到了道元那个时代，比睿山开始失去作为日本佛教中心的可信性。其次，从提高社会地位的角度看，道元从未依赖比睿山，这一点与法然、容西和来自令制国其他僧侣的情况不同。对后者而言，比睿山是打入日本知识文化圈子的大门。但是，道元出身上层贵族，研习过佛教典籍，掌握了中国和日本经典的学识。对他来说，出家并非唯一选择。法然和亲鸾在比睿山花了很长时间，以便获得教义方面的素养。两人在比睿山接触的典籍和注释经过重新阐释之后，成为两人形成宗教理念的跳板。对比之下，道元很快放弃了比睿山，开始寻求真正的佛教。后来，他对佛教产生了幻灭感，这促使他于 1223 年前往中国。

　　在中国，当时人气最高的禅宗流派是临济宗，与世俗社会的上层联系广泛。不过，道元对它没有多大兴趣。他偏爱创立于唐代的曹洞宗。曹洞宗一直保持很强的反世俗寺院特色。道元师从曹洞宗大师长翁如净禅师（1163—1228 年），经历的宗教体验被如净证实为开悟状态。

　　后来，道元返回日本，传授禅宗学说。在那以前，容西创立了一种禅宗，兼收并蓄佛教的其他形式。对比之下，道元排斥其他形式的佛教，强调只有通过最纯粹的禅宗，才能真正得道。[2] 他宣称，只有通过打坐才能获得开悟，打坐本身与实际的开悟状态不可分割。[3] 在京都郊外的宇治的一座寺院，道元先建立了自　555
己的宗教基地。在那里，他向人数不断增加的禅宗追求者讲授坐禅方法。但是，

---

[1] 关于道元的生平，参见 Imaeda Aishin, *Dōgen: sono kōdō to shisō* (Tokyo: Hyōronsha, 1970)；以及 Ōkubo Dōshū, *Dogen zenji den no kenkyu* (Tokyo: Iwanami shoten, 1953)。

[2] 参见 *Fukan zazengi, TD*, vol. 82, 第 1–2 页。

[3] 参见 *Shobogenzo*, "Bendowa" chapter, in *Dogen*, pt. 1, *NST*, vol. 12, 第 20 页。

比睿山反对他讲授的内容，道元最后被迫撤到越前国（现在的福井县），继续讲经说法。

道元的主要著作为《正法眼藏》，收录了他向弟子讲授的内容。[1] 那些文章包括许多演讲内容，从他在宇治居住时开始，到他去世之前不久。《正法眼藏》显示了道元在思辨方面到达的水平，异常复杂高深。道元讨论了佛教的若干基本问题：成佛的本质是什么？真正的修持由什么构成？时间的性质是什么？除了《正法眼藏》之外，道元还在另外几本著作中，就修行条件和修行者的日常生活，规定了若干准则和礼节。[2] 他这样做的目的是，将他在中国学到的内容付诸实践。比睿山的宗教权威和奈良的大寺院参与了政治密谋，道元试图将禅宗与政治密谋分隔开来。在整个平安时代，比睿山在日本佛教中占据支配地位；但是道元认为，曹洞宗才是佛教的完美形式。他所讲内容的基本主题是：信众应该热情地追求至高境界，勤奋实践坐禅。在这个原则的基础上，道元严格避免染指世俗权力，形成了日本崇高的宗教哲学之一。

日莲和一遍上人

自从那场宗教革命开始以后，镰仓佛教出现了最后两位具有重大影响的人物：日莲和一遍上人。两人讲授的内容各不相同，但是他们结合日本实际情况的方式却有相似之处：适应和关注现实世界。与镰仓佛教的早期思想家们相比，这一点在他们两人的理念中尤为突出。例如，法然和亲鸾宣扬的净土教义认为，解脱不在现实世界里，而在死后的极乐净土中。道元的学说围绕不可言说的绝对体验，因此既不关心现存的世俗制度，也不关心引导人们如何在其中生活。相比之下，日莲和一遍上人使用十分平实的言辞表达理念，阐述了一种新的宗教方式，将佛教与日本人的直接经验结合起来。

在镰仓佛教的发展过程中，最后这个阶段出现的条件不同于第一个阶段。在13世纪中叶，在法然时代过去大约50年之后，日本的社会和宗教领域正在出现重大变化。第一个重要变化见于贵族。在法然时代，新的宗教思想形式直接来自贵族，其原因在于，那时的贵族和文人看到传统秩序正在崩溃，内心深感震惊。

---

[1] 《正法眼藏》用古日语撰写，最全面地阐述了道元的宗教理念。这本著作收录了他讲经说法的内容。《正法眼藏》有75分册和95分册标准版本，参见 Dogen, pts. 1 and 2, *NST*, vols.12–13；以及 *TD*, vol. 82, 第7–309 页。

[2] 参见 *Eihei shingi, TD*, vol. 82, 第319–342 页。

但是，到了 13 世纪中叶，那种局面已经不复存在。无法掩盖的事实是：贵族本身每况愈下，正在急剧衰落。贵族从宗教前列退出，孤立地面对自己的问题。他们逐渐发现，自己是日本文化的堡垒，是传统的维护者。在那个阶段中，就创造日本新宗教理念而言，贵族不再起到积极的推动作用。

第二个变化是，佛教教义在武士和平民中广泛传播。这一点主要是通过镰仓佛教的传道们的努力实现的。伴随镰仓佛教的兴起，出现了新的社会秩序，武士阶层开始发挥巨大影响。但是，被新的佛教运动吸引的并非只有功成名就的武士。人们在新教义中发现慰藉和解脱，信众除了普通农民之外，甚至还有在新社会秩序边缘上喘息的武士。

第三个变化是，建立了新的宗教组织。形形色色的净土宗和禅宗分支更加活跃，形成初级宗教组织，在比睿山和奈良的正统宗派之外，给民众提供了新的选择。越来越多人皈依新的宗派，传统佛教对宗教团体的垄断性控制越来越弱。

第四个变化是，在佛教的启示之下，对神道信仰进行了重新定义。从平安时代末开始，到镰仓时代结束，乡村中出现大范围的社会动乱。在 14 世纪，新的村庄应运而生，从整体上改造了村民的社会结构。在那场动荡之中，作为乡村本土宗教的神道也开始变化。神社是民众信仰的功能中心，就神社的起源和神灵的圣迹，编撰了种种故事。那些故事宣称：对生活在偏远地区的人来说，地方神灵可以施展力量。佛教为那些故事提供了构思框架。[1] 镰仓时代中期出现的以上变化为宗教创新提供了有利氛围，与法然以及镰仓早期的宗教领袖们遇到的情况迥然不同。

557

在镰仓佛教发展的最后阶段，日莲（1222—1282 年）发挥了重要作用。[2] 日莲出生在安房国（现在的千叶县）的一个下级武士家庭。日莲进入离家不远的寺院，一是为了读书，二是学习天台宗教义。后来，他到了比睿山，提高佛教素养。日莲在教义方面的主要兴趣不是"来世"形式的解脱，例如，在极乐净土获得重生，而是"现世"形式的解脱。那种解脱可以让信徒变得完美，无论个人还是整个民族均是如此。因此，日莲提倡的教义有两个目的：其一，在精神和政治

[1] 参见 *Chūsei Shinto ron, NST,* vol. 19；and *Jiska engi, NST,* vol. 20。

[2] 关于日莲的生平，参见 Takagi Yutaka, *Nichiren: sono kōdō to shisō* (Tokyo: Hyōronsha, 1970)。

方面提供指引；其二，确保国家的和平和安宁。[1] 在研究天台宗教义期间，日莲在《妙法莲华经》中，发现了将会成为其教义基础的佛界形象。[2] 他逐步相信，《妙法莲华经》的真理和力量集中在该佛经的名称本身。因此，他教导说，通过吟诵"妙法莲华经"，就可得到解脱。从结构上看，他的教义在某些方面与法然和亲鸾的类似：他们三位都宣称，通过吟诵神圣的名字，就能确认自己的信仰。

日莲确信，他担负着在现世中实现《妙法莲华经》理想的重任。他做好准备，与任何阻碍他实现那个目标的人进行战斗。日莲觉得，自己是命中注定的先知，向净土宗、禅宗、真言宗、律宗的教义，发起言辞刻薄的攻击。在日本宗教史上，那样的严厉谴责前所未闻。后来，日莲遭到镰仓幕府的逮捕，被流放到佐渡岛（在今天的新潟县境内）三年。[3] 日莲相信，世人通过吟诵"妙法莲华经"这五个字，就可集合起来，在一个经过改变的完美世界中和谐相处。佛教有许多教义，他唯独接受《妙法莲华经》。他强调说，吟诵该经名称十分简单，这样的修持任何人都可以做到。[4] 这个理念带有排他性，这个修持方式简单易行。这两点将日莲的教义置于镰仓佛教的框架之内。

在镰仓佛教思想家中，日莲是将世俗问题和神道神灵融入佛教系统的第一人。他相信，佛教从各个方面为现实提供支持。法然、亲鸾和道元的著作很少提到普罗大众直接关心的问题。他们关注的是教义，例如，阿弥陀佛的悲悯之心，还有禅宗开悟之类的超验经历。相比之下，日莲积极倡导与武士阶层和普通人相关的现世生活伦理。其实，他讲授的内容结合了各种各样的成分，将儒家道德观和神道的虔诚等包罗在内。在日莲那个时代之前，佛教僧侣往往集中关注三点：经文、评注、教义。日莲脱离了这个模式，一是试图以通俗的话语解释佛教，二是将它与当时受人欢迎的其他各种思想融合起来。在镰仓佛教各个宗派中，日莲特别注重创造一种十分适合日本情况的佛教形式。通过这个适应过程，理解佛教的人数大大超过从前。

558

---

[1] 参见 *Rissho ankokuron, in Shiman-shu Nichiren-shu, NKBT*, vol. 82, 第 293 页。

[2] 《妙法莲华经》略称《法华经》，是大乘佛教非常重要的宗教文本之一，公元 406 年从梵文翻译为中文。这部经文的日语全称为《南无妙法莲华经》，参见 *TD*, vol. 9, 第 1—62 页。在中国和日本历史上，这部佛经是非常受人欢迎的宗教文本。它是天台宗的基本典籍。

[3] *Shuju gofurumai gosho, in Showa leihon Nichiren Shdnin ibun*, vol. 2 (Minobu-san, Yamanashiken: Kuonji, 1953), 第 963 页。

[4] 参见 *Senjisho and Hoonsho, in Nichiren, NST*, vol. 14, 第 233、297 页。

一遍上人是净土宗佛教的拥趸，与日莲生活在相同年代。他试图将佛教与各种受人欢迎的信念和实践融合起来。[1] 一遍上人生于伊予国（今天的爱媛县）的一个武士家庭。他年轻时受戒，开始时研习天台宗。后来，他师从尚达学法。尚达曾经追随法然的弟子证空（1177—1247 年）。

后来，一遍上人形成了自己的净土宗教义，被大多数人视为镰仓佛教的最后一位祖师。一遍上人曾在纪伊国（今天的和歌山县）的熊野神社，得到神道神灵的一个神谕，有了最初灵感。在大众文化中，那位神灵一直被视为阿弥陀佛的身相。一遍上人在熊野神社的经历说明，他的教义与日本本土信仰之间，存在很强的相似性。那个神谕显示，一个人如果热情吟诵阿弥陀佛之名，就可确保在极乐净土中获得重生。这与是否笃信佛教，有无错误言行无关。[2] 念佛超越人的所有意图。应该专心吟诵，不受任何干扰。一遍上人强调，应该将所有宗教修持搁置一旁，专心念佛。其原因在于，只有在这种情况下，人对念佛的信任才是完美的。[3] 他本人抛弃所有其他修持方式，因而逐步获得"抛弃圣人"之名，日语为"舍圣"。为了宣传其理念，一遍上人云游日本各地，从南面的九州，到北面的东北，遇人便散发写有"念佛"字样的护身符。[4]

与镰仓佛教的其他形式一样，一遍上人的禅法强调最简单的宗教实践。然而，法然和亲鸾认为，内省和反思的需要是这种简单实践的基础。相比之下，一遍上人并不关注信徒的心理状态。与之相反，他强调实践的重要性，强调它让信徒形成"专心念佛"状态的力量。强调宗教实践，这一做法完全适合一遍上人的传道风格。

在一遍上人及其追随者传教的村庄中，一遍上人常常聚集信众，一边吟诵阿弥陀佛之名，一边有节奏地手舞足蹈。[5] 于是，在跳舞和吟诵阿弥陀佛之名的过程中，普通人接触了宗教要素。这让他们更容易吸收佛教教义，其效果超过了法然和亲鸾讲授的精妙内容——虽然他们两位陈述的理念也对民众具有很强的吸引力。一遍上人从一个地方旅行到另外一个地方，在传教过程中接触大量民众，其

559

560

---

[1]　关于一遍上人的生平，参见 Ōhashi Shunnō, *Ippen* (Tokyo: Yoshikawa kōbunkan, 1983)。

[2]　参见 *Ippen Shonin goroku*, in *Honen Ippen, NST*, vol. 10, 第 305 页。熊野神社位于和歌山县的纪伊半岛南部，自古以来被视为神圣之地，数百年前往朝圣的信众不计其数。

[3]　参见 *Ippen hijirie*, in *Nihon emakimono zenshū*, vol. 10 (Tokyo: Kadokawa shoten, 1960), "Shisho," 第 66 页。

[4]　同上。这部著作以图像方式，展示了一遍上人云游各地的情景。

[5]　同上，第 66 页。

数量超过之前的任何一位僧侣。他将佛教教义与人们可以理解的做法结合起来，宣讲佛教教义，指出解脱之道。普通民众在佛教中寻求解脱，同时又保留其本土神道信仰。一遍上人对神道持开放态度，积极进行回应。他将与神道神灵相关的信念和实践纳入自己的宗教范式。[1] 在这样做的过程中，他让自己讲授的内容与普通民众的精神倾向融为一体。在日本历史上，佛教要得到广泛传播，就必须接受日本的本土宗教传统。日莲和一遍上人让佛教适应深受日本人欢迎的宗教意识。他讲授的内容很好地实现了这一点，其效果超过镰仓佛教的早期思想家。

传统佛教宗派的回应

传统宗派的振兴

镰仓时代，各种群体从镰仓佛教脱颖而出，形成了正式的宗教组织。从那时开始，它们一直是日本势力最强的佛教宗派。在反思其起源的过程中，所有这些宗派无一例外，都将镰仓时代作为其组织方面的发端，都宣称本宗从那时便开始存在，从来没有中断。它们之中的一个倾向是，高估镰仓佛教在其萌芽阶段的力量和影响。从历史角度看，它们的这种看法是一种事后认识，即从后来的达到高度，回溯那个时代的情况。如果撇开派别倾向来考察镰仓时代，我们就会发现，镰仓佛教的各种宗派当时并不具有制度方面的影响。其原因在于，它们的宗教组织尚未具体成形。早期佛教宗派起源于奈良时代和平安时代，在镰仓时代其实依然起到重要作用。但是，镰仓佛教的兴起，向那些传统宗派提出了挑战，发出了威胁。传统宗派利用自己的政治和宗教倡议，做出了充满活力的回应。

在整个平安时代，天台宗在佛教界施展了最大影响。到了镰仓时代，天台宗
561　内部的精英人士与日本贵族精英一样，心态封闭，总想维持现状。但是，到了富于才华的学僧安念生活的平安时代中期，天台宗一直充满活力，起到核心作用，在教义方面创造了辉煌成果。一个教义体系在天台宗内部起到很大作用，它就是本觉哲学，日语称"本觉思想"。"本觉"一直是大乘佛教的核心信条，指的是这个理念：众生心体，自性清净，有觉知之德。一旦理解这个事实，即刻获得解脱。

---

[1]　一遍上人每到一个地区，都会到当地神社祈求神灵。参见 Tamura Enchō, *Nihon Bukkyō shisōshi kenkyū: Jōdokyōhen* (Kyoto: Heirakuji shoten, 1959)，第 403–4 页。

因此，虽然人一般没有意识到觉的存在，但觉是内在的，直接的。[1]"本觉"与后天获得的"始觉"（日语称"始觉思想"）形成直接对比。根据这个学说，觉悟要求人通过宗教实践的各个阶段，从信佛开始，直到成佛。每个阶段的宗教实践与个人的能力相适应。

在天台宗内部，本觉教义形成的信念是，觉悟无所不在。万事万物都是觉悟的载体，即便它们看来可能是分离的、不相关联的东西时也是如此。从根本上讲，甚至截然对立的东西也并非互相矛盾。它们在根本上是同一的。其原因在于，它们体现了相同精髓。这种哲学为证实现存状态中的万事万物，提供了一种理论解释。它完全符合天台宗的神秘侧面：现实中的每个形式都为视为绝对之物的表现。这种神秘真理不能随便揭示出来，其原因在于，理解它们需要宗教方面的准备和训诫。这样一来，在天台宗内部，形成了秘密的口耳相传。它是师徒之间传授这些真理的一种方式。

镰仓时代早期出现的各种片段著作源于这个传统，包括那时为止口授或秘传的教义。[2]平安时代后半期，天台宗在教义方面的创造性锐减；与此同时，比睿山更多地参与了世俗事务。从某种程度上说，镰仓佛教的兴起一是对比睿山参与世俗事务做法的一种批判，二是试图寻找更纯粹的宗教形式。尽管如此，天台宗 562 的本觉哲学给新的佛教形式带来了强烈影响。实际上，镰仓佛教的所有祖师都有在比睿山研修的经历。

镰仓时代的其他实力强大的宗派包括：真言宗和附属奈良大寺院的宗派，例如华严宗、法相宗、三论宗、律宗。所有这些宗派均自称历史悠久，每一个在教义和政治事务方面都有相当大的权威。在奈良的佛教宗派中，大量学僧继续了值得尊敬的事业，表达和阐释了那些宗派的教义。

在镰仓时代初期，一名来自奈良的僧侣非常活跃，名叫贞庆（1155—1213年）。[3]他对法相宗信条进行了系统阐述，因而名噪一时。但是，他也对净土宗教义很感兴趣。他试图将念佛和坐禅纳入法相宗的宗教实践，以便使其适应正在改变的时代。贞庆的弟子良便（1194—1252年）也采用了类似的模式，协助表述具有日本特征的法相宗教义。他是禅宗弟子，但是也被念佛教义和天台宗中的新潮

---

[1]　参见 Tamura Yoshirō, "Tendai hongaku shisō gaisetsu," in *Tendai hongaku ron, NST,* vol. 9, 第 477-548 页。

[2]　这些著作可见 *Tendai hongaku ron, NST,* vol. 9, 第 23-40 页、第 187-286 页。

[3]　Concerning Jokei, see Tanaka Hisao, "Chosakusha ryakuden," in *Kamakura kyū Bukkyō, NST,* vol. 15, 第 461-469 页。

流所吸引。[1]

另外一位重要人物是华严宗的明惠（1173—1232年），他也受到禅宗和念佛的影响。[2] 明惠撰写了一部著作，题为《摧邪轮》，批判法然的重要著作《选择集》。[3] 他这样做不是因为他排斥将念佛作为修持的理念，而是因为他不同意法然对它的非正统解释。

以奈良的大寺院为中心的佛教后来叫作"旧佛教"，有别于镰仓时代的"新佛教"。人们往往将前者视为一种极端保守的佛教，它反对镰仓佛教的创新潮流。但是，这两点显而易见：其一，那些维护传统教义、批评新宗派的人也深受禅宗和念佛理念的影响，其二，他们也努力形成一种切实可行的宗教形式。总而言之，镰仓时代出现的宗教革命不仅创建了新的佛教宗派，而且还改造了原来的宗派。

作为那一场革命的成果，在传统佛教宗派中，还出现了另外一种潮流，一场重新强调坚信宗教戒律的运动。[4] 那场运动的知名人物包括贞庆、贞庆的弟子觉心（1168—1243年）、明惠、住在京都的一位律宗僧侣俊定（1166—1227年）。[5] 他们强调宗教戒律有两个理由。一个是重新确立，将信仰的纯洁性作为佛教僧侣的目标。在那种状态下，僧侣们就能身体力行，作为普罗大众的模仿对象，从而再次在社会中取得精神领袖的适当地位。这种社会角色与接受宗教戒律的第二个理由相关：引导作为传道对象的众生实现解脱。[6] 第一个理由暗含了对当时佛教的松懈状态和世俗行为的抨击。第二个理由暗含了这个理念：僧侣是佛教的传播者，应在普罗大众中起到积极作用。那场运动的目标是，让传统佛教宗派摆脱缺乏活力的状态。

在那场提倡戒律的运动中，一个广受好评的人物是律宗僧侣叙尊（1201—

---

[1] 关于良便，参见 Tanaka, "Chosakusha ryakuden," 第 480–468 页。

[2] 关于明惠的生平，参见 Tanaka Hisao, *Myoe* (Tokyo: Yoshikawa kōbunkan, 1961)。

[3] 参见 *Zaijarin, in Kamakura kyu Bukkyd, NST,* vol. 15, 第 43–105 页。这部著作包括三卷，于 1212 年编撰，其时法然刚刚去世 1 年。

[4] 关于那场运动的情况，参见 Ishida Mizumaro, *Nihon Bukkyō ni okeru kairitsu no kenkyū* (Tokyo: Nakayama shobō, 1976)。

[5] 关于俊定的生平，参见 *Sennyitji Fukaki Hoshi den, in Zoku gunsho ruiju,* vol. 9 (Tokyo:Zoku gunsho ruiju kanseikai, 1927), 第 45–58 页。

[6] 参见 Ōsumi Kazuo, "Kamakura Bukkyō to sono kakushin undō," in *Iwanami kōza Nihon rekishi,* vol. 5 (Tokyo: Iwanami shoten, 1975), 第 232 页。

1290 年）。[1] 他严格实施各种戒律，振兴了奈良的西大寺，努力将它变为律宗的中心寺院。在传道过程中，叙尊的一个明显特征是他推行的一个仪式：参与者必须做出维持戒律的承诺。一个受人欢迎的信念逐步形成：参与此仪式者都会得到解脱。叙尊的弟子忍性（1217—1303 年）也参与那场运动。但是，他不是通过实施戒律来逐一让人解脱，而是强调说，戒律让僧侣承担更广泛的社会责任。[2] 忍性组织了各种各样的社会活动，例如，修桥、补路、掘井、照顾病患等等。为了让这些活动取得最好效果，忍性与政治权力当局建立联系，在实际计划中获得他们的协助和保护。就此而言，他与镰仓佛教的大多数领军人物不同；后者希望尽量避免接触政治圈子。

对镰仓佛教的镇压

　　传统佛教宗派受到镰仓新宗教运动的创新做法的挑战，他们利用上文谈到的活动进行回应，试图振兴自己的宗教传统。对镰仓佛教中流行的某些观念和做法，传统佛教权力深感不安。他们以佛教正统的名义进行镇压，气势咄咄逼人。他们对法然的弟子的态度就是镇压活动的一个早期例子。

　　在净土宗运动内部，一些接受法然教义的人组成了狂热的念佛小组。他们宣称，只需通过念佛，相信阿弥陀佛的慈悲，肯定就能在极乐净土中获得重生，即便有过恶行，做过错事也能如愿。[3] 佛教传统教团和文官政府十分讨厌诸如此类的说法。因此，他们常常联手采取措施，阻止净土宗的扩散。1200 年采取了第一个措施：镰仓幕府下令，将所有倡导念佛解脱的僧人驱逐出镰仓。[4] 1204 年，采取了第二个措施：比睿山率领其他大寺院上诉朝廷，禁止法然鼓吹的独尊念佛的教义。法然出面辩护：第一，他宣传的内容对传统秩序没有任何害处；第二，他要求自己的弟子，不要采取过激行动。[5] 那次，法然的追随者逃过一劫。但是，奈良的兴福寺 1206 年向朝廷呈交一份诉状，包含对法然及其弟子的九条指控。那份文件由贞庆起草，名叫《兴福寺奏状》。[6] 随着宫廷贵族减少对法然的支持，

---

[1]　关于叙尊的生平，参见 Wajima Yoshio, *Eizon. Ninshō* (Tokyo: Yoshikawa kōbunkan, 1970)。

[2]　关于忍性的生平，参见 Wajima, *Eizon. Ninshō*。

[3]　参见 Inoue Mitsusada, *Nihon kodai no kokka to Bukkyō* (Tokyo: Iwanami shoten, 1971)) 第 280–288 页。

[4]　参见 *Azuma kagami, KT*, vol. 32, 第 574 页；还可参见 Inoue, *Nihon kodai no kokka to Bukkyo*, 第 284–285 页。

[5]　参见 *Shichikajo kishomon*, in *Honen Ippen, NST*, vol. 10, 第 231–235 页。

[6]　参见 *Kofukuji sojo*, in *Kamakura kyu Bukkyō, NST*, vol. 15, 第 31–42 页。

镇压成为不可避免的结局。次年，镇压开始了：法然的几名弟子被判处死刑，法
然、亲鸾和其他专修念佛的支持者被逐出京城，流放到日本各地。[1]

那次镇压带来许多意料之外的后果，其中之一是，它促使亲鸾在宗教方面成
熟起来。镇压导致了影响力事件，让亲鸾定居关东，在那里完善其宗教信念。[2]
那些信念在他遭到宗教监禁的氛围中确立。因此，镰仓佛教的信条在框架上与传
统佛教教义呈对立状态。这些教义分歧反而提高了新佛教的声誉，让其以对抗教
会的权威的姿态出现。

遭到镇压的并非只有净土宗运动。在镰仓初期，禅宗也常常是挨整的对象。
对禅宗的首次攻击不是针对容西或道元，而是针对一位名叫能忍的僧侣。早在容
西成为坐禅的积极倡导者之前，能忍就开始独立地研究坐禅了。能忍创立了自己
的宗派，人称达摩宗，纪念禅宗的半传奇祖师菩提达摩。[3]达摩宗创立不久，比
睿山就表达反对态度，启动针对它的压制措施。他们提出的理由类似于对法然的
指控：其一，他强调坐禅，将其他修持方式排除在外；其二，他罔顾僧人们应该
遵守的宗教戒律；其三，他抨击佛教的其他宗派。比睿山是佛教八大宗派中最大
的正统维护者，得到朝廷的承认。因此，它决心维护八大宗派的宗教制度，反对
任何人危及其权威或离经叛道。因此，在攻击了能忍之后，比睿山将会攻击容西
和道元，这种做法也是理所当然的事情。

容西从中国回到日本之后，开始宣传禅宗。1194年，朝廷按照比睿山的意图，
颁布禁止诏书，封杀能忍的达摩宗。该禁令也针对容西的活动。[4]容西的禅宗最
初是镇压的对象，但是容西决心努力尝试，让其进入可以接受的宗教之列。他采
用的方式是，证明禅宗对民族无害，更确切地说，是大有裨益。容西强调说，如
果禅宗得到发展，天台宗将会得到重振。贵族们逐渐意识到，禅宗在中国居于佛
教主流，于是他们对禅宗的态度慢慢转变。[5]后来，容西得到镰仓幕府官方的支
持和保护，容西的禅宗不再遭到镇压。

另一方面，道元与容西的不同之处在于，他提倡一种纯粹形式的禅宗，不与

565

566

---

[1] 参见 *Dai Nihon shiryō*, pt. 4, vol. 9 (Tokyo: Tōkyō teikoku daigaku, 1909), 第 504–89 页 (entry for Jogen first year, second month, eighteenth day)。

[2] 参见 Kasahara Kazuo, *Shinran to tōgoku nōmin* (Tokyo: Yamakawa shuppansha, 1957), 第 145–185 页。

[3] 关于能忍的生平，参见 Tsuji Zennosuke, *Nihon Bukkyōshi*, vol. 3 (Tokyo: Iwanami Shoten, 1960), 第 61–66 页。

[4] 参见 *Hyakurensho, KT,* vol. 11, 第 125 页；还可参见 Tsuji, *Nihon Bukkyōshi*, vol. 3, 第 70 页。

[5] 参见 Taga, *Eisai*, 第 224–284 页。

正统宗派的信念和做法混为一体。他不屈不挠笃信禅宗，承受了各种各样的压力和威胁，其中最厉害的来自比睿山。道元力求避免公开对抗，退到了京都郊区的宇治，远离比睿山的监视。但是，在随后的年代中，比睿山继续向他施压，最后于 1242 年迫使道元远走他乡，到越前（今天的福井县）继续传道。[1] 朝廷和镰仓幕府后来终于承认，道元是著名的佛教大师。但是，他以毫不妥协的态度倡导禅宗，一生的大部分时间都没有摆脱比睿山的骚扰。

镰仓佛教早期的这些人物阐述的教义有一个共同特征：以某种方式，脱离日本的正统佛教教义。传统佛教体制将其视为异己，作为蛊惑人心者进行严厉镇压。日莲与其他人略显不同，但是也遭遇了类似的命运。其实，日莲受到的镇压最严厉，部分原因在于他的性格遭人讨厌。日莲言辞激烈，抨击毫不留情，不仅针对传统教团，而且还将矛头指向专修念佛和禅宗。因此，文官政府和宗教权威对日莲怒不可遏；不过，这也促使他苦心钻研，获得自己的信仰，厘清自己的教义。

针对日莲的第一个镇压措施是，1261 年将他放逐到伊豆（今天的静冈县）。[2] 其诱因是，日莲向幕府呈交了他的专著《立正安国论》。在那部著作中，他猛烈抨击了幕府的政策。[3] 日莲提倡的宗教理想带有强烈的社会因素和政治因素。因此，它不同于净土宗的解脱，不同于通过坐禅获得的开悟体验。因此，对他镇压可能更多出于政治原因，而不是宗教因素。

尽管日莲的见解涉及社会和政治因素，他的教义核心却没有脱离宗教性质：信众通过吟诵《妙法莲华经》之名就能得到解脱。正是这个信念引导日莲抨击佛教的其他宗派。许多接受他的教义的人也攻击现存佛教制度，而且行为鲁莽。这两个因素促成该运动的衰落。1272 年，蒙古人入侵日本，镰仓幕府采取了第二个镇压措施。日莲遭到逮捕，罪名是煽动社会骚乱。幕府决定将其处决。然而，根据日莲本人的说法，多亏神仙搭救，他设法逃脱死亡厄运，后来被流放到佐渡岛（今天的新潟县境内）。佐渡岛环境恶劣，日莲在孤寂中完善了自己倡导的教义。[4]

567

---

[1]　参见 Imaeda, *Dōgen: sono kōdō to shisō,* 第 88–89、137–141 页。

[2]　日莲于 1261 年至 1263 年被放逐到伊豆（今天的静冈县），1271 至 1274 年，被放逐到佐渡岛。参见 Takagi, *Nichiren: sono kōdō to shisō,* 第 75–79 页。

[3]　参见 *Rissho ankokuron,* in *Shinran-shu Nichiren-shu, NKBT,* vol. 82, 第 291–318 页。

[4]　参见 Inoue, *Nihon kodai no kokka to Bukkyō,* 第 339–354 页。

这样一来，与亲鸾的情况类似，镇压仅仅深化了日莲内心的宗教体验，促使他形成了引起争论的思想体系。

镰仓佛教引起了佛教传统教团和政治势力的激烈反应，本文提到的各种镇压例证说明了这一点。每个个案的具体情况不同，实施镇压的主体各异，其理由也不尽一致。在某些情况下，镇压标志着朝廷批准的行为，针对的是这样的人：他们藐视佛教扮演的祈求并保障民族安宁的角色。在其他情况下，攻击的原因涉及教义问题，具体说来，镰仓佛教教义违反或忽视了正统教旨的规仪。在另外一些情况下，受到镰仓佛教吸引的人常常干出有损于传统秩序的事情，因此镇压被用作一种预防性措施，旨在排除任何那样的可能性。某些镇压措施十分严厉，反映出比睿山和奈良大寺院的坚定决心：维护它们创立的传统佛教。

佛学新潮流

568　　传统教团施展其宗教权威，强烈反对镰仓佛教的各种信念和做法。但是，镰仓的彻底创新之举也刺激许多固守正统教义的僧侣，促使他们反思自己的宗教传统。与比睿山相比，对奈良的各个宗派而言，这种情况更加明显。在平安时代后半期，比睿山上的天台宗与京都的贵族联系广泛，由此身陷形形色色的世俗事务之中。镰仓佛教崛起的部分原因正是针对比睿山当时的劣迹。相比之下，奈良的大寺院一直从事佛学研究，致力于将佛教教义全面系统化。它们造就了一大批杰出学僧，例如，法相宗的贞庆和良遍、三论宗的妙莲、华严宗的明惠等等。那些学僧们携起手来，发动了一场称作"奈良佛教振兴"的运动。毫无疑问，镰仓佛教的崛起起到刺激作用，加快了奈良对传统佛教教义的系统化步伐。这是奈良僧侣对社会变化做出的回应。

佛学的恢复是精英社会中学术追求大潮流的组成部分。从平安时代中期开始，贵族试图对已经形成的知识进行组织和分类。各种编撰计划应运而生，其目的是归整相关信息。这个潮流还延伸到佛教典籍领域。在平安时代后半期，奈良兴福寺的僧侣们开始编撰佛教典籍目录，例如，永超（1012—1095 年）编撰的《东域传灯目录》。[1] 奈良时代以来，日本佛教收集了大量知识，编撰佛教教义典籍目录有助于对其进行归类。那些目录实际上使佛学研究层次更加分明，外人容

---

[1]　参见 *Toiki dento mokuroku, TD,* vol. 55, 第 1145–65 页。

易理解，是将佛教教义系统化的宝贵工具。通过对教义进行系统化，镰仓时代初期最著名的学僧形成了具有日本特色的传统佛教哲学。[1]

到镰仓时代末为止，许多学者开始建构各种教义体系和典仪体系。他们对日本佛教的具体要素，提供全面——有时为百科全书式——概述。三论宗的长禅（1217—1297 年）、华严宗的凝然（1240—1321 年）就是这类学者的范例。[2] 例如，凝然的《八宗纲要》概述了日本传统佛教各宗的基本教义。[3] 觉善的《觉善全书》[4] 和承澄的《阿娑缚抄》[5] 大约在那个期间编撰，以百科全书方式，分别记录了天台宗和真言宗的典仪和教规。这类著作覆盖范围较大，成为研究佛教信仰和实践的宝贵参考资料。而且，那些僧侣将日本佛教的相关知识系统化的尝试最终引起了人们对佛教史的兴趣。例如，华严宗的宗性（1202—1292 年）编撰了《日本高僧传要文抄》，收录了在日本佛教史上起到重要作用的著名僧侣的传记。[6] 他的弟子凝然也撰写了若干佛教史著作，例如，《三国佛法传通缘起》。[7] 因此，对佛教教义的系统化最终也让学者们研究历史编撰问题。

在镰仓时代，研究佛学的潮流展现了缓慢变化，从编制教义文献目录开始，首先转向对各种知识的系统化，最后转向对日本佛教史的探讨。[8] 如果将这些活动与镰仓佛教新宗派的关注进行对比，我们可以发现一个明显特征：通过将宗教体验置于至关重要的地位，镰仓佛教祖师们形成了自己的理念。他们从个人体验中获得灵感，试图寻找每个信徒可以追求的解脱之道。因此，他们认为，将佛教传统教义系统化并非迫在眉睫的问题。[9] 但是，传统佛教教团认为，教义问题十分重要，所以常常谴责说，镰仓佛教忽视佛教教义。[10]

镰仓佛教祖师们引申出各自的信条，其方式既不是通过对现存教义进行分析性阐释，也不是进行理性化处理。同理，他们也未试图采取与佛教的传统思想体

569

570

---

[1] 参见 *Hosso-shu shoso mokuroku, TD,* vol. 55, 第 1140-4 页。

[2] 关于凝然的生平，参见 Ōya Tokujō, *Gyōnen Kokushi nempu* (Nara: Tōdaiji kangakuin, 1921)。

[3] 参见 *Hasshu koyo, in Dai Nihon Bukkyō zensho,* vol. 3 (Tokyo: Dai Nihon Bukkyō zensho hakkojo, 1912-1922), 第 7-40 页。*Dai Nihon Bukkyō zensho* 以下为 *DNBZ*。

[4] 参见 *Kakuzensho, DNBZ,* vols. 45-51。

[5] 参见 *Asabasho, DNBZ,* vols. 35-41。

[6] 参见 *Nihon kosoden yomonsho, KT,* vol. 31, 第 1-92 页。

[7] 参见 *Sangoku Buppo denzu engi, DNBZ,* vol. 101。

[8] 参见 Takagi Yutaka, *Kamakura Bukkyōshi kenkyū* (Tokyo: Iwanami shoten, 1982), 第 177-241 页。

[9] 参见 Ōsumi, "Kamakura Bukkyō to sono kakushin undō," in *Iwanami kōza Nihon rekishi,* vol. 5, 第 236-8 页。

[10] 可参见 *Kofukuji sojo, in Kamakura kyu Bukkyō, NST,* vol. 15, 第 32-42 页。

系完全符合的方式，表达自己的理念。[1] 此外，对其理念与其他哲学和宗教——例如，儒学、道教和神道——之间的关系，他们之中很少有人表现出兴趣。在镰仓佛教祖师中，只有日莲探索了这类问题。[2]

在镰仓时代后半期，传统宗派开始对佛教史产生兴趣；但是，镰仓佛教祖师们的独创教义与那种潮流分道扬镳。就镰仓佛教祖师们而言，他们的出发点是内心深处的解脱，是对作为解脱基础的宗教体验的渴望。当他们试图从理性角度解释那些体验时，他们重新解读佛教教义，为自己的信念寻找相关概念和基本解释。对比之下，传统僧侣认为，研习佛教教义至关重要。他们接受教义提供的框架，将其作为自己所做探究的参数。只有在该框架之内，他们才能谈得上创新或探索基本主题的变化形式。[3]

镰仓佛教兴起之后，形成了形形色色的新运动。随着各种宗教活动和思想活动的出现，奈良的大寺院的僧侣们受到启发，开始反思日本佛教的性质。他们试图理解佛教的地位，理解不同的思想体系。[4] 在这种情况下，对佛教史的兴趣随之出现。后来，一些僧侣继承了该传统。例如，临济宗僧侣虎关师练（1278—1346 年）在传承过程中，修改了先驱者宗性和凝然研究佛教史的方法。[5] 虎关师练的著作《元亨释书》就是一本简明日本佛教史。[6] 随着这类著作的问世，日本人首次开始从整体角度，以尽量客观的方式考察日本佛教。[7]

宗教组织的形成

镰仓佛教祖师的态度

镰仓佛教各宗都经历了不同发展阶段，最后成功组建了结构高度严密的宗教

---

[1] 从传统教义中，镰仓佛教创新者仅仅采用了看起来可以用来有效梳理其理念的元素。在这个方面，法然就是一个典范。他采用了具有个人特性的选择性方式，研究佛教教义。参见 *Senchaku hongan nembutsushu,* in *Honen Ippen, NST,* vol. 10, 第 87–162 页。

[2] 参见 Tokoro Shigemoto, *Nichiren no shisō to Kamakura Bukkyō* (Tokyo: Fuzambō, 1965), 第 233–70 页。

[3] 参见 Ōsumi Kazuo, "Kamakura Bukkyō to sono kakushin undō," in *Iwanami kōza Nihon rekishi,* vol. 5, 第 236–8 页。

[4] 凝然的作品就是这个潮流的典型具体例证。参见 *Hasshu koyo, DNBZ,* vol. 3, 第 7–40 页；以及 *Sangoku Buppo denzu engi, DNBZ,* vol. 101。

[5] 关于虎关师练，参见 Fukushima Shun'o, *Kokan* (Tokyo: Yūzankaku, 1944)。

[6] 参见 *Genko shakusko, KT,* pt. 2, vol. 31, 第 1–454 页。

[7] 参见 Ōsumi Kazuo, "Genkō shakusho no Buppō kan," *Kanezawa bunko kenkyū,* 271 (1983)。

组织。它们之中没有哪一个是从原有宗派中分裂出来的。它们以镰仓佛教祖师最初的教义为出发点，而镰仓佛教祖师自愿割断了与传统教团的联系。即使祖师们在世时期，初级宗教组织就开始围绕他们形成。总的说来，那些团体开展了基于祖师教义的具有魅力的宗教运动。它们以具体的宗教信条为核心，由秉承类似观念的信徒构成。它们初创时结构松散，后来逐步发展，成为完美的组织，即今天所称的镰仓佛教宗派。整个过程持续多年，超过祖师在世的时间。最后，它们不仅将祖师的教义制度化，而且还将祖师本人理想化。无论他们最初是否打算建立正式的宗派团体，他们最终受到尊敬，成为镰仓佛教宗派的缔造者。

　　镰仓佛教提供的明确例证显示，在创造宗教组织的过程中，宗教教义起到了凝固剂的作用。这一点现在看来似乎理所当然，但是在日本历史上并非普遍现象。镰仓时代以前的许多例子显示，宗教组织有的从拥有特权的僧侣群体中发展出来，有的从某些特殊的社会群体中发展出来，民间信仰就是如此。此外，在有些情况下，有组织的运动在重大宗教机构周边出现，结合那些机构的信念和实践。[1] 只有在镰仓时代，各个社会阶层的信众——其中包括平民阶层——才根据确定的宗教信条联合起来。社会地位、机构联系、地域毗邻，这些可能是让它们得以巩固的其他因素。但是，在具体组织中，镰仓佛教祖师的教义提供了最强纽带，让信众团结起来。后来，他们创建的组织高度发展，成为镰仓佛教宗派。

　　镰仓佛教祖师大都留下著作，揭示高深的佛教教义知识，只有一遍上人属于例外。他们之中的大多数曾在比睿山研修。那时，比睿山尚未完全结束教义发展的全盛时期，接受培训的僧侣可以潜心学习一二十年时间。一般说来，在经历某种神示体验或神秘体验之后，镰仓佛教祖师才开始阐述其新教义。但是，他们稔熟佛教典籍和教义，试图利用教义解释，说明他们自己的体验。在围绕他们形成的宗教组织中，很少具有高深佛教知识的信徒。这样一来，信徒们仰望祖师，将其视为本群体的宗教专家。但是，阐述宗教信条这一行为本身作用有限，并未让镰仓佛教思想家成为宗教组织的实际祖师。其原因在于，后来的追随者们塑造了他们作为祖师的形象。更确切地说，他们讲授的内容仅仅起到磁铁作用，将信众聚集起来，使其形成群体。著名祖师离开一段时间之后，那些宗教组织等次更加

572

---

[1]　净土宗团体就是此类群体的例子。它们在平安时代中期出现，主要人物为天台僧侣源信。从平安时代开始，它们组成的香客队伍时常朝拜供奉观音的庙宇。

分明，结构更加紧密。但是，祖师在世时，他们对创建独立宗派组织的态度并非完全一致。

法然和亲鸾提供了有趣的例子，让我们管中窥豹，一瞥镰仓佛教宗派在制度发展过程中遇到的问题。两人鼓吹的解脱形式要求：其一，完全依赖阿弥陀佛的力量；其二，完全否定自我。这个观点隐含两层意义：第一，否定师徒之间存在任何质的差异；第二，按照逻辑引申，排斥建立宗教组织需要的等次因素。这种态度见于亲鸾主张的最纯粹的形式中，而且保留在《叹异抄》里：他与其他信徒平起平坐，持有共同信仰。[1] 根据亲鸾的表述，他并不希望组建正式的宗教组织。这种抗拒态度是镰仓佛教的革命特征之一。

尽管存在此类反对成立组织的倾向，宗教团体最终还是成形，镰仓佛教祖师处于所在宗派的核心。在法然和亲鸾这两个例子中，我们均可见到这个过程。他们本人在宗教问题方面起到引导和咨询作用；但是，围绕他们形成了大量组织者和传道者。那些人在制度层面巩固了镰仓佛教。祖师自己对组织扩张没有什么宏大目标。净土宗各派根据其态度，并未公开表达与传统社会组织竞争的意图。但是，与此同时，他们却在信众中广受欢迎，足以创建强大的宗教团体。

与净土宗的情况相比，禅宗各派崛起的条件在许多方面各不相同。禅宗基于开悟体验。开悟具有难以捉摸的性质，因此构思出各种学说进行解释，发展了侧重坐禅的修行实践进行引导。专业化训练和理解是禅宗的组成部分；因此，组织的普通成员的地位不可能高于导师或师父。在该制度中，本身就有等次。容西和道元探访中国寺院期间，接受了禅宗在这些技术方面的训练。容西从中国返回日本之后，试图将禅宗与其他形式的佛教结合起来。他认为，禅宗这种宗教形式可以重振宗教权威的活力。他努力在现存佛教宗派之内，为禅宗创造一席之地。容西将自己在中国学到的东西引入日本的寺院管理，希望借此振兴日本佛教。由此看来，容西创建的新宗教组织稳固地植根于原有宗派之中。所以，我们应该将容西归为内心希望改革的人士：他试图通过引入禅宗，让日本的天台宗恢复活力。[2]

相比之下，对容西建议的将禅宗与其他宗教元素结合起来的做法，道元持批评态度。道元将一种严格的修行形式理想化，对创立或扩大佛教宗派，并未表现

---

[1] 参见 Tannisho, in *Shinran-shu Nichiren-shu, NKBT,* vol. 82, 第 196 页。

[2] 参见 Yanagida Seizan, "Eisai to *Kozengokokuron* no kadai," in *Chūsei Zenka no shiso, NST,* vol. 16, 第 450–80 页。

出什么兴趣。非但如此，他将注意力集中于两点：一是禅修实践，二是获得开悟。他按照自己培训的单个僧侣的需要，确定讲授内容。[1] 因此，道元的僧侣组织虽然在等次结构方面与容西的类似，但是并未像容西的那样，被纳入传统社会圈子或宗教圈子。两人在制度方面的关注点不同，这一点的充分表现是：容西积极寻求与政治权力建立联系；道元则完全不顾与世俗事务相关的世界。

在镰仓佛教中，日莲现身的时间较晚，在许多方面与以前的其他四位宗派祖师不同。就本身的能力而言，他堪称宗教天才，提出的佛教理念在当时的日本是全新的东西。但是，与镰仓佛教的其他宗派祖师相比，日莲接受正规教义训练的时间较短。因此，他的理念并未以系统化形式，被完全纳入传统教义。[2] 日莲常常更强调宗教体验，而不是教义问题。因此，他以更直接的方式，参与创建宗教门派的活动。在这方面，与镰仓佛教的其他创新者相比，他更接近于实际的宗派祖师。

镰仓佛教的最后一位人物一遍上人是一个例外，他并不符合其前辈确立的一般模式。第一个不同之处是，他在最初灵感方面包含神道维度：他从熊野神社的神灵那里获得一道神示。一遍上人的第二个不同之处在于，他否定将教义系统化的做法，而是将精力用于传道活动。[3] 第三个不同之处是，在传道活动中，他并未待在一处，而是马不停蹄地在各地行脚。一遍上人终生四处云游，缺乏教义著作，这两点都无助于建立宗教组织。

镰仓宗派的制度演化

围绕着镰仓佛教的祖师，宗教组织初步成形。但是，在祖师去世多年之后，各个宗派本身只有通过无数组织者的不懈努力，才能在制度上得以完善。为了让其运动在结构方面取得进步，宗教组织的后继人不得不做的事情有两件：一是广泛传播祖师从个人体验中获得的理念；二是在逻辑上对其进行重构，以便吸引尽可能多的民众。实际上，祖师在教义著作中已经完成了其中部分工作。在他们之中，只有一遍上人没有将自己的体验变为教义信条。他去世之前不久，烧毁了自己的全部著作和宗教书籍。尽管如此，一遍上人的继承者信桥（1237—1319 年）

---

[1] *Shobogenzo,* in *Dogen,* pt. I, *NST,* vol. 12, 第 165–231 页；and in *Dogen,* pt. 2, *NST,* vol. 13, 第 298–302 页。

[2] 参见 Ienaga Saburō, *Chūsei Bukkyō shisōshi kenkyū* (Kyoto: Hōzōkan, 1957), 第 66–109 页。

[3] 参见 *Ippen Shonin goroku,* in *Honen Ippen, NST,* vol. io, 第 348 页。

长期跟随师父行脚，在师父去世后着手将其信念纳入教义表述，以便后世传承。[1]

如果创立者确实形成了教义，也无法确保在他去世之后，该教义依然在他当初开始的宗教运动中保持组织方面的凝聚力。例如，镰仓佛教的先行者法然留下了具有特色的教义资料，但是就如何阐释他的理念这个问题，追随者们很快便各执己见了。结果，在教义阐释方面，他的主要弟子幸西（1163—1247 年）、隆宽（1148—1227 年）、证空（1171—1247 年）、辨长（1162—1238 年）以及亲鸾等人均有明显差异。许多僧侣利用自己追随法然之前所学的概念，以便改造法然的信念，形成系统教义。

法然去世之后，在教义阐释方面的差异让他的弟子们意见相左。其中影响力最大的几个最终形成自己的宗教组织，并且被视为各自门派的鼻祖。[2] 法然去世之后，该宗派原来的统一性不久便土崩瓦解。与之类似，日莲弟子也出现了同样的问题。在日莲的思想中，很多要素在教义中并未完全体现出来。此外，他的传教生涯充满动荡和变迁，其理念也随之常常改变。这样一来，他的弟子们在许多问题上的看法不尽相同：例如，应该如何理解他的教导？根据他们各自追随大师的不同时段，他们最感兴趣的基本教义是什么？日莲去世后不久，他创立的宗派分为六支，每支都由一位主要弟子领头。他们就是所谓的"六老僧"：日昭（1221—1323 年？）、日朗（1243—1320 年）、日向（1246—1332 年）、日兴（1253—1314 年）、日顶（1252—1314 年）、日持（生于 1250 年）。[3]

法然和日莲领导的宗教运动出现了分化，但是镰仓佛教的其他宗派没有明确显示出类似的倾向。部分原因在于，那些祖师的教义和性质有所不同。相比之下，尽管亲鸾本人在法然领导的宗教运动中另立门派，他的弟子们在教义方面却没有什么分歧。禅宗的教义并不利于宗派划分。这就是说，它们强调法宝传承的重要性，开悟体验借此在师徒之间不断口耳相传。在一遍上人去世之前，他讲授的内容甚至没有形成正式教义。所以，他的弟子没有什么具体问题可以形成分歧。

正如笔者在前面所述，镰仓佛教各派的一个重要特征是：它们与以前的宗派不同，对教义研究不太关注；更确切地说，它们强调宗教体验和宗教实践。因此，

---

[1] 参见 Ōhashi Shunnō, *Jishū no seiritsu to tenkai* (Tokyo: Yoshikawa kōbunkan, 1973), 第 83—99 页。

[2] 参见 Yasui Kōdo, *Hōnen monka no kyōgaku* (Kyoto: Hōzōkan, 1968)；and ltō Yuishin, *Jōdoshū no seiritsu to tenkai* (Tokyo: Yoshikawa kōbunkan, 1981), 第 135—97 页。

[3] 参见 Takagi Yutaka, *Nichiren to sono montei* (Tokyo: Kōbundō, 1965), 第 291—307 页。

它们的宗教组织适合提供宗教实践的语境。构成其宗教实践的因素逐步扩充，包括两种做法：一是作为镰仓佛教标志的专修念佛，二是崇拜镰仓佛教的祖师。这种新倾向的例子见于镰仓佛教各派确立的纪念祖师仪式。在法然和亲鸾去世数十年之后，分别开始纪念他们的超度仪式。但是随着时间的推移，这两种仪式被人提升，分别成为其宗派的重要的仪式之一。[1]

另外两个做法也流行起来：一是崇拜开山祖师的圣像，二是在大寺院中修建供奉那些圣像的纪念堂（日语称"庙堂"）。[2] 镰仓佛教各派领袖和组织者们纷纷动手，撰写祖师们的理想化传记，将祖师们神话。在纪念仪典上，那些传记被高声朗读出来。有的还扩充为画卷（日语称"绘卷物"），用于向信众们宣传祖师的丰功伟绩。[3] 例如，法然的宗教组织很早就建立分支，各个分支撰写了不同版本的法然传记。随着时间的推移，许多传记被人美化和扩充，尽量拔高各自开山祖师的生平事迹。

我们考察那些传记，审视崇拜开山祖师的做法，可以看到两点：一是普通信众的宗教倾向，二是宗派组织者在制度方面的设计。信众们以非常狂热的方式，心甘情愿地将祖师崇拜与自己的宗教观念和实践结合起来。实际上，组织者们发现，在确立宗派控制的过程中，这种尊重之举起到至关重要的作用。例如，该宗派组织者是亲鸾的后裔，对亲鸾的神灵化有助于增强他们的权威。他们将建立在亲鸾墓地旁的本愿寺作为本山，宣称该寺院住持地位是家族的世袭之物。[4] 许多组织者利用从祖师那里继承而来的宗教著作、形象或其他物品，将自己与对祖师的纪念联系起来。那些物品变为有力的权威象征，让其拥有者获得特殊权力或地位。

在镰仓佛教各派中，举行宗教仪典的场所起到制度性支撑作用。例如，在亲鸾的宗派中，那些举行宗教会议的场所规模较小，日语称为"道场"。[5] 宗教组织

577

---

[1] 每年，在法然和亲鸾去世纪念日，均要分别举行仪式。这类仪式在日语中称为"古式"，用于纪念镰仓佛教的几位祖师。纪念亲鸾的仪式叫作"报恩古式"。参见 *Hoonkoshiki*, in *Shinshu shogyo zensho*, vol. 3 (Kyoto: Kokyo shoin, 1941)，第 655–60 页。

[2] 本愿寺是净土真宗的中心寺院，纪念亲鸾的庙堂中后来供奉阿弥陀佛。关于庙堂的来龙去脉，参见 Akamatsu Toshihide, *Kamakura Bukkyō no kenkyū* (Kyoto: Heirakuji shoten, 1957)，第 337–55 页。

[3] 有关镰仓佛教人物的绘本的例子，参见 *Nihon emakimono zenshū*, vol. 10: *Ippen Hijiri e*；vol. 13: *Honen Shonin eden*；vol. 20: *Zenthin Shonin e,Boki e*；and vol. 23: *Yugyo Shonin engi e* (Tokyo: Kadokawa shoten, 1960–1968)。

[4] 参见 Matsuno Junkō, "Honganji no seiritsu," in Akamatsu Toshihide and Kasahara Kazuo, eds., *Shinshūshi gaisetsu* (Kyoto: Heirakuji shoten, 1963)，第 83–94 页。

[5] 参见 Kasahara, *Shinran to tōgoku nōmin*, 第 271–5 页。

逐步以金字塔方式建立起来，其底部是许许多多道场。在其他宗派里，寺院是最早的机构，宗教组织围绕寺院建立起来。

组织者们接管了与祖师关系密切的大寺院的管理权，从而在各个宗派中占据重要位置。在日莲隐居的身延山的久远寺，日莲宗各派之间出现了权力之争。在道元建立的永平寺的曹洞宗内，各派之间也出现了权力之争。[1] 在亲鸾的净土真言宗内，激烈竞争的目标不是寺院的管理权，而是道场的管理权。相互竞争的宗派想方设法，将更多的道场纳入各自的宗教组织。经历了各种波折之后，亲鸾之孙莲如（1270—1351 年）建立的本愿寺战胜其他各派，获得统一的宗教权威地位。[2] 一遍上人在世时云游各地，在当时的时宗内部难以形成宗教组织。他的继承人信桥维持了时宗的云游传统，以道场和寺院的形式，确立固定的传教场所。那些机构到位之后，该宗派很快获得了明确特征。[3] 总而言之，在镰仓佛教各派中，即便最松散的运动也通过固定机构，逐步形成了宗派结构。这样一来，教义可以精益求精，权力象征也有了安置之处。

居家信众的作用

作为一场运动，镰仓佛教开始时摒弃了传统佛教教义，割断了与传统佛教寺院的联系。它以其制度为中心，将信众团结起来，从而形成了正式的宗教组织。除了早期的禅宗——特别是道元创立的曹洞宗——之外，镰仓佛教的其他所有宗派积极活动，在民众中进行传教活动。因此，在各个宗派的日常运作中，宗教组织结构改进，信众群体拥有较大的发言权。僧侣担任组织者，其主要作用一是主持仪式，二是引导修持。但是，监督组织的经济事务的人常常是没有宗教职务的普通信众。通过他们的共同努力，镰仓佛教各派在制度方面获得了很高程度的稳定性。当然，制度方面的关注有时候可能弱化其教义的力量和活力。

净土真言宗创立后头几十年的情况是一个突出的例子，说明非神职人员在宗派事务中可能起到重要作用。亲鸾认为，在阿弥陀佛眼里人人平等。他抨击了传

---

[1] 参见 Imaeda Aishin, "Dōgen Sōhō Kanzan no monryū," and Fujii Manabu, "Tōgoku Hokke kyōdan no seiritsu to tenkai," in Akamatsu Toshihide, ed., *Nikon Bukkyōshi,* vol. 2 (Kyoto: Hōzōkan, 1967), 第 201-203、245-246 页。

[2] 关于莲如的生平，参见 Shigematsu Akihisa, *Kakunyo* (Tokyo: Yoshikawa kōbunkan, 1964)。

[3] 参见 Ōhashi, *Jishū no seiritsu to tenkai,* 第 79-99 页。

统佛教宗派中存在的神职人员理想，声称自己"非僧非俗"。[1] 在这个观点的推动 579
下，净土真言宗至少在其初创时期，清一色由单个的会众构成。在其道场中，无
论从智力还是从经济状况看，宗教领袖与普通信众之间没有什么大的区别。但
是，净土真言宗的这种带有田园诗意味的时期并未维持多久。其原因在于，原来
的师徒关系逐步衍化，分别变为道场头领与普通信徒。道场头领开始时仅仅是会
众选出的代表。但是，随着道场头领的宗教功能的逐步专业化，他与其他信众之
间在智力和经济两个方面的差距拉开。[2] 道场头领的权力扩大，慢慢获得了高人
一等的地位，最后在本愿寺形成了等次分明的门派金字塔结构。[3] 在镰仓佛教各
个门派中，这种会众在净土真言宗最为突出。他们的平等主义性质一是源于净土
真言宗的教义，二是基于这个事实：与其他宗派相比，净土真言宗的信众在社会
地位方面的同质化程度较高。

在镰仓佛教其他宗派中，寺院一般是召集信众形成宗教组织的场所。因此，
在非神职人员中，参与寺院修建事务最多的人通常起到主导作用。例如，在法然
的净土宗和容西的临济宗内，贵族和权势武士成为主要的捐助人和施主。对宗派
的组织事务，他们自然具有较大影响。[4] 在一定程度上，宗教组织者的作用限于
实现本宗派的宗教功能。随着时间的推移，这两者在影响力上出现了差距：一方
是宗教事务的资助人，另一方是在宗派中占大多数的普通信众。就宗教组织的管
理而言，一般信众几乎没有什么发言权。因此，无论他们发起什么活动，其影响
力都非常有限。

有权有势的资助人还采取行动，让自己的家族成员担任具有影响力的宗教领
袖和寺院组织人员。因此，宗派中其他信众群体的力量被进一步限制。在这些宗
教组织中出现的趋势是，推翻传统佛教中由少数精英控制组织的模式。随着开展 580
活动和施加影响的群体的增加，宗教组织同时被若干不同力量左右。这样的内部
动力可能导致了宗派分裂，使日莲宗陷入镰仓佛教其他宗派没有遇到的困局。[5]

---

[1]　参见 *Kyogyoshinsho*, in *Shinran*, *NST*, vol. 11, 第 258 页，以及 *Tannisho*, in *Shinran-shu Nichiren-shu*, *NKBT*, vol. 82, 第 196 页。

[2]　参见 Ōsumi Kazuo, "Kamakura Bukkyō to sono kakushin undō," in *Iwanami kōza Nihon rekishi*, vol. 5, 第 245 页。

[3]　关于净土真言宗在这方面发展的概述，参见 Akamatsu, and Kasahara, eds., *Shinshūshi gaisetsu*；以及 Kasahara, *Shinran to tōgoku nōmin*。

[4]　京都的东福寺就是贵族影响力逐步扩大的一个例子。镰仓的寿福寺和圆觉寺是武士影响力逐步扩大的例子。

[5]　参见 Nakao Takashi, *Nichirenshū no seiritsu to tenkai* (Tokyo: Yoshikawa kōbunkan, 1973), 第 28–84 页。

有些阶层成为镰仓佛教各个宗派的社会基础。学界对这个问题进行了相当多的研究。第二次世界大战以后，学者们广泛考察了那些宗派的组织情况，研究了它们吸引信众的具体做法。尽管至今依然存在若干争议，关于镰仓佛教宗派的社会起源，占据上风的观点如下：其一，在京都及附近越来越复杂的城市环境中，贵族和平民接受法然的教义的人数较多。[1] 其二，在关东农村中，亲鸾的教义主要在农民中传播。[2] 其三，在东部沿海的各个令制国中，日莲宗的主要支持者是武士阶层。[3] 其四，在城市贵族和上层武士中，容西的临济宗大受欢迎。其五，道元的曹洞宗主要在边远地区的武士中传播。[4] 以上几点是关于镰仓佛教各派的社会阶层的主流理论，但是就许多详细观点而言，学界依然莫衷一是。[5]

结语

在日本佛教史上，12 世纪中叶至 13 世纪中叶是一个重要转折点。一些僧侣
581 与传统佛教堡垒比睿山决裂，开始抨击比睿山主张的教义。他们认为，传统宗派主张的宗教理想不可能让人在今生得到解脱。他们倡导的运动旨在面对人们的实际状况。该运动重点关注当下状态中人们的弱点，铺就一条包括重要信仰成分的新的宗教道路。那场宗教革命的领袖们坚决强调，没有谁被排除在开悟之外。因此，他们关注的问题是，佛陀菩萨以什么方式，让备受罪孽所困的芸芸众生得到解脱。在那个过程中，他们形成以人们的内心体验为导向的宗教思想。

那场新的思想运动不乏创意，其基础一是平安时代文人传承的一些理念，二是比睿山形成的教义原则。在平安时代末期和镰仓时代，社会、政治和经济发生了深刻变化，贵族阶层衰落，武士权力扩大，出现了新的市民，庄园转变为自治村庄。在这种情况下，新的宗教思想应运而生。镰仓佛教抛弃早期佛教权威，对当时正在着力创建新文化的武士阶层，产生了强烈影响。后来，它积极在普通民

---

[1] 参见 Inoue Mitsusada, *Nihon Jōdokyō seiritsushi no kenkyū* (Tokyo: Yamakawa shuppansha, 1956), 第 283–333 页；以及 Tamura, *Nihon Bukkyō shisōshi kenkyū*, 第 58–123 页。

[2] 参见 Kasahara, *Shinran to tōgoku nōmin*, 第 277–303 页。

[3] 参见 Kawazoe Shōji, "Nichiren no shūkyō no seiritsu oyobi seikaku," in *Nihon meisō ronshū*, vol.9: *Nichiren* (Tokyo: Yoshikawa kōbunkan, 1982), 第 2–28 页。

[4] 参见 Imaeda Aishin, *Zenshū no rekishi* (Tokyo: Shibundō, 1966), 第 13–213 页。

[5] 关于以上结论的不同观点，参见 Ienaga, *Chūsei Bukkyō shisōshi kenkyū*, 第 2–109 页；以及 Akamatsu, *Kamakura Bukkyō no kenkyū*, 第 60–72 页。

众中传播教义。

　　一般说来，镰仓佛教指的是发端于镰仓时代的佛教宗派。它们对日本人民的宗教思想和观点产生了普遍影响，甚至延续到了近代。镰仓佛教在日本历史上意义重大：作为外来宗教进入日本的佛教首次完全适应日本人的关注，将其根系扎进普通民众之中。佛教思想从印度传来时困难重重，这时被归结为几个基本精要。而且，它被变为简单易懂的教义，在普通人可以实施的宗教活动的语境中表达出来。诚然，经过日本人调整的佛教在几个方面与佛教的原创形式有所不同。日本人从一开始便将佛教与两个因素融为一体：一个是神道，另一个是日本长期信奉的精神世界的宇宙观。镰仓佛教各派崇拜各自的宗教大师和宗派祖师，这也将日本佛教与亚洲其他地区的先例区分开来。尽管如此，镰仓佛教祖师们形成的宗教信条简明扼要，其核心内容包含了具有特色的佛教寓意。

582

　　镰仓佛教强调信念和修行，取代了曾为平安时代佛教组成部分的华而不实的审美感知。在绘画、雕塑、建筑——甚至还有文学——领域中，镰仓时代的佛教没有形成什么艺术作品。只有两个例外：一是纪念仪式使用的祖师的艺术形象，二是宗教教义使用的祖师的绘本传记。后来，在日本的文学、艺术和日常文化中，与幕府关系密切的临济宗在创作方面发挥了作用。但是，临济宗的此类活动在镰仓时代并不存在。它们仅在随后的室町时代中崭露头角。

　　镰仓佛教虽然与美术活动无缘，但是对社会和文化领域的影响非常广泛。它的教义促使佛教在日本社会下层中广泛传播，并且首次培育了可被称为人民宗教机构的组织形式。此外，它还从深层次角度，向原来的佛教宗派提出了挑战，促使后者自身开展各种各样的宗教活动。以上结果与其他因素一起，影响社会各个阶层，让镰仓佛教在日本历史上获得了无可争辩的重要地位。

第十三章　禅宗与五山

马丁·科尔克特，普林斯顿大学历史和东亚研究系

　　中世数百年可被称为日本佛教的伟大时代。法然、容西、道元、日莲、一遍　583
上人、莲如以及数以千计名不见经传然而同样敬业的宗教领袖共同努力，让佛教
脱离精英支持的隐修传统，发现了让个人得到解脱的新途径，并且让日本全国的
普通人了解佛教教义。那些年代为新的佛教宗派诞生奠定基础：净土宗、净土真
言宗、日莲宗、禅宗。直至今日，这些宗派依然是大多数日本人的精神寄托。在
改革、创新和普及的浪潮中，一些传统佛教宗派做出回应，涌现出许多改革人
士。他们呼吁重返更严格的修行宗规，试图让普通男女更容易理解佛教教义。

　　那场宗教运动轰轰烈烈，形成了巨大的社会结果。数以千计——也许可以说
数以万计——的寺院、尼庵、隐修地以及"培训场地"（日语称"道场"）如雨
后春笋，为没有宗教职务的信众提供去处。寺院、僧侣和云游传道者努力寻找并
最终发现了新的支持者。他们接受捐赠的钱物和土地，起到文化和知识载体的作
用。他们倡导佛教精神，充当政治事务的顾问，从事商业和外交活动。有的传
统佛教中心依然在社会中保持政治和军事实力。有的新群体展示了军事方面的优
势，其中最引人注目的是日莲宗和净土真言宗的信徒。

　　本书第 12 章讨论了佛教在中世时期的发展概况，本章将考察禅宗的植入和
传播，将其作为佛教在整个中世社会中发展和变化的一个侧面。1200 年，日本的
禅宗寺院屈指可数，大多数坐禅活动与天台宗或真言宗仪式联系紧密。到 1600
年为止，禅宗的临济宗和曹洞宗形成了明确的宗派特征，日本的禅宗寺院数量真
的数以千计，有的寺院拥有的僧侣多达千人。禅宗大量扩展，对那个时代的宗　584
教、社会和文化生活的影响无法估量。

　　中世禅宗的发展涉及宗教和社会的方方面面，其表现形式难以在一章中加以

详尽表述。因此，笔者将集中讨论五个话题：第一，禅宗如何从中国传到日本；第二，禅宗主要分支在制度方面的发展和传播，以及使之变为现实的支持者的状况；第三，中世时期禅宗寺院的经济和管理；第四，禅宗思想和实践在日本社会中的变化；第五，禅宗僧侣对日本中世文化的贡献。

禅宗传到日本

飞鸟时代、奈良时代和平安时代

12 世纪之前，很少有日本僧侣自称禅师。某种形式的冥想是大多数佛教宗派的精神修持的组成部分。但是，在奈良时代和平安时代，日本僧侣和一些宫廷支持者了解到，某些中国僧侣强调坐禅（"禅那"或"禅"），将其作为比传统佛教修持——例如，佛经研修、祈愿、仪式、通过善行积德——更直接的开悟之道。根据日本僧侣圆仁（793—864 年）的日志，在 9 世纪中叶，在前往中国佛教寺院的朝圣途中，他几次邂逅禅宗僧人。但是，那些禅宗信徒并未给他留下深刻印象，也没有激励他去研修禅宗：

> 我们吃了饭，喝了茶，然后继续向北行进二十五里，在一个小镇过夜。那里有二十余名禅宗僧侣，一个个内心不甘约束。[1]

圆仁中国之行的目的是，研习他认为的唐朝佛教主流天台教的教义和修持。禅宗显然不是他的主要兴趣。至少在那次旅途中，他见到的禅宗僧人喧闹不休，让他颇为反感。

585　在那几百年里，就圆仁对禅宗的态度，日本的其他僧侣表示赞许。道昭（629—700 年）是日本佛教法相宗的创始人之一。653 年，他作为正式遣唐使团成员前往中国。除了法相宗教义之外，他还研习了禅宗。他返回日本之后，在他所在的元兴寺建立了禅院。最澄（766—822 年）是日本天台宗祖师。据说，他在天台山接受了一位禅师的真传。他将坐禅融入天台宗专修的四大内容：佛经研修、秘密仪式、戒律研习、沉思默想。最澄接受禅宗，将在禅宗后来的流传阶段中产

---

[1]　关于圆仁评论的详情，参见 Edwin O. Reischauer, trans., *Ennin's Diary: The Record of a Pilgrimage to China in Search of the Law* (New York: Ronald Press, 1955), 第 210 页。

生重大影响。在平安时代晚期，许多僧侣重新开始产生对坐禅的兴趣。他们曾在延历寺的天台宗寺院受过训诫，这时尝试运用禅宗，振兴日本的天台宗佛教。但是，天台宗传统教团拒绝了这个旨在改革的冲动。假如天台宗首领当初对禅宗倡导者们持更加包容的态度，禅宗可能在天台宗的框架内继续发展，而不是作为日本佛教的一个独立宗派崛起。

在奈良时代和平安时代，中国的几位禅宗大师抵达日本。736 年左右，唐朝僧侣道璇到了日本。他信奉律宗南山宗，曾经投靠北宗大师研习禅宗。道璇得到朝廷支持，在奈良的大安寺内建立禅院。大约一个世纪以后，受橘嘉智子皇后之邀，禅宗僧侣义空抵达日本。橘嘉智子皇后是嵯峨天皇的妻子，热情扶持佛教。她听弘法大师空海说，禅佛教在唐朝流行，于是要求唐朝派遣一名禅宗大师到日本。义空成为刚刚落成的檀林寺的开山祖师。他在日本朝廷讲授禅宗，而且指导日本僧侣研习禅宗。但是，他后来返回中国。[1]

由此可见，早在奈良时代和平安时代，禅宗已经为人所知，但是传播并不普及，没有形成持久的发展过程。在中国唐朝，佛教宣传的教义很多，禅宗仅为其中之一，肯定不在明确界定之列，社会影响力也不大。[2] 在几个世纪中，日本僧侣陪同遣唐使前往中国，寻访佛教主要宗派——例如，天台宗、华严宗等——大师或僧侣，希望他们传授佛教戒律或密宗法门。在唐朝帝国各大寺院中，占据主导地位的正是那些宗派——而不是禅宗——的僧侣。如果说他们显示出对禅宗的兴趣，那也是作为一种辅助手段。道昭将禅宗坐禅与法相宗学说结合起来。最澄将禅宗融入一种诸说混合。在其中起到主要作用的，一是虔诚信奉《妙法莲华经》，二是举行密宗仪式。在奈良时代和平安时代初期，许多中国僧侣来到日本，其中有些人——例如，律宗南山宗大师鉴真——吸引了许多信众。在那些中国佛教大师中，专门研究坐禅或禅宗哲学者屈指可数。但是，他们倡导禅宗，将其作为一种具有派他性的专修。道璇将禅宗与戒律结合起来。义空抵达日本时的身份是禅宗大师，离开时并未确立任何可算独立的坐禅修持方式。

894 年之后，亚洲大陆政治动荡，长途航行费用巨大，日本因此正式放弃派

---

[1]　道昭、最澄、道宣和义空（祈久）的生平摘自驹泽大学禅学大辞典编撰所的《禅学人辞典》，参见 Komazawa daigaku zengaku daijiten hensanjo, ed., *Zengaku daijiten,* 3 vol. (Tokyo: Taishūkan shoten, 1978)。

[2]　关于唐朝佛教一般特征的讨论，参见 Stanley Weinstein, "Imperial Patronage in the Formation of T'ang Buddhism," in Arthur F. Wright and Denis Twitchett, eds., *Perspectives on the T'ang* (New Haven, Conn.: Yale University Press, 1973)，第 265-306 页。

送遣唐使的做法。传播禅宗的机会锐减。从那以后，到 12 世纪为止，中日两国之间只有零星接触，交往的是商人、海盗和少数朝圣僧侣。中国的北宋时期，一位名叫上信的日本僧人去中国学习禅宗。但是，没有证据显示他后来返回了日本。

镰仓时代

12 世纪末和 13 世纪，将禅宗传播到日本的僧侣数量大幅增加。即便在 1274 年和 1281 年蒙古人两次入侵期间，禅宗传播也未中断。那时，日本和中国僧侣不仅将禅宗思想和坐禅技巧引进日本，而且还带来了修行方式和文化风格。在镰仓时代，一些僧侣远渡重洋，到中国学习律宗或称净土教义，但大多数人带回了禅宗。

在奈良时代和平安时代，日本人对禅宗没有多大兴趣。但是，在镰仓时代，
587 研习禅宗的热情高涨。原因究竟何在呢？在平安时代晚期，僧侣和一般民众都相信，天台宗和传统佛教的其他宗派严重衰落；教规遭到藐视；僧侣和尼姑过着贵族般的生活，沉迷于政治密谋；僧兵内斗不止，而且频频威胁首都，向新组建的武士军事力量提出挑战。11 世纪和 12 世纪，越来越多的民众经历社会变迁和政治动乱，他们的宗教衰落感更加强化。人们从 1052 年开始认为，日本已经进入了佛法的衰微时期（日语称"末法"）。它是精神全面堕落的阶段，佛教正法衰弱，通过积德之类的传统方式获得救赎变得极端困难。

到 12 世纪晚期为止，日本佛教圈呈现振兴迹象。天台宗僧侣走在前列，寻求改革传统佛教，让解脱的希望惠及普罗大众。天台宗佛教形成的强有力潮流强调，在末法时期，阿弥陀佛的慈悲是最可靠的救赎之道。例如，法然（1133—1212 年）提出，通过乞灵于阿弥陀佛的圣名（日语称"念佛"）来表达虔诚。此举提供捷径，可以让人在阿弥陀佛的西方净土中再生（日语称"往生"）。后来，天台宗的其他僧侣逐步相信，他们可以重振天台宗修持，其方式一是重申《妙法莲华经》的核心地位，二是反复强调戒律。另外一些僧侣认为，实现振兴的最佳方式是，将中国的最佳佛教教义引入日本。一批僧侣下定决心，效仿飞鸟时代和奈良时代的前辈们的做法，冒险前往中国，到南宋帝国的著名佛教中心研习经典。

可是，他们抵达中国之后很快发现，他们遇到的大多数中国僧侣不再提倡天台或华严教义，而是虔诚信奉禅宗。在那几百年中，中国佛教的传统宗派日趋衰落，禅宗却蓬勃发展，已经成为中国经院佛教的最富于活力的分支。那种活力以

几个方式表现出来：其一，以严格坐禅为基础，心无旁骛地精神修持；其二，对中国社会的各个层面，施加积极的思想和文化影响；其三，以慷慨的世俗供养为基础，佛教在制度方面获得了发展。在日本，禅宗和净土宗植根于各个令制国，组织结构松散，财富相对缺乏，或者说没有积累财富的名声。因此，虽然在 9 世纪中出现了圆仁看到的清洗传统佛教之举，但是这两个宗派基本没有受损。禅宗和净土宗很容易与中国感知方式融为一体。那些清洗者攻击说，传统佛教十分富裕，不利于社会，与日本文化格格不入。实际上，这为禅宗和净土宗教义和实践在日本的传播铺平了道路。唐朝的禅宗大师——例如，马祖道一（709—788 年）和临济（故于 867 年）——采用了直接方式和神秘应答，提倡以坐禅和自我否定的方式，获得开悟。他们即便没有给那些日本僧侣留下深刻印象，至少也吸引了有才能的僧侣，唤起了许多民众的兴趣。[1] 最后几百年中，唐朝灭亡，净土宗在普通民众中广泛传播，禅宗赢得大量僧侣、文人和地方节度使的支持：

> 安史之乱后，政治力量扩散，节度使逐步与朝廷一起，成为佛教的共同施主。那些节度使及其部下受到禅宗观念的吸引，于是禅宗在许多中心城市蓬勃发展。[2]

这样一来，在原来的天台宗、律宗、法相宗和华严宗寺院里，禅宗僧侣和禅宗大师这时占据了主导地位。在宋朝，全国大约有三十座禅宗大寺院形成了等次分明的僧侣统治，以杭州的五大寺院或山头（所谓的"五山"）为首。那些寺院财力雄厚，声誉颇高。当然，除了朝廷庇护之外，还有地方官僚的支持。僧侣们的生活被严格管控，对住持的任命必须经过官方确认。12 世纪晚期和 13 世纪，日本僧人探访的正是杭州及其长江下游地区那些香火兴旺的禅宗寺院。[3]

在那些中国寺院的僧侣的欢呼声中，日本僧人开始自己的研修。他们对禅宗的普及程度深感惊讶，发现自己需要学习的东西很多。当年，义空从唐朝引进日本的是北宗禅教义。到了宋朝时，禅宗六祖惠能的南宗崛起，势头超过注重冥想

---

[1]　关于禅宗的发展情况，可参见 Heinrich Dumoulin, *A History of Zen Buddhism* (New York: Pantheon, 1963)。

[2]　参见 Wright and Twitchett, eds., *Perspectives on the Tang,* 第 21 页。

[3]　关于禅宗在宋朝社会中所起作用的简介，参见 Araki Kengo, "Zen," in Kubo Noritada and Nishi Junzō, eds., *Shūkyō,* vol. 6 of *Chūgoku bunka sōsho* (Tokyo: Taishūkan shoten, 1968), 第 106~114 页；以及 Tamamura Takeji, "Zen," in Bitō Masahide, ed., *Nihon bunka to Chūgoku* (Tokyo: Taishūkan shoten, 1968), 第 151~71 页。

的北宗，强调在动静语默中悟入的"顿教"法门。[1] 12 世纪末和 13 世纪初，从临济传承而来的南宗大师们影响最大。他们的禅宗修持利用可以启迪智慧的"个案"（日语称"公案"），通过高声叫喊，有时甚至用力掌击的方式，强化学子的坐禅效果。日本僧人还发现，那种坐禅修持在新的环境中实施。在寺院中，最重要的建筑一是僧侣们集中坐禅的禅堂，二是僧侣与师父公开论禅的传法堂。他们了解到：其一，那些禅宗大师强调戒律；其二，《禅苑清规》不久之前（1103 年）编撰完毕，制定了约束禅宗僧侣行为的详细准则。[2] 在中国逗留较长时间的僧人发现，许多禅师与世俗文人交往，双方在思想和文化方面志趣相投。他们还了解到，修行生活包括的内容很多，不仅要坐禅，研习禅宗传统和经文，而且还要参与许多文化活动，例如，赋诗、作画和学术研究。这些活动大都兼有禅宗鉴赏特征和世俗情趣。

年轻的日本僧人还发现，杭州寺院中的禅宗充满活力，令人钦佩。理所当然的是，他们将禅宗视为宋朝佛教的最高表达形式，所以想方设法用它来振兴日本的经院佛教。日本禅宗的那些先驱们发现，京都的天台宗传统教团抗拒那样的改革，禅宗作为单一的修持遭到强烈谴责，没有逃脱法然倡导的专修念佛的命运。他们被迫采取行动，力图将禅宗确立为日本佛教的一个独立宗派，争取得到中世时期的社会新群体的支持。

最早将宋朝禅宗引进日本的僧人有两位：明庵容西（1141—1215 年）和天台宗的觉阿（1143—？）。容西两度前往中国，第一次在1168年，第二次在1187年。他第一次访问时在中国仅仅逗留几个月，一是虔诚朝拜传统佛教圣地，二是收集天台宗和真言宗典籍。容西对禅宗的兴趣增加，然而回到日本之后，继续鼓吹天台宗佛教。他第二次到中国的朝圣之旅为期三年，对禅宗有了非常深刻的认识。当时，容西没有获得到印度朝拜佛教圣地的许可，于是转道天台山。在那里，他师从临济宗黄龙派的虚庵怀敞禅师，研习禅宗。虚庵怀敞禅师授予容西"开悟印可状"，敦促他在整个日本弘扬禅宗。容西返回日本之后，在九州建立了几处禅院。后来，他试图在京城传播禅宗，认为此举可以给予京都天台宗首屈一指的地

590

---

[1] 关于惠能的地位以及禅宗北宗与南宗的区别，参见 Philip Yampolsky, Introduction to *The Platform Sutra of the Sixth Patriarch* (New York: Columbia University Press, 1967), 第 1–57 页。

[2] 参见 Kagamishima Genryū, Sato Tatsugen, and Kosaka Kiyu, eds., *Yakuchū Zennen shingi* (Tokyo: Sōtōshū shūmuchō, 1972), 第 1–25 页。

位，声称世人支持禅宗有助于国家安全。结果，他与延历寺的僧人及其支持者发生冲突，最后被逐出京都。容西到了日本东部，获得了北条政子和年轻将军源实朝的支持。两人鼎力相助，容西后来返回京都，创立建仁寺。在那里，坐禅与天台宗和真言宗修持方法被一起讲授。[1]

在容西之前，觉阿可能已将宋朝禅宗教义引入了日本。1171 年，他得知禅宗在中国流行，于是花了四年时间，遍访中国大陆的寺院。他返回日本时，容西的第二次西渡中国之旅尚未成行。根据禅宗僧侣虎关师练 1322 年编撰的佛教史书《元亨释书》记载，有一次，高仓天皇曾向觉阿问法，觉阿掏出笛子，吹奏一曲作答，让高仓天皇一脸茫然。但是，觉阿并未创立延续长久的传承世系；在日本创立临济宗的殊荣，记在了容西名下。[2]

到了 13 世纪中叶为止，至少有 30 名日本僧人到中国学习禅宗。其中一些到了杭州径山寺，接受临济宗大慧派僧侣无准师范（1177—1249 年）的指导。[3] 在将禅宗传向日本的过程中，影响最大的僧侣有三位：道元希玄、圆尔辨圆、心地觉心。

道元（1200—1253 年）13 岁到天台宗延历寺出家。在天台宗佛教中，他没有找到自己的宗教探求的答案。于是，他转往建仁寺，拜谒容西，研习佛教。1223 年，道元和容西的资深弟子明全一起，前往中国求学。道元先在几位禅宗大师名下研习，后来见到了天童如净（1163—1228 年）。天童如净是曹洞宗禅师，因为苦行和严格的禅宗修持名扬天下。那位年长的中国大师与道元这位充满热情的日本年轻僧人一见如故，关系融洽。道元返回日本之前，天童如净发现道元已经开悟，于是将曹洞宗传授给他。但是道元发现，自己难以让京都人接受曹洞宗。他先返回建仁寺。但是，容西那时已经西去，那里的禅宗每况愈下。道元鼓吹心无旁骛的坐禅（日语称"只管打坐"），将其作为最佳的佛教修持。这一点引起了延历寺僧人的极大敌意。他们群起反对，最终迫使道元离开京城，在越前的深山中传戒。除了一次到镰仓的短暂探访，与北条时赖讨论禅宗之外，道元余生一直待

591

---

[1] 柳田国男的《临济家风》对容西生平进行了研究，参见 Yanagida Seizan, *Rinzai no kafū* (Tokyo: Chikuma shobō, 1967), 第 28–88 页。

[2] 参见 Kokan Shiren, "Genkō shakusho" in Kuroita Katsumi, ed., *Shintei zōho kokushi taikei* (Tokyo: Yoshikawa kōbunkan, 1930), vol. 31, 第 100 页。

[3] 圆仁得到一幅精美的无准师范肖像，后来带回了日本。1981 年 10—11 月，京都国立博物馆举办《禅宗艺术》展，展品目录中就有这幅肖像。参见 Kyōto kokuritsu hakubutsukan, ed., *Zen no bijutsu* (Kyoto: Kyōto kokuritsu hakubutsukan, 1981), 第 25、55 页。 关于无准师范的书法的讨论，参见 Jan Fontein and Money L. Hickman, eds., *Zen Painting and Calligraphy* (Boston: Boston Museum of Fine Arts, 1970), 第 24–26 页。

在越前。在那里，他创建了永平寺，培养了一些前来投奔的弟子，撰写了关于禅宗和修行生活的著作《正法眼藏》。[1]

圆尔辨圆（1202—1280年）的传道之路比道元顺利一些，他让禅宗在京都站稳脚跟。圆尔辨圆年轻出家，后来对天台宗佛教感到不满，于是和容西的弟子永长一起研习禅宗。1235年，他动身前往中国，开始了为期6年的朝圣之旅。他到了中国之后，拜在无准师范门下为徒。无准师范赠予圆尔辨圆衣钵。那是象征禅宗开悟的立法传承。无准师范命他在整个日本传播禅宗。1241年，圆尔辨圆启程返回日本，携带了许多与禅宗相关的经文，以及无准师范的肖像和书法作品。

当年，容西、觉阿和道元在京都全都铩羽而归，没有被人乐意接受。但是，圆尔辨圆得到当时势力最大的贵族九条道家的支持，在京城为禅宗争得一片滩头阵地。九条家族在京都修建了气势恢宏的东福寺。1243年，圆尔辨圆应邀担任住持。开始时，东福寺并不是正宗的禅宗寺院。于是，圆尔辨圆被迫与传统佛教妥协，效仿当年容西在建仁寺的做法，除了传播禅宗之外，还得讲授天台宗和密宗。但是，圆尔辨圆清楚表明，他认为禅宗是基本的佛教修持，并且努力将东福寺变为成熟的禅宗寺院。圆尔辨圆学识渊博，直接学习了中国佛教，得到了九条家族的支持。这三个因素起到确保作用，让他被接近朝廷的佛教圈子接受。圆尔辨圆数次给后嵯峨天皇及其随员讲授禅宗，而且向日本东部的武士统治者传授禅宗要旨。圆尔辨圆寿命很长，一生中吸引了许多弟子，他们之中的许多人还拜谒无准师范及继承人学道。[2]

心地觉心（1207—1298年）三十多岁时才到日本东部，投靠容西的弟子行勇和永长，学习禅宗。1249年，他前往中国，师从临济宗大师无门慧开。无门慧开编撰了公案专辑《禅宗无门关》，日语为《无门关》。禅宗公案系难题或命题，用于辅助佛教坐禅或开悟。在日本，使用该书的公案培养禅宗僧人的，心地觉心肯定是先驱之一。但是，他与圆尔辨圆不同，对在京城主持寺院没有什么兴趣。禅位的龟山天皇和后宇多天皇都曾邀请他到京都，一是希望听他亲自讲授禅宗，二

---

[1] 道元的生平描述基于 Imaeda Aishin, *Dōgen: zazen hitosuji no shamon* (Tokyo: Nihon hōsō shūppankyōkai, 1981)；以及 Hee-jin Kim, *Dōgen-kigen-Mystical Realist* (Tucson: University of Arizona Press, 1975)。

[2] 圆尔辨圆的弟子元心撰编年史，撰文介绍了大师的生平，参见 Suzuki gakujutsu zaidan, ed., *Dai-Nihon Bukkyō zenshō* (Tokyo: Kodansha,1972), vol. 73，第147-156页；以及 Tsuji Zennosuke in *Nihon Bukkyōshi(chūsei 2)*(Tokyo: Iwanami shoten, 1970)，第98-124页。关于16世纪初的一幅描述东福寺的绘画，参见 Fontein and Hickman, eds., *Zen Painting and Calligraphy,* 第144-148页。

是主动提出为他修建寺院。但是，心地觉心更喜欢待在一座山间小庙，去过遁世修行的生活。那座小庙在纪伊国，名叫兴国寺。[1]

在 13 世纪后半期，日本僧人继续前往中国，其中包括圆尔辨圆的弟子无关普门，道元的弟子彻通义介。但是，到了 1254 年心地觉心返回日本时，宋朝禅宗的传播进入一个重要的新阶段。中国的禅宗大师开始来到日本，讲授禅宗及其修行生活方式。加入中国寺院的年轻日本僧人向中国僧侣表达了对禅宗的热情，并且告诉他们，禅宗正在日本扎根。其结果是，有些中国禅宗大师逐步意识到，日本可能是移植禅宗的适宜土壤。

最早到日本的中国僧侣之一是兰溪道隆（1213—1278 年）。1246 年，当三十多岁的兰溪道隆抵达九州时，已是著名的禅宗大师。在中国，他曾师从当时的两位临济宗大师学习禅宗，一位是无准师范，另一位是无明慧性。抵达日本后，那位年轻的僧侣到了镰仓，深受摄政王北条时赖的青睐。北条时赖向兰溪道隆学禅，并且让他担任镰仓刚刚落成的禅宗寺院建长寺的住持。建长寺于 1253 年完工，是禅宗在日本传播的一个重要里程碑。与京都的建仁寺和东福寺不同，建长寺从一开始便持不与传统佛教妥协的立场。该寺大钟和大门上的牌子赫然宣示，这是一座禅宗寺院。当年，道元率领的永平寺僧众排斥天台宗和其他任何形式的佛教，结果让贵族施主们望而却步；建长寺与之不同，获得了全国各地武士将领的支持。

建长寺的建立标志着，禅宗这时已经成为日本宗教生活中的一支重要力量。但是，兰溪道隆并未将传道的范围局限在镰仓。1265 年，他应朝廷之邀前往京都，给满朝文武宣讲禅宗。在京城逗留期间，他重振容西的寺院——古老的建仁寺——的禅宗法门。而且，他还出手帮助圆尔辨圆，将东福寺变为名副其实的禅宗寺院。1274 年蒙古人第一次入侵期间，坊间谣传，兰溪道隆是蒙古人的间谍。结果，他被发配到甲斐国。在那里，他抓住机会，在当地武士中传播临济禅宗。兰溪道隆临死之前不久，被获准返回建长寺。他被赐谥"大觉禅师"之号，以表彰他传播禅宗的贡献。他的弟子和继承人传承了大觉世系，以建长寺为基地，将禅宗教义传遍整个关东地区。[2]

[593]

---

[1] 参见 *Zengaku diaijten*（《禅学大辞典》）中的条目 Kakushin（心地觉心）。

[2] 有关兰溪道隆和建长寺的讨论，参见 Daihonzan Kenchōji, ed., *Kyofukuzan Kenchōji* (Tokyo: Daihonzan Kenchōji, 1977)，第 23-82 页。这本资料还包括兰溪道隆和北条时赖的肖像、建长寺平面图、兰溪道隆的书法作品、寺院规章等等。

在镰仓时代结束之前，十几位训练有素的中国禅宗大师继承了兰溪道隆的事业。在中日文化关系中，这是一个罕见现象。奈良时代以后，从来没有那么多训练有素的高级僧侣来到日本。他们来到日本的原因各异：有的看到蒙古人征服中国之后，觉得自己失去了根基；有的接受了北条家摄政王的邀请；有的像兰溪道隆一样，听说禅宗在日本蓬勃发展。一些流亡者——例如，兀庵普宁（1197—1267年）——觉得，日本信众并不理解禅宗，于是返回中国。但是，其中大多数在日本度过余生。他们的足迹遍及镰仓、京都和各个令制国，一是培养僧人和信众，二是接受势力强大的地方守护的邀请，创立禅宗寺院。通过他们的努力，到14世纪初为止，日本寺院中专修禅宗的人数大致可与中国寺院相提并论。[1]

室町时代

在整个14世纪和15世纪，日本僧侣继续前往中国的禅宗大寺院，寻求禅宗教义、教规和文化表达方式。那是，日本僧人出发前已经接受了良好的禅宗训练。他们有的在中国逗留10年以上，在中国寺院中被提升到较高位置。有的接受所在日本寺院或足利氏将军的派遣，或率领遣唐使团，或担任译员，或处理外贸和文化交流事务。遣唐使团的僧侣对禅宗的传播贡献不大。

到了1350年，日本的传统禅宗寺院规模庞大，组织严密，能够自给自足。对邀请中国僧侣访日，对派遣日本僧侣去中国学习，那些寺院已经没有多大兴趣。当然，到过中国的日本僧侣极受尊重。有的地方武士将领迫切希望支持其领地内的禅宗；他们对曾经留学中国的僧侣，更是重视有加。但是，日本禅宗各派遴选其领袖时，不再要求候选人在中国学过禅宗，不再要求候选人拥有中国大师认可的开悟体验证明（日语称"印可"）。

在第一代具有自信的日本临济宗大师中，梦窗疏石（1275—1351年）影响很大，是其代表人物。梦窗疏石曾经师从中国旅居海外僧侣一山一宁（1247—1317年），但是其开悟体验没有获得一山一宁的认可。一山一宁给梦窗疏石讲授的禅宗学究气过于浓厚。梦窗疏石云游各地，专心坐禅。一天，他在一间山林茅舍坐禅，看着或隐或现的余烬重新燃起大火，茅塞顿开。他的体验得到后嵯峨天皇之

---

[1] 有关这些中国大师及其施主的信息，可参见 Tsuji, *Nihon Bukkyoshi (chūsei)* 2, 第125–264页；以及 Martin Collcutt, *Five Mountains: The Rinzai Zen Monastic Institution in Medieval Japan* (Cambridge, Mass.: Harvard University Press, 1981), 第57–78页。

子日本禅师高峰显日（1241—1316 年）的认可。后来，梦窗疏石成为日本中世时期影响力极大的禅宗僧侣之一。他得到多位天皇和将军的支持，在京都和镰仓多处寺院担任住持，吸引弟子多达数百人。有的弟子前往中国，但是梦窗疏石本人从未出过国门。他宣称，禅宗在日本已经根繁叶茂，不再需要仰仗中国传道解惑。[1] 在梦窗疏石的同时代人中，还有两位大师也从未到过中国：一位是大德寺开山祖师大灯国师，另一位是妙心寺开山祖师关山慧玄。

15 世纪末和 16 世纪，日本战乱不断，东亚海域海盗频繁，来自中国寺院的禅宗直接传播实际上陷入停顿。但是，从 16 世纪末开始，日本与中国的贸易恢复，一批中国商人在长崎定居。17 世纪，那些中国移民需要精神方面的引导，于是来自中国福建的僧侣开始抵达长崎。其中一位名叫隐元隆琦（1592—1673 年），禅宗黄檗宗知名大师。1654 年，隐元隆琦到了长崎，担任兴福寺住持。他美誉广传，很快引起德川家第四任将军德川家纲的兴趣。德川家纲先是邀请他到江户，然后出资在京都附近的宇治修建了一座新寺院。寺院名称为万福寺，这个名字是隐元隆琦在福建的那座寺院的日语读音。隐元隆琦和随他来日本的黄檗宗大师们分别担任万福寺及其分支的住持。他们引进了中国寺院常见的新禅宗。那个宗派另辟蹊径，将坐禅和公案研习与净土宗的专修念佛结合起来。[2] 不过，黄檗宗禅宗并未成为大宗派。在其巅峰时期，只有数百座寺院。尽管如此，它颇具新意，将明朝禅宗教义和寺院修行结合起来，向中世晚期死气沉沉的临济宗和曹洞宗提出了挑战。临济宗和曹洞宗的许多僧侣受到念佛禅宗的吸引。有的僧侣——例如，白隐慧鹤（1685—1768 年）——强烈驳斥那种诸说混合的倾向。但是，在那个过程中，在临济宗和曹洞宗寺院内，促成了严肃坐禅修持方式的复兴。

596

中世时期日本禅宗寺院机构的发展

1191 年，容西结束第二次到中国的朝拜之旅返回日本时，日本没有禅宗寺院。但是，一个世纪之后，禅宗扎下根来。到 1491 年为止，临济宗和曹洞宗实力已经非常壮大，数以千计的大塔头院、尼庵和隐修地遍布整个日本。

---

[1] 参见 Tamamura Takeji, *Musō Kokushi* (Kyoto: Heirakuji shoten, 1969)。

[2] 关于隐元隆琦、黄檗宗和万福寺的情况，参见 Fuji Masaharu and Abe Zenryo, eds., *Mampukuji* (Tyoto: Tankōsha, 1977)。

那些禅宗机构分为两大派：一派是临济宗寺院，起主导作用的僧侣传承的是容西、圆仁、中国旅居僧侣以及继承人的世系；另一派是曹洞宗寺院，其僧侣传承道元及其弟子的世系。正如我已经提到的，在 17 世纪之前，禅宗的第三个分支黄檗宗尚未传到日本，因而不在本章的讨论范围之内。临济宗与曹洞宗之间的区分意义重大，我在本章中将要反复谈到这一点。但是，必须强调的是，在中世时期禅宗机构的发展过程中，临济宗和曹洞宗内部的各个分支也同样重要。它们反映了对待禅宗本身的不同态度，反映了供养方式、经济状况、文化发展等方面的差异。通过对这些分支的认识，我们可以更容易地把握禅宗在中世时期的机构发展历程。

禅宗临济宗：五山

至少到 15 世纪中叶为止，规模最大、香火最旺、实力最强的临济宗寺院在全国范围内形成了网状结构，所谓的"五山"——京都和镰仓最大的寺院——居于其首。[1]尤其在14世纪和15世纪初期，五山寺院群既是临济宗最具活力的分支，又是整个大都市传统佛教重要的宗派之一。五山制度的形成意义重大，不仅就禅宗的传播而言，而且对那个时代的文化、政治和经济生活也是如此。五山寺院的施主是武士和宫廷的精英阶层成员。那些寺院持有大量土地，从整体上说是日本中世时期最大的私人领地持有者之一。它们的僧侣无疑是当时学识最高的人士，大都精通禅宗和中国文化。他们除了担任武士家族的子女们的禅宗导师之外，还是将军和天皇的文化和政治顾问。每个寺院都采用相同的基本组织结构。它们虽然在规模和重要性方面有所不同，但是都受到相同教规的约束，遵守相同的武士法律。一个年轻人在五山系统最底层的寺庙出家，经过一定时间以后，可能进入镰仓或京都的五山寺院，成为禅宗大师或僧官。反过来说，大都市五山寺院采用的禅宗教义或中国文化鉴赏情趣可以通过其网状结构，很快传到各个令制国的底层寺庙。

13 世纪晚期，五山制度开始成形。到了1299 年，镰仓的净智寺成为"五山"之一。建长寺 1308 年的一份文件显示，该寺那时被视为"五山之首"。大约在同一时期，新落成的京都南禅寺被定为五山之一。我们并不清楚早期五山网状结构

598

---

[1] 除了特别标注的情况之外，以下对中世时期禅宗五山的讨论借鉴了 Collcutt, *Five Mountains,* 第 76–125 页。

的细节，但是幸存下来的记录显示，镰仓的北条家摄政王率先提议，礼遇和管理他们新修建的禅宗寺院。当时采纳了中国南宋的做法，组建由三个层次构成的禅宗寺院等次。北条家不仅确定哪些寺院可以获得五山地位，而且还将镰仓、京都以及令制国的较小寺庙列为该等级划分的其他两级，人称"十刹"（意为"十座庙宇"）和"诸山"（意为"各个山头"）。五山之内的大多数寺院属于临济宗，占据主导地位的是传承容西、圆仁或已在镰仓和京都扎根的中国旅居大师的禅宗各派。在五山制度中，曹洞宗寺院数量很少，它们全是在镰仓创建的。

为什么北条家族对创立禅宗既定教团表现出那么大的兴趣呢？部分原因在于，一些中国和日本僧侣迫切希望，他们所在的寺院得到官方认可，获得武士保护，从而摆脱延历寺和其他势力强大的传统教团的竞争。于是，他们提出了建议。北条很可能以此作为回应。武士阶层的摄政王接受了他们提出的说法：效仿中国宋朝，确定五山十刹制度。此举一是可以在全国范围内建立官方的禅宗寺院网状结构，二是可以增加他们和日本的声誉。但是，北条家族可能也看到，精心设计的官方禅宗寺院制度还有其他好处。例如，他们可以施展自己占据支配地位的影响，让日本佛教的一个影响力日益增大的分支为自己服务。

在那之前的数百年中，朝廷通过赐予一些佛教寺院"门迹"等寺格，与它们创建了客户关系。京都和奈良的其他寺院通过其住持的家族关系，与天皇家、藤原家和贵族家族联系起来。这类寺格和个人联系有两个作用：一是将那些传统寺院牢固地保持在朝廷的吸引力范围之内，二是抵制武士的控制。

通过创建官方的禅宗寺院网状结构，北条家可以构建自己的客户寺院体系。一方面可以顾及武士的利益，另一方面削发为僧的武士家族的子弟可被提拔为僧官。北条家还痛苦地意识到，许多传统寺院保持强大的武装力量。那些僧兵是寺院政治动乱、不听号令、行为腐败的根源。北条家强调对大都市禅宗寺院的控制，借此试图确保一点：新的禅宗机构不会成为经院佛教的另外一个好战分支。幕府派出的武士担任禅宗寺院的监督人，管理五山寺院。而且，幕府还开始颁布各种各样的五山寺院的管理详规，其中包括防止僧人获得武器的严格禁令。

北条家族率先提升自己支持的新建临济宗寺院的寺格，但是天皇家族成员很快如法炮制。1291 年，实施院政的龟山太皇将其皇宫之一变为禅宗寺院，建立京都南禅寺。在朝廷的催促之下，南禅寺很快获得五山寺格。后醍醐天皇（1288—1339 年）显示，与北条家一样，他也可以支持和控制正在发展的五山制度，谋取

599

513

597

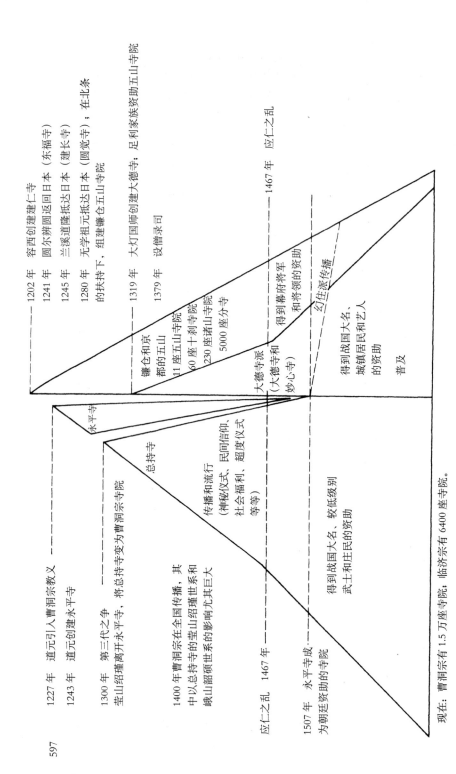

图 13.1 禅宗各派在 16 世纪的发展（参见 Kawasaki Tsuneyuki and Kasahara Kazuo, eds., Shūkyō-shi, vol. 18 of *Taikei Nihon-shi sōsho* Tokyo: Yamakawa shuppansha, 1966, 第 219 页。）

现在：曹洞宗有 1.5 万座寺院；临济宗有 6400 座寺院。

1227 年　道元引入曹洞宗教义

1243 年　道元创建永平寺

1300 年　第三代之争
　　　　　莹山绍瑾离开永平寺，将总持寺变为曹洞宗寺院

1400 年曹洞宗在全国传播，其中以总持寺的莹山绍瑾世系和峨山韶硕领世系的影响尤其巨大

应仁之乱　1467 年

1507 年　永平寺成为朝廷资助的寺院

1202 年　荣西创建建仁寺

1241 年　圆尔辨圆返回日本（东福寺）

1245 年　兰溪道隆抵达日本（建长寺）

1280 年　无学祖元抵达日本（圆觉寺）；在北条的扶持下，组建镰仓五山寺院

1319 年　大灯国师创建大德寺；足利家族资助五山寺院

1379 年　设僧录司

1467 年　应仁之乱

政治利益。1333 年，镰仓幕府倒台，他执掌大权，将与朝廷关系密切的南禅寺和
新建立的大德寺提为五山之首，刻意将五山寺院的领导权从镰仓转向京都。后醍　　600
醐天皇当年试图推翻北条家族的统治，主要依赖延历寺这样的传统寺院的支持。
因此，建立以京都为中心的五山十刹制度标明，他已经充分认识到大都市禅宗的
社会影响，试图利用它来恢复朝廷的昔日统治。

　　后醍醐天皇的复辟美梦为时不长。1336 年，曾经帮助他推翻镰仓幕府的武士
将领足利尊氏将他赶出京城，将与他竞争的另外一位天皇扶持上台。而且，足利
尊氏还自封将军。足利氏来自清河，在那里曾是临济宗僧人的施主。足利尊氏、
其弟足利直义和足利氏以及其他将军沿袭了北条家的做法，提升大城市禅宗寺院
在五山十刹制度中的地位。他们将幕府设在京都。自然而然，足利氏特别青睐京
都新建立的寺院，例如天龙寺和相国寺。那些寺院与足利氏关系密切，其中起到
主导作用的僧侣来自他们支持的禅宗流派，梦窗疏石就是其中之一。镰仓五山幸
存下来。但是，在其后一百余年中，在五山十刹制度和整个禅宗传统宗派中，占
据主导地位的是足利氏支持的京都五山寺院及其分支，以及各个令制国的寺庙。

　　在足利氏将军们及其在令制国的代理人的庇护下，五山十刹制度发展迅速。
在 14 世纪和 15 世纪，许多守护家族慷慨解囊，支持五山僧侣，其中包括赤松家、
朝河家、细川家、今川家、菊池家、吉良家、小笠原家、大友家、大内家、佐
佐木家、佐竹家、武田家、土岐家、上杉家、山名家。例如，赤松则村（1277—
1350 年）和他的儿子赤松则佑（1314—1371 年）都曾跟随雪村友梅（1290—1348
年）学禅。赤松父子在播磨国建立了几座临济宗寺院，其中包括法云寺和法轮
寺。那两座都是室町幕府指定的十刹寺院。[1] 细川赖之（1329—1392 年）时任幕
府高级官员（日语称"管领"），四国和备后守护，热心供养梦窗疏石世系的僧
侣。而且，他还积极支持和改革五山十刹寺院。[2] 今川了俊为足利氏效力，先后　　601
担任统辖九州的官员（日语称"九州探题"）和远江国和骏河国守护。他慷慨解
囊，供养来自东福寺的佛光国师和其他圆尔辨圆世系的僧侣。[3] 在室町时代，大
内家将其在周防国的衙门改造为当地主要的文化中心，邀请当时一些最著名的禅
宗大师到访传道。在他们供养的临济宗寺院中，被幕府列为十刹的有常福寺、琉

[1]　参见 Kōsaka Konomu, *Akamatsu Enshin, Mitsusuke* (Tokyo: Yoshikawa kōbunkan, 1970). 第 60–71 页。

[2]　参见 Ogawa Makoto, *Hosokawa Yoriyuki* (Tokyo: Yoshikawa kōbunkan, 1972)，第 243–73 页。

[3]　参见 Kawazoe Shōji, *Imagawa Ryōshun* (Tokyo: Yoshikawa kōbunkan, 1964)，第 49–52 页。

璃光寺、国清寺。[1] 在那个时期，大友家在丰后国建立了十几座寺院。其中大多数由圆尔辨圆的世系——五山的圣一辨圆分支——的僧侣担任住持，大多数与东福寺关系密切。在那些寺院中，一座被列为十刹，其余的被列为诸山。在美浓国的十刹和诸山寺院中，至少有五座由时任守护的土岐家修建。

五山十刹制度中的十刹和诸山两层扩大，很大程度上应该归功于守护一级的武士对五山临济宗世系的支持。因此，我们应该提出的问题是，为什么大多数守护那么热情地支持五山僧侣和五山十刹制度呢？

毫无疑问，他们受到新的中国禅宗教义的吸引，受到新颖的修持方法（日语称"座禅"）的吸引。那时的禅宗大师的著作显示，守护和令制国的其他武士不仅和他们讨论禅宗，而且还一起打坐，一起讨论公案。这就是说，他们寻求开悟。许多守护将自己的子女送进禅宗寺院和尼庵。有的——例如，大友氏康——还在五山十刹制度中担任高级僧官。

此外，与北条家摄政王和足利氏将军的情况类似，守护支持的范围除了信仰关注之外，还涉及文化、政治和社会因素。许多守护至少在京都的将军官邸待上部分时间。其间，他们与其他武士、贵族以及来自五山寺院的高级僧侣均有交集。那些令制国武士支持其领地之内的五山僧侣和传统禅宗寺院，直接接触京都的文化风格，而且还了解了中国文人的文化兴趣。

幸存下来的文件清楚显示，在武士们最希望支持并邀请到其领地的禅宗僧侣中，有的刚刚从中国返回日本，有的在京都享有盛名，在精神方面不乏睿智之见，在文化方面建树卓著。在禅宗大师的指导下，今川了俊、赤松家、小笠原家、大友家以及其他许多守护都研究新儒学和中国诗歌风格。据说，小笠原贞宗（1291—1347年）在清拙正澄（1274—1339年）的指导下，潜心学习禅宗修行礼节和中国文人的文化理想。这在一定程度上帮助他形成自己的武士礼节规范（日语称"小笠原流"）。

大内家从京都五山的印刷活动中受益，支持印刷佛教典籍、儒学经典以及周防国禅宗寺院的中国诗歌的论著。他们与其他富裕的地方武士家族一样，根据自己在禅宗僧侣指导下学到的方法，收集中国绘画和其他艺术品（日语称"唐

---

[1] 有关大内家支持禅宗和艺术的情况，参见 Yonehara Masayoshi, *Sengoku bushi to bungei no kenkyū* (Tokyo: Ōfūsha, 1976), 第 511–814 页。

物")。雪舟等杨（1420—1506 年）在京都的五山寺院相国寺当和尚时，开始绘画事业。实际上，正是在大内家的鼎力支持下，他搭乘大内家的一条商船，启程前往中国深造。

到 14 世纪中叶为止，那位守护和令制国的其他武士家族清楚地看到两点：其一，临济宗政治势头猛涨；其二，在新指定的五山、十刹和诸山寺院中，临济宗的那些世系的发展如火如荼，深受足利氏和朝廷成员青睐。守护作为足利氏的家臣，受到足利氏的鼓励，在各自令制国内建立禅宗寺院。他们发现，让那些寺院跻身十刹或诸山行列，在政治上是轻而易举的事情。[1] 在那样做的过程中，他们不仅获得了幕府的赞许，而且建立起与京城交流的渠道，打开了禅宗寺院的大门，有利于家中选择出家的子女的将来发展。守护邀请来自五山宗派的僧侣担任自己家庙（日语称"氏寺"）的住持。从社会角度看，此举不仅可以让守护提升本家族在令制国武士中的声誉，而且还可以增强家族成员和家臣之间的凝聚力。毫无疑问，在许多情况下，十刹和诸山寺院数量的扩大不是通过另起炉灶，而是让以前的天台宗、真言宗和净土宗的家庙改换门庭，变为禅宗寺院，以便适应快速发展的对禅宗的兴趣。[2]

在临济宗传播到令制国的过程中，守护的支持也起到关键作用。他们的成功　603
例子促使地方上的其他武士家族（日语称"豪族"或"国人"）建立禅宗寺院。其中有的寺院后来还进入十刹和诸山的行列。

到 15 世纪中叶为止，五山网状结构大约有 300 家寺院，其中许多还下设分院（日语称"塔头"）和分支（日语称"末次"）。11 座寺院正式列为五山。1386 年，足利义满下令重组五山，镰仓的五座五山寺院降格，它们是建长寺、圆觉寺、寿福寺、净智寺、净妙寺。京都五山包括天龙寺、相国寺、建仁寺、东福寺、万寿寺。南禅寺享有"高于"五山的特殊地位。

1386 年，足利义满还册立新的十刹寺院，京都和镰仓各有 10 座。但是，到了 15 世纪中叶，十刹包括仅仅 10 座寺院或 10 个等级的原则遭到忽视。足利氏将军们将十刹寺格给予重要的地方寺院，名列十刹的寺院总数超过了 40。对诸山寺院的数量此前没有限制。因此，足利氏可以让令制国武士家族和五山各派僧人

---

[1]　有关五山在各个令制国传播的情况，参见 Imaeda Aishin, *Chūsei Zenshū-shi no kenkyū* (Tokyo: Tōkyō daigaku shuppankai, 1970), 第 137–268 页。

[2]　参见 Kawai Masaharu, *Chūsei buke shakai no kenkyū* (Tokyo: Yoshikawa kobunkan, 1973), 第 120 页。

控制的寺院获得诸山寺格，以此向他们示好。到 15 世纪中叶为止，日本各地被定为诸山的寺院超过 250 家。在大多数令制国中，至少有一座十刹级别的寺院，五六座诸山级别的寺院。这样一来，京都的五山禅宗修持和文化价值便传到了全国最偏远的地区。

五山禅宗还通过"安国寺"——所谓"护佑地方平安的寺庙"——制度，进入了各个令制国。在梦窗疏石的敦促之下，足利尊氏和他的弟弟足利直义从 1345 年开始，将"安国寺"称号授予每个令制国中最重要的禅宗寺院。那些寺院中存放一件佛陀遗物，要求僧人诵经，超度后醍醐天皇和在南北朝战争中牺牲的武士。与此同时，为了相同的目的，足利兄弟还在每个令制国中挑选一座天台宗、律宗或真言宗寺院，授予利生塔，意味"佛陀的宠爱之塔"。在奈良时代，曾对令制国的寺院实施国分寺制度，梦窗疏石和足利兄弟可能从该做法得到启发。但是，他们也可能受到当时的关切驱动。梦窗疏石迫切希望弥合南北两朝支持者之间的裂痕，让后醍醐天皇的灵魂得到安息。通过在各地建立安国寺，足利兄弟希望达到两个目的：一是就其对待后醍醐天皇和南朝的做法，公开表达忏悔之意；二是通过在全国大张旗鼓地为在内战中死去的人祈愿，获得民众的同情。他们还向梦窗疏石表示敬意，提携五山禅宗，强化与家庙被定为安国寺的地方武士家族的联系。许多安国寺后来被擢升为十刹寺院，跻身五山十刹制度之列。通过让非禅宗寺院修建利生塔，室町幕府有了一个新途径，以便监视令制国中那些具有影响的寺院。[1]

本章篇幅有限，无法详细论述安国寺制度，无法探究在五山制度中频繁提升或降低寺院等级的做法。但是，在考察临济宗和曹洞宗禅宗的机构发展之前，在此简略讨论五山这种官僚制度的某些特征看来确实十分重要。

在北条家统治时期和足利氏统治初期，设立了专门管理禅宗和律宗寺院的官职，日语称"寺司"或"禅律方"，负责监督五山寺院。1379 年，足利义满任命梦窗疏石的重要弟子春屋妙葩担任负责僧侣登记的官员，日语称"僧录司"，将监控大权交给了禅宗僧侣。中国明朝设立了类似官职，以便监督禅宗寺院，足利义满有可能借鉴了那一做法。他还显示，他相信五山制度已经成熟，有能力进行自我管理。从 1383 年开始，僧录司便由相国寺下的鹿苑院住持担任。足利义满

---

[1]　参见 Imaeda, *Chūsei Zenshū-shi no kenkyū*, 第 77–138 页。

的本意看来是，让僧录司管理所有禅宗寺院。但是，其职权实际上限于五山寺院，重点是京都的五山。僧录司的职责包括：向幕府提名五山寺院住持和资深僧侣的人选，收集相关任命的费用，实施禅宗寺规和幕府禁令。僧录司权力受限的原因有二：第一，每个寺院的僧侣会议保持了相当大的自治权；第二，幕府继续直接与五山寺院打交道，参与五山决策。如果出现镰仓五山寺院无法解决争端的情况，幕府敦促它们上诉关东公方——而不是僧录司——裁决。

　　15 世纪和 16 世纪，僧录司一职由一批有影响力的僧侣担任。他们中的许多人属于梦窗疏石的世系，其中包括绝海中津（1336—1405 年），成就最高的五山僧侣之一；瑞溪周凰（1391—1473 年），诗人，编撰人称《善邻国宝记》的外交文件汇编；一位幕府代表，他解决了镰仓公方足利持氏与关东管领上杉宪政之间的争端；景徐周麟（1440—1518 年），第八任将军足利义政的密友。在 16 世纪大部分的时间里，荫凉轩让僧录司黯然失色。荫凉轩是第六任将军足利义教修建的隐修场所，就在鹿苑院内。掌管荫凉轩的留守的职权力逐渐扩大，在宗教和政治方面施加相当大的影响，并且将其权力扩至整个五山。1615 年，德川幕府实施监管佛教的政策，废除了僧录司和荫凉轩两职。僧录司的最后一任官员是南禅寺的影响巨大的僧侣以心崇传（1569—1633 年）。他辅佐德川家康，起到了重要作用。他草拟处理佛教寺院的政策，处理外交事务，编撰规范贵族和武士行为的法度。[1]

　　五山寺院构成了一个得到官方支持的制度。它效仿了中国宋朝的做法，其理想是：这些官方寺院是"开放性的"；住持从修养最好的僧侣中遴选，不分禅宗世系，统统由僧录司提名，最后交幕府确认。实际上，在五山寺格中，京都的南禅寺和建仁寺、圆觉寺以及镰仓五山的大多数寺院的做法是，从五山禅宗的一个世系中遴选住持。但是，有的五山寺院以及大多数十刹寺院其实是封闭寺院，住持和僧侣来自同一世系。例如，在京都，天龙寺和相国寺隶属五山，林泉寺和东寺属于十刹，它们都是梦窗疏石世系的封闭寺院。东福寺及其在各地的分支的住持一般由圣一派僧侣——圆尔辨圆的传人——担任。在镰仓，在建长寺占据主导地位的僧侣是兰溪道隆的禅宗传人。[2]

　　以大都市的禅宗寺院为中心，形成许多分支寺庙（日语称"塔头"）。那些寺

605

---

[1]　参见 Imaeda, *Chūsei Zenshū-shi no kenkyū*, 第 269–366 页。

[2]　参见 Toshihide Akamatsu, and Philip Yampolsky, "Muromachi Zen and the Gozan System," in John W. Hall and Takeshi Toyoda, eds., *Japan in the Muromachi Age* (Berkeley and Los Angeles: University of California Press, 1977), 第 324–325 页。

606 庙最初是资深僧侣的私人静修地。他们结束住持任期之后，不是返回原来的僧众群体，而是到寺院附近或者内部修建的一个小隐修地。在那里，他们与几名关系密切的弟子一起，安静地度过余生。禅宗大师圆寂之后，火化之后的遗骸存在塔头之内供奉，其灵魂逗留的隐修地作为纪念寺庙。这类塔头自然成为特定世系的飞地。它们并非日本或五山独有的情况，但是五山寺院香火旺盛，住持任期相对较短，一般为两年。这意味着，大量僧侣供养丰裕，受人尊敬，迫切希望建立自己的塔头。到 16 世纪为止，有的寺院周围塔头林立，多达二三十座，京都的南禅寺、天龙寺，镰仓的圆觉寺就是如此。塔头消耗主寺的资源和人力，有时还不服幕府控制，违背教规，互相争斗。因此，北条家摄政王和足利氏将军们试图限制塔头数量，但是收效甚微。

许多建立塔头的禅宗大师在文化方面也兴趣多多：他们赋诗，作画，鉴赏中国艺术品，喜欢茶道，设计庭园，研究儒学、道教和佛教思想。因此，他们的塔头常常成为组织严密的沙龙。他们在那里向弟子讲授文化知识，生活无拘无束，严格的禅宗修持常常大打折扣。[1]

五山是官方支持的寺院系统，受到武士法规的严格约束。1294、1303 和 1327年，北条家摄政王北条贞时和北条高时分别颁布禁令，管理镰仓五山寺院。足利氏将军们也周期性颁布类似法度，管理五山各层和单个寺院。僧录司的职责是，确保五山寺院及其塔头遵守那些规定。在那些规定中，将军们一是维持教规，禁止奢侈之风和不道德之举；二是防止禅宗寺院僧侣数量过度膨胀；三是确保禅宗寺院不会像某些老寺院那样，成为武装力量的兵营。

607 镰仓幕府制定了基本法典《建武式目》，并且颁布了若干人称"追加补"的补充规定，相当注意对五山的管理。这些规定显示了某些统治者在禅宗寺院问题的想法。在 1352 年左右颁布的追加补中，第七十二条试图处理某些公然违背教规的行为：

迄今为止，有僧人在寺院之外游荡，深夜不归。他们意在寺院附近赚取钱财，此类放贷活动屡禁不止。坊间因此谣言四起，佛法衰微，必须严加告诫。住持和寺院理事会应该共同检查，违规者必须立刻逐出，不得延误。拒

---

[1] 参见 Tamamura Takeji, "Gozan sorin no tatchu ni tsuite," *Rekishi chiri* 76, nos. 5 and 6 (1940), 第 33—64 页。

绝离开者将被视为罪犯，并且报告关东衙门。[1]

到 14 世纪晚期为止，五山生活正规化，环境安全，讲究文化。但是，有的僧人漫不经心，疏于诵经和坐禅。足利义满及其继承者因此颁布严格命令，规劝违法僧人。该追加补的第一百四十一条规定：

> 每天必须三次仔细检查诵经情况，无论年长僧人，还是普通僧人，无一例外。[如果有人缺席，] 必须除名，年长者不得晋升。在禅宗门派中，寺格提升须考虑实施禅规（日语为"座禅"）情况，屡次玩忽职守者必须逐出寺院。[2]

五山寺院是一种成长中的新制度，得到的供养丰裕。从 13 世纪晚期开始，僧侣数量快速增长。禅宗修持方式新颖，中国禅师闻名遐迩，圆尔辨圆、梦窗疏石和义堂周信（1325—1388 年）那样的日本僧侣名气不小，新建的五山寺院光彩照人，寺院与武士精英和朝廷关系密切，文化风格出类拔萃。这些因素一是吸引了佛教其他宗派的僧侣，二是让令制国武士相信：五山寺院可以让他们的儿子有所长进。传统寺院——例如，延历寺、高野山或根来寺——人口庞杂，僧侣、仆人和僧兵数以千计。那里教规败坏，僧侣难以控制，一门心思谋求土地和捐赠，以便维持日常运转。北条家和足利氏不愿看到五山寺院出现类似的情况。因此，镰仓幕府和室町幕府试图控制五山寺院的僧侣数量。他们规定：第一，主要五山寺院，例如，镰仓的圆觉寺或京都的南禅寺，僧侣不得超过五百人；第二，十刹寺院的僧侣数量不得超过一百人；第三，诸山寺院的僧侣在五十人左右。在该追加补和与禅宗寺院有关的其他法典中，多次提到这个问题。这显示，尽管幕府竭力控制五山僧侣的数量，但是其努力并不奏效。例如，追加补第一百三十八条反映了 1380 年前后的情况：

> 按照规定，大寺院僧人不得超过五百。然而据说，有的寺院僧众多达七八百甚至两千。尔等须知，这将破坏《勅修百丈清规》的标准。住持应严

---

[1] 参见 Kenneth A. Grossberg and Kanamoto Nobuhisa, trans., *The Laws of the Muromachi Bakufu* (Tokyo: Sophia University Press, 1981)，第 55 页。

[2] 同上，第 79 页。

格遵守规定，减少僧人数量。常住新僧人应为三十，来访僧人五十，其他的所有人等必须移出僧人名册。[1]

大量新僧人——年龄 15 岁及以下的男童——待在五山寺院中。这造成了几个问题。第一，他们对寺院经济贡献不大，然而必须维持其供养。第二，来自富裕家庭的小和尚互相攀比，炫示奢华袈裟和个人物品。其中许多人沦为年长僧人竞相争取的性关注目标。

当时，幕府和僧录司努力控制不断膨胀的五山寺院。它们面对的一个反复出现的问题是，如何维持敬业、能干、可以管理五山各个层次寺院的领导力量？在东部和西部寺院官僚中，有的住持和僧侣胡作非为。幕府颁布的许多规定有一个目的：必须纠正扭转这种不正之风。当局不得不反复提醒说，权势家族正在为其门徒争取僧官职位。当局还斥责说，有些担任官职的僧侣玩忽职守，然而却一门心思谋取更高的职位。例如，幕府 1352 年颁布的一项规定提供了此类问题的早期例证：

近年来，无能之人担任官职，其原因在于有的是应幕府要求，有的是与权势人物关系密切。再则，坊间盛传，在一年之中，几个人轮流担任同一官职。这是不可饶恕的……遴选之官员任期至少半年。凡任职不及半年者，不得列入官员名册。[2]

在 1376 年的规定中，相同问题显得更加突出：

关于近年来僧官的任期，幕府听到的说法是，有的仅仅任职三五天，有的甚至一天变幻三五次职位。这不是《勅修百丈清规》旨在建立的禅宗寺院。以前的官位不予承认……将军也不会向此类僧人颁发委任状。[3]

609

---

[1] 参见 Kenneth A. Grossberg and Kanamoto Nobuhisa, trans., *The Laws of the Muromachi Bakufu* (Tokyo: Sophia University Press, 1981), 第 78 页。

[2] 同上，第 55 页。

[3] 同上，第 77 页。

就寺院领导、管理和秩序而言，住持的决定和行为尤其重要。甚至幕府也注意到，"寺院兴衰全仗住持"。住持的任期至少应为 3 年。可是，许多住持"仅仅上任四五个月"（第九十八条）或更短时间，便宣告退院。[1] 举行新住持任职仪式需要相关费用，此举浪费寺院的大量资源。幕府的规定反复强调，此类任职仪式涉及的送礼和娱乐活动必须尽量从简："晋院仪式不可奢华。此类开支是寺院败落的主要原因，因此必须严格禁止。鉴于送礼花费巨大，住持也必须完全停止此举。"[2]

在五山寺院担任高职可以给当事僧侣、家人和施主带来很大荣耀。显然，许多僧侣希望得到住持或高级僧官的名分，而不愿履行相关职责。因此，对五山制度及其供养人来说，发现和维持能干的寺院领导阶层是一个极为重要的问题。这个事实让该问题变得更加复杂：幕府每次颁发住持委任状，都要收取一笔费用。金额高低不等，诸山级别的寺院住持委任状费用为 5 贯，南禅寺住持为 50 贯。这意味着，整个五山要缴纳一大笔费用。15 世纪，幕府滥发此类委任状（日语称"公文"），将其作为从五山聚敛财富的一个手段，结果损害了相关规定的有效性。

就对五山制度的管理而言，武士统治者和禅宗僧官关注的另外一个严重问题是，僧侣云集的寺院可能像日本的许多古老寺院那样，成为武装力量的聚居场所。追加补的第七十六条（1352 年）和第 234 条（大约 1445 年）分别显示，禅宗寺院并非总是一心坐禅的静地：

　　本幕近来反复听说，寺院附近发生僧人流血群殴之事。这是不可原谅的。无论其借口如何，伤者必须立刻逐出寺院。就犯事者而言，案子必须彻查。除了将其逐出寺院之外，亦不允许在其他寺院立足。如果查办明显遭到延误，涉事寺院及其各处静修地将被诉诸公堂。

　　近年来，五山［寺院］僧人和新戒沙弥时常携带武器，使用暴力，在寺院内为非作歹。这是不可原谅的。从今以后，即便他们有理由申诉，如果试图以此方式使用武力请愿，将军也将严惩不贷。如遇此等恶徒，所有僧人，无论地位高低，都将尽力保护寺院，抓住恶徒，搜查其藏匿之处。还必须搜

610

---

[1]　参见 Kenneth A. Grossberg and Kanamoto Nobuhisa, trans., *The Laws of the Muromachi Bakufu* (Tokyo: Sophia University Press, 1981)，第 65 页。
[2]　同上，第 77 页。

查塔头，捉拿罪魁祸首。此外，如遇僧人和新戒沙弥夜晚携带武器，应召集寺院俗众，出手抓捕。[1]

总的来说，幕府将军防止禅宗寺院军事化的努力取得了成效。五山僧侣与其他寺院或宗派的僧侣之间，时常出现争吵，偶尔还诉诸武力，例如，1367 年发生南禅寺门事件，南禅寺僧人与三井寺和延历寺僧人相互斗殴。尽管如此，五山或中世禅宗的其他各派僧兵力量有限，在当时的权力之争中，并不足以成为重要的武装力量。

临济宗：大应派

中世时期，五山制度扩充，影响力增大，但是并不包括日本的所有临济宗寺院。大德寺、妙心寺以及属于大应派的其他寺院，有的被排除在五山之外，有的决定保持独立。但是，这意味着，没有将军的支持，僧侣的生活十分俭朴，因而只能强调严苛的坐禅。在朝廷官员、名气较小的令制国武士家族、京都和堺城的富裕市民中，大德寺和妙心寺的僧侣们找到了施主。

中世时期，在临济宗各派的发展过程中，与支持者的关系发挥了重要作用。一方面，在 14 世纪和 15 世纪前半期，足利氏将军们牢牢控制国家，有实力在幕府与守护关系中占据支配地位；另一方面，五山各派也处于上升时期。它们享有社会美誉，获得慷慨资助，可以保护其遍布各地的土地产权。但是，在 15 世纪末和 16 世纪，暗杀不断，内战连连；地方武士家族野心勃勃，不受管束；室町幕府与守护之间的关系遭到破坏，各个等次的五山寺院深受其害；经济支持逐渐枯竭，寺院陷入应仁之乱，僧侣遭到遣散，土地遭到没收。在 15 世纪晚期的战乱中，大德寺和妙心寺被毁。但是，它们在地方武士家族和市民中吸引的施主正在崛起，在日本社会中的实力有增无减。16 世纪，许多武士推翻守护，成为军阀（日语为"战国大名"），出资供养大德寺和妙心寺的僧侣。大德寺与堺城的大名和商人关系十分密切，因此受益最大。16 世纪，堺城的商人家族与中国和欧洲进行贸易，积累了大量财富。在大德寺僧侣的指导下，他们将部分钱财用于购买中

611

---

[1] 参见 Kenneth A. Grossberg and Kanamoto Nobuhisa, trans., *The Laws of the Muromachi Bakufu* (Tokyo: Sophia University Press, 1981), 第 56、103 页。关于幕府管控五山寺院的其他例子，可参见 Collcutt, *Five Mountains*, 第 165–170 页。

国艺术品，醉心于与茶道相关的艺术。商人与禅师之间建立联系。堺城市民有的研究禅宗，资助大德寺修建塔头，有的将儿子送去那里研习禅宗。

大应派这一名称源自日本禅宗僧侣南浦绍明（又称"大应国师"，1235—1308年）。南浦绍明早年进入建长寺，师从兰溪道隆学法。1259年，他前往中国，向许多大师学习禅宗。后来，在兰溪道隆的师父虚堂智愚——其教义传到日本——指导下，南浦绍明开悟。1267年，南浦绍明返回镰仓，帮助兰溪道隆传法。他在九州北部度过30年，在数家寺院担任住持，传授禅宗。后来，朝廷得到消息称，他是一位要求严格的禅宗大师。1305年，他接受朝廷邀请，前往京都，担任万寿寺住持。他试图在东山建立自己的禅院，拟称吉元寺，但是遭到延历寺僧侣的反对，最后无果而终。1307年，他接受北条贞时的邀请，到了镰仓，担任建长寺住持，并在那里圆寂。[1]

大应派僧侣众多，其中包括宗峰妙超（缢号"大灯国师"，1282—1337年）。他传播的禅宗充满活力。他在京都的五条桥下乞讨，引起了许多人的兴趣，获得他们的供养，其中包括时任播磨国守护的赤松则村、禅位的花园天皇和后醍醐天皇。宗峰妙超给施主们讲授禅宗和《碧岩录》。在他们的鼎力支持下，1326年他在京都北部紫野自己的隐居地修建了大德寺。

后醍醐天皇提出计划，让大德寺和南禅寺一起，统领建武复辟期间支持南朝、以京都为中心的五山制度。我们尚不清楚，大灯国师对此是否持欢迎态度。然而非常清楚的是，大灯国师积极寻求朝廷承认两点：其一，大德寺应被命名为"护国寺"和"皇家朝拜寺"；其二，大德寺永远由其世系的僧侣担任住持。大灯国师与梦窗疏石同时代，后者曾以禅师身份，辅佐北条家、后醍醐天皇和足利氏。但是，大灯国师抨击梦窗疏石的禅宗，而且还可能抨击梦窗疏石八面玲珑、左右逢源的做法。因此，他一直未与仰慕梦窗疏石的足利氏建立密切联系。后醍醐天皇逃出京都仅仅1年之后，大灯国师圆寂。大德寺在历史上一直与朝廷保持密切关系。[2]

大灯国师去世之后，其弟子彻翁义亨（1295—1369年）担任大德寺住持，管

612

---

[1] 关于南浦绍明的生平细节，参见 Ogisu Jundo, "Nampo Jomyo no Nihon zenshu shijo no chii," in *Nihon chūsei zenshū shi* (Kyoto: Mokujisha, 1965), 第202—220页。

[2] 有关宗峰妙超和大灯国师的讨论，参见 Haga Koshiro et al., eds., *Daitokuji to sado* (Kyoto: Tankōsha, 1972)；以及 Ogisu Jundo, "Shuho Myocho to sono Zen," *Nihon chūsei zenshū shi,* 第222—236页。

理才能斐然。他制定了《七条寺规》（1337 年）、《大德寺法度》、《正传庵法度》、《德善寺法度》（后三份文件于 1368 年编撰），管理大德寺及下属寺院。彻翁义亨订立的规矩包括：其一，住持应该择优任命；其二，僧团由住持、东街僧录、西街僧录和资深僧人组成，负责管理寺院及其田地。[1] 1341 年，幕府颁布经过修订的京都五山寺院目录，大德寺不在其中。其原因大概是，大德寺被视为单一世系成员传承的寺院。

613　　　　1385 年，足利义满颁布京都十刹目录，大德寺和嘉元寺——大应国师在京都建立的一家寺院——双双列入。它们在十刹中排位第九，在官方寺院中处境颇为尴尬。经过多次上诉之后，大德寺获准退出十刹，其理由是，后醍醐天皇和花园天皇曾经恩准，它是大应派僧侣专有的训诫场所。嘉元寺很可能同时退出了五山制度。从那时开始，大德寺住持获得朝廷特许，可以身披紫色袈裟。

　　　1453 年，一场大火几乎将大德寺夷为平地。在它完全重建之前，应仁之乱中再遭焚毁。但是，大德寺即便化为灰烬，经过养叟宗颐（1376—1458 年）和一休宗纯（1394—1481 年）的努力，重振和扩大的基础已经奠定。养叟宗颐和一休宗纯在五山寺院中开启禅宗训诫。但是，在 14 世纪晚期和 15 世纪中，僧侣数量激增，官方寺院盛行形式之风和唯美之风。两人很快对此深感不满，于是投奔华叟宗昙（1352—1428 年）这样的大应派大师，学习更质朴的禅宗。1410 年，一休宗纯离开安国寺，赋诗一首，表达自己对五山僧侣的厌恶之情。他觉得，那些和尚更像商人，而不是佛教僧侣。他们将各自家族的势利言行带入了隐修之地：

> 禅宗讲道彼谈家。
> 满心羞愧吾无言。
> 此等狂言禅难应，
> 恶魔胜利无知存。[2]

　　　一休宗纯虽为僧人，但是离经叛道，桀骜不驯，随心所欲，喜欢呼朋唤友，饮酒作乐，寻花问柳。他出言攻击五山，然而对大德寺禅宗的态度却摇摆不定。

---

[1] 彻翁义亨提供了管理大德寺早期僧众的框架。相关讨论参见 Takenuki Genshō, "Rinka ni okeru kyōdan keiei ni tsuite," *Bukkyō shigaku* 15(July 1971), 第 225–263 页。

[2] 英译由 James H. Sanford 完成，*Zen-man Ikkyū* (Decatur, Ga.: Scholars Press, 1981), 第 14 页。

1440 年，也许养叟宗颐劝他出任大德寺下属的龙安寺住持。仅仅几天之后，一休宗纯便宣告下台，抱怨那里的僧人言行轻佻，自己没完没了地应付官僚要求：

> 可笑捐赠入禅地，
> 勺子篮子饰东壁。
> 此等物品留何用？
> 河湖蓑衣吾所喜。[1]

614

他还写道：

> 住持十日瞎忙乱，
> 繁文缛节手脚拴。
> 倘若某日君寻吾，
> 鱼市酒馆青楼院。[2]

同为禅宗僧侣，一休宗纯与养叟宗颐毫无相似之处。养叟宗颐看起来与一休宗纯截然不同：他温文尔雅，神情严肃，担任僧官时全力以赴，训诫大德寺僧人，恢复寺院秩序。由于某种原因，一休宗纯十分讨厌养叟宗颐，想方设法加以抨击。一休宗纯说，养叟宗颐是冒牌禅师，一门心思求得朝廷的认可，背叛了大灯国师和华叟宗昙创立的传统。1457 年，后花园天皇授予养叟宗颐大善禅师称号，表彰他重建大德寺的辛劳和功绩。一休宗纯赋诗一首，表示心迹：

> 紫裟盛名竭吾禅，
> 朝廷官位手中钱。
> 大德师父系冒牌，
> 细观中国强盗然。[3]

---

[1] 英译由 James H. Sanford 完成，*Zen-man Ikkyū* (Decatur, Ga: Scholars Press, 1981)，第 47 页。

[2] 同上，第 48 页。

[3] 同上，第 50 页。

　　但是，一休宗纯和养叟宗颐至少有一个共同之处：两人以截然不同的有效方式，游说堺城商人慷慨解囊，供养大德寺。养叟宗颐举办规模很大的坐禅活动，不是通过严谨的苦思冥想，而是以深奥难懂的传道方式"解答"公案。他向俗家信众颁发开悟印可，筹集捐赠，推广禅宗。一休宗纯抨击说，那些做法"出卖法宝"，亵渎禅宗，并且讽刺养叟宗颐和支持他的市民。但是，一休宗纯本人行为怪异，放荡不羁，传播离经叛道的禅宗，遇事对人直言不讳，反而在堺城赢得了虔诚信众。1474 年，晚年的一休宗纯接受了大德寺住持一职，承担起在应仁之乱后重振寺院的重任。他美誉斐然，人缘广泛，堺城的商贩、茶道大师、连歌大师和大名欣然响应，纷纷解囊，捐资相助。[1]

　　15 世纪中叶，养叟宗颐和一休宗纯共同努力，形成了大德寺与堺城之间的密切联系。到了 16 世纪，堺城繁荣起来，市民追求中国的奢侈品、禅宗和茶道。堺城与大德寺之间的纽带进一步增强。大德寺下属的各个分支在堺城建立起来，大德寺僧侣是城里的常客。经过一定时间以后，有的商人家庭将自己的儿子，送到大德寺或其所属寺院出家修行。1453 年那场大火之后，一位法名为宗鉴的堺城商人——养叟宗颐的一位施主——出资重建大德寺法堂。大约 20 年后，需要重建应仁之乱被毁的住持禅房、佛殿、法堂以及几座陈旧的塔头。一休宗纯的弟子商人尾和园林慷慨解囊，承担了大部分费用。此外，他还劝说堺城的其他商人出资，一是修建纪念一休宗纯的珍珠庵，二是募集部分丧葬基金，作为大德寺放贷生意的资本。根据历史文件记录，1494 年和 1514 年，纪念一休宗纯圆寂 13 周年和 33 周年，在珍珠庵分别举行超度法会。法会前后，大德寺收到多笔小额"香火钱"，捐款者除了武士和富裕农民之外，还包括堺城和京都的许多商人。[2]

　　一方面，堺城商人的资助有助于大德寺重整旗鼓，摆脱 15 世纪晚期应仁之乱造成的影响；另一方面，大名的支持确保该寺香火旺盛，迎来了 16 世纪的黄金时代。1500 年之前，大德寺有几座塔头。1500—1812 年间，新建了 18 座，其中大多数由战国大名和丰臣秀吉供养。其中许多大名塔头兼有两个功能：一是作为大名宗祠（日语称"菩提寺"），二是纪念禅宗大师。寺院得到大量捐赠，至少在那些武士施主战功显赫、仕途顺利时如此。大名施主与大德寺僧侣和堺城商人

---

[1]　参见 Izumi Chōichi, "Sakai chōnin to Zen," *Rekishi kōron,* no. 10 (1977), 第 89–91 页。

[2]　参见 Hayashiya Tatsusaburō et al., *Kyōto no rekishi* (Kyoto: Gakugei shorin, 1968), vol. 3, 第 128–129 页。

一样，喜欢茶道和禅宗。许多塔头兼有文化沙龙的性质。

　　笔者在此仅举几例，说明大名的资助在大德寺派发展过程中所起的作用。[1]　616
例如，兴临院由能登国的畠山家修建和供养，后来由加贺国的前田家供养。1597
年，畠山吉本将能登的两个村庄的田产赠予兴临院，其年收入达到 100 贯。在兴
临院保留的一份清单上，列有 1525—1535 年间被授予法名的俗家施主，其中男
性 64 名，女性 36 名，大多数来自京都、京都附近地区和北陆。除了畠山家之外，
其中大多数为大名的代理人（日语称"被官"）、商人、工匠或富裕农民。这一事
实说明，大德寺僧侣具有相当大的社会影响。大慈院由丰臣秀吉的主要将领之一
小早川隆景修建（1533—1585 年），每年获得的收入为 100 石。后来，大慈院由
与小早川家沾亲带故的森家供养。在德田时代，大慈院的年老僧人享有森家成员
的地位。最后，细川忠兴（1563—1645 年）修建高桐院，纪念他的父亲著名的细
川藤孝（1534—1610 年）。

　　细川忠兴是那个时代十分成功的人物之一。他的妻子玉子是明智光秀（1528—
1582 年）之女，后来皈依基督教。细川忠兴拒绝帮助明智光秀暗杀织田信长。后
来，他在丰臣秀吉和德川家康麾下效力，战功卓著。在关原合战和大阪战役中，
细川忠兴屡立战功，被授予丰前国领地小仓藩（租谷合 39 万石）。细川忠兴和他
的父亲细川藤孝一样，堪称文武双全。他精通绘画和和歌，是茶道大师千利休的
高足之一，并且编撰了一本茶道指南《细川三斋茶书》。细川藤孝的弟弟是僧人，
高桐院就是为他修建的。战国大名的支持并不限于京都寺院。许多大名——例
如，小田原的北条家——纷纷邀请大德寺僧侣到其领地，并且为其修建分寺。禅
宗大德寺派得到大力支持，在 16 世纪很快传遍整个日本。到 16 世纪晚期为止，
大德寺的分寺多达 200 余座，其中许多位居五山之列。

　　16 世纪，那个时代的一批文化人慷慨解囊，为大德寺及其下属寺院的繁荣　617
做出贡献，他们多为连句诗（日语称"连歌"）诗人和茶道大师。连歌诗人紫屋
轩宗长（1448—1532 年）曾经师从一休宗纯学禅，后来为大德寺修建了一道大门
（日语称"山门"）。为了筹集这笔钱款，他卖了一本珍贵的《源氏物语》。珍珠
庵的文件显示，为了修建山门，1525 年和 1526 年合计花费 731 贯 500 匁。[2] 许多

---

[1]　关于这些寺院和大德寺塔头的更多信息，参见 Kawakami Mitsugu, *Zen'in no kenchiku* (Kyoto: Kawahara shoten,
　　1968)，第 127-265 页。

[2]　参见 Yamada Sōbin, "Sanmon shūfuku no kiroku," in Haga et al., eds., *Daitokuji to sadō*, 第 264-273 页。

人为一休宗纯的超度法会捐助"香火钱"，其中就有紫屋轩宗长的诗友山崎宗鉴（1465—1553年）。那个时代，著名的茶道师父包括村田珠光（1442—1502年）、武野绍鸥（1502—1555年）、津田宗久（？—1591年）、今井宗久（1520—1593年）、千利休（1522—1591年）等人。他们和大德寺的僧侣一起研习禅宗和茶道，也为寺院慷慨捐资，为大德寺成为日本一流文化中心出了一臂之力。[1] 1585年，丰臣秀吉在大德寺举行了一场自我炫示的茶道表演，由千利休和津田宗久领衔主持，大多数大名和部分市民应邀出席。丰臣秀吉主张实施文化霸权，使大德寺成为茶道中心，让千利休成为家喻户晓的热门人物。1559年，千利休自掏腰包，重建大德寺山门，在原有大门上增加一层，而且安放了一尊自己的塑像。这种傲慢做法让丰臣秀吉愤愤不已，千利休被迫自杀，大德寺几乎一蹶不振。[2]

此事说明，丰臣秀吉喜欢炫示，随心所欲，脾气暴躁，反复无常，与大德寺之间的关系通常极不稳定。毫无疑问的是，在他的带动下，许多战国大名纷纷对大德寺产生兴趣。丰臣秀吉沿用织田信长制定的政策，一方面收紧对佛教各派的控制，一方面资助安分守己的寺院和佛教群体，利用佛教来对付基督教。[3]

丰臣秀吉并非仅仅——或者特别——支持禅宗，但是他十分尊重大德寺僧侣古溪宗陈。1582年10月，织田信长遇刺身亡，丰臣秀吉在大德寺为其举行豪华葬礼，古溪宗陈担任主持。丰臣秀吉个人出资现金1万贯，用于葬礼开支。[4] 同年，丰臣秀吉下令修建总见院，作为织田家菩提寺，让古溪宗陈担任首位住持。1588年，他在大德寺修建纪念其母的天瑞寺。大约在那段时间，他还给了古溪宗陈四千贯，修建一座新寺，取名天照寺。古溪宗陈滥用相关款项。丰臣秀吉大怒，将他流放九州，建造新寺院的计划随之搁浅。[5]

对大德寺来时，丰臣秀吉推行的土地勘定和改革意义重大，超过建造寺院的工程。一是重构了大德寺的整个经济模式，二是明确了大德寺在江户时代运行的经济基础。我们没有土地改革之前的相关详尽资料，所以不可能确定大德寺在丰臣秀吉庇护下发展的具体情况。但是，与被夺取许多田产的根来寺或高野山相

618

---

[1] 参见 Hayashiya et al., *Kyōto no rekishi,* vol. 3, 第 130 页。

[2] 参见 Yamada, "Sanmon shūfuku no kiroku," 第 273-279 页。

[3] 关于丰臣秀吉对待佛教的态度和处理佛教各派方式的简要讨论，参见 Kuwata Tadachika, *Toyotomi Hideyoshi kenkyū* (Tokyo: Kadokawa shoten, 1975), 第 341-358 页。

[4] 这份文件的原件参见 Tayama Hōnan, ed., *Daitokuji* (Tokyo: Kōdansha, 1968), 第 302 页。

[5] 参见 Hayashiya et al., *Kyōto no rekishi,* vol. 4, 第 185 页。

比，大德寺看来受到厚待，可能还有所获益。1585 年春天，对佛教寺院的田产进行地籍测量，大德寺的领地得到全面确认。[1] 同年晚些时候，丰臣秀吉下令，将分散各处的大德寺田产进行归并，集中在三个地区，其总产量（日语称"石高"）估计为 1545 石。[2] 到了 1615 年，德川家康下令，将其增加到 2010 石。在整个德川时代，基本维持了那一收入水平。与德川麾下职位较高的官员所得的津贴相比，那笔津贴的数额按照当时的标准不算太大，不过也超过拨给五山的大多数寺院的额度。

大应派的另外一个主要分支是关山慧玄（1277—1360 年）的后裔。关山慧玄是大灯国师的弟子，京都妙心寺的开山祖师。该分支在 14 世纪和 15 世纪之初历经磨难，后来得到战国大名的庇护，在 15 世纪晚期和 16 世纪获得了长足发展。到了 16 世纪结束时，它超过五山和大德两个世系。妙心寺派在 16 世纪迅猛发展的一个重要因素是，在住持雪江宗深的领导下，寺院形成了十分有效的组织结构。

关山慧玄曾在镰仓五山寺院建长寺开始研习禅宗。在那里，他没有找到可以指引他开悟的师父。但是，他确实听人提到京都的宗峰妙超（大灯国师）。关山慧玄随即离开建长寺，拜在宗峰妙超门下研习禅宗。数年之后，他解答了云门文偃（864—949 年）留下的一则公案，从此开悟。该公案依赖于一个汉字"关"，他由此采用了"关山"这个名字。后来，关山慧玄与宗峰妙超发生争执，离开大德寺。但是，他从大灯国师那里，学到了基于严格禅修的禅宗。在其禅宗修持和教导中，关山慧玄以苦行修持著称，全然不顾个人升迁、丛林兴盛和文化建树。关山慧玄与大灯国师一样，得到后醍醐天皇的眷顾，特别受到花园天皇的青睐。在关山慧玄的指导下，花园天皇专修禅宗，不仅将一座清静的宫殿改造成禅宗寺院妙心寺，而且钦定关山慧玄为开山住持。根据现存的全部说法，关山慧玄并不在乎自己的境遇。据说，他在世时，妙心寺房顶漏雨，他根本无法落座。有一次，他让一名和尚出去购买廉价米饼，招待著名高僧梦窗疏石。以上两件事情或许不足为信。重要的一点是，它们在关山慧玄在世时广为流传，奠定了他在妙心寺派中严厉禅师的声誉：在坐禅和公案学习两个方面，他都要求弟子达到最高标准。他不仅是大应国师和大灯国师的继承人，而且其知名度堪与这两位大师相

619

---

[1] 参见 Tōkyō daigaku shiryō hensanjo, ed., *Daitokuji monjo* (Tokyo: Tōkyō daigaku shuppankai), vol. 1, doc. 98。

[2] 参见 *Daitokuji monjo*, vol. 1, doc. 101。

提并论。[1]

妙心寺建立之后的一百年中，历经磨难，前途难料。妙心寺隶属大德寺，但是关山慧玄与大灯国师的争执影响深远，两座寺院之间关系紧张。关山慧玄圆寂之后，授翁宗弼（1296—1380 年）和无因宗因（1326—1410 年）先后担任妙心寺住持。两人继承了他的做法，坚持俭朴的隐居生活，沿袭纯朴的禅宗修持。无因宗因曾在五山寺院建仁寺学禅，后来投奔妙心寺。他将五山法度中的严格教规引入妙心寺，但是妙心寺从未进入五山行列。妙心寺面对的最大难题是，它与幕府的关系不佳。

妙心寺从未与足利氏将军们建立密切关系。1399 年，足利义满指控说，妙心寺住持拙堂宗朴与时任日本西部六个令制国的反叛武士大内义兴（1356—1399年）有染。于是，寺院的土地被悉数没收，控制权交给了足利义满在其他寺院的亲戚；妙心寺的僧人被遣散到各个令制国，不得不仰仗地方武士家族提供资助；妙心寺内的房舍逐步衰败。后来，就连妙心寺这个名称也被取消，寺院更名为龙云寺，等级降低，成为南禅寺的一个分寺。关山慧玄曾是大灯国师的弟子，因此妙心寺的僧侣试图在大德寺中找到栖身之处。但是，大应派的那两个分支之间的竞争已经显而易见，那些僧侣吃了闭门羹。[2]

在妙心寺的发展过程中，那段经历持续了三十余年。15 世纪 30 年代，龙云寺原有的部分土地产权得到恢复，僧侣们开始从各个令制国返回，寺院也再次启用妙心寺这个名称。重建的领导者是鲲崖园里、妙高宗英、日峰宗舜（1368—1448 年），并且得到朝廷和细川家族的大力支持。鲲崖园里上诉足利义持将军，成功收回妙心寺失去的部分田产。妙高宗英是隐修的崇光天皇之子，妙心寺被取缔之后曾在周防国担任寺院住持。在恢复妙心寺的过程中，他重新赢得朝廷和大内家的青睐。

日峰宗舜早年在美浓国管理过数家寺院，赢得禅宗大师的美誉，深受信众欢迎。后来，他逐步引起细川持之及其儿子细川胜元（1430—1473 年）的注意。在妙心寺重建的过程中，他与细川父子的关系起到无法估量的作用。细川氏不仅是

---

[1] 关于关山慧玄生平的详情和妙心寺的早期历史，参见 Ogisu Jundō, "Kanzan Egen no shomondai," in *Nihon chūsei zenshū shi,* 第 332-431 页，以及 Kawakami Kozan, *Myōshinji-shi* (Kyoto: Shibunkaku, 1975), 第 25-60 页。

[2] 参见 Kawakami, *Myōshinji-shi,* 第 81 页。

关东势力最大的武士家族，而且常常担任幕府官僚体制中的最高职位管领。例如，细川持之于1432—1442年任管领，细川胜元也三次担任该职，时间分别为 1445—1449年、1452—1464年、1468—1473年。这样一来，在细川持之的支持下，日峰宗舜可以顺利收回妙心寺原有的许多田产，并且修缮寺院残败不堪的房屋。[1]

但是，随着日峰宗舜人气大增，妙心寺成功重建，妙心寺与大德寺之间的关系再度紧张。1444年，日峰宗舜获得朝廷委派，担任大德寺住持。养叟宗颐、一休宗纯率领大德寺僧人群起抗议。他们宣称，大灯国师和朝廷施主的意愿是，大德寺住持只能由大应派僧人担任；朝廷的任命有违他们的初衷。但是，朝廷和幕府认为，大应派也包括关山慧玄的追随者。于是，日峰宗舜担任了大德寺住持，成为妙心寺僧侣担任该职的第一人。[2]

日峰宗舜吸引了许多脱离了五山寺院的僧侣，使其成为自己的弟子。例如，义天玄诏（1393—1462年）和雪江宗深（1408—1486年）离开建仁寺，后来接替日峰宗舜，先后担任妙心寺住持。那些僧侣继续得到细川胜元的鼎力资助，指导他坐禅修行。实际上，细川胜元修建了龙安寺的著名石头庭园，供义天玄诏使用。与大德寺和京都的许多五山寺院一样，妙心寺和龙安寺毁于应仁之乱。雪江宗深担当重建两座寺院的重任。细川家再次伸出援手。细川胜元游说细川家的各个分支和许多伙伴，联手为重建提供资金。他在工程完成之前去世。应仁之乱后，其子细川政元（1466—1507年）控制了幕府。他亲自监督施工，直至顺利完成。

雪江宗深恢复了妙心寺的禅院地位，并且在管理方面推行重要改革措施，其结果不仅让妙心寺自身受益匪浅，而且促进了妙心寺派的快速发展。

大约在雪江宗深担任住持期间，妙心寺开始使用非常严格的制度，一一记录寺院的财务账目。妙心寺保存了大约250本账簿，它们覆盖的时段从15世纪80年代到19世纪30年代。那些账簿按月记载了妙心寺的收入和开支。雪江宗深与中国和日本的许多禅宗大师一样，那时似乎就意识到，要在禅院中维持僧人集中修持的做法，在很大程度上一是依赖寺院获得稳定收入，二是悉心打理寺院的各种资源。

---

[1] 关于细川家资助妙心寺的讨论，参见 Kawakami, *Myōshinji-shi,* 第84-112页。还可参见 Tsuji, *Nihon bukkyō-shi (chūsei* 4), 第87-124页。

[2] 参见 Sanford, trans., *Zen-man Ikkyu,* 第54页。

　　雪江宗深推行改革之后，妙心寺在制度方面还实施了另外一项制度：遴选下属四个主要分寺的资深成员，让他们轮流担任妙心寺住持。雪江宗深有四名弟子：景川宗隆（1426—1500 年）、悟溪宗顿（1416—1500 年）、特芳禅杰（1419—1506 年）、东阳英朝（1428—1504 年）。他们及其弟子在妙心寺内设立了四庵——龙泉、东海、灵云、圣泽。这四个分寺的住持共同监督妙心寺的日常运作和财务账目。他们——或者主要分寺的成员——轮流担任妙心寺住持。因此，从制度层面看，妙心寺拥有两个重要元素：一是有效的监督机构，二是遴选能干的资深僧侣群体。每个下属寺院还轮流监督寺院账目。除了妙心寺的住持和僧官之外，四个主要下属寺院的住持每年查账，并且连署确认。[1]

　　雪江宗深的四名弟子吸引的信众人数越来越多，他们所在的下属寺院成为传道基地，让妙心寺派在各个令制国开花结果。细川家依然是妙心寺的虔诚施主，但是到了 16 世纪中叶，妙心寺僧人还获得了其他许多战国大名的资助，在日本中部的人气尤其旺盛。那些担任大名的施主有的在其领地内为妙心寺修建寺院，有的在京都的妙心寺附近修建分寺。那些大名施主人数众多，不胜枚举，包括美浓国的斋藤俊藤夫妇、骏河国的今川义元、当时在尾张国任职的织田信长、甲斐国的武田信玄等等。

　　到 16 世纪末为止，关山慧玄的继任者已在各个令制国控制了数百座寺院，其中至少有 50 座曾在五山之列。妙心寺住持领导有方，加之得到战国大名的支持，其发展速度与大德寺不分伯仲。在信众之中，它口碑越来越好，这在其扩张过程中起到巨大的作用。妙心寺僧侣努力增加教义的吸引力，不仅针对战国大名，而且还考虑到地位较低的武士、农民、游吟诗人、连歌诗人、手工匠人。他们采用的方式有三：简化公案和坐禅修持；引入净土宗的诵经方法；举行祈愿仪式和丧葬法会。[2]

　　在德川幕府时代，妙心寺仍然是实力雄厚的寺院。在 18 世纪，妙心寺下属的大圣寺的白隐慧鹤（1685—1768 年）重新强调关山慧玄的主张，修持之要在于坐禅。实际上，白隐慧鹤倡导的禅宗复兴势力强大，甚至深入了大德寺和五山僧人圈子。这样一来，关山慧玄的教义成为现代日本禅宗的源泉。

---

[1]　参见 Hayashiya et al., *Kyōto no rekishi*, vol. 3, 第 132–133 页。
[2]　同上，第 134 页。

临济禅：幻住派

在结束对临济宗的讨论之前，我们应该简要讨论一下幻住派[1]在镰仓后期，一些日本僧人前往中国，师从著名禅宗大师中峰明本（1263—1323年），在其隐修地，即现在浙江湖州的幻住庵学禅。中峰明本是学者型隐士，其禅宗受到净土宗教义的影响。远溪祖雄（1286—1344年）、古先印元（1295—1374年）、无隐元晦（？—1358年）等日本僧侣远渡重洋，将中峰明本的禅法传到日本。他们之中的许多人去中国之前，曾在五山寺院中研习禅宗。他们返回日本之后，放弃原来的丛林，一心追求中峰明本的隐士理想。他们将禅宗思想传到日本中部和北部偏远的山区。他们一方面追求隐居方式，一方面希望形成强有力的宗派身份；但是，这两者相互冲突。在镰仓时代晚期和南北朝时代，五山各个世系的组织结构高度发展，扩展势头强盛，幻住派难以抗衡。

但是，在室町时代，幻住派僧侣开始重返五山寺院。他们以泛佛教主义态度弘扬禅宗，形成了相当大的影响。九州僧人一华硕由（1447—1507年）是"返回五山"活动的最早组织者之一。一华硕由与中世时期的许多禅宗僧侣一样，曾经师从不同派别的大师研习禅宗。但是，他并未让自己囿于一家之言，从不同大师那里获得了证书（日语称"印可"），既有曹洞宗，也有临济宗。1504年，一华硕由到了九州北部，担任十刹寺院圣福寺住持，成为幻住派僧侣在五山十刹寺院任职的第一人。

16世纪初期，五山寺院的势力日薄西山，幻住派僧侣对禅宗其他流派所持的宽容态度被视为力量源泉，而且还可能起到融合作用。幻住派僧侣应邀担任五山寺院的住持，五山寺院的许多僧人还让五山信众接受幻住派禅法。这种做法还传到了临济宗的大德寺派和妙心寺派。这样一来，到了16世纪中叶，在日本临济宗的许多大寺院中，担任住持的僧侣至少与中峰明本的兼收并蓄传统有一定联系。具有讽刺意味的是，那些僧侣当初对五山的繁文缛节和文学方面的附庸风雅做派深感厌恶，所以一走了之；然而，其继任者们后来却抛弃了他们的遁世修行理想，希望在临济宗传统教团中求得一官半职。从正面看，他们的折中言行起到催化作用，破除了临济宗内的许多派系或传承人之间的人为壁垒。从负面看，从

623

---

[1]　参见 Imaeda Aishin, *Zenshū no rekishi* (Tokyo: Shibundō, 1962), 第 209-212 页。

作为自我引导谋求开悟的禅宗的"纯度"看，他们给临济宗修持方式，注入了强烈的净土宗虔诚修持的色彩。

曹洞宗

五山和大应派的临济禅从镰仓和京都向外扩展，赢得了将军、天皇、守护、战国大名和商人的热情资助；在那个阶段中，曹洞宗的传播势头虽然稍显逊色，但是在各个令制国的地方武士和农民家族中同样影响广泛。到了16世纪，曹洞宗的僧侣与大德寺派和妙心寺派的僧侣一样，获得朝廷成员、战国大名和城镇居民的支持，打入了令制国和京城中的五山寺院。

在传入日本的过程中，曹洞宗经历了两个大的浪潮：第一个发生在1227年秋季，道元从中国返回日本；第二个出现在1309年，应北条贞时的邀请，中国僧人通明园一（1272—1340年）抵达日本。

625　　中世时期，道元世系在机构方面的发展分为四个较为明确的阶段：第一个阶段为道元在世时。道元建立兴圣寺和永平寺，并且根据自己的理念，编撰全面教规。第二个阶段始于1300年，道元的第三代弟子出现分裂，总持寺壮大，成为永平寺的竞争对手。在第三个阶段中，曹洞宗教义在室町时代受人欢迎，在各个令制国中广泛传播。在第四个阶段中，永平寺恢复元气，成为全国曹洞宗的主要寺院（日语称"本山"）。

道元和曹洞宗的早期发展

1227年，道元从中国返回日本。他确信，他从曹洞宗大师天童如净那里继承而来的专心修持方式（"只管打坐"）是"真法"。他返日之后撰写了两本著作，一本叫《普劝坐禅仪》，另一本为《弁道话》。他倡导坐禅，将其作为佛教的最高修持，僧侣和俗家人概莫能外。[1] 这个观点将禅宗置于首要地位，引起了延历寺僧侣的极大愤慨。他们将道元从返回京城之后的落脚之地建仁寺赶了出去。

1231年，道元到了京都南面的深草，修建了兴圣寺。道元师从天童如净时接受了严格训练，从此向往禅宗僧侣生活。他相信，那种生活源于中国唐代禅宗大

---

[1] 这两部著作的英文译本，参见 Masao Abe and Norman Wadell, trans., "Dogen's *Bendowa*," *The Eastern Buddhist* 4 (May 1971)，第124-157页；以及 Masao Abe and Norman Wadell, trans., "Dogen's *Fukanzazengi*," *The Eastern Buddhist* (October 1973)，第121-126页。

师百丈怀海实施的寺规。他回到日本之后的一段时间里，道元秉持最广义的"普罗大众皆为僧"的理想。他在《普劝坐禅仪》中提出，通过坐禅得以开悟，无论男女，无论僧俗，人人均可得道。严格、自觉地遵守禅宗教规，可以助人达到开悟境界。

但是，经过一段时间以后，道元被逐出京城。他遭到佛教传统门派的敌视，没有精英阶层的资助，传道活动遭遇实际困难，他对民众的反应越来越悲观。在这种情况下，道元的思想转向重新强调具有排他性的修行。他决心训诫少数精心挑选的僧人。那样的人愿意住在严格管理的偏远寺院中，心无旁骛，虔诚修持，只求开悟。

在兴圣寺里，道元努力创造日本历史上第一座纯粹的禅宗寺院。容西的建仁寺曾经允许禅宗各派共存，除了坐禅之外，还有天台宗和真言宗的祈愿和典仪。但是。道元反对容纳佛教其他流派的做法。兴圣寺包括两座禅院风格的建筑：一座是僧堂，供僧侣日夜集体坐禅；一座是法堂，供住持和年长僧侣在那里与其他僧侣互相辩禅。

他在兴圣寺住了 13 年，其间撰写了四十余本关于禅宗的文章。后来，它们被一一收录进《正法眼藏》。那些著作内容丰富，包括如何坐禅的说明、对《妙法莲华经》和其他典籍的评注，以及禅宗寺院的详尽教规。通过实施那些教规，道元将禅宗寺院的管理组织结构引进了兴圣寺。那些教规形成了曹洞宗的制度特征。

道元早期撰写的著作之一是《典座教训》。道元解释负责准备膳食的僧侣应有的态度。他强调说："就个人和全体僧侣的禅宗修持而言，淘米和炒菜这样的简单行为如果用心去做，也是大有禅益的。因此，必须心怀尊崇，对待那些蔬菜：普通蔬菜滋润佛陀的种子，培育禅宗的花蕾。"[1]

兴圣寺在僧堂旁边修建了附属房舍，以供更多的僧侣坐禅，道元在《重云堂式》中就此制定了二十一条规定。为了获得"真法"，僧侣们应该将僧堂仅仅用于打坐之处，不能在那里诵读佛经，更不能闲聊或争吵。袈裟面料应为粗布，僧侣不应随地吐痰，擤鼻涕不应声音太大。当然，严禁饮用米酒，严禁食用辛辣食物。洗面和净身的规定强调，净化仪式在禅修和寺院生活中占有重要地位。这些规定由禅宗祖辈制定，经过道元本人的解释。道元认为，如果严格遵守，洗面、

---

[1]　参见 *Tenzo Kyokun*, in Ōkubo Dōshū, ed., *Dōgen Zenji zenshū* (Tokyo: Chikuma shobō, 1970), 第 295–303 页。

净身、漱口、洗衣、洗碗、如厕等行为均是禅宗和佛性的仪式化表现：

> 佛法一直规定用水清洁的原则。净身、净心、洗脚、洗面、洗眼、漱口、如厕后冲洗、洗手、洗碗、洗衣、洗头，这些行为构成三个时代（日语称"三世"）佛陀和长老的法规。[1]

在上述著作中，在关于禅宗修行生活的其他著作中，道元奠定了严谨禅修的基础。他认为，严格遵守规矩和戒律一可保持坐禅，二可维持和谐的寺院生活。应该强调的是，对中国的某些临济禅流派及其教规，道元持严厉批评的态度。而且，他以忠于禅宗大师百丈怀海的名义，以适合日本状况的名义，重新阐释了传统教规。但是，他和镰仓时代和京都五山寺院那些积极活动的中日临济宗大师一样，遵循了相同的禅宗法度典籍。[2]

兴圣寺需要扩建僧堂，以便容纳所有僧侣。这说明，在道元的领导下，该寺僧众数量激增。道元将佛教其他流派的信众和僧侣吸引到兴圣寺，其中包括大日房能忍的一批弟子。大日房能忍因为鼓吹禅宗是至高的佛教修持，被赶出了京都。兴圣寺僧人数量增加，为了长期维持生计，急需更多施主相助。就这一点而言，道元自己的贵族家庭人脉有所帮助。正觉尼是一位尼姑，出身贵族家庭，可能是道元的亲戚，出资修建了法堂。九条典家是道元的表哥，也多次慷慨捐赠。

627 他们和其他贵族资助人携手，帮助建造兴圣寺，维持僧众的日常用度。他们的资助一是让道元在兴圣寺无忧无虑地生活了十余年，二是为传统禅宗僧众的群体生活奠定了基础。[3]

兴圣寺僧众群体扩大，引起了延历寺支持者的注意。道元拒绝让天台宗或真言宗禅法淡化自己信奉的禅宗。1242 年，道元撰写了一份辩词，题为《护国真法》。其目的一是维护自己的地位，二是强调禅宗对国家的重要意义。这部著作的文本没有幸存下来。道元在书中不仅将禅宗作为佛教精华，而且认为倡导禅宗可以给其支持者，给整个国家带来福祉和护佑。但是，该书反而让道元的立场遭到更多人的质疑。延历寺僧侣竭力游说，致使朝廷宣布，道元的教义为非法的

---

[1] 引自 Kim，*Dōgen Kigen*，P.234.

[2] 引文参见 Kim，*Dōgen Kigen*，第 234 页。

[3] 关于道元的资助者的情况，参见 Ōkubo Dōshū，*Dōgen zenji-den no kenkyū* (Tokyo: Iwanami shoten, 1966)。

异端邪说，可能引人误入歧途，给佛教法规和国家造成危害。为了进一步为难道元，在九条道家的支持下，在兴圣寺附近新建了东福寺，由圆尔辨圆担任住持。东福寺与延历寺关系密切，道元抨击的那种诸说混合的天台禅在那里大行其道。道元肯定觉得，他率领的兴圣寺僧侣数量有限，遭到延历寺和那座新建的临济禅寺院的夹击。[1]

1243 年，就在延历寺僧侣扬言摧毁兴圣寺之前，道元率领弟子北迁，到了越前国的山区。那次搬迁得到武士秦野喜重的热情资助。秦野喜重是镰仓幕府的家臣，时任越前示日农庄的军方行政官（日语称"地头"）。秦野喜重赠给道元土地和其他资源，供修建永平寺之用。在那里，道元几乎花费所有时间，给摄政王北条时赖讲授禅宗，只有 1247 年短暂造访镰仓和他的人生最后几个月除外。在那里，道元还撰写了大量禅宗著作，编撰并实施教规。在那里，他组建了由僧侣组成的寺院管理机构，而且还监督修建了一座正宗的禅宗寺院。毋庸置疑，越前位置偏远，冬季严酷，这些因素加剧了道元思想的变化。他不再鼓吹坐禅是男女可行的普世修持方法，转而重新阐释传统禅宗的力量。他声称，他将指导少数富有献身精神的僧人。他们特地为他而来，能忍受十分严酷的修行环境。

629

道元去世之后，永平寺在长达百年的时间里慢慢地平静发展。那段时间的两位住持是与道元关系密切的弟子。他们在兴圣寺就追随道元，在组织搬迁到越前期间，在修建永平寺的过程中发挥了积极作用。

孤云怀奘（1198—1280 年）是道元的直接继任者，来自藤原家族的九条分支。孤云怀奘在兴圣寺师从道元之前，曾经研习天台宗、净土宗和密宗，早期追随大日房能忍，学习禅宗修持。后来，孤云怀奘帮助道元处理文案事务，誊抄道元的许多著作，其中包括《正法眼藏》。他陪同病魔缠身的道元走完人生的最后旅程，将其骨灰带回永平寺。可以说，孤云怀奘与道元关系密切，熟知师父的禅宗理念、教导和修行方式。在领导永平寺期间，孤云怀奘继续实施师父的禅法。[2]

1267 年，彻通义介（1219—1309 年）接过孤云怀奘的衣钵，担任永平寺住持。他是藤原家族在越前的一个分支的成员，在天台宗寺院延历寺出家。彻通义介家在越前人脉很广，在劝说道元迁往那个偏远的令制国的过程中，可能起到了

---

[1] 关于撰写《护国真法》的背景的讨论，参见 Imaeda, *Dōgen: zazen hitosuji no shamon*, 第 138-140 页。

[2] 参见 *Zengaku daijiten*。

决定性作用。在永平寺，彻翁义亨曾经担任伙夫，后来负责打理寺院财务。1259年，他前往中国，花了 4 年时间学习禅宗，研究建筑、仪典和佛教用品。他绘制的禅宗寺院建筑草图被用于修建永平寺。他根据自己的观察，重振了寺院的许多仪式，修订了许多寺规。[1]

1300 年，永平寺的宁静发展被打破，起因有两个：一是就寺院继承问题出现争执，二是对那里的禅修性质产生分歧。对阵的一方是彻通义介的弟子莹山绍瑾（1268—1325 年）和峨山韶硕（1275—1368 年），另一方是以彻通义演为首的一批僧侣。彻通义演自称道元的严格禅宗传统的继承人，获得了寺院的领导权。而且，他指摘对手削弱和歪曲道元的传统，最后将彻通义介的追随者赶出了永平寺。[2]

道元所言也有一定道理。莹山绍瑾和峨山韶硕将曹洞宗传到永平寺那个隐修之地之外。两人可能会说，他们的传戒尝试符合《普劝坐禅仪》和《弁道话》中蕴含的普世之道。但是，他们肯定也明白，普及导致的结果是，永平寺实施的严格的独门修持做法大打折扣。从性质方面看，莹山绍瑾主张诸说混合。他曾经研习天台宗，与在白山的天台宗的许多僧侣和苦行僧（日语称"山伏"）关系密切。他还从师无本觉心和五山寺院大师学习密宗。莹山绍瑾被逐出永平寺之后，在能登国建立了两座新寺院——总持寺和永光寺。总持寺前身是真言宗寺院，永光寺曾经属于律宗。莹山绍瑾愿意接纳佛教的其他门派，愿意为地方武士和农民举行超度法会和祈愿法会。此外，他还愿意举办大型集会，让普通信众坐禅或接受戒律。这些做法有助于总持寺的曹洞宗快速发展。[3]

峨山韶硕继续莹山绍瑾的传播活动，继续致力于让曹洞宗大众化，吸引日本各地的僧侣到总持寺和永光寺，指导他们研习禅宗。据说，峨山韶硕共有 25 位才华横溢的弟子，其中 5 位在总持寺内建立了分寺。与临济宗寺院妙心寺的情况类似，那些分寺为总持寺提供住持人选，并且起到监督作用，成为在各个令制国传播曹洞宗的核心。

15 世纪和 16 世纪，曹洞宗在日本各地迅猛发展。由于篇幅所限，本章在此

---

[1] 同上。

[2] 关于"三代人争端"的情况，参见 Takeuchi Michio, "Nihon ni okeru Sōtō Zen no tenkai," in *Kōza Zen*, vol. 4 (Tokyo: Chikuma shobō, 1967), 第 152–5 页。

[3] 对相关扩展的更详尽论述，参见 Takeuchi, "Nihon ni okeru Sōtō Zen no tenkai"。

无法讨论相关细节。但是，从属于曹洞宗的寺院数量，我们就能看到曹洞宗在那 200 年中传播的速度和规模。峨山韶硕去世时，曹洞宗寺院数量大概不超过 40 座。但是，1745 年留下的一份文件显示，曹洞宗寺院数量在那时为 16554 处，其中大多数肯定是在室町时代的快速发展期间建立的。[1]

我们自然会问，究竟什么因素促成了当时的发展？显而易见，莹山绍瑾、峨山韶硕及其继任者这样的曹洞宗僧侣功不可没，让禅宗教义吸引了普罗大众。一些曹洞宗僧侣引起了足利氏将军们的注意。出于对峨山韶硕的敬意，足利尊氏和足利直义将永光寺确定为能登国的安国寺。此外，足利义满也曾邀请曹洞宗的一位隐居僧侣到京都传道。据说，那位僧侣称病，足利义满于是派遣一名画师到他所在寺院，绘制他的肖像。僧侣不接待画师，肖像只能暗中绘制。根据相关说法，当那位将军见到画作时，突然发生地震，将军府摇摇晃晃。将军只得将肖像退还给那位隐居的僧侣。[2]

但是，大多数情况下，曹洞宗僧侣和寺院并未得到幕府将军或朝廷的青睐。更确切地说，曹洞禅的资助者是农民和地方武士。他们中的一些人在 15 世纪晚期的战争之后脱颖而出，成为战国大名。在许多情况下，资助曹洞禅僧侣的战国大名同时也资助大德寺派或妙心寺派僧侣。在曹洞禅的早期施主中，不乏实力雄厚的令制国武士家族，有的还跻身地头行列。例如，秦野喜重的继任者一直是永平寺的施主。在九州，菊池家和加贺国的一名地头藤原重尊大力资助曹洞宗，僧侣大智（1290—1366 年）主持建造了几座寺院。[3]

16 世纪，在曹洞宗寺院的施主名册上，往往可以见到日本的大多数军阀。那些战国时代的施主包括：日本北部的上杉家；关东的北条家、太田家、熊木加；太平洋沿岸的今川家和德川家；日本中部的上杉家、武田家、朝仓家、畠山家、织田家、浅井家和前田家；西部的大内家、森家、山名家；九州的大友家、岛津家。仅在 15 世纪晚期和 16 世纪初期，在今川家控制的地界上，就修建了数百座曹洞禅寺院。武田家和德川家康借鉴五山组织的做法，邀请曹洞宗僧侣到其领地，担

---

[1] Yokozcki Ryōin, *Edo jidai tōmon seiyō* (Tokyo: Bukkyōsha, 1950), 第 524–525 页。

[2] 引文参见 Nakamura Hajime et al., *Muromachi Bukkyō*, vol. 4 of *Ajia Bukkyō-shi* (Tokyo: Kōsei shuppansha, 1972), 第 87 页。

[3] 关于大智和他资助人的情况，参见 Mizuno Yahoko, *Daichi,* vol. 9 to *Nihon no zen goroku* (Tokyo: Kōdansha, 1978), 第 9–68 页；以及 Sugimoto Hisao, *Kikuchi-shi sandai* (Tokyo: Yoshikawa kōbunkan, 1966), 第 129–51 页。

任那里的寺院中负责僧侣登记的官员（日语称"僧录司"）。[1]

农民资助曹洞宗的情况比较难以确定。在全日本曹洞宗寺院保存的记录上，在曹洞宗僧侣留下的日记和信件中，我们可以看到村民们的捐助清单。捐赠涉及的事项有曹洞宗僧侣和农民参加的集会和仪典。有的曹洞宗寺院建在京都、镰仓、堺城和其他城镇中心；但是从总体上看，曹洞宗的大扩张出现在农村。

促成扩张的核心因素是大众化：曹洞宗形成了新的修持方式，曹洞禅及其僧侣在战国大名的领地和农村中大受欢迎（本章在下文将讨论禅宗修持大众化的情况）。曹洞宗僧侣与武士和村民建立了密切关系，其原因除了对禅宗本身进行简化之外，还有其他一些因素。数百年前，百丈怀海表述的禅宗劳动理想是："一日不做，一日不食。"有些曹洞宗僧侣修正了这一说法。也许，此说的部分原因出于生活需要，但是也有信念方面的因素。那些僧人和寺院周围的农民一样，耕种寺院田地。一些僧人在地方上从事社会福利活动，修建桥梁，建设水渠，挖掘水井，遇到旱涝灾害时还提供救济。曹洞宗僧侣留下的日记和讲经文字显示，他们还提供经过简化的超度法事、驱除邪魔的诵经会、祈雨仪式、祛病仪式，举办其他祈求直接裨益的活动。与五山寺院的僧侣相比，曹洞宗僧侣与普通人的日常生活关系更为密切，几乎涉及各个方面。[2]

在室町时代，曹洞宗在较长时间里缺乏五山各派、大德寺派或妙心寺派在机构方面的集中特征。永平寺与总持寺之间的巨大分歧持续了数十年。随着总持寺和莹山绍瑾世系的其他寺院的繁荣壮大，永平寺逐渐失去活力。但是，即便在总持寺各个分支迅速发展时，该寺内部既无统一性，也无核心组织架构。

633　　　　不过，到 15 世纪晚期，莹山绍瑾世系的僧侣恢复了原来的声誉，开始担任永平寺住持。永平寺像总持寺一样，成为曹洞宗的主要寺院（本山）。永平寺在管理方面启动了集中过程。16 世纪，永平寺和曹洞宗的一流住持获得了朝廷颁发的"禅宗大师"（日语为"禅师"）称号，其社会声誉进一步提高。16 世纪大多数时间里，永平寺的住持像五山寺院南禅寺一样，获得朝廷的任命，获准身披紫色袈裟，在整体上压倒了总持寺。借助朝廷册封的"日本曹洞第一道场"的称号，

---

[1]　战国大名资助曹洞宗在各个令制国发展的详情，参见 Suzuki Taizan, "Sōtō Zen no gubu to sono gegosha," in *Kokumin seikatsu-shi kenkyū* (Tokyo: Yoshikawa kōbunkan, 1959), 第 223–276 页。

[2]　参见 Nakamura et al., *Muromachi Bukkyō*, 第 98 页。

永平寺恢复了道元及其后几位住持在任时拥有的重要地位。[1]

　　道元和莹山绍瑾传下的禅宗派别规模巨大，是日本中世时期曹洞宗的主流。但是，曹洞宗还有一个截然不同的传承分支。本章前面提到，1309 年，中国僧侣东明慧日（1272—1340 年）应北条贞时之邀来到日本。访日之前，东明慧日已是中国禅宗寺院中一位名望很高的僧侣。他属于曹洞宗的宏智正觉（1091—1157年）世系，曾在几家大寺院任职。在镰仓，东明慧日的境遇不佳，远远不如道元当年返回京都时那么风光。在北条家的要求之下，东明慧日先后担任圆觉寺和镰仓大多数五山寺院的住持。后醍醐天皇邀请他到京都，担任建仁寺和南禅寺住持。东明慧日像五山寺院的许多僧侣一样，对文学很感兴趣，显然喜欢日本五山寺院的氛围。他圆寂之后，遗骨被供奉在圆觉寺下属的白云庵中。白云庵遂为曹洞宗宏智派僧侣的精神中心。

　　东明慧日的弟子包括颇有文学修养的僧侣，例如，擅长写诗的僧侣别源缘志（1294—1364 年）。别源得到两个武士家族——斯波和朝仓——的资助，担任五山寺院京都建仁寺住持。明朝时，别源缘志和曹洞宗宏智派的其他一些僧侣访问中国，当时是研究中国文人圈子近况的专家。北条统治结束之后，曹洞宗宏智派转而求助他人，其中包括朝海家族、二条家族以及越前的武士家族朝仓。曹洞宗宏智派与朝仓家族的关系特别重要，其僧侣依旧在五山寺院制度中传道。15 世纪晚期，幕府和守护的势力锐减，五山寺院衰落。在成为战国大名的朝仓家族的支持下，曹洞宗宏智派逃过一劫。但是，到了 1573 年，织田信长镇压了朝仓家族，曹洞宗宏智派的好运很快消失。[2]

　　以上讨论说明，在中世时期，禅宗各派在机构方面得到发展，在全国范围内广泛传播。在以上相当广泛的讨论之后，仍然还有几个留待研究的问题。我们已经看到，临济宗和曹洞宗传播迅速，在社会所有层面和部分中，都能找到资助者。我们在此使用"爆发式发展"一语可能也不算夸张。但是，上自将军、天皇、守护、战国大名，下至农民，市民、商人、茶师、流浪艺人，被鼓吹禅宗的僧侣吸引，纷纷皈依禅宗，更不必说佛教其他派别的僧侣和尼姑了。其原因究竟何在？那些人的信仰到达什么深度，具有多大的排他性？

[1]　同上，第 98-100 页；以及 Takeuchi Michio, *Nikon no Zen* (Tokyo: Shinchōsha, 1976), 第 290 页。
[2]　关于曹洞宗宏智派的发展情况，参见 Imaeda Aishin, "Soto-shu Wanshi-ha to Asakura-ke," in *Chūsei zenshū-shi no kenkyū,* 第 483-503 页。

其实，那些人的动机十分复杂，这一点并不令人感到意外。以上各类人员在精神上对禅宗感兴趣，并且接受这一观念：为了像释迦牟尼那样开悟，坐禅确实是最直接的途径。在中世时期，数百万各个阶层的信众通过坐禅，参与禅师们所说的"生死挣扎"，以期实现开悟（日语称"悟り"）。摄政王北条时赖、隐修的花园天皇、令制国武士赤松则村仅仅是其中三人。正如铃木大拙和其他许多学者指出的，禅宗对日本武士具有十分强烈的吸引力：坐禅对体力的要求很高；与禅师对话需要以坦诚和深入方式，探讨人的诚恳之心和定力；禅宗修持要求以直接的直觉方式认识自我，而不是借助书本知识或吟诵佛经；对禅宗修持者而言，必须通过自己的努力到达开悟，而不是指望大慈大悲的菩萨恩赐。对日本武士来说，所有这些特点都颇有吸引力。而且，这也有助于解释，为什么武士是禅宗僧侣的数量最多的热心资助者。但是，以下两种说法是错误的：其一，所有武士都修持禅宗；实际上，许多武士是日莲、亲鸾和其他净土宗传道者的祈祷信徒。其二，禅宗的资助者仅仅限于武士。

人们普遍接受禅宗，文化因素也起到促进作用。北条摄政王、足利氏将军、朝廷成员、令制国武士，京都、堺城和博多的富商，他们全都急于从禅宗僧侣那里，了解中国最新的文化风格。五山寺院的大多数僧侣都积极倡导儒道禅"三纲统一"。对他们来说，禅宗依然是实现个人救赎最直接的途径，但是他们也承认儒家和道教的合理性。有两类人熟知中国文人的思想和文化兴趣：一是来到日本的中国僧侣，二是在中国客居多年的日本僧人。在日本，他们愿意与其施主一起，讨论儒家或道教思想家的理念，并且常常将其作为介绍禅宗理念的途径。许多禅宗僧侣擅长中国书法、诗歌（日语称"汉诗"）、水墨画，以此反映自己的精神境界和思想积淀。在文人聚会和茶道鉴赏场合，僧侣常常成为文化时尚方面的良师益友和评判专家。对于禅宗僧侣引进的中国文化，朝廷成员表现出很大兴趣。况且，对北条摄政王和足利氏将军来说，接触中国文化具有特别重要的意义。那时，贵族决定日本文化传统的欣赏情趣。因此，北条摄政王和足利氏将军了解亚洲大陆的风格时尚以后，在与贵族们交往时信心大增。

就禅宗资助者的动机而言，政治因素也起到一定作用，北条家和足利氏对五山的资助就是典型例子。镰仓幕府和室町幕府在政治方面密切监管，确保禅宗寺院不会成为中世社会中独立的政治力量或军事力量。从禅宗在日本发展之初开始，禅宗寺院机构基本顺从武士阶层的控制。至少在一定程度上，武士资助禅宗的动机在于这个事实：从社会和政治方面看，禅宗作为日本社会的新实践，与朝廷、贵族或京城周围势力强大的寺院，没有根深蒂固的联系。早期的足利氏将军们想方设法在京都站稳脚跟，于是刻意扶持五山寺院，以便抵消延历寺、三井寺和其他历史悠久的天台宗和真言宗寺院对京城的影响。

今枝爱真研究了安国寺、利生塔和五山寺院在令制国的传播情况，认为足利直义和足利尊氏将那些圈子作为一个途径。其目的一是向某些地方寺院及其资助人释放善意，二是强化他们与京城的联系，三是对他们进行监视。守护和地方武士发现，禅宗在将军的资助下势力大增。他们肯定认为，资助其领地上的禅宗僧侣，建立新的禅宗寺院，这样做在政治方面大有禅益。在 14 世纪和 15 世纪，幕府处于上升期，五山、十刹和诸山寺院是令制国大多数慷慨资助的受益者。在 15 世纪晚期，幕府的政治势力弱化，五山出现衰退，国家动荡不安。在这种情况下，在令制国中政治根基很深但与幕府关系较弱的某些禅宗分支，例如，妙心寺派、大德寺派、曹洞宗，受到崭露头角的地方武士——战国大名——的更多青睐。与以前的北条和足利两大家族类似，那些战国大名很快欣慰地看到，禅宗寺院做事规矩，秩序井然，在政治和军事上并不犯上作乱。而且，它们还可帮助武士子弟，提供精明建议、严格训练和基本文学教育。

15 世纪之后，朝廷财力不足，难以继续担任禅宗的主要资助者。后醍醐天皇当年早就发现，通过控制五山寺院，可以让自己在政治方面获益。后来的天皇维持了与南禅寺和京都的某些五山寺院的紧密联系。他们将紫色卷甲袈裟赐予大德寺、妙心寺和永平寺的住持。此举肯定表达了朝廷对其精神地位的认可。但是到了 17 世纪，德川幕府发现，它还有另外一个妙用：可以形成朝廷与主要禅宗寺院之间的政治联系。

就禅宗修持的排他性而言，北条时赖和足利直义这样的资助人勤奋修道，直至生命最后一刻，也没有表现出支持佛教其他宗派的意向。可是，大多数资助禅宗的人看来采取了折中态度：他们一方面研习和资助禅宗，一方面资助佛教的其他派别。这种现象至少见于精英阶层。足利尊氏和足利义高居五山寺院大施主之列。但是，在精神生活方面，他们也对净土宗传道者鼓吹的解脱理念很感兴趣。后醍醐天皇就是此类资助人的一个例子。实际上，一方面，他有时修持禅宗，了解禅宗僧侣介绍的中国学术和文化；另一方面，他受到政治考量的驱使，既资助某些禅宗寺院，又资助真言宗和天台宗。

中世时期禅宗寺院的经济和管理

大多数禅宗寺院僧众多达数百人，其维持和发展依赖稳定的寺院经济。在中世时期，所有禅宗寺院——临济宗和曹洞宗寺院、五山和非五山寺院——的经济基础主要由以下各个方面构成：来自土地的收入、庄园田产的每年的租米（日语称"年贡"）、耕种寺院土地者缴纳的租金（日语称"加地子"）。除了土地收入之外，还有形形色色的其他收入。例如，用于建造和修缮的施主捐赠，举行仪式收取的费用，提供经文、绘画和塑像的收入，举行超度和祈愿仪式获得的收入，对外贸易收入，出售寺院产品的收入，市场使用费用，出售化缘获得的果品的收入，放贷收益。收入数量和经济"混合"中的各个成分自然与许多因素相关：寺院的规模和位置、施主的财富多寡和热情程度、历史时期。从总体上看，在镰仓时代，来自庄园田产的收入为禅宗寺院提供主要支柱。到了室町时代，庄园解体，脱离了庄园主的控制，租金、商业和小额捐赠所起的作用越来越大。

不幸的是，相关历史记录不多，所以我们不可能就某个寺院在整个中世时期的经济情况，进行详尽的描述。但是，通过将不同寺院在不同时期的相关信息综合起来，我们可以就规模较大寺院的重要特征，形成初步印象，了解它们面对国家整体的政治经济形势变化的反应。

在镰仓幕府和室町幕府的资助下，五山寺院香火旺盛，田产收入丰厚，主要来源是分散在全国各地庄园的地头司记。[1] 例如，1387年，天龙寺从分散在8个令制国的12处庄园田产，获得的收入"总计8123贯，包括稻谷和现金"。[2] 同年，南禅寺从加贺国以及其他地方的领地，获得的收入折合稻谷4000余石。[3] 按照当时的标准计算，这笔收入相当可观，可能高于某些守护所得。与之类似，十刹和诸山寺院不但受到幕府的保护，而且还获得将军、朝廷成员和守护给予的大量庄园权益。[4]

各个令制国的五山寺院一直依赖来自田产、捐赠、本地化缘的收入。地处大

---

[1] 对圆觉寺、南禅寺和大德寺经济的更详尽讨论，参见 Collcutt, *Five Mountains,* 第 255–75 页。

[2] 引文参见 Imatani Akira, *Sengokuki no Muromachi bakufu* (Tokyo: Kadokawa shoten, 1975)，第 54 页。

[3] 参见 Sakurai Keiyū and Fujii Manabu, eds., *Nanzenji monjo* (Kyoto: Nanzenji shūmu hōnsho, 1972), vol. 1, docs. 2, 93, 189。

[4] 参见 Imatani, *Sengokuki no Muromachi bakufu,* 第 51–54 页。

都市的五山寺院，特别是京都的五山寺院，还有其他重要的收入来源。京都是不断发展的商业中心，一些禅宗寺院积极参与经济活动，分得大量收益。例如，天龙寺从繁荣的米酒酿造生意获得收入，东福寺支持寺院大门口经营的商铺，收取不菲的税金。京都五山寺院的禅宗僧侣以幕府、大内家或细川家的名义，多次率领官方贸易使团前往中国。有的五山寺院，其中最突出的是相国寺，派遣商人加入贸易使团，从那些经营活动的偶然所得可能高达数千贯。

对京都的五山寺院和某些禅宗僧侣个人来说，放贷是一个更稳定的收入来源。许多五山的僧侣有的出身富家，有的可以利用在五山寺院中担任的僧官职位，聚敛大量个人财富。他们热衷于向穷困潦倒的贵族或武士发放贷款，谋取高额利息。在 15 世纪中叶，相国寺有一个和尚通过管理相国寺的庄园田产聚财，然后将大笔款项贷给京都的其他寺院和贵族，月息高达 3%—8%。

有的施主在僧侣去世时捐赠欠款，人称"丧事份子钱"。除了私人高利贷之外，有的禅宗寺院还用它作为资本，发放更多低息贷款——月息多为 2% 或 3%。坊间对那种贷款的需求较大。如果贷款延期，利息很快上涨，因此那种贷款虽然赚取利润，但是也常常引起摩擦。在 15 世纪爆发的骚乱中，参与者提出的要求是，对上述逾期贷款进行减免（日语称"德政"）。因此，禅宗寺院染指高利贷，引起民众愤慨。在应仁之乱期间，他们之中的一些人寻求报复，伺机抢掠寺院。[1]

除了直接捐款和赠予土地之外，五山寺院还从幕府的保护中间接获利。在幕府资助这把大伞下面，五山寺院及其庄园田产享受武装保护，免交幕府和守护的一些税收，例如，替代徭役的稻谷（日语称"役夫工米"）、地方附加税（日语称"段钱"）。此外，那些寺院还享有豁免权，武士官员和税收官员不得侵扰；免交买路钱；在诉讼中获得有利待遇。在诸如此类的保护下，五山经济繁荣发展，一直维持到 15 世纪。后来五山寺院的僧侣数量激增，超过幕府认可的适当限度。例如，在 15 世纪初，东福寺在册僧侣数量超过 600 人，而幕府规定的仅为 350 人。[2]

[1] 关于禅宗寺院的放贷情况和五山东街僧录的活动，参见 Fujioka Daisetsu, "Gozan kyōdan no hatten ni kansuru ichi kōsatsu," *Bukkyō shigaku* 6 (March 1957), 第 47–66 页；以及 Fujioka Daisetsu, "Zen'in nai ni okeru tōhanshū ni tsuite," *Nihon rekishi*, no. 145 (July 1960), 第 19–28 页。

[2] 参见 Hiraizumi Kiyoshi, *Chūsei ni okeru shaji to shakai to no kankei* (Tokyo: Shibundō, 1934), 第 49 页。平泉澄认为，幕府多次努力，试图将东福寺的僧侣数量减到 350 人，但是该寺的僧众维持在 700 人左右。

但是，五山寺院与幕府之间的密切关系并非总是对禅宗寺院有利。15世纪，室町幕府财政困难，开始失去对国家的控制，五山寺院遭到经济剥削，丧失重要田产。到了15世纪中叶，足利氏将军强迫五山寺院将贷款和礼物交出。随着幕府财务状况的恶化，此类强取豪夺愈演愈烈。

例如，足利义政1435年至少从鹿苑院搜刮了20贯，从东寺搜刮了50贯。根据今谷明的研究结果，1458年至少出现了60次五山僧侣被迫"送礼"的事件，向那位将军缴纳的钱款超过了1500贯。1459年，幕府向京都五山寺院东街僧录借了2000贯，1463年又借了6000贯。[1] 那些借款大概没有偿还。此类强取豪夺数额较大，让五山寺院的财富大量流失。15世纪60年代以后，五山僧官抗议不断，声称自己无力向幕府贷款。

其次，大约在应仁之乱前后，幕府开始宣布，不再减免"役夫工米"和"段钱"，地方武士开始闯入五山寺院田产，并且不受惩罚。这样一来，五山寺院从其大量庄园田产获得的收入锐减。15世纪晚期和16世纪，骚乱在各个令制国中蔓延，有的五山寺院，例如天龙寺、南禅寺、圆觉寺和林泉寺，失去对自己大多数田产的控制权。这种情况延续下去，直到织田信长和丰臣秀吉恢复了各个地方的秩序，开始重建遭到重创的五山寺院才告一段落。不过，恢复五山寺院的经济基础的努力进展相当缓慢。例如，丰臣秀吉1591年确认，南禅寺在京都及附近的田产收入为592石。后来，德川康家将其增加到892石。[2] 该收入大概可以维持几百人的用度，但是与南禅寺在14世纪晚期从其田产获得的4000石收入相比，相差数额巨大。

一方面，从13世纪到15世纪初，五山寺院的经济持续增长，在15世纪晚期和16世纪分崩离析；另一方面，临济宗大应派和曹洞宗寺院在经济情况上恰恰相反，它们随着五山寺院的衰落渐入佳境。

15世纪晚期，在主要的非五山临济宗或曹洞宗寺院——例如，大德寺、妙心寺、永平寺和总持寺——中，没有哪一家的财富可以与五山寺院的相提并论。14世纪30年代初期，在后醍醐天皇的资助之下，大德寺繁荣兴旺。它获得授权，完全控制六座庄园，享有豁免权。其中一座位于信浓国，名叫友野农庄，（如果

---

[1] 参见 Imatani, *Sengokuki no Muromachi bakufu*, 第35–39页。

[2] 参见 *Nanzenji monjo*, vol. 2, docs. 第303、378、384页。

历史文献可信）收入高达 7600 石。[1] 但是，大德寺并未受到足利氏的青睐。没有将军的支持，该寺在 14 世纪内战期间难以控制分散各地的庄园田产。1371 年，大德寺从两座庄园获得的收入大概仅有 433 贯。[2] 这仅可维持 30 名左右僧侣及其随从的生活，根本无法与僧侣多达一千余人的南禅寺的收入相提并论。妙心寺的经济规模在 14 世纪甚至不如大德寺。正如我们已经看到的，它 1339 年拥有的田产被足利义满没收，僧众遭到遣散。

641

15 世纪中叶，大德寺和妙心寺开始恢复元气，其经济反映了它们与新资助者之间的良好关系，经济和商业机会大大增加。它们的大多数下属寺院由战国大名修建，不仅获得了捐赠的庄园田产，而且还有战国大名自己控制下的土地产生的收益。现金捐赠来自战国大名、商人、城镇居民和艺人，帮助寺院举行佛事，修建房舍，安排住持。大德寺与堺城的茶师和商人关系密切，获得了宝贵的经济来源。例如，1573 年，大德寺第 117 世住持举行升座仪式，收到三十多项捐赠，其中大多数来自堺城各界，其中包括千利休等人[3]。

佐佐木银弥分析了大德寺下属四座寺院——龙泉寺、龙安寺、养德院、承元寺——的经济。他得出结论说，这些下属寺院继续从偏远令制国的庄园类田产获得一些收入，直到 16 世纪为止。但是，它们也开拓了其他收入来源，以便弥补当地武士持续蚕食其庄园利益带来的损失。在新的收入来源中，最重要的包括：耕种许多小块土地的农民支付的补充租金；京都城内的房屋租金；越来越多下属寺院田产的收入；丧葬筹款；出售寺院物产——例如，大米、竹子、木材——的收入。在整个 16 世纪中，有的塔头可能依靠田产收入维持下去。其他塔头，例如，正觉寺，基本依靠出借丧葬筹款或者小块田产的租金收入维持。有的塔头，例如，龙泉寺，依赖出售物品所得收入维持。[4]

经济条件不断变化，庄园提供的收入越来越不稳定，越来越难以保证。上述所有寺院，至少在某些程度上，必须进行应对困难局面。令人失望的是，关于主要寺院——例如，大德寺——在 15 世纪和 16 世纪的经济状况的文献很少。但是，我们可以设想，它们也获得了小块田产，出借钱款，以便弥补捐赠减少和庄园收

642

[1] 参见 *Daitokuji monjo*, vol. 1, doc. 25 and vol. 2, doc. 643. 88 *Daitokuji monjo*, vol. 1, doc. 124。

[2] *Daitokuji monjo*, vol. 1, doc. 124.

[3] 引文参见 Haga et al., eds., *Daitokuji to sadō*, 第 151 页。

[4] 参见 Sasaki Ginya, *Chūsei shōhin ryūtsū shi no kenkyū* (Tokyo: Hōsei daigaku shippankyoku, 第 95–250 页。

益不足造成的损失。来自捐赠、土地、租金和借贷的收入加起来，可能帮助大德寺获得经济保障。但是，只有战国大名的资助才能让它财务无忧。例如，1585年，丰臣秀吉给予了大德寺来自三处田产的收入，共计稻谷1545石。

与五山寺院不同，主要的曹洞宗寺院——例如，大应派各个寺院——僧众规模较小，获赠的庄园田产较少。它们分散在各个令制国，没有参与对外贸易，商业活动或放贷的机会有限。那些寺院的主要收入一是武士家族的资助，二是举办超度仪式和祈愿仪式获得的小笔捐赠。

禅宗寺院在中国和日本发展数百年，形成了有效的管理结构。容西、道元和圆尔辨圆访问过中国杭州的寺院，在《禅院清规》等禅宗寺规中，详细描述了禅宗官僚结构：东街和西街各有五位或者六位资深僧侣，协助住持管理寺院。日本临济宗和曹洞宗寺院基本照搬中国的做法，没有什么重大改动。

西街僧侣监督寺院的宗教、仪典和文学事务，东街僧侣负责寺院和土地的日常管理。在中世时期，禅宗僧官以其专业管理才能著称。实际上，在禅宗寺院分管财务和监督财产的僧侣中，有的被幕府或非禅宗寺院聘为"代官"，监督重建项目。具体来说，五山寺院的账房有机会为所在寺院或他们自己积累资本。15世纪，幕府陷入严重财政困境，将军正是向那些僧侣寻求建议，争取贷款的。[1]

禅宗修持、文化和寺院生活方面的变化

643　　　日本最早的禅宗倡导者努力以全面、忠实的方式，从中国将禅宗修持、宗规和文化引入日本。然而，禅宗在日本大获成功，出现了变化和调整，与容西、道元和旅居海外的中国僧侣信奉的理想有所不同。本章最后将指出，在日本中世时期的具体语境中，禅宗修持和与禅宗相关的文化发生变化的某些方式。

首先必须强调，镰仓时代将禅宗引入日本的中国僧侣的希望是，在日本重新创造禅宗寺院生活的完全忠实的翻版，或者说，按照他们在中国禅宗寺院中体验的那样，传承寺院生活的最佳传统。容西、道元、圆尔辨圆及其继承者并非仅仅践行坐禅或研究公案。他们的著述以及他们带到日本的资料显示，他们对禅宗寺

---

[1] 关于东街僧侣活动的详尽讨论，参见 Fujioka, "Gozan kyōdan no hatten ni kansuru ichi kōsatsu"；Fujioka, "Zen'in nai ni okeru tōhanshū ni tsuite" ; and Collcutt, *Five Mountains,* 第 239–243、275–285 页。

院生活的各个方面都感兴趣，其中包括佛经、仪典、寺院建筑细节、中国僧侣对世俗文化的兴趣等等。容西提倡的饮茶功效源于禅宗寺院的做法：利用饮茶仪式增进僧众和谐，促进身体健康，以便在长时间坐禅时保持头脑清醒。[1] 圆尔辨圆带回日本的物品包括：中国禅宗寺院使用的佛经、他的师父无准师范的画像和书法、中国的非宗教著作。他在中国逗留时间较长，除了禅宗之外，还学习了宋代儒学。在日本，他给朝廷官员讲授儒学，其目的毫无疑问意在引起听众的兴趣，使其深入了解禅宗的高明见解。在《正法眼藏》《永平清规》和《典座教训》中，道元也对全面传播真正的禅法，表示强烈关注。他确信，百丈怀海和中国长老们实施的寺规反映了释迦牟尼的学说，是践行坐禅必须遵守的法度。[2]

　　13世纪，许多中国僧侣来到日本，担任镰仓和京都的临济宗寺院住持。他们自然在那些寺院中秉承自己所知的正宗宋朝禅宗。在兰溪道隆和无学祖元的指导下，按照传统禅宗寺院的风格，修建了建长寺那样的寺院：以南北为轴线，中线上是具有重要仪典意义的建筑，例如，山门、佛堂、法堂。东西两厢是僧堂，僧侣在那里打坐，用膳，睡觉。此外还有厨房和用于寺院管理的房舍。他们还沿用中国寺规管理寺院生活：僧侣穿中式服装，学习中文，晨钟暮鼓，按时作息。按照中国禅宗的做法，每日四次打坐（日语称"座禅"），其间在法堂或住持房舍里讨论公案，在佛殿里吟诵经文。[3]

　　兰溪道隆和无学祖元强调始终不懈的坐禅，反对从事文学活动。但是，随着越来越多的中国僧侣来到日本，大量中国艺术品（日语称"唐物"）进入镰仓的寺院和武士宅第，禅宗寺院也成为研究和传播中国非文化的中心。例如，为了成为一山一宁的弟子，日本僧侣梦窗疏石参加了中国诗歌的考试。[4] 在一山一宁那个时代，五山寺院的中国僧侣不辞辛劳，给日本弟子讲授中国禅师及其文人施主推崇的中国艺术。五山寺院推进的那场文化运动热情接受中国的书法、水墨画、诗歌、哲学、线装书、品茶方式、庭园设计。许多日本僧侣师从一山一宁，成为中国文化的热情倡导者，其中包括虎关师练（1278—1348年）和雪村友梅

[1] 关于容西和其他僧侣在日本传播中国饮茶习俗过程中所起的作用，参见 Theodore M. Ludwig, "Before Rikyu: Religious and Aesthetic Influences in the Early History of the Tea Ceremony," *Monumenta Nipponica* 36 (Winter, 1981), 第 367–90 页；以及 Nishibe Bunjo, "Zen Monks and the Formation of the Way of Tea," *Chanoyu,* no 28 (1981), 第 7–46 页。

[2] Kim, *Dōgen Kigen,* 第 228–308 页。

[3] 关于引入中国禅宗寺规和禅宗寺院生活特点的详论，参见 Collcutt, *Five Mountains,* 第 133–151 页。

[4] 参见 Tamamura, *Musō kokushi,* 第 18 页。

（1290—1346 年）。虎关师练从未到过中国，但是十分仰慕中国文明。他的《元亨释书》是日本首部全面的佛教史书，所用基本资料一是著名僧侣传记，二是儒学经典著作。虎关师练精通诗歌，除了撰写关于禅宗和《楞伽经》的著作之外，还编写了供日本人使用的首本中文韵律辞典，一本儒家经典著作用语手册。在当时的禅宗寺院中，流行创作中国骈文。对那些僧侣来说，这两本书大有用途。[1]

645

雪村友梅在镰仓见过一山一宁之后，启程前往中国。他在那里云游 20 余年，探访了许多禅宗寺院，并且一度被当作探子监禁。他在华时间很长，擅长创作中国诗歌，精通律诗和古诗。下面这首"非常诗"反映了雪村友梅在中国的经历，在一定程度上传达了他崇尚独立、在精神方面超然于禅宗的心态。

> 不为他人赞扬动，
> 不被他人诽谤伤。
> 心境自由如流水，
> 吾与尘世几无关。
> 图圄枷锁未伤吾，
> 逗留长安又三年。
> 今有心境歌一曲，
> 直言何需花哨言？[2]

在整个 14 世纪的五山寺院中，中国文学和文化氛围非常浓厚。那时，甚至往返日中两国的僧侣数量也有所减少。五山寺院被视为传播中国文化的中心，幕府将军、天皇和各个令制国武士认为，禅宗僧侣精通中文、中国文学和价值观。五山寺院的中国化大概在 14 世纪晚期达到顶峰，其杰出代表人物有两位：义堂周信和绝海中津。他们的诗歌在中国广受赞誉，在那时中国文学圈子里的地位与在京都的五山僧人中不相上下。

但是，日本与中国差距很大。许多僧人齐心协力，努力在日本创造新的中国禅宗寺院修持方式，提高五山寺院的中国文化思想水平。但是，同时也出现了

---

[1] 参见 *Zengaku daijiten*。

[2] 参见 Yamagishi Tokuhei, ed., *Gozan bungaku-shū, Edo kanshi-shū* vol.89 of *Nihon koten bungaku taikei* (Tokyo: Iwanami shoten, 1968), vol. 89, 第 73 页；以及 Marian Ury, *Poems of the Five Mountains* (Tokyo: Mushinsha, 1977), 第 36 页。

迁就当时日本流行的宗教和文化状态的迹象。在道元去世之后，曹洞宗出现的变化就是那种迁就现象的最突出例子。而且，这一点在临济宗创立之初也十分明显。

道元在中国寺院中看到，僧侣们并不专心打坐，有的蓬头垢面，臭气熏天，　646
有的没有修剪头发和指甲。对于那种寺规松懈的现象，道元颇有微词。他毕生竭力倡导百丈怀海的修行理想，倡导自己在天童如净指导下的那种严格禅修方式：

> 我听到师父所说［唯有坐禅］的真理，我日夜坐禅。其他和尚担心，天气太冷太热时可能生病，暂时放弃打坐。我更加严格要求自己，心里默念："我应该专心坐禅，即便冒着罹患严重疾病而亡的危险也在所不惜。"[1]

道元告诫弟子，应该抵制诱惑，不要为自己营造豪华的寺院环境。那样做将会扼杀禅宗修持的精力："不要愚蠢地觉得，富丽堂皇的寺院值得拥有。佛陀和长老从不追求精美的寺院。倘若盲目修建寺院，并无真知灼见，尔等不是为菩萨奉献殿堂，只是营造炫示自己的荣耀和财富的洞穴。"[2]但是，他的著作和在兴圣寺和永平寺的修建活动清楚显示，道元希望僧众珍视那些建筑，特别是僧堂、法堂和书房。在中国禅宗寺院中，那些场所提供了传统的场景，供僧侣一起打坐，讨论公案，学习典籍。

有时候，他被迫修改本来为中国大型寺院制定的寺规，以便适应永平寺数量较少的僧众。道元煞费苦心，保留——或者说恢复——被他视为正宗的禅宗寺规。那些寺规是百丈怀海和中国唐代的其他大师当年订立的。即便微不足道的日常小事，例如漱口，也可表达正确方式修持的禅宗："在如今的大宋禅宗寺院里，已经不再使用木牙签，因此没有地方提供牙签。永平寺现在不用木牙签……"[3]

因此，在道元理想中的禅宗寺院中，坐禅是至关重要的活动。寺院建筑可以简陋，但是至少应包括禅房、书房和讲经堂。此外，尽管可以修改中国禅宗寺院　647

---

[1]　参见 Nishio Minoru, *Zuimonki,* book 1, vol. 82 of *Shōbōgenzō, Shōbō genzō zuimonki, Nihon koten bungaku taikei,* (Tokyo: Iwanami shoten, 1965)。《正法眼藏·正法眼藏随闻记》的英译本参见 Thomas Geary, trans., *Record of Things Heard from the Treasury of ike Eye of the True Teachings* (Boulder, Colo.: Shambala, 1982)。

[2]　参见 Dogen, *Shobogenzo, Gyoji*。

[3]　参见 Dogen, *Shobo genzo, Senmen*。

的寺规，以便适应日本的具体情况，然而应该不遗余力，保存中国长老们留下的寺院精神。道元反对迁就儒教和道教，反对迁就不将坐禅置于首位的其他佛教分支，反对迁就永平寺周边的通俗或民间宗教行为。

禅宗考虑普通信众的利益，愿意与日本各个地方的宗教状况结合起。有鉴于此，道元信奉以坐禅为中心、从中国得到灵感的具有排他性的禅宗修持。但是，曹洞宗正是因为可以偏离道元的主张，才实现了迅速发展。

一方面，道元拒绝了传戒的机会，宣称所有真诚希望修禅的人将会找到他统领的寺院；另一方面，莹山绍瑾及其继承人抓住了每个机会，将其禅法传授给普罗大众。道元避开诸说混合，以维护坐禅的核心地位，其继任者在曹洞宗日常修持中，接受了天台宗和真言宗的经文和诵经仪典、净土宗的祈愿、观音崇拜、山神崇拜，以及康复、驱魔和丧葬仪式。

曹洞宗寺院保留了坐禅形式，学习道元著作和中国禅宗公案。但是，随着时间的推移，坐禅被淡化。师父与弟子之间的问答（日语为"参禅"）曾是道元禅修的核心，后来被程式化、神秘化。标准答案在僧众中流传，师父与弟子之间暗中进行口耳相传。参禅失去了自发性，逐渐被禅宗的仪式化表达取代，大型法会尤其如此——数百僧侣和信众一起，要么举行程式化的坐禅仪式，要么公开宣读戒律。毫无疑问，上述变化帮助曹洞宗赢得大批信众，满足了农民和武士的宗教需求。但是，同时出现的情况是，曹洞宗僧侣花在通俗仪式和大型公众活动上的精力越多，他们能够用于个人坐禅和参禅的精力就越少。当年，道元当年以他在中国的经历为基础，希望在兴圣寺和永平寺建立具有特色的僧众群体。那些变化无论好坏，都让曹洞宗逐渐偏离了道元的初衷。[1]

在临济宗发展过程中，也出现了逐步迁就日本中世社会和文化的倾向。与曹洞宗的情况相比，那一过程并不明显。但是，我们发现，它体现在禅宗思想、禅修、寺院生活和与禅宗相关的文化活动中。

648

当年，容西和圆尔辨圆仔细观察中国的寺院生活，努力在日本将它重新创造出来。但是，传统佛教的支持者——特别是延历寺的支持者——施加很大压力，迫使两人在建仁寺和东福寺中，采用了天台宗和真言宗的建筑和仪式。此外，容西的《兴禅护国论》也提出两点：第一，禅宗完全符合日本天台宗开山祖师最澄

---

[1]　参见 Takeuchi, *Nihon no zen,* 第 273 页。

的理想；第二，作为对政治权威支持禅宗的回报，禅宗僧侣通过打坐和诵经，可以为国家提供天台宗传统上声称的那种精神护佑。[1]

13 世纪晚期，中国僧侣涌入镰仓和京都的五山寺院，这有助于强调宋朝的朴素寺院修持和正宗的公案禅宗。兰溪道隆起到确定基调的作用：一是通过仿照宋朝风格，修建建长寺；二是特别强调禅宗僧人在僧堂内一起打坐的重要作用。建长寺落成之后，所有的五山寺院清一色根据宋朝禅宗大寺院的七厅格局修建，按照中国寺院的各种寺规管理。

但是，日本寺院虽然努力采用中国模式，同时也没有完全排除本土寺院生活的特征。最早的建仁寺和圆觉寺的平面图显示，寺院的所有公用房舍——山门、佛堂、法堂、僧堂、厨房和浴室——都按照宋朝禅宗寺院的建筑风格，根据对中国寺院的绘图建造。但是，住持的房舍（日语称"方丈"）采用的是日本住宅的风格，包括平安时代的贵族府邸和庭园的元素。[2] 我们已经指出，从镰仓时代晚期开始，在主要禅宗寺院附近，大量修建下属寺院（塔头）。与方丈类似，塔头也按照日本风格建造。

中国大师们强调，坐禅和公案学习是禅宗寺院生活的核心，具有至关重要的地位。但是，在蒙古人入侵在即的混乱年代里，禅宗僧侣与日本佛教其他派别的僧侣一样，时常举行祈愿仪式，希望国家摆脱厄运。他们将秘密仪式引入寺院日常安排，此举必然减少可以用于坐禅和参禅的时间。

从 14 世纪初期开始，中国大师的作用逐渐淡化，日本的影响在五山十刹制度中越来越大，其中以佛教真言宗为最。真言宗已与无本觉心及其弟子的临济宗教义结合；正是在梦窗疏石的巨大影响之下，真言宗在禅宗五山寺院中普及开来。

梦窗疏石的早期教义见于天台宗和真言宗。他曾经在中国僧人一山一宁的指导下修禅，后来师从日本僧人高峰显日，心性升华，修成正果。高峰显日出身皇室，对密宗尤感兴趣。梦窗疏石从未到过中国。我们在其著作中不难看到，他认可日本的宗教实践，对中国禅宗的许多潮流漠不关心。在其著作《梦中问答集》中，梦窗疏石提出，"禅宗教义提供了悟道要旨"，密宗的诵经和仪式提供了宝贵的方便途径，开启了得道之门，通过禅修便可深刻领悟。[3] 梦窗疏石宽容真言宗修

649

---

[1]　参见 *Kozen gokokuron,* in Ichikawa Hakugen et al., eds., *Chūsei zenka no shisō* (Tokyo: Iwanami shoten, 1972)。

[2]　中世时期的建长寺平面图可参见 Yokoyama Hideya, *Zen no Kenchiku* (Tokyo: Shōkokusha, 1967)，第 282 页。

[3]　参见 Muso Soseki, *Muchu mondo,* vol. 1, stage 15 in Satō Taishun, ed., *Muchū mondō shū* (Tokyo: Iwanami shoten, 1934)。

持，这一点带来了深远影响。没有证据显示梦窗疏石本人实施了那些仪式。他在《梦中问答集》和其他著作中告诫说，如果过度使用仪式，有可能削弱禅修的效果。但是，他与真言宗僧人交往；他的"一万弟子"中，不乏精通禅宗和密宗的高手。在梦窗疏石及其弟子的禅宗思想中，含有深奥的日本意味，这一点尤其受到武士和宫廷成员的青睐。梦窗疏石派僧人愿意举行仪式为国家祈福，帮助患病武士康复，遇到旱灾和饥荒时还提供救助。这让五山寺院起到辅助幕府的作用。

650　　在 14 世纪和 15 世纪，许多禅宗僧侣接受了专修念佛的净土宗禅法。在净土宗的这些影响中，有的来自中世时期的日本宗教，而笃信阿弥陀佛是其中的一大潮流。其他影响来自中国。在元朝和明朝，禅宗的一个分支将遁世修行理念与对净土宗的笃信结合起来。该宗派的一些僧侣来到日本。但是，更多的日本僧人 14 世纪前往中国，接受了净土宗信仰。有的五山僧侣始终对净土宗持敌视态度。在下文引用的一首长诗中，作者对京都流行的念佛舞（日语为"念佛踊り"）者嗤之以鼻：

> 他们猛然跃起，两手挥舞不停，
> 犹如雷声阵阵，绵延数里。
> 男扮女装，女效男样，
> 红手帕、白帽子、褴褛衫，
> 嘴念"南无阿弥陀佛！"
> "佛、佛、佛"声四起，就像开水一锅。[1]

梦窗疏石对真言宗——而不是净土宗——更感兴趣，但是并不排斥念佛禅法。他认为，念佛禅法是领悟禅宗深层真知的一条途径，对尚未完全接受坐禅的人很有好处。他的许多弟子也将念佛作为日常禅修的组成部分。[2]

在室町时代，镰仓时代的"纯正宋朝寺院修持"受到日本宗教元素的影响；与之类似，五山文化的中国风格也带有日本美学和文学品味的色彩。我们所说的典型禅宗庭园使用石头和绿苔，而不是树木和水流，是中国禅宗庭园与日本品味

---

[1] 英文译本参见 David Pollack, *Zen Poems of the Five Mountains* (Decatur, Ga.: Scholars Press, 1985), 第 80 页。

[2] 参见 Tamamura, *Musō Kokushi,* 第 137–143 页。

和园林设计混搭而成的产物。受到禅宗启发的水墨画和肖像画开始时遵循的是宋朝理想，在周文和雪舟笔下体现了日本特征。茶道最初在禅院中培养而成，后来成为日本商人和大名们趋之若鹜的时尚，见证了受人珍视的唐物与日本欣赏情趣和器皿相得益彰的过程。

在文学领域中，从 14 世纪开始，日本的影响在五山僧侣圈子中显示出来。梦窗疏石的恩师高峰显日创作和歌，其作品被朝廷的歌集收录。梦窗疏石本人熟悉日本诗歌，超过了他对中国诗歌的了解。义堂周信和绝海中津人称中国诗歌大师，然而也积极参与公卿和高级武士云集的日中连歌聚会。他们和其他五山僧侣一样，阅读日本文学经典著作，创作日本主题的诗歌。例如，在下面诗行中，绝海中津如此反思平氏被灭的命运： 651

　　赤间关：
　　乱石嶙峋云端寺，
　　冰冷潮水击红壁；
　　新月落日海上船，
　　此景令吾日夜戚。
　　三千剑客永消失，
　　十万勇士空沉寂；
　　英雄尸骨盾矛间，
　　俯阚观鸥引人思。[1]

我们回顾禅宗在中世社会中所起的作用，究竟看到了什么呢？当然，最明显的一点是，中世禅宗的历史引入并且发展了一个机构。到 15 世纪为止，该机构包含数以千计的寺院，涉及成千上万的僧侣、尼姑、新戒沙弥和在寺院的杂工。在其发展之初，禅宗遭遇了隶属于日本传统佛教宗派的抵制。后来，在社会各个阶层的热情施主的扶持下，禅宗在竞争中占据上风。形形色色的禅宗派别逐渐发展，从京都和镰仓开始，几乎遍布日本的每座村庄。禅宗寺院的田产分布日本各地，禅宗寺院经济反映了那个时代的经济机遇和问题。禅宗僧侣与将军、天皇、

---

[1] 英文译本参见 David Pollack, *Zen Poems of the Five Mountains,* 第 105 页。

守护、令制国武士、战国大名、市民、艺术家和艺人结合起来，在那个时代扮演了精神领袖和主要教育者的角色。他们不仅传播佛教的坐禅，而且在总体上扩大了日本人对佛教以及中日两国非宗教文化的认识。

在禅宗的支持者看来，禅宗僧侣和寺院起到许多作用。除了提供精神和文化引导之外，僧侣们还在外交和政治事务中提供咨询，饥荒时祈福济困，办丧事时举行超度仪式。此外，寺院还为武士家族子弟提供教育，有助于家族和地方的团结和稳定。有时候，寺院还办理借款，组织社会福利活动。在足利家族看来，在国家集权和地方监督方面，五山制度起到了特别有益的作用。当然，在大名的领地中，临济宗和曹洞宗寺院也起到类似作用。禅宗寺院满足了许多要求，深深地植根于中世社会的结构之中。

中世禅宗既非完全统一，也非静止不变。五山各派、大德寺派、妙心寺派、曹洞宗，它们都有各自的特征，形成了不同的发展模式。但是，它们殊途同归，都接受了为其提供发展土壤的日本社会。无论是曹洞宗的扩展，还是临济宗形成的大应派，全都得益于僧侣们的用心努力。他们让禅宗在地方武士、农民和市民中传播开来，甚至淡化传统禅宗的修行理想，简化其开山祖师提倡的严格禅修方式也在所不惜。在幕府将军们的支持下，五山寺院占得先机，维护了以打坐为中心的中国精英寺院理想。但是，即便五山寺院也未完全脱离中世时期社会的文化兴衰。

参考文献

Abe, Masao, and Waddell, Norman, trans. "Dōgen's *Bendōwa*." *The Eastern Buddhist* 4 (May 1971): 124-157.

Abe, Masao, and Waddell, Norman, trans. "Dōgen's *Fukanzazengi*." *The Eastern Buddhist* 6 (October 1973): 121-126.

Abe Yukihiro 阿部征寛. *Mōko shūrai*. 蒙古襲来. Tokyo: Kyōikusha 教育社, 1980.

Aida Nirō 相田二郎. *Mōko shūrai no kenkyū*. 蒙古襲来の研究. Tokyo: Yoshikawa kōbunkan 吉川弘文館, 1971.

Akamatsu Toshihide 赤松俊秀. *Kamakura Bukkyō no kenkyū* 鎌倉仏教の研究. Kyoto: Heirakuji shoten 平楽寺書店, 1957.

Akamatsu Toshihide 赤松俊秀. *Shinran* 親鸞. Tokyo: Yoshikawa kōbunkan 吉川弘文館, 1961.

Akamatsu Toshihide 赤松俊秀, ed. *Nihon Bukkyōshi* 日本仏教史, vol. 2. Kyoto: Hōzōkan 法蔵館, 1967.

Akamatsu Toshihide 赤松俊秀, and Kasahara Kazuo 笠原一男, eds. *Shinshūshi gaisetsu* 真宗史概説. Kyoto: Heirakuji shoten 平楽寺書店, 1963.

Akamatsu Toshihide, and Yampolsky, Philip. "Muromachi Zen and the Gozan System." In John Whitney Hall and Toyoda Takeshi, eds. *Japan in the Muromachi Age*. Berkeley and Los Angeles: University of California Press, 1977.

Akiyama Kenzō 秋山謙蔵. "Muromachi shoki ni okeru Kyūshū tandai no Chosen to no kotsu" 室町初期における九州探題の朝鮮との交通. *Shigaku zasshi* 史学雑誌 42 (April 1931).

Akiyama Kenzō 秋山謙蔵. "Muromachi shoki ni okeru wakō no chōryō to Kyūshū tandai" 室町初期における倭寇の跳梁と九州探題. *Rekishi Chiri* 歴史地理 57 (April 1931).

Akiyama Kenzō 秋山謙蔵. "Muromachi shoki ni okeru wakō no chōryō to Ōei gaikō jijō" 室町初期における倭寇の跳梁と応永外寇事情. *Shigaku zasshi* 史学雑誌 42 (September 1931).

Akiyama Kenzō 秋山謙蔵. "Nichimin kankei" 日明関係. In *Iwanami kōza Nihon rekishi* 岩波講座日本歴史, vol. 1. Tokyo: Iwanami shoten 岩波書店, 1933.

Akiyama Kenzō 秋山謙蔵. *Nisshi kōshō shiwa* 日支交渉史話. Tokyo: Naigai shoseki kabushiki kaisha 内外書籍株式会社, 1935.

Akiyama Kenzō 秋山謙蔵. *Nisshi kōshōshi kenkyū* 日支交渉史研究. Tokyo: Iwanami shoten 岩波書店, 1939.

Akiyama Kunizō 秋山国三, and Nakamura Ken 仲村研. *Kyōto "machi" no kenkyū* 京都「町」の研究. Tokyo: Hōsei daigaku shuppankyoku 法政大学出版局, 1975.

Amakasu Ken et al. 甘粕健他, eds. *Nihon gijutsu no shakaishi* 日本技術の社会史, vol. 1. Tokyo: Nihon hyōronsha 日本評論社, 1983.

Amino Yoshihiko 網野善彦. *Chūsei shōen no yōsō* 中世荘園の様相. Tokyo: Tachibana shobō 橘書房, 1966.

Amino Yoshihiko 網野善彦. "Wakasa no kuni ni okeru shōensei no keisei" 若狭の国における荘園制の形成. In Takeuchi Rizō hakase kanreki kinenkai 竹内理三博士還暦記念会, comp. *Shōensei to buke shakai* 荘園制と武家社会. Tokyo: Yoshikawa kōbunkan 吉川弘文館, 1969.

Amino Yoshihiko 網野善彦. "Kamakura makki no shomujun" 鎌倉末期の諸矛盾. In Rekishigaku kenkyūkai and Nihonshi kenkyūkai 歴史学研究会・日本史研究会, comp. *Kōza Nihonshi* 講座日本史, vol. 3. Tokyo: Tōkyō daigaku shuppankai 東京大学出版会, 1970.

Amino Yoshihiko 網野善彦. "Kamakura bakufu no kaizoku kin'atsu ni tsuite - Kamakura makki no kaijō keigo o chūshin ni" 鎌倉幕府の海賊禁圧について－鎌倉末期の海上警護を中心に. *Nihon rekishi* 日本歴史, no. 299 (April 1973): 1-20.

Amino Yoshihiko 網野善彦. "Shōen kōryōsei no keisei to kōzō" 荘園公領制の形成と構造. In Takeuchi Rizō 竹内理三, ed. *Tochi seidoshi* 土地制度史, vol. 1. Tokyo: Yoshikawa kōbunkan 吉川弘文館, 1973.

Amino Yoshihiko 網野善彦. *Mōko shūrai* 蒙古襲来. Vol. 10 of *Nihon no rekishi* 日本の歴史. Tokyo: Shōgakkan 小学館, 1974.

Amino Yoshihiko 網野善彦. "Zōshushi kōjiyaku no seiritsu ni tsuite - Muromachi bakufu sakayayaku no zentei" 造酒司麹役の成立について－室町幕府酒屋役の前提. In Takeuchi Rizō hakase koki kinenkai 竹内理三博士古希記念会, comp. *Zoku shōensei to buke shakai* 続荘園制と武家社会. Tokyo: Yoshikawa kōbunkan 吉川弘文館, 1978.

Amino Yoshihiko 網野善彦. "Nihon chūsei no heimin to shokunin" 日本中世の平民と職人. *Shisō* 思想, no. 670 (1980): 1-25 and no. 671 (1980): 73-92.

Amino Yoshihiko 網野善彦. *Chūsei tennō-sei to hi-nōgyōmin* 中世天皇制と非農業民. Tokyo: Iwanami shoten 岩波書店, 1984.

Aoki Michio et al. 青木美智男他, eds. *Seikatsu, bunka, shisō* 生活・文化・思想. Vol. 4 of *Ikki* 一揆. Tokyo: Tōkyō daigaku shuppankai 東京大学出版会, 1981.

Aoyama Kōryō 青山公亮. *Nichirai kōshōshi no kenkyū* 日麗交渉史の研究. Tokyo: Meiji daigaku bungakubu bungaku kenkyūsho 明治大学文学部文学研究所, 1955.

Arakawa Hidetoshi 荒川秀俊. "Bun'ei no eki no owari o tsugeta no wa taifū dewa nai" 文永の役の終りを告げたのは台風ではない. *Nihon rekishi* 日本歴史 120 (June 1958): 41-45.

Araki, James T. "*Bunshō sōshi*: The Tale of Bunshō, the Saltmaker." *Monu-

menta Nipponica 38, no. 3 (Autumn 1983): 221-249.

Araki Kengo 荒木健吾. "Zen" 禅. In Kubo Noritada 窪徳忠, and Nishi Junzō 西順三, eds. *Shūkyō* 宗教. Vol. 6 of *Chūgoku bunka sōsho* 中国文化叢書. Tokyo: Taishūkan shoten 大修館書店, 1968.

Araki Moriaki 安良城盛昭. *Taikō kenchi to kokudakasei* 太閤検地と石高制. Tokyo: Nihon hōsō shuppan kyōkai 日本放送出版協会, 1969.

Arimitsu Yūgaku 有光友学. "Chūsei kōki ni okeru bōeki shōnin no dōkō" 中世後期における貿易商人の動向. *Shizuoka daigaku jimbun gakubu jimbun ronshū* 静岡大学人文学部人文論集, no. 21 (January 1971).

Arimitsu Yūgaku 有光友学, ed. *Sengokuki kenryoku to chiiki shakai* 戦国期権力と地域社会. Tokyo: Yoshikawa kōbunkan 吉川弘文館, 1986.

Arnesen, Peter. *The Medieval Japanese Daimyo: The Ōuchi Family's Rule in Suō and Nagato*: New Haven, Conn.: Yale University Press, 1979.

Arnesen, Peter. "The Provincial Vassals of the Muromachi Bakufu." In Jeffrey P. Mass and William B. Hauser, eds. *The Bakufu in Japanese History*. Stanford, Calif.: Stanford University Press, 1985.

Ashida Koreto 蘆田伊人. *Goryōchi-shikō* 御料地史考. Tokyo: Teishitsu Rinya kyoku 帝室林野局, 1937.

Atago Matsuo 愛宕松男. *Ajia no seifuku ōchō* アジアの征服王朝. Vol. 11 of *Sekai no rekishi* 世界の歴史. Tokyo: Kawade shobō 河出書房, 1969.

Bitō Masahide 尾藤正英, ed. *Nihon bunka to Chūgoku* 日本文化と中国. Tokyo: Daishūkan shoten 大修館書店, 1968.

Blacker, Carmen. *The Catalpa Bow: A Study of Shamanistic Practices in Japan*. London: Allen & Unwin, 1975.

Brazell, Karen, trans. *The Confessions of Lady Nijō*. New York: Anchor Books, 1973.

Bukkyō daigaku 仏教大学, ed. *Hōnen Shōnin kenkyū* 法然上人研究. Kyoto: Heirakuji shoten 平楽寺書店, 1961.

Buraku mondai kenkyūjo 部落問題研究所, ed. *Burakushi no kenkyū* 部落史の研究, premodern vol. Tokyo: Buraku mondai kenkyūjo 部落問題研究所, 1978.

Butler, Kenneth Dean. "The Textual Evolution of the *Heike monogatari*." *Harvard Journal of Asiatic Studies* 26 (1966): 5-51.

Butler, Kenneth Dean. "The *Heike Monogatari* and the Japanese Warrior Ethic." *Harvard Journal of Asiatic Studies* 29 (1969): 93-108.

Childs, Margaret Helen. "Religious Awakening Stories in Late Medieval Japan: The Dynamics of Didacticism." Ph.D. diss., University of Pennsylvania, 1983.

Chūgoku bunka sōsho 中国文化叢書. 10 vols. Tokyo: Daishūkan shoten 大修館書店, 1967-1978.

Cleary, Thomas, trans. *Record of Things Heard from the Treasury of the Eye of the True Teachings*. Boulder, Colo.: Shambala, 1982.

Collcutt, Martin. *Five Mountains: The Rinzai Zen Monastic Institution in Medieval Japan*. Cambridge, Mass.: Harvard University Press, 1981.

Cooper, Michael, ed. *They Came to Japan*. Berkeley and Los Angeles: University of California Press, 1965.

Coulborn, Rushton, ed. *Feudalism in History*. Princeton, N. J.: Princeton University Press, 1956.

Daihonzan Kenchōji 大本山建長寺, ed. *Kyofukuzan Kenchōji* 巨福山建長寺. Tokyo: Daihonzan Kenchōji 大本山建長寺, 1977.

Dai Nihon Bukkyō zensho 大日本仏教全書, 160 vols. Tokyo: Dai Nihon Bukkyō zensho hakkōjo 大日本仏教全書発行所, 1912-1922.

Dai Nihon jiin sōran 大日本寺院総覧. Tokyo: Meiji shuppansha 明治出版社, 1917.

Dai Nihon komonjo, Ie wake 大日本古文書家わけ 16, vol. 1. Tokyo: Tōkyō daigaku shiryō hensanjō 東京大学史料編纂所, 1942.

Dai Nihon shiryō 大日本史料, vol. 9. Tokyo: Tōkyō teikoku daigaku 東京帝国大学, 1909.

Doi, Tsugiyoshi. *Momoyama Decorative Painting*. New York: Weatherhill-Heibonsha, 1977.

Dorson, Richard M., ed. *Studies in Japanese Folklore*. Bloomington: Indiana University Folklore Series, no. 17, Indiana University Press, 1963.

Dumoulin, Heinrich. *A History of Zen Buddhism*. New York: Pantheon, 1963.

Durkheim, Emile. *The Rules of Sociological Method*. Glencoe, N. Y.: Free Press, 1950.

Endō Iwao 遠藤巌. "Ōshū kanrei oboegaki" 奥州管領おぼえ書. *Rekishi* 歴史, no. 38 (March 1969): 24-66.

Endō Iwao 遠藤巌. "Nambokuchō nairan no naka de 南北朝内乱のなかで. In Kobayashi Seiji 小林清治 and Ōishi Naomasa 大石直正, eds. *Chūsei Ōu no sekai* 中世奥羽の世界. Tokyo: Tōkyō daigaku shuppankai 東京大学出版会, 1978.

Endō Motoo 遠藤元男. *Nihon chūsei toshi ron* 日本中世都市論. Tokyo: Hakuyōsha 白楊社, 1940.

Fontein, Jan, and Hickman, Money L., eds. *Zen Painting and Calligraphy*. Boston: Boston Museum of Fine Arts, 1970.

Fuji Masaharu 富士正晴, ed. *Mampukuji* 万福寺. Tokyo: Tankōsha 淡交社, 1977.

Fujii Manabu 藤井学. "Tōgoku Hokke kyōdan no seiritsu to tenkai" 東国法華教団の成立と展開. In Akamatsu Toshihide 赤松俊秀, ed. *Nihon Bukkyōshi* 日本仏教史, 1967.

Fujiki Hisashi 藤木久志. *Sengoku shakai shiron* 戦国社会史論. Tokyo: Tōkyō daigaku shuppankai 東京大学出版会, 1974.

Fujiki, Toyohiko, with Elison, George. "The Political Posture of Oda Nobunaga." In John Whitney Hall, Keiji Nagahara, and Kozo Yamamura, eds. *Japan Before Tokugawa: Political Consolidation and Economic Growth, 1500-1650*. Princeton, N. J.: Princeton University Press, 1981.

Fujioka Daisetsu 藤岡大拙. "Gozan kyōdan no hatten ni kansuru ichi kōsatsu" 五山教団の発展に関する一考案. *Bukkyō shigaku* 仏教史学 6 (March 1957): 47-66.

Fujioka Daisetsu 藤岡大拙. "Zen'in nai ni okeru tōhanshū ni tsuite" 禅院内にお

ける東班衆について. *Nihon rekishi* 日本歴史, no. 145 (July 1960): 19-28.

Fujita Motoharu 藤田元春. *Nisshi kōtsū no kenkyū chū-kinseihen* 日支交通の研究, 中近世編. Tokyo: Fuzambō 冨山房, 1938.

Fujita Toshio 藤田俊雄. "Kamakura shoki no Dazaifu kikō ni tsuite" 鎌倉初期の太宰府機構について. *Kumamoto shigaku* 熊本史学 55 (May 1981).

Fujiwara Kanenaka 藤原兼仲. "Kanchū ki" 勘仲記. In Sasagawa Taneo 笹川種郎, comp. *Shiryō taisei* 史料大成. Tokyo: Naigai shoseki 内外書籍, 1937.

Fukuda Ikuo 福田以久男. "Shugoyaku kō" 守護役考. In Hōgetsu Keigo sensei kanreki kinenkai 宝月圭吾先生還暦記念会編, ed. *Nihon shakai keizaishi kenkyū* 日本社会経済史研究, medieval vol. Tokyo: Yoshikawa kōbunkan 吉川弘文館, 1967.

Fukuda Toyohiko 福田豊彦. "Kokujin ikki no ichi sokumen" 国人一揆の一側面. *Shigaku zasshi* 史学雑誌 76 (January 1967): 62-80.

Fukuda Toyohiko 福田豊彦. "Muromachi bakufu no hōkōshū" 室町幕府の奉公衆. *Nihon rekishi* 日本歴史, no. 274 (March 1971): 46-65.

Fukuda Toyohiko 福田豊彦. "Muromachi bakufu no hōkōshū no kenkyū - sono jin'in kōsei to chiikiteki bumpu" 室町幕府の奉公衆の研究 - その人員構成と地域的分布. *Hokkaidō musashi joshi tanki daigaku kiyō* 北海道武蔵女子短期大学紀要, no. 3 (March 1971): 1-52.

Fukuda Toyohiko 福田豊彦. "Muromachi bakufu hōkōshū no kenkyū - sono jin'in to chiikiteki bumpu" 室町幕府奉公衆の研究 - その人員と地域的分布. In Ogawa Makoto 小川信, ed. *Muromachi seiken* 室町政権. Vol. 5 of *Ronshū Nihon rekishi* 論集日本歴史. Tokyo: Yūshōdō 雄松堂, 1975.

Fukuokashi kyōiku iinkai 福岡市教育委員会. *Iimori jinja kankei shiryōshu* 飯盛神社関係史料集. Fukuoka: Fukuokashi kyōiku iinkai 福岡市教育委員会, 1981.

Fukushima Shun'ō 福島俊翁. *Kokan* 虎関. Tokyo: Yūzankaku 雄山閣, 1944.

Gay, Suzanne. "Muromachi Bakufu Rule in Kyoto: Administration and Judicial Aspects." In Jeffrey P. Mass and William B. Hauser, eds. *The Bakufu in Japanese History*. Stanford, Calif.: Stanford University Press, 1985.

Goble, Andrew. "The Hōjō and Consultative Government." In Jeffrey P. Mass, ed. *Court and Bakufu in Japan: Essays in Kamakura History*. New Haven, Conn.: Yale University Press, 1982.

Gomi Fumihiko 五味文彦. "Shichō no kōsei to bakufu: jūni-jūyon seiki no rakuchū shihai" 使庁の構成と幕府: 12～14世紀の洛中支配. *Rekishigaku kenkyū* 歴史学研究, no. 392 (January 1973): 1-19.

Gomi Katsuo 五味克夫. "Nitta-gū shitsuin Michinori gushoan sonota" 新田宮執印道教具書案その他. *Nihon rekishi* 日本歴史, no. 310 (March 1974): 13-26.

Gorai Shigeru 五来重. *Gangōji-Gokurakubō chūsei shomin shinkō shiryō no kenkyū-chijō hakkenbutsu hen* 元興寺―極楽房中世庶民信仰資料の研究-地上発見物編. Kyoto: Hōzōkan 法蔵館, 1964.

Gorai Shigeru 五来重. "Chūsei josei no shūkyōsei to seikatsu" 中世女性の宗教性と生活. In Joseishi sōgō kenkyūkai 女性史総合研究会, ed. *Nihon joseishi* 日本女性史, vol. 2. Tokyo: Tōkyō daigaku shuppankai 東京大学出版会, 1983.

Gotō Norihiko 後藤紀彦. "Tanaka bon seifu – bunrui o kokoromita kuge shinsei no koshahon" 田中本政府－分類を試みた公家新制の古写本. *Nempō, chūseishi kenkyū* 年報, 中世史研究, no. 5 (May 1980): 73–86.

Grossberg, Kenneth A. "Bakufu and Bugyonin: The Size of the House Bureaucracy in Muromachi Japan." *Journal of Asian Studies* 35 (August 1976): 651–4.

Grossberg, Kenneth A. *Japan's Renaissance: The Politics of the Muromachi Bakufu.* Cambridge, Mass.: Harvard University Press, 1981.

Grossberg, Kenneth A. ed., and Kanamoto, Nobuhisa, trans. *The Laws of the Muromachi Bakufu: Kemmu Shikimoku (1336) and the Muromachi Tsuikahō.* Tokyo: *Monumenta Nipponica* and Sophia University, 1981.

Gunsho ruijū 群書類従, vol. 4. Tokyo: Keizai zasshisha 経済雑誌社, 1898.

Gyobutsubon, Mōko shūrai ekotoba (fukusei) 御物本·蒙古襲来絵詞（複製）. Fukuoka: Fukuokashi kyōiku iinkai 福岡市教育委員会, 1975.

Gyokuyō 玉葉, vols. 2 and 3. Tokyo: Kokusho kankōkai 国書刊行会, 1907.

Haga Kōshirō 芳賀幸四郎, ed. *Daitokuji to sadō* 大徳寺と茶道. Kyoto: Tankōsha 淡交社, 1972.

Haga Kōshirō et al. 芳賀幸四郎, eds. *Sanjōnishi Sanetaka* 三条西実隆. Vol. 43 of *Jimbutsu sōsho* 人物叢書. Tokyo: Yoshikawa kōbunkan 吉川弘文館, 1960.

Haga Norihiko 羽下徳彦. "Muromachi bakufu samurai dokoro tōnin, tsuketari: Yamashiro shugo bunin enkaku kōshōkō" 室町幕府侍所頭人付山城守護補任沿革考証稿 *Tōyō daigaku kiyō* 東洋大学紀要, Faculty of Letters vol., no. 16 (July 1962): 77–98.

Haga Norihiko 羽下徳彦. "Muromachi bakufuron" 室町幕府論. In Nihon rekishigaku kenkyūkai 日本歴史学研究会, ed. *Nihonshi no mondaiten* 日本史の問題点. Tokyo: Yoshikawa kōbunkan 吉川弘文館, 1965.

Haga Norihiko 羽下徳彦. *Sōryōsei* 惣領制. Tokyo: Shibundō 至文堂, 1966.

Haga Norihiko 羽下徳彦. "Muromachi bakufu samurai dokoro kō" 室町幕府侍所考. In Ogawa Makoto 小川信, ed. *Muromachi seiken* 室町政権. Vol. 5 of *Ronshū Nihon rekishi* 論集日本歴史. Tokyo: Yūshōdō 雄松堂, 1975.

Hall, John Whitney. *Government and Local Power in Japan, 500–1700: A Study Based on Bizen Province.* Princeton, N. J.: Princeton University Press, 1966.

Hall, John Whitney. *Japan from Prehistory to Modern Times.* New York: Dell, 1970.

Hall, John Whitney, and Craig, Albert M. *Japan: Tradition and Transformation.* New York: Houghton Mifflin, 1973.

Hall, John Whitney, and Mass, Jeffrey P., eds. *Medieval Japan: Essays in Institutional History.* New Haven, Conn.: Yale University Press, 1974.

Hall, John Whitney, Nagahara, Keiji, and Yamamura, Kozo, eds. *Japan Before Tokugawa: Political Consolidation and Economic Growth, 1500–1650.* Princeton, N. J.: Princeton University Press, 1981.

Hall, John Whitney, and Toyoda Takashi, eds. *Japan in the Muromachi Age.* Berkeley and Los Angeles: University of California Press, 1977.

Hanawa Hokinoichi 塙保巳一, comp. *Gunsho ruijū* 群書類従, vols. 22 and 25. Tokyo: Zoku gunsho ruijū kansei kai 続群書類従完成会, 1933.

Hara Katsurō 原勝郎. *Nihon chūseishi no kenkyū* 日本中世史の研究. Tokyo: Dōbunkan 同文館, 1929.

Harrington, Lorraine F. "Social Control and the Significance of Akutō." In Jeffrey P. Mass, ed. *Court and Bakufu in Japan: Essays in Kamakura History.* New Haven, Conn.: Yale University Press, 1982.

Harrington, Lorraine F. "Regional Outposts of Muromachi Bakufu Rule: The Kantō and Kyūshū." In Jeffrey P. Mass and William B. Hauser, eds. *The Bakufu in Japanese History.* Stanford, Calif.: Stanford University Press, 1985.

Harrison, John A., ed. *New Light on Early and Medieval Japanese Historiography.* Gainesville: University of Florida Monographs in Social Sciences, no. 4, University of Florida Press, 1959.

Hashimoto Mampei 橋本万平. *Keisoku no bunkashi* 計測の文化史. Tokyo: Asahi shimbunsha 朝日新聞社, 1982.

Hashimoto Yoshihiko 橋本義彦. *Heian kizoku shakai no kenkyū* 平安貴族社会の研究. Tokyo: Yoshikawa kōbunkan 吉川弘文館, 1976.

Hatada Takashi 旗田巍. *Genkō - Mōko teikoku no naibu jijō* 元寇 - 蒙古帝国の内部事情. Tokyo: Chūo kōronsha 中央公論社, 1965.

Hayashiya Tatsusaburō 林屋辰三郎, ed. *Kodai-chūsei geijutsu ron* 古代中世芸術論. Tokyo: Iwanami shoten 岩波書店, 1973.

Hayashiya Tatsusaburō 林屋辰三郎 et al., *Kyōto no rekishi* 京都の歴史. Kyoto: Gakugei shorin 学芸書林, 1968.

Hayashiya Tatsusaburō 林屋辰三郎, and Okada Yuzuru 岡田譲, eds. *Ami to machishū* 阿弥と町衆. Vol. 8 of *Nihon bunka no rekishi* 日本文化の歴史. Tokyo: Gakushūkenkyūsha 学習研究社, 1969.

Heiji monogatari emaki, Mōko shūrai ekotoba 平氏物語絵巻, 蒙古襲来絵詞. Vol. 9 of *Nihon emakimono zenshū* 日本絵巻物全集. Tokyo: Kadokawa shoten 角川書店, 1964.

Higaonna Kanjun 東恩納寛惇. *Reimeiki no kaigai kōtsūshi* 黎明期の海外交通史. Tokyo: Teikoku kyōikukai shuppanbu 帝国教育出版部, 1941.

Hiraizumi Kiyoshi 平泉澄. *Chūsei ni okeru shaji to shakai to no kankei* 中世における社寺と社会との関係. Tokyo: Shibundō 至文堂, 1934.

Hiraizumi Kiyoshi 平泉澄. "Nihon chūkō" 日本中興. In Kemmu chūkō roppyakunen kinenkai 建武中興六百年記念会, comp. *Kemmu chūkō* 建武中興. Tokyo: Kemmu chūkō roppyakunen kinenkai 建武中興六百年記念会, 1934.

Hirowatari Masatoshi 広渡正利. *Hakata jōtenjishi* 博多承天寺史. Tokyo: Bunka shuppan 文化出版, 1977.

Hirowatari Masatoshi 広渡正利. *Hakata jōtenjishi* 博多承天寺史. Fukuoka: Fukuoka-ken bunka kaikan 福岡県文化会館, 1981.

Hisamatsu Sen'ichi 久松潜一, and Nishio Minoru 西尾実, eds. *Karonshū, Nogakuronshū* 歌論集, 能楽論集. Vol. 65 of *Nihon koten bungaku taikei* 日本文学古典大系. Tokyo: Iwanami shoten 岩波書店, 1965.

Hoff, Frank. *Song, Dance, Storytelling: Aspects of the Performing Arts in Japan.* Ithaca, N. Y.: Cornell University East Asian Papers, no. 15, Cornell University Press, 1978.

Hōgetsu Keigo sensei kanreki kinenkai 宝月圭吾先生還暦記念会, ed. *Chūsei ryōseishi no kenkyū* 中世量制史の研究. Tokyo: Yoshikawa kōbunkan 吉川弘文館, 1961.

Hōgetsu Keigo sensei kanreki kinenkai 宝月圭吾先生還暦記念会, ed. *Nihon shakai keizaishi kenkyū* 日本社会経済史研究, medieval vol. Tokyo: Yoshikawa kōbunkan 吉川弘文館, 1967.

Hori Ichirō. "Mysterious Visitors from the Harvest to the New Year." In Richard M. Dorson, ed. *Studies in Japanese Folklore.* Bloomington: Indiana University Folklore Series, no. 17, Indiana University Press, 1963.

Hori Ichirō 堀一郎. *Nihon no shamanizumu* 日本のシャーマニズム. Tokyo: Kōdansha 講談社, 1971.

Hori, Kyotsu. "The Economic and Political Effects of the Mongol Wars." In John Whitney Hall and Jeffrey P. Mass, eds. *Medieval Japan: Essays in Institutional History.* New Haven, Conn.: Yale University Press, 1974.

Ichiji Tetsuo 伊知地鉄男, ed. *Renga shū* 連歌集. Tokyo: Iwanami shoten 岩波書店, 1960.

Ichikawa Hakugen 市川白弦 et al., comps. *Chūsei zenka no shisō* 中世禅家の思想. Tokyo: Iwanami shoten 岩波書店, 1972.

"Ichiki monjo" 一木文書. In *Ichikawa shishi, kodai-chūsei shiryō* 市川市史，古代・中世史の研究. Ichikawa: Ichikawa shi 市川市, 1973.

Ichiko Teiji 市子貞次, ed. *Otogizōshi* 御伽草子. Vol. 13 of *Zusetsu Nihon no koten* 図説日本の古典. Tokyo: Shūeisha 集英社, 1980.

Ienaga Saburō 家長三郎. *Chūsei Bukkyō shisōshi kenkyū* 中世仏教思想史研究. Kyoto: Hōzōkan 法蔵館, 1957.

Iida Hisao 飯田久夫. "Heishi to Kyūshū" 平氏と九州. In Takeuchi Rizō hakase kanreki kinenkai 竹内理三博士還暦記念会, comp. *Shōensei to buke shakai* 荘園制と武家社会. Tokyo: Yoshikawa kōbunkan 吉川弘文館, 1969.

Iikura Harutake 飯倉晴武. "Ōnin no ran ikō ni okeru Muromachi bakufu no seisaku" 応仁の乱以降における室町幕府の政策. *Nihonshi kenkyū* 日本史研究, no. 139-40 (March 1974): 140-155.

Ikeuchi Hiroshi 池内宏. "Minsho ni okeru Nihon to Shina to no kōshō" 明初における日本と支那との交渉. *Rekishi to chiri* 歴史と地理 6 (May-August 1904).

Ikeuchi Hiroshi 池内宏. *Genkō no shin kenkyū* 元寇の新研究. 2 vols. Tokyo: Tōyō bunko 東洋文庫, 1931.

Ikki 一揆. 5 vols. Tokyo: Tōkyō daigaku shuppankai 東京大学出版会, 1981.

Imaeda Aishin 今枝愛真. *Zenshū no rekishi* 禅宗の歴史. Tokyo: Shibundō 至文堂, 1962.

Imaeda Aishin 今枝愛真. "Dōgen Sōhō Kanzan no monryū" 道元，宗彭，関山の門流. In Akamatsu Toshihide 赤松俊秀, ed. *Nihon Bukkyōshi* 日本仏教史, vol. 2. Kyoto: Hōzōkan 法蔵館, 1967.

Imaeda Aishin 今枝愛真. *Chūsei Zenshū-shi no kenkyū* 中世禅宗史の研究. Tokyo: Tōkyō daigaku shuppankai 東京大学出版会, 1970.

Imaeda Aishin 今枝愛真. *Dōgen: sono kōdō to shisō* 道現，その行動と思想. Tokyo: Hyōronsha 評論社, 1970.

Imaeda Aishin 今枝愛真, ed. *Zenshū no shomondai* 禅宗の諸問題. Tokyo: Yūzankaku 雄山閣, 1979.

Imaeda Aishin 今枝愛真. *Dōgen: zazen hitosuji no shamon* 道元，坐禅ひとすじの沙門. Tokyo: Nihon hōsō shūppankyōkai 日本放送出版協会, 1981.

Imaeda Aishin 今枝愛真, and Murai Shōsuke 村井章介. "Nichimin kōshōshi no jomaku 日明交渉史の序幕." *Tōkyō daigaku shiryō hensanjo hō* 東京大学史料編纂所報, no. 11 (March 1977).

Imaoka Norikazu et al. 今岡典和他. "Sengokuki kenkyū no kadai to tembō" 戦国記研究の課題と展望. *Nihonshi kenkyū* 日本史研究, no. 278 (October 1985): 42-62.

Imatani Akira 今谷明. *Sengokuki no Muromachi bakufu no seikaku* 戦国期の室町幕府の性格, vol. 12. Tokyo: Kadokawa shoten 角川書店, 1975.

Imatani Akira 今谷明. "Kōki Muromachi bakufu no kenryoku kōzo-tokuni sono senseika ni tsuite" 後期室町幕府の権力構造－特にその専制化について. In Nihonshi kenkyūkai shiryō kenkyū bukai 日本史研究会史料研究部会, ed. *Chūsei Nihon no rekishi zō* 中世日本の歴史像. Tokyo: Sōgensha 創元社, 1978.

Imatani Akira 今谷明. *Muromachi bakufu kaitai katei no kenkyū* 室町幕府解体過程の研究. Tokyo: Iwanami shoten 岩波書店, 1985.

Imatani Akira 今谷明. *Shugo ryōgoku shihai kikō no kenkyū* 守護領国支配機構の研究. Tokyo: Hōsei daigaku shuppankyoku 法政大学出版局, 1986.

Inagaki Yasuhiko 稲垣泰彦. "Do-ikki o megutte" 土一揆をめぐって. *Rekishigaku kenkyū* 歴史学研究, no. 305 (October 1965): 25-33.

Inagaki Yasuhiko 稲垣泰彦. *Nihon chūsei shakaishi ron* 日本中世社会史論. Tokyo: Tōkyō daigaku shuppankai 東京大学出版会, 1981.

Inagaki Yasuhiko 稲垣泰彦, and Nagahara Keiji 永原慶二, eds. *Chūsei no shakai to keizai* 中世の社会と経済. Tokyo: Tōkyō daigaku shuppankai 東京大学出版会, 1962.

Inoue Mitsusada 井上光貞. *Nihon Jōdokyō seiritsushi no kenkyū* 日本浄土教成立史の研究. Tokyo: Yamakawa shuppansha 山川出版社, 1956.

Inoue Mitsusada 井上光貞. *Nihon kodai no kokka to Bukkyō* 日本古代の国家と仏教. Tokyo: Iwanami shoten 岩波書店, 1971.

Inoue Mitsusada 井上光貞 et al., eds. *Nihon rekishi taikei* 日本歴史大系, vol. 2. Tokyo: Yamakawa shuppansha 山川出版社, 1985.

Inoue Toshio 井上鋭夫. *Ikko ikki no kenkyū* 一向一揆の研究. Tokyo: Yoshikawa kōbunkan 吉川弘文館, 1968.

Ishida Hisatoyo 石田尚豊. "Shokunin zukushie" 職人尽絵. *Nihon no bijutsu* 日本の美術, no. 132 (May 1977): 94-114.

Ishida Mizumaro 石田瑞麿. *Nihon Bukkyō ni okeru kairitsu no kenkyū* 日本仏教における戒律の研究. Tokyo: Nakayama shobō 中山書房, 1976.

Ishida Yoshito 石田善人. "Gōson-sei no keisei" 郷村制の形成. In *Iwanami kōza Nihon rekishi* 岩波講座日本歴史, vol. 6. Tokyo: Iwanami shoten 岩波書店, 1963.

Ishida Yoshito 石田善人. "Sōteki ketsugō no shoruikei" 惣的結合の諸類型. *Rekishi kyōiku* 歴史教育 8 (August 1969): 24-38.

Ishihara Michihiro 石原道博. "Gendai Nihonkan no ichisokumen" 現代日本観の一側面. In Wada hakase kanreki kinenkai 和田博士還暦記念会, ed. *Tōyōshi ronsō* 東洋史論叢. Tokyo: Wada hakase kanreki kinenki 和田博士還暦記念会, 1951.

Ishihara Michihiro 石原道博. *Wakō* 倭寇. Tokyo: Yoshikawa kōbunkan 吉川弘文館, 1964.

Ishihara Michihiro 石原道博. *Yakuchū Chūgoku seishi Nihon den* 訳注中国正史日本伝. Tokyo: Kokusho kankōkai 図書刊行会, 1975.

Ishii Masatoshi 石井正敏. "Bun'ei hachinen rainichi no Kōraishi ni tsuite-Sanbetsushō no Nihon tsūkō shiryō no shōkai" 文永八年来日の高麗使について – 三別抄の日本通交史料の紹介. *Tōkyō daigaku shiryō hensanjo hō* 東京大学史料編纂所報, no. 12 (March 1978): 1-7.

Ishii Ryosuke 石井良助. *Taika no kaishin to Kamakura bakufu no seiritsu* 大化の改新と鎌倉幕府の成立. Tokyo: Sōbunsha 創文社, 1958.

Ishii Susumu 石井進. "Kamakura bakufu to ritsuryō kokka – kokuga to no kankei o chūshin to shite" 鎌倉幕府と律令国家 – 国衙との関係を中心として. In Satō Shin'ichi 佐藤進一, and Ishimoda Shō 石母田正, eds. *Chūsei no hō to kokka* 中世の法と国家. Tokyo: Tōkyō daigaku shuppankai 東京大学出版会, 1960.

Ishii Susumu 石井進. *Insei jidai* 院政時代. Vol. 2 of *Kōza Nihon shi* 講座日本史. Tokyo: Tōkyō daigaku shuppankai 東京大学出版会, 1970.

Ishii Susumu 石井進. *Nihon chūsei kokkashi no kenkyū* 日本中世国家史の研究. Tokyo: Iwanami shoten 岩波書店, 1970.

Ishii Susumu 石井進. *Kamakura bakufu* 鎌倉幕府. Vol. 7 of *Nihon no rekishi* 日本の歴史. Tokyo: Chūō kōronsha 中央公論社, 1971.

Ishii Susumu 石井進. "Takezaki Suenaga ekotoba no seiritsu" 竹崎季長絵詞の成立. *Nihon rekishi* 日本歴史, no. 273 (1971): 12-32.

Ishii Susumu 石井進. "Shimotsuki sōdō oboegaki" 霜月騒動おぼえ書き. In *Kanagawa-ken shi dayori, shiryō hen* 神奈川縣史だより，資料編, vol. 2. Yokohama: Kanagawa ken 神奈川県, 1973.

Ishii Susumu 石井進 et al., eds. *Chūsei seiji shakai shisō zō* 中世政治社会思想像. Vol. 21 of *Nihon shisō taikei* 日本思想体系. Tokyo: Iwanami shoten 岩波書店, 1972.

Ishimoda Shō 石母田正. *Zōho chūseiteki sekai no keisei* 増補中世的世界の形成. Tokyo: Tōkyō daigaku shuppankai 東京大学出版会, 1950.

Ishimoda Shō 石母田正. "Heishi seiken no sōkan shiki setchi" 平氏政権の総官職設置. *Rekishi hyōron* 歴史評論, no. 107 (July 1959): 7-14.

Ishimoda Shō 石母田正. "Kamakura bakufu ikkoku jitō shiki no seiritsu" 鎌倉幕府一国地頭職の成立. In Satō Shin'ichi 佐藤進一, and Ishimoda Shō 石母田正, eds. *Chūsei no hō to kokka* 中世の法と国家. Tokyo: Tōkyō daigaku shuppankai 東京大学出版会, 1960.

Itō Kiyoshi 伊藤喜良. "Kamakura bakufu oboegaki" 鎌倉幕府覚書. *Rekishi* 歴史 42 (April 1972): 17-34.

Itō Kiyoshi 伊藤喜良. "Muromachi ki no kokka to Tōgoku" 室町期の国家と東

国. *Rekishigaku kenkyū* 歴史学研究, special issue (October 1979): 63-72.

Itō Yuishin 伊藤唯真. *Jōdoshū no seiritsu to tenkai* 浄土宗の成立と展開. Tokyo: Yoshikawa kōbunkan 吉川弘文館, 1981.

Iwamura Shinobu 岩村忍. "Gen jidai ni okeru shihei infurēshon" 元時代における紙幣インフレーション. *Tōyō gakuhō* 東洋学報 34 (March 1964).

Iwanami kōza Nihon rekishi 岩波講座　日本歴史. 23 vols. Tokyo: Iwanami shoten 岩波書店, 1962-1964.

Iwanami kōza Nihon rekishi 岩波講座　日本歴史. 26 vols. Tokyo: Iwanami shoten 岩波書店, 1975-1977.

Izumi Chōichi 泉澄一. "Sakai chōnin to Zen" 堺商人と禅. *Rekishi kōron* 歴史公論 10 (1977): 89-91.

Joseishi sōgō kenkyūkai 女性史総合研究会, ed. *Nihon joseishi* 日本女性史. 5 vols. Tokyo: Tōkyō daigaku shuppankai 東京大学出版会, 1982-1983.

Kachō Fūgetsu 花鳥風月. Vol. 3 of *Muromachi jidai monogatari taisei* 室町時代物語大成. Tokyo: Kadokawa shoten 角川書店, 1975.

Kagamishima Genryū et al. 鏡島元隆他, eds. *Yakuchū Zennen shingi* 訳注禅苑清規. Tokyo: Sōtōshū shūmuchō 曹洞宗宗務庁, 1972.

Kagamiyama Takeshi sensei koki kinenkai 鏡山猛先生古稀記念会, ed. *Kobunka ronkō* 古文化論考. Fukuoka: Kagamiyama Takeshi sensei koki kinen ronbun-shū kankōkai 鏡山猛先生古稀記念論文集刊行会, 1980.

Kamiki Tetsuo 神木哲男. "Chūsei shōen ni okeru kahei" 中世荘園における貨幣. *Kokumin keizai zasshi* 国民経済雑誌 120 (1963): 50-65.

Kasahara Kazuo 笠原一男. *Shinran to tōgoku nōmin* 親鸞と東国農民. Tokyo: Yamakawa shuppansha 山川出版社, 1957.

Kasahara Kazuo 笠原一男. *Ikkō ikki no kenkyū* 一向一揆の研究. Tokyo: Yamakawa shuppansha 山川出版社, 1962.

Kasai Sachiko 笠井幸子. Ōshū heiran to tōgoku bushidan" 奥州兵乱と東国武士団 *Rekishi kyōiku* 歴史教育 16 (1968): 27-40.

Kasamatsu Hiroshi 笠松宏至. *Nihon chūsei-hō shiron* 日本中世法史論. Tokyo: Tōkyō daigaku shuppankai 東京大学出版会, 1977.

Kasamatsu Hiroshi 笠松宏至, Satō Shin'ichi 佐藤慎一, and Momose Kesao 百瀬今朝男, eds. *Chūsei seiji shakai shisō* 中世政治社会思想. Vol. 22 of *Nihon shisō taikei* 日本思想大系. Tokyo: Iwanami shoten 岩波書店, 1981.

Katsumata Shizuo 勝俣鎮夫. *Sengoku-hō seiritsu shiron* 戦国法成立史論. Tokyo: Tōkyō daigaku shuppankai 東京大学出版会, 1979.

Katsumata Shizuo 勝俣鎮夫. *Ikki* 一揆. Tokyo: Iwanami shoten 岩波書店, 1982.

Katsumata Shizuo, with Collcutt, Martin. "The Development of Sengoku Law." In John Whitney Hall, Keiji Nagahara, and Kozo Yamamura, eds. *Japan Before Tokugawa: Political Consolidation and Economic Growth, 1500-1650*. Princeton, N. J.: Princeton University Press, 1981.

Kawai Masaharu 河合正治. *Ashikaga Yoshimasa* 足利義政. Tokyo: Shimizu shoin 清水書院, 1972.

Kawai Masaharu 河合正治. *Chūsei buke shakai no kenkyū* 中世武家社会の研究. Tokyo: Yoshikawa kobunkan 吉川弘文館, 1973.

Kawai Masaharu, with Grossberg, Kenneth A. "Shogun and Shugo: The Provincial Aspects of Muromachi Politics." In John Whitney Hall and Toyoda Takeshi, eds. *Japan in the Muromachi Age*. Berkeley and Los Angeles: University of California Press, 1977.

Kawakami Kozan 川上孤山. *Myōshinji-shi* 妙心寺史. Kyoto: Shibunkaku 思文閣, 1975.

Kawakami Mitsugu 川上貢. *Zen'in no kenchiku* 禅院の建築. Tokyo: Kawahara shoten 河原書店, 1968.

Kawamura Shōichi 河村昭一. "Aki Takedashi kankei monjo mokuroku" 安芸武田氏関係文書目録, pt. 1. *Geibi chihōshi kenkyū* 芸備地方史研究, no. 108 (1975): 26-31.

Kawane Yoshihira 河音能平. *Chūsei hōkensei seiritsu shiron* 中世封建制成立史論. Tokyo: Tōkyō daigaku shuppankai 東京大学出版会, 1971.

Kawasaki Tsuneyuki 川崎庸之, and Kasahara Kazuo 笠原一男, eds. *Shūkyō shi* 宗教史. Vol. 18 of *Taikei Nihon-shi sōsho* 体系日本史叢書. Tokyo: Yamakawa shūppansha 山川出版社, 1966.

Kawazoe Hiroshi 川副博. "Einin san'nen ki kōshō" 永仁三年記考証. *Shichō* 史潮 50 (January 1953): 33-52.

Kawazoe Shōji 川添昭二, ed. *Nejime monjo* 禰寝文書, vol. 3. Fukuoka: Kyūshū daigaku bungakubu and Kyūshū shiryō kankōkai 九州大学文学部・九州史料刊行会, 1955.

Kawazoe Shōji 川添昭二. *Imagawa Ryōshun* 今川了俊. Tokyo: Yoshikawa kōbunkan 吉川弘文館, 1964.

Kawazoe Shōji 川添昭二. "Chinzei kanrei kō" 鎮西管領考. *Nihon rekishi* 日本歴史, nos. 205 and 206 (June and July 1965): 2-14 and 29-53.

Kawazoe Shōji 川添昭二. *Chūkai, Genkō bōrui hennen shiryō - ikoku keigo banyaku shiryō no kenkyū* 注解元寇防塁編年史料－異国警護番役史料の研究. Fukuoka: Fukuokashi kyōiku iinkai 福岡市教育委員会, 1971.

Kawazoe Shōji 川添昭二. *Nichiren-sono shisō, kōdō to Mōko shūrai* 日蓮－その思想・行動と蒙古襲来. Tokyo: Shimizu shoin 清水書院, 1971.

Kawazoe Shōji 川添昭二. "Iwato gassen saihen - Chinzei ni okeru tokusō shihai no kyōka to Mutō shi" 岩戸合戦再編－鎮西における得宗支配の強化と武藤氏. In Mori Katsumi hakase koki kinen kai hen 森克己博士古稀記念会編, ed. *Taigai kankei to seiji bunka* 対外関係と政治文化. Vol. 2 of *Shigaku ronshū* 史学論集. Tokyo: Yoshikawa kōbunkan 吉川弘文館, 1974.

Kawazoe Shōji 川添昭二. "Chinzei kanrei kō 鎮西管領考. In Ogawa Makoto 小川信, ed. *Muromachi seiken* 室町政権. Vol. 5 of *Ronshū Nihon rekishi* 論集日本歴史. Tokyo:Yūshōdō 雄松堂, 1975.

Kawazoe Shōji 川添昭二. *Gen no shūrai* 元の襲来. Tokyo: Popurasha ポプラ社, 1975.

Kawazoe Shōji 川添昭二. "Kamakura jidai no taigai kankei to bunbutsu no inyū" 鎌倉時代の対外関係と文物の移入. In *Iwanami kōza Nihon rekishi* 岩波講座日本歴史, vol. 6. Tokyo: Iwanami shoten 岩波書店, 1975.

Kawazoe Shōji 川添昭二. *Mōko shūrai kenkyū shiron* 蒙古襲来研究史論. Tokyo:

Yūzankaku 雄山閣, 1977.

Kawazoe Shōji 川添昭二. *Seinan chiikishi kenkyū* 西南地域史研究, vol. 1. Tokyo: Bunken shuppan 文献出版, 1977.

Kawazoe Shōji 川添昭二. "Kyūshū tandai no suimetsu katei" 九州探題の衰滅過程. *Kyūshū bunkashi kenkyūjo kiyō* 九州文化誌研究所紀要, no. 23 (March 1978): 81–130.

Kawazoe Shōji 川添昭二. "Kaneyoshi Shinnō o meguru Kyūshū no Nambokuchō" 懐良親王をめぐる九州の南北朝. *Rekishi kōron* 歴史公論 5 (September 1979): 92–99.

Kawazoe Shōji 川添昭二. "Kodai-chūsei no gaikō monjo" 古代中世の外交文書. In Kagamiyama Takeshi sensei koki kinenkai 鏡山猛先生古稀記念会, ed. *Kobunka ronko* 古文化論考. Fukuoka: Kagamiyama Takeshi sensei koki kinen ronbunshu kankōkai 鏡山猛先生古稀記念論文刊行会, 1980.

Kawazoe Shōji 川添昭二. *Chūsei Kyūshū no seiji to bunka* 中世九州の政治と文化. Tokyo: Bunken shuppan 文献出版, 1981.

Kawazoe Shōji 川添昭二, ed. *Umi kara yomigaeru wakō* 海から甦る倭寇. Fukuoka: Asahi shimbun seibu honsha kikakubu 朝日新聞西部本社企画部, 1981.

Kawazoe Shōji 川添昭二. "Nichiren no shūkyō no seiritsu oyobi seikaku" 日蓮の宗教の成立及び性格. In *Nichiren* 日蓮. Vol. 9 of *Nihon meisō ronshū* 日本名僧論集. Tokyo: Yoshikawa kōbunkan 吉川弘文館, 1982.

Kayahara Shōzō 栢原昌三. "Nichimin kangō bōeki ni okeru Hosokawa Ōuchi nishi no kōsō" 日明勘合貿易における細川大内二氏の抗争. *Shigaku zasshi* 史学雑誌 25 and 26 (September–October 1914 and February–March 1915).

Kayahara Shōzō 栢原昌三. "Nichimin kangō bōeki no soshiki to shikō" 日明勘合貿易の組織と使行. *Shigaku zasshi* 史学雑誌 31, nos. 4, 5, 8, and 9 (April, May, August, and September 1920).

Kayahara Shōzō 栢原昌三. "Mōko shūrai no ichihihan" 蒙古襲来の一批判. *Rekishi to chiri* 歴史と地理 10 (August–October 1922).

Keene, Donald, ed. *Anthology of Japanese Literature*. New York: Grove Press, 1955.

Keene, Donald, trans. *Essays in Idleness*. New York: Columbia University Press, 1967.

Keene, Donald, ed. *Twenty Plays of the Nō Theatre*. New York: Columbia University Press, 1970.

Keene, Donald. "Diaries of the Kamakura Period." *Japan Quarterly* 32 (July–September 1985): 281–289.

Kemmu chūkō roppyakunen kinenkai 建武中興六百年記念会, comp. *Kemmu chūkō* 建武中興. Tokyo: Kemmu chūkō roppyakunen kinenkai 建武中興六百年記念会, 1934.

Kidō Saizō 木藤才蔵, ed. *Renga ronshū* 連歌論集. Tokyo: Iwanami shoten 岩波書店, 1961.

Kim, Hee-jin. *Dōgen Kigen – Mystical Realist*. Tucson: University of Arizona Press, 1975.

Kimiya Yasuhiko 木宮泰彦. *Nikka bunka kōryūshi* 日華文化交流史. Tokyo: Fuzambō 冨山房, 1955.

Kindai Nihon bungaku taikei 近代日本文学大系. 25 vols. Tokyo: Kokumin tosho kabushiki kaisha 国民図書株式会社, 1928-1931.

Kindaichi Haruhiko 金田一春彦. "Heikyoku-sono rekishi to ongaku" 平曲－その歴史と音楽. In *Heike monogatari* 平家物語. Vol. 9 of *Zusetsu Nihon no koten* 図説日本の古典. Tokyo: Shūeisha 集英社, 1980.

Kishida Hiroshi 岸田裕之. "Shugo Akamatsu-shi no Harima no kuni shihai no hatten to kokuga" 守護赤松氏の播磨国支配の発展と国衙. *Shigaku kenkyū* 史学研究, nos. 104 and 105 (1968).

Kishida Hiroshi 岸田裕之. "Shugo Akamatsu-shi no Harima no kuni shihai no hatten to kokuga" 守護赤松氏の播磨国支配の発展と国衙. In Ogawa Makoto 小川信, ed. *Muromachi seiken* 室町政権. Vol. 5 of *Ronshū Nihon rekishi* 論集日本歴史. Tokyo: Yūshōdō 雄松堂, 1975.

Kishida Hiroshi 岸田裕之, and Akiyama Nobutaka 秋山伸隆, eds. *Hiroshima kenshi* 広島県史, Medieval 中世 vol. Hiroshima: Hiroshima kenchō 広島県庁, 1984.

Kitagawa Tadahiko 北川忠彦, ed. *Kanginshū. Sōan koutashū* 閑吟集・宗安小歌集. Vol. 53 of *Shinchō Nihon koten shūsei* 新潮日本古典集成. Tokyo: Shinchōsha, 1982.

Kitamura, Hiroshi, and Tsuchida, Paul T., trans. *The Tale of the Heike*. Tokyo: University of Tokyo Press, 1975.

Kobata Atsushi 小葉田淳. *Chūsei Nisshi tsūkō bōekishi* 中世日支通交貿易史. Tokyo: Tōkō shoin 刀江書院, 1941.

Kobata Atsushi 小葉田淳. "Kangō bōeki to wakō" 勘合貿易と倭寇. In *Iwanami kōza Nihon rekishi* 岩波講座日本歴史, vol. 7. Tokyo: Iwanami shoten 岩波書店, 1963.

Kobata Atsushi 小葉田淳. *Chūsei nantō tsūkō bōekishi no kenkyū* 中世南島通交貿易の研究. Tokyo: Tōkō shoin 刀江書院, 1968.

Kobata Atsushi 小葉田淳. *Nihon kahei ryūtsūshi* 日本貨幣流通史. Tokyo: Tōkō shoin 刀江書院, 1969.

Kobata Atsushi 小葉田淳. *Kingin bōekishi no kenkyū* 金銀貿易史の研究. Tokyo: Hōsei daigaku shuppankyoku 法政大学出版局, 1976.

Kobata Atsushi 小葉田淳. *Nihon keizaishi no kenkyū* 日本経済史の研究. Kyoto: Shibunkaku shuppan 思文閣出版, 1978.

Kobayashi Seiji 小林清治, and Ōishi Naomasa 大石直正, comps. *Chūsei Ōu no sekai* 中世奥羽の世界. Tokyo: Tōkyō daigaku shuppankai 東京大学出版会, 1978.

Koizumi Yoshiaki 小泉宜右. "Iga no kuni Kuroda-no-shō no akutō" 伊賀の国黒田の庄の悪党. In Inagaki Yoshuhiko 稲垣泰彦, and Nagahara Keiji 永原慶二, eds. *Chūsei no shakai to keizai* 中世の社会と経済. Tokyo: Tōkyō daigaku shuppankai 東京大学出版会, 1962.

Koizumi Yoshiaki 小泉宜右. *Akutō* 悪党. Tokyo: Kyōikusha 教育社, 1981.

Koji ruien 古事類苑, vol. 44. Tokyo: Yoshikawa kōbunkan 吉川弘文館, 1969.

Kokan Shiren 虎関師練, "Genkō shakusho" 元亨釈書. In Kuroita Katsumi 黒板

勝美, ed. *Shintei zōho kokushi taikei* 新訂増補国史大系, vol. 31. Tokyo: Yoshikawa kōbunkan 吉川弘文館, 1930.

Kokushi taikei 国史大系. 66 vols. Tokyo: Yosikawa kōbunkan 吉川弘文館, 1929-1964.

Kokusho kankōkai 国書刊行会, comp. *Meigetsuki* 明月記, vol. 3. Tokyo: Kokusho kankōkai 国書刊行会, 1939.

Komazawa daigaku zengaku daijiten hensanjo 駒沢大学禅学大辞典編纂所, ed. *Zengaku daijiten* 禅学大辞典. 3 vol. Tokyo: Taishūkan shoten 大修館書店, 1978.

Konishi Jin'ichi 小西甚一. *Sōgi* 宗祇. Tokyo: Chikuma shobō 筑摩書房, 1971.

Konishi Mizue 小西瑞恵. "Harima no kuni Ōbe-no-shō no nōmin" 播磨国大部庄の農民. *Nihonshi kenkyū* 日本史研究, no. 98 (May 1968): 1-28.

Konishi Mizue 小西瑞恵. "Kyōtoku sannen no Ōbe-no-shō do-ikki ni tsuite" 享徳三年の大部庄土一揆について. *Hyōgo shigaku* 兵庫史学, no. 65 (1976).

Kōsaka Konomu 高坂好. *Akamatsu Enshin, Mitsusuke* 赤松遠心・満祐. Tokyo: Yoshikawa kōbunkan 吉川弘文館, 1970.

Kubo Noritada 窪徳忠, and Nishi Junzō 西順蔵, eds. *Shūkyō* 宗教. Vol. 6 of *Chūgoku bunka sōsho* 中国文化叢書. Tokyo: Taishūkan shoten 大修館書店, 1968.

Kudō Keiichi 工藤敬一. "Shōensei no tenkai" 荘園制の展開. In *Iwanami kōza Nihon rekishi* 岩波講座日本歴史, vol. 5. Tokyo: Iwanami shoten 岩波書店, 1975.

Kunaichō Shoryōbu 宮内庁書陵部, ed. *Kujō Masamotokō tabi hikizuke* 九条政元公旅引付. Tokyo: Yōtokusha 養徳社, 1961.

Kuroda Hideo 黒田日出男. "Chūsei no kaihatsu to shizen" 中世の開発と自然. In Aoki Michio et al., eds. *Seikatsu, bunka, shisō* 生活・文化・思想. Vol. 4 of *Ikki* 一揆. Tokyo: Tōkyō daigaku shuppankai 東京大学出版会, 1981.

Kuroda Hideo 黒田日出男. "Chūsei nōgyō gijutsu no yōsō" 中世農業技術の様相. In Nagahara Keiji 永原慶二, and Yamaguchi Keiji 山口啓二, ed. *Nōgyō to nōsan kakō* 農業と農産加工. Vol. 1 of *Nihon gijutsu no shakaishi* 日本技術の社会史. Tokyo: Nihon hyōronsha 日本評論社, 1983.

Kuroda, Toshio. "Gukanshō and Jinnō Shōtoki: Observations on Medieval Historiography." In John A. Harrison, ed. *New Light on Early and Medieval Japanese Historiography*. Gainesville: University of Florida Monographs in Social Sciences, no. 4, University of Florida Press, 1959.

Kuroda Toshio 黒田俊雄. "Mōko shūrai" 蒙古襲来. In *Nihon no rekishi* 日本の歴史, vol. 8. Tokyo: Chūō kōronsha 中央公論社, 1965.

Kuroda Toshio 黒田俊雄. *Shōen-sei shakai* 荘園制社会. Vol. 2 of *Taikei Nihon rekishi* 大系日本歴史. Tokyo: Nihon hyōronsha 日本評論社, 1967.

Kuroda Toshio 黒田俊雄. *Nihon chūsei hōkensei ron* 日本中世封建制論. Tokyo: Tōkyō daigaku shuppankai 東京大学出版会, 1974.

Kuroda Toshio 黒田俊雄. *Nihon chūsei no kokka to tennō* 日本中世の国家と天皇. Tokyo: Iwanami shoten 岩波書店, 1975.

Kuroita Katsumi 黒板勝美, ed. *Shintei zōho kokushi taikei* 新訂増補国史大系, vol. 31. Tokyo: Yoshikawa kōbunkan 吉川弘文館, 1930.

Kurokawa Naonori 黒川直則. "Shugo ryōgokusei to shōen taisei-kokujin ryōshusei no kakuritsu katei" 守護領国制と荘園体制－国人領主制の確立過程. *Nihonshi kenkyū* 日本史研究, no. 57 (November 1961): 1-19.

Kurokawa Naonori 黒川直則. "Shugo ryōgokusei to shōen taisei" 守護領国制と荘園体制. In Ogawa Makoto 小川信, ed. *Muromachi seiken* 室町政権. Vol. 5 of *Ronshū Nihon rekishi* 論集日本歴史. Tokyo: Yūshōdō 雄松堂, 1975.

Kuwata Tadachika 桑田忠親. *Toyotomi Hideyoshi kenkyū* 豊臣秀吉研究. Tokyo: Kadokawa shoten 角川書店, 1975.

Kuwayama Kōnen 桑山浩然. "Muromachi bakufu no sōsōki ni okeru shoryō ni tsuite" 室町幕府の草創期における所領について. *Chusei no mado* 中世の窓 12 (April 1963): 4-27.

Kuwayama Kōnen 桑山浩然. "Muromachi bakufu keizai kikō no ichi kōsatsu, nōsen kata kubō mikura no kinō to seiritsu" 室町幕府経済機構の一考察－納銭方・公方御倉の機能と成立. *Shigaku zasshi* 史学雑誌 73 (September 1964): 9-17.

Kuwayama Kōnen 桑山浩然. "Muromachi bakufu keizai no kōzō" 室町幕府経済の構造. In *Nihon keizaishi taikei* 日本経済大系, vol. 2. Tokyo: Tōkyō daigaku shuppankai 東京大学出版会, 1965.

Kuwayama Kōnen 桑山浩然. *Muromachi bakufu hikitsuke shiryō shūsei* 室町幕府引付史料集成, vol. 1. Tokyo: Kondō shuppansha 近藤出版社, 1980.

Kuwayama Kōnen, with Hall, John Whitney. "The Bugyōnin System: A Closer Look." In John Whitney Hall and Toyoda Takeshi, eds. *Japan in the Muromachi Age*. Berkeley and Los Angeles: University of California Press, 1977.

Kyōto daigaku bungakubu dokushikai 京都大学文学部読史会, ed. *Kokushi ronshū* 国史論集. Kyoto: Kyōto daigaku bungakubu dokushikai 京都大学文学部読史会, 1959.

Kyōto kokuritsu hakubutsukan 京都国立博物館, ed. *Zen no bijutsu* 禅の美術. Kyoto: Kyōto kokuritsu hakubutsukan 京都国立博物館, 1981.

Kyōto no rekishi 京都の歴史. 9 vols. Kyoto: Gakugei shorin 学芸書林, 1968-1976

Ludwig, Theodore M. "Before Rikyū: Religious and Aesthetic Influences in the Early History of the Tea Ceremony." *Monumenta Nipponica* 36 (Winter 1981): 367-390.

McCullough, Helen Craig. trans. *The Taiheiki: A Chronicle of Medieval Japan*. New York: Columbia University Press, 1959.

McCullough, Helen Craig. *Yoshitsune: A Fifteenth Century Japanese Chronicle*. Tokyo: University of Tokyo Press, 1966.

McCullough, William H. "Shōkyūki: An Account of the Shōkyū War of 1221." *Monumenta Nipponica* 19 (1964): 163-215.

McCullough, William H. "The *Azuma kagami* Account of the Shōkyū War." *Monumenta Nipponica* 23 (1968): 102-155.

Makita Tairyō 牧田諦亮. *Sakugen Nyūminki no kenkyū* 策彦入明記の研究. Kyoto: Hōzōkan 法蔵館, 1959.

Mass, Jeffrey P. "The Emergence of the Kamakura Bakufu." In John Whitney

Hall and Jeffrey P. Mass, eds. *Medieval Japan: Essays in Institutional History*. New Haven, Conn.: Yale University Press, 1974.

Mass, Jeffrey P. "Jitō Land Possession in the Thirteenth Century." In John Whitney Hall and Jeffrey P. Mass, eds. *Medieval Japan: Essays in Institutional History*. New Haven, Conn.: Yale University Press, 1974.

Mass, Jeffrey P. *Warrior Government in Early Medieval Japan*. New Haven, Conn.: Yale University Press, 1974.

Mass, Jeffrey P. *The Kamakura Bakufu: A Study in Documents*. Stanford, Calif.: Stanford University Press, 1976.

Mass, Jeffrey P. "The Origins of Kamakura Justice." *Journal of Japanese Studies* 3 (Summer 1977): 299-322.

Mass, Jeffrey P. *The Development of Kamakura Rule, 1180-1250: A History with Documents*. Stanford, Calif.: Stanford University Press, 1979.

Mass, Jeffrey P. "Translation and Pre-1600 History." *Journal of Japanese Studies* 6 (Winter 1980): 61-88.

Mass, Jeffrey P, ed. *Court and Bakufu in Japan: Essays in Kamakura History*. New Haven, Conn.: Yale University Press, 1982.

Mass, Jeffrey P. "The Early Bakufu and Feudalism." In Jeffrey P. Mass, ed. *Court and Bakufu in Japan: Essays in Kamakura History*. New Haven, Conn.: Yale University Press, 1982.

Mass, Jeffrey P. "Patterns of Provincial Inheritance in Late Heian Japan." *Journal of Japanese Studies* 9 (Winter 1983): 67-95.

Mass, Jeffrey P. "What Can We Not Know About the Kamakura Bakufu." In Jeffrey P. Mass and William B. Hauser, eds. *The Bakufu in Japanese History*. Stanford, Calif.: Stanford University Press, 1985.

Mass, Jeffrey P. *Lordship and Inheritance in Early Medieval Japan: A study of the Kamakura Sōryō System*. Forthcoming.

Mass, Jeffrey P, and Hauser, William B., eds. *The Bakufu in Japanese History*. Stanford, Calif.: Stanford University Press, 1985.

Matsumoto Hikojirō 松本彦次郎. *Nihon bunka shiron* 日本文化史論. Tokyo: Kawade shobō 河出書房, 1942.

Matsuno Junkō 松野純考. *Shinran: Sono shōgai to shisō no tenkai katei* 親鸞，その生涯と思想の展開過程. Tokyo: Sanseidō 三省堂, 1959.

Matsuno Junkō 松野純考. "Honganji no seiritsu" 本願寺の成立. In Akamatsu Toshihide 赤松俊秀, and Kasahara Kazuo 笠原一男, eds. *Shinshūshi gaisetsu* 真宗史概説. Kyoto: Heirakuji shoten 平楽寺書店, 1963.

Matsuoka Hisato 松岡久人. "Saigoku no Sengoku daimyō" 西国の戦国大名. In Nagahara Keiji 永原慶二, John Whitney Hall ジョン・ホイットニイ・ホール, and Kozo Yamamura コーゾー・ヤマムラ, eds. *Sengoku jidai* 戦国時代. Tokyo: Yoshikawa kōbunkan 吉川弘文館, 1978.

Matsuyama Hiroshi 松山宏. *Nihon chūsei toshi no kenkyū* 日本中世都市の研究. Kyoto: Daigakudō shoten 大学堂書店, 1973.

Matsuyama Hiroshi 松山宏. *Shugo jōkamachi no kenkyū* 守護城下町の研究. Kyoto: Daigakudō shoten 大学堂書店, 1982.

Mitobe Masao 水戸部正男. *Kuge shinsei no kenkyū* 公家新制の研究. Tokyo: Sōbunsha 創文社, 1961.

Miura Hiroyuki 三浦周行. "Tenryūji-bune ni kansuru shinkenkyū" 天龍寺船に関する新研究. *Shigaku zasshi* 25 (January 1914).

Miura Hiroyuki 三浦周行. *Hōseishi no kenkyū* 法制史の研究. Tokyo: Iwanami shoten 岩波書店, 1919.

Miura Hiroyuki 三浦周行. *Nihonshi no kenkyū* 日本史の研究, vols. 1 and 2. Tokyo: Iwanami shoten 岩波書店, 1930, reprinted in 1981.

Miura Keiichi 三浦圭一. "Chūsei kōki no shōhin ryūtsū to ryōshu kaikyū" 中世後期の商品流通と領主階級. *Nihonshi kenkyū* 日本史研究, no. 65 (March 1963).

Miyagawa Mitsuru 宮川満. *Taikō kenchi ron* 太閤検地論, 3 vols. Tokyo: Ochanomizu shobō お茶の水書房, 1957-1963.

Miyagawa Mitsuru 宮川満, with Kiley, Cornelius J. "From Shōen to Chigyō: Proprietary Lordship and the Structure of Local Power." In John Whitney Hall and Toyoda Takeshi, eds. *Japan in the Muromachi Age*. Berkeley and Los Angeles: University of California Press, 1977.

Miyagi Eishō 宮城栄昌. *Okinawa no rekishi* 沖縄の歴史. Tokyo: Nihon hōsō shuppan kyōkai 日本放送協会出版協会, 1968.

Miyata Toshihiko 宮田俊彦. "Nichimin, Ryumin kokkō no kaishi" 日明琉明国交の開始. *Nihon rekishi* 日本歴史, nos. 201-3 (February–April 1965).

Mizuno Yahoko 水野弥穂子. *Daichi* 大智. Vol. 9 of *Nihon no zen goroku* 日本の禅語録. Tokyo: Kōdansha 講談社, 1978.

Mōko shūrai ekotoba 蒙古襲来絵詞. Vol. 14 of *Nihon emaki taisei* 日本絵巻大成. Tokyo: Chūō kōronsha 中央公論社, 1978.

Momose Hiromu 百瀬弘. *Minshin shakai keizaishi kenkyū* 明清社会経済史研究. Tokyo: Kenkyū shuppan 研究出版, 1980.

Momose Kesao 百瀬今朝男. "Tansen kō" 段銭考. In Hōgetsu Keigo sensei kanreki kinenkai 宝月圭吾先生還暦記念会, ed. *Nihon shakai keizaishi kenkyū* 日本社会経済史研究, medieval vol. Tokyo: Yoshikawa kōbunkan 吉川弘文館, 1967.

Mori Katsumi 森克己. *Nissō bunka kōryū no shomondai* 日宋文化交流の諸問題. Vol. 4 of *Mori Katsumi chosaku senshū* 森克己著作選集. Tokyo: Kokusho kankōkai 国書刊行会, 1975.

Mori Katsumi 森克己. *Shintei Nissō bōeki no kenkyū* 新訂日宋貿易の研究. Tokyo: Kokusho kankōkai 国書刊行会, 1975.

Mori Katsumi hakase koki kinen kai 森克己博士古希記念会, ed. *Taigai kankei to seiji bunka* 対外関係と政治文化. Vol. 2 of *Shigaku ronshū* 史学論集. Tokyo: Yoshikawa kōbunkan 吉川弘文館, 1974.

Morisue Yumiko 森末由美子. "Muromachi bakufu goryōsho ni kansuru ichi kōsatsu" 室町幕府御料所に関する一考察. In Ogawa Makoto 小川信, ed. *Muromachi seiken* 室町政権. Vol. 5 of *Ronshū Nihor rekishi* 論集日本歴史. Tokyo: Yūshōdō 雄松堂, 1975.

Morris, Ivan. *The Nobility of Failure*. New York: Holt, Rinehart and Winston, 1975.

Murai Shōsuke 村井章介. "Mōko shūrai to Chinzei tandai no seiritsu" 蒙古襲来と鎮西探題の成立. *Shigaku zasshi* 87 (April 1978): 1–43.

Murai Shōsuke 村井章介. "Muromachi bakufu no saisho no kenminshi ni tsuite" 室町幕府の最初の遣明使について. In Imaeda Aishin 今枝愛真, ed. *Zenshū no shomondai* 禅宗の諸問題. Tokyo: Yūzankaku 雄山閣, 1979.

Murai Yasuhiko 村井康彦. "Kokufū bunka no sōzō to fukyū" 国風文化の創造と普及. In *Iwanami kōza Nihon rekishi* 岩波講座日本歴史, vol. 4. Tokyo: Iwanami shoten 岩波書店, 1976.

Murakami Masana 村上正名. *Maboroshi no Kusado Sengenchō* 幻の草戸千軒町. Tokyo: Kokusho kankōkai 国書刊行会, 1980.

Murakami Masatsugu 村上正二. "Mongoru teikoku no seiritsu to bunretsu" モンゴル帝国の成立と分裂. In *Iwanami kōza sekai rekishi* 岩波講座世界歴史, vol. 9. Tokyo: Iwanami shoten 岩波書店, 1970.

Murata Shūzō 村田修三. "Chiiki masu to chiiki kenryoku" 地域舛と地域権力. *Shirin* 史林 55 (January 1972): 38–76.

Murata Shūzō 村田修三. "Yōsui shihai to shōryōshu rengō" 用水支配と小領主連合. *Nara joshidaigaku bungakubu kenkyū nempō* 奈良女子大学文学部研究年報, no. 16 (1973).

Nagahara Keiji 永原慶二, ed. *Nihon hōkensei seiritsu katei no kenkyū* 日本封建制成立過程の研究. Tokyo: Iwanami shoten 岩波書店, 1961.

Nagahara Keiji 永原慶二. "Zaike no rekishi-teki seikaku to sono henka ni tsuite" 在家の歴史的性格とその変化について. In Nagahara Keiji, ed. *Nihon hōkensei seiritsu katei no kenkyū* 日本封建制成立過程の研究. Tokyo Iwanami shoten 岩波書店, 1961.

Nagahara Keiji 永原慶二, ed. *Chūsei* 中世. Vol. 2 of *Nihon keizaishi taikei* 日本経済史大系. Tokyo: Tōkyō daigaku shuppankai 東京大学出版会, 1965.

Nagahara Keiji 永原慶二. "Shōen ryōshu keizai no kōzō" 荘園領主経済の構造. In Nagahara Keiji 永原慶二, ed. *Chūsei* 中世, Vol. 2 of *Nihon keizaishi taikei* 日本経済史大系. Tokyo: Tōkyō daigaku shuppankai 東京大学出版会, 1965.

Nagahara Keiji 永原慶二. *Nihon no chūsei shakai* 日本の中世社会. Tokyo: Iwanami shoten 岩波書店, 1968.

Nagahara Keiji 永原慶二. *Nihon chūsei shakai kōzō no kenkyū* 日本中世社会構造の研究. Tokyo: Iwanami shoten 岩波書店, 1973.

Nagahara Keiji 永原慶二. "Daimyō ryōgokusei no kōzō" 大名領国制の構造. In *Iwanami kōza Nihon rekishi* 岩波講座日本歴史, vol. 8. Tokyo: Iwanami shoten 岩波書店, 1976.

Nagahara Keiji 永原慶二. *Chūsei nairanki no shakai to minshū* 中世内乱期の社会と民衆. Tokyo: Yoshikawa kōbunkan 吉川弘文館, 1977.

Nagahara Keiji 永原慶二. "Daimyō ryōgokuseika no kandakasei" 大名領国制下の貫高制. In Nagahara Keiji 永原慶二, John Whitney Hall ジョン・ウイットニィ・ホール, and Kozo Yamamura コーゾー・ヤマムラ, eds. *Sengoku jidai* 戦国時代. Tokyo: Yoshikawa kōbunkan 吉川弘文館, 1978.

Nagahara Keiji 永原慶二. *Shōen* 荘園. Tokyo: Hyōronsha 評論社, 1978.

Nagahara Keiji 永原慶二. "The Medieval Origins of the Eta-Hinin." *Journal of*

Japanese Studies 5 (Summer 1979): 385-403.

Nagahara Keiji 永原慶二. "Zen-kindai no tennō" 前近代の天皇 *Rekishigaku kenkyū* 歴史学研究, no. 467 (April 1979): 37-45.

Nagahara Keiji 永原慶二. *Nihon joseishi* 日本女性史, medieval vol. Tokyo: Tōkyō daigaku shuppankai 東京大学出版会, 1982.

Nagahara Keiji 永原慶二, ed. *Sengoku daimyō ronshū* 戦国大名論集. 18 vols. Tokyo: Yoshikawa kōbunkan 吉川弘文館, 1986.

Nagahara Keiji 永原慶二 et al., eds. *Chūseishi handobukku* 中世史ハンドブック. Tokyo: Kondō shuppansha 近藤出版社, 1973.

Nagahara Keiji 永原慶二, Hall, John Whitney ジョン・ウイットニィ・ホール, and Yamamura, Kozo ヤマムラ・コーゾー, eds. *Sengoku jidai* 戦国時代. Tokyo: Yoshikawa kōbunkan 吉川弘文館, 1978.

Nagahara Keiji 永原慶二, and Kishi Shōzō 貴志正造, eds. *Azuma kagami* 吾妻鏡. 6 vols. Tokyo: Jimbutsu ōraisha 人物往来社, 1976-1977.

Nagahara Keiji 永原慶二, and Sugiyama Hiroshi 杉山博. "Shugo ryōgokusei no tenkai" 守護領国制の展開. *Shakai keizai shigaku* 社会経済史学 17 (March 1951): 103-34.

Nagahara Keiji 永原慶二, and Yamaguchi Keiji 山口啓二, eds. *Nōgyō to nōsan kakō* 農業と農産加工. Vol. 1 of *Nihon gijutsu no shakaishi* 日本技術の社会史. Tokyo: Nihon hyōronsha 日本評論社, 1983.

Nagahara Keiji, with Yamamura, Kozo. "Village Communities and Daimyo Power." In John Whitney Hall and Toyoda Takeshi, eds. *Japan in the Muromachi Age*. Berkeley and Los Angeles: University of California Press, 1977.

Nagashima Fukutarō 永島福太郎. "Yamato shugoshiki kō" 大和守護職考. *Rekishi chiri* 歴史地理 68 (October 1936): 61-66.

Nagashima Fukutarō 永島福太郎. *Nara bunka no dentō* 奈良文化の伝統. Tokyo: Meguro shoten 目黒書店, 1951.

Nakamura Hajime et al. 中村元他, eds. *Muromachi Bukkyō* 室町仏教. Vol. 4 of *Ajia Bukkyō-shi* アジア仏教史. Tokyo: Kōsei shuppansha 佼成出版社, 1972.

Nakamura Hidetaka 中村栄孝. "Jūsan-yonseki no Tōa jōsei to Mongoru no shūrai" 十三，四世紀の東亜情勢とモンゴルの襲来. In *Iwanami kōza Nihon rekishi* 岩波講座日本歴史, vol. 6. Tokyo: Iwanami shoten 岩波書店, 1963.

Nakamura Hidetaka 中村栄孝. *Nissen kankeishi no kenkyū* 日鮮関係史の研究, vol. 1. Tokyo: Yoshikawa kōbunkan 吉川弘文館, 1965.

Nakamura Hidetaka 中村栄孝. *Nihon to Chōsen* 日本と朝鮮. Tokyo: Shibundō 至文堂, 1966.

Nakamura Ken 仲村研, ed. *Imahori Hie jinja monjo* 今堀日枝神社文書. Tokyo: Yūzankaku 雄山閣, 1981.

Nakamura Kichiji 中村吉治. *Do-ikki kenkyū* 土一揆研究. Tokyo: Azekura shobō 校倉書房, 1974.

Nakamura Kichiji 中村吉治, ed. *Shakaishi* 社会史, vol. 1. Tokyo: Yamakawa shuppansha 山川出版社, 1974.

Nakamura Naokatsu 中村直勝. *Nihon shin bunka shi, Yoshino jidai* 日本新文化史 吉野時代. Tokyo: Nihon dentsū shuppanbu 日本電通出版部, 1942.

Nakamura Naokatsu 中村直勝. *Nanchō no kenkyū* 南朝の研究. Vol. 3 of *Nakamura Naokatsu chosaku shū* 中村直勝著作集. Kyoto: Tankōsha 淡交社, 1978.

Nakamura Naokatsu 中村直勝. *Shōen no kenkyū* 荘園の研究. Kyoto: Tankōsha 淡交社, 1978.

Nakao Takashi 中尾堯. *Nichirenshū no seiritsu to tenkai* 日蓮宗の成立と展開. Tokyo: Yoshikawa kōbunkan 吉川弘文館, 1973.

Nanjō Bunyū 南條文雄, ed. *Dai-Nihon Bukkyō zenshū* 大日本仏教全集, vol. 95. Tokyo: Kōdansha 講談社, 1972.

Naramoto Tatsuya 奈良本辰也, and Hayashiya Tatsusaburō 林屋辰三郎, eds. *Kinsei no taidō* 近世の胎動. Vol. 3 of *Kyōto no rekishi* 京都の歴史. Tokyo: Gakugei shorin 学芸書林, 1968.

Nihon bunka no rekishi 日本文化の歴史. 16 vols. Tokyo: Gakkyū 学究, 1969-1970.

Nihon emaki taisei 日本絵巻大成. 29 vols. Tokyo: Chūō kōronsha 中央公論社, 1977-1981.

Nihon emakimono zenshū 日本絵巻物全集. 24 vols. Tokyo: Kadokawa shoten 角川書店, 1958-1969.

Nihon emakimono zenshū 日本絵巻物全集. 32 vols. Tokyo: Kadokawa shoten 角川書店, 1977-1981.

Nihon keizaishi taikei 日本経済史大系. 6 vols. Tokyo: Tōkyō daigaku shuppankai 東京大学出版会, 1965.

Nihon koten bungaku taikei 日本古典文学大系. 100 vols. Tokyo: Iwanami shoten 岩波書店, 1957-1967.

Nihon meisō ronshū 日本名僧論集. 10 vols. Tokyo: Yoshikawa kōbunkan 吉川弘文館, 1982-1983.

Nihon rekishi daijiten 日本歴史大辞典. 20 vols. Tokyo: Kawade shobō shinsha 河出書房新社, 1956-1960.

Nihon rekishigaku kenkyūkai 日本歴史学研究会, ed. *Nihonshi no mondaiten* 日本史の問題点. Tokyo: Yoshikawa kōbunkan 吉川弘文館, 1965.

Nihon shiryō shūsei hensankai 日本史料集成編纂会, ed. *Chūgoku-Chōsen no shiseki ni okeru Nihon shiryō shūsei* 中国朝鮮の史籍における日本史料集成, vols. 1-5. Tokyo: Kokusho kankōkai 国書刊行会, 1975-1981.

Nihon shisō taikei 日本思想大系. 67 vols. Tokyo: Iwanami shoten 岩波書店, 1970-1982.

Nihonshi kenkyūkai shiryō kenkyū bukai 日本史研究会史料研究部会, ed. *Chūsei Nihon no rekishi zō* 中世日本の歴史像. Osaka: Sōgensha 創元社, 1978.

Nishibe, Bunjō. "Zen Monks and the Formation of the Way of Tea." *Chanoyu*, no. 28 (1981): 7-46.

Nishikawa Kyōtarō 西川杏太郎. "Chinsō chōkoku" 頂相彫刻. *Nihon no bijutsu* 日本の美術, no. 123 (August 1976): 1-98.

Nishio Minoru 西尾実 et al. *Shōbōgenzō, Shōbō genzō zuimonki* 正法眼蔵・正法眼蔵隨聞記. Vol. 82 of *Nihon koten bungaku taikei* 日本古典文学大系. Tokyo: Iwanami shoten 岩波書店, 1965.

Nishiyama Masaru 西山克. "Sengoku daimyō Kitabatakeshi no kenryoku kōzō"

戦国大名北畠氏の権力構造. *Shirin* 史林 62 (March 1979): 51–86.

Nitta Hideharu 新田英治. "Muromachi jidai no kuge-ryō ni okeru daikan ukeoi ni kansuru ichikōsatsu" 室町時代の公家領における代官請負に関する一考察 In Hōgetsu Keigo sensei kanreki kinenkai 寶月圭吾先生還暦記念会, ed. *Nihon shakai keizaishi kenkyū* 日本社会経済史研究, medieval vol. Tokyo: Yoshikawa kōbunkan 吉川弘文館, 1967.

Nitta Hideharu 新田英治. "Kamakura kōki no seiji katei" 鎌倉後期の政治過程. In *Iwanami kōza Nihon rekishi* 岩波講座日本歴史, vol. 6. Tokyo: Iwanami shoten 岩波書店, 1975.

Ōae Ryō 大饗亮. "Jitō shiki o meguru shomondai" 地頭職をめぐる諸問題. *Hōkei gakkai zasshi* 法経学会雑誌 13 (1964): 26–32.

Ogawa Makoto 小川信. *Hosokawa Yoriyuki* 細川頼之. Tokyo: Yoshikawa kōbunkan 吉川弘文館, 1972.

Ogawa Makoto 小川信, ed. *Muromachi seiken* 室町政権. Vol. 5 of *Ronshū Nihon rekishi* 論集日本歴史. Tokyo: Yūshōdō 雄松堂, 1975.

Ogawa Makoto 小川信. *Ashikaga ichimon shugo hatten shi no kenkyū* 足利一門守護発展史の研究. Tokyo: Yoshikawa kōbunkan 吉川弘文館, 1980.

Ogisu Jundō 荻須純堂. *Nihon chūsei zenshū shi* 日本中世禅宗史. Kyoto: Mokuji-sha 木耳社, 1965.

Ōhashi Shunnō 大橋俊雄. *Jishū no seiritsu to tenkai* 時宗の成立と展開. Tokyo: Yoshikawa kōbunkan 吉川弘文館, 1973.

Ōhashi Shunnō 大橋俊雄. *Ippen* 一遍. Tokyo: Yoshikawa kōbunkan 吉川弘文館, 1983.

Okami Masao 岡見正雄, and Akamatsu Toshihide 赤松俊秀, eds. *Gukanshō* 愚管抄. Vol. 85 of *Nihon koten bungaku taikei* 日本古典文学大系. Tokyo: Iwanami shoten 岩波書店, 1967.

Okami Masao 岡見正雄, and Satake Akihiro 佐竹昭広, eds. *Rakuchū rakugai byōbu: Uesugibon* 洛中洛外屏風・上杉本. Tokyo: Iwanami shoten 岩波書店, 1983.

Okamura Morihiko 岡村守彦. *Hida shi kō* 飛驒史考, medieval vol. Tokyo: Okamura Morihiko 岡村守彦, 1979.

Ōkubo Dōshū 大久保道舟. *Dōgen zenji-den no kenkyū* 道元禅師伝の研究. Tokyo: Iwanami shoten 岩波書店, 1953.

Ōkubo Dōshū 大久保道舟. *Dōgen zenji-den no kenkyū* 道元禅師伝の研究. Tokyo: Iwanami shoten 岩波書店, 1966.

Ōkubo Dōshū 大久保道舟, ed. *Dōgen zenji zenshū* 道元禅師全集. Tokyo: Chikuma shobō 筑摩書房, 1970.

Okuno Takahiro 奥野高廣 *Kōshitsu gokeizai shi no kenkyū* 皇室御経済史の研究. Tokyo: Unebi shobō 畝傍書房, 1942.

Okutomi Takayuki 奥富敬之. *Kamakura Hōjōshi no kisoteki kenkyū* 鎌倉北条氏の基礎的研究. Tokyo: Yoshikawa kōbunkan 吉川弘文館, 1980.

Ōnishi Genichi 大西源一. *Kitabatakeshi no kenkyū* 北畠氏の研究. Mie: Mieken kyōdo shiryō kankōkai 三重県共同資料刊行会, 1962.

Osa Setsuko 長節子. "Kenchō rokunen 'tōsen' seigenryō ni kansuru shomondai" 建長六年「唐船」制限令に関する諸問題. *Chūkyō tanki daigaku ronsō* 中京短期大学論叢 1 (March 1966).

Ōsumi Kazuo 大隅和雄. "Kamakura Bukkyō to sono kakushin undō" 鎌倉仏教とその革新運動. In *Iwanami kōza Nihon rekishi* 岩波講座日本歴史, vol. 5. Tokyo: Iwanami shoten 岩波書店, 1975.

Ōsumi Kazuo 大隅和雄. "*Genkō shakusho* no Buppō kan" 元享釈書の仏法観. *Kanezawa bunko kenkyū* 金沢文庫研究, 271 (1983).

Ota, Saburo, ed., *Studies in Japanese Culture*, vol. 2. Tokyo: P.E.N. Club, 1973.

Ōya Tokujō 大屋徳城. *Gyōnen Kokushi nempu* 凝然国師年譜. Nara: Tōdaiji kangakuin 東大寺勧学院, 1921.

Ōyama Kyōhei 大山喬平. "Jitō ryōshusei to zaike shihai" 地頭領主制と在家支配. In Nagahara Keiji 永原慶二, ed. *Nihon hōkensei seiritsu katei no kenkyū* 日本封建制成立過程の研究. Tokyo: Iwanami shoten 岩波書店, 1961.

Ōyama Kyōhei 大山喬平. *Kamakura bakufu* 鎌倉幕府. Vol. 9 of *Nihon no rekishi* 日本の歴史. Tokyo: Shōgakkan 小学館, 1974.

Ōyama Kyōhei 大山喬平. "Bunji kuni-jitō no sonzai keitai" 文治国地頭の存在形態. In Shibata Minoru sensei koki kinen 柴田実先生古稀記念, ed. *Nihon bunkashi ronsō* 日本文化史論叢. Osaka: Shibata Minoru sensei koki kinenkai 柴田実先生古稀記念会, 1976.

Ōyama Kyōhei 大山喬平. *Nihon chūsei nōsonshi no kenkyū* 日本中世農村史の研究. Tokyo: Iwanami shoten 岩波書店, 1978.

Philippi, Donald L., trans. *Kojiki*. Princeton, N. J.: Princeton University Press, 1969.

Pollack, David, trans. *Zen Poems of the Five Mountains*. Decatur, Ga.: Scholars Press, 1985.

Reischauer, Edwin O., trans. "The *Izayoi Nikki*." In Edwin O. Reischauer and Joseph Yamagiwa, eds. *Translations from Early Japanese Literature*. Cambridge, Mass.: Harvard University Press, 1951.

Reischauer, Edwin O., trans. *Ennin's Diary: The Record of a Pilgrimage to China in Search of the Law*. New York: Ronald Press, 1955.

Reischauer, Edwin O. "Japanese Feudalism." In Rushton Coulborn, ed. *Feudalism in History*. Princton, N. J.: Princeton University Press, 1956.

Reischauer, Edwin O., and Craig. Albert M. *Japan: Tradition and Transformation*. New York: Houghton Mifflin, 1973.

Reischauer, Edwin O., and Yamagiwa, Joseph. *Translations from Early Japanese Literature*. Cambridge, Mass.: Harvard University Press, 1951.

Rekishigaku kenkyūkai 歴史学研究会, and Nihonshi kenkyūkai 日本史研究会, comps. *Kōza Nihonshi* 講座日本史, vol. 3. Tokyo: Tōkyō daigaku shuppankai 東京大学出版会, 1970.

Richards, J. F., ed. *Precious Metals in the Later Medieval and Early Modern Worlds*. Durham, N. C.: Carolina Academic Press, 1983.

Rimer, J. Thomas, and Yamazaki, Masakazu, trans. *On the Art of the Nō Drama: The major Treatises of Zeami*. Princeton, N. J.: Princeton University Press, 1984.

Ronshū Nihon rekishi 論集日本歴史. 12 vols. Tokyo: Yūshōdō 雄松堂, 1973-77.

Ruch, Barbara. "Medieval Jongleurs and the Making of a National Literature." In John Whitney Hall and Toyoda Takeshi, eds. *Japan in the Muromachi Age*. Berkeley and Los Angeles: University of California Press, 1977.

Ryō Susumu 龍粛. *Kamakura jidai, ge: Kyoto-kizoku seiji dōkō to kōbu no kōshō* 鎌倉時代, 下：京都－貴族政治の動向と公武の交渉. Tokyo: Shunjūsha 春秋社, 1957.

Sakai Tadao 酒井忠夫. "Mindai bunka no Nihon bunka ni ataeta eikyō" 明代文化の日本文化に与えた影響. *Rekishi kyōiku* 歴史教育 11 (October 1963): 11-23.

Sakuma Shigeo 佐久間重男. "Minchō no kaikin seisaku" 明朝の海禁政策. *Tōhōgaku* 東方学 6 (1953).

Sakuma Shigeo 佐久間重男. "Minsho no Nitchū kankei o meguru ni, san no mondai" 明初の日中関係をめぐる二, 三の問題. *Hokkaidō daigaku jimbun kagaku ronshū* 北海道大学人文科学論集, no. 4 (February 1966).

Sakuma Shigeo 佐久間重男. "Eirakutei no taigai seisaku to Nihon" 永楽帝の対外政策と日本. *Hoppō bunka kenkyū* 北方文化研究 2 (1967).

Sakuma Shigeo 佐久間重男. "Mindai chūki no taigai seisaku to Nitchū kankei" 明代中期の対外政策と日中関係. *Hokkaidō daigaku jimbun kagaku ronshū* 北海道大学人文科学論集, no. 8 (1971).

Sakurada, Katsunori. "The Ebisu-gami in Fishing Villages." In Richard M. Dorson, ed. *Studies in Japanese Folklore*. Bloomington: Indiana University Folklore Series, no. 17, Indiana University Press, 1963.

Sakurai Keiyū 桜井景雄, and Fujii Manabu 藤井学, eds. *Nanzenji monjo* 南禅寺文書, vol. 1, docs. 2, 93, and 189; vol. 2, docs. 303, 378, and 384. Kyoto: Nanzenji shūmu honsho 南禅寺宗務本所, 1972.

Sanford, James H., trans. *Zen-man Ikkyu*. Decatur, Ga.: Scholars Press, 1981.

Sansom, George B. *A History of Japan to 1334*. Stanford, Calif.: Stanford University Press, 1958.

Sansom, George B. *A History of Japan, 1334-1615*. Stanford, Calif.: Stanford University Press, 1961.

Saru Genji sōshi 猿源氏草紙. *Otogizōshi* 御伽草紙. Vol. 38 of *Nihon koten bungaku taikei* 日本古典文学大系. Tokyo: Iwanami shoten 岩波書店, 1965.

Sasagawa Taneo 笹川種男, comp. *Shiryō taisei* 史料大成. Tokyo: Naigai shoseki 内外書籍, 1937.

Sasaki Ginya 佐々木銀弥. "Shōen ni okeru daisennō-sei no seiritsu to tenkai" 荘園における代銭納制の成立と展開. In Inagaki Yasuhiko 稲垣泰彦 and Nagahara Keiji 永原慶二, eds. *Chūsei no shakai to keizai* 中世の社会と経済. Tokyo: Tōkyō daigaku shuppankai 東京大学出版会, 1962.

Sasaki Ginya 佐々木銀弥. *Shōen no shōgyō* 荘園の商業. Tokyo: Yoshikawa kōbunkan 吉川弘文館, 1964.

Sasaki Ginya 佐々木銀弥. "Sangyō no bunka to chūsei shōgyō" 産業の分化と中

世商業. In Nagahara Keiji 永原慶二, ed. *Chūsei* 中世. Vol. 2 of *Nihon keizaishi taikei* 日本経済史大系. Tokyo: Tōkyō daigaku shuppankai 東京大学出版会, 1965.

Sasaki Ginya 佐々木銀弥. *Chūsei shōhin ryūtsūshi no kenkyū* 中世商品流通史の研究. Tokyo: Hōsei daigaku shippankyoku 法政大学出版局, 1972.

Sasaki Ginya 佐々木銀弥. "Muromachi bakufu" 室町幕府. Vol. 3 of *Nihon no rekishi* 日本の歴史. Tokyo: Shōgakkan 小学館, 1975.

Sasaki Ginya 佐々木銀弥. "Higashi Ajia bōekiken no keisei to kokusai ninshiki" 東アジア貿易圏の形成と国際認識. In *Iwanami kōza Nihon rekishi* 岩波講座日本歴史, vol. 7. Tokyo: Iwanami shoten 岩波書店, 1976.

Satō Hironobu 佐藤博信. " Sengokuki ni okeru Tōgoku kokkaron no ichi shiten - Koga kubō Ashikagashi to Go-Hōjō shi o chūshin to shite" 戦国期における東国国家論の一視点 - 古河公方足利氏と御北条氏を中心として. *Rekishigaku kenkyū* 歴史学研究, special issue (October 1979): 72-75.

Satō Kazuhiko 佐藤和彦. *Nambokuchō nairan shiron* 南北朝内乱史論. Tokyo: Tōkyō daigaku shuppankai 東京大学出版会, 1979.

Satō Shin'ichi 佐藤進一. *Kamakura jidai soshō seido no kenkyū* 鎌倉時代訴訟制度の研究. Tokyo: Unebi shobō 畝傍書房, 1943.

Satō Shin'ichi 佐藤進一. *Kamakura bakufu soshō seido no kenkyū* 鎌倉幕府訴訟制度の研究. Tokyo: Meguro shoten 目黒書店, 1946.

Satō Shin'ichi 佐藤進一. "Bakufu ron" 幕府論. In *Shin Nihon shi kōza* 新日本史講座. Tokyo: Chūō kōronsha 中央公論社, 1949.

Satō Shin'ichi 佐藤進一. *Shin Nihonshi taikei* 新日本史大系. Tokyo: Asakura shoten 朝倉書店, 1954.

Satō Shin'ichi 佐藤進一. "Shugo ryōgokusei no tenkai" 守護領国制の展開. In Toyoda Takeshi 豊田武, ed. *Shin Nihonshi taikei dai san kan, chūsei shakai* 新日本史大系第三巻・中世社会. Tokyo: Asakura shoten 朝倉書店, 1954.

Satō Shin'ichi 佐藤進一. "Kamakura bakufu seiji no senseika ni tsuite" 鎌倉幕府政治の専制化について. In Takeuchi Rizō 竹内理三, ed. *Nihon hōkensei seiritsu no kenkyū* 日本封建制成立の研究. Tokyo: Yoshikawa kōbunkan 吉川弘文館, 1955.

Satō Shin'ichi 佐藤進一. "Muromachi bakufu kaisōki no kansei taikei" 室町幕府開創期の官制体系. In Satō Shin'ichi 佐藤進一, and Ishimoda Shō 石母田正, eds. *Chūsei no hō to kokka* 中世の法と国家. Tokyo: Tōkyō daigaku shuppankai 東京大学出版会, 1960.

Satō Shin'ichi 佐藤進一. "Muromachi bakufu ron" 室町幕府論. In *Iwanani kōza Nihon rekishi* 岩波講座日本歴史, vol. 7. Tokyo: Iwanami shoten 岩波書店, 1963.

Satō Shin'ichi 佐藤進一. *Nambokuchō no dōran* 南北朝の動乱. Vol. 9 of *Nihon no rekishi* 日本の歴史. Tokyo: Chūō kōronsha 中央公論社, 1965.

Satō Shin'ichi 佐藤進一. *Muromachi bakufu shugo seido no kenkyū-Nambokuchōki shokoku shugo enkaku kōshō hen* 室町幕府守護制度の研究 - 南北朝期諸国守護沿革考証編, vol. 1. Tokyo: Tōkyō daigaku shuppankai 東京大学出版会, 1967.

Satō Shin'ichi 佐藤進一. *Komonjogaku nyūmon* 古文書学入門. Tokyo: Hōsei daigaku shuppankyoku 法政大学出版局, 1971.

Satō Shin'ichi 佐藤進一. *Zōho Kamakura bakufu shugo seido no kenkyū* 増補鎌倉幕府守護制度の研究. Tokyo: Tōkyō daigaku shuppankai 東京大学出版会, 1971.

Satō, Shin'ichi, and Hall, John Whitney. "The Ashikaga Shogun and the Muromachi Bakufu Administration." In John Whitney Hall and Toyoda Takeshi, eds. *Japan in the Muromachi Age.* Berkeley and Los Angeles: University of California Press, 1977.

Satō Shin'ichi 佐藤進一, and Ikeuchi Yoshisuke 池内義資, eds. *Chūsei hōsei shiryōshū* 中世法制史料集, vols. 1 and 2. Tokyo: Iwanami shoten 岩波書店, 1955-1957, reprinted in 1978.

Satō Shin'ichi 佐藤進一, and Ishimoda Shō 石母田正, eds. *Chūsei no hō to kokka* 中世の法と国家. Tokyo: Tōkyō daigaku shuppankai 東京大学出版会, 1960.

Satō Taishun 佐藤泰舜, ed. *Muchū mondō shū* 夢中問答集. Tokyo: Iwanami shoten 岩波書店, 1934.

Seidensticker, Edward G., trans. *The Tale of Genji.* New York: Knopf, 1978.

Sen Sōshitsu 千宗室, ed. *Sadō koten zenshū* 茶道古典全集, vol. 4. Kyoto: Tankōsha 淡交社, 1956.

Seno Seiichirō 瀬野精一郎. *Kamakura bakufu saikyojō shū* 鎌倉幕府裁許状集. 2 vols. Tokyo: Yoshikawa kōbunkan 吉川弘文館, 1970.

Seno Seiichirō 瀬野精一郎, ed. *Aokata monjo* 青方文書, vol. 1. Tokyo: Zoku gunsho ruijū kanseikai 続群書類従完成会, 1975.

Seno Seiichirō 瀬野精一郎. *Chinzei gokenin no kenkyū* 鎮西御家人の研究. Tokyo: Yoshikawa kōbunkan 吉川弘文館, 1975.

Seta Katsuya 瀬田勝哉. "Chūsei makki no zaichi tokusei" 中世末期の在地徳政. *Shigaku zasshi* 史学雑誌 77 (September 1968): 1-52.

Shibata Minoru sensei koki kinenkai 柴田実先生古稀記念会, ed. *Nihon bunka shi ronsō* 日本文化史論叢. Osaka: Shibata Minoru sensei koki kinenkai 柴田実先生古稀記念会, 1976.

Shichinin bikuni 七人比丘尼. Vol. 1 of *Kindai Nihon bungaku taikei* 近代日本文学大系. Tokyo: Kokumin tosho 国民図書, 1928.

Shiga daigaku Nihon keizai bunka kenkyūjo shiryōkan 滋賀大学日本経済文化研究所史料館, ed. *Sugaura monjo* 菅浦文書, vol. 1, no. 180. Tokyo: Yūhikaku 有斐閣, 1960.

Shigematsu Akihisa 重松明久. *Kakunyo* 覚如. Tokyo: Yoshikawa kōbunkan 吉川弘文館, 1964.

Shimada Jirō 島田次郎. "Zaichi-ryōshusei no tenkai to Kamakura bakufu hō" 在地領主制の展開と鎌倉幕府法. In Inagaki Yasuhiko 稲垣泰彦, and Nagahara Keiji 永原慶二, eds. *Chūsei no shakai to keizai* 中世の社会と経済. Tokyo: Tōkyō daigaku shuppankai 東京大学出版会, 1962.

Shimada Jirō 島田次郎. "Hanzei seido no seiritsu" 半済制度の成立. In Ogawa Makoto 小川信, ed. *Muromachi seiken* 室町政権. Vol. 5 of *Ronshū Nihon rekishi* 論集日本歴史. Tokyo: Yūshōdō 雄松堂, 1975.

Shimosaka Mamoru 下坂守. "Sanmon shisetsu seido no seiritsu to tenkai:

Muromachi bakufu no sanmon seisaku o megutte" 山門使節制度の成立と展開・室町幕府の山門政策をめぐって. *Shirin* 史林 58 (January 1975): 67-114.

Shin Shuku Shū 申叔集. *Kaitō shokokki* 海東諸国記. Tokyo: Kokusho kankōkai 国書刊行会, 1975.

Shinoda, Minoru. *The Founding of the Kamakura Shogunate*. New York: Columbia University Press, 1960.

Shinshū Kyōto sōsho 新修京都叢書, vols. 2, 9. Kyoto: Kōsaisha 光彩社, 1967.

Shinshū seikyō zensho 真宗聖教全書. 5 vols. Kyoto: Kōkyō shoin 興教書院, 1941.

Shinshū zenshu 真宗全集, vol. 58. Tokyo: Kokusho kankōkai 国書刊行会, 1915 and 1975.

Shintei zōho Kokushi taikei 新訂増補国史大系, vols. 11, 32. Tokyo: Yoshikawa kōbunkan 吉川弘文館, 1932-1939.

Shiryō shūsei hensankai 史料集成編纂会, ed. *Chūgoku-Chōsen no shiseki ni okeru Nihon shiryō shusei, Sankoku, Kōrai no bu* 中国朝鮮の史籍における日本史料集成, 三国, 高麗の部. Tokyo: Kokusho kankōkai 国書刊行会, 1978.

Shōbōgenzō 正法眼蔵, vol. 1. Tokyo: Iwanami bunko 岩波文庫, 1939.

"Shokunin uta awase no sekai" 職人歌合絵の世界. *Kobijutsu* 古美術, no. 74 (April 1985).

Sogabe Shizuo 曽我部静雄. *Nissō kinkahei kōryushi* 日宋金貨幣交流史. Tokyo: Hōbunkan 宝文館, 1949.

Steenstrup, Henrik Carl Trolle. "Hōjō Shigetoki (1198-1261) and His Role in the History of Political and Ethical Ideas in Japan." Ph.D. Diss., Harvard University, 1977.

Sugimoto Hisao 杉本尚雄. *Kikuchi-shi sandai* 菊池氏三代. Tokyo: Yoshikawa kōbunkan 吉川弘文館, 1966.

Sugiyama Hiroshi 杉山博. "Muromachi bakufu" 室町幕府. In *Iwanami kōza Nihon rekishi* 岩波講座日本歴史, vol. 3. Tokyo: Iwanami shoten 岩波書店, 1957.

Sugiyama Hiroshi 杉山博. "Shugo ryōgokusei no tenkai" 守護領国制の展開. In *Iwanami kōza Nihon rekishi* 岩波講座日本歴史, vol. 7. Tokyo: Iwanami shoten 岩波書店, 1963.

Sugiyama Hiroshi 杉山博. *Dokushi sōran* 読史総覧. Tokyo: Jimbutsu ōraisha 人物往来社, 1966.

Suma Chikai 須磨千頴. "Dosō ni yoru shōen nengu no ukeoi ni tsuite" 土倉による荘園年貢の請負について. *Shigaku zasshi* 80 (June 1971): 1-43.

Suma Chikai 須磨千頴. "Dosō no tochi shūseki to tokusei" 土倉の土地集積と徳政. *Shigaku zasshi* 史学雑誌 81 (March 1972): 1-40.

Suzuki Taizan 鈴木泰山. "Sōtō Zen no gubu to sono gegosha" 曹洞禅の弘布とその外護者. In Itō Tasaburō 伊東多三郎, ed. *Kokumin seikatsu-shi kenkyū* 国民生活史研究. Tokyo: Yoshikawa kōbunkan 吉川弘文館, 1959.

Taga Munehaya 多賀宗隼. *Kamakura jidai no shisō to bunka* 鎌倉時代の思想と文化. Tokyo: Meguro shoten 目黒書店, 1946.

Taga Munehaya 多賀宗隼. *Eisai* 栄西. Tokyo: Yoshikawa kōbunkan 吉川弘文館, 1965.

Taishō shinshū daizōkyō 大正新修大蔵経. 85 vols. Tokyo: Taishō shinshū daizōkyō kankōkai 大正新修大蔵経刊行会, 1924-1932.

Takagi Ichinosuke et al. 高木市之助他, eds. *Heike monogatari* 平家物語. Vols. 32 and 33 of *Nihon koten bungaku taikei* 日本古典文学大系. Tokyo: Iwanami shoten 岩波書店, 1959-1960.

Takagi Shintarō 高木真太郎. *Ōei gaikō no zengo* 応永外寇の前後. Tokyo: Yagi shoten 八木書店, 1942.

Takagi Shōsaku 高木昭作. "Bakuhan shoki no kuni-bugyō ni tsuite" 幕藩初期の国奉行について. *Rekishigaku kenkyū* 歴史学研究, no. 431 (May 1975): 15-62.

Takagi Yutaka 高木豊. *Nichiren to sono montei* 日蓮とその門弟. Tokyo: Kōbundō 公文堂, 1965.

Takagi Yutaka 高木豊. *Nichiren: Sono kōdō to shisō* 日蓮－その行動と思想. Tokyo: Hyōronsha 評論社, 1970.

Takagi Yutaka 高木豊. *Kamakura Bukkyōshi kenkyū* 鎌倉仏教史研究. Tokyo: Iwanami shoten 岩波書店, 1982.

Takenaka Yasukazu 竹中靖一, and Kawakami Tadashi 川上雅. *Nihon shōgyōshi* 日本商業史. Tokyo: Minerva shobō ミネルヴァ書房, 1965.

Takenaka Yasukazu 竹中靖一, and Sakudō Yōtarō 作道洋太郎. *Nihon keizaishi* 日本経済史. Tokyo: Gakubunsha 学文社, 1972.

Takenuki Genshō 竹貫元勝. "Rinka ni okeru kyōdan keiei ni tsuite" 林下における教団経営について. *Bukkyō shigaku* 仏教史学 15 (July 1971): 225-63.

Takeuchi Michio 竹内道雄. "Nihon ni okeru Sōtō Zen no tenkai" 日本における曹洞禅の展開. In *Kōza Zen* 講座, 禅, vol. 4. Tokyo: Chikuma shobō 筑摩書房, 1967.

Takeuchi Michio 竹内道雄. *Sōtō-shū kyōdan shi* 曹洞宗教団史. Tokyo: Kyōiku shinchōsha 教育新潮社, 1971.

Takeuchi Michio 竹内道雄. *Nihon no Zen* 日本の禅. Tokyo: Shinchōsha 新潮社, 1976.

Takeuchi Rizō 竹内理三, comp. *Heian ibun* 平安遺文. 15 vols. Tokyo: Tōkyōdō 東京堂, 1947-80.

Takeuchi Rizō 竹内理三, ed. *Nihon hōkensei seiritsu no kenkyū* 日本封建制成立の研究. Tokyo: Yoshikawa kōbunkan 吉川弘文館, 1955.

Takeuchi Rizō 竹内理三. *Ritsuryōsei to kizoku seiken* 律令制と貴族政権. 2 vols. Tokyo: Ochanomizu shobō 御茶ノ水書房, 1957-58.

Takeuchi Rizō 竹内理三. "Chinzei bugyō ni tsuite no ichi, ni no kōsatsu" 鎮西奉行についての一、二の考察. In *Uozumi-sensei koki kinen kokushigaku ronsō* 魚住先生古稀記念国史学論叢. Osaka: Kansai daigaku 関西大学, 1959.

Takeuchi Rizō 竹内理三, comp. *Zoku shiryō taisei* 続史料大成. 22 vols. Kyoto: Rinsen shoten 臨川書店, 1967.

Takeuchi Rizō 竹内理三, ed. *Dazaifu, Dazaifu temmangū shiryō* 太宰府・太宰府天満宮史料, vol. 7 Fukuoka-ken: Dazaifu temmangū 太宰府天満宮, 1971.

Takeuchi Rizō 竹内理三, ed. *Kamakura ibun* 鎌倉遺文. 36 vols. Tokyo: Tōkyōdō 東京堂, 1971-1988.

Takeuchi Rizō 竹内理三, ed. *Tochi seidoshi* 土地制度史, vol. 1. Tokyo: Yoshikawa kōbunkan 吉川弘文館, 1973.

Takeuchi Rizō hakase kanreki kinenkai 竹内理三博士還暦記念会, ed. *Shōensei to buke shakai* 荘園制と武家社会. Tokyo: Yoshikawa kōbunkan 吉川弘文館, 1969.

Takeuchi Rizō hakase koki kinenkai 竹内理三博士古稀記念会, comp. *Zoku shōensei to buke shakai* 続荘園制と武家社会. Tokyo: Yoshikawa kōbunkan 吉川弘文館, 1978.

Takizawa Takeo 滝沢武雄. "Erizeni" 撰銭. In Nagahara Keiji 永原慶二 et al., eds. *Chuseishi handobukku* 中世史ハンドブック. Tokyo: Kondō shuppansha 近藤出版社, 1973.

Tamamura Takeji 玉村竹二. "Gozan sōrin no tatchū ni tsuite" 五山叢林の塔頭について. *Rekishi chiri* 歴史地理 76 (1940): 44-58 and 33-64.

Tamamura Takeji 玉村竹二. "Zen" 禅. In Bitō Masahide, ed. *Nihon bunka to Chūgoku* 日本文化と中国. Tokyo: Taishūkan shoten 大修館書店, 1968.

Tamamura Takeji 玉村竹二. *Musō Kokushi* 夢窓国師. Kyoto: Heirakuji shoten 平楽寺書店, 1969.

Tamura Enchō 田村円澄. *Hōnen* 法然. Tokyo: Yoshikawa kōbunkan 吉川弘文館, 1959.

Tamura Enchō 田村円澄. *Nihon Bukkyō shisōshi kenkyū: Jōdokyōhen* 日本仏教思想史研究・浄土教編. Kyoto: Heirakuji shoten 平楽寺書店, 1959.

Tamura Hiroyuki 田村洋幸. *Chūsei Nitchō bōeki no kenkyū* 中世日朝貿易の研究. Kyoto: Sanwa shobō 三和書房, 1967.

Tamura Hiroyuki 田村洋幸, comp. *Nichirai kankei hennen shiryō* 日麗関係編年史料. Kyoto: Mine shobō 峰書房, 1967.

Tamura Hiroyuki 田村洋幸, comp. *Sesō jitsuroku Nitchō keizai shiryō* 世宗実録日朝経済史料. Tokyo: Koseisha Koseikaku 恒星社厚生閣, n. d.

Tamura Hiroyuki 田村洋幸, comp. *Taiso-Teisō-Taisō jitsuroku Nitchō kankei hennen shiryō* 大祖・定宗・太宗実録日朝関係編年史料. Kyoto: Sanwa shobō 三和書房, n. d.

Tamura Yoshirō 田村芳郎, "Tendai hongaku shisō gaisetsu" 天台本覚思想概説. In *Tendai hongaku ron* 天台本覚論. Vol. 9 of *Nihon shisō taikei* 日本思想大系. Tokyo: Iwanami shoten 岩波書店, 1973.

Tanaka Hisao 田中久夫. *Myoe* 明恵. Tokyo: Yoshikawa kōbunkan 吉川弘文館, 1961.

Tanaka Hisao 田中久夫. "Chosakusha ryakuden" 著作者略伝. In *Kamakura kyū Bukkyō* 鎌倉旧仏教. Vol. 15 of *Nihon shisō taikei* 日本思想大系. Tokyo: Iwanami shoten 岩波書店, 1971.

Tanaka Kenji 田中健二. "Kamakura bakufu no Ōsumi no kuni shihai ni tsuite no ichi kōsatsu" 鎌倉幕府の大隅国支配についての一考察. *Kyūshū shigaku* 九州史学, nos. 65 and 67 (1977 and 1979): 1-22 and 1-18.

Tanaka Minoru 田中稔. "Jōkyū kyōgata bushi no ichi kōsatsu-rango no shin jitō buninchi o chūshin to shite" 承久京方武士の一考察－乱後の新地頭補人地を中心として. *Shigaku zasshi* 史学雑誌 65 (1956): 21-48.

Tanaka Minoru 田中稔. "Kamakura-dono otsukai kō" 鎌倉殿御使考. *Shirin* 史

林 45 (November 1962): 1-23.

Tanaka Minoru 田中稔. "Kamakura shoki no seiji katei-kenkyū nenkan o chūshin ni shite" 鎌倉初期の政治過程－建久年間を中心にして. *Rekishi kyōiku* 歴史教育 11 (1963): 19-26.

Tanaka Minoru 田中稔. "Jōkyū no rango no shin jitō buninchi" 承久の乱後の新地頭補任地. *Shigaku zasshi* 史学雑誌 79 (1970): 38-53.

Tanaka Takeo 田中健夫. *Chūsei kaigai kōshōshi no kenkyū* 中世海外交渉史の研究. Tokyo: Tōkyō daigaku shuppankai 東京大学出版会, 1959.

Tanaka Takeo 田中健夫. *Wakō to kangō bōeki* 倭寇と勘合貿易. Tokyo: Shibundō 至文堂, 1961.

Tanaka Takeo 田中健夫. *Chūsei taigai kankeishi* 中世対外関係史. Tokyo: Tōkyō daigaku shuppankai 東京大学出版会, 1975.

Tanaka Takeo 田中健夫. "Muromachi bakufu to Ryūkyū to no kankei no ichi kōsatsu" 室町幕府と琉球との関係の一考察. *Nantō shigaku* 南島史学, no. 16 (November 1980).

Tanaka, Takeo, with Sakai, Robert. "Japan's Relations with Overseas Countries." In John Whitney Hall and Toyoda Takeshi, eds. *Japan in the Muromachi Age*. Berkeley and Los Angeles: University of California Press, 1977.

Tanaka Yoshinari 田中義成. *Nambokuchō jidaishi* 南北朝時代史. Tokyo: Meiji shoin 明治書院, 1922.

Tanuma Mutsumi 田沼睦. "Kuden tansen to shugo ryōgoku" 公田段銭と守護領国. *Shoryōbu kiyō* 書陵部紀要, no. 17 (1965): 16-33.

Tanuma Mutsumi 田沼睦. "Muromachi bakufu, shugo, kokujin" 室町幕府，守護，国人. In *Iwanami kōza Nihon rekishi* 岩波講座日本歴史, vol. 7. Tokyo: Iwanami shoten 岩波書店, 1976.

Tayama Hōnan 田山方南, ed. *Daitokuji* 大徳寺. Tokyo: Kōdansha 講談社, 1968.

Toda Yoshimi 戸田芳実. *Nihon ryōshusei seiritsushi no kenkyū* 日本領主制成立史の研究. Tokyo: Iwanami shoten 岩波書店, 1967.

Toita Michizō 戸板道蔵. *Kan'ami to Zeami* 観阿弥と世阿弥. Tokyo: Iwanami shoten 岩波書店, 1969.

Toki Zenmaro 土岐善麿. *Shinshū Kyōgoku Tamekane* 新修京極為兼. Tokyo: Kadokawa shoten 角川書店, 1968.

Tokoro Shigemoto 所重基. *Nichiren no shisō to Kamakura Bukkyō* 日蓮の思想と鎌倉仏教. Tokyo: Fuzambō 富山房, 1965.

Tokuda Ken'ichi 徳田釼一. *Chūsei ni okeru suiun no hattatsu* 中世における水運の発達. Tokyo: Gannandō shoten 巌南堂, 1966.

Tōkyō daigaku shiryō hensanjo 東京大学史料編纂所, ed. *Dai Nihon komonjo, iewake* 大日本古文書家わけ, vol. 1, pt. 6. Tokyo: Tōkyō teikoku daigaku 東京帝国大学, 1906.

Tōkyō daigaku shiryō hensanjo 東京大学史料編纂所, ed. *Tōji hyakugō monjo* 東寺百合文書, vol. 1. *Dai Nihon komonjo, iewake* 大日本古文書家わけ, vol. 10, pt. 1. Tokyo: Tōkyō teikoku daigaku 東京帝国大学, 1925.

Tōkyō daigaku shiryō hensanjo 東京大学史料編纂所, ed. *Daitokuji monjo* 大徳寺

文書, vols. 1-3. Vol. 17 of *Dai Nihon komonjo, iewake* 大日本古文書家わけ. Tokyo: Tōkyō daigaku shuppankai 東京大学出版会, 1954.

Tōkyō daigaku shiryō hensanjo 東京大学史料編纂所, ed. *Dai Nihon kokiroku kennaiki* 大日本古記録建内記, vol. 1. Tokyo: Iwanami shoten 岩波書店, 1963.

Tōkyō daigaku shiryō hensanjo 東京大学史料編纂所, ed. *Shiryō sōran* 史料総覧, vol. 5. Tokyo: Tōkyō daigaku shuppankai 東京大学出版会, 1965.

Tōkyō teikoku daigaku 東京帝国大学, ed. *Dai Nihon shiryō* 大日本史料, series 8, vol. 13. Tokyo: Shiryō hensan gakari 史料編纂掛, 1927.

Tōma Seita 藤間生大. *Higashi Ajia sekai no keisei* 東アジア世界の形成. Tokyo: Shunjūsha 春秋社, 1966.

Tomikura Tokujirō 冨倉徳次郎. "Akashi no Kakuichi o megutte" 明石覚一をめぐって. *Kokugo kokubun* 国語国文 21 (1952): 37-46.

Tomikura Tokujirō 冨倉徳次郎. *Heike monogatari kenkyū* 平家物語研究. Tokyo: Kadokawa shoten 角川書店, 1967.

Tomikura Tokujirō 冨倉徳次郎. *Shintei Heike monogatari* 新訂平家物語. Vol. 1 of *Nihon koten zenshū* 日本古典全集. Tokyo: Asahi shimbunsha 朝日新聞社, 1984.

Toyoda Takeshi 豊田武. *Chūsei Nihon shōgyōshi no kenkyū* 中世日本商業史の研究. Tokyo: Iwanami shoten 岩波書店, 1952.

Toyoda Takeshi 豊田武, ed. *Shin Nihonshi taikei dai san kan, chūsei shakai* 新日本史大系第三巻・中世社会. Tokyo: Asakura shoten 朝倉書店, 1954.

Toyoda Takeshi 豊田武. "Genkō tōbatsu no shoseiryoku ni tsuite" 元寇討伐の諸勢力について. In Ogawa Makoto 小川信, ed. *Muromachi seiken* 室町政権. Vol. 5. of *Ronshū Nihon rekishi* 論集日本歴史. Tokyo: Yūshōdō 雄松堂, 1975.

Toyoda Takeshi 豊田武. "Otogi ni arawareta minshū" お伽に現れた民衆. In Ichiko Teiji 市古貞次, ed. *Otogizōshi* お伽草紙. Vol. 13 of *Zusetsu Nihon no koten* 図説日本の古典. Tokyo: Shūeisha 集英社, 1980.

Toyoda Takeshi 豊田武. "Tenkai no shakai" 展開の社会. In Ichiko Teiji 市古貞次, ed. *Otogizōshi* お伽草紙. Vol. 13 of *Zusetsu Nihon no koten* 図説日本の古典. Tokyo: Shūeisha 集英社, 1980.

Toyoda Takeshi 豊田武, and Iikura Harutake 飯倉晴武, eds. *Yamashina ke-raiki* 山科家礼記. 5 vols. Tokyo: Zokugunsho ruijū kanseikai 続群書類従完成会, 1967-73.

Toyoda Takeshi 豊田武, and Kodama Kōta 児玉幸多. *Ryūtsūshi* 流通史. Tokyo: Yamakawa shuppansha 山川出版社, 1969.

Tsuji Zennosuke 辻善之助. *Nisshi bunka no kōryū* 日支文化の交流. Osaka: Sōgensha 創元社, 1938.

Tsuji Zennosuke 辻善之助. *Nihon Bukkyōshi* 日本仏教史, vol. 2 and 3. Tokyo: Iwanami shoten 岩波書店, 1960 and 1970.

Tsukushi Yutaka 筑紫豊. *Genkō kigen* 元寇起源. Fukuoka: Fukuoka kyōdo bunkakai 福岡郷土文化会, 1972.

Uejima Tamotsu 上島有. *Tōji jiin keizai ni kansuru ichi kōsatsu* 東寺寺院経済に関する一考察. In Kyōto daigaku bungakubu dokushikai 京都大学文学部読史会, ed. *Kokushi ronshū* 国史論集. Kyoto: Dokushikai 読史会, 1959.

Uejima Tamotsu 上島有. *Keikō shōen sonraku no kenkyū* 京郊荘園村落の研究. Tokyo: Hanawa shobō 塙書房, 1970.

Umehara Takeshi 梅原猛. "Yūgen to shi" 幽玄と詩. In Hayashiya Tatsusaburō 林屋辰三郎, and Okada Yuzuru 岡田譲, ed. *Ami to machishū* 阿弥と町衆. Vol. 8 of *Nihon bunka no rekishi* 日本文化の歴史. Tokyo: Gakushū kenkyūsha 学習研究社, 1969.

Ury, Marian. *Poems of the Five Mountains*. Tokyo: Mushinsha, 1977.

Usuda Jingorō 臼田甚五郎, and Shimma Shin'ichi 新間進一, eds. *Kagura uta, Saibara, Ryōjin hishō, Kanginshū* 神楽歌・催馬楽・梁塵秘抄・閑吟集. Vol. 25 of *Nihon koten bungaku zenshū* 日本古典文学全集. Tokyo: Shōgakkan 小学館, 1985.

Usui Nobuyoshi 臼井信義. *Ashikaga Yoshimitsu* 足利義満. Tokyo: Yoshikawa kōbunkan 吉川弘文館, 1960.

Uwayokote Masataka 上横手雅敬. *Hōjō Yasutoki* 北条泰時. Tokyo: Yoshikawa kōbunkan 吉川弘文館, 1958.

Uwayokote Masataka 上横手雅敬. "Renshosei no seiritsu" 連書制の成立. In *Kokushi ronshū* 国史論集, vol. 2. Kyoto: Dokushikai 読史会, 1959.

Uwayokote Masataka 上横手雅敬. "Kamakura seiken seiritsuki o meguru kingyō" 鎌倉政権成立期をめぐる近業. *Hōseishi kenkyū* 法政史研究 11 (1960): 175-181.

Varley, H. Paul. *Imperial Restoration in Medieval Japan*. New York: Columbia University Press, 1971.

Varley, H. Paul. "Ashikaga Yoshimitsu and the World of Kitayama: Social Change and Shogunal Patronage in Early Muromachi Japan." In John Whitney Hall and Toyoda Takeshi, eds. *Japan in the Medieval Age*. Berkeley and Los Angeles: University of California Press, 1977.

Varley, H. Paul, trans. *Jinnō Shōtōki: A Chronicle of Gods and Sovereigns*. New York: Columbia University Press, 1980.

Varley, H. Paul. "The Hōjō Family and Succession to Power." In Jeffrey P. Mass, ed. *Court and Bakufu in Japan: Essays in Kamakura History*. New Haven, Conn.: Yale University Press, 1982.

Wada hakase kanreki kinenkai 和田博士還暦記念会, ed. *Tōyōshi ronsō* 東洋史論叢. Tokyo: Wada hakase kanreki kinenkai 和田博士還暦記念会, 1951.

Wajima Yoshio 和島芳男. *Eison. Ninshō* 叡尊・忍性. Tokyo: Yoshikawa kōbunkan 吉川弘文館, 1970.

Wakita Haruko 脇田晴子. *Nihon chūsei shōgyō hattatsushi no kenkyū* 日本中世商業発達史の研究. Tokyo: Ochanomizu shobō 御茶ノ水書房, 1969.

Wakita Haruko 脇田晴子. "Muromachi-ki no keizai hatten" 室町期の経済発展. In *Iwanami kōza Nihon rekishi* 岩波講座日本歴史, vol. 7. Tokyo: Iwanami shoten 岩波書店, 1976.

Wakita Haruko 脇田晴子. *Nihon chūsei toshi ron* 日本中世都市論. Tokyo: Tōkyō daigaku shuppankai 東京大学出版会, 1981.

Wakita Haruko 脇田晴子. "Chūsei ni okeru seibetsu yakuwari buntan to joseikan" 中世における性別役割分担と女性観. In *Nihon josei shi - chūsei* 日本

女性史－中世, vol. 2. Tokyo: Tōkyō daigaku shuppankai 東京大学出版会, 1983.

Wakita Osamu 脇田修. "Jinaimachi no kōzō to tenkai 寺内町の構造と展開. *Shirin* 史林 41 (January 1958): 1-24.

Watanabe Yosuke 渡辺世祐. *Kantō chūshin Ashikaga jidai no kenkyū* 関東中心足利時代の研究. Tokyo: Yūzankaku 雄山閣, 1926.

Weber, Max. *The Theory of Social and Economic Organization*. New York: Free Press, 1964.

Weinstein, Stanley. "The Concept of Reformation in Japanese Buddhism." In Saburo Ota, ed. *Studies in Japanese Culture*, vol. 2. Tokyo: P. E. N. Club, 1973.

Weinstein, Stanley. "Imperial Patronage in the Formation of T'ang Buddhism." In Arthur F. Wright and Denis Twitchett, eds. *Perspectives on the T'ang*. New Haven, Conn.: Yale University Press, 1973.

Wintersteen, Prescott B. "The Early Muromachi Bakufu in Kyoto." In John Whitney Hall and Jeffrey P. Mass, eds. *Medieval Japan: Essays in Institutional History*. New Haven, Conn.: Yale University Press, 1974.

Wintersteen, Prescott B. "The Muromachi Shugo and Hanzei." In John Whitney Hall and Jeffrey P. Mass, eds. *Medieval Japan: Essays in Institutional History*. New Haven, Conn.: Yale University Press, 1974.

Wright, Arthur F., and Twitchett, Denis, eds. *Perspectives on the T'ang*. New Haven, Conn.: Yale University Press, 1973.

Yamada An'ei 山田安栄. *Fukuteki hen* 伏敵編. 2 vols. Tokyo: Yoshikawa kōbunkan 吉川弘文館, 1891.

Yamada Sōbin 山田宗敏. "Sanmon shūfuku no kiroku" 山門修復の記録. In Haga Kōshirō et al. 芳賀幸四郎他, eds. *Daitokuji to sadō* 大徳寺と茶道. Kyoto: Tankōsha 淡交社, 1972.

Yamada Yoshio 山田孝雄 et al., eds. *Konjaku monogatari* 今昔物語. Vol. 26 of *Nihon koten bungaku taikei* 日本古典文学大系. Tokyo: Iwanami shoten 岩波書店, 1963.

Yamagishi Tokuhei 山岸徳平, ed. *Gozan bungaku-shū, Edo kanshi-shū* 五山文学集－江戸漢詩集. Vol. 89 of *Nihon koten bungaku taikei* 日本古典文学大系. Tokyo: Iwanami shoten 岩波書店, 1968.

Yamaguchi Osamu 山口修. *Mōko shūrai* 蒙古襲来. Tokyo: Tōgensha 桃源社, 1964, 1979.

Yamamura, Kozo. "The Development of *Za* in Medieval Japan." *Business History Review* 47 (Winter 1973): 438-465.

Yamamura, Kozo. "Returns on Unification: Economic Growth in Japan, 1550-1650." In John Whitney Hall, Keiji Nagahara, and Kozo Yamamura, eds. *Japan Before Tokugawa: Political Consolidation and Economic Growth, 1500-1650*. Princeton, N. J.: Princeton University Press, 1981.

Yamamura, Kozo. "Tara in Transition: A Study of a Kamakura *Shōen*." *Journal of Japanese Studies* 7 (Summer 1981): 349-391.

Yamamura, Kozo, and Kamiki, Tetsuo. "Silver Mines and Sung Coins: A

Monetary History of Medieval and Modern Japan in International Perspective." In J. F. Richards, ed. *Precious Metals in the Later Medieval and Early Modern Worlds.* Durham, N. C.: Carolina Academic Press, 1983.

Yampolsky, Philip. *The Platform Sutra of the Sixth Patriarch.* New York: Columbia University Press, 1967.

Yanagida Seizan 柳田聖山. *Rinzai no kafū* 臨済の家風. Tokyo: Chikuma shobō 筑摩書房, 1967.

Yanagita Kunio 柳田国男. "Miko kō" 巫女考. In *Teihon Yanagita Kunio shū* 定本柳田国男集, vol. 9. Tokyo: Chikuma shobō 筑摩書房, 1982.

Yashiro Kuniharu 八代国治, ed. *Kokushi sōsetsu* 国史叢説. Tokyo: Yoshikawa kōbunkan 吉川弘文館, 1925.

Yasuda Motohisa 安田元久. *Nihon zenshi* 日本全史 (*chūsei* 1). Tokyo: Tōkyō daigaku shuppankai 東京大学出版会, 1958.

Yasuda Motohisa 安田元久. *Jitō oyobi jitō ryōshusei no kenkyū* 地頭及び地頭領主制の研究. Tokyo: Yamakawa shuppansha 山川出版社, 1961.

Yasuda Motohisa 安田元久. *Shugo to jitō* 守護と地頭. Tokyo: Shibundō 至文堂, 1964.

Yasuda Motohisa 安田元久. "Gokenin-sei seiritsu ni kansuru ichi shiron" 御家人制成立に関する一試論. *Gakushūin daigaku bungakubu kenkyū nempō* 学習院大学文学部研究年報 16 (1969): 81–110.

Yasui Kōdo 安井広度. *Hōnen monka no kyōgaku* 法然門下の教学. Kyoto: Hōzōkan 法蔵館, 1968.

Yokoyama Hideya 横山秀哉. *Zen no Kenchiku* 禅の建築. Tokyo: Shōkokusha 彰国社, 1967.

Yokoyama Shigeru 横山重, and Matsumoto Ryūshin 松本隆信, eds. *Muromachi jidai monogatari taisei* 室町時代物語大成, vol. 3. Tokyo: Kadokawa shoten 角川書店, 1975.

Yokozeki Ryōin 横関了胤. *Edo jidai tōmon seiyō* 江戸時代洞門政要. Tokyo: Bukkyōsha 仏教社, 1950.

Yonehara Masayoshi 米原正義. *Sengoku bushi to bungei no kenkyū* 戦国武士と文芸の研究. Tokyo: Ōfūsha 桜風社, 1976.

Yoshida Tsunenaga 吉田経長. "Kitsuzokki" 吉続記. In Sasagawa Taneo 笹川種郎, comp. *Shiryō taisei.* Tokyo: Naigai shoseki 内外書籍, 1937.

Yoshie Akio 義江彰夫. "Kokuga shihai no tenkai" 国衙支配の展開. In *Iwanami kōza Nihon rekishi* 岩波講座日本歴史, vol. 4. Tokyo: Iwanami shoten 岩波書店, 1976.

Zōho shiryō taisei 増補史料大成, vol. 23. Kyoto: Rinsen shoten 臨川書店, 1975.

Zoku Gunsho ruijū 続群書類従, 33 vols. Tokyo: Zoku gunsho ruijū kanseikai 続群書類従完成会, 1931–1933.

Zuikei Shūhō 瑞渓周鳳. *Zenrin kokuhōki* 善隣国宝記. Tokyo: Kokusho kankōkai 国書刊行会, 1975.

Zusetsu Nihon no koten 図説日本の古典. 20 vols. Tokyo: Shūseisha 集成社, 1978–1981.

索引

条目中的数字为原文页码，即本书边码。星号表示该条目也见于"术语选释"；ca. 表示"大约"；fl. 表示"兴盛"；? 表示"出生或死亡时间未知"。

and *mappō*[*] 与末法，447; superiority over warriors, 高于武士的地位，48–49; transition to "age of warriors," 向"武士时代"过渡，452

图书在版编目（CIP）数据

剑桥日本史. 第3卷，中世日本 /（美）山村耕造主编；严忠志译. —杭州：浙江大学出版社，2019.12
书名原文：The Cambridge History of Japan,
Volume 3: Medieval Japan
ISBN 978-7-308-19442-6

Ⅰ.①剑… Ⅱ.①山… ②严… Ⅲ.①日本 – 历史 –
12 世纪 –16 世纪 Ⅳ.① K313

中国版本图书馆 CIP 数据核字（2019）第 262211 号

剑桥日本史. 第3卷，中世日本
[美]山村耕造 主编　严忠志 译

责任编辑	叶　敏
责任校对	牟杨茜　黄梦瑶　杨利军
装帧设计	蔡立国
出版发行	浙江大学出版社
	（杭州天目山路148号 邮政编码310007）
	（网址：http://www.zjupress.com）
排　版	北京大观世纪文化传媒有限公司
印　刷	北京中科印刷有限公司
开　本	710mm×1000mm　1/16
印　张	40
字　数	630千
版印次	2019年12月第1版　2019年12月第1次印刷
书　号	ISBN 978-7-308-19442-6
定　价	148.00元